法学教育的中国模式

MODAL OF LEGAL EDUCATION IN CHINA

冀祥德 主编

中国社会科学出版社

法学教育的中国模式

MODAL OF LEGAL EDUCATION IN CHINA

冀祥德　主编

中国社会科学出版社

图书在版编目（CIP）数据

法学教育的中国模式／冀祥德主编．—北京：中国社会科学出版社，2010.10

ISBN 978－7－5004－9250－4

Ⅰ.①法…　Ⅱ.①冀…　Ⅲ.①法学教育－研究－中国
Ⅳ.①D92－4

中国版本图书馆 CIP 数据核字（2010）第 207124 号

出版策划　任　明
特邀编辑　成　树
责任校对　朱锡遵
技术编辑　李　建

出版发行　中国社会科学出版社
社　址　北京鼓楼西大街甲 158 号　　邮　编　100720
电　话　010－84029450（邮购）
网　址　http：//www.csspw.cn
经　销　新华书店
印　刷　北京奥隆印刷厂　　装　订　广增装订厂
版　次　2010 年 10 月第 1 版　　印　次　2010 年 10 月第 1 次印刷
开　本　710×1000　1/16
印　张　37　　插　页　2
字　数　650 千字
定　价　60.00 元

本书作者及其分工

（以撰写章节顺序排列）

冀祥德（中国社会科学院法学研究所研究员，法学博士），撰写第一、二章，主持本课题研究开展，策划确定内容结构，负责全书统稿；

裴俊杰（司法部监狱管理局干部，法律硕士），撰写第三章；

梁文永（中国政法大学教授，法学博士），撰写第四、十九章；

孙　远（中国青年政治学院法律系副教授，法学博士），撰写第五、六章；

李　扬（中国社会科学院法学研究所博士后），撰写第七章；

李　伟（中央财经大学法学院讲师，法学博士），撰写第八章；

程　雷（中国人民大学法学院副教授，法学博士），撰写第九章；

杨　雄（北京师范大学法学院讲师，法学博士），撰写第十、十二章；

王文远（北京政法职业学院讲师，法律硕士），撰写第十一章；

张文秀（北京市西城区人民检察院检察员，法律硕士、文学硕士），撰写第十三章；

李庆明（中国社会科学院国际法研究所助理研究员，法学博士），撰写第十四章；

杨瑞清（大地文化传播集团公司律师，法律硕士），撰写第十五、十八章；

金善明（中国社会科学院法学研究所助理研究员，法学博士），撰写第十六章；

祁建建（中国社会科学院法学研究所副研究员，法学博士），撰写第十七章。

中国法科研究生培养模式的转型：从以法学硕士为主转向以法律硕士为主（代序言）

——兼论未来中国法科研究生的不同使命

2009年法律硕士（法学）的恢复招生，打破了十多年来只能由非法学专业本科毕业生报考全日制法律硕士专业学位研究生的局面。这一突破性的变化引起了中国法学教育的重大变革，带来了法科研究生的结构性调整和变化，形成了法学硕士与三种类型法律硕士（全日制法律硕士〈非法学〉、全日制法律硕士〈法学〉、在职法律硕士）并存的新局面，标志着法科研究生从以培养法学硕士为主转向以法律硕士为主。我认为，在未来中国法科研究生的发展和培养方向上，政法系统在职攻读法律硕士专业学位（以下简称在职法硕）已经完成了其历史使命，行将停招；全日制法律硕士（非法学）专业学位研究生（以下简称非法本法硕）应当将培养目标定位于复合型、实践型高级专业人才，主要为机关、团体、企业、事业单位培养法律知识与相应系统专业知识复合的实践应用人才；全日制法律硕士（法学）专业学位研究生（以下简称法本法硕）应当将培养目标定位于专业型、实践型高级法律人才，主要培养法官、检察官、律师和高级警官；法学硕士的培养目标定位于学术型、研究型高级法律人才，主要为法律高等院校、科研机构等单位培养教师和科研人员。

一、辉煌与历史：在职法硕历史使命的光荣完成

中国法律硕士教育经历了一个从法学本科生与非法学本科生兼招（1996年）到限于招收非法学本科生（2000年）再到法学本科生与非法学本科生兼招（2009年）的过程。从1996年试办，到2006年实现“转正”，目前已经有115所法律硕士培养院校，这些培养单位基本涵盖了中央和地方所属的以及综合性、政法、财经、师范、民族、军事等不同类型、不同行业特色的高校和科研机构，囊括了中国高水平的、有培养法律专门人才优越条件和办学实力的高校和科研机构。中国实行的全日制（通称双证）与在职

攻读（通称单证）双轨并行的法律硕士教育二元结构体制，收到了良好的效果。特别是培养的在职法硕，绝大多数已经成为各地各级司法机关、法律服务机构、党政企事业单位和社会管理机关的领导或者骨干，为促进当地经济、政治和社会的发展，为维护社会稳定，作出了相当突出的贡献。

我认为，中国法律硕士教育发展到今天，伴随着社会对于法律人才的需求变化，特别是2002年统一司法考试制度实施后，新任法官、检察官、律师几乎都是研究生以上学历，在职法硕教育已经基本完成了其历史使命——在职法硕地位不断下降，生源趋于枯竭，就是例证。正是在此种情势下，国务院学位委员会已经调整了2010年在职法硕的招生计划，北京大学、中国人民大学等原来可以自主决定招生人数的院校限招100人，其余院校的招生名额也分别降至50人、甚至30人。在职法硕招生报考从原来的择优推荐名额制，到2004年开始的“来者不拒”；报考条件从原来的“工作满5年的政法系统业务骨干”，到2006年开始的“工作满3年”，再到2008年开始的取消工龄条件、仅要求“取得本科学历满3年”，准入门槛不断降低。与之相随地是，培养院校对在职法硕的重视程度和在职法硕的学习主动性的下降都在不同程度地影响着其培养质量。有人慨叹，如同现在的法律专业自学考试与之设立之初已经是天壤之别一般，当今的在职法硕也已经不再是竞争报考名额、学习如饥似渴的过去了；如果不立即停招，“苟延残喘”在职法硕将会严重影响到历史对其的综合评价。为此，我建议，在职法硕应当在一二年内停止招生。

二、限制与提高：法学硕士培养制度的未来使命

除在职法硕外，现阶段中国法科研究生的培养主要有三种学位：法学硕士、法本法硕、非法本法硕（前者称为科学学位，后两种合称法律硕士为专业学位）。法学硕士学位是三个学位中最先设立的。自1978年恢复硕士研究生培养制度以来，中国的法学硕士教育已有三十多年的历史与发展经验。法学硕士培养教育由20世纪80年代的培养单位少、招生数量小的状况，发展到近年来众多高校和研究机构纷纷设立法学院系及法学硕士点，法学硕士的招生数量的不断上扬，其培养和毕业后去向正面临着多重危机：

首先，培养对象数量过剩，甚至达到一所院系的“极限容量”，与之相对应的便是教学资源的短缺与就业压力的增加，势必影响教学质量与法学硕士接受培养期间的自我塑造。客观地说，时下的法学硕士培养已经悄然改变了为国家法学教育和法学研究输送具备深厚法学专业理论的学术性人才

的初衷。

其次，受近年来法律硕士专业学位发展的冲击，法学硕士的办学逐渐失去特色。在比较法的视角中，我们可以发现，很多国家的法科硕士研究生都有学术型法科硕士研究生和职业型法科硕士研究生之分，二者在准入条件、培养目标和培养方式上具有明显差异。中国法科硕士研究生学位教育自1996年以来便步入了法学硕士与法律硕士学位独立培养的“双轨制”的体制。按照当初设置法律硕士专业学位时对法学硕士与法律硕士的定位，二者在学位定位、培养目标、课程设置、培养模式以及师资要求等方面都应当有明显区别。但事实上，运行了十多年的法科研究生双轨制培养模式，已经背离了初衷，偏离了方向，出现了混同趋势。为此，两种硕士研究生的培养质量均在某种程度上受到了影响。

根据我的观察，在双轨制法科硕士研究生培养中，最大的问题是法学硕士和法律硕士的培养都处在了一个尴尬的境地：其一，法律硕士的应然定位是培养成实践型、复合型法律人才，但是，法学教育中，多数院校在法律硕士的培养上与法学硕士的培养并没有多大区别，一个教师给法学硕士上课讲什么内容，给法律硕士上课时也讲同样的内容，法律硕士的“实践性”与“复合性”并没有得到体现。其二，由于法律硕士学位诞生后，法学硕士不仅没有转向学术型与研究型道路，而是把进入法律实务部门工作作为就业的第一选择，特别是随着法学硕士招生规模的扩大，在每年的就业“大军”中，越来越多的法学硕士成为法律硕士最强有力的竞争对手。就目前的就业状况看，法学硕士与法律硕士的就业需求大致相同，也希冀通过“司考”或者“公务员考试”成为法律职业群体的组成部分。如此，法学高等教育的大众化正在导致法学学术发展的贫穷。① 其三，在高校法科硕士研究生中，因为法律硕士是付费的，所以法律硕士似乎就是“后娘养的”，低人一等，无论从师资配备上，还是从后勤保障上，往往得不到重视，某重点大学就曾经出台法律硕士在食堂使用饭卡加收15%管理费的规定，引起了法律硕士的强烈抗议。其四，与法学硕士、甚至是与法学学士混同的培养模式，使得法律硕士的培养质量无法保障，3年结束，法律硕士被培养成了“法学

① 由于法律硕士与法学硕士相比，缺少了4年的本科法学教育，往往理论基础较为薄弱，所以在法律实务业界，大多认同法学硕士，而不愿意接受法律硕士。2007年12月，在南京召开的中国法学会法学教育研究会2007年年会暨中国法学教育论坛上，就有一位中级法院院长将任职以来拒绝接受法律硕士、仅录用法学硕士作为队伍建设的经验予以介绍。

基础知识懂一点”、“法学前沿知识懂一点”、“中国法律知道一点”、“外国法律知道一点”的“样样通”、“样样松”的“法律夹生品”。第五，由于在培养内容上法学硕士与法律硕士的教学方法相混同①，教师在日益繁重的教学任务中无法实现对法学硕士的精心指导，学生得不到严格的学术锻炼，法学硕士学术质量差的直接体现便是作为重要学术风向标的硕士学位论文水平整体大幅下滑。

为了重新实现法学硕士学位设立的初衷，真正培养潜心法学教育、热衷学术研究的专门学术人才，必须限制法学硕士的招生数量，提高法学硕士培养的学术质量。

我国硕士生招生规模从1999年至今10年内急剧增长近9倍。目前，我国硕士研究生教育存在一个突出问题，就是人才培养结构失衡，培养模式单一，即主要以培养学术型研究生为主，应用型人才培养重视不够。从全国情况来看，学术性硕士研究生规模过大，专业学位研究生培养规模过小②，专业学位类型和涉及职业领域还比较少，与社会经济发展需要之间存在严重的脱节现象，不适应经济社会发展对高层次应用型人才的迫切需求。因此，必须重新定位硕士研究生教育的培养目标，改革硕士研究生培养模式，推进和完善研究生培养机制，优化硕士研究生教育结构，大力发展专业学位教育，积极、稳妥地实现硕士研究生教育从以培养学术型人才为主向以培养应用型人才为主的战略性转变。

据悉，2008年12月29日，刘延东国务委员在国务院学位委员会26次会议上指出，中国正处在工业化、信息化、城镇化、市场化、国际化进程

① 需要指出的是，纵观各国的学术型法科硕士研究生和职业型法科硕士研究生的培养方式，双轨制法科硕士研究生主要体现了培养目标、教育模式和学生自我塑造的不同。法学硕士学位教育与法律硕士学位教育在培养目标上虽有不同，但是在培养方法和培养内容上也有相同之处。因为，即便是学术型的法学硕士，也需要了解法律实务，而职业型的法律硕士也需要有较深厚的法学理论功底。中国目前对法律硕士学位教育的重点，应放在探讨在短时间内使法律硕士培养出扎实的法学理论基础、熟练的法律思维方式及良好的法律实务技能的方式。

② 在美国，至90年代，专业硕士学位获得者的比例已占整个硕士学位获得者人数的55%以上。哈佛大学2007—2008年度共授予了3487个硕士学位，其中学术性学位占25.4%，专业学位占74.6%。在英国，从在读情况来看，每年在校专业学位研究生占在校研究生总数基本保持在84%左右；从授予学位比例来看，每年授予专业学位研究生学位资格占研究生总数的比重在75%左右。法国1990—2006年的16年间研究生仅增长28%，而专业硕士学位授予数量占授予硕士学位总数的比例逐年上升，增长十分迅速，到2006年，已经占到总数的69%。法国已经建立了体系完备的专业学位教育体系，硕士专业教育已经成为法国硕士教育的主体。中国2008年计划统招硕士研究生科学学位365013人，占研究生招生人数的93.95%，专业学位23487人，仅占6.05%。

中，迫切需要大量的专业性人才。因此，要调整学术型学位和专业型学位的比例，积极发展符合我国产业结构特点的专业学位，改变全日制硕士研究生攻读学术型学位为主的局面，为各行各业培养一线专业人才。所以，从2009年，国家决定增招5万名硕士研究生，全部用于应届毕业生全日制攻读专业学位；并决定从2009年起，所有专业学位都招收全日制硕士专业学位研究生，专业学位研究生的招生比例从2008年的6.05%提高到16.29%；相应的，科学学位研究生招生比例则从2008年的93.95%下降到83.71%[①]。2010年，教育部要求新增招生计划全部用于全日制硕士专业学位研究生招生，同时，要求具有专业学位授权的招生单位按5%—10%减少学术型招生人数，减出部分全部用于增加专业学位研究生招生。预计2010年全日制硕士专业学位招生11万名左右，招生比例由2009年16.29%提高到24%左右。[②] 此后，继续逐年调整，到2015年，力争使学术型研究生与专业学位研究生各占一半，切实将硕士研究生教育转到以培养高层次应用型人才为主。

与此同时，应当重新认识法学硕士的培养目标，认清法学硕士主要面向学术专业需求、培养在高校和科研机构从事法学教学和研究的专业人才，其目的重在学术创新，培养具有原创精神和能力的专门人才。当然，法学硕士也可以培养应用型法律人才，但是其根本任务是培养研究型法学人才。

我认为，当下法学硕士2至3年的培养时间一般还不能满足未来从事法学教学和研究的需要，应该考虑把法学硕士和法学博士的教育有机统一起来，普遍建立硕博连读和本硕博连读机制，保持法学科学学位教育的连续性和深入性，提高培养人才的学术质量。

三、实践与专业：法律硕士培养制度改革的方向

中国当初决定设立法律硕士教育，主要是考虑到司法活动范围越来越广泛，面对的问题越来越复杂，任务越来越繁重，要求越来越高，迫切需要一大批高层次的应用类法律人才。同时，发展市场经济，建立社会主义市场经济体制需要大批高素质律师，而且各行各业都将逐步纳入法治的发展轨道，

---

① 2009年计划统招硕士研究生科学学位389265人，占研究生招生人数的83.71%，专业学位75735人，占16.29%。

② 2010年，增加推免生名额7000名，全部用于专业学位招生，同时，要求高校将原有推免生名额调出10%左右的名额用于专业学位，合计1.4万名，占专业学位招生数的15.1%，与学术型研究生18%的推免比例大体相当。

也急需一大批既懂本行业专业知识，又具备法律专业知识的复合型人才。[①]因此，经过1993年的研究和1994年的论证，国务院学位委员会和教育部及司法部于1995年参照美国培养"法律博士"（Juris Doctor，简称J.D.）人才培养模式批准设立法律硕士（Juris Master，简称JM）专业学位教育，1996年，北京大学等8所院校得到批准和授权，成为第一批招收法律硕士研究生的院校。1998年起，又允许在职攻读法律硕士专业学位。之后，有资格招收法律硕士研究生的法学院校和科研机构不断增加。截至2009年11月，全国共设立法学院系637所，有115所法学院校和科研机构具有招生法律硕士研究生的资格，在校法律硕士研究生4万人左右，较10年前增长了4倍多。[②]

基于对法律诊所教育及其在中国的实践和中国法律硕士培养制度的调查研究，我认为，一方面，将诊所法律教育引入法律硕士教育，可以直接实现中国法律硕士的教育理念和教育目标；另一方面，诊所法律教育成为法律硕士教育必修环节，可以保障诊所法律教育的可持续发展。

（一）诊所法律教育与法律硕士教育理念、目标、方法的契合

自从中国开始法律硕士教育后，对其教学该如何进行，也有不少争论。法律硕士教育主要是培养培养复合型、实践性高级法律人才，因此必须更多地与法律实践相结合，以实践为导向。其中，诊所法律教育就是一个重要的途径。在美国，法律教育都是研究生教育，与中国的法律硕士有相似之处。美国的法学院也都开设了诊所法律教育，因此，中国完全可以而且应该将其纳入法律硕士教育。

当前，人们对中国法学教育改革和反思的更多针对本科教学。诊所法律教育也是如此，主要针对本科学生。[③]实际上，诊所法律教育的教学理念和方法，法律硕士教育更能从中获得启示，汲取营养。例如，"以学生为中心"的教学理念要求从学生的视角出发，为学生服务。教学的目的是培养人才，以学生学到知识为准，而非以老师完成教学大纲为准，更不是以念完教材、讲义为准。因此，必须鼓励学生提问、思考，让学生学会学习、学会

① 霍宪丹：《不解之缘——二十年法学教育之见证》，法律出版社2003年版，第213页。

② 冀祥德：《法学教育的现状及展望》，载《中国法治蓝皮书》（2009卷），社会科学文献出版社2009年版，第332页。

③ 例如，学者在论述诊所法律教育时指向的是本科生。"中国法学院的本科学生高中毕业后直升高校法学院，极少走出校园，缺乏实践经验。"李傲：《互动教学法——诊所式法律教育》，法律出版社2004年版，第161页。

如何分析和解决问题。法律硕士研究生教育尤其如此。老师不但要能够让学生思考，提出问题，更要让学生质疑自己的权威。毕竟，研究生毕业后不论是从事理论研究还是实践工作，都必须自己独立完成。

“师者，所以传道授业解惑也。”然而，如果没有正确的教育理念和教学方法，就难脱“误人子弟”之嫌。长期以来，中国的法学教育过于注重对法条的注释和对法学理论的解析，在培养学生面对真实案例时的实际操作能力缺乏足够的重视。而且，考试中更多的是对记忆而不是对分析能力、推理能力的测试，这很难培养学生思辨和独立思考的能力。因此，学生走上工作岗位后，也无法得心应手地运用法律知识去解决具体问题。相比之下，在诊所法律教育中，主要采用亲身体验教学法、角色模拟教学法、合作教学法等，无疑是对传统法学教育的有力挑战。

1. 通过法律实践培养职业技能

（1）培养法律人的思考方式

概括美国的诊所法律教育，就是“通过法律实践学习律师的执业技能”，教会学生“象律师一样思考”。学生在法律诊所中，通过亲身参与，训练解决问题的方法和技巧，培养判断力，建立职业责任心，从而深刻理解法律人的社会角色，具备终生学习的能力同时，还可以了解司法制度问题所在，并为其改进作贡献，成为一个有道德的、“反思性的”法律人。

（2）在实践中掌握职业技能

诊所法律教育的形式借鉴了医学院诊所教育的模式。在医学院就读的学生需要花费较多的时间从事临床实习，从实践中学会诊断和治疗疾病。当法学教育引入这种教学方法时，法学院引用了“诊所”的称号，就产生了“法律诊所”这一法学领域特有的名称。学生在一个真实或虚拟的“法律诊所”中，在教师的指导下为处于困境中的委托人提供咨询，“诊断”他们的法律问题，开出“处方”，为他们提供解决问题的方法，并亲自为他们提供法律服务。这一做法类似于医学院的临床实习，即从实践和经验中学习法律职业技能。

（3）培养事实调查能力

当前法律硕士教育依然在走着传统法学教育中强调法律逻辑训练而忽视“事实调查”的老路。在现实中，事实是不断变化的，并非总为律师所知晓。有些事实仅为对方所知，有些事实是任何人都无法获知的，甚至于有些委托人非诚实对待律师。寻找真相、了解事实、运用证据、在真相不明时明确自己的职责是律师的重要职责。事实真相的不确定性是实际存在的，但在传统的法律院校课程里极少提到。[①] 尤其是在中国，法律教育传统模式是老师讲，学生听、记笔记。离开课堂，学生分析案例和处理问题时往往茫然不知所从。在这种情况下，案例教学法被引入法学教育。但是，仍然不能解决上述实际问题。因为，先不说中国的案例教学法更多的是举例教学法，也就是拿案例来证明学说和法律条文的合理，其存在很多缺陷。即使开展案例教学法，也还有先天的缺陷——案例教学中的案件事实是现成的、清晰的、固定的，不能很好地锻炼学生发现线索、收集证据的能力，以及思考与行动的互动能力，更无法锻炼学生接受挫折、克服心理障碍、适应社会以及与人交流的能力。相反，在诊所法律教育中，结合证据规则（文本中的法律）具体实践事实调查及其步骤、技巧以及所引起的职业道德问题，实实在在地培养了学生事实调查实践能力。

（4）培养法律研究与推理能力

法律实务中不但要调查事实，还要查找、研究相关的法律。然而，传统法律教育对法律研究等方法论的重视是不够的。法律研究（Legal Research），在国外是非常重视的，美国各大法学院都开设了一门 Legal Research and Writing 的课程。Legal Research，主要指科学系统地检索法律信息，以及对检索到的法律信息进行分析，并运用于具体案件的方法。

对法律推理过程的认知，“常见的工作方式是从现存事实入手，逐渐展开分析过程，在这个过程，发现事实与分析法律交替进行，最终实现‘从结论道根据’的逻辑推理”。[②] 这是一种律师的视角，看到了法律推理中的一些被忽视、隐藏了东西。毕竟，法律并不总是非常明确的，律师的工作就在于为客户寻求尽可能理想的结果。律师当然需要了解法律，但根据情势的变化，律师同样有必要熟悉如何为客户提供建议并帮助他们分析不利因素，如何做好书面及口头形式的庭审辩护，如何与潜在的合作者或诉讼关系人磋商。尤其是，律师必须在事实真相尚不明了并且（或者）不确定的背景下运用这些技能。在中国，因对法律研究的不重视，对其研究也就滞后。

（5）培养其他职业技能

法律实践中不但要调查事实，研究法律，还要会见当事人、证人、给予咨询意见，参与调解、谈判、出席法庭等。在这些具体的律师技能培养上，

---

① Titi M. Liu：《亟待完善的中国法律教育——介绍美国的法律诊所教育（二）》，王慧译，http：//www. xiayidai. com. cn/gxxyd/flyz/zhjsf/2000_ 10/091405. htm，2009 年 9 月 20 日访问。

② 李傲：《互动教学法——诊所式法律教育》，法律出版社 2004 年版，第 192 页。

诊所法律教育不可替代的作用是显而易见的。

2. 通过法律实践培养职业道德

诊所法律教育所实践案件的性质皆为法律援助。在中国，尽管社会各界都已经认识到了法律援助重要性，而且政府法律援助中心也已发展成为一个网络，但是由于政府资金来源以及处理法律援助案件的律师的不足等多种原因，中国的法律援助还存在诸多困难，其中，法律援助机构数量不足就是问题之一。在该种现实下，诊所法律教育性质的院校法律援助中心，就能够有所作为。与此同时，学生在从事法律援助的过程中，也能接触到书本和课堂上接触不到的法律实施的种种现实，甚至是非正义，促进学生对正义的理解与追求。① 另外，人才的培养强调德才兼备，法学院的毕业生不但应有娴熟的律师技能，还要有悲天怜人的情感，不然培养出来的就是“讼棍”，而不是合格的法律人。在诊所法律教育中，学生会直接面对职业道德问题，有助于将学生培养成有责任感、有良心的法律人。

3. 以诊所法律教育消除毕业实习之弊

在传统的法律实习环节中，存在实习的期限短、学生不能接触业务知识、不能学习职业技能等方面的弊端。如果用诊所法律教育来取代毕业实习，就可以解决这方面的弊端，还可以最大限度避免时间冲突，更好地促进学生能力的培养。

（二）成为法律硕士教育必修课是诊所法律教育可持续发展的现实需要

诊所法律教育在中国经过近10年的发展，已经走到一个十字路口。地位边缘化、师资不足、教师的工作量大而又得不到承认、资金和其他教学资源投入的非常规性等因素，直接影响着诊所法律教育本土化和可持续发展。如果将诊所法律教育法作为律硕士专业学位教育的必修课，那么上述问题将得到彻底解决。特别是不用担心万一福特基金会这些外部资源不再支持，中国的诊所法律教育就会垮掉。实际上，我们也不可能一直依靠外部资金的资助来给诊所法律教育“续命”。诊所法律教育必须自己成长起来，走向独立。

（三）法律硕士培养制度引入诊所法律教育之可行性考察

考察与研究发现，在法律硕士教育中引入诊所法律教育，不仅具有双向必要性，而且实践证明其具有现实可行性。

---

① 参见Jane H. Aiken：《正义的激发者》，载李傲、Pamela N. Phan编：《实践型法律人才的培养——诊所式法律教育的经验》，法律出版社2005年版，第3页。

1. 诊所法律教育在法律硕士教育中的成功实践

据考证，中国目前在有权招生法律硕士研究生的115所院校和科研机构中，有52所院校和科研机构是诊所法律教育专业委员会会员，占法律硕士培养单位的45.22%①；有42所院校和科研机构设立了不同专业领域的法律诊所②，占法律硕士培养单位的36.52%，其中，大多数院校以法学本科生为法律诊所的主要学员，也有一些院校将法律诊所作为选修课，允许法律硕士研究生和法学硕士研究生选修。我们经过调查认为，在已经开设法律诊所的院校和科研机构，完全有可能将现有的法律诊所应用到法律硕士教育中；没有开设法律诊所的院校和科研机构，可以为法律硕士教育创造条件设立。事实上，有的法律硕士培养单位已经在培养制度中引入了诊所法律教育并取得了成功的经验。中国社会科学院法学研究所（研究生院）的法律硕士教育就是其中的典范。

中国社会科学院研究生院法学研究所（研究生院）③ 于2003年被批准成为法律硕士专业学位研究生培养单位。自2004年至2009年，法学研究所共招收法律硕士研究生591人。法学研究所在法律硕士研究生培养中，在全国率先实践了专门以法律硕士研究生为学员的法律诊所教育模式，取得了良

---

① 这52所院校和科研机构分别是北京大学、清华大学、中国人民大学、中国政法大学、中国社会科学院法学研究所（研究生院）、中国青年政治学院、中央财经大学、中央民族大学、北京工商大学、北京交通大学、北京师范大学、首都经济贸易大学、上海财经大学法学院、复旦大学、华东政法大学、西南政法大学、郑州大学、吉林大学、大连海事大学、黑龙江大学、厦门大学、中山大学、广东外语外贸大学、广东商学院、华南理工大学、华南师范大学、汕头大学、深圳大学、广西大学、贵州民族学院、贵州大学、海南大学、湖南大学、中南财经政法大学、中南民族大学、华中科技大学、武汉大学、甘肃政法学院、兰州大学、青海民族大学、烟台大学、西南民族大学、西南财经大学、四川大学法学院、天津师范大学、西北政法大学、新疆大学、扬州大学、南京大学、云南大学、浙江大学、浙江工商大学。

② 这42所院校和科研机构分别是北京大学、清华大学、中国人民大学、中国政法大学、中国社会科学院法学研究所、中央财经大学、北京师范大学、中国青年政治学院、中央民族大学、北京工商大学、北京交通大学、首都经贸大学、大连海事大学、复旦大学、广东商学院、广西大学、海南大学、湖南大学、华东政法大学、华南理工大学、华南师范大学、吉林大学、南京大学、青海民族大学、汕头大学、四川大学、天津师范大学、武汉大学、西北政法大学、西南政法大学、厦门大学、新疆大学、烟台大学、扬州大学、云南大学、浙江大学、浙江工商大学、中南财经政法大学、中南民族大学、中山大学、郑州大学、华中科技大学。诊所内容涵盖刑事、民事、行政、谈判、非营利非政府组织、公益、消费、法律援助、社区矫正、劳动法、立法、妇女权益保护、弱者、未成年人权益、未成年人犯罪、劳工、农村正义非诉、调解、社区服务、婚姻家庭、农民权益保护、知识产权、环境法、少年越轨、少数民族和少数人权益保护等专业领域。

③ 以下简称法学研究所。

好的教学效果与社会效果。首先，参与诊所法律教育的法律硕士100%通过了国家司法考试。其次，在就业上，参与诊所法律教育的学生表现抢眼。除个别同学考博而未就业外，就业率为100%。就业单位中，既有中国证监会、中石油这样的中央企事业单位，又有北京等地党委、政府和法院、检察院、公安局等党政机关和政法机关，也有不少像普华永道、竞天这样的跨国公司与知名律师事务所。为此，2006年12月18日，在全国法律硕士培养试办10周年总结表彰大会暨全国第三届法律硕士论坛上，法学研究所获得"优秀法律硕士教学奖"和"优秀法律硕士教学管理奖"双项大奖。法学研究所作题为"打造豪华教师阵容，编写通用教学教材，开设法律诊所教育，实施人文培养管理，探索建立具有法学所特色的办学模式和社科法硕'品牌"的经验介绍，介绍了其在法律硕士培养中开设诊所法律教育的经验做法以及对法律硕士培养的意义和价值，受到法学教育学界的重视。2010年6月19日，在中国诊所法律教育10周年庆典暨诊所法律教育论坛上，法学研究所再次获得"优秀诊所课程教师"和"优秀诊所课程教学管理单位"双项大奖。目前，法学研究所在法律硕士的培养方案中，已经将诊所法律教育作为学生12个学分的必修环节，要求所有的法律硕士研究生都要经过法律文书、模拟法庭、法律谈判和法律实践培养，而且均通过诊所法律教育的方式来实行。探索出了诊所法律教育初级班、中级班、高级班三层次教育模式，深受法律硕士研究生欢迎。目前，该校正在大力建设法律硕士研究生教学基地的基础上，总结经验，招贤纳士，争取资金，创建全国模范刑事法律诊所；并以此为龙头，着力实施"教学强所"指导目标，推动法律硕士教育的规模化、规范化发展，进一步推进"社科法硕"名牌战略发展。

从中国社会科学院法学研究所培养法律硕士的经验来看，将诊所法律教育作为法律硕士研究生的必修课程，其可行性毋庸置疑。

（四）现行法律硕士培养方案与诊所法律教育的结合

在调整对中国法学教育从通识教育向通识教育、专业教育与精英教育的相结合功能定位的转化中，法律硕士教育一直定位于培养立法、司法、行政执法、法律服务与法律监督以及经济管理等方面需要的复合型、实践型法律人才。这一教育定位在职法律硕士培养中得到了很好的体现，也是在职法律硕士教育取得成功的关键。在全日制法律硕士培养中，教育行政主管部门的宗旨也没有改变，而且不断强调其重要性并加大实践教学实施力度。例如，2006年8月3日，国务院学位办将全日制法律硕士实践教育环节从没有硬性学分要求增加到了12学分，增设了法律文书课（3学分）、模拟法庭训练

(4 学分)、法律谈判课（2 学分)、法律实践课（3 学分）等必修课程；[①] 2009 年 5 月 19 日，国务院学位办的文件再次强调了 12 个学分的实践课程，并在法本法硕培养方案中，专门规定一个学期为实践教育环节。[②]

我认为，法律文书、模拟法庭、法律谈判、法律实践等课程完全可以用诊所法律教育来替代或者结合实施。不仅前述中国社会科学院法学研究所的做法已经证明是行之有效，而且在其他一些院校的法律硕士培养中，也有成功的尝试。

此外，在一般的课程教学中运用诊所法律教育的方法，也有助于法律硕士的学习。实践性教育认为，教学理论与实践并不存在任何张力。相反，通过实际训练进行法学教育是一种有效的方法，来培育对法律更深的理解，并鼓励个人技能、价值观、判断力的发展。此外，通过学生积极的自我学习，实践性教育激发了学生的创造力，并且有助于职业认同感的发展。一个设计良好的训练有助于学生通过经验本身来学习。学生边做边学。教授可以穿针引线，并协助学生反省总结经验以实现传统的教学目标，例如鼓励形成法律上的洞察力、加强对实体法与法律原则和学说的理解。[③]

中国创立法律硕士教育制度的主要目的就是担当法学教育直接服务于法律职业的重任。然而，经过十几年的发展之后，除在职法律硕士教育外，全日制法律硕士教育并没有完成其使命，反而其声誉有江河日下之虞。究其原因是多方面的，但有一点不容置疑，那就是法律硕士的培养方案和培养方法与法学硕士并无多大区别，用同一教案和方法教授法律硕士与法学硕士的教师大有人在，法律硕士教育应有的实践性特征明显不足。诊所法律教育引进中国，给中国的法学教育带来了一股新鲜的空气，也为中国法学教育的改革发展提供了一个历史性机遇，并为“法律教育开启了一扇门，这扇门打开了长久以来法律理论教育与法学实践活动之间的屏障，这扇门使学生在踏入社会之前不仅具备法学专业水平、扎实的理论功底，更具备了实际操作的能

---

① 参见中华人民共和国国务院学位委员会（学位办［2006］39 号）关于转发《法律硕士专业学位研究生指导性培养方案》及其修订和说明、《法律硕士专业学位论文规范》的通知。

② 参见教育部（教研［2009］1 号）《关于做好全日制硕士专业学位研究生培养工作的若干意见》和国务院学位办（学位办［2009］23 号）《关于转发全日制硕士专业学位研究生指导性培养方案的通知》。

③ 参见陈建民主编：《实践性法学教育讲义——把课堂当作社会》，清华大学出版社 2009 年版，Eleanor W. Myers 的序言，第 2—3 页。

力，适应社会工作与人际交往的能力。”[①] 虽然诊所法律教育在中国的实践、特别是在法学本科教育中的试验难说圆满成功，但是，我们惊喜地发现了在法律硕士教育中开展诊所法律教育成功范例，而此，又恰恰契合了从单一的法律知识型人才培养转变为法学应用人才、法学研究人才和社会管理人才的共同培养的法学教育目标，符合了法学教育肩负为法律职业部门和全社会培养高素质法律人才的历史使命。这无疑为已经备受争议的、亟待改革的法律硕士培养制度找寻到了“柳暗花明又一村”的发展径路。通过上述论证，我们发现，将诊所法律教育作为中国法律硕士教育的必修课不但是必要的，也是可行的。因此，教育主管部门应适时将诊所法律教育纳入法律硕士培养方案，将诊所法律教育规定为法律硕士教育的必修环节，以切实保障培养复合型、实践型高级专业人才目标的实现。

四、规范与特色：法本法硕培养制度发展的目标

（一）发展与变革：法本法硕对中国法学教育的意义

温家宝总理曾说：“教育是一个国家发展的基石，教育改革和发展是关系国家和民族未来的大事，也是每个家庭和学生关心的大事。”[②] 其实，教育在影响国家未来发展的同时，也深深地受到整个社会环境的影响。从法本法硕教育，乃至整个中国法学教育的产生和发展来看，我们很容易感受到社会需求这一根源性的因素在其中所起到的作用。

1. 法学教育的发展和法本法硕的昙花一现

中国法治建设曾经受到政治运动的负面影响，甚至出现过“砸烂公、检、法”的闹剧，法律的权威没有树立，法学也沦为了阶级斗争的附庸。法学难以科学的姿态出现，更不必说会有法学教育的存在。随着国家建设走上了正轨，法制的作用受到重视，从而使大量的法律法规得以制定。法律空白的填补与完善需要有国内外成熟的经验借鉴和科学的理论支持，于是这一时期的法学研究和法学教育开始繁荣起来。法学研究生教育的目的被定义为培养学术型、理论型人才，同时认为实践型法律人才的培养由本科、专科、大专等低层次教育即可完成。转业军人进法院的现象就是法律职业没达到高层次和专业化的真实写照。再后来，人们逐渐认识到了“法制”与“法治”

---

① 李傲：《互动教学法——诊所式法律教育》，法律出版社2004年版，第17页。

② 吴晶：《征求对〈国家中长期教育改革和发展规划纲要〉的意见和建议》，《人民日报》，2010年2月8日01版。

的区别，不再只关注法律法规的数量，而是在提高立法质量的基础上更加关注法律的实效，真正把法律作为社会管理和解决纠纷的工具。市场经济的建立要求有普遍认可的交易规则，经济活动的多样化也推动着法律规范的革新。虽然这些新的变化并没有使法学研究的需求消失，但不可否认的是，相比理论研究而言，对能够运用法律知识和技术解决实际问题的实务型人才的需求更为旺盛。

于是，为了回应和引导社会发展的需求，国务院学位委员会于 1995 年批准设立法律硕士专业学位，并于 1996 年正式招生。以此来实现培养立法、司法、行政执法、法律服务与法律监督以及经济管理等方面需要的高层次法律专业人才和管理人才的目标。从 1995 年首批 8 所试点院校到 2010 年的 115 所招生院校，从首批招生 425 人到 2008 年招收全日制和在职的法律硕士共 8705 人，“从 1996 年开始至 2006 年，累计招生近 50000 人、其中获得学位的 18102 人”,[①] 中国法律硕士专业学位教育十多年的发展成果并不只体现在量上，更有形式上和质量上的改变。

1996 年至 1999 年期间，中国法律硕士并没有限制法学本科毕业生的报考。然而法本法硕教育只是昙花一现。自 2000 年起，中国全日制法律硕士招生改为只面向国民教育序列的大学非法学专业本科毕业生报考（个别学校允许符合一定条件的大专毕业生报考），而在职攻读法律硕士可以招收法学或非法学本科毕业的有一定工作经历的在职人员。一般认为，这次的变革是借鉴了美国法律博士[②]教育的经验，体现了法律科学的实践性和经验属性，将学历教育与职业教育完美地结合起来。特别是对于本科非法学专业的学生来说，在掌握了某一学科领域的基础知识后再学习法律，能对法律规则的设计和应用有更深层次的理解，而且有可能成为当今社会所需要的复合型人才。此外，对于在职硕士的培养来说，他们拥有一定的工作经历，因此在学习的过程中常常会联系自己工作中曾遇到的问题，带着问题去学习会取得更多的收获。如此看来，这种充电式的继续教育依然带有很强的职业倾向。

2. 法本法硕的死而复生和中国法学教育模式的转型

法科硕士专业引入职业教育理念是可喜的，但制度的设计却疏忽了一个

① 曾宪义：《中国法律硕士专业学位教育的创办与发展》，载《法学家》2007 年第 3 期。

② 美国法律博士（J. D.）的概念对于中国人来说容易产生误解。因为美国没有法学本科教育，取得大学本科学历的学生可以报考法律博士，并以此为跳板从事法律行业。所以美国的法律博士属于法律基础教育，同时也是职业教育。

至关重要的因素。不同于美国的法律教育，中国存在着数量庞大的法学专业本科毕业生。这些法学本科毕业生大多数也是要从事法律相关职业的，而他们的职业教育却无人问津。据2008年的统计数据，全国已有634所法学院系，还有34所高校开设了法学或知识产权第二学士学位。法学本科在校生30万人左右，法律专科在校生达22万多人。[①] 法学专业属于高考的热门专业，但每年却有大量的毕业生无法就业。《2009中国大学生就业报告》显示，法学大类毕业生就业率排名倒数第二，仅法学一个专业失业人数在全部本科专业小类中排名第一。法学大类的本科毕业生工作与专业的对口率仅为47%，排名倒数第二，这意味着一半以上的法学大类本科毕业生没有从事与法律直接相关的工作。法科学子的就业难是多种因素促成的，比如说招生院校水平参差不齐、招生量过大等原因。但法学毕业生的实践能力普遍较差是不可否认的事实。同时，法本毕业生要想继续读研深造，除了换其他专业外，只能选择法学硕士专业。法学硕士的培养以理论研究为重点，很难培养出实务部门真正需要的专业型、实践型高级人才。

事实上，不只是法学教育，其他专业性较强的学科教育也存在这样的问题。中国早在1991年就开始实行专业学位教育制度，每年招收的硕士研究生已达40多万人，但其中专业学位仅占10%，全日制攻读的比例更低。2008年全国招收法学硕士生13192人，法律硕士（含全日制和在职）8705人。[②] 扭转这一局面，2009年国务院学位办新设了法律硕士（法学）专业学位。第一届的法本法硕都是扩招的名额，录取的方式是从报考法学硕士未被录取的学生中调剂录取。同年，教育部发布了《2010年全国招收攻读硕士学位研究生简章》，首次提出了“学术型硕士”与“专业学位硕士”的区别。法本法硕招生开始走向正轨，面向法学本科毕业的应届或非应届毕业生招生，学制为两年。[③] 新学位的出现，表面上看是为了应对金融危机对就业形势的影响，但实际上却是中国法学教育模式的转型。

也许，此次法学教育模式转型的最终效果还有待时间的检验，但它的出发点和所指明的方向却是科学的、合理的。在中国，与法律相关的职业普遍需要的不是学术型人才，而是在一定领域有所长、有能力解决实际问题的专

---

① 冀祥德：《法学教育的现状及展望》，载《中国法治蓝皮书》（2009年卷），社会科学文献出版社2009年版，第332页。

② 王健：《法学教育改革与发展的新动向》，《法制日报》，2009年11月4日第9版。

③ 参见教育部（教学［2009］12号）《做好2010年招收攻读硕士学位研究生工作通知》。

业型、实践型高级法律人才。因此，把法科研究生的培养重点由理论教育转向职业教育是符合社会发展规律的。同时，法本法硕的死而复生也造就了法科研究生的结构性调整和变化——不仅使得法学专业的本科生在考研这条道路上又多了一种选择，而且形成了三种类型法律硕士（全日制法律硕士〈非法学〉、全日制法律硕士〈法学〉、在职法律硕士）并存的新局面。法学教育的改革不但不会停止，还将更加深入。

（二）目标与现实：中国法本法硕培养现状检视

1. 法本法硕教育的培养目标

法本法硕的培养目标是为法律实务部门培养具有社会主义法治理念、德才兼备的专业型、实践型高级法律人才。法本法硕的教育理念是面向法律实践领域的专业人才需求，以法律职业素质养成为教育目标。我认为，法本法硕的教育目标要放在整个法学教育的参照系下来理解。法本法硕教育除了要满足社会发展对高水平职业人才的需求，更要协调与法学类其他教育的关系，特别是与法学本科教育的衔接和与同层次的硕士学位教育的配合。

本科教育应该以通识教育为主、职业教育为辅的原则实施，这一点在当今社会并没有得到普遍认同。尤其是近年来，大学扩招一方面增加了国民受教育的机会，另一方面却也间接造成了大学生的就业率下降。“读书无用论”时常被提起，大学教育的质量和目标受到广泛地质疑。有种观点认为，本科教育要侧重于职业教育，读了四年书却找不到好的工作就是教育的失败，而对于传统上就属于职业教育的法学教育而言更是如此。我认为，给予本科教育这样沉重的负担是不可取的，客观上来说，如果只拿符合职业需求的标准来看，本科教育都应让位于专科教育或是高职教育，这显然是不行的。大学不仅是知识中心，更是人类社会的精神殿堂。这也是教育部将马克思主义哲学、政治经济学等经典课程列入必修课程的原因，而一般的综合性大学也广泛地开设了诸如社会学、美学、音乐、绘画等选修课程。“学生从大学所获得的，不是零碎知识的供给，不是职业技术的贩售；而是心灵的刺激与拓展、见识的广博与洞明……如此，学生就会发展和珍视伦理的价值、科学的类化、审美的态度，以及各种政治、经济和社会制度所以存在的意义。”① 具体到法学教育来说，本科的法学教育很大程度上正是通识教育的内容。社会的运行需要规则，而法律是最重要的社会规则之一。并且，法学基础理论中的很多内容又是与政治学、社会学、人类学、经济学等学科息

① 黄坤锦：《美国大学的通识教育》，北京大学出版社 2006 年版，第 1 页。

相关。掌握了法律的基础知识，理解了法治的理念，对于个人的生存和发展以及对于整个社会都有重大的意义。因此，法学本科教育不能过于注重职业技能的培养，而应把这一任务留给其他层次的教育。

研究生教育分为硕士和博士两个层次。博士研究生教育一般被认为是高等教育金字塔的顶点。值得说明的是，博士阶段的“教育”更准确地说是引导学生进行研究，而不是一般意义上的传授知识、技艺的“教育”。博士教育的总目标是为人类社会贡献更多的智慧。即在社会科学领域，使人类对政治、经济、文化现象的认识能够更科学、更深入，各种社会问题能够有更合理的方式解决；在自然科学领域，能够正确认识客观事物的属性和规律，并充分利用这些属性和规律为人类提供更好的生活条件。法学博士的教育，则要站在法学研究的至高点和前沿，不但要力求完善法学学科体系和法律体系，更要使学生获得分析问题的智慧和能力。

处于高等教育两端的本科教育和博士教育，都无法将职业能力的培养作为其首要的目标。缺少职业教育的教育体系是不完整的教育体系。虽然中国有中专、大专、高职、电大等教育层次，但这些强化职业技能的教育却不能满足高水平法律实践型人才的培养需求。由此，法科硕士研究生的教育必然要担负职业教育的使命，以改变中国法学教育体系的失衡局面。

2. 中国法本法硕教育的现状

从目前的情况看，中国法本法硕教育存在着很大的不足。要么延续着知识传授式的教育，要么是开展了职业教育但却没有把握精髓，这使得法本法硕教育没有形成自己的特色，教学质量也大打折扣。主要问题可归纳如下：

（1）课程设置没有体现专业方向

各院校的法本法硕教育一般都通过导师制的安排大体划分了专业方向，让学生的学习有所侧重，符合专业型人才的培养思路。只是课程设置却普遍没有与之配套，还是以“博学”的思路大量开设必修课程。教育部全国法律硕士专业学位指导委员会秘书处通过的《法律硕士专业学位研究生指导性培养方案》中，必修课有28 学分，涉及法理学、民商法学、刑法学、国际法等几乎所有核心课程。虽然只是“指导性”方案，但实际上很少有院校能“另起炉灶”，制定独具特色的培养方案。过多的专业方向外课程，成为学生不必要的负担。

（2）教学内容和教学方式不配套

各院校的任课教师长期从事学术研究和本科、法学硕士研究生教学工作，已经形成了一套成熟的教学方法和经验，但无论是基础知识讲解还是专题讲座式的理论探讨都不能完全满足法本法硕的教学需要。在课程内容方面，还会出现过度理论化、简单重复本科教学内容等现象。法本法硕教育模式亟待创新。

(3) 职业教育环节薄弱

法本法硕教育始终无法摆脱法学硕士和原法律硕士教育制度惯性的影响，培养方式的落后使得职业教育的课程往往“名不副实”。比如很多学校将法律文书写作当成了“应用文写作”课程，老师把文书范例展示出来，学生照葫芦画瓢交上几篇作业就完成了任务。这样的课堂教育只是传授了一些“死知识”，是职业教育的“皮毛”。还有，几乎所有院校都把职业教育的重头戏放在了最后的两个学期，学生可以相对自由地安排时间，完成校外实习和毕业论文写作任务。然而，据以往的经验看，实习很容易流于形式，传统的毕业论文写作也与职业教育的目标存在差异。

最后，长期以来形成的“法律硕士不如法学硕士含金量高”的观念仍然影响着法律硕士的招生和就业。类似师资力量配给不公这样的“差别待遇”，也成为法律硕士心中挥之不去的阴影。还有很多院校培养理念和模式的无差别，使得法学硕士和法律硕士普遍把进入法律实务部门工作当做就业的第一选择，这就造成了法律硕士在就业竞争中的劣势。法本法硕教育一定要克服困难，扭转这一不正常的现象；而最有效的途径无疑是通过教育制度规范化和教学理念特色化，打造有竞争力的法本法硕教育品牌。

(三) 规范与特色：中国法本法硕培养制度确立的若干建议

一个国家的法学职业教育制度设计是否合理，关键是看教育制度是否能与国家司法考试等职业门槛相协调、是否能真正培养出社会所需要的人才。法学不仅仅是关于“规则和规制的艺术科学”①，更是一门学以致用的社会科学。中国有自己的司法体制和教育体制，无论从改革成本还是实际效果来说，在坚持现有教育框架的前提下，根据法律职业的社会需求和国外的教育经验，对法本法硕教育做适当完善是十分有必要的，也是可行的。

1. 统一考试制度，强化法律职业的遴选机制

中国已对国家司法考试的报名资格做出了调整，应届生可以在毕业前报

① 刘毅、张陈果：《德国法学教育访谈》，《社会科学论坛》，2007年第3期。

考。这一调整主要解决了法科学生在毕业后的一段时期内都不能从事法律核心职业（如法官、检察官、律师等）工作的困境。[①] 把司法考试时间定在大四开学初，也是与本科课程安排和就业招聘、招考相协调的。只是法本法硕考生在完成司法考试后还要立刻投入到考研的复习中，时间上略显仓促。我认为，可以考虑将司法考试与法本法硕的入学考试有机统一起来，在不降低选拔要求的同时，减轻考生的负担。

具体制度设计是，教育部在法本法硕入学考试专业课考试项目上适当放权，授权司法部牵头组织专业课考试项目的命题工作。司法部以国家司法考试的命题思路设计试卷，并根据考生成绩划出分数线，授予过线考生司法从业资格。原有的司法考试制度不变，应届生也可以报考，只是降低通过率，并把减少的通过名额留给法本法硕考试中通过资格分数线的考生，以维持总的司法从业资格准入量。另外，司法部的分数线是国家认可资格的标准，对法本法硕的招生仅具有参考价值。各院校的招生分数线可以高于或低于司法部的分数线，还要遵守教育部关于公共课英语和政治的分数线要求。同时，为了防止单纯为取得司法资格而参加法本法硕考试的行为，可以规定从业资格证须2年后凭借法本法硕毕业证领取。而试题的内容相比原有司法考试，可以提高基础知识和法律条文的比重，甚至取消职业道德和职业技能的考察，把相关内容留给法本法硕教育培养和考查。

这种制度设计有四个明显的好处：一是强化了法本法硕职业化的教育理念。从招生制度上就与法学硕士相区别，并通过多一次取得司法从业资格的机会来吸引法科学子的报考，改善中国不合理的法学教育结构。二是有利于法本法硕实践教育的开展。强制性地考查基础知识和法律条文应用，学生有了一定基础后，会更有信心应对实践教育的开展。各院校也可以更好地开展法律援助等教育形式。三是有利于法学本科教育与国家司法考试的协调。各院校不得不考虑毕业生是否能有进一步深造的机会，是否能在就业市场上占有优势。本科的课程设置既要尽可能全方位地向学生展示法学精妙的逻辑和理论，又要侧重于司法考试内容的训练。第四个好处在于强化了法律职业的遴选机制。从德国的经验来看，学生仅经历法学本科教育，即使通过了国家

① 因为国家司法考试的日期定在每年的9月中旬，考试结果公布往往要等到11月份，而应届生的求职机会一般集中在9月大四开学至毕业这段时间。如果是毕业后才能参加司法考试，那么想从事法律核心职业的学生最早也要等到毕业后的11月份才能拥有“敲门砖”。

司法考试，也不意味着能达到法律职业的要求。[①] 培养高水平的法律职业人才，还需要通过严格的职业技能训练和培养，这也是法本法硕教育所应努力的方向。

2. 根据学生的职业取向，提供多元化的教育产品

这里的多元化包括职业选择的多元化和专业选择的多元化。中国并不存在美国的“职业一体化”现象，从事律师职业并非法律人才发展的必经过程。而且，中国学生对于法官、检察官、律师等职业的选择没有明显的倾向。因此，法本法硕教育要兼顾不同的职业技能训练。例如，既要有律师辩护技巧的传授，也要有法官驾驭庭审能力的培养，以及检察官审查起诉等技能的训练。同时，当今社会对专业型人才的需求旺盛，用人单位需要的往往是在某一领域有一技之长而不是“万金油”型的人才。所以，法本法硕教育应重视专业型人才的培养，在课程设置上不能搞“大锅饭”。

各院校应根据自身的教学资源情况，为学生制定不同的选修方向以供选择。我们可以借鉴慕尼黑大学的模式，例如，慕尼黑大学的《法学学习规则》附件 1 中列有 13 个选修方向，其中第 5 选修方向包括指定选修课：犯罪学、少年刑法、刑罚的执行；补充选修课：专题研究报告、课堂讨论或国家考试准备。[②] 可想而知，如果立志于从事刑事审判工作的学生很可能会选择这一选修方向。同理，我们可以在第一学习阶段按基础学科分出理论法学、民商事法学、刑事法学、国际法学、社会法学等方向，供学生选择。如刑事法学方向设置犯罪学、刑罚学、刑事诉讼法学、侦查学等课程。在第二学习阶段作更为细致的分类，如公司法务方向，课程包括公司法、证券法、税法、上市公司规范等；税法方向，课程包括税法基础理论、税收实务、审计概论、会计概论、国际税法、税收成案研究等。

在授课的方式和内容方面，第一学习阶段的课程要避免本科已学知识的简单重复，教师应侧重于培养学生解决实际问题的能力，不应空谈理论。第二学习阶段的课程则须坚持职业导向，与社会需求接轨。尽可能采取案例分析、产品设计等方式来培养学生的职业技能，而不是过多地以法学家甚至哲

---

① 在德国，取得法官资格（从事律师、法官、检察官等法律职业人员的资格总称）需两次国家考试合格。大学毕业参加第一次国家考试通过后，考生可接受 2 年的职业技能培训。期间，受训者被称为“见习法官”，会先后在初级法院或州法院的民事庭或刑事庭、检察官办公室、行政机关、律师事务所实习。见习结束后可参加第二次国家考试，顺利通过才获得从业资格。如果第二次考试未通过，则考生将无法从事法律核心职业，只能在政府、议会、公司等部门从事与法律有关的职业。

② 韩赤风：《当代德国法学教育及其启示》，《比较法研究》，2004 年第 1 期。

学家的姿态出现。

3. 实施“引进来、走出去”战略，切实加强学生职业技能的培训力度

首先，各院校要积极聘请法官、检察官、律师等从事法律工作的人员，特别是那些在所在岗位有着突出成绩或是丰富工作经验的“成功人士”。让他们作为兼职教授参与课堂教学，教学模式可以采取案例教学、模拟法庭、角色扮演等方式。其次，要让学生在毕业前的一段时间内有机会到法院、检察院、律师事务所、行政机关等部门实习，并建立校外导师对其进行考核的机制。要做到以上两方面，司法行政机关必须给予法律教育一定的支持，各院校也应与实务部门建立长期的合作关系，使法本法硕教育真正做到与社会需求接轨，为实务部门培养合格人才。

关于这一点，目前存在的主要问题一方面是校外人士的精力有限，往往无法充分地为课程做准备，甚至会出现照本宣科的现象，这就有悖于聘请实务界人士的初衷。其实，对实务界人士的备课要求不能过于严格，他们擅长的并不是体系的完备和内容的翔实。如果他们能将工作的阅历和经验分享给学生，能弥补书本知识的不足，那么他们的授课就是有价值的。另一方面，如今的校外实习相当于将学生“放养”（放纵培养），这种方式有利有弊，最大的弊端在于实习质量无法保证。如果实习的内容只是“坐办公室”、扫地、倒水、整理装订卷宗等，那么实习无异于挥霍青春。对此，我们建议取消半年实习期的做法，使上文提到的课程设置能在三个学期的时间内充分开展。并通过法律诊所的教育模式，改放纵培养为有指导的个性化培养，在充分接触实务工作的同时提高教育的质量。

4. 开展法律诊所教育，优化职业教育培养模式

本文前已述及在法律硕士培养中引入诊所法律教育的必要性和可行性。需要强调地史，法律诊所教育不是某种特定的形式，而是一种教学思路；不是课程本身，而是贯穿于其中的教学理念。诊所教育传授的绝不仅仅是“技巧”，它所要训练的是一种方法，“是一种有关如何在实践过程中总结、积累和运用经验的方法”①。当然，如今的法律诊所教育还有很多不尽如人意的地方，比如说学生人数过多使得“学徒式”教学的效果大打折扣，法律援助量较少以及实务部门对校外培养不够重视等，只是这些不足之处无法掩盖法律诊所教育的优势。

---

① 冀祥德等著：《中国法学教育现状与发展趋势》，中国社会科学出版社 2008 年版，第 179 页。

中国的法本法硕教育是一个富有生气的新事物，我们应该勇于打破陈规、勇于创新，探索出一套符合教育规律和社会需求的特色教育模式。现阶段来说，法律诊所的教育模式应该能够担此重任。法律诊所教育的开展，既能满足法本法硕教育目标的要求，又能为学生提供个性化的培养方案；既能将已掌握的法律知识融会贯通，又能在实践的过程中体会到理论与实践的差距；既能增进学生的社会责任感和对法律科学的崇敬，又能使他们认识到"正义不是必然实现"这样一个残酷的现实。从象牙塔里走出来的学生很容易对法治抱有幻想，认为法律可以将正义之光照亮人类社会的每一个角落。我们需要有心怀理想的法律人，也更需要有能够脚踏实地实践理想的法律人。知识、技能、伦理、理想，这些要素都应该通过指导教师的引导、学生的自我学习，通过法本法硕的教育传授给学生。使他们能够真正成长为法律职业共同体的一员，应然状态下如唐三藏式的法律人——"在职业技能上，能降妖伏魔；在职业伦理上能'自我救赎'；在职业信仰上，能普度众生；在职业行动上，既能分工又能通力合作。"① 而法本法硕教育的价值就在于夯实学生基本技能的同时，提供一个从象牙塔到社会的过渡平台，使学生能够从容地面对未来的职业挑战。②

五、小结

2009 年是中国研究生培养模式的转折年，是中国专业学位年。专业学位是随着现代科技与社会的快速发展，针对社会特定职业领域的需要，培养具有较强的专业能力和职业素养，能够创造性地从事实际工作的高层次应用型专门人才而设置的一种学位类型。伴随着我国经济社会的发展和研究生规模的不断扩大，重新定位研究生培养目标、转变研究生培养模式、调整和优化研究生培养结构，把研究生培养从以学术型为主转变为以应用型为主，既是是国家经济社会发展的迫切需要，又是研究生教育改革的迫切需要。中国法科研究生教育从以培养法学硕士为中心转向以法律硕士为中心，不仅是法治社会建设对法学教育的必然要求，更是中国特色法学教育模式初步形成的应有特征。

---

① 蒋大兴：《法律人，那些飘忽不定的理想》，载"中国民商法律网"〈http：//www. civillaw. com. cn/article/default. asp？ id = 49472〉，2010/06/15。

② 关于本专题的论述，详见冀祥德、王崇华：《规范与特色：中国法本法硕培养反思》，载《西部法学评论》2010 年第 4 期。

最后，特别需要说明地是，本课题系中国社会科学院法学研究所向新中国成立60周年的四大献礼研究成果之一。本次出版前，课题组又更新补充了相关最新数据和信息，保持了课题研究依据和结论的前沿性。

尽管本书的主题策划、章节安排和统稿是由本人负责的，但是，在各章节具体内容的撰写过程中，虽然有我的一些指导，然而，基本上是由各课题组成员独立完成的，所以，还是应当强调文责自负。

冀祥德

二〇一〇年十月二十二日

于中国社会科学院法学研究所研究生教学基地

目　录

第一章　中国法学教育回顾与展望

第一节　中国法学教育回顾

回顾中国法学教育60多年的发展历史，可以看出，从新中国成立初期到改革开放前30多年，法学教育主要经历了引进初创（1949—1956年）、遭受挫折（1957—1965年）和基本瘫痪（1966—1976年）三个阶段。1977年高考制度恢复，特别是1978年以来，中国法学教育中，以在校学生为教育对象的高等学校法学教育大致经历了四个主要时期：即全面恢复和快速发展时期（1978—1987年）；规范化建设时期（1988—1997年）；规模化发展时期（1998—2002年）；发展调整时期（2003年至今）。以法律职业者为教育对象的法律职业教育完成了三个转变：即从补课式、临时性培训向系统化、规范化培训的转变；从普及性、知识性培训向职业化、精英化培训的转变；从学历教育为主向职业继续教育为主的转变。以全民为教育对象的普法教育开展了五次，实现了三次飞跃：即从对一切有能力接受教育公民的启蒙教育到以提高领导干部依法决策、依法管理能力为重点的全民法律意识的飞跃；由单一普及法律条文向全方位推进依法治理的飞跃；普法依法治理工作由虚变实，由弱变强，向制度化、规范化、法制化的飞跃。

笔者以为，在中国法学教育60多年的发展中，改革开放30多年来的回顾更具有现实意义。

一、中国高等法学教育概况

（一）法学院校发展情况

1978年，执政党确定了中国改革开放的总方针，随即于1984年肯定了商品经济。法律工作面临的问题是法律人才奇缺，政法干部素质亟待提高。在1977年恢复高考前，全国只有北京大学法律系和吉林大学法律系尚在培养法学专业学生，1978—1987年，中国法学教育进入全面恢复和快速发展时期，招收法学本科专业学生的院校从1978年的六所迅速增加到1988年的

106 所，10 年间增长了 17.67 倍。

以 1988 年首批高校法律系改为法学院为标志，中国高等法学教育进入规范化发展时期（1988—1997 年）。此期间，中国经济体制改革逐步深化，经历了从建立适应有计划商品经济发展的计划经济与市场调节相结合的经济体制改革到建立社会主义市场经济体制的转变。1997 年，执政党的十五大确定实施依法治国基本方略。法学院系开始行业规范改革，法学院系数量在继续增加。到 1998 年，法学院系增加到 214 所，较 10 年前增长了 2.02 倍。

1998 年以来，社会主义市场经济不断成熟，政治体制改革取得突破性进展。特别是 1999 年依法治国方略载入宪法，社会主义民主与法制日益深入人心，中国法学教育进入规模化发展与发展调整时期（1998 年至今）。此 10 年，以 2003 年科学发展观的提出为分界，可分为“规模化发展”（1998—2002 年）和“发展调整”（2003 年至今）两个阶段。法学教育在经过 5 年的繁荣发展之后，进入对法学教育定位、质量、模式、层次、法学教育与法律职业之间的关系等全面反思时期。此 10 年，法学教育在总结反思的同时，仍然保持规模发展的势头。截至 2009 年，全国共有 615 所院校开设了法学本科专业，较 10 年前增长了 2.87 倍，改革开放 30 多年增长了 102.5 倍。

30 多年来，中国法学院校的发展规模情况参见下图。

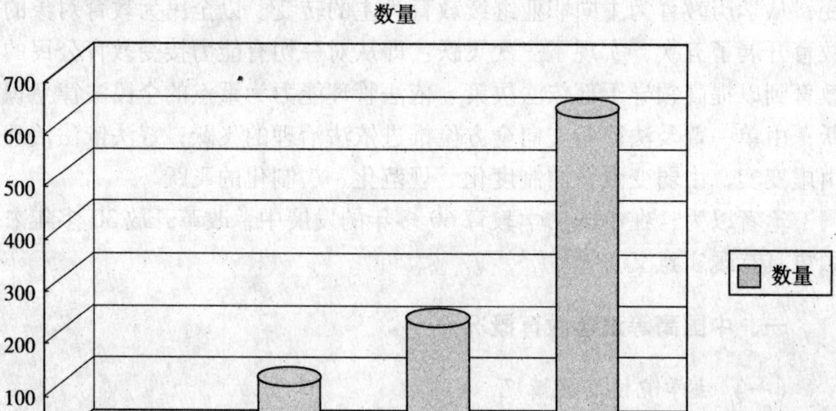

图 1-1 1978—2009 年设立法学专业高等院校数量示意图

（二）法律专科、本科招生培养情况

以 1978 年全国 6 所院校录取 1299 名法学本科专业学生为标志，拉开了中国法学教育全面恢复和发展的序幕。中国政治、经济、法制等诸领域经历了“文化大革命”的重创，正处于百废待兴时期。法学专业在全国范围内正式恢复招生后，一批有志于法律工作的青年进入学校接受法学教育。到 1988 年，当年本科在校生达 28325 人，10 年增长了 21.80 倍；当年法律专科在校生达 15329 人。

1992 年，邓小平同志南方讲话，执政党的十四大提出了建立社会主义市场经济的目标。中央对高等教育，特别是对法学教育提出了数量要增多和质量要提高的新要求。司法部制定的《法学教育“九五”发展规划和 2010 年发展设想》，确定 20 世纪 90 年代法学教育“必须保持适当高于教育平均发展速度，使办学规模有较大发展”。截至 1998 年，当年法学本科在校生达 87977 人，比 10 年前增长了 3.11 倍；专科在校生 48548 人，比 10 年前增长了 3.17 倍。

在 1998—2002 年法学教育的规模化发展时期，高校实施扩招政策，法学专业未来就业形势与学科地位日益提升，法学教育得以繁荣发展。至 2002 年，当年法学本科在校生达 264039 人，五年增长了 3.00 倍；当年法律专科在校生达 210807 人，五年增长了 4.34 倍。

2003 年，执政党“科学发展观”的提出，标志着中国法学教育发展调整时期的到来。因为经过 20 多年的飞速发展，中国法学教育的欣欣向荣延伸到了全国几乎所有大学，特别是 100 多所民办院校成为新增法学院系的主要力量，法学教育的繁荣景象之下，是人们对法学教育质量的担忧和法科毕业生就业率的下降，法学教育的科学发展成为核心内容。但是，高等院校法学专业招生人数保持于扩大趋势。据不完全统计，截至 2010 年 6 月，法学本科在校生 465406 人左右，法律专科在校生达 228694 人以上。

30 多年来，中国法学院校的法律专科和本科的招生培养情况参见图 1－2。

（三）法科硕士研究生招生培养情况

1978 年，中国社会科学院研究生院（法学研究所）等院校首批招收法学硕士研究生 228 人。1988 年，在校硕士研究生达 3847 人。1998 年，在校硕士研究生达 10840 人，较 10 年前增长了 2．82 倍。截至目前，31 所院校拥有法学硕士一级学科授权，154 所院校设有 327 个法学硕士二级专业点，在校法学硕士研究生达 75273 人，在校法学硕士研究生人数较 10 年前增长了 6．94 倍，改革开放 30 年增长了 330 多倍。

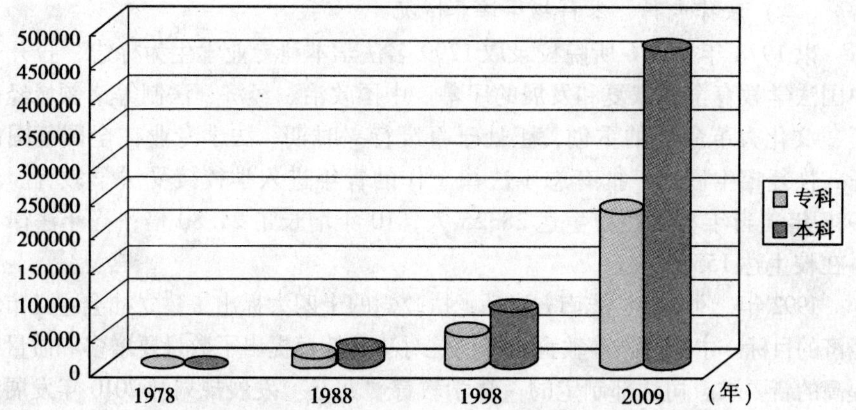

图 1-2 1978—2009 年法律专科、本科在校生人数示意图

1996 年，北京大学等八所高等院校试办法律硕士专业学位研究生教育，首批招收 539 人。1998 年，法律硕士专业学位试点单位达 22 所。同年，在职攻读法律硕士专业学位教育开始。1998 年在校法律硕士研究生 7986 人，较两年前增长 14.81 倍。至 2003 年，全国共有 8848 人完成培养，获得法律硕士学位。当年在校生已达 23000 人。[①] 2006 年法律硕士专业学位试点工作结束，进入正式培养阶段。2009 年，法律硕士招生 10191 人，在校法律硕士研究生 30000 人左右，在校法律硕士研究生较 10 年前增长了四倍左右；法律硕士培养单位增至 115 所，比试办时增长了 14.38 倍。

30 多年来，包括法学硕士研究生和法律硕士研究生两类法科硕士研究生的招生培养情况参见图 1-3。

（四）法学博士研究生招生培养情况

1982 年，中国法学博士研究生开始招生时只录取 1 人。至 1998 年，在校法学博士研究生达 1340 人。至 2002 年，在校法学博士研究生达 4157 人。2009 年，中国法学博士毕业生人数 2208 余人，法学博士招生人数 3355 余人，法学博士在校学生人数 12116 余人。据统计，1990—2004 年，在校法学博士研究生数量的年平均增长率为 28.34%，高于同期全国各学科研究生

① 2003 年，中国社会科学院研究生院（法学研究所）等 11 所高等院校为新增试点单位，法律硕士专业学位试点单位达 39 所。参见张福森《在第二届全国法律硕士专业学位教育指导委员会会议上的讲话》。

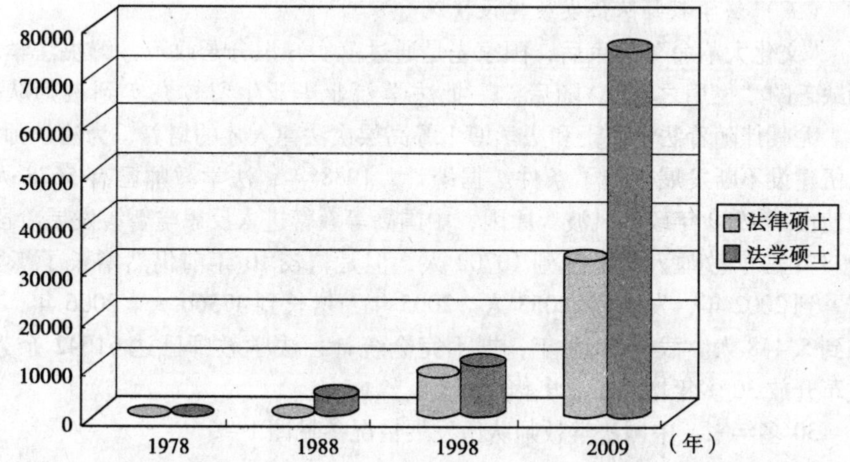

图 1－3　1978—2009 年在校法科硕士研究生人数示意图

在校生数量年平均增长速度的 16.82%。[①] 近三年，法学博士研究生的招生人数趋于稳定。截至目前，12 所院校拥有法学博士一级学科授权，22 所院校拥有 29 个博士二级学科授权。有 13 个法学教育机构设有法学博士后科研流动站。

30 多年来，中国法学院校法学博士研究生的招生培养情况参见图 1－4。

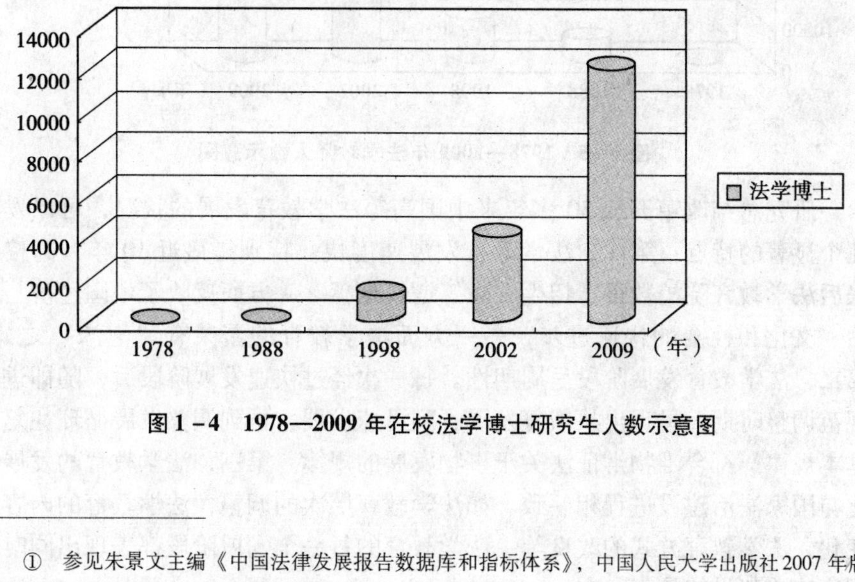

图 1－4　1978—2009 年在校法学博士研究生人数示意图

---

① 参见朱景文主编《中国法律发展报告数据库和指标体系》，中国人民大学出版社 2007 年版，第 526 页。

（五）法学教师队伍发展建设情况

“文化大革命”结束后，国家先是通过落实知识分子政策，解决法学教师缺乏的“燃眉之急”。随后，一批法学专业毕业生留校充实到教师队伍中。尤其伴随着法学硕士和法学博士等高层次法律人才的培养，为法学师资队伍建设不断发展创造了条件。据统计，1988 年，法学教师已有 5678 人。即使由于 1989 年政治风波等原因，中国高等教育进入反思与暂缓发展阶段，1998 年法学教师人数下降到 10702 人，但是，较 10 年前仍然增长了 1.88 倍。到 2002 年，发展到 22053 人。2005 年，增长到 47366 人。2006 年，增加到 53448 人。截至 2010 年，据不完全统计，法学教师已达 61042 余人，改革开放 30 多年增长了十多倍。

30 多年来，中国法学教师队伍发展情况参见图 1－5。

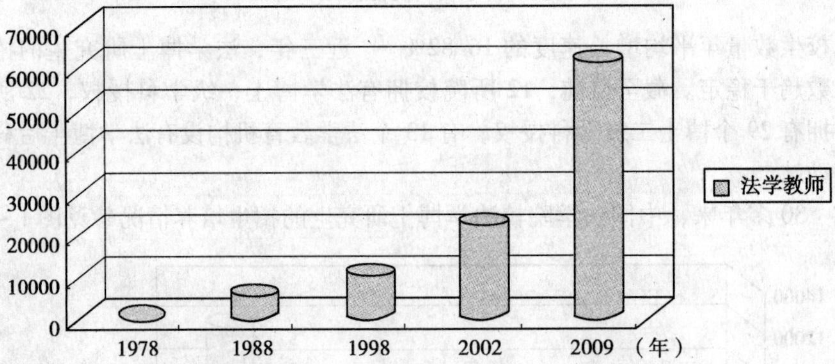

图 1－5　1978—2009 年法学教师人数示意图

研究总结改革开放 30 多年来中国高等法学教育发展的状况，可以发现几个显著的特点：第一，法学教育发展速度快。特别是最近 10 年，高校扩张后法学教育院校数量、招生人数等增长迅猛。一方面反映了中国经济、政治、文化和社会的快速进步，另一方面法学教育的繁荣有“泡沫”之嫌。第二，法学教育发展阶段呈周期性。每一次经过快速发展阶段后，随即进入规范调整时期，呈现出从恢复发展、到迅速发展、再到调整发展循环往复的基本规律。符合唯物辩证法关于事物发展的规律。第三，法学教育的发展变化与国家法治建设进程相一致。如法学教育层次的调整，法学教育的内容的变化，法学教育方式的改良等，法学教育的每一个发展阶段都表现出同时期国家法治建设的特点。

二、中国法律职业教育概况

受“文化大革命”的影响，中国的法律职业教育[1]在改革开放前几乎是一片空白。1978 年开始，主要是为司法职业人员进行法律知识和业务技能培训的“补课教育”。经过 30 多年的发展，自成体系的法官职业教育、日益完善的检察官职业教育和逐步发展的律师与公证员职业教育，共同构成了中国特色法律职业教育的基本模式。

（一）自成体系的法官职业教育

改革开放之初，中国各级法院安置了一批复转军人和社会招录干部。为尽快提高他们的法律专业和文化水平，适应审判工作需要，1985 年 9 月，最高人民法院创办了全国法院干部业余法律大学，省（自治区、直辖市）市（地区）法院也设立了相应机构，对上述人员分期分批予以教育培训。1988 年 2 月，最高人民法院和国家教育委员会联合创办了中国高级法官培训中心。法院业大和中国高级法官培训中心的职业教育，有效地促进了全国法院系统人员文化水平和业务素质的提高以及审判工作的开展，也为法官法的制定奠定了基础。1997 年，国家法官学院在全国法院干部业余法律大学和中国高级法官培训中心的基础上成立。[2] 在北京、内蒙古、四川、山东等高级人民法院设立了国家法官学院分院，组织对地方各级法院法官的教育培训工作。[3] 2008 年，国家法官学院建立了中国法官培训网，新增加了法官网络教学培训形式，标志着中国法官职业教育迈上一个新的台阶。经过 30 多年的发展，中国的法官职业教育已经实现规范化、制度化，一个三级高级以上法官由最高法院培训、二级以上法官由高级法院培训、其他法官由中级法

① 基于研究典型性的需要，笔者认为，中国法律职业教育主要以法官、检察官、律师和公证员、仲裁员为对象。基本赞成“法律职业是指以法官、检察官、律师为代表的，受过专门法律训练，具有娴熟的法律技能和法律伦理的人组成的自治性共同体”（参见孙笑侠《法律人之治——法律职业的中国思考》，中国政法大学出版社 2005 年版，第 21 页）的观点。

② 国家法官学院的主要任务是高级法官培训，同时也承担大学本科及专科学历教育。法官培训主要包括拟任高、中级法院院长、副院长的任职资格培训；全国各级法院高级法官的续职资格培训；晋升高级法官的晋职资格培训和预备法官的岗前培训。

③ 据不完全统计，截至 2007 年 8 月，国家法官学院共举办各类培训班 230 余期，培训各级法院院长、审判骨干和司法政务人员近 3 万人次；省级法官培训机构共举办各类培训班 2000 余期，培训法官和其他法院工作人员 50 余万人次。参见肖扬《在庆祝国家法官学院建院十周年大会上的讲话》，《法律适用》2007 年第 10 期。

院培训的三级培训体系已经形成。[①]

（二）日益完善的检察官职业教育

改革开放30多年来，中国的检察官职业教育状况与法官的职业教育基本相同。复转军人进入检察院工作的同时，检察系统也从高中毕业生中招录了一批干部。其职业培训与学历教育的方式与前述法官的教育如出一辙。

经过30多年的发展，检察官的职业教育机制日益完善，已经初步形成了自己的特色：一是基本形成了中央一级、省一级和地、市一级的三个层次的培训体系；[②] 二是对检察官进行了多渠道、多层次、多种形式的培训；[③] 三是对检察官的培训已纳入法制轨道，形成规范化、制度化。[④]

（三）逐步发展的律师与公证员职业教育

与法官、检察官30多年来的职业教育已经自成体系或者日益完善相比较，中国律师、公证员的职业教育发展则相对滞后，尚处于逐步发展时期。在1986年中华全国律师协会成立之前，甚至1996年律师法颁布之前，律师的职业教育尚处于探索之中。律师法实施后，规定对律师的职业教育分为对实习律师的培训和对执业律师的培训两部分。1997年司法部颁布的《关于进一步规范律师培训工作的通知》对执业律师的培训作出了具体规定。但是，与法官、检察官乃至警察职业比较，法官、检察官、警察的职业教育均

① 2000年，最高人民法院制定并颁布了《法官培训条例》，该条例明确了法官培训的组织与管理、内容与形式、条件与保障、考核与责任等。最高人民法院还先后制定了《2001—2005年全国法院干部教育培训规划》和《2006—2010年全国法院干部教育培训规划》，具体地明确了各个不同时期法官培训的指导思想和基本原则、总体目标和基本任务以及保障措施，从而使教育培训工作逐步走上了制度化、规范化的轨道。

② 如1986年，最高人民检察院报请国家教委成立了中央检察管理干部学院，并要求有条件的省、自治区、直辖市建立了检察干部学校。1988年，最高人民检察院建立了高级检察官培训中心，地方检察院建立了26个电大分校、检察学校和培训中心。1990年，中央检察官管理学院成立。1998年，最高人民检察院成立了国家检察官学院，逐步在省级检察院设立了国家检察官学院分院及检察官培训学院，完善了检察官职业教育机构。

③ 30多年来，中国对检察官的培训采取了中央检察官管理学院或者国家检察官学院及其分院、各级检察官培训中心以及高等院校等多种渠道，进行包括研究生、法律本科、法律大专、专业证书等多层次培训，形式有短期技能培训、长期专业培训、职务晋升培训、中青年骨干培训、脱产或不脱产培训等多种。

④ 1995年检察官法的颁布实施，标志着对检察官的培训已纳入法制化的轨道。其后，最高人民检察院制定的《2001—2005年全国检察干部教育培训规划》、《2006—2010年全国检察干部教育培训规划》，使检察官职业教育步入制度化、规范化。2007年，最高人民检察院颁发的《检察官培训条例》，对检察官培训的组织、教学师资、教材等都作了比较系统而详细的规定，为检察官的职业教育和培训提供了更为可靠的制度保障和更为科学的指导。

有相应的法官学院、检察官学院、警察学院专门组织实施，律师的职业教育则无相应的律师学院等相应机构担当。虽然律师法及有关规章规定由律师协会负责对律师的职业教育，但是，实事求是地说，中国现状下的律师协会尚不能承担起此重任。很多律师事务所也没有一套成熟完善的管理、发展体制，缺乏整体、长远的规划，更谈不上顾及对实习律师及职业律师的培训。中国公证员、仲裁员等的职业教育与律师的职业教育大同小异，均处于一个逐步发展时期。

三、中国普法教育概况

在中国，除去高等学校的法学教育和法律职业机构的职业教育之外，从1986年开始，由各级司法行政机关统一组织的对一切有接受教育能力的公民实施的旨在普及法律知识、传播法治理念、树立法治信仰的普法教育，也是中国法学教育的组成部分。这种教育作为世界法学教育中鲜明的中国特色，不论从对象、目的、内容上，都与高等院校法学教育和法律职业教育有所不同。改革开放以来，中国进行了五次普法教育，分别是以法律启蒙教育为特征的“一五”普法教育（1986—1990年）、以依法治理意识培养为特征的“二五”普法教育（1991—1995年）、以推进依法治国为特征的“三五”普法教育（1996—2000年）、以实现从学法到用法转变为特征的“四五”普法教育（2001—2005年）和以全面深入展开法律教育为特征的“五五”普法教育（2006—2010年）。五次普法教育中，每次普法的规划中一般都明确规定该次普法教育的指导思想、目标、任务、重点对象和组织领导及保障等内容；每次普法教育都密切与所处时期的国情结合，后一次普法教育基本上建立在前一次普法教育的基础之上；普法教育注重理论与实践相结合，学法与用法相结合。20多年的普法教育，使中国国民的法律意识明显增强，法制观念普遍提高，逐步推动国家管理活动与社会生活各个方面步入法制轨道。①

① “一五”普法期间，有7亿多公民学习了相关的初级法律知识；“二五”普法期间，有96个行业制定了普法规划，组织学习专业法律法规200多部；“三五”普法期间，30个省、自治区、直辖市结合普法活动开展了依法治理工作，95%的地级市、87%的县（区、市）、75%的基层单位开展依法治理工作；“四五”普法期间，有8.5亿公民接受了各种形式的法治教育。目前，“五五”普法正在蓬勃开展。参见国务院新闻办公室2008年2月28日发布的《中国的法治建设》白皮书，http：//news.xinhuanet.com/legal/2008－02/28/content_7687348.htm。

第二节 中国法学教育面临的挑战与展望

回顾60多年的中国法学教育历史，可以看到，以1978年改革开放为标志，中国法学教育经历了两个不同的发展时期：改革开放前30多年，法学教育是从无到有，从学习借鉴苏联经验，到形成时代背景特点的“政治挂帅”模式，直至遭受挫折乃至基本瘫痪；改革开放30多年来，法学教育从恢复重建，开始正视和探索科学的法学教育规律，到持续改革和发展，初步形成了具有中国特色的社会主义法学教育模式。[①] 一方面，中国法学教育记载了60多年新中国曲折发展的足迹，确认并体现了60多年来中国经济、政治、文化、社会进步的成果；另一方面，伴随着改革开放的成功推进，中国法学教育也取得了举世瞩目的成就，已经成为世界法学教育的大国，与以美国法学教育为代表的法律职业教育模式和以德国法学教育为代表的法律素质教育模式呈现出三足鼎立之势。

中国法学教育经过近60多年的发展，已经处在一个新的十字路口上，“一方面，法学教育表现出空前繁荣，欣欣向荣的大好形势；另一方面，它的背后正隐藏着一些深层次的矛盾。这些矛盾，有些已充分暴露，有些矛盾仍在形成之中”。[②] 在笔者看来，法学教育在这个十字路口上已经徘徊了几年，现在到了不得不进行选择的时候了。包括法学教育研究者在内的所有法学教育的管理者、教育者、受教育者，都有义务来认真研究法学教育的科学规律，深刻反思中国法学教育的现状及其存在的诸多问题，并结合中国实际，努力为法学教育选择一条光明的康庄大道。

一、中国法学教育面临的挑战

新中国成立60多年来，中国法学教育取得的成绩，应当予以充分肯定。但是，面临的挑战也很多。既有历史遗留的弊端，又有发展中产生的问题，也有正在形成的矛盾；既有宏观社会调控的不足，又有中观管理模式的漏洞，也有微观操作制度的缺陷。主要集中在如下几个方面：

（一）管理模式相对滞后，调控机制存在不足

中国自清末产生近代法律教育以来，就形成了政府对法律教育过度热心

---

① 参见冀祥德《论法学教育的中国模式》（未刊稿）。

② 徐显明：《在“强化专业学科建设，提高法学教育质量”研讨会闭幕式上的讲话》，《中国法学教育研究》2006年第3辑，中国政法大学出版社2006年版，第3页。

和集中控制的传统。改革开放以来，随着高等教育体制改革的开展和推进，政府的教育行政管理职能和方式发生较大转变，学校的教育自主权不断扩大。但是，整个体制尚未完全摆脱计划经济条件下形成的集权型高等教育管理模式。而高等教育的某些方面又出现了失范、无序乃至混乱的现象。这种矛盾错杂的现象在法学教育中表现得尤为明显。国家和省两级教育主管部门通过控制学校的校级官员任命、人员编制、招生人数、教育经费等重大事务，对学校的法学教育行使着直接的控制权，学校在很多方面只是主管部门履行教育职能的一种方式，难以自主发展。这种滞后的管理模式，已经不能满足法学教育发展的需要。同时，中国的法学教育虽然经过了60多年的繁荣发展，但是，至今没有制定出统一的法学教育准入制度，既缺乏规范的准入条件，也没有制度化的退出机制，更缺乏完善的监督管理机制。由于缺乏全国统一的关于法律院系批准条件和资格审查规定，任何一所大学基本上都可以自主决定设立法学院系或法学专业，由此导致法学教育难免出现失控的局面。对此，虽然教育部于1997年设立了法学学科教学指导委员会，发挥了一定的作用，但是，由于法学学科教学指导委员会是由教育部管理人员与部分高等院校及科研机构的学者组成，分布于全国各地，除去每年有限的集中开会讨论外，多数委员均忙碌于自身几乎与法学学科管理毫不相干的事务，既没有法学教育工作运行的长效机制，也没有硬性的职权，难以对法学教育的种种问题予以系统、长久且有针对性的思考和谋划。法学教育经过60多年、特别是恢复重建30多年的快速发展之后，亟须建立一套规范科学的调解控制机制。

（二）法学教育市场化明显，经济利益驱动过大

改革开放前30多年，由于众所周知的原因，中国法学教育的政治权重明显。1978年以后，改革开放的形势，给法学教育的发展带来了难得机遇。国家既需要在较短的时间内培养一大批法律人才充实法官、检察官、律师和司法行政队伍，又需要一大批从事立法、行政执法以及管理社会和国家的法律专业人才。这种形势给法学教育带来了契机，使得多种形式的法学教育蓬勃发展，同时，教育市场化也成了不可逆转的潮流。近年来，法学教育的经济导向日趋明显，各个学校纷纷设置法学院系，不仅综合大学开设，而且理工科院校也开设，不仅本科开设，而且大专、中专、高职、成人教育也开设，造成了法学教育培养层次的混乱、生源水平降低、师资力量薄弱等恶果。不同质的教育授予同样的学位，不同的成本却获得相同的收益，导致同样学位不同的含金量，出现了经济学上所称的选

劣不选优的“逆向选择”现象。法学院系由1978年恢复重建后的1院5系发展到目前的634家，30多年增长了100多倍，相当程度上的办学动力系来自利益的驱动。因为，改革开放使得法律在社会和人们的生活中越来越受到青睐，加之中国原有的法律职业人员素质较低，社会对高素质法律职业人才需求增强，法官、检察官、律师、警察又有较高的社会地位和经济收入，成为吸引人们学习法学的重要动力。到20世纪90年代，中国高等教育呈现规模化发展态势，法学更成为各专业中的显学，法学专业成为全国最热的专业之一，既是众多考生填报高考志愿的首选专业，又是院校增设专业、扩大招生的首要考虑之一；而一些拥有较长办学历史的法学院校，尽管其本身具备相应的法学专业办学条件，但在这种“大干快上”的形势下，也无法摆脱盲目扩大招生的怪圈。

（三）法学教育层次、形式和机构过于繁多杂乱

20世纪80年代以前，中国的法学教育一直集中于高校的法学院系，教育层次也以本科教育为主。20世纪80年代以后，各种形式的法学教育纷纷出现，呈现出层次呈多样化趋势，从中专、大专、本科（学士）到硕士、博士，共存在五个层次。其中，中专教育主要集中在各省所办的司法学校；大专的教育方式最为多样，包括全日制普通高等学校教育、全日制短期职业大学、普通高等学校附设夜大学、普通高等学校附设函授部或独立函授学院、广播电视大学、职工业余大学、管理干部学院和高等教育自学考试等；本科的学士教育主要由全日制普通高等学校承担，以本科为主，还有第二学位制和辅修制；研究生教育中，既有硕士，又有博士，既有法学硕士，又有法律硕士，法学硕士和法律硕士又均有单证（有学位）和双证（有学历也有学位）之分。由于法学院系设置过于行政化，准入条件过低，“法学院系林立但鱼目混杂”成为法学教育机构设置之诟病。中国法学教育的层次、形式和机构之多、之乱为世界罕见，其产生的负面影响已成为法律职业人士以及有志于从事法律职业人士的切肤之痛。一些院校在缺乏最起码的师资力量和教学条件的情况下也开办法学院系或者法律专业，严重影响了法律人才的培养质量。师生比例严重失衡，图书资料严重不足，学生学习、生活环境恶劣，校园人满为患，学校的办学质量明显滑坡，法学教育的规模和质量之间的矛盾日益突出。对接受法学教育的个体而言，入学标准、学制、学历和学位的“多元化”，一方面增加了证明个体教育背景的难度，另一方面又降低了证明文件的可信性。

(四)法学教师素质参差不齐,人才流动失范

中国法治建设的实践起步不久,总体上的知识积累尚系有限。这是造成法学教师在知识水平上存在缺陷的客观原因。与中国法学整体知识积累较为贫乏的现象相映成趣的,则是中国法学领域内部却存在着相当精细的学科划分。过于精细的学科划分为法学教师教学和科研水平的提高制造了障碍。每一名法学教师和科研人员大多都属于某一固定的"专业",终生从事该专业的教学和研究,而不涉足其他"专业"。这一局面在中国法学教育恢复初期,有利于尽快搭建法学的学科体系,但是此种模式又很快成为制约中国法学发展壮大的一大瓶颈。同时,各法律院系的教师绝大多数以理论知识见长,而对法律的实际运行所知甚少:一是偏重于抽象性的理论,而不注重具体的操作;二是偏重于国外的法律原理和制度,而不了解中国自身的问题。随着实践性教学和职业教育呼声的日见强烈,法学教师在知识结构上的上述弊端,越来越多地被暴露出来。

与此同时,市场化背景下法学师资的流动成为中国法学教育的一大看点。目前各高校与科研机构法律院系之间教师的相互流动,大体上是一种以博士点、硕士点的申请为最终目的,以经济待遇为基本手段,以知名教授为主体的流动形式。此种模式在制造学术和教育"泡沫"方面的功能,似乎要远远大过对办学质量的实质性促进。它产生的直接后果是大多数法律院系的教师队伍结构严重不合理。在人才"竞争"过程中居于劣势的大多数院系,为满足基本教学工作的需要,不得不大量使用缺乏教学经验的青年教师,合理的教师队伍梯队难以形成。同时,由于青年教师在走上教学工作岗位之后,马上便要承担繁重的教学工作,使得它们在最初的几年当中往往要疲于应付超负荷的工作,这种过度的使用,使得青年教师在教学和科研能力方面很难取得真正实质性的提高。更为严重的是,在现行的教育管理和评价机制之下,[1] 青年教师的繁重劳动很难换来真正的回报。当青年教师感到自

① 总体而言,当前各高校实行的各种评价机制主要存在两个方面的问题:一是实质上不合理,二是程序上不健全。在实质层面,首先,如前所述,在各高校争办研究型大学的热潮中,教学已经逐渐趋于边缘化,甚至教师教学效果的好坏都还没有形成一个通行的评价标准可资参照,而只能借助于教师在学生当中的"口碑"获得一个大致的印象,这必然造成教师教学热情的降低。其次,在科研层面,以发表论著的数量或主持科研项目的级别为主要标准,也无法真正反映教师在科研方面真正的能力和成就。在程序层面,对于教师的职称评定、岗位聘任等问题,各高校实行的评审程序普遍存在不公开、不透明,以及行政权力的专横等现象。参见方流芳《中国法学教育观察》,《比较法研究》1996 年第 2 期。

己的付出与收获严重不成比例的情况下，便难免转而谋求其他出路，从而造成法学师资的“绝对流失”。

（五）法科学生性价比回落，法学教育质量亟待调控

60多年来，中国法学教育走过了一条曲折的道路。应当看到，从1978年恢复重建以来，中国法学教育的发展确实如雨后春笋一般，呈现出一派欣欣向荣的局面。但是，在繁荣的背后，伴随着法学教育规模的空前扩张，各种各样的法学院系越来越多，法学毕业生数量迅速增加的同时，人们对法学学科毕业生的质量却产生了越来越多的怀疑和批评。“学法之人如过江之鲫，法律文凭贱如粪土”，法学学科毕业生的就业越来越难。据调查统计，2007年法学学科毕业生的就业率却列文科毕业生倒数第一。一些重点大学如北京大学、南开大学等院校的法学本科生应聘基层法院聘任制书记员的现象已非罕事，[①] 而在大学毕业生供需洽谈会上法学职位为数过少也成为常态，[②] 法学专业毕业生性价比回落、就业率低已经成为一个不容置疑的事实。[③] 一方面，法学毕业生供求关系严重失衡，就业形势日益严峻；另一方面，法学教育的质量良莠不齐，令人担忧。

从教育的规律而言，教育的发展应当与质量的提高相辅相成，至少应当以质量保障为发展的前提条件。但是，伴随着几乎所有的本科院校都设置了法学专业，法学教育“村村点火、家家冒烟”的办学方式，在引起在校法学学生数量剧增和法学教学资源短缺的同时，法学教育的质量引起了人们的普遍忧虑。而在中国，对高等教育教学质量的监控从认识到实施都起步较

---

① 2007年江苏省镇江市法院系统拟招收6名聘任制书记员，在434位报名者中，既有北京大学法学院的学生，又有中国政法大学和南京大学法学院等名牌高校的学生。参见王评等《北大本科毕业生争聘地方法院书记员惹争议》，《扬子晚报》2007年6月24日。

② 2006年11月，江苏省暨南京市2007届高校毕业生公益性供需洽谈会上共有3万个职位，法学类仅占5‰。参见姜丹《法学毕业生就业遭遇高门槛》，《人民法院报》2006年12月15日。

③ 据最近麦可思人力资源信息管理咨询公司发布的《2007届大学毕业生求职与工作能力调查报告》揭示，毕业半年后，本科专业的平均就业率是91.2%，但是很多热门专业的就业率并没有达到这个水平。应届大学生毕业半年后失业人数最多的10个本科专业依次为计算机科学与技术、法学、英语、国际经济与贸易、汉语言文学、工商管理、电子信息工程、信息管理与信息系统、会计学、数学与应用数学。2007届法学类毕业生毕业半年以后的就业率为85.6%，与法学类2006届毕业生毕业后半年83.2%的就业率相比略有提高。山东经济学院、山东社会科学院多名专家组成的全省人才供需预测课题组发布的《山东省近3年来本专科毕业生生源情况、社会需求和就业流向等情况的调查》显示，高等教育12大类学科专业毕业生初次就业对口倍率最低的四类学科从最低依次为历史学、哲学、法学、管理学。资料来源：http：//edu.sina.com.cn/gaokao/2008-08-06/1413157952.shtml。

晚，尚未形成完整成熟的体系，高等教育教学质量监控多体现为政府教育部门组织的随机性教学检查，这种通过外界的压力来推动教学质量提高的方式，昭示出高校缺乏对教学质量内在的自我约束机制和完整的、制度化、规范化的内部保证体系。就中国高等学校的法学教育而言，从重数量的发展转向以质量为核心的发展，是走内涵发展道路，培养社会需要的多层次和高素质的法律人才的必由之路。①

二、中国法学教育未来展望

法学教育以通识教育为主，偏重注释法学教育，法学教育从知识型为中心逐步演变为以职业型为导向。未来中国法学教育的发展方向主要体现在以下几个方面：

（一）重新调整中国法学教育的功能定位

当法学教育与法律职业的关系备受诟病，法律职业伦理与技能教育被广泛吁求，律师与公平正义的关系被质疑，当2007年国家司法考试中80%的应考人员不能正确解读社会主义法治理念之内涵之时，人们开始意识到，在下一个中国法学教育60多年的崭新步伐即将迈出之际，迫切需要对中国法学教育的未来予以明确定位。与此同时，中国法学教育60多年来的实践发展也告诉我们，伴随着国家法治进程的不断深入，特别是国家统一司法考试制度的建立，中国法学教育传统定位的历史使命已经完成。

有学者认为，法学教育的使命就在于提升人们对正义的认知水平，拓宽社会的正义之路，培养社会正义的守护者，搭建社会正义的阶梯。这一目标应当成为未来中国法学教育前行的基准。法学教育作为国家法治实践活动之重要一环，应当承担起引领时代法律思想走向，提升整个社会法治素养的责任；应当承担起构筑社会伦理体系的责任；应当承担起维护社会主流价值——社会正义的责任。因此，当下以及未来中国法学教育的整体功能定位就是要培养信仰法治、忠诚于正义的法律人，由他们去守护正义，凭借着他们的智慧与理性、良知与勇气，搭建社会的正义之梯，让社会中的每一个人都能够登临正义的高地。②

---

① 2008年10月9日，教育部表示，1999年决定的全国高校大规模扩招太急促。今年高校扩招步伐将放缓，2009年扩招幅度不超过4%，2010年不超过3%。

② 徐显明：《法学教育的责任》，《中国改革报》2007年6月21日。

同时，必须重新调整对中国法学教育从通识教育向通识教育、专业教育与精英教育的相结合功能定位的转化，把法学教育的培养目标从单一的法律知识型人才培养转变为法学应用人才、法学研究人才和社会管理人才的共同培养。未来的法治国家建设中，要求法律职业必须走上专业化和职业化的轨道，法学教育肩负着为法律职业部门和全社会培养高素质法律人才的历史使命。“这种高素质的法律人才，绝不仅仅只是掌握了法学知识体系的人，‘他’应当是和必须是法律专业知识、法律职业素养和法律职业技能的统一体”。[①] 要转变将法学教育等同于法学院校和科研机构的一次性的学历教育的传统观念，构建法学教育的大教育观，认识到，法学教育不仅有高等院校和科研机构中的法学专业教育，也有法律职业机构和有关组织的互补与继续教育；法学教育不仅包括学历和学位教育，也包括非学历、非学位教育；法学教育不仅包括法律学科教育，也包括法律信仰、法律伦理与法律职业教育。

（二）树立政府、法学教育机构、社会全面参与的法学教育质量观

60 多年来，中国法学教育已经基本完成了规模建设和数量积累的历史任务，当前到未来的任务应当是将法学教育发展的主题全面转移到教育质量上来。根据司法部《法学教育“九五”发展规划和 2010 年发展设想》对法学教育提出的发展目标，中国对法律人才的培养是要在专业教育的同时，特别注意对学生的素质教育，培养学生的创新精神和实践能力。对此，有学者提出，全面、系统地落实法学教育的全面教育质量观，是当今法学教育的出路所在。应当从法学教育的生源质量、师资质量、培养质量、组织管理和办学条件多个层次，分析把握法学教育全面质量观的内涵。[②]

笔者赞同上述观点，但又认为，法学教育质量问题不能认为凭借法学教育机构一己之力便可解决，应当树立政府的宏观监控、法学教育机构的自我管理和社会市场的需求调控三位一体的法学教育质量观。政府应着重从宏观上对法学教育进行法律规范、政策指导和投资约束；应当从国家法治建设的需要出发，构建合乎中国实际的法学教育准入制度，适当提高法学教育门槛；应当设立法学教育质量评估机构，科学把握与指导全国法学教育质量评估工作；应当建立法学教育竞争淘汰机制，通过投资控制、设标考核、专项

① 霍宪丹：《中国法学教育反思》，中国政法大学出版社 2007 年版，第 69 页。

② 参见徐显明《在“强化专业学科建设，提高法学教育质量”研讨会闭幕式上的讲话》，《中国法学教育研究》2006 年第 3 辑，中国政法大学出版社 2006 年版，第 6—8 页。

检查等多种方式，促使法学教育“千帆竞发”，“百舸争流”，让那些不具备法学教育条件的法学院校“自生自灭”，以达到优胜劣汰的目的。高校、科研机构等是法学教育的主体，是法学教育质量的直接责任主体，应当在法学教育活动的组织实施中，建立科学规范的法学专业教育管理系统、教学监督系统、教学咨询与评估系统、教育质量评价系统与教育质量奖惩系统，努力创建法学教育质量文化，探索保障法学教育质量的长效机制，承担法学教育主体责任。高校、科研机构法学教育的目标一般有三项：一是教育形成法学基本知识体系，二是训练运用基本知识处理法律问题的能力，三是培养法律人思维方式和法律理念。所以，其教育质量控制体系的构建，必须紧密围绕上述三个目标。社会是法学教育的外部监控主体，其通过社会市场对法学教育产品的输入输出与需求供应关系评价法学教育的质量。因此，必须建立法学教育资源与法律人才的输入输出机制，发挥社会市场对于法学教育供求关系的调控作用；必须建立社会监督机制，发挥社会元素对法学教育质量的制约作用；必须建立法学教育质量中介组织评估机构，发挥社会中介组织对法学教育质量的引导作用。

（三）分层次设置法学院系与评估考核

法学院系的设置是影响法学教育发展的重要因素。针对目前中国法学院系设置规模虽然庞大，但在人才培养的结构上却存在失衡的状况，[①] 从未来的发展趋势看，中国高等院校和科研机构法学院系在培养合格法科毕业生的基础上，在功能定位上应走分化和差异化的路线，将法学院系分为学术型、实务型、特色型，在这几种类型之下再分设精英型和普通型，使法学教育机构趋于层次化、多元化、特色化。学术型法学院系主要培养从事法学研究和法学教育的理论型法律人才；实务型法学院系主要侧重培养从事法律职业的实践型法律人才；特色类法学系主要偏重培养具有行业专业特色的法律人才，如财经类、农林类、语言类高等院校的法学院系。而无论是学术型法学院系，还是实务型、特色型法学院系，均可划分为精英型与普通型，精英型法学院系可以培养学术型、实务型和特色型多层次法律人才，而普通型法学院系则只能从事实务型和特色型法律人才的教育。

---

① “一方面农村、乡镇闹‘律师荒’；另一方面真正能够处理复杂跨国法律业务的高端法律人才产出不足。中国大学法学教育的‘产品’主要囤积在中下档次”。对于诸多有志于法律职业的青年学子，一不小心就会将其推向不合格法学产品的生产作坊。参见李林教授在《花溪之畔·法学教育改革论坛》上的发言，http：//edu. sina. com. cn/gaokao/2007 - 09 - 19/1527101514. shtml，访问日期：2008 年 8 月 5 日。

基于上述法学院系之分类，可以至少从两个方面进行规范管理：第一，设置不同类型法学院系的标准条件，对现有法学院系予以分类划分。第二，严格按照设置的法学院系标准条件审核新要求设立的法学院系。第三，建立评估考核机制，对法学院系实行定期考核。达不到精英型标准的，降级到普通型法学院系；达到精英型标准的普通型法学院系，升级到精英型法学院系；达不到普通型标准的法学院系，予以撤销。这种评估考核机制可以与法学教育质量评估同时进行。

（四）法学学历教育层次的优化调整

当前，中国高等法学教育体系层次虽多，但是，各个层次的法学教育普遍都存在着一些问题，而且整个法学教育体系资源没有得到有效整合，法学教育每个层次、每个模块各自为政，法学教育的整体质量不高。长期以来，没有站在中国法学教育体系的高度上，从整体上认识和解决法学专科、本科、法律硕士、法学硕士以及法学博士教育的改革和发展问题，目光过于狭窄，于是才造成了法学教育各层次内部以及各层次之间的诸多矛盾，从而也使得法学教育的整体力量受到削弱。

优化调整法学学历教育层次是未来中国法学教育发展的必然，也是整合法学教育资源、提高法学教育质量的重要途径。法学教育的基本目标是培养法律人才，按照未来中国法学教育培养法律应用人才、法学研究人才和社会管理人才的定位，法律应用人才对法学学历的要求相对较低。但是，即使是作为法律应用人才的法律职业者，其法律职业作为垄断的职业领域亦要求从业者有着专业的知识技能。而从中国法学学历构成层次来看，中专层面的法学教育已经完成了其时代赋予的使命，不能适应现代社会经济、政治、文化发展的需求，应当向其他与法律相关的职业教育转型，以有利于社会利用有限的法学教育资源来培养法律精英人才。大专层面的法学教育强调法律职业个体岗位业务知识和实践操作技能，理论以“够用、实用”为度，是相对完整的实践体系和相对不完整的理论体系的统一。对于肩负推进国家法治进程的现代法律职业而言，其与此前的法律职业以及其他职业素质皆有不同，没有完整的法律知识体系和坚实的法学理论基础，仅有相对完整的法律业务知识和实践操作技能，已经越来越难以满足现实需要，所以，在发达地区应当立即取消，西部不发达地区逐步限制。本科层面的法学教育面临尴尬境地，存与废尚在争论之中。笔者认为，目前在中国立即全面取消法学本科教育的时机尚未成熟，有待于大力发展法律硕士研究生专业学位教育之同时，逐步实现法学学科在大学素质教育后向法学硕士和法律硕士双轨培养的分流转型。硕士研究生层面的法学教育中，以复合型、应用型法律人才为培养目标的法律硕士，应当成为中国法学教育中法律应用人才培养的主流，输送至法律职业队伍和社会管理部门；以培养学术型、专业型法律人才为培养目标的法学硕士，应当成为中国法学教育中法学研究人才培养的主流，就业于法学教育和法学研究机构。博士研究生层面的法学教育应当继续以精英型法律人才为培养方向，锻造其创造性思维与创新性能力，以适应法律科学研究与社会高端管理之需。

（五）法学教师队伍结构重组与法学教育方法改良

列宁曾经说过：“学校的真正的性质和方向并不由地方组织和良好愿望决定，不由学生‘委员会’的决议决定，也不由‘教学大纲’等决定，而是由教学人员决定的。”[①] 面对中国法学教师队伍人才流失、结构不合理、素质良莠不齐等现状，未来中国的法学教育应着力改变或者建立四种机制：一是应改变法学教育的管理体制和评价机制，使之符合法学教育规律，避免以“行政政绩”的评价标准或者单一的科研成果对法学教师进行管理和评价；二是应改变对不同学科的法学教师“一视同仁”的管理和评价模式，根据不同学科的教学和科研规律进行分类管理和评价；三是应改变法学教师束之于理论高阁的现状，建立法学教师走进法律实务、亲历司法实践的长效机制，同时拓展法律职业机构与司法实务精英参与法学教育的范围；四是应改变基础性教学以青年教师队伍为主的法学教师结构，合理调整法学教师内部结构，促进梯队建设，即要给予青年教师成长的环境及必要的指导，均衡调配新老教师和具有实务经验教师的教学梯队。

未来法学教育中，无论是高校法学学历教育还是法律职业教育，在教学方法上的改革均可根据所授课程不同从三个方面入手：一是增强教学互动，广泛采用讨论式教学法，限制适用讲座式教学法，鼓励适用辩论式教学法，将学生置于教学的主体地位，使学生对法学知识的掌握从书本到实践、从死板的记忆到学会思考、从被动的接受到主动的参与，最终达到教学相长的教学模式。二是充分重视案例教学法，传授法律解释与法律适用的具体方法，其目的在于提高学生对法律体系和法律内在逻辑性的深刻认识，训练学生养成正确的法律思维方法。三是开设诊所式法学课程，让学生对法律职业的实际状况，获得一个初步的认识，并培养其在实践中继续

---

① 《列宁论国民教育》，转引自郭捷等《中国法学教育改革与人才培养——来自西部的研究与实践》，中国法制出版社 2007 年版，第 132 页。

学习的意识和方法。当然，对于法律职业者的继续教育则无须开设诊所式法学课程。

（六）法学教育、司法考试与法律职业的良性互动

法学教育与法律职业具有互为“源头”与“活水”的相辅相成、共生共长的辩证关系。面对中国法学教育与法律职业屡受诟病的脱节现状，未来的法学教育应当是与国家司法考试和法律职业三者之间的良性互动。

未来的法学教育中，首先，法学教育和法律职业的资源将被整合，法学院校和职业机构实现师资共享和信息共享。这一目标将通过建立教师互教制度、学生互换制度等方式实现。其次，司法职业化进程的推进，将成为实现法学教育与司法职业良性互动之契机。在中国未来的法治进程中，司法职业化已是大势所趋。因此，第一，应明确司法职业化的总体发展方向和趋势，使法学教育据此确定教育内容和培养目标，同时，法学教育界人士应当积极参与司法职业化进程建设，为司法职业的健康发展提供坚实的理论基础和指导。第二，应确定司法职业的层次标准，为法学教育目标的设定与人才的培养提供可以参考的坐标。再次，通过改革司法考试制度，实现法学教育与法律职业的良性互动。第一，应当重新设置司法考试的应试条件。将对于法律思维的考核延伸至司法考试之前的法学院系学习。规定获得非法学本科以上学历者，必须经过国家指定的法学院校培训合格后，才能参加司法考试。而未来司法考试制度的改革，则在法律硕士培养得到长足发展之后，确定以法律硕士考试代替第一次司法考试。实行司法考试第一次笔试与第二次面试相结合的考核方式，全面考核应试者的法律职业能力与素养。第二，改革司法考试的内容、题型。转变背诵内容为主的考核理念，改变以客观题为主，主观题为辅的考核题型，重点考核应试者运用法律知识进行思考的过程和解决实务问题的能力。第三，设置法律职业的强制性入职培训及考核。一方面使受培训者有针对性的接受职业技能训练，缩短其进入工作后的适应期；另一方面及早启动淘汰机制，使司法考试得以向后延伸，避免“一考定终身”的弊端。

（七）以社会主义法治理念和公民意识为核心的法学教育

法制教育是任何一个社会生活个体都必须接受的教育内容和教育活动。佛家云：下法是戒，中法是定，上法是慧。若以此推论公民的法律意识，则下法是因畏惧法的惩戒而守法，中法是因自觉而守法，上法是因维护法而守法。改革开放 30 多年来，中国的普法教育基本完成了对全民法律意识的培养，渡过了下法和中法时期。中国下一个 30 多年全民普法教育的目标就是

要达到上法的境界。在这个“因维护法而守法”的上法时代中，尚法的核心是合乎中国国情、具有中国特色的社会主义法治理念和公民意识。法治理念标志着法治的社会属性、政治原则、价值蕴含等根本问题，关系着法律职业人员的精神信仰、意志品格和职业意识，只有将社会主义法治理念融会于人们自觉地尚法之中，才能实现“因维护法而守法”的上法境界。以社会主义法治理念为核心全面深化普法教育，一方面将强化全民用法护法的意识和能力，另一方面也将增强全民对于司法者司法行为和执法者执法行为的监督意识和能力。同时，在全民普法教育中，应强化公民意识教育。中国执政党在十七大报告提出了“公民意识”的概念，强调加强公民意识教育，树立社会主义民主政治、自由平等、公平正义理念。发展社会主义民主政治，深化政治体制改革，建设社会主义政治文明，一个重要的基础性工作就是开展公民意识教育，提高全社会政治素质。而民主政治、自由平等、公平正义既是人类社会的美好追求，又是政治建设、政治发展的重要价值和目标。公民是社会成员的法律身份。通过公民意识教育强化公民的法律身份体认，公民运用法律、维护法律的意识才能进一步加强，“因维护法而守法”上法社会就能实现。当然，社会主义法治理念和公民意识教育，不仅是中国下一个30多年中“六五”普法的核心，也是法学研究的核心，更是法学教育的核心。

本章小结

中国法学教育经过60多年的发展，在充分肯定已经取得成绩的同时，也应当清醒认识到中国法学教育面临的挑战。中国未来的30多年，是实现社会主义市场经济又好又快发展的关键时期，是建立社会主义和谐社会的关键时期，是建设社会主义民主政治的关键时期。社会主义和谐社会是民主法治的社会，社会主义市场经济是法治经济，社会主义民主政治是法治政治，只有全面落实依法治国基本方略，加快建设社会主义法治国家，运用法治和其他制度规范、贯彻、落实科学发展观，才能保障中国“四位一体”战略部署的实现。这些都表明，中国正在迎来一个法治时代。法治时代呼唤中国法学的繁荣发展，要求法学研究的深化提高，推动法学教育的改革创新，引领法学法律人才的优胜劣汰。法治时代是改革、创新和发展的时代，是不进则退，充满竞争的时代。从该种意义上讲，我们的法学教育，不仅要对现实负责，还要对未来负责；不仅要对中国负责，还要对世界负责。未来中国的法学教育，应当运用科学发展、和谐建设的理论为指导，把法学教育融入到全面落实依法治国基本方略的大战略之中，为依法执政、民主立法、依法行政、建设司法、强化护法、倡导守法的依法治国新局面，[①] 在功能定位、教育模式、教育机构、教育层次、教育方式、教育质量等方面予以科学调整和完善。

① 参见李林《改革开放30年与中国法治建设》，《中国法学会》2008年第4期。

第二章　法学教育中国模式的初步形成

第一节　中国法学教育模式的发展变迁

一般认为，“模式”具有“样式”、“样态”之意，是以典型特征为元素，从静态的横向观察和动态的纵向比较等角度考察事物的基本类型。法学教育模式是在一定的经济、政治、文化等因素影响下，在一定的教育思想指导和制度环境中生成的教育培养目标、教育培养方式、教育内容、教育方法等基本构成元素的有机结合。

考察世界各国法学教育的基本构成元素，可以发现世界法学教育的基本类型大致可以分为两类：一类是以美国法学教育为代表的普通法系的法律职业教育模式，一类是以德国法学教育为代表的大陆法系的法律素质教育模式。

英美法学教育模式的基本特征是：（1）培养教育目标是以律师为基础的法律职业者。（2）教育培养方式是法学院的培养与法律职业实践紧密结合。（3）教育内容是建立在本科人文教育和科学教育基础之上的研究生层次（J. D）或者是法学学士（LL. B）基础上的研究生层次（LL. M）的法律职业教育。（4）教育方法是以案例讨论或者实践性教学为主，注重教师与学生的教学互动。这与普通法系国家的判例法渊源相关联。（5）英美法学教育定位是法律职业教育。法学院为学生设立个人导师和专业导师，指导学生学习和对实践提出建议。大陆法系法学教育模式的基本特征是：（1）培养教育目标是法官、律师等法律职业者以及社会管理人才。（2）教育培养方式是法学本科的法律素质教育由法学院承担，法律职业培训由法院、律师事务所等职业机构承担。（3）教育内容是法学理论知识和法律规定以及有关人文知识。法学教育以本科教育为主。（4）教育方法是大多采用演绎法，强调教师系统地向学生讲授法律的基础知识，注重法律抽象思维训练。这与大陆法系国家成文法传统具有密切关系。（5）大陆法系法学教育定位是一种法律素质教育。其法学本科教育属于通才教育。

从以横向的世界法学教育既成模式的基本特征比较、纵向的中国法学教育模式构成元素生成机制分析以及中国法学教育制度的整体运行环境考察为视角，综合研究中国法学教育培养目标、教育培养方式、教育内容、教育方法等基本构成元素，可以发现，新中国成立以来，中国法学教育模式经历了从新中国成立初期的苏联模式，到改革开放初期的大陆法系模式，又到市场经济体制时期的混合模式，再到改革开放30多年中国特色模式初步形成的变迁过程。

一、新中国成立至“文化大革命”结束后的学习苏联模式

新中国成立后，旧的法学教育随着“六法全书”等法律的废止而宣告结束。在政治、经济、文化全面苏联化的整体环境之下，新中国法学教育全面借鉴了苏联模式。苏联法学教育模式是以无产阶级政法干部为培养目标，强调政治领先之下的教师主导地位和通过科研提高教学水平的教育原则和实践相结合。

中国法学教育苏联模式的主要标志是：（1）培养教育目标是政治素质过硬的无产阶级政法干部。法学教育立足以马克思列宁主义、毛泽东思想为指导，为巩固人民民主专政，培养了解政策法令和新法学，为人民服务的法律工作干部。（2）教育培养方式是法律院校独立承担法学教育任务，国家统一组织管理。因为法律职业不是一种专业，所以法学教育与法律职业是分离的。（3）教育内容是“讲授课程有法令者根据法令，无法令者根据政策……如无具体材料可资根据参照，则以马列主义、毛泽东思想为指导原则，并以苏联法学教材及著述为教授的主要参考资料”。[①]（4）教育方法主要是课堂讲授。强调教师的主导性。由苏联专家直接授课或者由经过苏联专家培训的中国法学教师授课。

二、有计划商品经济时期的借鉴大陆法系模式

1978年改革开放后，执政党作出树立法制权威和加强法制教育的决定。高等教育提出以人的全面发展为教育目标。有计划商品经济逐步确立。在立法成果不断扩大的同时，中国法学教育的模式逐步突破重政治素质、轻职业素养的苏联法学教育模式影响，呈现出德国等大陆法系国家法学教育模式的

---

① 参见1951年6月教育部《法学院、法律系课程草案》，http://news.xinhuanet.com/legal/2008-02/28/content_7687348.htm。

特征。

中国法学教育有计划商品经济时期大陆法系模式的主要标志是：（1）培养教育目标是德智体全面发展的专业人才。①（2）教育培养方式是通过多种形式、多种层次培养法律人才。教育培养形式包括全日制法学教育和成人教育等，教育培养层次包括中专、大专、本科、研究生等。（3）教育内容是国家颁布的法律法规和法学理论知识及有关人文知识。（4）教育方法主要是以教师讲授为主的课堂式，教师是教学活动的主导者。

三、社会主义市场经济体制时期的混合模式

20 世纪 90 年代以后，改革开放的进一步深化，对外交流与合作活动日益增多。伴随着市场经济的建立和发展以及依法治国方略的逐步实施，人们的思想观念特别是法制观念发生了深刻变化。以法律职业教育为法学教育典型特征的普通法系国家的教育模式被借鉴引入，与传统法学教育中苏联模式的教师主导型和大陆法系模式的素质教育目标特征融合一体，形成社会主义市场经济体制时期的中国法学教育的混合模式。

其主要标志是：（1）培养教育目标从以通才教育为主，开始走向通才教育与职业教育的兼顾。（2）教育培养方式继续延续了多种形式、多种层次培养法律人才的模式，但逐步转向以法学本科、法学硕士和法学博士教育为主体，其他学历教育为补充；以全日制教育为主，以其他形式为辅助。（3）教育内容以国内法为主，兼顾外国法及国际法，法学本科教育的 14 门核心课程统一化。（4）传统讲座式教育方式受到挑战，实践性教学方法开始引入。

四、科学发展观指导下的中国特色社会主义模式

在中国法学教育经过从停滞到恢复、从逐步发展到规模化发展之后，人们对法学教育繁荣背后予以忧虑和思索的同时，也开始了对法学教育中国模式的定位思考。在摒弃以政治代替法律的苏联模式之后，英美的法律职业教育模式和大陆法系的法律素质教育模式究竟哪个更适合中国？在见仁见智的

---

① 1981 年，政法学院教育工作座谈会，确定中国法学教育的培养目标是："培养德、智、体全面发展的司法工作以及法学教育和理论研究的专门人才。" 1984 年，全国综合性大学法律专业教学计划讨论会议也作出相似规定。参见王健《略论 20 世纪中国的法律教育》，《比较法研究》1997 年第 4 期。

争论中，第一要义是发展、核心是以人为本、基本要求是全面协调可持续、根本方法是统筹兼顾的科学发展观，从宏观上引领中国法学教育从规模化发展适时进入发展调整时期，全面总结新中国成立、特别是改革开放以来中国法学教育的经验与教训、成功与不足，探索出了走中国特色社会主义法学教育模式之路。

应该说，中国法学教育从新中国成立至“文化大革命”结束后的苏联模式，到有计划商品经济时期的大陆法系模式，到社会主义市场经济体制时期的混合模式，再到科学发展观指导下的中国特色社会主义模式的初步形成，不仅记录了中国法学教育的发展轨迹，同时也反映出时代对法学教育的需要和需求。应当清楚地认识到：虽然苏联模式、大陆模式、混合模式和中国模式有着较大的差异，但是，“历史是延续的”，每一种模式在当时的年代都发挥过积极的作用，都是中国法学教育发展前进的历史基础。就像法学教育的中国模式仅是初步形成，随着中国特色社会主义事业的进一步发展和社会主义法治国家建设的继续推进，法学教育的中国模式必将逐步走向成熟和完善。这是因为，虽然同一种法学教育模式的基本特征不会改变，但是构建法学教育模式的制度或者规则处于一种发展而非静止的态势。

第二节 法学教育中国模式初步形成的基本标志

新中国成立 60 多年、特别是改革开放 30 多年来，中国法学教育取得举世瞩目成绩的同时，法学教育的模式历经从新中国成立初期的苏联模式到大陆模式、再到混合模式的变迁，中国特色的模式在逐步孕育之中；科学发展观提出后，法学教育在全面反思调整和发展的过程中，具有中国特色的社会主义法学教育模式初步形成。法学教育中国模式初步形成的基本标志主要体现在如下几个方面：

一、多层次的高等法学教育体系已趋成熟

中国法学教育历经 60 多年的发展，在学历层次上由中专、大专、本科、研究生构成。随着法学教育中国模式的初步形成，中专教育已渐取消，大专教育始呈缩减之势，但尚需存留一个时期，一个以法学学士、硕士、博士教育为主体，以法学专科教育等为补充的多层次高等法学教育体系已经建立起来并日趋成熟。然而，无论是法学教育的美国模式抑或大陆模式，法学教育体系中均无法律中专和法律大专之层次。美国法学教育的起点是从文科学士

学位（B. A）或者理科学士学位（B. S）开始，法学院颁发第一个法律学位是法律博士（J. D）。获得 J. D 者，就可以开始从事相应的法律职业，或者再用一年左右的时间继续攻读专业化程度比较高的法学硕士学位（LL. M），然后再用大约三年的时间继续法学博士学位（J. S. D）。[①] 德国的法学教育是从法律专业学士学位开始，获得法律专业学士学位者如果继续深造，可以取得法学硕士学位和法学博士学位。如果不想继续深造，毕业生经过若干年的法律职业培训和专业实习，取得相应的专业资格，然后正式成为法律职业者。

具体讲，在中国，从 1977 年到 1996 年的近 20 年，法学教育在培养对象的数量上主要是以法律中专、法律大专和法律本科为主，法学硕士和法学博士的培养数量相对较少。从 1996 年开始，国家法学教育政策进行了调整，法律中专被逐步取消，法律大专数量呈减少趋势，法学学士、法学硕士、法学博士的招生规模不断扩大，特别是伴随着 1996 年法律硕士专业学位研究生的招生培养，法学学位由原来的法学学士、法学硕士和法学博士三个学位层次发展为四个，成为中国法学教育的主体，法学专科、资格证书和专业证书等成为法学教育的有机补充，共同构成了中国特色的法学教育层次体系。

60 多年来，随着中国法律专业教育大众化方针的实行，法律本科教育的总体规模在整个法学教育中的比重呈逐步增大之势。中国法学本科教育规模位居世界首位，进入了国际公认的大众化发展阶段，成为与世界两大法学教育模式呈鼎足之势之根基。

中国法学硕士学位研究生主要招收法律专业本科生，定位于为法学教育和法学研究培养研究型人才，它所预期的毕业生是学术法律人，而非实务法律人。从中国目前按法学二级学科设置专业招收和培养研究生的现状，也可以看出法学硕士教育明显的学术性指向。

中国法律硕士教育经历了一个从法学本科生与非法学本科生兼招到限于招收非法学本科生的过程，定位于培养立法、司法、行政执法、法律服务与法律监督以及经济管理等方面需要的高层次法律专业人才和管理人才。从 1996 年试办，到 2006 年实现"转正"，国家先后分 8 批设立了 79 个试点单位。这 79 个试点单位涵盖了中央和地方所属的以及综合性、政法、财经、

---

① 在美国，绝大多数学生获得 J. D 之后就开始从事相应的法律职业，而很少有学生选择继续攻读更高级别的法学院学位。因为，法律高级别学位对从事律师事务和其他非教学研究的就业和收入几乎没有什么影响。当然，也有少数学生在获得 J. D 之后，继续攻读 LL. M 和 J. S. D。

师范、民族、军事等不同类型、不同行业特色的高校和科研机构，囊括了中国高水平的、有培养法律专门人才优越条件和办学实力的高校和科研机构。中国实行的全日制（通称双证）与在职攻读（通称单证）双轨并行的法律硕士教育二元结构体制，收到了良好的效果。特别是培养的在职法律硕士，绝大多数已经成为各地各级司法机关、法律服务机构、党政企事业单位和社会管理机关的领导或者骨干，为促进当地经济、政治和社会的发展，为维护社会稳定，作出了不可或缺的贡献。

60 多年来，随着研究生招生规模的不断扩大，中国法学博士教育亦得到空前发展，成为中国法学教育和法学研究的中坚力量。

法律大专是中国法学教育的独具特色。新中国成立 60 多年来，法律专科经历了一个从无到有的过程。1949—1952 年，全国根本就没有专科生。1953 年院系调整之后的 10 年，本科生占全体学生总数 90% 以上。"文化大革命"后恢复法学教育以来，本科生的比例明显下降，法律本科教育失去了其原来在普通高校中的霸主地位。以 1996 年为例，各类法律本科生有 8.1 万人，专科生达到 20.5 万人。可见法律专科教育曾经在整个法学教育中占绝对统治地位。[①] 随着依法治国基本方略的实施推进，对法律人才的素质需求越来越高，法律从事法律职业的学历门槛提高到本科，法律大专教育逐步开始呈萎缩趋势。但是，考虑到中国地区教育发展和人才培养的不平衡，2008 年开始，国家在发达地区逐步限缩法律大专教育规模的同时，一方面继续鼓励西部欠发达地区的法律专科教育，另一方面采取有效措施加大对西部地区以法律大专为主的法律人才定向培养。截至 2010 年，国家已经确定从退役军人、院校毕业学生中选拔培养 5160 名法律专科、本科（双学位）、研究生定向分配到西部公安、检察、法院和律师系统，西南政法大学、中国人民公安大学等院校成为首批试点培养学校。这意味着法律专科在中国还将存续一个时期。

新中国成立 60 多年来，以法学学士、硕士、博士教育为主体，以法学专科教育等为补充的多层次高等法学教育体系已趋成熟，成为中国法学教育模式的重要标志。

二、多元化的法律人才培养模式基本形成

与美国法学教育以培养法律实践人才为目标、以职业教育和实务训练为

① 《中国教育事业统计年鉴》（1989—1997），人民教育出版社。

主兼顾理论学习的法律职业教育人才培养模式和大陆国家大学法学教育的目的在于提供理论基础、而不是法律职业训练的法律素质教育模式及法学教育中素质教育和职业教育分阶段进行、每个阶段各有侧重的欧洲模式相比较，中国法律人才培养模式的特点是，既有以传授法学理论和法律知识为主的法学基本教育，又有具有行业专业特称的法学特色教育，还有贯穿于法律职业生涯的继续教育。

法学基本教育是中国法律人才培养模式的基本内容。虽然中国的法学教育机构多样，体系多层次，法学教育的具体开展过程有所差别，但是，法学基本教育却是共同的，即以法学基本理论和法律知识作为最基本的教学内容。以法学本科教育为例，在法学专业课程的设置上，法理学、宪法学、中国法制史、行政法与行政诉讼法、刑法、刑事诉讼法、民法、民事诉讼法、经济法、商法、知识产权法、国际法、国际私法、国际经济法 14 门课程，[①]为国家统一规定的法学专业核心课程，是法学本科教育的主要内容。法律大专和法学硕士、法律硕士、法学博士也均有其层次不同、学科各异的法学基本教育内容，并初步形成了整体上的一致性。

在中国，除了传统的政法类院校和综合大学开展法学教育外，一部分专业性较强的高等院校（如财经院校、民族院校、农林院校、理工院校、师范院校、医学院校等）也利用自身资源优势开展富有特色的法学教育，这是中国法学教育在发展过程中形成的一大特色。[②]

在 60 多年的发展中，除去高等院校和科研机构开展法学教育之外，中国还探索出了独具特色、形式多样的法学继续教育。主要有：第一，针对司法职业人员的各种在职学位的教育，如在职法学硕士、在职法律硕士、在职法学博士教育；第二，法院、检察院、律师、公证等部门结合本职业特点和实务需要进行的各种职业培训和教育，建立了形式多样、各具特色的法律职业培训体系；第三，中央及地方党校通过党政干部培训班、在职研究生教育

① 2007 年 3 月，教育部法学学科教学指导委员会讨论决定向教育部建议在原有的 14 门法学专业核心课程的基础上，增设劳动与社会保障法学、环境与资源保护法学两门课程。目前，一些高校已经将法学专业核心课程调整为 16 门。

② 2007 年 5 月，教育部法学学科教学指导委员会与中国法学会法学教育研究会专门就全国财经类高等院校法学专业人才培养模式开展研讨，认为财经类院校的法学教育追求特色是院校和专业得以生存和发展的基础，也是财经类院校专业的毕业生能够顺利就业的重要因素；有必要在深入探讨、充分结合实践的基础上，总结和规划出财经类院校的法学教育的特色路径；财经类院校的法学教育必须面对实践，在了解实务的基础上争取能够使毕业生直接介入实践工作。由此看来，开展特色法学教育已经成为中国法学教育今后发展的一个重要方向。

等形式开展的继续教育。上述不同形式的法学继续教育，有效地承继了高等院校和科研机构的校内职业前教育，成为中国法学教育中不可或缺的重要组成部分。

新中国成立60多年，法学的基本教育、特色教育和继续教育有机结合的多元化的法律人才培养模式已经基本形成。法律人才培养模式的多元化是中国法学教育模式的一大特色。

三、多轨制的法学教育制度初步完善

经过60多年的探索和实践，以高等院校和科研机构为主体、以在校法科学生为主要对象的法律素质教育，以法官学院、检察官学院、司法行政学院等为主体、以法律职业人员为主要对象的法律职业教育，和由各级司法行政部门统一组织实施的全民普法教育，构成了中国法学教育制度的基本内容。这一相互补充、相互衔接的多轨制的法学教育制度，既不同于法学教育的美国模式，也有别于法学教育的大陆模式，具有鲜明的中国特色。

法律素质教育主要是对在校法科学生传授法学理论和法律知识，培养学生的法律素养和运用法学理论、法律知识解决实际问题的能力，是一个国家法学教育的基础。在中国，法律素质教育主要由普通高校和科研机构承担。中国承担法律素质教育的高等学校既有普通高等政法院校，也有公办综合性高等教育机构的法学院系和公办非综合性高等教育机构的法学院系，还有公安、警官类高等法学教育机构和具备法学教育职能的民办高等教育机构等。在中国，中国社会科学院法学研究所等科研机构也承担着法律素质教育的重要职能。中国的高等院校承担从法律中专到法学博士的各层次法律素质教育，科研机构则以培养精英型法律人才为目标，培养法科硕士研究生以上人才。

60多年来，中国的法律职业教育已经发展成为建立在法律素质教育之上的独具中国特色的法学教育制度。经过60多年的发展，中国普通高校和科研机构一般不再开展系统的法律职业教育，法律职业教育的任务主要由普通高等法律职业院校和法学职业教育机构承担。普通高等法律职业院校多数是为满足法律职业教育的需要，在政法管理干部学院（校）或者司法学校、法律业余大学基础上建立起来的，同时开展面向政法系统的高层次人才培训。这些院校数量较少，截至2010年，只有北京政法职业学院、河北政法职业学院、海南政法职业学院。以法官、检察官、律师、公证员类等为对象的法律职业教育由国家设立的法学职业教育机构承担。如法官学院和检察官学院分别针对法官和检察官进行职业教育和培训。司法部司法行政学院培训司法行政系统处级以上领导干部和县（市）司法局长，高级律师、高级公证员的晋职培训和继续教育，国际经贸法律和外语强化培训，本系统和其他行业有关人员法律专业证书教育，基层法律服务人员、人民调解员骨干和师资的专项培训，司法行政系统人员国际交流与合作办学以及接受委托面向社会各行业、部门的法律培训。

在中国，除去高等学校的法学教育和法律职业机构的职业教育之外，从1986年开始，由各级司法行政机关统一组织的对一切有接受教育能力的公民实施的旨在普及法律知识、传播法治理念、树立法治信仰的普法教育，也是中国法学教育的组成部分。这种教育作为世界法学教育中鲜明的中国特色，不论从对象、目的、内容上，都与高等院校法学教育和法律职业教育有所不同。全民普法教育是由中国各级司法行政机关负责组织实施的、与法律素质教育和法律职业教育相互补充、相互影响、相互渗透的具有鲜明中国特色的法学教育制度。教育对象是一切有接受教育能力的中国公民，旨在全国范围内普及法律知识，传播法治理念，树立法治信仰。从1986年以来的20余年里，中国先后进行了五次普法教育。经过四次普法教育和正在进行的“五五”普法教育，中国公民的法律意识大大增强，社会主义法治理念进一步深入人心，普法教育取得了良好的效果，形成了成熟的经验。普法教育与法律素质教育和法律职业教育成为世界独一无二的中国特色法学教育制度的“三驾马车”。

四、互动型的法学教育就业机制逐步建立

新中国成立60多年，法学教育和统一司法考试与法律职业密切关联的互动型的教育就业机制逐步建立，成为法学教育中国模式的重要特征。

美国法学教育和律师考试及法律职业之间环环相扣，有机衔接，三者之间的关系是：大学本科专业教育[①]→法学院教育→律师考试→执业律师→法官或者检察官。美国法学教育的特点是教会学生像律师一样思考，法学教育的培养目标主要是律师。法学院的学生在大学本科阶段的素质教育为其进入

① 在美国，由于入学名额的限制，攻读法律学位（J. D）的申请者必须参加全国性的法学院入学考试（LAST），能否进入法学院学习法律取决于大学本科生的学习成绩和LAST成绩。即使是已经取得其他专业硕士或者博士学位的人，其高学位对其被录取攻读法律学位（J. D）并不起什么作用。取得J. D学位才是法学院毕业生参加某一州或者州际律师资格考试的先决条件。

法学院学习法律知识和技能提供了一个坚实的基础，而以职业教育为主的法学教育使得法学院学生在学校即已掌握了律师执业所需的基本技能，因此，学生毕业并获得法律学位后，只要通过律师考试，即可顺利独立执业，而且，获得了律师资格，就有可能被选任为法官或检察官。

德国法学教育和司法考试及法律职业之间的关系是：法学院教育→第一次国家考试→实习文官（预备期）→第二次国家考试→司法职业。德国法学教育的特点是培养学生像法官那样判案，法学教育的培养目标是法官、政府机构高级职员等公共事业管理人员。德国学生在高中毕业后即可选择进入法学院校接受法学教育，学习一般为4—5年，大学法学教育注重理论学习和运用各种法律和法规的方法技巧能力培养。学生毕业时须参加第一次国家考试作为大学结业性考试，这次考试是决定学生能否有资格参加第二次实践阶段的考试。在德国，通过第一次国家考试者，便不再是学生，而被称为"实习文官"，再参加为期两年的实习预备。预备期在下列义务站点进行：普通法院民事庭，检察院或者普通法院刑事庭，行政机关，律师事务所。这个阶段兼有职业培训和实习的性质。两年"实习文官"结束后，参加国家第二次考试。第二次国家考试是口试，考官由知名的宪法、民法、刑法、商法、行政法、劳动法、诉讼法教授、资深法官和政府官员等人员组成，考官发问的问题都是实践问题，主要是具体案例所涉及的法律规定和解决办法。两次国家考试通过者才有资格申请司法职业。

中国法学教育60多年来，法学教育者与法律职业者对于法学教育与法律职业之间关系的认识和定位，经历了一个渐进的过程：法学教育从封闭式的"束之高阁"的校园教育，到重视法律职业对法学教育的需求，再到反思法学教育与法律职业的应然关系；法律职业者从对法学教育的"高高挂起"到"评头论足"再到躬身参与，经历了一个探索与发展的阶段，从而逐渐形成了法律职业与法学教育密切关联的互动型的就业机制，而连接法律职业和法学教育的桥梁就是国家司法考试。

在实行统一的国家司法考试之前，中国法学教育与有关考试和法律职业的关系表现为三种并列的形式：法学院教育→国家律师资格考试→律师职业；法学院教育→初任检察官考试→检察官职业；法学院教育→初任法官考试→法官职业。2001年6月30日国家通过的法官法和检察官法，规定国家对初任法官、初任检察官和取得律师资格实行统一的司法考试制度。之后，司法部会同最高人民法院和最高人民检察院联合发布公告，决定不再单独组织初任法官、初任检察官和律师资格考试，从2002年起开始实行统一的国家司法考试。不久，“两院一部”又联合发布了《国家司法考试实施办法》，从而使国家司法考试制度法律化，并取得了国家考试的地位。一方面，由于司法考试设置了进入法律职业的门槛，它的推行对主要以培养法律人才为目标的法学教育产生了方方面面的冲击。各个法学教育机构为了适应司法考试的需要，从课程设置到教学方法等方面都作了许多改革，法学教育获得了前所未有的改革的动力，司法考试客观上促进了法学教育的改革和进步。另一方面，法学教育是司法考试的基础，司法考试的水平很大程度上由法学研究和法学教育的水平决定。司法考试不可能超越或脱离法学教育的范围；司法考试的考试内容、体例等都是以法学教育为基础的，因此，司法考试也要依托于法学教育才能不断发展和完善。

国家统一司法考试实施后，司法考试成为法学教育和法律职业之间的一个纽带，它通过考试的形式将法律职业的需求有效反馈给法学教育，使法学教育在不断适应法律职业的需求中逐步完善，同时将法学教育的成果输送到法律职业中，使法学教育和司法考试、法律职业之间实现了有机的互动，并进而初步形成了法学教育和司法考试与法律职业密切关联的互动型的就业机制。国家统一司法考试实施后，中国法学教育和司法考试及法律职业之间的关系是：法学院教育→司法考试→法律职业。中国模式法学教育的特点是通识教育、专业教育与精英教育的结合，法学教育的目标是培养具有法律人格、法律知识和法律职业技能的多元化法律人才。中国法学教育和司法考试及法律职业之间这种较为简单的互动关系，虽然尚需进一步改良，但是，已经在实践中证明了其对法学教育目标实现地促进作用。

五、四位一体的法学教育管理体制日益协调

美国法学院的数量和形式虽然都较多，但是管理却较为统一。美国法学教育的宏观管理体制主要以行业管理为主，政府管理的成分较少。其行业管理主要是由全美律师协会（ABA）和美国法学院协会（AALS）进行，通过批准认可法学院办学资格，设置法学院课程以及学制，定期评估、审核法学院办学资格、组织法学教师参加学术交流、培训等形式对法学院进行管理。这种统一的管理体制确保了法学教育质量的统一。德国法学教育以政府管理为主，高校也有一定自主权。联邦政府在高校入学、结业和文凭互认等方面有管辖权。大学法学院系和见习机构的法律培训由各州司法部教育委员会控制管理。德国法学教育的结构使得其法学教育的管理体制表现为一种复合的模式，即大学的主要任务是培养学生的理论素养，州高等法院（通过其院

长和有关司法、行政部门）负责训练学生的实际工作能力，州司法部（通过州法律考试局）则执掌国家考试大权。①

新中国成立60多年来，法学教育宏观管理体制形成了教育行政部门的行政管理、司法行政部门的行业指导、法学教育行业协会的自律性管理和法学院校自我管理的四位一体。在1998年以前，中国法学院校依其性质及管理方式的不同可以划分为三类：一是司法部所属的法学教育体系，分别是中国政法大学、西南政法大学、华东政法学院、西北政法学院、中南政法学院。这些法学院校具有雄厚的师资力量且规模最大，其在校生已近全国法学在校生的一半。二是教育部直接主管的重点综合大学的法学院系，如北京大学等法学院系，其师资力量雄厚，在全国有较大的影响。三是行业主管部门所属的理工院校与地方所属的大学的法学院系，以其行业优势举办法学教育，为法学专业复合型人才的培养增添了新的特色，但这类院系的师资有限，招生相对较少。不同的学校隶属于不同的主管部门。在学校与主管部门的关系上，主管部门对高等学校进行直接管理，从学校的设立、撤销、院校长任免、人事制度、机构设置、财务制度、师生待遇以及教学计划、教学大纲等，都是由主管部门决定，学校根据主管部门所拨经费和下达的计划办学，进行日常教学组织管理。

1998年以后，根据《中共中央国务院关于深化教育改革全面推进素质教育的决定》和《国务院关于进一步调整国务院部门（单位）所属院校管理体制和布局结构决定》，国务院各部委一般不再直接管理普通高等院校。自2000年春季起司法部将直属的五所政法高等院校划转教育部及有关省市管理，实行归由教育部或者中央与地方共建、地方管理为主的新体制。中央政法管理干部学院与中国政法大学合并交由教育部直接管理，中南政法学院与中南财经大学合并为中南财经政法大学隶属教育部，中央司法警官教育学院作为培养监狱、劳教警察的基地仍由司法部直接管理，西南政法大学、华东政法学院、西北政法学院则变为省部共建，地方管理为主。如此一来，由教育行政部门的行政管理与司法行政部门的行业指导构成中国法学教育宏观管理指导体制的基础，再加上法学教育行业协会即中国法学会法学教育研究会的自律性管理以及法学院校的自我管理，四者的有机结合，共同形成有中

① 郑永流：《学术自由教授治校职业忠诚——德国法学教育述要》，http：//www.chinacourt.org/html/article/200302/11/35854.shtml。

国特色的法学教育管理体制。[①] 这四位一体的法学教育管理体制，既不同于以行业管理为主、政府管理较少的美国模式，也不同于联邦政府、法学院校、州高等法院和州司法部分工负责的德国模式，而是一种在中国国情之下形成的、具有中国特色的法学教育管理模式。

本章小结

相当长的一个时期以来，学者对中国问题的研究多是批判和否定，总是以西方的制度标准找寻中国现实的不足作为学术研究的路径选择，这固然是方法论之一，但是，我一直认为，该种研究问题的思路是偏颇的，至少是不全面的。泱泱大国，五千多年的文化淀积，难道就没有自己的道路？中国特色社会主义理论与道路的提出，响亮地回答了这一问题。回到法学教育的话题，我认为，站在世界屋脊，把握中国国情，总结中国法学教育 60 多年走过的路程，得出法学教育中国模式已经初步形成的基本结论，并科学把握这一模式运行的基本规律，就是找到了中国法学教育未来发展的康庄大道。

值得再次强调的是，在法学教育中国模式的形成过程中，考量其模式构成元素和机制保障要素，多元化人才培养的教育目标决定教育内容之多类型知识建构和多层次学历构成特征，多元化人才培养目标和多类型知识建构及多层次学历构成又造就了理论与实践多重组合的教学方式和多轨制的法学教育制度，而与之相适应，四位一体的教育管理体制和多方位互动的教育就业机制是中国多元化法学教育模式形成并保障其正常运行不可或缺的要素。因此，与大陆法系国家法律素质教育模式和英美法系国家法律职业教育模式相比，中国多元化法学教育模式在发展中必然面临着更为复杂的矛盾。这些矛盾包括管理模式与调控机制的配套问题，法学教育市场化与法学教育质量的冲突问题，多重办学机制与教师素质评价的协调问题等等。出现在中国面前的这些问题，既有历史遗留的弊端，又有发展中产生的问题，也有正在形成的矛盾；既有宏观社会调控的不足，又有中观管理模式的漏洞，也有微观操作制度的缺陷；既是与多元化法学教育模式伴生的，又带有历史承继的印

① 有学者认为，司法行政部门的这种行业指导是一种典型的司法行政工作。根据我国宪法第 89 条和第 107 条的规定精神和国务院“三定”方案，司法行政机关作为国务院的司法行政职能部门，肩负着指导法学教育和法学研究，组织国家司法考试的重要职能。参见霍宪丹《不解之缘——20 年法学教育之见证》，法律出版社 2003 年版，第 181 页。

迹。这些矛盾的存在表征着中国法学教育模式前行的路上需要迎接一个又一个的挑战，并向未来法学教育提出了新的任务，需要我们适应多元化法学教育中国模式的需要，重新定位教育功能，重新构架法学教育质量评估体系，全面展开教师队伍的重组等等。

新中国成立 60 多年的实践证明，法学兴则法治兴，法治兴则国运兴，国运兴则法学更兴。未来 30 多年，是中国法治成熟时期，法治的特征是从以立法为中心转向以司法为中心。与此相适应的中国法学教育必然凸显出这一转变发展过程的特点，呼唤中国法学的繁荣发展，要求法学研究的深化提高，推动法学教育的改革创新，引领法学法律人才的优胜劣汰。法治时代是改革、创新和发展的时代，从该种意义上讲，法学教育的中国模式将逐步成熟完善。

第三章　法学中专教育

法学中专教育作为我国法学教育学历层次体系的构架之一，是我国中专层次学历教育的重要组成部分，在特殊的历史时期，承担着培养中等法律人才和政法干部，建设社会主义法制国家的历史重任。本书所介绍的法学中专教育限于国民教育序列全日制学历教育，不包括成人教育、函授、远程电视等形式的中等法律职业教育以及有些地方在政法干校和普通中学举办的法律职业高中班开展的法律相关知识教育。我国的法学中专教育主要是司法学校、[①] 司法警官学校、[②] 人民警察（公安）学校等中等法律专业学校[③]开展的法学教育。司法学校开展的法学教育是我国法学中专教育的主体，贯穿并见证了我国法学中专教育的发展历程。受制于收集、核实资料的局限性，本章以司法学校开展法学教育的情况为主线，以司法警官学校法学教育的开展情况为补充，简要介绍新中国法学中专教育60多年的状况。关于人民警察（公安）学校开展法学中专教育情况，另有章节论述。[④]

第一节　概述

新中国成立以后，中央和地方相继成立政法干校（司法干部培训班），承担培训在职政法工作人员，教育和改造旧司法人员和知识分子的任务。面对百废待兴、司法机关急需补充大量法律人才的现实状况，同时也为培养造就适应基层司法工作需要的政法干部，1956年，司法部在上海、济南、重

---

① 少部分学校名称为法律学校。为求表述相对统一，在泛称表述时均称为司法学校，个例表述时仍沿用原名称。

② 初建时期，一般称为监狱警察学校或劳改工作警官学校，有的地区称为第三人民警察学校等，1994年以后，多数学校名称改为司法警官学校。为求表述统一，本书均称为司法警官学校。

③ 书中其他地方使用的“中等法律专业学校”称谓专指司法学校和司法警官学校。在此作特别说明。

④ 为求章节间结构的严谨性，人民警察学校开展的中专法学教育情况，请参见本著作之“警察院校的法学教育”章节。

庆建立了三所两年制的法律学校。[①] 这是新中国首次成立法学中专教育机构，开展法学中专教育。“文化大革命”时期，法制遭到践踏，法学教育的发展遭到严重破坏，司法部在上海、济南、重庆建立的三所两年制法律学校，仅办了一届。1958 年，上海、重庆法律学校停办，济南法律学校并入山东省政法干校，改名为山东省政法学院，[②] 不再承担法学中专教育职能，正处于萌芽时期的新中国法学中专教育，由此进入停滞状态。

十一届三中全会后，随着党的工作重心的转移，民主与法制建设提到了重要的议事日程。政法机关相继恢复发展，法律人才奇缺和政法队伍青黄不接成为一个突出的矛盾。据资料显示，截至 1980 年 9 月，政法系统人员共约 99 万人，其中公安 80 万人，检察、法院系统 19 万人。[③]

邓小平同志强调，“我们从建国以来，就对办法律院校注意不够……建设一个社会主义法制国家，没有大批法律院校怎么行呢？所以要大力发展法律院校”。[④] 1979 年恢复重建后的司法部遵照邓小平同志的指示和中共中央关于“司法行政工作在社会主义法制建设中担负着组织、宣传、教育和后勤等项重要任务”，“要着重抓好培训法院、检察院、司法行政、律师等干部和办好政法院校这两项基本建设，使司法行政工作在加强社会主义法制建设中发挥应有的作用”的指示精神，把法学教育工作和政法干部培训工作作为重要任务来抓，做了大量极有成效的工作。我国的法学中专教育就是在这种背景下恢复和发展起来的。高峰时，全国共设置了 126 所中等法律专业学校或开设法学类专业的中专学校，其中河北、辽宁、浙江、山东、湖北等省设置较多，为我国司法战线培养了大批法律人才。[⑤]

1994 年，我国社会主义市场经济进入了一个新的发展时期，社会对法律人才的需求，经历了一个由单纯数量型需求向数量与质量（层次、规格）并重方向发展的转型时期。高层次、复合型的法律人才，成为法律人才需求的一个新的特点，法学教育也经历了由应急的数量扩张型发展时期，向人才

---

① 详见司法部原教育司《1949—1958 年政法教育大事记》，载霍宪丹主编《中国法学教育的发展与转型》（1978—1998），法律出版社 2004 年版，第 279 页。

② 同上书，第 280 页。

③ 详见霍宪丹主编《中国法学教育的发展与转型》（1978—1998），法律出版社 2004 年版，第 4 页。

④ 详见《对立法工作干部培训班学员的讲话》，载彭真《论新中国的政法工作》，中央文献出版社 1992 年版，第 386、387 页。

⑤ 参见罗平《全国中等法律职业学校发展状况报告》，武汉行政网，http：//219.139.240.64/1/2004/11/19/61@904.htm/2006－08－15。

培养高层次、高质量和多样性的发展时期转变的过程。经过一段时期的迷茫、反思、探索后，从1996年开始，原有中等法律专业学校通过改组、改建和改制，积极举办法律高等职业教育、向法律职业学院过渡、并入高校或转变职能等途径，基本退出了法学中专办学层次。法学中专教育在基本完成特殊历史时期所赋予的特殊使命的不争事实下，与时俱进地完成了一次华丽的转身，淡出了21世纪法学教育舞台。

笔者把1979年以来我国法学中专教育的发展状况分为恢复重建、迅速发展和调整转变三个时期，作简要介绍。

一、恢复重建期（1979—1984年）

党的十一届三中全会以后，为适应社会主义民主与法制建设的需要，根据中共中央［1979］64号文件关于“各省、市、自治区可根据需要，逐步建立各类政法院校和司法学校、公安干警学校”的规定、中发［1981］21号文件《关于京、津、沪、穗、汉五大城市治安座谈会纪要》和中发［1982］5号文件《中共中央关于加强政法工作的指示》关于“恢复和扩大建设政法院校、政法干校、公安学院、司法学校”的精神，落实“公发［1981］（政治）153号”公安、司法、计委、编委、粮食、财政、教育和人事等八部委《关于京、津、沪、穗、汉五大城市增设人民警察学校和设立司法学校的联合通知》以及1982年公安、司法、计委、编委、粮食、财政、教育和人事八部委《关于落实建立警察学校、司法学校的联合通知》，全国相继成立了一批司法学校、司法警官学校和人民警察（公安）学校等中等法律专业学校，开展以法律专业为核心课程的中专教育。鉴于当时我国法学教育基础十分薄弱的现实情况，1980年，司法部在《1981年至1990年法学教育事业规划》中提出：要发挥中央和地方两个积极性；全日制教育与业余教育并举；培养后备干部与提高在职干部并举；多种形式办学，力求早出、多出人才。为了有计划地培养地方各级司法机构和其他部门需要的法律专门人才，建议有条件的省辖市、地区尽早举办中等法律学校，招收高中毕业生，培养中级法律专门人才。1982年11月1日，司法部、公安部、教育部、财政部、劳动人事部和国家计委联合通知中提出：“现有警察学校和司法学校不足的省、自治区，特别是还没有建立警察学校、司法学校的省（区）……力争1983年底以前，办好几所警察学校和司法学校。”1983年12月，司法部会同教育部召开了全国高等法学教育座谈会，讨论研究高等法学教育的发展方针、规划、教学改革等工作，进一步加快法学中专教育发展，为政法部门培养更多的法律人才。

这一时期，法学中专教育得以恢复重建并有了很大发展。据统计，截至1984年底，全国已建立司法学校25所，培养了法律中专毕业生1200余人，当年在校生5500人。创办了23所省级政法干部学校，23所司法警官学校。①

二、迅速发展期（1985—1995年）

根据1985年全国法律队伍和法学教育状况测算显示，到1990年，我国需要补充法律专门人才总计105万，其中中专人才40万。中等司法学校才刚刚起步，在校生只占全国中专在校生的0.2%，平均每年只有毕业生约1300人，远远满足不了需要。② 为尽快解决政法专业人才奇缺、量少质弱的矛盾，司法部根据邓小平同志关于"教育要面向现代化、面向世界、面向未来"的指示，制定了中等法学教育发展规划：已有的15个司法学校和法律中专班，从1984年起，到1990年，累计应培养法学中专毕业生25200人。到1985年底，各省（区、市）至少都要建立起一所至几所中专性质的司法学校（包括新建和商请教育部门将普通中学改建）。到1990年，每省平均建立2所，全国约60所，每所平均规模500人，全国规模约3万人。

经过十年的努力，截至1995年6月，全国已建有司法学校29所，司法警官学校27所，设有法律、经济法律事务、狱政管理、司法会计等专业。仅司法学校在校学生就达1.5万人，年招生7000人，教职工2700余人，其中专职教师1200余人，获得高级职称的有180余人，占教师总数的14%，获得中级职称的有450人，占教师总数的37.5%，累计培养法学中专毕业生约5万人。此外，新疆、青海、湖北、内蒙古司法学校，分别开设汉语和维语、藏语、蒙语的双语教育法律班，培养少数民族地区司法后备干部和在职人员。1995年共计在校生3.1万人。③ 山东法律学校等部分司法学校根据

---

① 参见1985年8月司法部向中央书记处、国务院呈报的《关于加速培养法律人才的报告》，载霍宪丹主编《中国法学教育的发展与转型》（1978—1998），法律出版社2004年版，第66、67页。

② 参见1984年6月1日司法部向中央政法委呈报的《关于加强司法干部培训工作的汇报提纲》，载霍宪丹主编《中国法学教育的发展与转型》（1978—1998），法律出版社2004年版，第55页。

③ 参见姜晶、霍宪丹《中国法学教育的概况与展望》，载霍宪丹主编《中国法学教育的发展与转型》（1978—1998），法律出版社2004年版，第132页。

用人单位的要求，还设有司法文秘、司法会计等专门化班，以适应本行业和社会其他部门对各类法律职业人才的需求。绝大多数司法学校通过了地方教委组织的合格评估，部分学校被评为省级重点学校。绝大多数毕业生分配到检察、法院和司法行政等政法部门工作，对提高政法队伍素质，缓解政法队伍专业人才的紧缺局面，起到了积极的作用。这里对1987年全国司法学校基本情况和1985年至1995年全国司法学校数量与教职工、学生数量情况作简单统计说明，以作参考。

表3－1　　1987年全国司法学校基本情况一览表

学校名称	创办时间	专业设置	学制	主管部门	教职工数	教师数	在校生数	已毕业学生数
北京市司法学校	1985年	法律	四年	北京市司法局、教育局	55	53	410	331
天津市司法学校	1982年	法律	两年	天津市司法局	84	23	80	439
河北省司法学校	1983年	法律	两年	河北省司法厅	105	50	505	255
山西省司法学校	1983年	法律	两年	山西省司法厅	84	33	438	253
内蒙古自治区司法学校	1984年	法律	两年	内蒙古自治区司法厅	85	37	224	—
辽宁省司法学校	1984年	法律	两年	辽宁省司法厅	30	16	200	403
吉林省司法学校	1985年	法律	两年	吉林省司法厅	23	16	201	—
哈尔滨市司法干警中等专业学校	1986年	法律	两年	哈尔滨市司法局	12	6	50	—
上海市司法学校	1981年	法律	两年	上海市司法局	108	48	214	419
江苏省司法学校	1984年	法律、劳改	两年	江苏省司法厅	148	44	931	737
浙江法律学校	1980年	法律	两年	浙江省司法厅	36	11	250	354
杭州市法律学校	1984年	法律	两年	杭州市司法局	70	33	303	206
安徽省司法学校	1982年	法律	两年	安徽省司法厅	98	41	472	458
福建司法学校	1982年	法律	两年	福建省司法厅	47	15	205	132
江西省司法学校	1985年	法律	两年	江西省司法厅	116	42	406	501
山东省司法学校	1982年	法律	两年	山东省司法厅	87	42	385	—
河南省司法学校	1983年	法律	两年	河南省司法厅	470	107	513	1115
湖北省司法学校	1983年	法律	两年	湖北省司法厅	69	35	82	86

续表

学校名称	创办时间	专业设置	学制	主管部门	教职工数	教师数	在校生数	已毕业学生数
武汉市司法学校	1981 年	法律	两年	武汉市司法局	110	47	185	570
湖南省司法学校	1984 年	法律	两年	湖南省司法厅	70	33	186	152
广东省司法学校	1982 年	法律	两年	广东省司法厅	22	8	—	—
广州市司法学校	1982 年	法律	两年	广州市司法局	79	26	331	397
深圳市司法学校	1984 年	法律	两年	深圳市司法局	43	18	205	49
珠海市司法学校	1986 年	法律、公安	四年	珠海市司法局	25	12	100	—
广西司法学校	1983 年	法律	两年	广西司法厅	34	16	200	150
贵州省政法干部学校司法中专班	1983 年	法律	两年	贵州省司法厅	169	52	303	105
陕西省司法学校	1982 年	法律	两年	陕西省司法厅	49	19	355	81
西安市司法学校	1985 年	法律	两年	西安市司法局	13	7	—	—
青海省司法学校	1983 年	法律	两年	青海省司法厅	87	42	200	49
宁夏司法学校	1983 年	法律、劳改劳教	两年	司法厅	66	29	349	163
新疆司法学校	1982 年	法律	两年	新疆司法厅	103	44	521	204

1987 年全国共有司法学校 31 所，教职工数 2597 人，教师数 1005 人，在校生 8804 人，已毕业学生 7609 人。

资料来源：司法部原法规教育司。

表 3－2　1985 年至 1995 年全国司法学校数量和教职工、学生数量情况统计表

年度	学校数	教职工数	教师数	在校生数	毕业学生数
1985	30	—	817	8200	—
1986	31	2597	1005	8846	3759
1987	31	2597	1005	8804	7609
1988	32	3000	1150	8483	3757
1989	32	4612	1385	9374	4175
1990	32	2705	1220	8681	4379
1991	—	—	—	—	—
1992	—	—	1223	—	—
1993	29	2700 余	1200	13000 余	4000 余
1994	29	2700 余	1200 余	15000 余	7000 余
1995	29	2700 余	1200 余	15000 余	8000 余

三、调整转变期（1996 年至今）

随着我国经济、社会的不断发展，社会主义市场经济进入一个新的发展时期，法制化作为市场经济发展的内在需求逐步深入我国政治、经济及社会生活的各个方面，这对法学教育提出了更高的要求。“法律人才是高层次人才、法学教育是高层次教育”已成为不争的事实，并逐渐成为有关各方的共识。党的十五大确定实施“依法治国”，“建设社会主义法治国家”的治国方略，并写入宪法修正案，使法学教育的层次调整和改革成为必然趋势，并在一定程度上加速了中等法律专业学校调整进程。

（一）法学中专教育面临着无法破解的现实性问题

第一，法学中专教育的办学层次不适应社会发展和民主法制建设对法律人才提出的最低规格要求。随着社会主义市场经济的建立和发展，民主与法制进一步健全，社会对法律人才的层次要求越来越高，法学中专毕业生已不能适应社会的需求。

第二，目前绝大多数中等法律专业学校招收高中毕业生，学制两年，属于高中后的法律专业教育，虽然部分学校按照大专教学方案课程和教材进行教学，学生也掌握了较为扎实的法律基础知识，具备了相当的专业技能和适应性，但学生毕业后仍享受中专待遇，其学历层次和待遇不合理的问题长期得不到解决，在新形势下更加突出。

第三，中等法律专业学校的培养目标是为公、检、法、司等部门培养急需的法律人才，但 1993 年 8 月中组部、人事部、最高人民法院、最高人民检察院联合发出《关于做好地方各级人民法院、人民检察院增编补充干部工作的通知》，明确提出“八五期间法院、检察院增编补充干部队伍的文化条件是具有国家承认的大专以上学历，边远或条件艰苦地区可适当放宽到高中或中专文化程度”。1994 年底通过的《公务员暂行条例》、《人民警察法》、《法官法》、《检察官法》和 1996 年通过的《律师法》，以法律的形式明确规定其最低入门条件是高等院校法律专科毕业生，所以中等法律专业学校培养的学生不符合政法部门的用人规格，由此带来一系列问题，直接关系到学校的生存与发展。

第四，中等法律专业学校由于办学层次不合理导致的毕业生分配困难等问题，严重制约其发展，加之长期投入不足，办学基本条件差。

（二）调整、改革中等法律专业学校办学层次的路径

1996 年 7 月，为贯彻全国职教工作会议提出的积极发展高等职业教育

的方针，根据国阅［1995］160号《听取司法部关于法学教育问题汇报的会议纪要》的有关精神，司法部在对法学教育现状和社会对法律人才需求进行充分调查研究的基础上，提出中等法学教育层次结构调整的目标：通过对现有中等法律专业学校的改组、改建和改制，积极举办法律高等职业教育，逐步向法律职业学院过渡，最终取消法学中专办学层次，形成高等法学教育与高等法律职业教育合理布局、协调发展的法学教育新格局。

司法部要求，从1996年开始着手实施，到2000年基本完成布点建院工作，在全国范围内完成法学中专层次教育的调整、分流，全面实施法律高等职业教育。[①] 各地司法厅（局）要根据《国务院办公厅关于授权省、自治区、直辖市人民政府审批设立高等职业学校有关问题的通知》（国办发［2000］3号）和教育部《关于颁发〈高等职业学校设置标准（暂行）〉的通知》（教发［2000］41号）的规定，从本地区法律部门的实际需要和政法院校的实际情况出发，在地方政府的统筹规划和领导下，通过改制、合并、共建等形式，积极发展高等法律职业教育。在有条件的地方，要根据实际情况，参照以下方案，尽快完成改制任务，早日开展工作。一是现有的省政法管理职业学院与司法学校、司法警官学校合并，改制为高等司法警官职业学院或高等法律职业学院。二是没有建立起政法管理干部学院的地方，可在司法学校、司法警官学校和政法干校合并的基础上，争取以与其他学校合并、改建的方式，创造条件，建立高等司法警官职业学院或高等法律职业学院。三是暂不具备条件建立高等法律职业学院的地方，要尽快将本地区内司法行政系统所属的各中等法律专业学校合并，改建为司法警官学校，积极争取举办高职班。

山东省警官学校的转型成为法学中专教育机构的成功转型典范之一。山东省警官学校1999年停止招收中专生，于当年与山东广播电视大学合作，成为其直属学院警官分校，建成了具有1500人普通大专生的办学规模，并承担了“人才培养模式改革和开放教育试点”的任务，开展了远程开放大学本科教育，具备了培训、教学、远程开放教育三大职能。2004年该校成功转型为山东省警官培训学院。该院秉承“创品牌专业，建精品学院”宗旨，在多方支持下，2006年10月，经山东省教育厅批准成立了山东政法学院警官学院，自2007年7月起招收全日制监狱学专业本科生，实行定单式培养，

---

① 参见1996年《司法部关于申请举办法律高等职业教育的报告》，载于霍宪丹主编《中国法学教育的发展与转型》（1978—1998），法律出版社2004年版，第145页。

主要面向山东省监狱系统就业。为充分发挥自身优势，2008 年 4 月，该院又与山东政法学院签订了专科合作办学协议，招收法律事务（经济）专业专科生，每年招收 300 人左右。

经过十多年的积极努力和变革，截至 2008 年底，中等法律专业学校主要采取与其他学校联合组建或单独升格，纳入高等法学教育体系，并入其他普通高等院校或停办等途径，实现了原有角色转变，初步完成了特殊的历史时期赋予的历史使命；仅有黑龙江司法警官职业学院、武汉警官职业学院、广州市司法职业学校和新疆司法警官学校等少数几所学校虽然仍招收法律中专生，但已经不是真正意义上的法学中专教育，而是以培养技能为主要目标，使学生在校期间通过参加成人考试、自学考试或电视大学等途径，毕业时能获得专科学历的职业教育。司法学校、司法警官学校调整、转型或撤销状况详见表 3－3。

表 3－3　　司法学校调整、转型或撤销状况统计表

学校名称	调整、转型或撤销状况	现主管部门
北京市司法学校	2000 年并入北京政法管理干部学院	北京市司法局、教育局
天津市司法学校	已撤销	—
河北省司法学校	2004 年河北省司法警官学校、河北司法学校和河北政法函授大学联合组建为河北司法警官职业学院	河北省司法厅
山西省司法学校	2003 年并入山西大学	山西省司法厅
内蒙古自治区司法学校	2002 年并入内蒙古警察职业学院	内蒙古自治区司法厅
辽宁省司法学校	1998 年并入辽宁省公安司法管理干部学院	辽宁省司法厅
吉林省司法学校	2001 年吉林省司法学校与吉林省监狱警官学校联合组建为吉林司法警官学院	吉林省司法厅、省教育厅
哈尔滨市司法干警中等专业学校	已撤销	—
上海市司法学校	2008 年并入上海政法学院	上海市司法局
江苏省司法学校	2000 年并入江苏省公安专科学校。2002 年更名为江苏警官学院。	江苏省公安厅
浙江法律学校	并入浙江理工大学法政学院	浙江省司法厅
杭州市法律学校	2000 年并入杭州师范学院	杭州市司法局

续表

学校名称	调整、转型或撤销状况	现主管部门
安徽省司法学校	2000 年并入安徽警官职业学院	安徽省司法厅
福建司法学校	2003 年并入福建师范大学法学院	福建省司法厅
江西省司法学校	2000 年江西省司法学校与江西省司法警校联合组建为司法警官职业学院	江西省司法厅
山东省司法学校	2006 年升格为山东省司法警官职业学院	山东省司法厅
河南省司法学校	2003 年并入河南省财经政法学院	河南省司法厅
湖北省司法学校	2003 年并入武汉警官职业学院（继续招收法律中专生）	湖北省司法厅
武汉市司法学校	已撤销	—
湖南省司法学校	1999 年并入湖南政法管理干部学院，后湖南政法管理干部学院又并入湖南师范大学	湖南师范大学
广东省司法学校	2002 年广东省司法学校与广东省司法警察学校联合组建为广东司法警官职业学院	广东省司法厅
广州市司法学校	2003 年转变为广州市司法职业学校（继续招生法律中专生）	广州市司法局
深圳市司法学校	已撤销	—
珠海市司法学校	已撤销	—
广西警官学校	1996 年与广西政法管理干部学院合并	广西司法厅
贵州省政法干部学校司法中专班	2000 年升格为贵州省政法管理干部学院，同年与贵州省公安干部学院合并为贵州警官职业学院	贵州省司法厅
陕西省司法学校	陕西省司法学校与陕西省政法管理干部学院合并建立陕西省司法警官职业学院	陕西省司法厅
西安市司法学校	已撤销	西安市司法局
青海省司法学校	青海省司法学校与青海省政法干校一起转入青海省政法委成立的政法干部培训中心	青海省司法厅
宁夏司法学校	升格为宁夏司法警官职业学院	宁夏司法厅
新疆司法学校	2007 年并入新疆司法警官学校	新疆司法厅
海南省司法学校	升格为海南政法职业学院	海南省司法厅

资料来源：部分源于司法部原教育司，部分通过打电话方式获悉。

表 3-4　司法警官学校调整、转型或撤销状况统计表

学校名称	调整、转型或撤销状况	现主管部门
北京市第三人民警察学校	2006 与北京政法管理干部学院合并成北京政法职业学院	北京市司法局、教育局
天津市司法警官学校	已转型为培训机构	天津市司法局
河北省司法警官学校	2004 年河北省司法警官学校、河北司法学校和河北政法函授大学联合组建为河北司法警官职业学院	河北省司法厅
山西省第二人民警察学校	升格为山西省警官职业学院	山西省司法厅
内蒙古自治区警官学校	已转型为培训机构	内蒙古自治区司法厅
辽宁警官学校	1998 年并入辽宁警官高等专科学校	辽宁省公安厅
吉林省监狱警官学校	2001 年吉林省司法学校与吉林省监狱警官学校联合组建为吉林司法警官学院	吉林省司法厅、省教育厅
黑龙江省警官学校	升格为黑龙江省司法警官职业学院（继续招生法律中专生）	黑龙江省司法厅
上海市司法警官学校	已转型为培训机构	上海市司法局
江苏省司法警官学校	升格为江苏省司法警官高等职业学院	江苏省司法厅
浙江省第三人民警察学校	升格为浙江省司法警官职业学院	浙江省司法厅
安徽省劳改警察学校	与安徽省司法学校、政法干校合并升格为安徽省警官职业学院	安徽省司法厅
福建省警官学校	升格为福建省警官职业学院	福建省司法厅
江西省司法警校	2000 年江西省司法警校与江西省司法学校联合组建为江西省司法警官职业学院	江西省司法厅
山东省警官学校	2006 年转型为山东省警官培训学院	山东省司法厅
湖北省警官学校	2000 年升格为武汉警官职业学院（2010 年继续招收法律中专生）	湖北省司法厅
四川司法警官学校	升格为四川司法警官职业学院	四川省司法厅
湖南省司法警官学校	升格为湖南省司法警官职业学院	湖南省司法厅
广东省司法警察学校	2002 年与广东省司法学校联合组建为广东司法警官职业学院	广东省司法厅
云南省司法警官学校	升格为云南省司法警官职业学院	云南省司法厅

续表

学校名称	调整、转型或撤销状况	现主管部门
河南省劳改警察学校	升格为河南省司法警官学院	河南省司法厅
广西警官学校	已转型为培训机构	广西司法厅
贵州省司法警官学校	已转型为培训机构	贵州省司法厅
陕西省警官学校	2004年陕西省政法管理干部学院、西北大学公安学院、陕西省司法学校、陕西省警官学校合并为陕西省警官职业学院	陕西省
青海省司法警官学校	2000年青海省人民警察学校和青海省司法警官学校合并组建青海警官职业学院	青海省公安厅
宁夏司法警官学校	2002年升格为宁夏司法警官职业学院	宁夏司法厅
新疆司法警官学校	2007年新疆司法学校并入新疆司法警官学校（2010年继续招收法律中专生）	新疆司法厅

资料来源：部分源于司法部原教育司，部分通过打电话方式获悉。

第二节　招生就业

中等法律专业学校从全国高校统一招生考试中招收高中毕业生，学制为两年（个别学校规定学制为三年），属于高中后的专业教育。法律中专教育坚持因地制宜、统筹规划原则，立足政法基层，面向社会，定向招生，为政法部门培养应用型的中级法律人才。学生毕业后，实行定向分配和自主择业相结合，就业方向为：检察、审判、司法行政等政法部门；工商行政管理、税务、物价、海关、管理等经济行政执法部门；公证、律师等经济法律服务部门及各种所有制的企、事业单位的法务部门。

一、招生情况

（一）司法学校招生情况

司法学校招收学生，一般都是按司法部统一的招录条件和专业要求，根据省级人民政府批准并下达的招生计划，招收参加全国统一高考的高中毕业生。

1. 司法部关于司法学校招生的有关指导意见主要体现在以下三个教学方案中。

（1）司法部《司法学校二年制法律专业教学方案》（1986年修订）[①] 规定：司法学校属于中等法律专业学校。学制两年，招收高中毕业生。司法学校主要培养从事检察、审判、司法行政等部门工作的、应用型的中级法律专门人才。

（2）司法部《司法学校二年制法律专业教学方案》（1993年修订）[②] 规定：司法学校属于实施高中后教育的中等法律专业学校。学制二年，招收参加全国统一高考的高中毕业生。司法学校法律专业主要为审判、检察、司法行政等部门培养德、智、体全面发展的应用型法律专门人才。

（3）司法部《司法学校二年制经济法专业教学方案》（1993年制定）[③] 规定：司法学校属于实施高中后教育的中等法律专业学校。学制二年，招收高中毕业生。司法学校经济法专业，主要为经济审判、经济检察等经济司法部门；工商行政管理、税务、物价、海关、管理等经济行政执法部门；公证律师等经济法律服务部门及各种所有制的企、事业单位，培养德、智、体全面发展的，应用型经济法专门人才。

2. 各地司法学校根据省级人民政府批准的招生计划，从参加当年高考的高中生中录取。受资料所限，这里只就部分时期司法学校专业设置、在校生、毕业生等指标数量情况作图表说明。

表3－5　　1985年12月全国司法学校学生情况一览表

学校名称	1984年招生数	1985年招生数	在校生数	已毕业学生数
北京市司法学校	82	162	480	157
天津市司法学校	84	37	121	187
河北省司法学校	255	250	505	—
山西省司法学校	156	200	356	97
内蒙古自治区司法学校	—	143	143	—
辽宁省司法学校	101	100	201	102
吉林省司法学校	—	100	100	—
上海市司法学校	84	37	121	187
江苏省司法学校	656	720	1376	81
浙江法律学校	153	151	304	102

① 资料来源：司法部原教育司。
② 参见《中国司法行政年鉴》1995年册，第864页。
③ 参见《中国司法行政年鉴》1995年册，第867页。

续表

学校名称	1984 年招生数	1985 年招生数	在校生数	已毕业学生数
杭州市法律学校	206	103	309	—
安徽省司法学校	216	204	420	83
福建司法学校	104	80	184	52
江西省司法学校	163	207	370	118
山东省司法学校	—	305	305	—
河南省司法学校	309	515	824	206
湖北省司法学校	43	63	106	43
武汉市司法学校	134	60	328	99
湖南省司法学校	52	50	102	50
广州市司法学校	97	229	326	198
深圳市司法学校	49	102	151	—
广西司法学校	100	100	200	50
贵州省政法干部学校司法中专班	105	203	308	—
陕西省司法学校	81	130	211	—
青海省司法学校	49	100	149	—
宁夏司法学校	83	167	250	40
新疆司法学校	204	283	487	—

表 3-6　1987 年 3 月全国司法学校专业、学制设置、在校学生、已毕业学生数量一览表

学校名称	专业设置	学制	在校生数	已毕业学生数
北京市司法学校	法律	四年	410	331
天津市司法学校	法律	两年	80	439
河北省司法学校	法律	两年	505	255
山西省司法学校	法律	两年	438	253
内蒙古自治区司法学校	法律	两年	224	—
辽宁省司法学校	法律	两年	200	403
吉林省司法学校	法律	两年	201	—
哈尔滨市司法干警中等专业学校	法律	两年	50	—
上海市司法学校	法律	两年	214	419
江苏省司法学校	法律、劳改	两年	931	737

续表

学校名称	专业设置	学制	在校生数	已毕业学生数
浙江法律学校	法律	两年	250	354
杭州市法律学校	法律	两年	303	206
安徽省司法学校	法律	两年	472	458
福建司法学校	法律	两年	205	132
江西省司法学校	法律	两年	406	501
山东省司法学校	法律	两年	385	—
河南省司法学校	法律	两年	513	1115
湖北省司法学校	法律	两年	82	86
武汉市司法学校	法律	两年	185	570
湖南省司法学校	法律	两年	186	152
广东省司法学校	法律	两年	—	—
广州市司法学校	法律	两年	331	397
深圳市司法学校	法律	两年	205	49
珠海市司法学校	法律、公安	四年	100	—
广西司法学校	法律	两年	200	150
贵州省政法干部学校司法中专班	法律	两年	303	105
陕西省司法学校	法律	两年	355	81
西安市司法学校	法律	两年	—	—
青海省司法学校	法律	两年	200	49
宁夏司法学校	法律、劳改劳教	两年	349	163
新疆司法学校	法律	两年	521	204

表3-7　1988年6月全国司法学校专业设置和招生、在校生、毕业生数量统计表

学校名称	专业设置	招生人数	在校生数	当年毕业学生数
总计		4436	8768	4771
北京市司法学校	法律	173	500	79
天津市司法学校	法律	75	116	37
河北省司法学校	法律	250	504	249
山西省司法学校	法律	200	440	198

续表

学校名称	专业设置	招生人数	在校生数	当年毕业学生数
内蒙古自治区司法学校	法律	160	241	143
辽宁省司法学校	法律	50	152	99
吉林省司法学校	法律	100	202	98
哈尔滨市司法干警中等专业学校	法律	30	77	30
上海市司法学校	法律	40	119	135
江苏省司法学校	法律、劳改	240	479	685
浙江法律学校	法律	50	151	142
杭州市法律学校	法律	100	298	103
安徽省司法学校	法律	240	452	259
福建司法学校	法律	108	103	210
江西省司法学校	法律	200	398	200
山东省司法学校	法律	323	404	303
河南省司法学校	法律	296	706	507
湖北省司法学校	法律	54	87	—
武汉市司法学校	法律	151	265	70
湖南省司法学校	法律	302	412	50
广东省司法学校	法律	—	—	—
广州市司法学校	法律	101	244	101
深圳市司法学校	法律	129	233	100
珠海市司法学校	法律、公安	114	213	—
广西自治区司法学校	法律	100	203	99
贵州省政法干部学校司法中专班	法律	100	202	200
云南省曲靖司法学校	法律	—	—	—
陕西省司法学校	法律	129	167	393
西安市司法学校	法律	—	—	—
青海省司法学校	法律	123	223	100
宁夏自治区司法学校	法律、劳改劳教	180	363	166
新疆自治区司法学校	法律	240	441	275

表 3－8　1985 年至 1994 年全国司法学校在校生及毕业生数量统计表

年度	在校生数	毕业学生数
1985	8200	1852
1986	8846	3759
1987	8804	7609
1988	8483	3757
1989	9374	4175
1990	8681	4379
1991	—	—
1992	—	—
1993	13000 余	4000 余
1994	15000 余	7000 余
1995	15000 余	8000 余

数据来源：《中国法律年鉴》1988—1990 年版；《中国司法行政年鉴》1995 年册；司法部原教育司。

（二）司法警官学校招生情况

司法警官学校招收学生，一般都是按司法部统一的招录条件和专业要求，根据省级人民政府批准并下达的招生计划，招收参加全国统一高考的高中毕业生。下面提供司法部关于司法警官学校招生及山东省警官学校 1994 年招生体能测试表供参考（表见下页）。

1. 司法部关于司法警官学校招生的指导意见。司法部《劳改工作警官学校二年制教学方案》① 规定：司法警官学校属于中等专业学校。学制两年，招收参加全国统一高考的高中毕业生。司法警官学校主要承担培养监狱、劳教机关人民警察任务，对招生对象有特别要求——参照人民警察学校（公安类）招生标准，满足以下条件：

（1）招收对象身体条件。招收学生一般要求未婚；年龄不超过 22 周岁；男生身高不低于 1.70 米，体重不低于 50 公斤，女生身高一般不低于 1.60 米，体重不低于 45 公斤；左右眼单眼裸眼视力，司法会计专业 4.8（0.6）以上，法律、狱政管理专业 4.9（0.8）以上；还要求考生无色盲、色弱，两耳无重听，无口吃，五官端正，面部无明显特征和缺陷，嗅觉不迟

① 资料来源：司法部原教育司。

钝，无鸡胸、腋臭、严重静脉曲张、明显八字步、罗圈腿、重度平跖足、文身、少白头、驼背、各种疾病，本人或直系亲属无精神病史等。

（2）招收对象政治审查。司法警官学校招收学生需要经过政审程序，在政治方面有严格的要求：考生必须热爱祖国、人民，遵纪守法，勤奋学习，自愿献身警察事业。对于曾受过刑事处罚、劳动教养、少年管教、近五年曾受过治安处罚的，有违法犯罪嫌疑受到政法机关侦查、控制的，曾受过开出学籍、团籍或者党籍纪律处分、近三年有记过以上处分的，曾参加过邪教或非法组织、黑社会性质组织的，有吸毒史的，直系亲属或关系密切的旁系亲属有上述情况或曾在、正在监狱服刑的，均不符合政审要求而不被录取。

（3）招收对象男女比例。因监狱、劳教工作性质、工作环境特殊，女生比例限定在15%以内。

（4）招生对象的体能要求。司法警官学校对于体能测试的要求，参照并略低于公安部《公安普通高等学校招生工作暂行办法》中的要求，灵活掌握。

2. 山东省警官学校招生体能测试及合格标准。

表3－9　　山东省警官学校招生体能测试项目及合格标准一览表

性别	测试项目	合格标准
男子	50米	7″1以内（含7″1）
	1000米	3′55″以内（含3′55″）
	俯卧撑	10秒内完成6次以上（含6次）
	立定跳远	2.3米以上（含2.3米）
女子	50米	8″6以内（含8″6）
	800米	3′50″以内（含3′50″）
	仰卧起坐	10秒内完成5次以上（含5次）
	立定跳远	1.6米以上（含1.6米）

二、就业情况

司法学校、司法警官学校自初建时期到1996年，主要是按照国家统一招考计划招生，经教育培养合格的毕业生由国家负责统一分配工作。据统计，截至1996年7月，司法学校累计培养法律中专毕业生5万人，绝大多数毕业生分配在人民法院、人民检察院、司法行政等政法部门工作，① 少部分毕业生选择了律师职业，对提高政法队伍素质，缓解政法队伍专业人才的急需，起到了积极作用。司法学校毕业生数量情况请参考本节表格。司法警官学校的毕业生，大部分进入监狱、劳教、公安机关，成为教育改造服刑人员、劳教人员以及维护社会治安的人民警察。

自1997年以后，随着国家对大中专毕业生就业政策的调整，中等法律专业学校毕业生就业走向市场化，实行双向选择、自主择业，国家不再承担分配任务，另外，国家公务员招录要求最低学历为专科，司法考试准考学历为本科以上（个别地区放宽到法律专科）等，中等法律专业学校毕业生就业面临严重困难。例如，山东省警官学校在1994年及之前招收的学生，经考核合格顺利毕业后，全部分配到监狱、劳教机关工作（自主择业者除外），成为人民警察（国家公务员）；1995年招收的全部学生和1996年招收的部分学生虽然进入监狱、劳教机关工作，但视为参照公务员管理的事业性质工作人员，陆续在取得专科以上学历并经考核合格后录用为人民警察，但仍不具有国家公务员身份，直到2006年才统一过渡为国家公务员；1997年至1998年招收的学生，在山东省监狱管理局的积极协调下，择优安排到监狱工作，实行劳动合同制。1999年停止招收中专生。山东省法律学校1996年招收的学生，1998年毕业时已完全走向市场，自谋职业；2006年停止招收中专生。事实上，伴随着中等法律专业学校通过调整、转变职能、合并、撤销等途径退出中专法学学历教育舞台，绝大部分中等法律专业学校陆续停止招收中专生，中等法律专业学校毕业生的就业问题也就渐渐淡出了人们的视线。

第三节 教学培养

中等法律专业学校成立以来，司法部始终按照高中毕业后接受两年职业教育的模式，确定培养目标、课程体系和教学要求。为了保证人才的培养规格，各校统一执行司法部制定的教学方案，统一使用司法部、教育部共同成立的法学教材编辑部组织编审的法律专业通用教学大纲和专用教材，统一参加司法部组织的法律专业课程考试。司法部作为法学教育行业主管部门，对中等法律专业学校的教学培养目标作了统一规定：为司法机关及其他机关、

① 参见《中国司法行政年鉴》1995年册，第367页。

企事业单位培养德、智、体全面发展的应用型中级法律人才，要求学生做到有理想、有道德、有文化、有纪律。为敦促各校提高教学水平，保障教学质量，培养合格和优秀法律人才，司法部每年组织人员对中等法律专业学校进行统一抽考，开展教学检查评估工作。中等法律专业学校在严格按照司法部统一教学方案组织教学的同时，一般都利用行业办学优势，与审判、检察、律师、公证、公安、监狱、劳教等政法实际部门和法律服务部门紧密协作，建立了学生实习基地和教师实践基地，逐步形成了中等法律专业学校的办学特色。下面分别对司法学校和司法警官学校教学培养情况作简要介绍。

一、司法学校教学培养情况

司法学校按照司法部制定的教学方案组织教学工作。期间，司法部根据经济、社会的发展和政法工作需求，对教学方案作了修正，并允许各地司法学校根据当地实际和教学优势对选修课作适当调整，以更好地培养应用型法律人才。下面主要介绍司法部针对司法学校制定的教学方案情况。

（一）司法学校二年制（1986 年修订）教学培养目标及要求①

1. 认真学习马列主义、毛泽东思想的基本原理，坚持四项基本原则；具有社会主义道德和全心全意为人民服务、为四化建设服务的理想；自觉遵守组织纪律，为社会主义民主和法制而努力工作。

2. 了解马列主义法学基本理论，掌握法学基础知识和基本技能；熟悉党和国家在政法方面的方针、政策及主要法律；具有一定的实际工作能力和语言文字表达能力。

3. 具有健康的身体和美好的心灵。

4. 为实现教学培养目标，学校要重视培养学生的动手能力，改进和加强实践性教学环节；保证实践教学的时间；扩大实践教学的领域；改进实践教学的方法；提高实践教学的质量。在第一学年结束后，学校可利用暑假，适当组织学生到司法部门见习或进行社会调查。在第三学期后半学期或第四学期开学时，安排八周的专业实习。学校要根据课程特点，采用现场教学或旁听、模拟审判、案例讨论等形式组织教学，并组织学生参加一定的实际工作，如法制宣传、法律咨询等，使学生得到多方面的锻炼。要加强学生笔录及制作法律文书的训练。每周课外安排一次劳动。每门课程结束后都要考试或考查。

---

① 资料来源：司法部原教育司。

(二) 司法学校二年制法律专业 (1993 年修订)① 教学培养目标及要求

司法学校教学培养目标应适应并密切结合我国社会主义市场经济和民主法制建设对应用型法律人才知识结构的要求。法学是政治性和实践性很强的学科，因此法律专业的培养目标突出了政治和职业道德要求，这表明对培养对象政治素质有较高的标准。应用型法律人才的业务素质，除应有扎实的专业理论基础外，还应强调专业技能的培养，这是职业法学教育改革的中心环节，也是培养对象能否适应社会需求的关键，因此学校要注意贯彻理论联系实际的原则，重视实践性教学环节，在加强学生工作能力和实际技能的培养上下工夫。同时，学校要采取多种形式开展美育教育、劳动教育，培养学生的审美意识和高尚情操，鼓励他们发扬艰苦奋斗的优良传统，增强他们的劳动观念、群众观念、组织纪律观念、职业道德观念和集体主义观念，使学生德、智、体全面发展。

1. 掌握马克思主义、毛泽东思想基本原理和建设有中国特色社会主义的理论，坚持四项基本原则，坚持改革开放；热爱祖国，维护宪法和法律，全心全意为人民服务；具有为完善社会主义民主与法制、为建立并发展社会主义市场经济、为建设社会主义现代化而献身的精神，以及良好的政治素质和职业道德。

2. 掌握马克思主义法学基本原理和法学基础知识，熟悉党和国家在政法方面的方针政策及主要法律；养成理论联系实际的优良学风；具有从事司法工作所必备的书面和口头表达能力，计算机应用的初步能力以及认识、分析和解决问题的能力。

3. 具有健康的体魄。

4. 为了贯彻理论联系实际的原则，培养学生运用所学专业理论和知识分析、解决问题的能力，学校要加强实践性教学环节，保证实践教学的时间，扩大实践教学的领域，改进实践教学的方法，提高实践教学的质量。学校要根据课程特点，采取现场教学或旁听、模拟审判、案例分析等形式组织教学，并组织学生参加一定的实际工作，如开展法律咨询，进行法制宣传，实施法律援助等，使学生接触社会，得到多方面的锻炼。学校在组织教学过程中，应重视加强学生笔录、询问和制作法律文书等能力的训练。在第一学年结束后，可利用暑期，适当组织学生到司法部门见习或进行社会调查。在第四学期安排九周的专业实习。

① 参见《中国司法行政年鉴》1995 年册，第 864 页。

5. 为了巩固学习成果，检验教学效果，提高教学水平，保证教学质量，每门课程结束后都要进行考核，在进行知识考核的同时要注意能力的考核。考核可分考试与考查两种，可采取口试或笔试，开卷或闭卷以及其他方式进行。成绩不及格者，学校要组织补考，经补考仍不合格的，应按国家教委有关学籍管理的规定办理。社会调查和专业实习由指导老师评定成绩。

（三）司法学校二年制经济法专业（1993 年制定）教学培养目标及要求①

党的十四大确立了社会主义市场经济体制的经济模式，而市场经济实质就是法制经济。因此改革开放的形势向法学中专教育提出了新的要求，同时也提供了新的机遇。在市场经济及其发展规律作用下，国家的立法工作，国家的国民经济管理工作和执法工作以及公民、企业或公司的经济活动、商务活动越来越多；乡镇企业的大量涌现与迅猛发展，客观上要求我们必须培养出既熟悉党和国家有关经济工作的方针、政策和法律法规，又熟悉掌握较系统的经济法专业知识，以及从事经济司法和法律服务工作的基本技能的专门人才，以适应社会主义市场经济发展和民主法制建设的需要。部分学校经过十多年的建设，已拥有一支具备开设经济法专业课条件的师资力量和较完备的办学条件的环境，司法部向国家教委申报开办经济法专业已获批准。据此，司法学校工作的根本任务是培养社会主义事业的建设者和接班人，造就应用型经济法专门人才。经济法专业在培养目标上对学生的政治素质提出了严格要求，不仅应具有一定的马克思主义理论素养，还要求树立高尚的职业道德。应用型经济法专门人才的业务素质，除应有扎实的专业理论基础外，应强调专业技能的培养，这是培养对象能够得到社会认可的关键所在，因此司法学校要注重贯彻理论联系实际的原则，加强实践性教学环节，重视对学生工作能力和实际技能的培养。司法学校二年制经济法专业教学培养要求与（二）所述“司法学校二年制法律专业教学培养要求基本相同，不再赘述”。

二、司法警官学校教学培养情况

司法警官学校作为警察类学校，也是按照司法部制定的教学方案组织教学的。部分学校如山东省警官学校采用法学教材编辑部编写的大专院校法学教材进行教学，毕业生获得的虽然是中专学历证书，但已经达到了法学大专水平。下面简要介绍司法部针对司法警官学校制定的教学方案。

① 参见《中国司法行政年鉴》1995 年册，第 867—868 页。

（一）培养目标

1. 掌握马列主义、毛泽东思想的基本原理，坚持四项基本原则，具有社会主义道德品质和全心全意为人民服务的思想，热爱劳改事业，愿为劳改事业贡献自己的力量。

2. 了解马列主义法学基本理论，熟悉劳改工作的方针政策，熟悉国家的主要法律，掌握教育改造罪犯、管理劳改生产必备的专业知识，具有一定的实际工作能力和语言文字表达能力。

3. 具有健康的体魄和劳改工作警官必需的警察体育知识和技能，并具有良好的职业道德和严整的警容风纪。

（二）为实现教学培养目标，对司法警官学校教学工作提出如下要求：

1. 学校要始终坚持教育的社会主义方向，坚持用马列主义、毛泽东思想教育学生，坚持把坚定正确的政治方向放在教育工作的首位，以提高教学质量和培养合格人才作为学校工作的基本出发点，加强对全体教职工的职业道德教育，按军事化管理的要求，对学生严格管理，努力实现教学方案提出的培养目标。

2. 从学生入学开始，各专业的任课教师都要始终坚持对学生进行专业思想教育，使学生热爱劳改事业，具有良好的职业道德观念，树立立志献身于劳改事业的思想。

3. 各科教学必须按照教学方案和教学大纲的要求，认真制定具体的教学进度计划。任课老师要认真备课，对学科基本概念、基本理论的讲解力求准确。要注重理论联系实际，注重学生的社会实践，搞好学生的实习，培养学生分析问题和解决问题的能力。结合劳改工作实际，加强对学生写作能力和语言表达能力、组织管理能力和独立工作能力的培养。

4. 警体课教学要体现严格训练、严格要求的精神，任课教师要根据实际工作需要，加强对学生队列、组织带队能力方面的训练，使学生比较熟练地掌握追捕、擒拿、实弹射击、警械具使用等基本技能。通过警体课教学，使学生具备良好的军事素质、身体素质及警官气质，适应工作需要。

5. 加强教学研究工作，每一学科的教研室要根据各专业的培养目标，确定各专业课程的设置，开展教育思想的学习、讨论，把研究新时期的教学观点、原则、手段、方法作为专业学习的主要内容。要经常征求学生的意见，不断改进教学方法，促进教学改革的开展，保证教学方案的贯彻落实。

6. 学校可利用寒暑假适当组织学生到劳改单位见习或进行社会调查。根据所学专业和教学进度，在适当时候安排学生一至两次专业实习，实习期为6—8周。

7. 为巩固学生的学习成果，检验教学效果，保证教学质量，每门课程结束后，都应对学生进行考试或考查。

第四节 课程设置

为规范中等法律学校教学，保证教学质量，便于对各学校教学情况进行考核和评估，督促各学校提高教学水平，加快培养适应社会主义民主法制建设需要的法律人才，司法部制定了司法学校和司法警官学校分别适用的教学课程设置及学时分配方案，为了照顾各地对相关专业的特殊要求，设置了选修课，并列举了几门课程，各学校可不受此限，根据实际情况确定各自开设的选修课程。这里分别就司法部对司法学校、司法警官学校统一教学课程设置安排作简要介绍。

一、司法学校课程设置情况

司法学校严格按照司法部统一教学方案的相关要求，并根据自身办学优势，灵活主动地设置教学课程。下面对不同时期司法部制定的统一教学方案中关于教学课程设置部分作一介绍。

（一）司法学校二年制法律专业（1986年修订）教学课程设置及学时分配情况[①]

司法学校二年制法律专业（1986年修订）教学课程设置要求：两年期间开设必修课19门，选修课8门，课程总学时为1751学时，其中必修课1581学时，占总学时的90.3%，选修课不少于170学时，占总学时的9.7%。思想品德课及形势、任务教育每周半天，讲座、专题报告利用机动时间，不计入总学时。详见表3-10。

表3-10 司法学校二年制法律专业教学课程设置及学时分配表

（1986年修订）

课程名称	学时	课程名称	学时
辩证唯物主义和历史唯物主义（必修）	65	中国民法（必修）	119

① 资料来源：司法部原教育司。

续表

课程名称	学时	课程名称	学时
政治经济学（必修）	85	中国刑事诉讼法（必修）	85
中国革命和建设基本问题（必修）	80	中国民事诉讼法（必修）	85
语文（必修）	255	中国经济法概论（必修）	119
逻辑（必修）	51	中国婚姻法（必修）	34
体育（必修）	136	中国司法制度　（必修）	51
法学基础理论（必修）	68	司法文书（必修）	51
中国宪法（必修）	51	法医常识（必修）	34
中国刑法（必修）	119	国际法常识（必修）	68
刑事侦查基础（必修）	34	外语（选修）	119
电子计算机基础（选修）	51	中国法制史（选修）	51
司法会计（选修）	34	司法统计（选修）	34
犯罪心理学（选修）	34	劳改、劳教工作概论（选修）	34
行政法概论（选修）	34	思想品德课及形势、任务教育	不计入总学时
讲座、专题报告	不计入总学时	专业实习	8周

附一：关于课程内容的说明

1. 根据国家教委政教司的意见，《辩证唯物主义和历史唯物主义》、《政治经济学》可侧重历史唯物主义部分和社会主义部分。选用上海人民教育出版社的教材、大纲。

2. 《语文》侧重写作、应用文和书法，少讲法律、古文；语法修辞可结合范文讲。除课堂教学外，还要注意平时的训练。

3. 《体育》包括军事体育的内容。

4. 《中国民法》主要内容为民法原理、《民法通则》及《继承法》。

5. 《中国经济法概论》的内容主要是经济法律关系、经济合同法和主要的部门法。讲授时要注意同《中国民法》的协调。

6. 《中国司法制度》的主要内容是检察制度、审判制度、公证律师制度、劳改劳教制度和调解工作等。其内容应避免同诉讼法重复。

7. 《国际法常识》包括国际公法和国际私法的基本常识。

8. 《电子计算机基础》是为适应今后的需要而设置的。如果师资、教材暂时解决不了，可先开讲座。

9. 《劳改、劳教工作概论》主要讲方针、法律、法令和条例。

10. 讲座、专题报告（不计入学时）根据“三个面向”的要求，为扩大学生知识面，了解和掌握必要的相关知识，要组织各种讲座和专题报告，介绍改革和法制建设方面的新情况；政法实际工作的经验和现行政策；经济及社会发展的现状和趋势；有关的科学技术知识和美学常识等等。

附二：关于教学时间分配的说明

两年共104周，其中入学教育、毕业教育及鉴定2周；课堂教学68周；专业实习8周；考试、考查4周；寒暑假20周；机动2周。

（二）司法学校二年制法律专业（1993年修订）教学课程设置及学时分配情况①

司法学校二年制法律专业（1993年修订）教学课程设置要求：两年期间开设必修课19门，选修课8门，课程总学时为1700学时，其中必修课1444学时，占总学时的85%，选修课不少于200学时，占总学时的15%。形势、任务教育每周1—2小时，讲座、专题报告利用机动时间，不计入总学时。详见表3－11：

表3－11　司法学校二年制法律专业教学课程设置及学时分配表
（1993年修订）

课程名称	学时	课程名称	学时
建设有中国特色社会主义的理论与实践（必修）	70	司法职业道德	40
应用写作（必修）	100	逻辑（必修）	54
书法与司法笔录训练（必修）	54	司法口才（必修）	54
会计学基础知识（必修）	54	电子计算机基础与应用（必修）	108
体育（必修）	120	法学基础理论（必修）	68
中国宪法（必修）	56	中国民法（必修）	130
中国刑法（必修）	108	中国民事诉讼法（必修）	90
中国刑事诉讼法（必修）	63	经济法概论（必修）	126
行政法与行政诉讼法（必修）	63	中国婚姻法（必修）	36
司法文书（必修）	50	英语（选修）	120

① 参见《中国司法行政年鉴》1995年册，第864—866页。

续表

课程名称	学时	课程名称	学时
民族区域自治法（选修）	36	民族理论和政策（选修）	18
律师实务与公证实务（选修）	36	司法统计常识（选修）	36
秘书工作常识（选修）	36	档案管理学概论（选修）	36
国际司法（选修）	54	思想品德课及形势、任务教育	不计入总学时
讲座、专题报告	不计入总学时	专业实习	9周

附一：关于课程内容的说明

1.《建设有中国特色社会主义的理论与实践》这门课程，主要介绍建设有中国特色社会主义理论的内容和它形成发展的过程，以及在改革开放，建立社会主义市场经济实践中的具体运用。学校在教学过程中，要调动学生利用辩证唯物主义和历史唯物主义以及政治经济学方面的基础知识，结合青年学生特点，加强对这一理论的理解。

2.《司法职业道德》，职业道德是职业学校学生知识构成的重要组成部分，法律职业道德对法律院校学生具有特殊重要的意义。本课程主要帮助学生树立正确的职业道德观念，并为养成良好的职业行为习惯打好基础。

3.《应用写作》既是文化课，又是法律专业重要的基础课和基本技能课。本课程应讲究实用，要强调写作知识的深化和写作技能的训练，并要求多练习，多讲评，切实提高学生的写作技巧。同时应注意提高学生的阅读与欣赏能力，要指定阅读书目，利用课余时间阅读。

4.《书法与司法笔录训练》，书法以硬笔书法为主，适当学习毛笔字，讲授应以实用为原则，课堂讲授、讲评要与平时练习相结合，并适时组织书法比赛；在此基础上要培养学生的听辩能力、反应能力和快速书写能力，加强司法笔录训练，做到好、快、准、全，以好为主。

5.《司法口才》是思想、语言、逻辑和心理素质的综合训练。本课程除课堂讲授外，要注意利用现代化教学手段对学生进行辅导练习，并要与模拟法庭、演讲比赛以及课外的法律咨询、法制宣传等活动相结合。

6.《体育》课的教学，要使学生掌握一定的运动技能，增强身体素质，并达到国家规定的体育锻炼标准，适应政法工作的需要，增加军事体育训练的内容。

7.《英语》课的教学以口语为主，讲求实用，并培养学生的自学能力，为毕业后的应用及进一步发展打下良好的基础。沿海及开放城市可确定为必选课，并可适当调整课时。

8.《中国民法》内容应含民法通则、继承法、收养法等。

9.《经济法概论》主要讲授经济法基础理论、合同法（经济合同、技术合同）、企业法（含三资企业法、私营企业法）、税法、知识产权法、金融法（含银行法、票据法、保险法）等内容。

10.《民族区域自治法》和《民族理论与政策》在民族地区应作为必修课开设。

11. 香港和澳门特别行政区基本法及我国经济特区的有关法律制度，可开设专题讲座，使学生了解有关法律内容，加强对"一国两制"和对外开放政策的认识。

12. 根据培养又红又专的应用型法律人才的要求，学校应组织各种讲座和专题报告，使学生了解和掌握必要的相关知识，以扩大学生的知识面，并有助于学生提高政策水平。如进行爱国主义、集体主义、国情和社会主义思想教育，介绍我国社会主义市场经济发展和社会主义建设的有关情况，介绍改革开放和法制建设方面的有关动态，介绍政法实际工作的经验和现行政策以及香港和澳门基本法，介绍法学学术动态和相关的科学技术知识等等。

附二：关于教学时间分配的说明

两年共 104 周，其中招生、入学教育 5 周；毕业教育及鉴定 1 周；课堂教学 61 周；专业实习 9 周；考试、考查 4 周；寒、暑假 20 周；机动 4 周。

（三）司法学校二年制经济法专业（1993 年制定）教学课程设置及学时分配情况①简介

司法学校二年制经济法专业要求：两年期间开设必修课 22 门，选修课 13 门，课程总学时为 1750 学时，其中必修课 1466 学时，占总学时的 83.8%，选修课不少于 280 学时，占总学时的 16.2%。形势、任务教育每周 1—2 小时，讲座、专题报告利用机动时间，不计入总学时。详见表 3－12。

① 参见《中国司法行政年鉴》1995 年册，第 867—869 页。

表 3－12　司法学校二年制经济法专业教学课程设置及学时分配表

（1993 年制定）

课程名称	学时	课程名称	学时
建设有中国特色社会主义的理论与实践（必修）	70	法律职业道德（必修）	40
应用写作（必修）	90	逻辑（必修）	54
司法口才（必修）	54	书法与笔录训练（必修）	54
电子计算机基础与应用（必修）	72	体育（必修）	120
会计学基础知识（必修）	54	宪法与行政法（必修）	54
法学基础理论（必修）	54	中国民法（必修）	90
中国刑法（必修）	72	诉讼法学（必修）	120
司法文书（必修）	54	经济法基础理论（必修）	54
经济合同法（必修）	54	公司法（必修）	72
税法（必修）	54	知识产权法（必修）	72
金融法（必修）	54	企业法（必修）	54
英语（选修）	120	自然资源保护法（环保、土地、森林、渔水等）（选修）	54
经济管理学概论（选修）	54	市场学（选修）	36
港、澳、台经济法律制度（选修）	36	国际经济法（选修）	54
海商法（选修）	36	国际私法（选修）	54
民族区域自治法（选修）	36	统计常识（选修）	36
律师公证实务（选修）	36	西方国家民商法（选修）	54
秘书工作概论（选修）	36	思想品德课及形势、任务教育	不计入总学时
讲座、专题报告	不计入学时	专业实习	9 周

附一：关于课程设置及课程内容的说明

根据培养目标的要求，课程设置着眼于对法学基本原理和法律实务，以及专业技能课程的安排，学校在组织教学时要注意课程间的衔接配合，避免重复或遗漏。为使学生的知识结构更趋合理，同时照顾各地区对专业的特殊要求，《方案》设置了选修课，并列举了几门课程，各校可根据实际情况确定各自开设的选修课。

为了坚持教育的社会主义方向，国家教委在调查研究的基础上，对传统的政治理论课进行了改革，设置了《建设有中国特色社会主义的理论与实践》和《职业道德》两门课程。一改以往只求体系科学完整的弊端，意图通过政治理论课的教学，使学生认清社会发展的规律和人生的价值，树立正确的世界观，从而摆正自己在社会发展中的位置，同时与学生日常的思想政治教育相衔接，增强知识性、实用性。学校要重视培养学生的社会适应能力，提倡正确的理想、信念和高尚的道德情操，反对拜金主义。

附二：关于课程内容的说明

1.《建设有中国特色社会主义的理论与实践》这门课主要介绍建设有中国特色社会主义理论的内容和它形成发展的过程，以及在改革开放，建设社会主义市场经济体制的实践中的具体运用。学校在组织教学过程中，要调动学生运用辩证唯物主义和历史唯物主义的观点以及政治经济学方面的基础知识，结合青年学生的特点，加深对这一理论的理解。

2.《司法职业道德》，职业道德是职业学校学生知识构成的重要部分，司法职业道德对法律院校学生具有特殊重要的意义。本课程主要帮助学生树立正确的职业道德观念，并为养成良好的职业行为习惯打好基础。

3.《会计学基础知识》是当前司法实践中迫切需要的知识，内容包括会计学原理和审计方面的基础知识。

4.《方案》中开设了6门法学基础课，讲授时要结合经济法专业的需要调整教学内容和重点。《中国民法》的内容含民法通则、继承法、婚姻法等；《中国刑法》重点讲授刑法总论和经济刑法；《诉讼法学》涉及民事诉讼法、刑事诉讼法和行政诉讼法的内容，其中相同的部分可一并讲授，不同的部分可采取比较教学法进行介绍。

5.《经济法基础理论》主要讲授经济法的产生和发展，经济法概述和经济法律关系等内容。

6.《企业法》主要讲授工业企业法、外商投资企业法、私营企业条例、个体工商户和个人合伙的有关规定以及企业破产法。

7.《经济合同法》主要讲授经济合同和技术合同以及合同的基本制度、基本原理和基本原则。

8.《金融、保险法》，随着经济体制改革的进一步深化和市场经济的蓬勃发展，金融行业的作用日益重要。有关证券、票据方面的业务和纠纷越来越多，亟待法律来调整、规范。本课程主要讲授有关银行、证券、票据方面的基本知识。《保险法》以现行保险条例为主，介绍基本原理、基本原则和基本制度及具体的险别。

9.《知识产权法》主要讲授专利权、商标权、著作权的基本知识、基本原理和各项制度以及有关保护专利权、商标权和著作权的国际公约。

10.《公司法》主要介绍有限责任公司、无限责任公司和股份有限公司以及有关基本原理、基本原则和基本制度。

11.《税法》内容以税法为主，介绍有关基本原理、基本原则和基本制度以及我国法律关于税种的规定。

12.《秘书工作概论》主要讲授秘书工作基本理论、秘书日常工作、秘书执行领导交办工作、秘书从事参谋辅助工作等内容。

13. 根据培养全面发展的，应用型经济专门人才的要求，学校应组织有关讨论和专题报告，介绍我国社会主义市场经济发展和社会主义建设的有关情况，介绍改革开放和法制建设方面的有关动态，介绍司法实践中遇到的新问题、新情况及有关工作经验和现行政策，介绍经济法学术动态和相关的科技知识；介绍港澳台和国外经济司法和经济法制的有关情况。

14. 学校应采取多种形式开展美育教育、劳动教育，培养学生的审美意识和高尚情操，鼓励他们发扬艰苦奋斗的优良传统，增强他们的劳动观念、群众观念、组织纪律观念、职业道德观念和集体主义观念，使学生德智体美劳全面发展。

附三：关于教学时间分配的说明

两年共104周，其中招生、入学教育5周；毕业教育及鉴定1周；课堂教学61周；专业实习9周；考试、考查4周；寒、暑假20周；机动4周。

二、司法警官学校课程设置情况①

司法警官学校在按照司法部统一教学方案的相关要求设置教学课程的同时，一般都增加了警察体育课时。下面就司法部针对司法警官学校制定的统一教学方案中关于教学课程设置部分作一介绍。

两年期间，开设必修课21门，选修课11门，课程总学时为1780—1850学时，其中必修课1520学时，占总学时的80%，选修课不少于330学时，占总学时的20%。共产主义思想品德及形势任务教育每周2学时，不计入总学时。讲座、专题报告利用机动时间，不计入总学时。详见表3－13。

① 资料来源：司法部原教育司。

表 3－13　司法警官学校管教工作专业教学课程设置及学时分配表

课程名称	学时	课程名称	学时
哲学（必修）	90	中国革命和建设问题（必修）	70
政治经济学（必修）	80	演讲与口才（必修）	70
人生与道德（含警官道德）（必修）	60	体育（必修）	110
形式逻辑（必修）	60	宪法（必修）	40
法学基础理论（必修）	50	刑事诉讼法（必修）	50
刑法（必修）	80	劳改生产经营管理（必修）	50
劳改学基础理论（必修）	40	劳改政治工作学（必修）	30
劳改工作应用文（必修）	50	罪犯教育学（必修）	50
狱政管理学（必修）	80	狱内侦察学（必修）	90
罪犯心理学（必修）	60	劳改法规（必修）	30
警察体育（必修）	180	民法（选修）	40
经济法（选修）	40	婚姻法（选修）	40
马克思主义民族理论和党的民族政策（选修）	40	外语（或少数民族语言）（选修）	80
统计学（选修）	50	微机（选修）	70
美学（选修）	40	书法（选修）	80
中国监狱史（选修）	40	犯罪学	40
讲座、专题报告	不计入总学时	—	—

附一：关于讲座、专题报告的说明

根据邓小平同志教育工作应“三个面向”的要求，为开阔学生视野，使学生了解和掌握必要的相关知识，学校要适当组织各种讲座和专题报告，介绍改革和法制建设方面的新情况；劳改实际工作经验和现行政策；经济和社会发展的趋势与现状；有关的科学技术知识和美学常识等。

附二：关于教学时间分配的说明

两年共 114 周，其中入学教育、毕业教育及鉴定 2—3 周；课堂理论教学 76—78 周；专业实习 6—8 周；考试、考查 3—4；寒暑假 16—18 周；机动 2—3 周。

第五节　师资队伍

初建时期的中等法律专业学校，面临法科专业教师严重短缺问题，影响教学的顺利开展，并制约了教学规模的扩大。为解决这一问题，切实加强师资队伍建设，司法部作为全国法学教育行业主管部门，主要采取了五条措施：一是同组织、人事、教育等部门联合下文，使一批原来的法律教师重新“归队”。二是从政法实际部门（包括法律顾问处、公证处）和法学研究单位商调或聘请一些既有实践经验、又有理论基础，适于任教的在职或离退休干部到学校担任专职或兼职教师。三是每年分配一部分大学本科毕业生到政法干校和司法学校任教；选拔一批适合任教的法科毕业生优先留校，充实教师队伍。四是从1980年到1986年，司法部法规教育司依托各政法院校，举办了十期“全国法律专业师资进修班”。1986年以后，司法部又根据需要，坚持每年组织中等法律专业学校的教师参加培训，以补充、更新专业知识，研究教学方法，提高教学水平。五是利用多种渠道派教师出国进修、考察、讲学，参加国际学术会议。

为督促指导中等法律专业学校切实加强师资队伍建设，不断提高教师队伍素质，司法部作为法学教育主管部门，制定了一些指导性意见和管理办法，收到了很好的效果。一是教师必须拥护党的路线、方针、政策，坚持四项基本原则，坚持改革开放，反对资产阶级自由化，忠诚党的劳改教育事业，刻苦钻研业务，思想作风正派，注重师德，为人师表。同时应具有大学或相当于大学的文化水平或专门业务技术知识，身体健康，胜任现职工作。二是学校要对教师队伍建设作出规划，有计划地改善现有结构，加强对中青年教师的培养使用，尽早形成科学合理的梯队。三是教师专业职务的考核、评聘，按照国家有关规定执行。四是实行教师工作量制度，对超额完成工作量的教师，可给予超工作量酬金。对教师的考核，要制定具体的考核办法，考核结果归入教师业务档案，作为教师评聘晋升专业职务的依据。教师的奖惩按照司法部《关于司法行政系统工作人员奖惩暂行办法（试行稿）》执行。学校设立教师激励基金，用于激励有突出贡献的优秀教师、先进工作者。保持教师队伍的相对稳定性，学校要在政治上、工作上、生活上对教师给予关心，为他们多办实事。积极组织和激励教师开展教学研究，对有科研成果的教师要给予激励。①

① 参见《中国司法行政年鉴》1995年册，第610—611页。

各中等法律专业学校在司法部法学教育职能部门的指导下，逐步加大教育人才引进工作力度的同时，不断加强师资队伍建设，采取多种形式为教师进修、科研创造条件，建立了一支政治素质过硬、业务能力较强的师资队伍。据统计，截至1995年5月，司法学校共有教职工2700余人，其中专职教师1200余人，获得高级职称的180余人，占教师总数的14%，获得中级职称的有450人，占教师总数的37.5%。①

下面对1985年至1995年全国司法学校师资数量情况作简要统计以供参考。

表3-14 1985年12月全国司法学校师资数量情况统计表

学校名称	教职工数	教师数	法律专业教师数
北京市司法学校	24	21	21
天津市司法学校	80	20	7
河北省司法学校	70	37	25
山西省司法学校	65	21	15
内蒙古自治区司法学校	72	33	27
辽宁省司法学校	21	12	8
吉林省司法学校	28	10	6
哈尔滨市司法干警中等专业学校	12	6	
上海市司法学校	114	53	33
江苏省司法学校	114	44	33
浙江法律学校	35	10	6
杭州市法律学校	53	23	17
安徽省司法学校	99	45	29
福建司法学校	33	15	9
江西省司法学校	105	37	24
山东省司法学校	78	39	24
河南省司法学校	310	81	51

① 参见《司法部法律职业教育改革与发展研讨会纪要》，《中国司法行政年鉴》1995年册，第367页。

续表

学校名称	教职工数	教师数	法律专业教师数
湖北省司法学校	59	35	24
武汉市司法学校	108	47	27
湖南省司法学校	54	27	11
广州市司法学校	78	23	15
深圳市司法学校	31	9	7
珠海市司法学校	9	4	2
广西司法学校	32	15	6
贵州政法干部学校司法中专班	169	52	32
陕西省司法学校	41	14	9
青海省司法学校	69	30	22
宁夏司法学校	61	20	14
新疆司法学校	96	40	40

表 3－15　　1987 年 3 月全国司法学校师资数量情况统计表

学校名称	教职工数	教师数
北京市司法学校	55	53
天津市司法学校	84	23
河北省司法学校	105	50
山西省司法学校	84	33
内蒙古自治区司法学校	85	37
辽宁省司法学校	30	16
吉林省司法学校	23	16
哈尔滨市司法干警中等专业学校	12	6
上海市司法学校	108	48
江苏省司法学校	148	44
浙江法律学校	36	11
杭州市法律学校	70	33
安徽省司法学校	98	41
福建司法学校	47	15
江西省司法学校	116	42

续表

学校名称	教职工数	教师数
山东省司法学校	87	42
河南省司法学校	470	107
湖北省司法学校	69	35
武汉市司法学校	110	47
湖南省司法学校	70	33
广东省司法学校	22	8
广州市司法学校	79	26
深圳市司法学校	43	18
珠海市司法学校	25	12
广西司法学校	34	16
贵州省政法干部学校司法中专班	169	52
陕西省司法学校	49	19
西安市司法学校	13	7
青海省司法学校	87	42
宁夏司法学校	66	29
新疆司法学校	103	44

表 3-16　　1988 年 6 月全国司法学校师资数量情况统计表

学校名称	教职工数	教师数	法律专业教师数
总计	2951	1131	740
北京市司法学校	60	53	24
天津市司法学校	75	25	13
河北省司法学校	155	52	27
山西省司法学校	96	43	29
内蒙古自治区司法学校	85	50	31
辽宁省司法学校	48	24	15
吉林省司法学校	29	18	7
哈尔滨市司法干警中等专业学校	19	10	8
上海市司法学校	109	50	34
江苏省司法学校	158	47	29

续表

学校名称	教职工数	教师数	法律专业教师数
浙江法律学校	36	11	7
杭州市法律学校	75	34	23
安徽省司法学校	103	43	24
福建司法学校	54	21	14
江西省司法学校	108	41	27
山东省司法学校	104	50	31
河南省司法学校	531	109	80
湖北省司法学校	76	38	27
武汉市司法学校	115	44	26
湖南省司法学校	99	51	28
广东省司法学校	36	18	16
广州市司法学校	80	31	20
深圳市司法学校	44	26	11
珠海市司法学校	42	18	5
广西司法学校	37	17	8
贵州省政法干部学校司法中专班	182	60	37
云南省曲靖司法学校	15	5	2
陕西省司法学校	51	21	14
西安市司法学校	13	7	7
青海省司法学校	113	54	35
宁夏司法学校	76	32	23
新疆司法学校	117	38	29

表 3-17　　1985 年至 1994 年全国司法学校师资数量情况统计表

年　度	教职工数	专职教师数
1985	2169	817
1986	2597	1005
1987	2597	1005
1988	3000	1150
1989	4612	1385

续表

年　度	教职工数	专职教师数
1990	2705	1220
1991	—	—
1992	2719	1223
1993	2700	1200
1994	2700	1200
1995	2700 余	1200 余

数据来源：部分源于《中国法律年鉴》1988—1990 年版；部分源于司法部原教育司。

伴随着 1995 年至 2008 年的司法学校及司法警官学校改革和调整转变，大部分教师随着学校升格、纳入高等法学教育体系、并入其他普通高等院校等方式或停办等途径，转变为高等教育院校教师；少数教师因原就教中等法律学校暂时维持现状而延续了工作岗位；还有一部分教师通过组织安排或自主择业等途径离开了教学岗位，脱离了教育行业。从这个意义上讲，现在的法学中专教育机构师资队伍情况失去了统计和分析的价值，故不再赘述。

第六节　现实状况与未来发展

十一届三中全会给中国法学教育吹来了发展的春风，在法学教育高速发展时期，中等法学教育以其“短、平、快”的特点适应了当时社会对法律人才的数量型需求，并在很大程度上缓解了政法队伍人员短缺的局面。随着改革的深入和市场经济的进一步发展，高层次的复合型、外向型法律人才成为 21 世纪中国法律人才建设的战略重点。《法官法》、《检察官法》、《人民警察法》、《律师法》和《国家公务员法》的相继颁布实施，标志着我国政法队伍建设已进入一个新的发展时期，继续举办中等法律专业教育，已不能适应形势的需要和社会各方面的需要。随着我国教育行业在某种程度上逐步市场化，中等法律专业学校以前的财政优势的丧失和对口输送毕业生的渠道的中断，学校办“机关”的管理体制必将成为教育改革转型中的“顽疾”，在办学体制、办学效益与其他学校的竞争中也就必然处于不利之地。①

① 参见冀祥德等《中国法学教育现状与发展趋势》，中国社会科学出版社 2008 年版，第 82 页。

因应时代的需要和历史的选择，曾在特殊的历史时期发挥过不可替代作用的中等法律专业学校，绝大部分纷纷通过调整、改建、合并、联合等途径，或实现了升格，从单一的中等法学教育中走出来，和高等法学教育体系完成了对接和融合，或实现了职能的转变，或因撤销而彻底退出了法学教育舞台。

仍在招收法律中专生的几所学校，尽管在培养方式和培养目标上有了较大调整，教学规范性不断加强，教学质量有了一定提高，但培养目标对应的人才规格仍然属于中专层次的高中后继续教育，难以完成 21 世纪法学教育精英化的使命。虽然有的学校通过组织学生在校参加自学考试或成人高考，以期早日获得专科文凭，凭以提高招生入学率或增加一块就业敲门砖，但这无疑会伤及学校原有的教学优势，培养出的学生将更无特色，同时也造成了“教与学”的资源浪费。

基于社会法律需求的时代更变和市场规律运转中的自然取舍，以及法律专业对学历层次的要求已经提高到本科和高等法学教育体系已经初步建立的现实状况，纯粹的法律中专必然是精简甚至被淘汰的对象，法学中专教育彻底退出法学教育新体系的宿命无法逆转，只是这一天已经越来越近，而且公众似乎期望这一天来得更早一些。换句话说，法学中专教育作为新中国法学教育发展中的一个必要过渡，已经光荣地完成了它的历史使命，功成身退是唯一选择。

第四章　法学大专教育*

第一节　概述

新中国成立 60 多年来，法学大专教育经历了一个从无到有的过程。1949—1952 年，全国还没有专科生，1953 年全国院系调整之后的 10 年，本科生的数量还远远多于专科生数量。"文化大革命"时期，法学教育遭受严重摧残，几乎所有的法律院系都停止招生，校舍被占用，教师被遣散，法学专科学校只剩下湖北大学法律专科一家。①"文化大革命"结束后，恢复了高等学校招生统一考试制度，法学教育也开始迅速恢复和发展，多所法律院校复办。为了弥补"文化大革命"结束之后政法人才奇缺、素质低下的问题，除了大力发展普通高等法学教育之外，教育部、司法部更加重视"多种层次、多种形式办学"、"除了继续巩固、提高和发展大学本科外，应大力发展大专和中专这两个层次"的办学方针。②

20 世纪 80 年代以前，我国的法学教育一直集中于高校的法学院系，教育层次也以本科教育为主。改革开放以后，各种形式的法学教育纷纷出现，呈现出层次多样化趋势，其中大专的教育形式最为多样，包括全日制普通高等学校教育、全日制短期职业大学、普通高等学校附设的夜大、普通高校附设的函授部或者函授学院、广播电视大学、职工业余大学、管理干部学院和高等教育自学考试等，学制一般为两年或三年。到了"文化大革命"结束法学教育恢复时期，法学专科学生数量不断增长，以 1996 年为例，全国各类法律本科学生数量为 8.1 万人，专科生达到 20.5 万人，其他年份的比例大体相当。③

---

* 本章撰写过程中，中国政法大学研究生院硕士生张文波帮助整理原始资料，并参与部分初稿的写作，谨此致谢！

① 冀祥德等:《中国法学教育现状与发展趋势》, 中国社会科学出版社 2008 年版，第 6 页。

② 同上书，第 41 页。

③ 牟阳春主编:《中国教育事业统计年鉴》, 人民教育出版社 2001 年版，第 57 页。

高等专科教育是在普通教育基础上进行的比本科学习年限短的专门教育，培养较低层次的高级专门人才。它同本科教育、研究生教育一样，都是我国高等教育体系中的组成部分。

成人高等教育也承担着专科学历教育。成人高等教育也是高等教育的一种形式，它同时属于成人教育的一部分。成人教育已成为任何国家整个体制中一个正常和必要的组成部分，许多国家还清楚地看到，成人教育，尤其是成人高等教育能够对经济产生效益。可以认为，经济越发达的国家，成人高等教育的水平越高，发展的规模也越大，速度也越快。为使教育适应科学技术革命和经济的巨大发展带来的产业结构的急剧变化，以及国际化、信息化等社会变革的需要，必须开展终身教育，成人高等教育正是终身教育的一个组成部分。

过去，我国的高等专科教育大多以培养理论型人才为教育目标。高等专科教育实际上成为普通高等本科教育的压缩版。1999 年 11 月，教育部召开的全国第一次专科高专教学工作会议对专科高专的目标等重大问题做了明确的阐述；专科高专教育是培养用户党的基本路线，适应生产、建设、管理、服务第一线需要的，德、智、体、美、劳全面发展的高等技术应用性专门人才。学生应在具有必备的基础理论知识和专门的知识的基础上，重点掌握从事专业领域实际工作的基本能力和基本技能，具有良好的职业道德和敬业精神。

专科教育的培养目标是国家对专科人才培养工作的总要求，也是专科教育同本科教育、中专教育的重要区别。法学专科教育的培养目标，是培养社会主义建设需要的德智体全面发展的高级实用型人才。法学专科教育，应强调针对经济建设和社会发展的实际需要设置，可以宽窄并存，灵活性大一些。专科教学要突出理论知识的应用和实践动手能力的培养。基础理论的教学以够用、必需为主，要减少理论推导，着重理论的应用。要减少讲课时数，增加课堂讨论和习题课时数，以强化学生应用理论的能力，加强实践教学环节，以便学生受到较好的专业训练和实践动手能力的培养。实践教学的安排方式，可分散在教学全过程中，也可以相对集中地安排在一个或两个学期中进行。要根据“应用型，融通性，开放式”的培养要求，按学科大类构建基础课教学平台，形成有特色的专业培养方案；要注重素质教育，继续推行并不断完善课外素质学分制度，加强人文素质教育和科学精神的培养；要打破各学科，各专业的封闭状态，积极创造条件，为学生提供跨学科选修，主辅修，网络教学，课外学术活动和实践活动形式和机会，为学生自主学习，培养志趣，发展潜力和特长创造必要条件，促使其达到个性发展与增强社会责任感的高度统一。

第二节 招生就业

20 世纪 90 年代以来，随着法学专业的升温，一些院校不顾教育部有关法学专业的准入条件，在不具备相应的师资、图书资料和实验、实习条件的情况下，便匆忙办起了法学专业和院系，导致了所谓“一块牌子高悬，三、五个人主事”的法学院系或专业纷纷浮现；这种“草班子”一哄而上大办法律教育的混乱局面与 1958 年“土法炼钢”的热潮有着惊人的相似，只不过其为害更深。[①] 而一些办学历史比较长的法学院也盲目扩招，造成师生比例严重失衡，图书资料严重不足，学生学习、生活环境恶劣，整个校园人满为患，使法学教育的规模和质量矛盾日益突出。[②] 根据教育部的统计，2006 年普通高校法学专业毕业人数为：本科为 91596 人，专科为 94568 人；招生人数本科为 110019 人，专科生为 86176 人；在校本科人数为 441090 人，专科人数为 269083 人。

随着《法官法》、《检察官法》和《律师法》的修改以及《公证员法》的出台，普通高校进一步扩招，从事法律职业的学历门槛提高到本科，法律大专教育逐步失去了往日的优势地位，法律专科乃至整个职业教育的法律专业面临着萎缩和衰落的危机。

一、法学专科学生就业率较低的主要原因

（一）随着国家统一司法考试对参考人员的学历要求本科化制度的出台，与普通高校相比，一些专科院校的法律专科的师资力量明显不足，生源质量整体落后，专业设置及培养方向不明，实践条件差距也很大，生源范围远不如普通高校，毕业后就业形势相形见绌。目前，大多数院校在法律专科人才培养方向与目标定位上不明确，导致其课程设置成了本科教育的压缩，仅仅比本科少了一年学制和几门课程而已。[③] 因此，有学者指出，“随着我

---

① 霍宪丹：《中国法学教育反思》，中国人民大学出版社 2007 年版，第 183 页。

② 徐显明主编：《中国法学教育状况》，中国政法大学出版社 2006 年版，第 46 页。

③ 姚丽凤、王宏：《以就业为导向抓好法律专科层次教学工作》，载《唐山职业技术学院》2007 年第 1 期。

国法学本科教育已经进入大众化阶段，保留法学专科教育的必要性随着我国法学教育的大规模扩张而大打折扣。这是因为在这种情况下，法学专科教育将很难再有立足之地，因而应当取消”。①

（二）法学专科教育在实践环节方面欠缺

法学专科学生毕业时的年龄较小、社会阅历较浅，因此，对法律的认识和运用难免会有幼稚。偏理论，轻实践，重知识，轻能力；理论教学课程比重偏大，实践教学环节偏少；学生的司法实务能力的培养得不到保证，这是很多大学法律专科的普遍现状，目前法科学生的培养主要是在“象牙塔”里进行，培养出来的学生更多地被实务部门称之为“学院派”。

（三）用人单位对法学专业的误解和严重的学历歧视

随着社会主义市场经济的发展和社会主义法制的健全，加上公民法律意识的提高，越来越多的企业单位在经济活动中不可避免地会涉及法律问题，也意识到法律人才对自身发展的重要性，纷纷聘请法律人才为单位健康、快速发展保驾护航。但也有一些企业单位法制观念依旧淡薄，局限的认为法学人才不会给企业带来丰厚的利润，企业也不会每天都有法律问题要解决，一些小企业还会考虑成本等因素不去聘请法学专门人才，这样就使得专科法学专业毕业生如想就业进入这些企业也是难上加难。

另外，由于经济发展不平衡，面对庞大的毕业市场，学历歧视的现象也愈演愈烈。用人单位的学历歧视也无形中提高了专科毕业生的就业门槛，庞大的毕业生就业队伍以及随之而来的毕业生就业难问题刺激了用人单位的选人胃口，使得用人单位片面追求高学历，能用本科的招研究生，能用专科生的招本科生。有的招聘会，一些用人单位挂起了“非本科以上毕业生免谈”的牌子，现今越炒越热的高等学校“名牌”效应无疑也是阻碍专科高专毕业生就业的一大障碍。现在的就业状况基本上是：“名牌大学生抢手，一般本科生顺手，专科高专生棘手”。用人单位倾心于“名牌学校”毕业生，造成了专科高专毕业生求职时自信心不足。很多毕业生由于自身专科学历而不敢大胆展现自己，从而丧失了就业机会。这种情况造成毕业生就业市场不能做到人尽其用。片面追求高学历，不顾学生个人能力的现象不仅严重地影响了专科法学专业毕业生的就业，也造成了人才的严重浪费。

① 朱立恒：《中国法学教育改革的基本思路》，《法学杂志》2008年第1期。

二、解决法学专科毕业生就业难的途径

解决法学专科毕业生就业难的问题，切实提高就业率和就业质量，应从国家、学校、毕业生个人三方面下工夫、做文章。

（一）从国家来说，要改革、建立相关配套制度，拓展就业渠道，促进毕业生有效就业。

从目前来看，应届法律专科毕业生就业的首选途径就是参加各级公务员考试，而这些考试的报名条件一般会有学历上的要求：本科及以上学历。这就把专科生排除在外了。其实既然国家允许招收法律专科生，就应该给予他们与法律本科生同样的机会，不应有学历歧视。具体来讲，应进一步完善公检法系统用人制度。目前，公检法系统人事录用制度不尽合理，实际操作的监控力度不大，因此应严格依照《法官法》和《检察官法》的规定，严格依照国家公职人员的选拔、任用标准，充分、有效、合理地使用好法学专业人才，合理地实施好现行的后备干部选拔培养等制度。改革、建立、完善好这些制度对于促进法学专科毕业生就业也大有裨益。另外，进一步完善国家统一司法考试制度。现行的国家统一司法考试要求一般报考者必须具有大学本科文凭，这对法学专科毕业生来说是一种不大公平的限制，同时对大量希望早日就业的法学专科学生是个严重的束缚。因此，完善国家统一司法考试制度，适当放宽考试条件、降低考试门槛、减少考试限制，这样不仅可以提高专科学生的就业竞争力，同时也能满足社会特别是律师事务所等用人单位对法律人才的迫切需求。

令人乐观的是，国家在制定政策的时候已经考虑到了法学专科的特殊性，在多个方面给予了政策倾斜。例如，根据《司法部关于确定国家司法考试放宽报名学历条件地方的意见》（司发通［2007］38号），属于放宽报名学历条件的地方，可以将报名学历条件放宽为法律专业专科学历。其中的法律专业的范围，依据教育部《普通高等学校专科高专教育指导性专业目录（试行）》和《高等教育自学考试专业目录》等文件办理，包括：法律、法学、经济法、国际经济法、劳动改造学、商法、刑事司法、律师、监所管理、民商法、司法助理、法律文秘、司法警务、法律事务、书记官、刑事执行、民事执行、行政执行、刑事侦查技术、司法鉴定技术、安全防范技术、司法信息技术、司法信息安全、海关国际法律条约与公约、检察事务、经济法律事务、监狱管理、劳教管理、罪犯心理测量与矫正技术、司法会计、涉毒人员矫治等专业；另外，为正确贯彻执行全国人大常委会关于完善人民陪

审员制度的决定，最高人民法院、司法部联合发布了关于人民陪审员选任、培训、考核工作的实施意见，以使这项工作有章可循。实施意见明确，公民担任人民陪审员，一般应当具有大学专科以上文化程度，参加陪审活动前必须经过培训。人民陪审员的任期为5年，缺额依法定程序增补，任期届满后自动免除。

（二）从学校来说，要积极探索、创新法学专业培养、就业机制，以充分服务于学生就业工作，让学生学有所用。

学校除了保持传统的对法学专科学生的培养目标外，要加快对法学人才培养目标的修订，加大培养复合型法学人才的力度，转变思想，拓宽传统法学教育的领域，紧跟时代的步伐，培养符合社会需求的新型法学专门人才；必须加强实践课在法学教育中的比例、增强教学实效性。具体办法有很多。可以采取“请进来，走出去”的办法，加强实践教学环节。聘请司法部门资深又具有丰富实践经验的同志讲授实践性课程，如刑事案例分析、民事案例分析，经济案例分析等；也可以结合专业课教学，聘请司法战线的人员为学生开设现实题专题讲座，使学生对司法战线的现状、问题、发展动态等有充分的理解和把握。组织学生参加旁听审判，进行社会调查，增强学生司法实务本领。充分发挥模拟法庭在教学中的功能，程序法课程在模拟法庭开设可以增加学生对程序的情景式理解，提高教学实效。同时也可以让学生自己编设案例进行开庭设计，以增强其实践能力。另外，应强化毕业实习，确保实习阶段在教学培养中的重要作用。学校应建立几个稳定的实习基地，可以联系法院、检察院、律师事务所或其他企事业单位的法务部门，与之建立相对稳定的联系，以保证每一届学生都能找到合适实习位置。同时应建立严格的实习管理制度，实习成绩由学生本人、实习小组、实习单位指导教师及带队教师根据其组织纪律和业务表现等共同评定。再有，也可成立法律援助中心，和省、市法律援助中心建立联系，从事法律援助事务，让大多数同学都有机会从事法律援助服务。一方面可以锻炼学生的实际操作能力；另一方面也是学生接触社会的一个很好的渠道，同时又能学以致用、服务社会。同时也能对学院形象起到良好的宣传作用。

（三）要加强对学生进行就业观念教育。

学生从一入学，学校就应有意识地对他们进行择业观念教育，指导他们打破“传统观、城市观、公有观”，帮助他们树立新型职业观和“先就业、再择业”的新型就业理念，鼓励他们拓宽视野，到公检法系统以外的单位寻找就业机会，到企业特别是民营企业和高新技术企业、社会服务行业就业。通过一系列的思想政治教育活动和就业指导活动，逐步改变学生的就业观念。学校还应引导毕业生到山区、到西部、到基层去就业，指导他们就业和创业并举，参与竞争，自主创业，拓展就业渠道。具体做法应以建立就业指导新模式为主导。首先，在大一阶段，引导学生树立较强的素质危机感，增强综合素质、能力的培养，使学生增加学习主动性。在大二阶段，着手培养学生强烈的就业危机感，指导他们进行职业生涯规划，根据专业、个性、社会需求设计自己的职业前景，树立终身学习的观念；指导他们培养良好的社会适应能力、组织管理能力、人际交往能力、开拓创新能力。在大三阶段，引导学生树立较强的社会责任感，增强择业观形成的自觉性，使他们形成新型职业观，树立新的择业观念和市场竞争意识；此外，法学专科院校还应进一步强化市场经济观念，调整学科和专业设置，拓宽专业口径，开设辅修专业，培养一专多能人才。加强实践教学环节和毕业生就业指导工作。高校毕业生就业工作要实现四化：即全程化、全员化、信息化和专业化。全程化即从入学开始培养学生的全过程就要有就业意识，就要考虑到就业工作，做到未雨绸缪，居安思危。全员化即专科院校所有的教职员工都要关注和关心大学生就业，千方百计为大学生就业作贡献。信息化即服务手段的信息化，要利用网络技术，使就业信息快捷和畅通。专业化即要有专兼结合的队伍，就业工作不再是临时客串的工作，又要有高效的就业指导服务，必须提高就业指导的专业化水平，加强就业指导队伍的建设。企业是市场的重要细胞，专科院校应和企业联手把培养出来的法学应用型人才，交给与学校建立了良好信誉的企业去认可择用，这样可贴近市场和社会需求，学生就业也得到了有效保证。[①]

（四）从毕业生自身来说，要提升、完善自身素质。

法学专科学生要实现顺利就业，必须改变自我期望值，实现务实就业。当前自我期望值过高仍是许多法学专业毕业生不能实现就业的重要因素，许多学生只希望自己能到体面、稳定、待遇高的部门工作，不愿到经济欠发达地区、基层单位、私营企业去工作。法学专科毕业生必须冷静面对现实，积极调整自我认识，务实寻找就业机会，到最需要自己的地方去工作。同时，法学专科专业学生还应针对就业市场，选择自己的目标，调整学习锻炼方向和策略，及早做好择业的准备。法学专科专业学生就业难主要是就业能力不足，因此，提高专科法学专业学生就业能力应成为学生求学期间不可松懈的

① 王倩：《论如何解决法律专科毕业生的就业难题》，《教育探索》2007 年第 7 期。

主题。学生应珍惜大学学习机会，合理利用时间，提高学习效率，并积极参加专业实践和科研活动，面向市场，走向社会，努力提高自己的综合素质，增强主动出击的能力，提高就业竞争力。同时应参加社会上的各种考试，如公务员考试、国家司法考试等，以实现优质就业。

第三节　教学培养

一、培养要求

传统的学科教育构建的是以知识为中心的教学模式，它强调的是知识体系的完整性、系统性以及知识的有效传授力图通过教师的传道、授业、解惑，使学生系统地掌握相关的知识。这种教学模式忽视了学生能力的培养，客观上可能造成部分学生高分低能，缺乏创造性的思维和实际的工作能力。进行高等教育改革，发展专科教育的目的就是要改变过去这种单一、呆板的人才培养模式的状况，构建科学的人才培养立交桥。建立以能力为中心的教学模式，是高等职业教育的必然选择。法学专科教育能否构建和贯彻以能力为中心的教学模式，是能否实现法律专科教育培养目标的关键。

（一）在制定法律专科教学计划时，我们应该给予首先考虑的是法律专科培养的人才必须具备哪些必备的职业技能以及如何通过教学设计实现有效的职业技能的培养。技能一般分为智力技能和动作技能。英国教育理论家罗米索斯却从另一个角度，将技能分为再生性技能和创造性技能。法律职业岗位种类众多、体系庞大，不同的职业岗位对人才应具备的职业技能的要求也是不同的。如法官、检察官、律师、公证员、法律辅助人才、法律技术人才等不同职业岗位所需的职业技能也是不同的。尽管如此，法律专科人才的职业技能仍有基本的共同点，其中最主要表现为职业思辨技能和职业写作技能。法律专科培养的人才应当具有较强的分析问题和解决问题的能力。针对现实生活中出现的各种各样、纷繁复杂的法律事务，法学专科人才要有敏锐的观察能力和较强的分析能力，在此基础上还要具有迅速解决问题的能力，能够在合理的时间内提出切实可行的解决问题的方案。面对实际的法律问题和具体的法律主体，法律专科人才还应当具有较强的表达能力和辩论能力，能够说服相关的主体接受自己的观点。同时，法律专科人才还应该具有较强的职业写作能力，能够根据需要撰写各类法律文书和行政公文。这就要求我们在设计教学计划时，要充分考虑上述因素，增加实训课时以培养学生的能力。学院的法律专科教学计划正是基于此，设置了语文、书法训练、应用口才学、司法文书、法律论辩学等课程，力图通过有效的训练使学生拥有起码的职业思辨能力和职业写作能力。

（二）教学方法方面，应从以下方面进行变革：要转变教育理念，注重显示学生学习的主体性，要从以“教”为出发点转变为以学生的“学”为出发点，做到教是为学服务，教是为了启发学生、引导学生的学；要变全面教学为简略式教学：根据不同课程的特点，在有限的讲授时间里，对教内容不必照本宣科，而是提纲挈领式地对重点、难点进行讲解，对一些容易理解的或相对次要的内容让学生带着问题去自学。除讲授式教学法外，可使用研讨式教学法、案例式教学法；也可使用体验式教学法、情景式教学法、任务驱动式教学法、模拟式教学法等。这些方法能很好地将教材体系转化为教学体系，可以处理好理论知识讲授与现实问题分析的关系，真正发挥学生的主体性作用。值得注意的是教师在讲授不同的教学内容时不应机械地只运用一种教学方法或一种类型的方法教学。我们应当根据具体的教学内容，选取一种或多种结合的教学方法或类型，或者根据其基本原理创造出适用于自己的教学对象和教学环境的教学方法。

（三）教学形式上尽量采用现代化教学手段，充分利用网络资源，提高教学效率及学生听课兴趣。我院法律课程已完全采用多媒体教学，但受多种因素制约，目前网上教学资源利用率还比较低，可以利用校园网建立法学主页，让老师掌握的法律知识和学生共享，也可利用高科技平台促成老师和学生的互动。目前，我院思想道德修养和法律基础精品课程已建立网上内容，大大调动了学生自主学习的积极性，值得借鉴。

二、法学专科教育的教材建设

教材作为一种知识载体和教学成果的转化形式，直接体现着学科发展和教学内容以及社会经济和科技发展的客观要求。由于多年来，我国高等专科教育的发展不太稳定，从办学方向、办学特色到高等专科教育的课程设置都没有积累太多的经验，相应地，高等专科教育的教材建设也还是个十分薄弱的环节。以前大多是借用普通高等学校相应课程的教材，由于两种学校的教学要求不同，给高等专科教育的教学带来较大的困难，有的形成了所谓“小本科”。这样，使高等专科教育和普通高等教育之间的区别就不明显了，因而，显示不出高等专科教育的特色。近几年来，为了编写出适合高等专科教育教学需要的教材，已有不少部委成立了本系统的高等专科教育各学科的教材编审委员会，着手制订教材规划和编写教材。要高度重视教材建设，健全教材建设的管理机构，搞好教材建设规划，确保教材建设任务的落实。根据专业建设的需要，积极组织高水平专家教授编写高质量的特色教材。要加快多媒体课件和网络教材的建设，鼓励编写新兴学科与边缘学科课程的教材。要建立专业课的配套教材，在通用性较强的专业，积极采用国内外一流的教材。

法学专科教育必须建立自己的教材体系，要全面建立法学专科教育各学科教材编审委员会。这样经过长期的工作，有可能达到建立法学专科教育教材体系的目标。法学专科教育教材的编审原则，一定要突出高等专科教育的特点：突出实用性，加强实践性，强调针对性，注意灵活性。关于法学专科教育的教材，应当做到的编写要求是：

（一）理清脉络，建立结构。掌握一门学科，最关键的是弄清其独特的知识体系与结构，从总体上有一个明晰的框架。在此基础上，再装入基本事实、基本理论，就可以学得通、记得住、用得活。

（二）突出重点，突破难点。人们最初接触一门学科时，往往抓不住重点，找不出难点，要把重点明确告诉读者，围绕重点把相关学科知识组织起来，把难点明确地提出来，简要地分析其成为难点的原因及攻破难点的方法。

（三）学练结合，联系实际。学任何一门学科都必须做一定量的习题，都必须用学科知识解决现实生活、生产中的问题。要选那些有代表性的、能举一反三的问题并做出适当的分析，使读者能在做习题的过程中巩固已学的知识，加深对有关知识的理解，帮助学生联系实际。

（四）纵横联系，指导方法。每门学科内部各章节之间，与相关学科之间都有内在的联系，只有把握了这种纵横联系，才能加深理解，融会贯通，使各章节、各学科的学习相互补充、相得益彰。

1. 要充分体现成人教育的特点。在文字上力求简明扼要，通俗易懂；在行文上力求生动流畅；在形式上力求灵活变化，适合自学者的情趣。

2. 减缓坡度。在实现一个知识点转到另一个知识点、从这一章转到下一章的转折时，借助各种中介而不至于使考生感到太吃力、太困难。

3. 减小难度。在学习新知识时有旧知识的铺垫，有相关的背景知识做向导，有深入浅出的分析，有一定的实例。这样，学习者所受到的困难和压力就相应地得到缓解。

4. 拓展深度。在掌握一门学科时，不至于只知道一些表面的东西，对一些基本理论、基本概念，要既知其然，又知其所以然；既知其一，又知其二；同时，对一些前沿问题也有所涉猎。

5. 实现高度。既能通过国家考试，获得文凭；又学习了知识，培养了能力，实现个人素质的提高。

三、组建模拟法庭

法学是一门应用性的社会科学，课堂教学的内容需要与社会实际紧密联系，并接受司法实践的检验，因此“案例教学”历来是法学专业教学的重要方法，而“模拟法庭”作为“案例教学”的一种特殊形式，其教学效果尤为明显。学生通过参与模拟法庭活动，不仅能较好的做到理论与实际有机结合，而且同时也提高了学生的积极性，锻炼了社会工作能力。由法学系学生会具体负责模拟法庭的正常运作，法学系指派相关教师对其进行指导。在仿真的状态下，通过对所选择案件的重演或者预演，使学生熟悉司法审判的实际过程，熟悉与案件相关的实体法和程序法，通过“亲身经历”，参与模拟法庭活动，培养和锻炼学生发现问题、分析问题和解决问题的能力，提高学生语言表达能力、组织协调能力，检验学生学习效果，检验教师教学效果，同时为师生提供一个法律多元性视角的平台，一个对现行实体法和程序法不合理之处进行批判和再设计的阵地。①

（一）模拟法庭的目标

培养优秀务实的法律专业人才，提升大学生的法律素质，使之成为适应法治社会要求的具有法学思维的复合型人才。活跃法学教学内容，丰富教学实践环节，提高大学生专业自学及实践能力。模拟法庭的使用方式是定期开放，可以周为单位进行观摩、实习，以月为单位教学演示、实践。

（二）模拟法庭教学方法的主要内容

1. 前期准备阶段

（1）选择典型案件。所选案件是否适当是模拟法庭活动能否取得良好结果的关键。太简单的案件难以引起学生兴趣，太复杂的案件往往使学生如堕云雾，不知所以。因此，要注意选择那些有一定代表性和社会影响力，有一定理论深度或争议的案件，特别是近年司法实践中出现的新型案件。模拟法庭案件有三大类，即刑事案件、民事案件和行政案件。模拟法庭活动中采用多种案件，有利于学生对所学的各专业知识进行检查和复习。

---

① 郭锋：《全球化背景下的法律实践教学》，知识产权出版社2000年版，第361页。

（2）有序组织学生参与模拟法庭活动。模拟法庭作为教学方法之一应当吸引尽可能多的学生参与，但是在模拟法庭活动初期却出现只有部分学生参与的情况。那些平时学习好、表达能力强、组织协调能力强的学生往往是积极参与模拟法庭活动的学生，而学生中学习成绩一般或较差的同学、表达能力较弱的同学往往置身于模拟法庭活动之外，或者在活动中只充当观众。为改变这种状况，一方面应当规定学生必须轮流充当模拟法庭活动中的角色，如当模拟原告、被告、法官或原告代理人、被代理人等，并且指定学生应当完成其中一定任务，如收集证据、撰写代理词、辩护词、判决书等，以此来推动学生参与模拟法庭活动。另一方面，将学生参加模拟法庭活动并取得相应学分纳入夏季小学期综合实习的教学计划以此保证每个学生都能参与和投入模拟法庭活动。

（3）配备富有经验的教师指导学生进行模拟法庭的各项准备工作。模拟法庭活动质量高低、能否成功，取决于学生事先的准备工作。为使模拟法庭活动不至流于形式，应当安排“双师”型教师（既是导师又是律师）指导学生进行模拟法庭的准备工作，即进行模拟法庭的模拟训练，包括接待当事人训练、调查证据训练、协商、谈判、调解训练、法庭辩论训练、各种法律文书写作训练等等。模拟训练将学生置于一个特定的虚拟情景之中，让学生去面对层出不穷的问题、困难和矛盾，培养学生独自处理各种困难问题、应对困难局面的能力，增加学生实战的感觉和经验，实践证明这是正确的方法。

2. 模拟庭审阶段

模拟庭审力求真实。为保证模拟庭审与现实的司法实践相一致，应组织学生观摩、旁听法院公开庭审活动，近距离学习、观摩现实的司法实践活动。在模拟庭审前还邀请富有实践经验的法官、检察官对学生进行有针对性的指导，使学生理解自己所担任的“角色”。同时，在硬件方面，按照法院审判庭的标准仿制了法院的审判席、原告席、被告席、国徽等，并借来法官袍、律师袍，力求学生在模拟审判中“真刀真枪”地进行审判。

3. 后期总结

针对模拟法庭审判活动情况，由教师和邀请参加模拟庭审活动的法官、检察官、律师对模拟庭审活动和模拟法官、检察官和律师的表现进行评议，讲解模拟庭审中争论的焦点问题和各种技巧。此外，还组织学生对案件进行深入分析，针对案件中的法律问题、疑难问题，结合有关法律条文进行讲解；通过结合实例解释有关法律条文的基本含义，说明其立法目的，以及介绍学者对有关争议问题的最新研究成果，使学生梳理、重温、巩固所学法学知识和理论，增强学生运用各学科知识解决实际问题的综合能力。

（三）模拟法庭教学的主要特点和作用

1. 模拟法庭教学是案例教学的具体方法之一，是法学教育多元化模式中的一环。案例教学方法是钱伟长先生坚持倡导的一种教学方法。采用案例教学可以让学生从分析真实个案入手，从中发掘和了解法律的基本理念，巩固学生所学得的法学知识和理论，启发学生将所学的法学理论知识运用于司法实践，扩大学生的知识面，做到法学理论同司法实践的有机紧密结合。

在当今世界上，就法律制度和法学教学而言，具有重大影响的是大陆法系和英美法系。大陆法系是成文法。在法学教学上，大陆法系以注释主义法学为主要特色，强调法学教学的理论性、体系性。英美法系是判例法。在法学教学上强调对实际具体问题的解决。中国由于历史原因，深受大陆法系法学教学方法的影响，重理论轻实践。近年来这种教学方法的弊端日渐被人们认识而受到置疑和批评。模拟法庭教学因其注重理论与实践的结合，而有助于克服我们传统的法学教学方法的弊端。

2. 模拟法庭教学注重学生综合能力的培养，即教学目标具有综合性。学生的综合能力主要包括以下几方面内容：（1）发现问题、分析问题和解决问题能力；（2）口头和书面表达能力；（3）团队活动的组织协调能力；（4）应对突发事件和剖析解决疑难复杂问题能力；（5）理论结合实践的知识运用能力；（6）自学能力；（7）自我管理和约束能力；（8）创新能力。模拟法庭教学注重学生综合能力的培养，并将这种综合能力的培养贯穿于模拟法庭活动的整个过程，从而真正做到了变应试教育为素质教育，将学生培养成为应用研究型的复合人才。

3. 模拟法庭教学过程以学生为中心，增强了学生的自学能力。与传统的课堂教学方法不同，在模拟法庭活动实践过程中，要求学生全方位的参与，强调学生的自学，以学生为中心进行教学。模拟法庭活动的展开要求学生能够运用多门法学知识，能够运用实体法和程序法，甚至要求学生能够运用课堂教学尚未涉及的领域的知识和各种课外知识。对于这些知识教师将给以指导和讲解，但主要依靠学生自学。学生以小组或个人为单位，对所要完成的任务和从事的活动收集资料，进行研究、讨论、分析。教师用启发式的方式进行指导和帮助，即对于学生所提各种问题，教师并不急于给出现成答案，而是不断提出启发性的问题，迫使学生开动脑筋，运用自己的才智，从多种角度进行思考，从而改变了传统教学模式中教师唱独角戏，学生被动听课的局面。通过这些方法激发了学生的学习积极性，帮助学生形成自学习惯，提高学生自学能力，并通过自学拓展学生视野，促进学生思维，形成积极向上的良好学习氛围。

综上所述，模拟法庭教学对于丰富和完善法学教学方法和手段、克服传统法学教学方法的弊端，对于学生综合能力的培养和自学能力的提高具有积极的作用和意义。但是它毕竟是模拟的。因此，还存在以下不足：（1）由于时间和空间上的限制，学生难以做到对案件进行全面的注意及观察，这不利于学生能力的全面提高。（2）由于模拟审判的事实如证据只能在一定的限制范围内确定，不像真实案件中会遇到许多想象不到的情况，模拟审判中的当事人也不像真实案件中的当事人具有切身的利害关系，因而学生在模拟法庭活动中的训练是有益的，但远非充分的。（3）由于硬件上的不足和临时设置模拟法庭的困难，尚难做到充分调动学生积极性以参与模拟法庭活动。

（四）以伊春职业学院为例，他们在开展模拟法庭的过程中进行了如下活动

1. 庭前主要准备事项

（1）制定模拟法庭活动实施方案，布置会场。用美术字在黑板上写上："模拟法庭"，将教室布置成法庭的形式：设有审判长席一位，审判员席两位，书记员席一位；公诉人席一位，被告席一位；辩护律师席一位，证人席一位；观众席若干。向同学大致介绍法庭审判的流程。布置同学在课前查阅关于法庭审判较为详细的内容。

（2）选择典型案件。向同学大致介绍一下本案的案情。让学生在课前收集和本案有关的一些资料，初步掌握和本案有关的一些内容。所选案件要适当，既不能太简单造成难以引起学生兴趣，也不能太复杂使学生如坠云雾，不知所以。要注意选择那些有一定代表性和社会影响力，有一定理论深度或争议的案件，特别是近年司法实践中出现的新型案件。范围要广泛，应涉及刑法、民法、经济法、行政法等部门法。

（3）选择、指定指导教师。首先考虑安排富有经验的"双师型"（既是教师又是律师）教师担任指导教师，其次根据选定的案件所涉及的具体法律学科来安排指导教师，如案件涉及的主要法律是经济法，就安排专长经济法的责任教师来担任指导工作。每一活动小组配备一名指导教师。根据所选案例的具体情况安排指导教师到基层法院调研。

（4）根据模拟法庭开庭的需要，号召并由同学自荐或他荐扮演以下角

色：审判长一名、审判员两名、书记员一名、公诉人一名、被告一名、辩护律师一名、庭警两名、证人六名。

（5）动员、组织学生。首先要求所有学生都必须参加模拟法庭实践活动。应根据案例的具体情况来设定活动小组，学生可根据自己的兴趣选择其中一个组来参加模拟法庭实践活动。在模拟法庭实践活动开始之初，召开学生动员大会，使学生明确该实践活动的意义、基本程序和要求，公布各活动小组负责人和成员的名单，与指导教师见面。

2. 模拟庭审前的准备阶段

各活动小组在指导教师的指导下，完成模拟开庭前的各种准备工作，如证据材料的调查、整理；起诉书、答辩状、代理词等各种法律文书的写作；法庭辩论训练等。各种庭前准备材料均由各个小组集体完成，目的是使所有的学生都能通过模拟法庭实践活动从中受益。

3. 模拟庭审阶段

（1）由各个活动小组推选出代表来担任模拟法庭中的各种“角色”。

（2）按照法院审判庭的标准来布置模拟法庭。

（3）按照法院审判案件的普通程序“真刀真枪”地进行模拟审判。

4. 总结阶段

（1）评议：每次模拟庭审结束后由指导教师点评，讲解模拟庭审中争论的焦点问题和各种技巧。

（2）撰写心得：模拟庭审结束后，要求学员回忆参加模拟法庭的整个过程，撰写2000字的心得体会。

（3）成绩评定。指导老师要根据学员在参加模拟法庭实践活动整个过程中的表现，所在小组的代表在法庭上的表现，和全体模拟法庭成员整体协调情况，小组法律文书的质量，学员个人的心得体会进行分别评议打分，最后确定该学员模拟法庭法律实践的成绩。在活动中表现优异的指导教师和学生将给予奖励。①

四、毕业实习

毕业实习是按照法律专业培养目标设定的实践环节，是整个教学环节的重要组成部分，是学生接触社会，获得与本专业有关的实际知识，培养学生初步的工作和专业技能的必要途径，也是培养学生理论联系实际的重要

① 资料来源：伊春职业学院网站。

方式。

（一）实习方式

鉴于毕业论文选题涉及面广，需要进行广泛的调查研究，故采取宏观控制和分散实习相结合，以分散实习为主的实习方式，学生根据论文选题，在实习单位所在地独立进行业务实践、调查研究。

（二）实习内容

围绕毕业论文选题进行实习。主要了解司法机关审判、检察活动的法律政策界限和具体业务、企业在市场经济条件下相关法律事务及律师咨询办案过程等内容。

（三）实习成绩评定

毕业实习成绩评定主要依据学生所写实习报告、实习鉴定表，并结合实际表现，按四级分评定成绩。评定标准如下：

优秀：实习起止时间、地点，实习内容明确具体，在思想、专业方面收获较大，字数在3000字以上。

良好：实习起止时间、地点，实习内容一般，在思想、专业方面收获较大，字数在3000字以上。

中等：实习起止时间、地点，实习内容一般，在思想、专业方面有所收获，字数在3000字以上。

及格：实习起止时间、地点、实习内容空泛，在思想、专业方面有所收获，字数在3000字以上。

不及格：实习起止时间、地点、实习内容、收获空泛。

（四）实习计划，下面以伊春职业技术学院为例说明：

1. 校内集中期间，2008年1月10日至1月16日，由指导教师进行动员和指导工作。

2. 集中实习方式：2008年1月17日至2月29日，学生分小组到校外实习。

3. 2008年3月1日至3月7日学生实习总结：撰写实习总结、实习报告。

4. 2008年4月5日学生交实习计划、实习报告、实习成绩单、校外实习鉴定表、实习总结表。

5. 2008年4月12日指导教师交实习工作总结、实习日志和对实习生的评议意见。

五、毕业论文撰写与答辩

毕业论文是教学中学生综合运用所学的基础理论、专业知识和技能，培养锻炼分析、解决实际问题能力和创造能力的重要教学环节，是检验考核学生达到培养目标的重要方式，也是学生利用大学所学知识进行综合运用的一个必要尝试。

下面以邢台学院对法学专科学生要求的毕业论文规范进行分析：

（一）毕业论文的选题要求

选题应尽量从生产、科研和社会的实际问题中选定，其难度和工作量应适应学生的知识、能力和相应的实验条件；也可选择模拟性质的题目。毕业论文的题目要坚持每人一题，应属于学生所学或相关专业范围，选定的课题，须系主任签署意见，题目确定以后，原则上不能再改题，个别学生确实需要换题目，应按照选题的程序，严格履行改题手续。选题要体现基础性、前沿性和实用性。基础性是题目能综合运用专业知识的基本理论、基本知识和基本技能；前沿性是题目能体现学科发展和社会发展的新情况和新问题；实用性是题目能理论联系实际，解决实际问题。

（二）论文撰写总体要求

1. 论文内容必须为法学专业研究范围，建议学生最好不要以边缘学科及选修课程作为研究对象，如犯罪心理学、侦查学、罗马史、比较法学等。

2. 严禁抄袭，但允许和他人已发表文章持相同观点。

3. 论文字数：8000—10000 字。

4. 论文正文部分包括：问题的提出、论文主体、结论。问题的提出是在论文主体之前，用简练概括性语言引出论文所要研究的问题，不必出现引言字样。论文主体是毕业论文的主要部分，要求文字简练通顺，层次清楚，重点突出。引言和论文主体应分章排版，章与章之间不可接排。

5. 致谢：对指导教师和给予指导或协助完成研究工作的组织和个人表示感谢。

6. 论文中引用的文献应以近期发表与论文工作直接有关的文献为主。参考文献数量一般不少于 15 篇。

（三）教师审阅要求

1. 按论文总体要求指导学生完成毕业论文。

2. 对于明显属于抄袭文章直接驳回；对于部分抄袭现象的，要求学生就该部分重新论述。

3. 指导教师对指导论文给定初步成绩，成绩比例应当按学校要求（优秀的论文不得超过总数的 10%），最后成绩由初审成绩和答辩成绩综合决定。

4. 教师在审阅过程中应当指导学生如何针对文章内容进行答辩。

（四）论文答辩要求

1. 答辩的一般程序

（1）学生先简要介绍自己撰写论文的中心观点，阐述自己的独立见解、现实意义和学术价值。

（2）答辩采用对话式，由答辩委员会提出问题，学生随即回答。对每个学生提出的问题不少于 3 个。论证要合理、严谨，论据要充分可靠，语言要流畅。

（3）答辩委员会成员采用合议形式集体评定成绩。

（4）对答辩未通过的论文提出修改意见。

2. 答辩成绩评定等级和标准

答辩后答辩委员会根据学生的毕业论文、答辩情况及时给出成绩，答辩成绩评定标准为优秀、良好、中等、及格、不及格五等。毕业论文成绩被评定为不及格者，可准予在当年补做一次。不及格论文和优秀论文的比例皆为 10%。对不及格和优秀论文要慎重对待。经初审确定为优秀的论文和最后成绩不合格论文应当由半数以上教师认可，并经系主任确认后做出。

第四节　课程设置

课程建设是法学专业建设的核心，我国法律院系的课程设置历来以知识的系统性和科学性为目的，很少考虑实际操作能力的培养，也很少考虑社会的实际需求。法律课程的开设主要以部门法学科的划分或国家颁布的主要法律（基本法）为标准。而培养和训练学生实际操作能力为主要目的的课程开设得很少。大多数教师在课堂上所讲授的主要是如何注释现有的法律条文以及论述各门课程的体系和基本理论。而且，必修课多、选修课和自选课少，几乎是大学法律专科教学普遍面临的问题。

因此，要以提高课程质量和教学质量为中心，以课程体系结构调整为主线，以教学内容的改革和更新为重点，以教学方法的创新与实践为动力，以教学手段的现代化，信息化为依托，全面提升课程内在质量，构建特色鲜明，实力显著，富有创新活力的课程体系；有计划，有步骤地打造一批能标志高校办学水平和办学特色的精品课程，优质课程，使更多课程具有国内一流水准和较高的国际化程度。形成优势学科，品牌专业，精品课程三位一体的学科专业课程体系，使课程体系与专业培养目标相适应。我们的改革方向之一是教学计划随着实际变化走，增设与实际联系紧密的课程，在完成基本核心课程之外，我们应根据实际需要增开一些信息化时代的法学新领域中的课程，如电子签名法、环境法、资源保护法等。其目的在于引导学生掌握系统的知识体系，学会分析条文和逻辑推理；我们的改革方向之二是在保证必修课的前提下，多增设选修课，满足不同层次的学生的学习需要，以利于学生个性的发展。

一、课程开设基本情况

专业教学计划中设置必修课、限选课、选修课和集中实践环节。课程性质有统设、统设服务和自开等。必修课包括邓小平理论概论、法理学、宪法学、行政法与行政诉讼法、婚姻家庭法、刑法学（1）（2）、刑事诉讼法学、民法学（1）（2）、民事诉讼法学、经济法学、英语I（1）（2）等10门。

选修课包括开放教育入学指南、法律文书、英语II（1）（2）、法律逻辑学、国际法、合同法、计算机应用基础、消费者权益保护法、社区工作专题讲座、个人与团队管理、资源与运营管理等11门。

以邢台学院法律系为例，该法学专业专科教学进程安排表(2007年秋)如下：

表4－1　2007年秋季邢台学院法律系法学专业教学进程安排表

课程类别	序号	课程名称	学分	考试形式		各学期学分分配情况				
				考试	考查	一	二	三	四	五
必修课程	1	邓小平理论	3	√		3				
	2	大学英语（1）	4	√		4				
	3	法理学（1）	45	√		45				
	4	宪法	4	√		4				
	5	民法（1）	45	√			45			
	6	大学英语（2）	4	√			4			
	7	刑法	4	√			4			
	8	经济法	4	√			4			
	9	知识产权法	4	√				4		
	10	民事诉讼法	4	√				4		
	11	刑事诉讼法	4	√				4		
	12	行政法与行政诉讼法	45	√				45		
	13	商法	35	√					35	
	14	中国法制史	4	√					4	
	15	国际法	4	√					4	
	16	国际私法	3	√					3	

续表

课程类别	序号	课程名称	学分	考试形式		各学期学分分配情况				
				考试	考查	一	二	三	四	五
选修课程	1	计算机基础	3		√					3
	2	法律文书写作	3		√					3
	3	司法制度学	3		√					3
	4	合同法	3		√					3
实践环节	1	模拟法庭	1		√			1		
	2	学年论文	3		√				3	
	3	毕业实习	4		√					4
	4	毕业设计（论文）	8		√					8

资料来源：邢台学院法律系网站。

二、课程说明

（一）法理学

法理学是研究各种法律现象的共同性问题的一门理论法学，开设本课程旨在使学生初步掌握法学的基本理论，认识法的一般规律，特别是社会主义法的一般规律及其特殊表现，并为学习其他法学分支学科打下理论基础。

本课程的主要教学内容：法学的概念，法理学在法学体系中的地位，研究法学、法理学的意义和方法；法的起源、本质和历史发展；社会主义法的基本理论，包括社会主义法的产生、社会主义法的本质、社会主义法的基本原则、社会主义法的作用等；法的创制、法律规范、法的体系；法的实施、实现等。

（二）宪法学

本课程系统地阐述了宪法的基本理论和基本知识，学生学习本课程可以为学习其他部门法学打下必要的基础。

本课程的教学内容分为三个部分：绪言和结束部分，分别概括地说明了宪法学的研究对象及其特点，介绍了我国现行宪法对保障宪法实施所作的具体规定；宪法理论和历史部分，介绍了宪法基本理论，重点是中国宪法的历史发展；我国宪法的主要内容是本课程的主体部分，大体上以现行宪法条文顺序为依据，结合问题的性质分章作了介绍，包括国家性质、政权组织形式、国家结构形式、经济制度、公民的基本权利和义务、国家机构等。

（三）行政法与行政诉讼法

本课程的教学目的，是使学生掌握行政法与行政诉讼法的基本理论及各种具体的制度与规则，培养学生运用行政法与行政诉讼法理论分析和解决实际问题的能力。

本课程的主要教学内容：行政法的概念、特征和基本原则；行政主体；行政机关；公务员；行政授权和行政委托；行政行为；行政强制执行；行政合同；行政处罚；行政监督；行政责任；行政复议；行政赔偿；行政诉讼等。

（四）刑法学

本课程根据我国刑法规定的内容，讲授刑法理论及其实际应用，旨在使学生系统掌握刑法及其所规定的犯罪、刑事责任和刑罚的各种原理、原则和知识，培养学生运用刑法理论，并结合刑法规定分析和解决实际刑事问题的能力。

本课程分为刑法总论与刑法分论两部分。总论部分主要阐述刑法学的一般原理，犯罪、刑事责任和刑罚的基本理论、基本知识。分论部分主要阐述各类具体犯罪的概念、构成特征及其处罚原则。

（五）刑事诉讼法学

本课程的教学目的，是使学生掌握刑事诉讼法学的基本知识、原理和我国刑事诉讼法的基本原则、制度及具体规定。

本课程的主要教学内容：刑事诉讼、刑事诉讼法、刑事诉讼法学的概念；我国刑事诉讼法的立法宗旨、根据与任务；刑事诉讼法中的司法机关和诉讼参与人；刑事诉讼法的基本原则：管辖；回避；辩护与代理；强制措施；刑事附带民事诉讼；证据；立案；侦查；提起公诉；第一审程序；第二审程序；死刑复核程序；审判监督程序；执行。

（六）民法学

本课程以《民法通则》和其他民事法律法规为基本依据，按照民法调整对象的内容及其内在规律，系统地阐述了民法的基础知识和基本理论。

本课程教学内容分为七个部分：总论部分讲授民法概述、我国民法的基本原则、民事法律关系、公民、法人、物、民事法律行为、代理、时效等；物权部分讲授物权概述、财产所有权、财产共有、相邻关系、其他物权等；债权部分讲授债的概述，合同总论、合同分论、不当得利和无因管理之债等；人身权部分讲授人身权概述、具体人身权；知识产权部分讲授知识产权概论、著作权、专利权、商标权、发明权、发现权和其他科技成果权等；继承法部分讲授财产继承制度概述、法定继承、遗嘱继承、遗产的处理等；民事责任部分讲授民事责任概述、违约的民事责任、侵权的民事责任等。

（七）民事诉讼法学

本课程的教学目的，是使学生掌握民事诉讼法的基础理论、基本方法和解决民事诉讼实际问题的基本技能。

本课程的主要教学内容：绪论和总论部分讲授民事诉讼法的基本知识，民事诉讼法的性质、任务、指导思想和基本原则，以及主管与管辖、当事人、诉讼代理人、强制措施等问题；诉讼证据论部分讲授我国民事诉讼证据制度，重点阐明了证据的种类、证明对象、举证责任和审查判断证据的原则与方法；诉讼程序论讲授普通程序、简易程序、第二审程序、审判监督程序、法院裁判、执行程序以及涉外民事诉讼程序的特别规定等；特别程序论讲授选民资格案件与非讼案件、督促程序、公示催告程序、破产程序等。

（八）经济法学

本课程的教学目的：通过讲授我国经济法律制度的基本原则和各个经济法律部门的法律规范，使学生掌握我国目前经济法律制度的基础知识和主要内容、了解最新法律规定和经济法最新动向，学会运用经济法的有关法律法规解决现实经济生活中的实际问题，为从事经济法律工作打下理论基础。

本课程的主要教学内容：经济法的概念、本质和地位；经济法律关系；全民所有制企业法律制度；集体所有制企业法律制度；私营企业法律制度；外商投资企业法律制度；公司法律制度；企业破产法律制度；计划法和固定资产投资法；财政法；税法；金融法；价格法律制度；会计法和审计法；自然资源与能源法律制度；环境保护法；合同法；反不正当竞争法律制度；产品质量法律制度；消费者权益保护法律制度；房地产法律制度等。

（九）婚姻家庭法

本课程以我国2001年《婚姻法》为主要研究对象，系统地阐释了婚姻继承关系的历史沿革、相关理论和现行制度，揭示了婚姻家庭继承制度发展变化的规律。通过对课程的学习，要求学生能够掌握我国婚姻法、继承法的主要内容和基本特征，并能运用所学知识解决实际生活中的婚姻家庭和继承问题。

（十）律师实务

本课程4学分，课内学时72学时，其中电视课27学时，开设一学期。

律师实务是文科法律类法律专业、监狱管理专业、涉外经济法专业的选修课。开设本课程，旨在使学生了解我国律师制度的性质、发展及现状，掌握我国律师的任务、作用、权利义务和各项主要业务，以及在实际运用中适用法律及律师业务的基本方法。

本课程的教学内容分为律师与律师制度、律师实务两部分。概略论述了律师制度的基本原理，重点是对律师的基本业务如辩护、代理、法律顾问等，从律师实务的角度，就如何正确运用有关法律解决实际问题作了系统阐述，并对律师的工作方法及一些具体操作办法作了示范说明。本课程有很强的综合性和实用性。部分教学内容与宪法学、刑法学、民法学、刑事诉讼法学、民事诉讼法学等课程互有交叉。

（十一）合同法

本课程系统阐述了我国合同法的基本理论、基本知识，以及各种民事、经济、技术等方面的合同规范。从理论与实践两个方面对合同的订立、合同的效力、合同的履行、合同的变更和转让、合同的权利义务终止、违约责任等有关问题进行系统的论述。并具体介绍了有关买卖、供用电、水、气、热力、赠予、借款、融资、承揽、建设工程、运输、技术、保管、仓储、委托、行纪、居间等合同。

（十二）计算机应用基础

通过本课程的教学，使学生掌握计算机的基础知识、基本概念和基本操作技能，并掌握计算机实用软件的使用，为学生使用计算机和进一步学习计算机有关知识打下基础。

课程的主要内容：计算机的产生、发展及应用，计算机系统组成，计算机安全常识等计算机基本知识；信息处理概论，计算机中数和字符的表示方式，汉字输入方法等计算机信息处理技术；DOS 操作系统基本使用方法；WINDOWS 操作系统基本使用方法；计算机网络基本概念和 Internet 入网方法。此外设有 WPS 文字处理系统、数据库管理系统和 WORD 文字处理系统、EXCEL 电子报表系统两部分选择教学内容。

（十三）西方经济学

本课程是法学专业专科设置的选修课程。通过本课程的学习，可使学生对西方经济学的基本理论有初步了解，为其他法学课程的学习奠定一个理论基础。本课程的主要教学内容是经济学的研究对象、研究方法；需求理论、供给理论、价格理论；弹性理论与运用；消费者行为理论；生产者行为理论；厂商均衡理论；收入分配理论与政策；市场失灵与政府干预；宏观经济概论；短期、长期中的宏观经济；总需求—总供给模型；IS—LM 模型；乘数原理；失业、通货膨胀、经济周期、经济增长理论；宏观经济政策；开放经济中的宏观经济等。通过本课程的学习使学生了解一些经济学的基本知识，充分认识法治经济的重要性。

第五节　师资队伍

一、师资队伍建设概况

师资队伍建设是学校一项长期的发展战略，它关系到学校的发展，办学的声誉，是提高专业教学质量的根本所在。《中国教育改革和发展纲要》明确指出："振兴教育的希望在教师。建设一支具有良好政治业务素质、结构合理、相对稳定的教师队伍是教育改革和发展的根本大计。"要树立"人才资源是第一资源"的观念和指导思想，按照"充实数量，提高素质，优化结构，稳定骨干，造就名师"的工作思路，加大教师招聘和人才引进工作力度，认真抓好师资队伍建设。注重青年教师岗前培训，强化中青年教师教学，科研和实践中的基本功训练，加强教师职业道德，行为规范和知识更新教育，为提高教学质量奠定坚实的基础。以高层次人才培养为重点，推进人才强校战略，强化动态考核机制，形成一支结构合理，素质优良，实力雄厚的专业师资队伍。

可以说，法学专科教育与法学本科教育在师资力量上有很大不同。在师资结构方面，法学专科教育中教师群体以学士学位为主体，教师以教学为主要任务，对教师的评价主要依赖教学效果，"双师型"教师（即律师加教师）备受青睐，有影响的学科带头人较少；而法学本科教育中，硕士、博士学位占较高比例，教师既要教学也要承担科研任务，教学能力和科研能力是教师的主要评价依据，有影响的学科带头人较多。在组织结构方面，法学专科教育办学规模小、层次少，直线型的统一决策管理。教研室成为教学研究的基本单位；而法学本科教育办学规模大、层次多，管理体系多以直线职能或扁平式体制为主，院系二级机构的权、责放大，项目组形式的团队研究比较多见。

以黑龙江大学伊春分校（伊春职业学院）法律系为例，该系是在1995年7月成立的基础部法学教研室的基础上，于1997年7月正式成立的。1995年7月开始招收首批专科生，2000年起招收专科系列专科生，经过十多年发展，现已初具规模，并在本地区内享有一定知名度。法律系的教学科研机构设有法学理论、民商法学、刑法与行政法学三个教研室。现有教职员工16人，其中教授2人，副教授3人，获得司法资格证书6人，专任教师13人（硕士学位11人），辅导员1人，秘书1人。应该说，该系自然、经济环境等条件并不优越，人才流动性大，但是学院高度重视专业教师队伍建设，一方面采取措施鼓励青年教师在职攻读硕士和博士学位；另一方面注重“双师型”教师队伍建设和职称结构的改良，使得师资队伍呈现年轻化特点，学历层次和职称结构合理化，“双师型”教师队伍建设走在了全校前列。[①]

再以河北金融学院法律系为例，截至2010年，该系具有专职教师19名，其中教授3人、副教授4人，高级职称教师占37%；专业教师中博士1人，硕士研究生8人，在读硕士研究生10人，另有兼职教师2人，全部为副高级以上职称。该系教师具有较强科研能力，2002年以来，法学全体教师先后承担了各类科研项目30余项，其中国家级课题1项，省级课题6项，市级课题3项，院级课题20余项，发表学术论文100多篇，其中，核心期刊10余篇，出版学术著作8部，取得各种奖励10余项。[②]

以三江学院法律系为例，[③] 该系目前有教职员17人，其中教师14人，辅导员2人，行政管理人员1人。教师的职称结构、学位结构、年龄结构如表4-2显示：

表4-2　三江学院法律系教师结构表

职称结构		学位结构		年龄结构	
助教	0	学士	7	50岁以上	2
讲师	8	双学士	1	40—49岁	2
副教授	2	硕士	5	30—39岁	7
教授	4	博士	1	29岁以下	3
高级职称	6	研究生	6	青年教师	10
高级职称比例	43%	研究生比例	43%	青年教师比例	71%

再以广西政法管理干部学院法律系为例，该系目前有专职教师33名，其中教授1人，副教授（含副高职称）9人，讲师10人，助教13人；研究生19人，其中硕士12人（在读博士2人），另外还有在读硕士研究生3人；

① 资料来源：伊春职业学院法律系网站。

② 资料来源：河北金融学院法律系网站。

③ 资料来源：三江学院网站。

教师中取得律师资格教师19名。具有高级职称的教师占教师总数的30%，具有研究生学历的教师占教师总数的67%，“双师型”教师占教师总数的58%；还有8名专职辅导员负责学生日常管理及政治思想工作，形成了一支结构较为合理、素质较高的师资队伍。①

二、法学专科教育中存在的主要问题

（一）老师总体上学历偏低。要达到教育部制定的2005年的高校师资队伍学历目标（教学型的本科院校硕士的百分比达到60%的平均水平），任务十分艰巨。

（二）各专业间职称结构分布不尽合理，而且专科职称教师年龄偏高。

（三）学术梯队建设薄弱。由于很多法学系建系时间不长，法学专业学科的学术梯队尚未形成，缺乏学术带头人。办学机构对法学师资没有明确的资质要求，致使大批不具备条件的人员纷纷涌人法律教育的师资队伍行列。②

（四）教师数量还显不足。随着办学规模的进一步扩大，教师队伍亟待充实。

（五）教学保障条件需要进一步改善。

三、加强师资建设的措施

（一）重视思想政治工作，努力提高教师的政治思想素质和道德水准。忠诚党的教育事业，做合格的人民教师。重点要帮助青年教师树立起科学的世界观、人生观、价值观，增强主人翁意识，做到教书育人。

（二）通过“稳定、引进，培养、优化结构、激励和约束”等措施，提高教师队伍的业务素质。

1. 稳定教师队伍。逐步提高教师的生活待遇，改善教学、科研环境，使广大教师安心工作。

2. 加大引进人才的力度。将进一步创造条件，引进高学历、专科职称人才，争取引进博士。

3. 加快教师培养、培训的步伐。

通过导师制，发挥专科职称教师的作用，培养青年教师和新上岗教师；

① 资料来源：广西政法管理干部学院网站。

② 霍宪丹：《中国法学教育反思》，中国人民大学出版社2007年版，第183页。

通过与重点院校合作举办以同等学力申请硕士学位研究生班，并申请取得硕士学位，提高教师的学历层次；通过校内计算机、外语和电化教学手段的培训，提高教师使用现代化教学技术手段的运用能力；通过派出访问学者，定向委培等形式提高教师的业务水平和科研能力。

4. 广开途径、多方努力，鼓励青年教师考研、考博。要达到博士零的突破，硕士由现在的 3 人增加到 15 人的目标。

（三）加强学科梯队建设和中青年学术带头人的培养。

积极推荐、考核省级学科带头人培养对象、骨干教师，做好院级学科带头人的选拔培养工作。通过科研、教研立项，资助出版专著、资助论文发表版面费等方式，迅速培养学科带头人。

（四）通过内部管理体制改革，结合教学评建工作，进一步加强和完善教师管理制度建设，依法管理教师队伍，保证教师队伍的稳定和发展，为教师队伍的健康成长创造良好的环境，保护教师的合法权益，逐步提高教师的待遇。增加师资队伍建设经费，并将该项经费列入系发展经费预算中，并重点保障。

（五）提高教师教学、科研水平。

1. 提高全体教师专业水平、外语水平、学术理论水平。

2. 支持教师从事课堂教学改革，参与各种教研活动，使广大教师的教学水平逐年有所提高。

3. 鼓励教师申报各级科研项目，并从事教学改革研究和学术研究工作，不断提高法学系教师的科研水平，使法学系科研、教研成果逐年有所增长。

总之，建设一支高素质、优化精干、充满活力的教师队伍，是一项复杂的系统工程，需要内部条件与外部环境相互促进、协调发展。在各法学院党委的正确领导下，在各法学院职能部门的大力支持下，在法学专业教师的积极努力下，法学专业师资队伍建设一定会提高到一个新的水平。

第六节　现实状况与未来发展

一、法学专科教育面临的新形势

据教育部 2006 年 6 月底公布的统计结果：截至 6 月 20 日，全国普通高等学校毕业生就业的平均签约率达到 50% 左右，其中，专科生签约率约 30%。据调查统计，2008 年法学学科毕业生的就业率竟列文科毕业生倒数第一。我国法学专科专业建设和改革虽然取得了较大的成绩，但随着社会的不断发展和教育改革的深化，又面临着新的发展环境和机遇。

（一）科学技术进步对专业建设的新要求。当前，科学技术飞速发展，科学知识成几何级数增长，交叉学科，边缘学科和渗透学科在学科体系中的地位越来越突出和重要。这就要求在法学专科教育和改革中，必须根据科学技术的发展形势，不断调整专业结构，创新专业形式，更新和扩充专业内涵。

（二）社会经济发展对专业建设的新要求。随着社会主义市场经济体制的进一步完善，改革开放的不断深入和全球经济一体化的逐步形成，社会经济发展对人才规格和素质的要求越来越高。这就要求本科专业建设和改革必须以社会经济发展的客观要求为依据，以人才培养为目标，不断优化专业培养方案，不断改革人才培养模式，不断提升专业质量和人才的社会适应力。

（三）高等教育改革对专业建设的新要求。目前，高等教育的改革正在向纵深发展，精英教育正在向大众化教育转变，学习型社会正在逐步形成，阶段性教育，传承式教育正在被终身教育，创造性教育所取代。在这种情况下，专业设置模式必须进行改革，专业教学内容和专业教学方法也要进行改革。

与上述各方面的新要求相比，我国法学专科教育建设和改革在某些方面具有一定的滞后性，在一定程度上出现了结构性矛盾，专业的设置与社会发展的客观要求还有一定的距离，专业教学改革显得相对落后，优势专业和特色专业还面临着可持续发展的压力，个别专业的社会竞争力有所下降，专业建设管理机制有待进一步强化。

二、法学专科教育未来发展的原则

（一）专业建设与社会需求相结合。法学专科专业的设置、调整和建设都不能脱离社会需求。在专业建设中，要适应社会经济发展的新要求，不断完善专业培养方案，调整专业结构，丰富专业内涵，拓展专业空间，研究和解决不断出现的新情况，新问题，主动为社会经济发展服务。

（二）优化专业结构与提高专业内在质量相结合。在专业建设中，要注重优化专业结构与提高专业内在质量的有机结合，一方面，通过改造传统专业，增设新兴专业，创设特色专业，合理安排专业布局等措施优化专业结构；另一方面，要通过改善教育环境，加强师资队伍建设和教材建设，更新教学内容和教学方法，采用现代化的教学手段等，提高专业的内在质量。

（三）全面建设与突出重点相结合。法学专科教育是一项系统工程，必须统筹兼顾，协调发展。在专业建设中，既要全面建设，合理布局，科学配置教育资源，保持各学科内专业的历史延续性和结构的整体性；又要重点建设，加大对优势专业和特色专业的投入力度，加强新办专业的建设，提高新办专业的教学质量。

（四）专科教育强调岗位业务知识和实践操作技能，理论以“够用、实用”为度，是相对完整的实践体系和相对不完整的理论体系的统一。对于法律职业而言，它与其他技术行业不同，仅有相对完整的业务知识和实践操作技能，实际上无法满足司法实务的需要。但是，考虑到我国各个地区教育发展和人才培养的不平衡，我国应当在一定时间内（5—10 年）和一定区域内（我国西部一些省份）保留专科高专对法律大专人才的培养，而在较为发达的地区，逐步取消大专层面的法律教育。

（五）推行面向中西部地区的政法应用型人才培养模式。

根据中央政法委《关于印发〈政法干警招录培养体制改革工作会议纪要〉的通知》（政法办［2009］253 号）精神和《实施方案》的要求，建立政法系统试点班，通过注重实战的政法高等职业教育模式，推行面向中西部和其他经济欠发达地区县（市）级以下基层法院、公安和司法行政机关，培养政治素质高、实战能力强的政法应用型人才。试点班采取高中及以上学历起点的专科教育，学制两年，其中到基层政法机关实习不少于半年，对符合毕业条件的学生颁发专科毕业证书。专业设置由教育部会商最高人民法院、公安部、司法部及相关院校确定。

试点招录对象包括中国人民解放军、中国人民武装警察部队（包括公安现役部队）25 周岁以下（定向藏区的，可放宽至 27 周岁），符合报考条件的（拟）退役士兵。其中，面向拟退役士兵的专科试点班主要从驻艰苦地区部队及特种作战、野战侦察、海军陆战、特警、内卫、边防、消防、警卫部队选拔招录。法院系统专科双语试点班，主要从当地具有一定少数民族语言能力的退役士兵、应届高中毕业生或具有同等学力的优秀青年、村干部中招录。其他专科及以上学历层次试点班，从退役士兵和应届高校毕业生中招录。

2009 年全国试点计划招录培养 23068 人，面向拟退役士兵招录 2929 人，面向已退役士兵招录 4906 人，其中，法院系统 1924 人，检察系统 1942 人，公安系统 16179 人，司法行政系统 3023 人。承担培养任务的院校为中国政法大学、中国人民公安大学等 66 所院校，定向培养单位为中西部地区和其他经济欠发达地区县（市）级政法机关。以重庆为例，从 2009 年 7 月

16日到11月6日，重庆市全辖区基层政法机关面向社会定向招录干部203名，招考的对象是已退役士兵和2008年驻渝部队拟退役士兵，以及大学毕业生，参加抗震救灾和在部队立功受奖者，同等条件下优先录取。被录取人员将送有关政法院校进行专业训练，毕业后充实基层政法机关。重庆驻军共有672名今冬拟退役士兵报考，最后有54人被四川、贵州、云南、西藏、青海、宁夏等地的11所政法院校录取。[①] 同时，试点所需学生培养经费、免收的学费经费、生活补助经费由中央财政负担；上述经费，按照试点班实际招录学生数量、国家规定的同类院校学生学费收费标准、当地或本校同类学生经费综合定额标准、国家规定的学生生活补助费标准等因素确定。试点班学生毕业到定向单位工作，专科及以上学历起点本科层次的满8年，专科层次的满10年，方可交流。

拟退役士兵的报名推荐工作，原则上按属地化进行，由总参军务部总协调，相关省、自治区军区负责统一协调本省（区）驻军（含武警、公安现役部队）的考务和其他相关工作。对于限拟退役士兵报考的岗位，部队应严格按照地方公告的招考条件和职位需求组织报名推荐工作，经试点省级公务员主管部门资格审查后，参加考试的人员比例不低于1：5。对在服役期间荣立个人三等功以上奖励的（拟）退役士兵，报名和录用时优先考虑。鼓励高学历退役士兵报考试点班，应征入伍的高校毕业生退役后报考试点班的，教育考试笔试成绩总分加10分。对报考西部条件特别艰苦地区基层政法岗位的退役士兵，可在划定分数线时予以倾斜。

---

① 资料来源：《解放军报》2008年11月17日第6版。

第五章 法学本科教育

第一节 概述

法学本科教育是我国法学教育体系中最为重要的组成部分之一，它见证了新中国法学教育发展的各个阶段。根据一种比较通行的观点，新中国成立之后的法学教育经历了四个阶段，即形成初创期（1949—1956）、停滞挫折期（1957—1976）、恢复发展期（1977—1991）和改革发展期（1992 年至今）。[①] 在上述各个阶段，法学本科教育均呈现出不同的发展态势。

新中国成立之后，经过 1952 年和 1953 年的两次院系调整，全国共有八所法学教育机构，分别是北京、华东、西南、中南四所政法学院，以及中国人民大学、东北人民大学、武汉大学和西北大学四所学校的法律系。到 1953 年底，这些学校共有教师 268 人，占全国教师总数的 0.8%；在校生 3908 人，占全国在校生总数的 1.8%。[②]

从 1957 年“反右”运动开始，法学教育开始萎缩，教师数量和学生数量减少，教学和研究上都出现了思想禁区。在这一时期，提倡半工半读，政治运动和劳动占用了教师和学生的大部分时间。而且，在教学内容上，政治理论占据了大部分的学习时间。1953 年中央政法小组、教育部党组《关于加强高等政法教育和调整政法院系问题的请求报告》明确提出，“政法院系是培养无产阶级专政工作干部的学校，阶级性强，除必须同其他院校一样坚持贯彻执行党的教育方针、政策和高等教育制度外，应该特别注意教师和学生的政治质量，加强思想整治工作，政治理论课的比重比其他高等学校大一些”。因此，在教学课程设置上，政治理论课的比重占据一半以上，法律专业课被压缩取消。

---

① 参见冀祥德等《中国法学教育现状与发展趋势》，中国社会科学出版社 2008 年版，第 37 页。

② 《中国教育年鉴》（1949—1982），第 266 页。

可以说，在上述两个时期，我国尚不存在作为一个独立学科的法学教育，法律教育完全依附于政治的需要。

“文化大革命”结束之后，1977年恢复高考，法学教育很快也随之恢复。1978年，西南、北京、华东、西北四所政法学院和中国人民大学法律系恢复招生。随后法学教育的规模逐年扩大，法制建设的重要性也得到极大的强调。至1989年底，全国法学院系已达106所，1988年，本科招生达14001人。[①] 但此时，法律在我国仍然被完全视为阶级统治的工具，在一个现代法治国家，法律所应具有的独立崇高地位尚未被充分认识。因此，此时的法学教育仍然与政治之间存在千丝万缕的关系。这种关系在法律教育的教学方法、培养方式、管理体制等方面均有明显体现。

1992年，邓小平同志南方讲话和党的十四大提出建立社会主义市场经济的目标。同时，中央对高等教育，特别是对法学教育提出了新的要求：一是数量要增多，二是质量要提高。在这一历史背景下，法学教育的大发展成为时代的要求。司法部制定的《法学教育“九五”发展规划和2010年发展设想》，确定20世纪90年代法学教育“必须保持适当高于教育平均发展速度，使办学规模有较大发展”。1997年党的十五次代表大会确定实施“依法治国”，“建设社会主义法治国家”的治国方略，并写入了宪法修正条款，社会主义法治建设和法学教育事业获得了飞速发展。

目前，在依法治国纲领的指导之下，人们对于法律在现代社会中的意义已经获得了不同于以往的深刻认识；法学作为一门独立学科的特点和规律也引起人们足够的关注。法学研究和法学教育朝着专业化的方向获得了长足的进步。在这样一个大背景之下，法学本科教育作为我国法学教育中历史最长、最有代表性的组成部分也受到了业内人士的广泛关注。大学法学本科教育的现状、趋势与改革成为一个被重点研究的课题。其中，人们尤为关注的便是法学本科教育的规模、培养方式、教学方法、师资建设等各个方面。对于这些问题的看法，尽管仁者见仁、智者见智，但是它们一个共同的特点便是坚持法学自身的性质与规律，尽量探求一种符合中国特色的法学本科教育模式。在本章当中，我们将对上述几个方面的问题展开较为深入的探讨。

---

① 曾宪义、张文显主编：《中国法学专业教育教学改革与发展战略研究》，高等教育出版社2002年版，第3页。

第二节 招生就业

一、招生情况

如前所述，1977 年我国刚刚恢复高考时，全国只有三所法学院系招生，即北京大学、吉林大学和湖北财经学院（现中南政法）。从当时高等教育的整体结构来看，法学这门学科尚处于一个相当冷僻的地位。但是随着改革开放形式的迅猛发展，特别是 1992 年邓小平同志南方谈话和党的十四大提出建立社会主义市场经济的目标，1997 年党的十五大确定实施“依法治国”，“建设社会主义法治国家”的治国方略，在社会主义市场经济体制及依法治国方略的直接推动下，法学迅速成为一门“显学”。

1998 年 12 月 2 日，教育部发布《面向 21 世纪教育振兴行动计划》，计划要求：“切实落实《高等教育法》关于‘高等学校应当面向社会，依法自主办学，实行民主管理’的规定，扩大高校办学自主权。为使更多的高中毕业生有接受高等教育的机会，根据各地的需求和经费投入及师资条件的可能，在采用新的机制和模式的前提下，2000 年高等教育本专科在校生总数将达到 660 万人。招生计划的增量将主要用于地方发展高等职业教育，研究生在校生规模应有较大的增长。高等教育入学率由 1997 年的 9.1%（新口径），提高到 2000 年的 11% 左右。普通高等学校生师比由 1997 年的 10：1 提高到 2000 年的 12：1，独立设置的普通高校平均在校生规模达到 4000 人左右。”此后高等教育的规模急剧扩大，在短短的五六年中，大学招生扩大了将近三倍，“大众化教育”取代了“精英教育”。直至 2005 年统计结果显示，中国内地适龄青年高校在校人数居世界第二位，仅次于美国。

在高等教育扩招的大趋势中，法学专业凭借其自身特点一直扮演着首当其冲的角色。法学教育的规模迅速膨胀。1999 年，全国已经有 300 余所普通高等院校设置了法律院系或法律专业，在校生已达 6 万余人，占全国普通高校在校生总数的 2.2%，已建成成人高等政法院校、系（专业）150 多所，全国成人高校在校法科学生约 8.6 万人，占成人高校在校学生总数的 4.6%。①

2005 年底的统计数字表明，我国现有法学本科专业的高等院校已达 559

① 曾宪义：《蓬勃发展的法学研究和法学教育事业》，《光明日报》1999 年 9 月 28 日。

所，法学专业在校的本科生和研究生达30万人，其中本科生为20多万人，法律硕士专业学位研究生2万多人，法学硕士研究生6万多人，法学博士研究生6000多人。[①]

截至目前，据教育部和有关部门统计，我国已有615所高校开设法学专业，115个法律硕士点，开展各种形式法学教育的单位总计有927个（包括党校、军校、民办高校、电大、自考、法官学院、检察官学院及公安警官类等）。年招生约11万余人，在校生70多万人，其中本科45万；2008年招收法学硕士生13192人，法律硕士（含全日制和在职）8705人，两者合计在校生规模近6万人；2009年招收法学博士生约1000人，在校法学博士生近3000人。2008年法学硕士、法学博士的招生规模都比2005年翻了大约一倍。我国已成为世界上发展速度最快、规模最大的法学教育大国。[②]

以下是根据教育部网站公布的数据制作的全国普通高校法学专业本科生人数统计。

表5－1　　全国法学本科学生统计数据

年份	毕业生数	招生数	在校生数
2009	117182	126335	465406
2008	116100	114942	457098
2007	105964	115696	453366
2006	91596	110019	441090
2005	76140	108779	414309
2004	63334	102663	366541
2003	52756	91920	313131
2002	36332	78519	264039
2001	30326	68631	213278
2000	19806	51467	147963
1999	16363	42765	115687
1998	14832	28725	87977
1997	12471	23280	73026

① 陈虹伟：《我国法学院校数量再创新高，如何评估质量专家细说标准》，《法制日报》2006年1月19日。

② 王健：《法学教育改革与发展的新动向》，法制网，http：//www. legaldaily. com. cn/2007fxy/2009－11/04/content_ 1176531. htm。

二、就业情况

2009年6月10日上午，我国首部大学生就业蓝皮书——《中国大学毕业生就业报告（2009）》在北京首发。据蓝皮书透露，法学、计算机科学与技术、英语、国际经济与贸易等十个本科专业成为就业率最低的专业。报告指出，2008届大学毕业生毕业半年后的就业率约为86%，比2007届大学生毕业半年后就业率下降了2个百分点。但工学、管理学就业率分别为90%和89%，成为2008年就业率最高的两个专业。最低的两个专业是哲学和法学，就业率为76%和79%。对此，北京理工大学教育科学研究所所长杨东平称："学科专业的结构失衡非常明显，结构性的失衡是造成大学生就业难的重要原因。"①

其实，法学本科毕业生遭遇就业难早在七、八年之前就已经比较明显地体现出来，根据一项较早的统计数字，从2002年开始，法学本科毕业生就业遇到了前所未有的危机，在全国214个学科专业中，法学专业就业率当年排在第187位，2005年则成了"老末"。②

法学专业毕业生就业难不仅体现在总体就业率较低，而另外一个容易为人忽视的方面，则是就业的"专业对口率"亦非常严峻。根据有关媒体做的一项调查，中国政法大学2006级法学专业包括双学位在内，本科毕业生为1400多人，正式签约进入法院的有80人，检察院50人，公安局39人。进入公检法机关的比例超过了10%，这对于本科学历、还没有通过司法考试的毕业生已经是很不错的成绩。然而从就业结构上看，中国政法大学就业指导中心主任解廷民介绍说："这将近170人中，大多数是进入地方基层机关，留京的比例很低；且在地方的分布也主要取决于地方政策对于政法机关的需求，并不是稳定的就业渠道。例如2006年深圳中院招收了8人，算是很好的就业机会，然而并不是每年都有这样的机会。此外，还有8人是按照支边计划到西藏工作。"另据从事律师职业、进入企业从事法务工作以及进入司法局、公证处的数字统计共20—30人左右，中国政法大学2006级毕业生从事传统意义上的"本行"工作的比例仅为13%左右。③ 大学法学教育

① 张微：《哲学和法学专业2008年本科生就业率最低》，《中国社会科学院报》2009年。

② 张朝霞：《中国法学本科教育的危机：表现、根源与对策》，《兰州学刊》2008年第12期。

③ 陈虹伟、袁定波：《热招生冷就业，法学专业毕业生就业现象调查》，学信就业网，http：//www. chsi. com. cn/jyzd/jyxx/200702/20070206/751974. html。

以培养专门化的法律职业人才的目标，但现实中法学毕业生就业的专业对口率如此之低，这首先就是对教育资源的极大浪费。

作为大学生就业难的重要结果之一，便是催生了日渐庞大的考研大军。据统计，应届本科毕业生在历年考研群体中占据绝对多数，他们中相当大的一部分人均将考研当作面对就业压力时的避风港。据《重庆晨报》报道，在刚刚结束的2010年研究生入学考试中，仅重庆一市便有26356名考生报考，其中法学专业的考生人数占所有专业的第一位。重庆教育考试院专家认为，该市报考全国硕士研究生人数大幅度增加，与就业压力和研招单位加大了招生力度有关。一些高校应届毕业生改变了就业规划并加入到“考研大军”之中，通过选择考研来延后就业时间，缓解就业压力。① 如今，考研的冷与热已经成为判断就业形势的风向标。

在20世纪90年代初期，法学专业曾经一度是一个非常热门的文科专业，当时法院、检察院、律师事务所的重建和发展为受过专门法学教育的人才提供了大量的就业机会，法律人才供不应求。但是短短十年之间，法学毕业生的就业状况便发生了天翻地覆的变化，究其原因是多方面的。从法学教育的内部来讲，教育规模的过度膨胀，以及教学质量的急剧下滑，是导致这一现象的内部原因。随着法学教育的盲目扩张，每年毕业的法科学生数量已达数十万，这一规模已经远远超过了实际需求。另外，一些不具备起码办学条件的学校，从师资、生源到实际的培养，都是低质量的，得不到社会的信任，这些学校培养的法科学生实际上从其入学的第一天起就面临着毕业出路的严峻问题，影响了法学专业的整体就业率。②

第三节　教学培养

一、培养目标

法学本科以培养适应现代化建设和全球化与信息化的社会发展需要，德智体美与健康个性和谐统一，具有深厚理论功底和宽泛的法学专业基础，富有创新精神、实践能力和国际视野的高素质法律、法学专门人才为目标。具

---

① 戴宇：《重庆26356人今考研，法学专业最热》，重庆晨报网，http：//www.cqcb.com/cbnews/cqnews/2010－01－09/10605.html。

② 孙国祥、张书琴：《中国法学本科教育的矛盾性展开与破解》，《当代法学》2009年第2期.

体而言，毕业生应获得以下几方面的知识和能力：（1）掌握法学的基本理论；（2）掌握相对完整而系统的法学专业知识；（3）熟悉各类诉讼程序；（4）具有较强的发现问题、分析问题和解决问题的能力；（5）具有较强的运用法律知识解决具体问题和实际操作能力；（6）具有本专业必需的计算机应用能力；（7）能较为熟练地运用一门外语进行写作和交流。

二、教学方法

自法学教育恢复以来相当长的一段时间里，法学界一直忙于知识体系的构建和教科书的编写等工作，法学课程的教学方法问题一开始并未受到广泛关注。各法学院系采行的基本上还是传统的讲授方法，由教师主讲，学生记笔记，其间间或会有教师的一些提问以启迪学生思考。但是，随着法学知识积累的逐渐丰富，法学界已经越来越不满足于这种陈旧、单一的教学方式，转而进一步思考如何将已经生产出来的知识更好地传授给学生，于是，教学方法成为目前一个越来越引起关注的问题。

从近些年来国内法学教育工作者在教学方法上所做的探索和实践发展情况来看，主要表现出两种比较有代表性的倾向。一个是针对由教师主讲的传统方式之不足，强调增强学生的参与性。这是从单纯的技术性角度所做的变革，其目的是寻求一种更能激发学生的学习兴趣和主观能动性的方式，将理论知识传授给学生，以达到更好的教学效果。而另一个倾向则不仅仅是一个单纯的技术性问题，而是触及法学教育的根本，它所要改变的已经不只是教学的具体“方法”，而是在教学内容上的重大变革，即针对以往的法学教育片面重视理论知识的倾向，转而强调通过各种有效方法培养学生的实践能力。值得注意的是，对法学教学方法的关注是与有关法学教育的本质、法律教育的培养目标等基本问题的思考伴随在一起展开的。

（一）传统的讲座式教学法及其批判

当法学教育在我国重新跻身大学教育行列之后，各法律院系所采行的教学方法与其他社会科学之间并无太大差别，即采取一种传统的讲座式教学模式。这种模式的特征主要表现为以下几个方面。

第一，教学过程主要表现为教师主讲，学生被动接受，不太注重师生之间的互动。在这种情况下，教学效果可以说主要是由教师的个人能力所决定的，可以称之为一种“教师魅力型”的教学模式。如果教师的专业功底过硬，擅长深入浅出地讲授专业知识，并且富于幽默感的话，教学尚能取得不错的效果；否则法学课堂便很容易变得异常沉闷，学生对于专业学习的兴趣日渐减弱。

第二，教学内容主要侧重于书本知识的讲授，基本是从抽象的概念、原则入手，最终落实到法条含义的阐释，而不太注重对实际案例的分析、研讨和解决。即使在授课过程中会有若干案例穿插其间，但是总体而言，案例在其中所起到的基本上是一种可有可无的辅助性作用，即仅仅满足于通过案例来对那些抽象的概念、原则和法条进行说明，因此，授课过程中所选择的案例往往是一些根据授课需要进行裁剪之后的案例，甚至很多是完全虚构出来的案例。

第三，讲座式的教学方法很容易演化成为传输某种确定性知识的过程，即在任何知识点的讲授上，这种教学方法最终都会指向一个唯一正确的结论，即使对于一些学术和实践上都存在激烈争论的问题，学生也往往要求教师明确以哪一种学说“为准”。“法学教育被当作真理的传授，而不是激发怀疑和批判精神的一种方法”。[①] 这一点与法律的本质是格格不入的，因为法律注重的是在不同利益之间的权衡，所谓法学上的“结论”其实都是在不同利益主体的论证过程中形成的一个暂时的方案。因此，单一的讲座式教学方法很难让学生深刻领会法律的庐山真面目。

有鉴于此，传统的讲座式教学方法已经受到越来越多的批评，很多人将其称之为“灌输式”或“填鸭式”的教学方法。[②] 有学者指出，此种教育方法培养出来的学生普遍具有以下三个特点。其一，法律意识不强，不知用法律思维去思考问题，不会用法律思维去认识问题和解决问题，不会用法律思维去辨别是非；其二，学会了某些法言法语，却不知其内在的含义和价值取向，了解了法律法规的条文规定，却不知作这样规定的社会意义和价值何在；其三，也是上述原因引起的结果，就是培养出的学生缺乏分析、判断和解决复杂法律问题的综合素质。[③] 可以说，我国法学教学方法的改革，其改革对象就是这种讲座式的传统教学方法，近年来受到追捧的各种新型教学方法，几乎处处可以看出与传统方法反其道行之的意味。

但是，讲座式的传统教学方法究竟是否真的已经完全过时？它对于培养现代化的法律人才而言是否一无是处呢？恐怕亦未见得。正如笔者在本

---

① 焦盛荣：《法学专业教学方法改革初探》，《黑龙江省政法管理干部学院学报》1999 年第 4 期。

② 参见张丽娟、张俊义《法学教学方法改革浅谈》，《山西高等学校社会科学学报》2005 年第 7 期。

③ 宣增益：《法学教育培养模式中的教学方法改革路径之探讨》，《时代法学》2007 年第 2 期。

章第二节中将要指出的，法学教育究竟采取怎样的方法，是由多方面因素决定的，它并非一个可以任意选择的问题。我国之所以长期以来奉行此种教学方法，也是有其合理性和必要性的。首先，讲座式是一种成本最小的教学方法，它可以较为迅速的使学生掌握本学科的知识体系；在教育资源总体匮乏的条件下，讲座式教学方法自然是一种首选的方式。其次，我国是成文法国家，讲求概念逻辑之运用，所谓概念逻辑，究其实质，是一种方法。[①] 法学的学习当然应从概念入手，因为这一系列概念即是法律人思维的工具。这种带有鲜明学术性的方法，是比较适合以课堂讲授式的方式加以传承的。

因此，课堂讲座式的教学方法在我国法学教育中仍为主流，所需改革的只是此种教学方式的一些固有的弊端，及教学实践中对此种方式的一些片面僵化的运用。近年来，在继续以讲座式教学为主的大前提之下，广大法学教育工作者通过实际教学工作中的不断摸索，针对讲座式教学的弊端，提出了一系列新的思路。这些新思路并未触及传统学院教育所具有的理论性特征，教学的基本内容没有发生根本改变，但是在教学活动的实际操作方式上则发生了较为明显的变化。其共同特征是，强调学生主观能动性的发挥，将教师对课堂的主导权不同程度地交给学生，以激发学生学习的兴趣，教师则更多地扮演一种“精神助产士”的角色；另外，在此过程中有意识地培养学生独立思考的能力，从对知识的被动记忆转变为批判性继承。以下是比较有代表性的几种方法。

1. 讨论式教学法

增大课堂讨论在法学教学过程中的比重是目前被广泛采用的一种方法。这种方法对客观条件不存在太高的要求，可以广泛适用于法学各门课程的教学过程中；并且在具体运用过程中可以较为灵活：在形式上可以由老师讲，也可以由学生讲；在组织上，可以分组讨论，选派代表发言，也可以分组相互辩论，或由老师和学生相互讨论；在发起上，可以课前布置好讨论议题，列好提纲，课上讨论，也可以课上根据讲课内容随机选择议题临时讨论，或者课上布置议题课后组织讨论；在时间安排上，可以全堂讨论，也可以半堂或选择若干分钟讨论。[②]

讨论式教学方法最关键的特征是通过教师与学生以及学生与学生之间交

① 参见王伯琦《近代法律思潮与中国固有文化》，清华大学出版社2005年版，第148页。
② 李卫芳：《法学本科教学方法创新之我见》，《新疆石油教育学院学报》2004年1期。

流的方式展开教学，因此，也有人称之为“交流式教学法”。这种方法将学生置于教学的主体地位，使学生对法学知识的掌握从书本到实践、从死板的记忆到学会思考、从被动的接受到主动的参与，最终达到教学相长的教学模式。①

实际上，在西方大学教育中，讨论早已成为一种重要的教学方法，即所谓“习明纳”（Seminar）的方法。其含义是指：“大学或者研究生院中在教授的指导下从事原创性或者集中性研究的一小组高年级学生，教授具体通过定期会见这些学生并同学生讨论他们的报告或者研究成果来指导他们。”此种教学方法也曾影响过中国的法学教育，如民国时期著名的东吴法学院和朝阳法学院都曾设有此类课程。②

讨论式教学方法的优越性主要体现在，一方面，增强了教学的针对性。在传统讲授式教学模式之下，讲授的内容由教师自行拟订教学计划与大纲，教学过程由教师以一人之力推进，授课效果如何亦无从检验；而讨论模式则开启了全体学生之思维，教师可以根据学生讨论的具体情况，有针对性地进行讲解。另一方面，学生通过讨论式教学方法，可以逐渐培养起一种独立思考、发现问题并解决问题的能力和习惯，这一点对于专业法律人来讲至关重要。

但需要指出的是，讨论式教学方法是在传统讲座式教学基础上发展而来的，教师在讨论式教学过程中仍然起着举足轻重的作用。甚至此种教学方法对教师提出了更高的要求，教师不仅要在专业功底、知识面等方面更好地提升自己，而且要密切注意学生对知识的掌握情况，从而有针对性地对学生加以引导。教师在讨论式教学过程中仍然要掌握授课的总体进程，以达到讨论的目的。

2. 辩论式教学法

比讨论式更进一步的是，有学者提出在法学教育中应倡导一种“辩论式教学法”。所谓辩论式教学法是教师、学生就某一教学内容以问题为纽带而展开分析、讨论、辩驳及总结，从而获得真知的教学方法。其具体方案为，首先教师提出辩论问题，指导学生做好充分准备；然后，由正反两方学

---

① 参见高迎晖、张天虹《交流式法学教学方法及其价值》，《教育理论与实践》2006 年第 3 期。

② 雷安军：《Seminar 源流及对当前法学教育的意义》，《福建论坛》2007 年第 2 期。

生在课堂上针对辩题展开正式辩论；最后，进行辩论总结并写出总结报告。① 应当承认，将辩论的形式引入法学教育之中，是一个比较有创意的做法。据此种教学方法的倡导者所称，辩论式教学方法是贯彻素质教育、培养法律人才的需要，它具有提高学生的知识积累、理性水平、思维能力、语言表达能力、组织能力以及团队合作精神等重大作用。②

笔者并不否认语言表达能力和辩论的技巧对于法律职业者来说，具有非常重要的意义，在教学过程中，也必须注重对学生在这方面能力的培养。但是，这是否意味着有必要在教学过程中将辩论作为一种授课方法呢？恐怕不无值得商榷之处。教学的内容与教学方法是两个不同的概念，前者是指要教给学生哪些知识或培养其怎样的能力；而后者则是在传授这些内容的时候采取怎样的方法。笔者认为，辩论式教学方法是在没有清楚区分这两个概念的前提之下，仓促采用的一种教学方法。其必要性以及适用范围还需要进一步的论证。

为了提高学生的语言表达能力和辩论技巧，法律院系可以在课程设置上做必要调整，开设诸如《演讲学》、《辩论学》等方面的课程。据笔者了解到的情况，截至2010年，某些高校已经开设了此类课程，如中国青年政治学院的《演讲学》课程已开设多年，并取得了非常好的授课效果。但是，在法学各门课程的教学过程中，辩论作为一种授课方法所能发挥的作用恐怕是非常有限的。因为教学是要向学生传授知识，而辩论在绝大多数情况下，都并非获得知识的最佳途径。辩论是在各执一词的两造之间展开对抗，彼此以维护本方立场、驳斥对方观点为目的。其目的是为了争胜，而非为了求真。辩论式的教学方式看似培养了学生的能力，但其代价很可能是在知识获取方面的重大损失。

当然，在教学过程中，根据具体情况的需要，采用辩论的方式进行授课，也可能会取得很好的效果，但它不能作为一种常规或普遍的形式加以推广。比如，有学者提出在某些重大性的学术问题上，可以视情况选择此种教学方法，即所谓“对抗式学术辩论法”，以此激发学生的学习兴趣，培养其学术思维能力以及表达能力和应变能力。③

① 参见田春苗《法学教育中的辩论式教学方法》，《甘肃政法成人教育学院学报》2006年第4期。

② 同上。

③ 参见袁红冰《论素质教育在法学教学方法改革中的实施》，《贵州师范大学学报（社会科学版）》2004年第2期。

3. 批判式教学法

批判式教学方法是一些法学教育工作者在对以往灌输式教学方法极度不满的基础上，倡导的一种教学方式。所谓批判式教学方法就是“在教师引导下，让学生以质疑的态度来审视所学的法律”，其目的在于“提出问题、分析问题、辨别是非”，其核心在于“不轻易认同现有的法律规定，不轻易接受已有的制度或原则，对于所有的东西都要通过自己所掌握的法理、道理等重新检验”。①

批判式教学法重在培养学生的怀疑精神。法学并非真理之学，而仅仅是一种纠纷解决的方案；但以往的教学模式却有意无意地将法学知识当成了一种真理来传授，此种教学方法对学生法律思维模式的培养殊为不利。批判式教学法在使学生对法律作到不仅知其然，而且知其所以然的基础上，对法律中的一系列原理、原则、规则和概念进行批判式思考，具有非常重要的价值。

批判式教学法在运用过程中，一个值得注意的问题是，批判不等于批评。前者强调运用一系列原理和原则对研究和学习的对象进行检验，并最终得出自己的结论；其本质是引导学生运用自己的头脑去思考问题，是一个独立思考，深入探索的过程。而批评则往往是以某一已有的观点为标准去对研究对象作出否定性的评价。我国目前法治建设水平多有不尽如人意之处，若批判式教学运用不当，很容易演变成单纯的批评式教学，即主要以西方某些据说是“先进”的制度和理念为标准，对我国现行制度加以批驳，但对于如何在现有条件下完善我国相关制度，则又拿不出切实有效的方案来。这种单纯为了批评而批评的教学方法对学生法治观念的养成殊为不利。须知“法律不是嘲笑的对象，而是法学研究的对象；法律不应受裁判，而应是裁判的准则”。② 经历单纯的批评式教学方式的学生从一开始就很难建立起一种对法律权威的信仰，认为法律是一个可以任意褒贬的对象，这与法学教育的目的可谓南辕北辙。

笔者多年来从事刑事诉讼法学的研究和教学工作，痛感各种对我国刑事诉讼制度的武断批评充斥于研究和教学的各个环节，以至于刑事诉讼法学庶几成为“刑事诉讼法修改学”抑或“刑事诉讼法批判学”。这实在并非批判

① 参见王妍《“批判式”教学方法在法学教育中应用探讨》，《吉林省教育学院学报》2006 年第 10 期。

② 张明楷：《刑法格言的展开》，法律出版社 2003 年版，第 3 页。

式教学和研究方法的本意。批判式教学的重点应当是引导学生运用法学的原理与思维方式对法律问题进行独立的思考，其目的是法律人思维方式的建立，至于观点则居于次要地位。这一点是在运用此种教学方式的过程中必须时刻注意的问题。

（二）案例教学法的思路

案例教学的重要性在近些年来对法学教学方法的探索过程中基本上已经达成了共识。人们已经急切地意识到，仅仅在课堂上讲授抽象的法律概念、原则和条文无助于学生领会法学知识的精髓，法学教育离不开对具体案例的分析与研讨，于是案例教学法在我国已经和正在得到大力的提倡。与此相适应的一个现象是，各个法律出版社也竞相编辑出版了种类繁多的“案例教材”。但是，对于究竟何为“案例教学法”，则仍然存在太多不同的理解。尽管似乎每一位法学教师都意识到案例的重要性，并且努力在教学过程中推行着各种案例教学的实践，然而仔细分析便不难发现，大家所理解的案例教学法并不完全相同，甚至是大相径庭。

众所周知，原本意义上的案例教学法是19世纪中后期，在美国哈佛大学法学院院长兰代尔的大力推广之下确立起来的，并从此成为美国法学院最主要的教学方法。这种方法中所谓的“案例”实际上指的就是上诉法院的司法意见。案例教学的实践者将这些司法意见运用归纳的方式总结出一系列的所谓规则和原则，并将其作为教学的对象。

兰代尔的案例教学法实质上不仅仅是确立了一种单纯的教学“方法”，而更重要的是确定了美国法学院教学的内容。这种教学模式理论前提是，真正的法律就存在于上诉法院的司法意见之中，法学教育和法学研究的主要内容便是对这些司法意见的学习、领会和研讨。不难看出，此种教学模式与英美法系的判例法传统密切相关。因为判例就是法律，法律教学当然要教授判例，而判例的精髓则包含于上诉法院的司法意见当中。这与方法原本就不相干，而是一个内容的问题。

美国的法学教育原本秉承英国传统，以学徒式培训为主要模式。那些将来可能从事律师工作的学生在律师事务所里“阅读法律”，在法院里观察法庭的日常工作。[①] 但是像其他学科一样，受18世纪“理性主义”思潮的强烈感召，法学也迫切希望以“科学”的形式武装自己，于是，法学教育逐

① 杨欣欣主编：《法学教育与诊所式教学方法》，法律出版社2002年版，第103—104页。

渐跻身于大学教育的行列。[1] 然而，伴随着这一转变，法学必须在其作为大学教育之合理性问题上自圆其说，兰代尔的案例教学模式之所以长期以来享有盛誉，以及后来又饱受批判也都根源于此。当时杰出的法律教育家们认为："如果法律不是一门科学，那么在大学中拒绝教法律就是考虑到它的尊严。如果法律不是一门科学而仅仅是一种手艺，就应该通过学徒制来学习它。"兰代尔得出结论说："作为一门科学的法律包含了某些原则或学说。能够熟练掌握这些知识并把它运用到复杂的人际事务中的人，就是真正的律师。有效掌握这些法律学说的最好的和最简洁的方法就是研究包含这些原则或学说的案例……而且，法律条文的数量比人们想象的要少得多。"[2] 兰代尔的做法在当时得到了广泛的认同。于是，美国法律教育界开始编写以法院的司法意见为主要内容的法学教科书，并以此作为日常教学的主体。

案例教学法被迅速推广之后表现出较为持久的生命力，成为美国法学院长期以来的主要教学模式。这种模式使得法学不再仅仅是一系列的经验，而是被披上了一层科学的外衣，使得其有资格在象牙塔中被传授。曾经有一所著名法学院的院长，因为其所在的法学院中的任何一名教授都不具备司法实践经验而引以为豪。从中不难看出法学急于和形而下的经验划清界限的强烈愿望。

但是，美国法学界经过长达一个世纪以来的反思，案例教学的种种弊端逐渐被清晰地揭示出来。对其最严厉的批评可以归结为一点，那就是案例教学法把法律运作过程中的绝大部分内容舍弃掉了，它仅仅将上诉法院的司法意见当作法律的全部，并未窥见法律的真谛。其中以卢埃林和弗兰克等人为代表的现实主义法学派的反应最为强烈，由此而引发了 20 世纪 60 多年代"诊所法律教育"热潮的兴起。

我国法律教育界近年来对案例教学方法的推崇，很大程度上是从美国获得的灵感。但是这并不意味着我国也可以和应当建立美国式的案例教学模式。从实践来看，我国各法律院系所采取的案例教学法与美国也是大相径庭的。对此贺卫方先生指出，我们对美国的案例教学法存在认识上的误区，一味强调引入这种方法实际上是行不通的。[3]

---

① ［美］罗伯特·斯蒂文斯：《法学院：19 世纪 50 年代到 20 世纪 80 年代的美国法学教育》，阎亚林等译，中国政法大学出版社 2003 年版，第 24 页。

② 同上书，第 67—68 页。

③ 参见贺卫方《运送正义的方式》，上海三联书店 2003 年版，第 225—226 页。

如前所述，美国所谓案例教学法究其实质，并非一种方法，而是将案例当作法律来讲授，这是由其判例法的传统所决定的。而我国乃成文法国家，判例不具有正式法律渊源的地位，因此，法学院系授课的内容必然以阐释成文法含义为主要组成部分。案例在其中所扮演的角色是被用来解释成文法的适用方法，在这个意义上可以说，案例对于我国法学教育所起到的是一种方法的作用。比如，有人认为，法学课程教学中的“案例教学方法”，“是指在法学课程教学过程中，通过教师引导，学生自主分析和研究现有案例，解释成文法内容，从而培养学生自主地掌握实际知识并转化为应用能力的一种教学方法”。[①] 也有人认为，“案例教学法是根据教学目的的要求，针对教学内容，选择恰当案例，组织学员采取一种全面参与，平等对话的课堂谈论方式，达到理论联系实际，学以致用的教学方法”。[②] 从这些对案例教学法的阐释来看，都不难发现此种教学方法的真正价值所在。

尽管我国不可能也不需要引入美国式的案例教学模式，但可以肯定的是，案例在法学教育中发挥着无可替代的作用。欧陆成文法国家的法学教育历来也非常重视案例的作用。因为离开了具体的案例，真正意义上的法律解释是无法进行的。法律解释的一个基本特征即它与具体个案之间的关联性，这已是法学上的一个常识。法律的解释或了解必须针对具体的案件（不管是事实上存在的或虚拟的）为之，它不能被无的放矢地进行。申言之，法律解释之主要任务在确定，该法律规定对某特定之法律事实是否有意义，从而一个法律规定应相对于一个待裁判或处理的事实加以阐释，并具体化。由于这一缘故，真正的法律解释的问题与其说是法律条文本身，毋宁说是从应去或拟去处理的案件所引起。[③]

我国近年来对案例教学的重视，实际上也是随着对法律解释的上述特征之认识逐步加深而出现的。法律已经不再被简单地认为是一系列有着确定含义的条文，离开具体案件，抽象地谈论其含义不具有任何意义。将抽象的法律条文通过解释适用于具体案件的方法和能力才是法律人的看家本领，也才是法学教育的主要内容。本着这一信念，案例教学的思路的确为我国法学教育开创了一片更为广阔的前景。

---

① 黄贵良：《法学课程教学中“案例教学方法的运用”》，《新疆广播电视大学学报》2004 年第 3 期。

② 陈晓筠：《法学实践教学方法探究》，《青海师专学报（教育科学）》2006 年第 4 期。

③ 参见黄茂荣《法学方法与现代民法》，中国政法大学出版社 2001 年版，第 250—252 页。

（三）诊所式教学的引入

诊所式法学教育兴起于20世纪60多年代的美国，它主要是对当时美国法学教育制度中某些缺陷的反映，系指仿效医学院学生在医疗诊所临床实习的做法，原则上在有律师执业资格的教师指导之下，将法学专业学生置于“法律诊所”中，为处于生活困境而又迫切需要法律援助的人提供法律咨询，“诊断”其法律问题，开出“处方”，以此促进学生对法律理论的深入理解。其优点在于培养法学学生的职业技能和职业道德意识，特别是律师职业技能，以实现法学理论与法律实践的统一。诊所式法律教育紧扣“实践”二字，是一种典型的实践性教学方法。由于它直接击中了传统法律教育模式的命门，因此短短的几十年时间里，在世界范围内产生了非常大的影响。

2000年9月，在美国福特基金会的支持之下，北京大学、清华大学、中国人民大学、复旦大学、华东政法学院、武汉大学以及中南财经政法大学等七所高校率先开设了诊所式法律课程。2001年9月，又有中山大学、西北政法学院和四川大学三所学校加入进来。一时间，诊所式教学成为中国法学教育中的一个热门话题，各法律院系无论是否已经开设此类课程都对其表示出极大的关注。截至2010年，据不完全统计，设有诊所式教学课程的法律院系已达75所。

三、毕业实习

在我国高等教育体制中，毕业实习是专业教育过程中重要的教学阶段，也是培养学生职业素养、锻炼学生独立工作能力的重要教学环节与有效手段。法学作为一门实践性很强的学科，毕业实习历来是教学培养环节的重要一环。毕业实习是法学专业教学计划的重要科目，它是为完成毕业设计而进行的必要准备，是落实法学专业培养目标的重要环节也是学生毕业前将理论与实践结合的最后一次实习。因此，毕业实习是架起学生由理论向实际转化的一个重要桥梁。尽管近年来法律诊所课程的开设也起到了为学生提供实践操作的机会，但是由于此类课程成本昂贵，大多数教学单位无法保证每一名学生都能获得参加此类课程学习的机会，毕业实习的重要性至今还无法被替代。

1. 毕业实习的目的

毕业实习的目的在于，第一，实现理论与实践的有机结合。通过四年法律专业知识的学习，学生已基本具备系统理论知识和思维训练，但还需在实践中得到检验。通过毕业实习，使学生在法律实践中发现问题，运用四年所学的理论知识提出解决问题的方案和设想，进一步消化、补充和巩固已学到的专业理论知识使学生解决实际问题的能力在实习中得到提高，实现理论与实践的有机结合。

第二，培养和提高学生综合素质，提高处理法律实务的能力。法学是实践性极强的学科，从事法律活动，必须对社会、对人性有深刻的认识，具备较强的沟通能力社会活动能力。通过实习有针对性地锻炼学生观察问题、分析问题和解决问题的能力，

第三，为毕业论文的工作奠定基础。一是作为毕业论文选题的依据之一。二是为毕业论文写作准备相关资料。

2. 实习内容

法学本科生的毕业实习单位一般是法院、检察院、公安机关和律师事务所。实习者应直接参与实习单位的办案工作，具体承办案件。由于实习单位的性质不同，实习的内容亦有所差别。

在法院实习的内容主要是参与刑事、民事、经济、行政案件的审理和执行。具体包括：参与开庭审理、担任书记员出庭记录、制作法律文书、整理案卷材料等。

在检察院实习的主要内容一般是：（1）参与公诉，包括公诉法律文书制作，公诉案件证据材料的核实，出庭参与公诉，公诉材料的整理等；（2）参与检察院管辖案件的侦查，包括对刑事侦查技术的了解，刑事强制措施的运用，对犯罪嫌疑人的讯问，对证人的询问，调查笔录的制作等；（3）参与对司法工作的检察监督。

在公安机关实习的主要内容是：（1）参与刑事案件的立案、侦查；（2）参与社会治安管理；（3）参与户政管理。

在律师事务所实习的主要内容是：（1）参与刑事辩护，熟悉律师出庭辩护的工作内容，会见当事人，学习出庭辩护中的技巧，掌握辩护词的写作等；（2）参与民事、经济、行政案件的诉讼代理，包括证据收集、代理词写作、代理技巧、质证技巧的掌握等；（3）提供法律咨询，出具法律意见书；（4）协助申诉和行政复议。

实习的具体课题及内容不作统一要求。但总的要求是在有限的实习期内尽可能的了解和接触各种类型的案件，熟悉和掌握各类法律性事务在办理过程中的程序和注意事项。很多学校还要求，每个实习生必须完整地参与办理的每一个案件（案件类型不限）。

3. 实习要求

毕业实习实行实习指导教师负责制度，平时由指导教师与实习生保持联系。实习生在实习前，必须在指导教师的指导下，根据具体的实习工作岗位撰写真实可行的毕业实习计划，实习计划经指导教师同意后，必须保质保量完成。实习生在实习期间必须认真、尽职、努力地完成实习岗位所要求或实习指导教师所指定的工作任务，如实填写毕业实习工作日志。实习结束时根据实习工作日志认真进行毕业实习总结并撰写毕业实习报告。实习报告内容必须具备以下要求中的任意一项：实习内容的总结，包括实习中的所见所闻，对实习大纲所要求的内容的理解和掌握程度，对所实习内容进行概括总结，着重对具体实习基地、实习内容进行分析，应突出理论联系实际，用法学理论分析问题和解决问题，报告应突出“总结”二字，而不是重复写日记；对实习的感受，包括对实习中遇到的理论问题进行剖析，实习中经验和教训，对实习的组织、形式等的改进建议等。如通过某一案子的具体工作在侦察、起诉、调查取证、审判、执行等各阶段存在的问题，应如何解决，理论和实践如何有机结合等。

4. 实习成绩评定

按照法学专业毕业实习大纲、指导书的要求，实习结束后由各个实习组进行总结，并进行实习答辩，指导教师对学生实习情况进行评价，最后依实习表现，实习日记和报告的质量，实习过程的表现确定实习成绩，报经毕业实习考核领导小组确定。实习成绩按优、良、一般、及格、不及格五等划分。

四、撰写毕业论文

法学本科学生撰写毕业论文，是本科教学计划的一个重要环节。它是对学生本科期间对法学基本理论和基本技能掌握情况、综合素质和教学效果的全面检验，同时也是本科生从事科学研究的最初尝试。

毕业论文的选题应当在法学专业范围之内，并具有法学专业研究的特点。毕业论文的选题一般以专科阶段和本科阶段所学法学专业课程内容为选题范围。选题应当结合我国目前的法学研究动态和司法实践，选择应用性强或当前司法实践亟待解决的实际问题作为毕业论文的主要方向和主要内容，各法律院系一般均鼓励学生对我国改革中出现的新问题进行探讨。毕业论文的体裁应为学术性论文。调查报告、工作总结或单纯的案例分析不能作为毕业论文。

毕业论文应当由学生本人在指导教师指导下独立完成。指导教师对论文的选题、思想观点、结构格式及文字质量都负有指导责任。具体包括：指导学生选题，对学生所选论题的重点和难点进行分析，指导学生拟定论文写作提纲；防止所指导学生毕业论文选题、观点、资料雷同，写法类似；指导教师应要求学生定期与自己联系，按时提交写作提纲及四稿，并对学生最终定稿质量及格式负责。不能及时上缴的，论文定稿与标准不符的，指导教师有权利不允许其参加答辩。

法学专业本科学生必须参加毕业论文答辩。论文答辩设立若干答辩组，答辩组一般由 3 人组成，其中答辩主持人 1 人。答辩主持人主持毕业论文的答辩，在充分听取答辩组其他成员意见的基础上，答辩主持人确定答辩成绩，并对论文答辩成绩签字负责。在论文答辩和成绩评定过程中发现是抄袭的或他人代写的文章，令其重写，重写后仍是抄袭或代写的，取消论文的写作资格；答辩过程中发现学员对相关基本概念、基本问题不清，不能回答或者对论文内容不熟悉的，答辩不及格。答辩不合格者，一般允许补作一次，顺延至下一届答辩。

毕业论文答辩成绩一般分为优秀、良好、中、及格、不及格五等。取得及格以上成绩者方授予学士学位。论文成绩评定的标准一是毕业论文的质量，二是学生的答辩情况。关于毕业论文的质量主要考察以下几点：（1）科学性。观点是否正确；论据是否充分、可靠；结论是否合理；是否能够反映出学生对本学科知识系统掌握的程度及对其中某一问题有较深入的理解和认识。（2）实用性。选题是否具有现实意义和学术价值；是否能够体现出分析问题、解决问题的能力水平。（3）逻辑性。论证是否有力；层次是否分明；逻辑是否严密；结构是否完整、合理。（4）技术性。是否具有收集整理运用材料的能力；语言表达是否清晰、准确；格式是否规范。

第四节 课程设置

一、课程设置的现状

课程设置是指按照人才培养目标、教学要求和学生学习心理，根据专业知识之间的内在联系而设计的各门课程的系统。所以，课程设置集中反映了培养目标的具体要求，也构成学生达到培养目标所应学习的基本内容，决定了学生的智能结构。[①]

各法律院系本科教育的课程设置基本上由公共必修课、专业必修课以及专业选修课构成。另外，近年来许多综合性大学又在上述三类课程之外创设了第四种课程门类，即素质教育通选课，从而形成了体现知识、能力、素质于一体的四大类课程（公共必修课——专业基础课——专业相关选修课——素质教育通选课）有机结合的课程模块体系，其中，每一模块都是构成培养目标不可缺少的组成部分。[②]

公共必修课在我国被认为是通识教育的主要内容，对于加强素质教育，提高大学生综合素养，培养全面、和谐和可持续发展的高技能人才具有重要作用。此类课程主要包括政治、军事理论、大学英语、计算机等课程。

专业必修课为法学专业学生必须学习的本专业基础性课程，专业必修课保证了培养专门性法律人才的基本规格。1998 年，教育部高等教育司出版了《全国高等学校法学专业核心课程教学基本要求》一书。本书是教育部高等教育司根据专业目录调整和法学专业核心课程的确定，为规范各门核心课程教学的基本规格，提高教学质量，而制定颁布的基本教学文件。本书明确了法理学、中国法制史、宪法、行政法与行政诉讼法、刑法、刑事诉讼法、民法、知识产权法、商法、经济法、民事诉讼法、国际法、国际私法、国际经济法等 14 门课程的基本知识点、基础理论和基本应用。该教学基本要求是指导大学本科法学专业师生教学必备的文件。其中所确定的 14 门课程在各法律院系均被确定为专业必修课程。随后，为适应不断发展的社会现实需要，绝大多数法律院系又在上述 14 门课程的基础上增加环境和自然资源法学以及劳动与社会保障法学作为核心课程，这样一来，法学专业的核心课程又增加为 16 门。

对于上述 16 门核心课程的设置，近年来不少人提出批评。如有论者认为，民法学、商法学和经济法学三门课程分别独立设置，以及将法理学和法律思想史两门课程分别独立设置是极为不科学的。因为民法、商法和经济法学的基础在于民法学，“在民法学、商法学和经济法学三门学科之中，应当重点讲授民法学而不是商法学和经济法学。法学专业的学生只要将民法学学

① 王彦：《论我国法学本科教育课程设置的改革》，《时代人物》2008 年第 9 期。

② 李龙、李炳安：《我国综合性大学法学本科课程体系改革的思考》，《时代法学》2003 年第 1 期。

好了，对于商法学和经济法学的学习而言，可以无师自通”。[1] 另外，法理学作为一门核心主干课程开设也被认为是极不科学的，真正的法理学就是法律思想史。论者指出，现行法理学课程的主要内容包括三部分：一是法学概论的内容；二是法律思想史的内容；三是司法制度学的内容。其中，法学概论的内容不需要单独讲授，学生可以在学习其他课程过程中自然领会，而司法制度学的内容则应归入实践性教学范畴，不适宜在法理学课堂上讲授。

专业选修课是指与专业相关的一类选修课统称。专业选修课程一般由学校根据本校学生的知识水平能力和兴趣以及本校的师资条件确定。如果学校认为部分学生有能力和兴趣完成某一专业课程，而该课程又不是所有学生都有该能力或兴趣，又不是必需作为所有学生知识成长一部分的课程，那么一般会以选修课的形式为学生开设。另外，每一位教师还可以根据自己的学术兴趣与研究专长，开设相应的选修课程。

素质教育通选课是并非专为法学本科生开设，而是在面向全校各院系学生开设的课程门类。素质教育通选课的目的在于使学生在专业学习之外，还能够接受广泛的通识教育，要让学生获得思维方法和能力上的提升，而并不首要地在于其他学科知识的普及。因为在学习当中，知识完全可以突击获得，但是思维能力和思想方法则需要长期的细水长流的培养。在开设素质教育通选课的学校中，北京大学是一个典型代表。北京大学通过此类课程，使其每一个学科的教育资源都惠及全校学生，实现了作为综合性大学的多学科的优势。截至2010年，北大各院系开设的通选课已经超过300门，这些课程覆盖A. 数学与自然科学，B. 社会科学，C. 哲学与心理学，D. 历史与文化，E. 语言学、文学与艺术等五个基本领域。要求本科生毕业时应修满至少16学分，每个领域至少要选修2学分，在语言学、文学和艺术领域至少要修满4学分（其中必须有一门是艺术类课程）。获人文与社会科学类学位的本科生，在自然科学与数学领域至少要修满4学分。

总之，公共必修课、专业必修课、专业选修课以及素质教育通选课已经成为目前我国各主要法律院系法学本科生课程设置的基本内容。以下是北京大学法学院公布的本科生培养方案中的一份课程目录单。

总学分：140学分

1. 必修课程：91学分

---

① 石纪虎、刘康复：《论法学本科专业核心课程的设置》，《湖南工业大学学报（社会科学版）》2009年第3期。

表 5－2　　全校公共必修课：33 学分

课程号	新课号	课程名称	周学时	学分	开课时间
03835061		大学英语（一）	4	2	秋季
03835062		大学英语（二）	2	2	春季
03835063		大学英语（三）	2	2	秋季
03835064		大学英语（四）	0	2	春季
04030170		毛泽东思想概论（文科）	2	2	全年
04030150		思想品德修养	2	2	全年
04031490		马克思主义哲学原理	2	2	全年
04031380		当代世界经济与政治	2	2	全年
04031340		马克思主义政治经济学原理	2	2	全年
04031370		邓小平理论	3	3	全年
04130001		体育（一）	2	1	全年
04130003		体育（二）	2	1	全年
04130003		体育（三）	2	1	全年
04130004		体育（四）	2	1	全年
00831610		计算机基础与应用（上）	4	3	秋季
00831611		计算机基础与应用（下）	4	3	春季
60730020		军事理论	2	2	春季

表 5－3　　法学专业必修课：58 学分

课程号	新课号	课程名称	周学时	学分	开课时间
02930060	LAW—0—001	宪法学	3	3	秋季
00131440		文科高等数学（1）	4	4	秋季
02930950	LAW—0—002	法学原理	2	2	秋季
02930030	LAW—0—003	中国法制史	3	3	秋季
02930101	LAW—0—004	刑法总论（刑法一）	3	3	春季
0293008a	LAW—0—005	民法总论	3	3	春季
02930920	LAW—0—006	刑事诉讼法学	4	4	秋季
02930103	LAW—0—007	刑法分论（刑法二）	2	2	秋季
02930970	LAW—0—008	物权法	2	2	秋季
02930050	LAW—0—009	民事诉讼法学	4	4	春季

续表

课程号	新课号	课程名称	周学时	学分	开课时间
02930890	LAW—0—010	经济法学	3	3	春季
02930980	LAW—0—011	债权法	4	4	春季
0293001a	LAW—0—012	法理学	3	3	春季
02930470	LAW—1—001	商法总论	2	2	秋季
02930480	LAW—1—002	国际公法	4	4	秋季
0293007a	LAW—1—003	行政法与行政诉讼法	4	4	秋季
02939995	LAW—1—004	国际私法	2	2	秋季
02930180	LAW—1—005	知识产权法学	3	3	春季
02930340	LAW—1—006	国际经济法	3	3	春季

2. 选修课：39 学分

表 5－4　　本院选修课：至少选 23 学分

课程号	新课号	课程名称	周学时	学分	开课时间
0293005a	LAW—0—013	外国法制史	3	3	春季
02930040	LAW—0—014	西方法律思想史	3	3	秋季
02930020	LAW—0—015	中国法律思想史	3	3	秋季
02930220	LAW—0. 016	犯罪学	2	2	春季
02930390	LAW—0—017	专业英语	2	2	春季
02930190	LAW—0—018	亲属法与继承法	3	3	春季
02930670	LAW—1—007	立法学	3	3	秋季
02930270	LAW—1—008	财政税收法	3	3	秋季
02930902	LAW—1—009	刑事政策学	2	2	秋季
02930200	LAW—1—010	企业法/公司法	3	3	秋季
02930940	LAW—1—011	环境法	3	3	秋季
02930440	LAW—1—012	海商法	2	2	春季
02930300	LAW—1—013	劳动法与社会保障法	3	3	春季
02930450	LAW—1—014	国际技术转让法	2	2	春季
0293028a	LAW—1—015	金融法/银行法	3	3	秋季
02930770	LAW—1—016	保险法	2	2	秋季
02930983	LAW—1—017	国际投资法	2	2	春季

续表

课程号	新课号	课程名称	周学时	学分	开课时间
02930360	LAW—1—018	国际海洋法	2	2	春季
0293063a	LAW—1—019	刑事侦查学	2	2	春季
02930430	LAW—1—020	国际税法	2	2	秋季
02930720	LAW—1—021	外国行政法	2	2	春季
02930990	LAW—1—022	国际金融法	2	2	秋季
02930995	LAW—1—023	会计法与审计法	2	2	春季
02930520	LAW—1—024	司法精神病学	2	2	秋季
02930986	LAW—1—025	法律实务	2	2	秋季
02930780	LAW—1—026	刑事执行法	2	2	春季
02930997	LAW—1—027	外国诉讼法	2	2	春季
02930860	LAW—1—029	法学流派与思潮（通选课）	2	2	春季
02930530	LAW—1—032	外国宪法　（通选课）	2	2	春季
02939991	LAW—0—023	英美侵权法（通选课）	2	2	春季
02930991	LAW—1—028	西方国家司法制（任选课）	2	2	春季
02930610	LAW—0—024	青少年法学（通选课）	2	2	春季
0293024a	LAW—0—025	经济法概论（通选课）	2	2	春季
02930330	LAW—1—034	国际环境法（通选课）	2	2	春季
02930550	LAW—0—026	实用刑法学（通选课）	2	2	春季
02930180	LAW—1—031	知识产权法（通选课）	3	3	秋季
02930750	LAW—0—020	法学概论（滚动通选课）	2	2	秋季
02939999	LAW—0—021	法律导论　（通选课）	2	2	秋季
02930760	LAW—0—019	心理卫生学概论（通选课）	2	2	秋季
02930903	LAW—0—022	法律社会学（通选课）	2	2	秋季
02930250	LAW—1—032	竞争法　　（通选课）	2	2	秋季
02930105	LAW—1—030	外国刑法　（通选课）	2	2	秋季
02930985	LAW—1—033	国际人权法（通选课）	2	2	秋季
02930987	LAW—1—037	国际组织法（通选课）	2	2	秋季
02939994	LAW—1—035	国际公法（通选课）	2	2	秋季
02930880	LAW—1—036	世界贸易组织法概论（通选课）	2	2	秋季

本科素质教育通选课：16 学分

A. 数学与自然科学类：至少 2 学分

B. 社会科学类：至少 2 学分

C. 哲学与心理学类：至少 2 学分

D. 历史学类：至少 2 学分

E. 语言、文学与艺术类：至少 4 学分，其中至少一门是艺术类课程

全校任选课 5 学分

3. 生产劳动（必修）：一周，不计学分

4. 毕业论文 3 学分、实习 2 学分

二、课程设置存在的问题及其改革

大学本科课程设置尽管在基本结构上目前已经趋于稳定，但是在一些课程设置的具体方案上的争论和改革则一直持续着。早在 1996 年 1 月召开的全国高等教育改革研讨会上，与会专家便一致认为，我国当前法学本科课程设置至少存在着以下几个方面的问题：第一，一些不必要的课程占据了宝贵的学习时间。第二，课程交叉、重复现象在各校都存在。由于教研室的设置，把教师限定在一个相对狭小的理论领域，妨碍了多学科的交流和探讨。第三，课程设置的先后顺序缺乏科学性，忽视了学习的循序渐进的特点。例如，法理学现在作为基础课，一般是在第一个学期上，一年级学生很难接受。第四，课程设置混乱，甚至有颁布一部法就开设一门课的现象。① 如今，时间已经过去十几年，当时提出的一系列问题，仍然没有得到妥善解决。

（一）理论性课程与应用性课程之间的关系有待合理化

目前我国各法律院系的课程表上，纯粹理论性质的课程主要是指法理学、中国法制史、中国法律思想史、外国法制史、西方法律思想史等。而且长期以来，此类课程被视为法学专业的基础性课程，一般被安排在刑法、民法、诉讼法等应用性课程之前为学生讲授。但是，从实际教学效果来看，颇不理想，因此引起许多专家的批评。

如有论者从法学本科教育之定位的角度指出，法学本科教育应当以培养应用型法律人才为目的，因此，过大比重的理论性课程是不必要的，应当大力缩减此类课程的数量，而代之以更多的应用法学课程为本科教学的主要内

① 参见《高等法学教育改革研讨会会议纪要》，《中外法学》1996 年第 2 期。

容。但是此种观点亦遭到许多反对者的批评，如有学者指出："最近几年一些法学院校对法律本科课程结构进行的压缩法理学、法史学等基础理论课的门数、学时，大量增开民商法等实用性课程的改革，结果造成如一些专家所说的基础理论薄弱、实用课程杂碎，强调应用法学而忽视理论法学（或基础法学）的倾向，也出现了教师授课缺乏系统的理论深度，学生因疲于上课而无暇顾及对学问进行深入钻研的情况，说明对法学本科课程设置的这种改革是不成功的。这种做法将不可避免地导致法学本科毕业生专业理论水平的下降……须知，没有对法的基本精神、法的基本原理和法的历史发展的深入了解，应用法学课程也是学不好的。"①

笔者认为，简单地将法学专业课程分为理论性课程和应用性课程两大类这种做法，本身便是值得商榷的。即使如所谓的应用性课程，如民法、刑法等，课堂讲授也绝非仅仅是法条文字的"应用"这么简单，而毋宁说是在不同案件中有关适用法律的各种"学说"，而这些"学说"本身就是理论性非常强的内容，并非"应用"二字可以涵盖。这些内容的掌握离不开相当程度的法学理论素养做支撑。因此，那种试图缩减理论性课程之比重的做法无论如何是行不通的。我们认为，在课程设置方面应当进一步探讨的问题是，如何合理安排不同课程之间的相互关系，使课程的开设能够有计划、有步骤，符合一个合格法律人才培养之基本规律的具体方案。

比如，目前相当数量的法律院系对于新入学的本科学生，第一学期只开设法理学、法制史等纯理论性质的课程，此种课程设置方法足以彻底打消学生对于法律的学习兴趣。因为法理学绝非仅仅是指导各部门法学之学习的一般原理这么简单，而是当对各部门法学的学习达到一定造诣之后，对法学的一些共同问题所进行更深层次的思考。对于尚不知法律为何物的本科新生而言，让其学习这样一门课程，只会令其莫名其妙、不知所云。鉴于此，已有一些高校对此类课程的安排进行了卓有成效的调整。总体而言，即把此类课程后调，待学生修完刑法、民法、刑诉、民诉等主干课程之后再行开设，收到了较好的效果。

如朱苏力教授早在十余年之前即提出建议："从第一学年就讲授民法总论，第二学年开始讲授刑法、刑诉和民诉，事实上将这些课程作为法律系的基础理论课。而将诸如法理学、法律史等理论课程排在三四年级上。之所以

---

① 刘德兴：《关于法学本科教育课程设置问题的思考》，《四川师范大学学报（社会科学版）》1999 年 7 月。

做这种安排，并不是不要或弱化理论，而首先是因为民、刑法和诉讼法实际是一切法律的基础理论。这些课程中的主要概念、命题和内容在其他课程中都将不断出现。”①

（二）中国法课程与外国法课程的关系尚需调整

我国的现行法律制度是法制改革的结果，但在法制改革过程中，我国借鉴了不少外国法律制度，从这个角度来说，我国也可称为法律移植国家。对于一个法律移植的国家来说，因其法律制度是外国法律制度与本土实际相结合的产物，要了解其本土法律，首先应了解其移植的外国法律。② 因此，外国相关法律制度和理论的讲授在法律院系的课程设置中应当占有相当重要的地位。

但是，最近十余年来，在本科学生的课程体系中，与“外”字有关的课程一直处于不断被挤压的状态。越来越多的学生以及大多数用人单位都倾向于将中国法作为法学本科教育的主要内容。对于此种倾向，朱苏力教授认为，这是因为在市场经济面前，由于市场的需求使人们变得冷静而务实。③但是笔者对此持不同意见。应当承认，我国现行法律基本上还是依照西方各主要法治国家的法律体系加以建构的，其所使用的专业性概念以及思维方式，大多属于舶来品。因此，外国法律对于学生更好地理解本国法的基本原理，以及推动本国法律的发展完善，都具有不可或缺的重要意义。在我国这样一个法治相对后进的国家，外国法的学习在法律专业人才培养方面应当发挥更为重要的作用。日本在明治时代全面引进了德国法和法国法，二战之后又大量引进了美国法，与我国一样是一个法律移植国家。而日本的名古屋大学开设了德国法课程，早稻田大学和近畿大学、东海大学开设了英美法课程，福冈大学则开设了美国法律制度论，并将其作为法学基础科目。④

因此，笔者认为，外国法学应当成为我国今后高等院校法学教育课程体系中的一个重要组成部分加以强调。诸如罗马法、德国民法、英美公司法等课程应当在法律院系的课程体系中占据一席之地，外国法学的修养应当成为一名经过高等教育的合格法律人才的必备素质之一。

---

① 苏力：《法学本科教育的研究和思考》，《比较法研究》1996 年第 2 期。

② 参见项波、段春霞《浅析我国法学本科教育课程设置的缺陷》，《江西理工大学学报》2007 年第 2 期。

③ 苏力：《法学本科教育的研究和思考》，《比较法研究》1996 年第 2 期。

④ 参见项波、段春霞《浅析我国法学本科教育课程设置的缺陷》，《江西理工大学学报》2007 年第 2 期。

（三）法学课程体系的重点有待突出

法律之学内容浩如烟海，在一个法治国家，社会生活的方方面面均处于法律的调整之下。因此，在短短的本科四年学习期间，究竟应当选取哪些课程作为本科教学的重点就是一个必须认真思考的问题。法学课程的设置应当尽量让学生在有限的时间内掌握从事法律实践所必要的专业知识。但是就目前的实际情况来看，相当多的法律院系在设置本科生课程体系时，都不同程度的存在重点不够突出的问题。

重点不突出的第一个表现是，许多对法学生而言不太重要的学科挤占了大量的课时。比如，公共必修课的课时占总课程相当大的比重。绝大多数法律院系大一学生的课程几乎均为政治、英语、体育等公共必修课，至多开设法理学或宪法学等法律专业课程一至两门，这使得大多数学生经过一年时间学习之后，尚无法领会法为何物，或完全丧失对法学的兴趣。

重点不突出的第二个表现是，相当数量的课程开设过于随意，未考虑与其他课程之间的相互关系。直到目前，尚有一些法律院系存在出一部法律就开设一门课程的现象。这一现象反映出一种对法学以及大学法学教育的肤浅理解，它将法学仅仅视为对现行法律进行注释的学问，从而使得学生仅仅记住了一系列法律条文，但并未系统掌握法律之学的思维方式和研究方法，一旦相应法律作出修订，学生的知识即告落伍。

重点不突出的第三个表现是，某些对于一名合格法律人才之养成至关重要的专业课程尚未开设。比如法律职业道德在西方各国均属法科学生必修的专业课程，但在我国对于这方面的教育一直没有受到足够的重视。许多中国的法律人往往习惯性地将法律职业道德与一般的政治教育或思想品德教育等量齐观，特别是在党的代表大会提出建设社会主义法治国家的目标之后，基于一种新的意识形态，人们越来越对所谓法律规则之治抱有一种坚定的信仰，而认为道德以及职业道德对于法治建设起不了太多的实质性作用。但这其实是一种对法律职业道德的严重误读。在一个法治社会，法律职业道德虽然称之为道德，实际上是相当严格、非常详细和具体的职业法规，虽然这些规则主要不是由国家强制力保证实施，却是由职业团体强制实行的，实际上具有法律的效力，这些规范并不是我们习惯所理解的那种“道德”，而是基于法律职业的特殊性而演化出来的具体规则。这些职业规范也并非仅仅是对律师职业的限制，同时也是对职业的一种建设性支持，使得律师可以懂得他们可以如何行为，从而保护他们的利益，也保证了法律职业的行为的规范化。这些职业性规范在我国目前法律界极为重要，它们不仅保护法律消费者的利益，保证司法公正，而且是形成法律职业共同体，维护法律工作者的利益必不可少的。[①]

（四）跨学科的课程设置严重不足

目前在各法律院系的课程体系中，跨学科的课程所占比重依然微乎其微。此处所谓跨学科课程既包括在法学内部涉及不同具体专业的课程，也包括与法学密切相关的其他专业如政治学、经济学、逻辑学等方面的课程。这造成了法科毕业生的知识面过于狭窄，知识结构过于僵化，不能满足法律职业的实际需要。因此，增大跨学科课程的比例就成为一个今后努力的方向。

一方面，法学本身是一个独立的学科，有着统一的思维方式和研究方法，只是为了知识传递的方便，而被分割成不同的学科门类。但是这种过分细致的学科划分格局，在带来方便的同时，也给法律人才的培养造成诸多不利因素。法律职业的本质便是适用法律解决具体案件。而实际案件是复杂的，其中既会涉及刑事问题，又会涉及民事问题，既可能存在实体问题，又可能存在程序问题。因此，一起具体案件的解决往往是综合适用刑法、民法、实体法以及程序法等多部法律的过程。但是目前的课程体系鲜明地体现出各自为政、画地为牢的格局。学生学完各门课程之后往往只会孤立地看问题，在日后处理实际案件过程中则会挂一漏万。

另一方面，法学尽管是一门独立的学科，但不是一门自给自足的学科，为了满足社会发展的需要，它必须不断从其他学科中汲取知识，来充实法律学科的发展。[②] 这也意味着一个合格的法律人才应当具备多方面的知识，而不能仅仅满足于对现行法律制度的掌握，除此之外还应当广泛涉猎与法学相关学科的知识。高等法学本科教育的课程设置，应当破除那种尽可能多开设法律专业课程，而忽视与法学密切相关的政治、经济课程的观念，在开设法律专业课程的同时，尽可能开设一些政治、经济类课程作为必修课和选修课，避免那种把法律课程划分过细，占用过多教学时间的做法。如有学者提出除一些必修的公共政治理论课外，政治学、行政管理学、市场经济学、会计学、国民经济统计学等政治、经济类课程也应是法学本科的必修课；社会学、思想政治教育学、股份制经济学等则可作为法学本科学生的选修

① 苏力：《法学本科教育的研究和思考》，《比较法研究》1996 年第 2 期。

② 同上。

课程。①

第五节　师资队伍

教师队伍的质量是决定教育质量的最重要因素之一，要培养一流的法律专业人才，离不开高水平的法学教师队伍。因此，我国法学教育历来将培养学生与培养教师作为同样重要的目标。中国人民大学法律系是新中国法学教育的发源地，董必武同志曾将该系最初的任务概括为“人民大学要培养政法教师，并要摸索出政法教育的东西来”。② 人民大学法律系在当时承担的一个重要职能是为全国高校法律系培养师资和从事法律研究的专家。一方面，苏联专家为人民大学法律系举办师资培训班；另一方面，从人民大学法律系两年制研究生班毕业的学生被分配到各学校的法律系任教。③

但是，这一时期的法律人才培养受到浓厚的意识形态和政治运动的影响，在法学专业素养方面的训练是非常薄弱的。根据1951年教育部制定的《法学院、法律系课程草案》的规定，“阐述新法制的进步性及优越性”应当是贯穿各课程的主线，“讲授课程有法令者根据法令，无法令者根据政策……如无具体材料可根据参考，则以马列主义、毛泽东思想为指导原则，并以苏联法学教材及著述为讲授的主要参考资料”。不难看出，当时的法学教育与政治紧密联系在一起，并成为其附庸。

此后，在经历了“反右”、“文化大革命”等一系列政治运动之后，20世纪70年代末，法学教育开始恢复之时，摆在法学教育面前的仍然是师资力量严重匮乏的问题。据统计，当时全国法学教师仅有两三百人。④ 因此，法学教师队伍的建设一直是法学教育工作的重中之重。各法律院系想尽一切可能的办法来充实教师队伍。这其中有从历次政治运动中幸存下来的老一辈法学教育工作者，更多的则是新时期从各法律院系毕业的学生，甚至还有很大一部分是从原本与法学不相干的其他专业中通过“自学成才”参与其中的。⑤

---

① 刘德兴：《关于法学本科教育课程设置问题的思考》，《四川师范大学学报（社会科学版）》1999年7月。

② 《董必武法学文集》，转引自莫宏宪、王明星《董必武法学教育思想与法学教育改革》，《武汉大学学报（哲学社会科学版）》2004年第6期。

③ 方流芳：《中国法学教育观察》，《比较法研究》1996年第2期。

④ 甘绩华：《法学教育的成就与改革》，《政法论坛》1989年第2期。

⑤ 苏力：《当代中国法学教育的挑战与机遇》，《法学》2006年第2期。

在上海召开的第三届中外大学校长论坛上，美国斯坦福大学校长约翰·亨尼斯发表讲话认为，“中国大学未来面临的挑战是如何吸引优秀的师资，而不是优秀的学生”。[①] 自从恢复法学教育30多年来，随着我国法学教育规模的逐年扩大，法学师资队伍建设也取得了非常明显的成就。这些成就主要体现在“质”和“量”两个方面。

一定规模的法学教育必须以相应规模的教师数量为前提。因此，要培养合格的法律专业人才，就必须先培养法学教师。“师生比”是近年来被频繁运用于衡量高校办学条件的一个重要指标。所谓师生比是指，某特定教育层次在指定年份中的学生人数与同年同一教育层次工作的教师人数之比。它反映某特定教育层次在某年某位教师平均负责教育学生的人数。由于近些年高校的扩招趋势愈演愈烈，教育部更是将师生比作为本科教学评估的一个硬指标，规定1∶23的师生比为限制招生的“黄线”。

在这样一种政策导向的指引下，我国法学教师队伍的人员数量逐年迅速增长。以下是根据教育部网站公布数据制作的从1997年至2009年我国普通高校法学教师数量的统计表格。其中，由于2002年和2003年的相关数据阙如，因此在表格中未能反映出来。

表5-5　　全国普通高校法学专业专任教师统计数据

年份	总计	正高	副高	中级	初级	无职称
2009	56939	5545	15278	22421	10872	2823
2008	54676	5158	14505	20439	11547	3027
2007	51518	4764	13623	18683	11314	3134
2006	47092	4146	12720	16186	10671	3348
2005	40383	3551	11174	13924	8833	2901
2004	34944	3023	9818	12224	7227	2652
2001	18274	1335	5021	7192	3648	1078
2000	14097	1003	3642	5752	2875	825
1999	11637	882	2839	4941	2348	627
1998	10702	828	2486	4622	2194	572
1997	10011	746	2184	4459	2068	554

① 原春琳：《中国大学应首先吸引优秀师资而不是学生》，《中国青年报》2006年7月16日。

从表5－5可以明显看出，在10年之间，全国普通高校法学教师总数增长了近五倍之多，其中有高级职称的教师数量增长了将近七倍。

在数量获得极大增长的同时，我国法学师资队伍的质量也取得了显著进步。质量提高最为明显地体现为法学教师学历水平的提高。

随着我国法学研究生教育的大力发展，大多数法律院系的专任教师的学历水平已经取得较大改观，拥有法律硕士以上学位的教师比例大大增加。据统计，1999年法学教师队伍中，具有研究生学历的比例为31%，教育部属院校的这一比例为63%，（具有博士学位的教师比例为14.8%）部委属院校为34%，地方院校为21%；重点院校为48%，（具有博士学位教师的比例为8.8%）一般院校为32%，专科学校不到10%。[①] 据笔者了解到的情况，目前，特别是在经济较发达地区的重点高校，拥有法学博士学位几乎已经成为进入法学教师队伍的一个最为基本的要求。

但是，尽管取得了上述成绩，我国法学教师队伍建设依然存在一系列亟待进一步解决的问题。

1. 人才流失现象严重

尽管一直缺乏精确的统计数据，但教育界人士普遍感到，师资力量的流失向来是困扰我国整个高等教育最为严重的问题之一，法学教育亦不例外。谈及教师队伍人才流失的问题，人们往往习惯于列举某法律院系又有多少教师离职而去，这的确是一个明显可见的依据。但在笔者看来，它仅仅是法学教师队伍人才流失的一个方面的表现，姑且称之为人才的“显性流失”。高校教师流失，既包括显性流失，也包括隐性流失。显性流失即教师与原有工作岗位发生分离，主要表现为地区之间流动、校际之间流动以及职业间流动等三个方面。而隐性流失则表现为教师主要精力的转移，比如从事第二职业，或对本职工作敷衍了事，等等。[②]

在目前各法律院系中，显性流失与隐性流失的现象均相当严重。尽管相比之下，教师人才的显性流失常常引起人们更为密切的关注，但隐性流失在实质上与显性流失并无太大差别。许多正式在编的教师，并未将主要精力和时间投入教学科研工作，而是忙于各式各样的“副业”，这在实质上也是一

① 郭捷等：《中国法学教育改革与人才培养——来自西部的研究与实践》，中国法制出版社2007年版，第150页。

② 参见傅永胜、成云、廖洪兰《试论高校人力资源如何应对教师流失问题》，《当代教育论坛》2007年第2期。

种人才的流失。换句话说，“跳槽”固然意味着人才流失，而“身在曹营心在汉”、“在其位不谋其政”也是一种流失。甚至后者的危害比前者来得更为严重，因为，它不仅在实质上大大削弱了教学力量，而且由于其还占据着相应的编制，从而堵塞了新力量的加入。

另外，从教师流失的具体流向来看，存在绝对流失和相对流失的分别。所谓绝对流失是指教师改行流向法学教育机构以外的单位的一种流失形式；所谓相对流失，是指法学教师从一所法律院系流向另一所法律院系的流失形式。这种流失形式之所以被称为“相对流失”，是因为尽管就某一所高校而言，教师流失了，但从法学教育的整体来看，教师并未流失。[①]

法学教师的相对流失由于并未造成法学教师队伍整体数量的减少，并且这种现象似乎还暗合了教育产业化、市场化趋势下的竞争性需求，因此，其所造成的弊端并未引起足够的重视；甚至可能有人还会认为，这一现象客观上还可以促进各法律院系在教学、科研质量以及教师待遇水平等方面的提高。但笔者以为，若联系当前我国法学教育的具体情况来看，教师相对流失现象带来的负面影响也是不容忽视的。

目前，各高校法律院系之间教师的相互流动，大体上是一种以博士点、硕士点申请为最终目的，以经济待遇为基本手段，以知名教授为主体的流动形态。此种模式在制造学术和教育“泡沫”方面的功能，似乎要远远大于对办学质量的实质性促进。它产生的直接后果是大多数法律院系的教师队伍结构严重不合理。在人才“竞争”过程中居于劣势的大多数院系，为满足基本教学工作的需要，不得不大量使用缺乏教学经验的青年教师，合理的教师队伍梯队难以形成。同时，由于青年教师在走上教学工作岗位之后，马上便要承担繁重的教学工作，使得他们在最初的几年当中往往要疲于应付超负荷的工作，这种过度的使用，使得青年教师在教学和科研能力方面很难取得真正实质性的提高。更为严重的是，在现行的教育管理和评价机制之下，青年教师的繁重劳动很难换来真正的回报。当青年教师感到自己的付出与收获严重不成比例的情况下，便难免转而谋求其他出路，从而造成教师的“绝对流失”。

2. 教师队伍结构尚需优化

尽管 30 多年来我国法学教师的整体数量实现了较大幅度的增长，但是

---

① 参见郑汉华、卞光文《对高校教师流失现象的几点思考》，《安庆师范社会科学学报》1995 年第 3 期。

从教师队伍结构来看，仍然存在较多不合理之处。

从法学教师的职称结构看，大多数法律院系中，高级职称的教师比较缺乏，甚至有些法律院系没有一名具备正高职称的教师。因此，许多高校正在急切寻找所谓的“学科带头人”。但与此相反的现象则是，在少数名牌法学院中，则又是名师云集，甚至在很多学科中，所有的教师均具有正高职称的状况亦不少见。

从法学教师的学缘结构来看，“近亲繁殖”的现象仍然不同程度地存在于各法律院系之中。本校毕业生留校任教，其籍贯或出生地是法学院所在省市区，某法学院教师都从某一两个法学院获得学位等，这些情形不利于法学教师间形成科学的学术批判精神。[①] 比如，根据网上的一项调查，某名牌大学法学院共有 40 名在职教师，其中拥有博士学位的教师达到 37 人，比例高达 92%，在中国法学院中这一比例相当罕见。而在有博士学位的 37 名教师中，有 34 人从武汉大学获得博士学位，比例同样高达 92%。[②]

从法学教师的年龄结构来看，近年来各高校顺应逐年“扩招”的大趋势，大量引进青年教师。青年教师在教学经验与学术积累方面尚显稚嫩，其成长离不开老教师的传帮带，高校在培养学生的同时，亦应承担培养教师的责任。但从实际情况来看，青年教师在走上工作岗位之后，往往立即被赋予繁重的教学任务。这一方面难以确保教学质量，另一方面对青年教师的成长亦非常不利。

从一个法学院系整体的学科结构看，除少数几所名牌法学院之外，普遍存在各学科发展不平衡的现象。一些法学院系由于整体实力无法与老牌法学院抗衡，于是纷纷因地制宜地选择了特色化发展的道路。即着力发展某一学科，力争达到国内较强行列，而其他学科则相形见绌。尽管教育部规定了法律院系必须开设的 14 门主干课程，但由于法学的社会科学性质，一门课程只要有了教师即可开班授课，而无须其他太多的辅助性设施。因此，在总体资源有限的前提下，那些未获优先发展的学科，往往被精简至最低限度，甚至有的核心课程，连相对固定的教师都没有，而只能由讲授其他专业课程的教师兼任。应当说，在师资力量足以确保基本教学质量的前提下，集中力量发展某些特色学科的做法原本无可厚非，但是若专为发展某一强项，而砸锅卖铁牺牲其他学科，则显然是错误的，它将使学生的知识结构呈畸形化

① 蒋云贵：《当代中国法学教育的现状及改革方向》，《长沙大学学报》2007 年 5 月。

② 参见《中国一流法学院师资实力研究》，考研论坛，http：//bbs. kaoyan. com/t2292719p1.

发展。

3. 法学教师的专业素质有待提升

首先，目前绝大多数法学教师主要以理论知识见长，而对法律的实际运作所知甚少。详言之主要表现为以下两个方面比较明显的倾向。一是偏重于抽象性的理论，而不注重具体的操作。讲授理论法学的教师，有很多几乎完全不了解应用法学的基本原理和发展状况，完全是从理论到理论的教学；讲授应用法学的教师，则是仅仅满足于掌握该学科的原理、原则和具体的条文规定，但对于这些内容在司法实践中的运作状况，则不甚了了。二是偏重于国外的法律原理和制度，而不了解中国自身的问题。目前，我国无论是法学研究还是建设，都将西方法治发达国家作为主要的灵感来源。从事理论研究和教学工作的人，往往不自觉地认为，后者应当是我国法治发展的基本方向，而目前中国法治的实际运行状况，则是一种暂时的、落后的现象，而没有给予足够的关注和研究。

上述两种倾向，都造成了目前的法学教师对有关中国法律之实然状况方面的了解甚为薄弱。这在以往偏重学术性的大学法学教育当中，还不能称其为一个问题。但是随着实践性教学和职业教育呼声的日渐强烈，法学教师在知识结构上的这一弊端，便一下子暴露出来。因此，大学法学教育模式或目标的转变，必然是以法学教师知识结构的转变为前提的。如有学者针对这一问题，提出构建所谓“双师型”法学教师队伍的概念。该学者指出，“双师型”法学教师，就是既精通理论又擅长实践的教师，走进课堂，他们是教师，走向社会，他们又称为合格的律师、法官，可以直接处理法律实务。①

另外，目前过于精细的学科划分为法学教师教学和科研水平的提高制造了障碍。目前活跃在教学第一线的骨干教师大多是在我国专业划分极为精细的法学教育体制之下培养而成的。复杂严格的专业划分是我国法学教育的一个鲜明特征，即原本应当作为一个整体的法学大陆，被人为分解成一个又一个的小专业。作为一名法学研究者或教育者而言，一旦选定了某一专业，便大多固定于该专业领域，对于其他专业的知识不再涉及。每一个教师都有属于自己的一个专业背景，各专业之间也呈现出一种“隔行如隔山”的局面。甚至教授刑法的教师不了解刑事诉讼法，教授民法的教师对民事诉讼法甚感陌生，反之亦然。应当说，在我国法学研究和法治建设

① 张红艳：《“双师型”法学教师队伍的构建》，《成才之路》2007 年第 5 期。

尚处于全面起步阶段的情况下，就知识的积累和传递而言，这种细致的专业划分在某种程度上是一种比较有效的资源分配方式，它所体现的是在学术资源上的计划经济模式。但是这种过于严格的划分也带来了非常严重的后果。各个具体专业的研究和教学都由此陷入一种“头痛医头，脚痛医脚”的狭隘格局。①

然而，任何一个实际案件的发生都丝毫不会去迁就这种人为制造出来的知识划分体系。尽管教师在讲授过程中，可以去选择甚至虚构出很多正中本专业下怀的案例，但实践中的案件是不可以选择和虚构的。处理真实案件时首要的一点便是要求将各专业知识融会贯通的能力，不仅要考虑实体而且要考虑程序规定，不仅要考虑法律要点，而且要考虑事实问题。犹如学习武术，套路娴熟、一气呵成并不能成为武林高手，武林高手还必须能够更进一步地把招式拆开应对，得心应手、游刃有余。②

目前，中青年教师已经逐渐成为各法律院系教学和科研的骨干力量，而这些人恰恰是这种学科划分高度精细化的法学教育体系培养出来的产品，其知识结构呈畸形发展的趋势，不能满足培养高素质法律人才的需求。

第六节　现实状况与未来发展

2006 年 7 月 19 日，《北京晨报》发布消息称：教育部正在调整大学专业目录，一些现有的本科专业可能明后年将不再设置。北京师范大学、厦门大学等学校校长纷纷建议，本科应取消管理、法律等专业。大学校长们的建议直接影响着教育部大学专业目录调整。报道引用厦门大学校长朱崇实先生的言论指出，法学专业也不应再有本科设置，在美国的高等教育中，很多专业是没有本科生的。消息传出之后立即引发了针对法学本科教育是否应当取消的大讨论。

北京大学法学院贺卫方教授随即提出“本科宜废，法硕当立”的口号。贺教授认为：“从内在的特质看，法律学本身便是一种实践理性；它不仅仅是一整套自恰的知识体系，更是一套以问题为指向的解决社会矛盾与冲突的方法，它要求教育者和受教育者都具有一定的社会生活经验，否则，法律教

① 参见宋功德《法学的坦白》，法律出版社 2001 年版，第 141 页。

② 参见王晨光《法学教育的宗旨——兼论案例教学模式和实践性法律教学模式在法学教育中的地位、作用和关系》，《法制与社会发展》2002 年第 6 期。

育就只能走向空泛的理论，而难以与社会事务的实际调整发生真正的关联和契合。'以本为本'式的法律教育面临着的正是这样的困难。高中毕业，在18岁左右便开始法律专业知识的学习。学生们对于他们所学习的这门知识所对应的社会关系几乎没有多少认真的观察和系统的思考，对于法律与社会生活的关联性没有多少体验，因此，在学习过程中就只能从书本到书本，满足于教师的灌输，将法律变成为一种记诵之学。更因为此前对人文学科以及社会科学的基本知识没有多少了解，所以，又不得不分出很多心力修习这方面的课程，以便完成大学教育所承担的将受教育者变成'博雅之士'的使命。学习时间只有短短的四年，又必须在法律之内与法律之外进行两线作战，年龄幼小又无法使学习者真正地领悟法学的真谛，把握法律职业的必要技能，我们的法律教育便只能是进退失据，左右为难。近年来，随着法律教育的发展以及社会对法律实务人员要求的提升，'以本为本'的法律教育越来越显得捉襟见肘，实务界辄有怨言，当然不是偶然的。"①

反对意见如张志铭教授认为，在我国废除法学本科教育几乎没有可能性。因为法学本科在我国是一个已经深深嵌入了我们国家一系列制度设计中的本科专业。我国的法官法、检察官法、律师法都把"高等院校法律专业本科毕业"规定为担任法官、检察官或律师的条件之一；从国家司法考试制度看，除特殊情况外也以"高等院校法律专业本科以上学历"作为报考的条件之一。由于"高等院校法律本科"是一个被诸多法律、制度固化了的"专业"，它的取消、缺席会使许多制度的大厦倾斜倒塌，使整个法律或法学教育、法律职业者养成制度失序混乱，因而是否"取消法律本科专业"，超出了国家教育主管部门的权能范围。这是一个需要多部门协同、社会主体广泛参与、国家最高权力当局决定的问题。而且，大学本科法律教育也不应该单纯以从事法律职业为指向，而应该在广泛的意义上以为社会培养具有很高法律素养的人才为目的。法律学作为一门博大精深的学科，法律知识和训练所具有的广泛应用价值，法律素质作为现代人生活和事业开展的一种基本素质，也足以使它在大学本科中作为一个专业存在。②

① 贺卫方：《本科宜废法硕当立》，中国学术论坛，http：//www. frchina. net/forumnew/viewthread. php？ tid = 32197。

② 参见张志铭《关于"取消法律本科专业"》，中国律师网，http：//www. acla. org. cn/pages/2006 - 8 - 3/s35845. html。

笔者认为，上述争论恰恰反映出我国法学本科教育在当前面临的尴尬局面。随着法学教育规模的迅速扩大，其所引发的一系列问题导致了人们的诸多不满，因此许多人提出废除法学本科教育的倡议。而且这一倡议又从美国的职业法律教育中寻找到了看起来相当有说服力的理论依据。但是在笔者看来，一国的法学教育模式应当与该国国情相符合，美国的经验对于我国而言，并不具有绝对的借鉴价值。当前我国法学本科教育面临的诸多问题并不能简单地得出将其废除的结论，真正的解决之道应当是寻求问题的症结所在，并制定相应的改革措施。我们认为，我国法学本科教育在未来的发展过程中，应当着重解决好以下几个方面的问题。

第一，明确法学教育的准入标准。目前我国的法学教育规模过分膨胀，在全国600多家法律院系当中，有相当一部分缺乏起码的办学条件。其办学动力主要是来源于经济利益的驱动。在我国高等教育大发展的过程中，法学教育已经由原来的冷门学科迅速发展为一门“显学”，成为广大考生填报高考志愿的首选专业。这导致了许多院校不管自身条件如何，盲目设置法律院系，盲目扩大招生规模，从而使法学教育的质量严重下滑。因此，今后法学教育改革的一个首要任务便是大力缩小法学本科教育的规模，淘汰一大批不具备办学条件的法律院系，使有限的法学教育资源得到合理配置。

第二，进一步加强法学师资队伍建设。目前教师管理和评价机制的不健全是高等教育师资力量流失的重要原因之一，因此如何建立符合法学教育和法学研究之规律的管理和评价机制应当是今后法学教育改革的一项重大课题。要通过合理的机制提高法学教师队伍的专业素质；合理调整法学教师的内部结构，促进学术梯队建设；同时，还要注重青年教师的培养，采取符合青年教师成长需要的措施，使其能够安心于教学和科研工作，为我国法学教育的发展储备力量。

第三，探索符合法学教育规律的培养方式。法学教育所教授者是法律之学，因此其培养方式应当符合法学的基本规律。现代社会的法律，首先有其明显的专业性特征，它是由一批专业人士从事的事业。西方法学教育的发展过程中，无论采取何种教育模式，法学的专业性特征始终是一个基本前提。在承认其专业性特征的前提之下，衍生出的问题是，这门专业究竟是科学抑或经验。民国时期著名法学家王伯琦先生曾撰文探讨法学的科学性与艺术性的问题，饶有趣味。他指出，法律之学，既是科学，亦是艺术。就其原则之建立，以及适用方式而言，这是科学，就其如何使正义能得最大限度之实现而言，则就进入艺术的境界了。[①] 这里所讲的“艺术”实际上指的便是法律在经验层面的内涵。因此专业的法学教育应当根据法学的科学性和经验性这双重特征安排具体的培养方式。

我国学界长期以来对法律的科学性、经验性以及专业性等概念存在误解，一种比较有代表性的看法认为，在西方两大法系的法学教育传统中，大陆法系自从波伦亚开始讲授罗马法以来，便将法学当作一门科学；而英美法系则将法律视为一种经验，偏重法律实务操作技能的训练。[②] 但实际上，当法学教育在英美法系跻身大学教育行列之后，两大法系在承认法学之科学性这一点上就已经是一致的了。只不过在领会其科学性的同时，还必须兼顾其经验层面的内涵。近年来法学教育改革当中，包括诊所式教育、案例教学等在内的实践性教学改革获得了比较一致的好评，便是根据这一规律而进行的有效举措。今后的法学本科教育还是应当本着对法学之科学性与经验性的深入认识，探索能够兼顾二者的专业性培养方式。

① 王伯琦：《近代法律思潮与中国固有文化》，清华大学出版社 2005 年版，第 142 页。

② 参见房文翠《法学教育的理论性与经验性辨析》，《政法学刊》2002 年第 4 期。

第六章　法学硕士教育

第一节　概述

“文化大革命”以后，我国1979年恢复法学硕士的招生，迄今已逾30年。当初，能够有幸跻身法学硕士行列的，均为法学生中的佼佼者，肩负法学理论研究与法制建设发展的重大使命。但时至今日，法学硕士尽管从规模上讲，总体呈现出迅猛发展之态势，但同时也面临越来越多的困难与质疑。特别是在1991年专业硕士教育改革出台之后，随着法律硕士教育的蓬勃展开，促使人们对传统法学硕士的教育目标、教学培养方法等基本问题进行重新定位与思考。

根据《中华人民共和国学位条例》第五条的规定，要取得硕士学位必须在本门学科上掌握坚实的基础理论和系统的专门知识并具有从事科学研究工作或独立担负专门技术工作的能力。从上述规定来看，我国将法学硕士教育主要定位于一种学术教育，意在培养研究型人才。这一点在法学教育恢复之初亦不存争议，绝大多数法学硕士毕业生均进入法学教育或研究机构从事学术研究工作。但是近年来随着法学院系扩招的强大趋势以及法学毕业生就业形势的不景气，许多人对法学硕士教育的学术性提出强烈质疑。这种质疑以及随之展开的反思在法学硕士的招生就业状况、教学培养方式、师资队伍的更新与建设等诸多方面均得到了具体体现。在上述各方面，尽管具体展现出来的问题不同，观点各异，但其背后的根本争论几乎均可以追溯到法学硕士的定位问题上。

我国作为一个法学研究以及法治建设较为后进的国家，面对各国不同的教学模式，究竟何去何从，各种见人见智的观点不断涌现。具体到硕士层次的教育模式问题上，争论之焦点在于究竟应当继续延续以往以学术为主要导向的教育模式，还是向职业教育转变。若采前者，那么近年来法学硕士扩招的迅猛势头已经造就了一个规模庞大的法学硕士群体，显然已经大大超出各教学科研机构所能容纳的数量；若采后者，那么又何必需要在法学硕士之外另行开展法律硕士的专业教育?

这些矛盾之所以产生，是因为我国法学教育的建立、发展与改革的全过程都是在西方各国不同教育模式的交互影响之下进行的。这种博采众长的发展模式，既有利于吸收不同教育模式各自的优点，但也随之引发了一系列制度逻辑上的冲突。

第二节 招生就业

一、招生情况

(一) 招生规模与分布

直到20世纪80年代末90年代初，全国具有招收法学硕士研究生资格的教学科研单位以及总体的招生数量一直甚为有限，一个权威的参考数据是来自1994年国务院学位委员会关于设置“法律专业硕士”的指导意见：“据统计，截至2010年，我国每年只能培养出约300名法学硕士，供需的差距显然巨大。”当时的法学硕士研究生毕业以后多数是充实到各高等院校或研究机构从事教学与科研工作。但是这一局面从90年代中期开始发生巨大变化，法学硕士招生单位和招生数量呈几何级数急剧增长。

据统计，截至2009年为止，全国共有30个省、自治区、直辖市的197所高校和科研机构设有法学硕士招生点。其中北京最多，共29所，上海、江苏各有13所，内蒙古、海南、青海和宁夏最少，分别只有一所。以下是根据网上公布数据制作的全国法学硕士招生专业点统计表格。

表6-1 全国法学硕士招生专业点统计

地区	招生学校	招生专业
北京	中国社会科学院	法学理论 法律史 宪法与行政法 刑法 民商法 诉讼法 经济法 环境与资源保护法 国际法
	北京大学	法学理论 法律史 宪法与行政法 刑法 民商法 诉讼法 经济法 环境与资源保护法 国际法
	中国人民大学	法学理论 法律史 宪法与行政法 刑法 民商法 诉讼法 经济法 环境与资源保护法 国际法
	中国政法大学	法学理论 法律史 宪法与行政法 刑法 民商法 诉讼法 经济法 环境与资源保护法 国际法
	清华大学	法学理论 宪法与行政法 刑法 民商法 诉讼法 经济法 环境与资源保护法 国际法

续表

地区	招生学校	招生专业
北京	对外经贸大学	民商法 经济法 国际法
	中国人民公安大学	法学理论 刑法 诉讼法
	北京工商大学	民商法 经济法
	北京师范大学	法学理论 刑法
	中央民族大学	宪法与行政法 经济法
	北方工业大学	法学理论 经济法
	外交学院	国际法
	中央财经大学	民商法 经济法
	首都经贸大学	经济法
	中共中央党校	法学理论 经济法
	北京邮电大学	民商法
	北京科技大学	民商法
	北京航空航天大学	民商法
	北京交通大学	经济法
	中国农业大学	经济法
	中青政治学院	刑法 经济法
	北京理工大学	法学理论
	中国地质大学	环境与资源保护法
天津	南开大学	法学理论 法律史 宪法与行政法 民商法 诉讼法 经济法 环境与资源保护法 国际法
	天津师范大学	宪法与行政法 经济法
	天津财经大学	经济法
	天津商学院	民商法
	天津大学	经济法
	天津工业大学	经济法
河北	河北经贸大学	民商法 经济法 国际法
	河北大学	宪法与行政法 民商法 诉讼法
山西	山西大学	法学理论 宪法与行政法 民商法 诉讼法 经济法 国际法
	山西财经大学	经济法 环境与资源保护法
内蒙古	内蒙古大学	宪法与行政法 民商法 诉讼法

续表

地区	招生学校	招生专业
黑龙江	黑龙江大学	法学理论 法律史 宪法与行政法 刑法 民商法 经济法
	哈尔滨工程大学	经济法
	东北林业大学	环境与资源保护法
吉林	吉林大学	法学理论 法律史 宪法与行政法 刑法 民商法 诉讼法 经济法 环境与资源保护法 国际法
	延边大学	宪法与行政法 民商法
	东北师范大学	宪法与行政法
	长春理工大学	宪法与行政法
	长春税务学院	经济法
辽宁	辽宁大学	法学理论 宪法与行政法 刑法 诉讼法 经济法 国际法
	大连海事大学	国际法 民商法 环境与资源保护法
	中国刑警学院	刑法 诉讼法
	东北大学	宪法与行政法
	沈阳师范大学	法学理论 民商法
	大连理工大学	民商法
上海	华东政法学院	法学理论 法律史 宪法与行政法 刑法 民商法 诉讼法 经济法 环境与资源保护法 国际法
	复旦大学	法学理论 法律史 宪法与行政法 刑法 民商法 诉讼法 环境与资源保护法 国际法
	上海交通大学	法学理论 宪法与行政法 民商法 诉讼法 环境与资源保护法 国际法
	上海社会科学院	法学理论 宪法与行政法 刑法 民商法 国际法
	同济大学	法学理论 宪法与行政法 民商法 国际法
	上海财经大学	宪法 经济法 国际法
	上海海事大学	民商法 国际法
	上海师范大学	法学理论 法律史
	上海大学	法学理论 宪法与行政法 刑法
	上海海运学院	国际法 民商法
	上海对外贸易学院	国际法
	华东师范大学	宪法与行政法

续表

地区	招生学校	招生专业
江苏	南京大学	法学理论 法律史 宪法与行政法 刑法 民商法 诉讼法 经济法 国际法
	苏州大学	法学理论 法律史 宪法与行政法 刑法 诉讼法 国际法
	南京师范大学	法学理论 法律史 宪法与行政法 民商法 诉讼法
	东南大学	法学理论 宪法与行政法 民商法
	南京航空航天大学	经济法
	河海大学	环境与资源保护法
	南京理工大学	民商法
浙江	浙江大学	法学理论 宪法与行政法 刑法 民商法 诉讼法 经济法 国际法
	浙江工商大学	民商法 诉讼法
	宁波大学	民商法
安徽	安徽大学	法律史 宪法与行政法 刑法 民商法 诉讼法 经济法 国际法
	中国科学技术大学	民商法 经济法
	安徽财经大学	经济法 国际法
福建	厦门大学	法学理论 宪法与行政法 刑法 民商法 诉讼法 经济法 国际法
	华侨大学	民商法 经济法
	福州大学	经济法 环境与资源保护法
江西	南昌大学	刑法 民商法 诉讼法 经济法
	江西财经大学	宪法与行政法 刑法 诉讼法 经济法
	江西师范大学	宪法与行政法
山东	山东大学	法学理论 法律史 宪法与行政法 刑法 民商法 诉讼法 经济法 国际法
	中国海洋大学	宪法与行政法 经济法 环境与资源保护法 国际法
	烟台大学	法学理论 刑法 民商法 国际法
	山东科技大学	环境与资源保护法
	青岛大学	诉讼法
河南	郑州大学	法学理论 法律史 宪法与行政法 刑法 民商法 诉讼法 经济法 国际法
	河南大学	法律史 刑法 民商法 诉讼法
湖北	武汉大学	法学理论 法律史 宪法与行政法 刑法 民商法 诉讼法 经济法 环境与资源保护法 国际法
	中南财经政法大学	法学理论 法律史 宪法与行政法 刑法 民商法 诉讼法 经济法 环境与资源保护法 国际法
	华中科技大学	法学理论 民商法 经济法

续表

地区	招生学校	招生专业
湖北	华中师范大学	宪法与行政法 民商法 经济法
	中南民族大学	法学理论 宪法与行政法
	武汉理工大学	经济法
	中国地质大学	环境与资源保护法
	华中农业大学	经济法
湖南	湘潭大学	法学理论 法律史 宪法与行政法 刑法 诉讼法 经济法 国际法
	湖南大学	法学理论 宪法与行政法 刑法 民商法 经济法 环境与资源保护法 国际法
	湖南师范大学	法学理论 宪法与行政法 刑法 民商法 环境与资源保护法 国际法
	中南大学	刑法 民商法 诉讼法 经济法 国际法
广东	中山大学	法学理论 法律史 宪法与行政法 刑法 民商法 诉讼法 经济法 国际法
	广东商学院	宪法与行政法 诉讼法
	暨南大学	民商法 经济法
	广东外语外贸大学	国际法
	深圳大学	国际法
	华南师范大学	民商法
	华南理工大学	经济法
广西	广西师范大学	法学理论 国际法
	广西大学	民商法
海南	海南大学	民商法 诉讼法 经济法
重庆	西南政法大学	法学理论 法律史 宪法与行政法 刑法 民商法 诉讼法 经济法 环境与资源保护法 国际法
	重庆大学	法学理论 民商法 经济法 环境与资源保护法
	西南师范大学	民商法
四川	四川大学	法学理论 宪法与行政法 民商法 刑法 诉讼法 经济法
	西南财经大学	刑法 民商法 经济法
	四川社会科学院	民商法 经济法
	电子科技大学	宪法与行政法
	四川师范大学	宪法与行政法
	西南交通大学	法学理论
	西南科技大学	经济法
	西南民族大学	法学理论 诉讼法

续表

地区	招生学校	招生专业
贵州	贵州大学	宪法与行政法 民商法 国际法
	贵州工业大学	经济法
云南	云南大学	法学理论 宪法与行政法 刑法 民商法 经济法
	昆明理工大学	环境与资源保护法
	云南民族大学	经济法
	云南财贸学院	经济法
陕西	西北政法学院	法学理论 法律史 宪法与行政法 刑法 民商法 诉讼法 经济法 环境与资源保护法 国际法
	西北大学	民商法 经济法 国际法
	西安政治学院	法律史 诉讼法
	西北工业大学	经济法
	西安交通大学	经济法
	西安建筑科技大学	环境与资源保护法
	西北农林科技大学	环境与资源保护法学
甘肃	兰州大学	宪法与行政法 刑法 民商法 经济法 环境与资源保护法 国际法
	西北师范大学	法学理论
	西北民族大学	环境与资源保护法
青海	青海民族学院	民商法
宁夏	宁夏大学	法学理论
新疆	新疆大学	法学理论 国际法
	新疆财经学院	经济法

根据教育部规定，在上述具有法学硕士研究生招生资格的院校中，存在一级学科授予点与二级学科授予点之分。所谓一级学科是指学科大类，即全国授予硕士学位和培养研究生学科的最初类别；二级学科是其下的学科小类。就法学而言，作为一级学科之下，设有法学理论、法律史、宪法学与行政法学、刑法学、民商法学（含劳动法学、社会保障法学）、诉讼法学、经济法学、环境与资源保护法学、国际法、军事法学共10个二级学科。具有法学一级学科硕士点意味着可根据自身师资条件自主设置具体的二级学科硕士点。截至2010年，国内具有法学一级学科硕士点的学校和科研单位共有42所。

从招生数量来看，近十年来总体亦呈现迅速膨胀的态势。以下是根据教育部的门户网站上公布数据制作的法学研究生规模的统计表。

表 6-2　　全国法学专业研究生统计

年份	2008	2007	2006	2005	2004	2003	2002	2001	2000	1999	1998	1997
招生人数	31580	28398	24448	22465	20746	16438	12169	9778	7204	4776	4276	3656
就读人数	80297	70736	63464	57752	49060	38325	28597	21476	16401	12739	10840	8724
毕业人数	22355	20685	17713	12912	10075	6714	4476	4004	3498	2914	2112	2024

根据上述统计可以看出，法学硕士研究生的规模逐年增大。十年之间几乎增长了将近十倍。

（二）招考制度

法学硕士招生方法主要有考试和保送两种。多年来各法学教育机构对于如何科学合理地设置法学硕士研究生的选拔机制进行了持续性的探索。目前各学校在招生考试的基本步骤上大致相同，基本包括初试和复试两个阶段，初试为笔试，包括由国家统一命题的政治和外语两门必考科目以及各法学教育机构自主命题的专业科目；复试一般为面试，由各专业指导教师负责进行。

法学硕士研究生初试的专业科目一直处在不同程度的变化之中，此种变化主要源于有关法学自身特点以及法学硕士之培养目标等方面看法的转变。早期曾经持续相当长时间的一种传统考试方法是所谓“两卷制”，即由一门通常被称为“法学综合”的专业基础课程试卷和一门专业试卷组成。前者基本涵盖法理学、宪法学、民法学、刑法学、刑事诉讼法、民事诉讼法等法学基础学科的内容，着重考查学生法学基本功；后者则根据学生报考的不同专业在该专业范围或者在该专业及其联系较为紧密的几个相关专业范围内命题，着重考查学生对所报考专业的理论素养，比如报考刑法专业研究生需考查刑法和刑事诉讼法，报考国际法则需考查国际公法与国际私法等。此种考试安排曾被长期采用，因其较能适应培养各法学学科专门理论人才的要求。

但是，从2004年开始，以北京大学等著名高校为代表对法学硕士研究生入学考试科目做了较大调整。根据调整后的方案，所有考生不再区分报考的专业方向，统统以两张涵盖法学十四门主干课程的综合试卷进行考查。此种考试方法有人称之为“一级学科考试制度”。[①] 但是，此种考试制度的影响非常显著，已经不再限于有法学一级学科的院校。自2007年开始，原本以二级学科命题的高校如清华大学、中山大学等学校也纷纷效仿此种考试方法。

法学“一级学科考试制度”的本意是选拔专业基础扎实、知识结构合理的考生接受硕士研究生教育，法学原本为一门单一学科，具有统一的思维方式和研究方法，只是为传授知识的方便才区分为不同科目，如果硕士研究生考试过分偏重于某一专业，则不利于其整体法学思维之建立，而且从长远来看被认为不利于其学术研究的健康发展。

但是，此一改革出台之后很快也引起非常强烈的批判。比较著名的便是北大教授的“罢招事件”。2005年6月24日，北京大学法学院教授贺卫方在学术批评网发表了《关于本人暂停招收硕士生的声明———致北大法学院暨校研究生院负责同志的公开信》。文章指出：“现行法学研究生入学考试设计存在着相当严重的缺陷，考两张综合卷涵盖多达十门课程，这种打着对考生全面考察旗号的做法实际上产生的后果却是削弱了考试应有的专业偏向。尤其是法律史和法理学专业，这样的考法足以让那些爱好理论和历史、并且对此已经有大量阅读（因而很可能‘偏科’）的考生被卡在门外……我认为，在已经有了以实务人才为指向的法律硕士之后，法学硕士基本上应致力于培养学术人才。而我院现行的法学硕士招生考试制度是与这个目标背道而驰的。在不久前有研究生院有关人员参加的我院教师座谈会上，绝大多数教师都表达了对于这样的制度的强烈不满，我也曾对为什么我们应当回归2003年前的考试模式系统地谈了自己的意见。但是，现在的情况却是，即便教师都反对，决策者却依然我行我素，理由是这种研究生入学考试模式乃是教育行政部门的意旨。这样的情况表明在有关学术制度的建立方面，大学并没有必要的独立性，教师群体则更是一个不折不扣的弱势群体。弱者的选择也许只能是退避，因此，我决定自2006年起，不再招收法律史专业研究生。”

贺教授的观点发表之后尽管立即得到很多人的赞同，但是从各主要法学教学机构的实际情况来看，这种全面考查的制度安排仍然有逐步扩大的趋势。那么究竟这一问题应当如何看待？在我国当前条件下，何种考试制度方为合理呢？笔者认为，上述争论的焦点在于法学硕士入学考试的侧重点应当

① 董陆璐：《对当今法学硕士教育问题的几点思考》，《南方论刊》2007年第8期。

以“全”为主抑或以“专”为主，这一问题的答案牵涉到一国法治建设水平，法学研究状况以及高校教育体制等多方面的重大问题。

首先，在一个法治后进国家，其法学研究往往呈现出较细致的专业区分，究其原因乃在于此时法学研究的绝大部分工作是对西方法学理论的学习和引进，所谓世界级原创性科研成果还是一个无法想象的目标。因此对于此项工作专业区分越细越有利于效率的提高。这一点在我国刚刚恢复法学教育之初，体现得尤为明显。比如，刑法、刑事诉讼法、犯罪学这些在西方早已在“刑事一体化”的目标之下展开统一研究的科目，在我国直到现在彼此之间仍然壁垒丛生。但是，这种细致的专业区分对于我国这样一个法学研究尚处于成长阶段的国家，是有其合理性的，甚至可以说是必要的。我国法学硕士研究生教育定位为学术教育，因此，传统以“专”为主的考试方法自然有其理由。

其次，从我国现阶段法学教育的实际情况来看，法学硕士逐年扩招，而毕业后真正继续从事学术研究工作的又寥寥无几。从这一点来看，法学硕士的学术性教育目标已经难以名副其实。就生源情况来讲，即使像北大、清华此等最高学府招进来的学生也难保有多少真正具备学术研究之潜质。在这种大背景之下，以“全”为主的考查方法便被当作一种应对方案。

再次，从以上可以看出，至少在当前条件下，强调“全”的考试方法对于选拔真正学术性人才所能起到的作用是甚为有限的。因为近三十年来，尽管我国的法学研究和法学教育取得了一些成果，但是总体而言依然有限，特别是法学内部各学科之间发展极不平衡，这体现在公法与私法、实体法与程序法之间区隔依然明显，统一的法学方法论尚未建立，在此种情况下强调“全”反倒更可能会使考生顾此失彼，应试教育的苗头卷土重来。前些年针对大批自考生考入名牌大学法学院现象的争论，便是此种考试方法之尴尬的一次集中体现。

最后，在针对以“全”为主抑或以“专”为主的考试方案进行探讨的同时，我们还应当看到的是，无论采取何种方案，其实，试图通过一张标准化的试卷选拔学术研究人才都是不现实的。如果要坚持法学硕士之学术教育的定位，就必须按照学术研究的基本规律来选定人才选拔机制。当前此种标准化考试的方法，只是在教育资源由国家统一管理和分配的情况下，片面基于所谓公平的考虑而不得不采取的一种方案。

鉴于标准化的考试制度在选拔学术性人才方面的不足，近年来各高校在考试之外开始探索一些新的人才选拔途径。概括起来，主要的改革措施有两种。一种是在录取名额当中加大保送生的比例，另外一种则是加大面试在考量因素中的权重。

近年来，针对标准化考试制度的不足，截至2010年，有相当一部分名牌大学都不约而同地加大了保送生在硕士研究生招生名额中的比率。比如根据媒体报道，在北京大学公布的2008年研究生招生计划中，学校招收推荐免试生（保送生）的数量占到计划总招生数的50%至80%，也就是说，北大研究生招生的一多半名额给了保送生。这一做法出现之后，立即遭到社会各界非常强烈的质疑。许多外校考生认为北大此举非常不公平，对外校考生来说是一种歧视。但是，北京大学相关负责人告诉记者，在长期的研究生招收培养中，学校特别是一线的研究生导师发现，保送来的学生比凭考试考进来的学生“水平更高，更愿意专心做学问”。对此，教育专家、中国人民大学教授顾海兵认为，高校有办学自主权，北大的这一做法无可非议，研究生教育应该把招生权放给老师和学校，由合适的老师招到合适的学生。但是这一问题的关键在于程序公开、透明，纳入必要的监管。①

更倾向于保送本校学生攻读硕士研究生的做法绝非北大一家，目前相当多的名牌大学也都越来越明显地表现出此种倾向。这反映了各院校对于书面考试制度在筛选人才方面功能的普遍失望。但是相对于一小部分名牌大学中的天之骄子而言，绝大部分考生对于教育机会平等的传统诉求依然强烈，因此，这种做法受到争议也是在所难免。

鉴于现阶段的一系列现实原因，保送制度在硕士研究生选拔体系中所能起到的作用还是比较有限的。目前各教学、科研单位更多采取的做法便是增大面试在招考制度中的比重。

面试是研究生招考程序中的一环，它在我国研究生招生制度中发挥的作用经历了一个明显的变化。这一变化的基本趋势是先由等额面试发展为差额面试，以及面试成绩在总成绩中的比重逐渐增长。在20世纪90年代中期以前，各法律院系和科研院所在招考硕士研究生的过程中，尽管亦设有面试环节，但大多为等额面试，即依据招生计划人数确定面试人数，在面试过程中若未发现考生有代考、作弊等行为的，基本上均会予以录取。在这种情况下，面试基本上未发挥任何筛选作用。究其原因主要在于当时高等教育尚属国家统一管理和支配的稀缺资源，因此格外强调所谓的公正性要求，即须严

---

① 参见代小琳《北大招收研究生超半数为保送生惹争议》，新浪网，http://news.sina.com.cn/c/2007-07-09/013412167230s.shtml。

格贯彻“分数面前人人平等”的原则。

随着招生规模的逐渐扩大，以及原有考试制度之弊端逐渐暴露，在20世纪90年代中期以后，越来越多的学校将原来的等额面试做法改为差额面试。在初试中着重考查学生的基础知识，而在随后进行的面试中，则通过指导老师与考生面对面地交流，对考生是否具有学术潜质加以考查。但是最初的差额面试基本上采取了一种比较谨慎的态度，即把面试成绩在总成绩中所占权重限制在一个较小的范围内，如20%或30%，最终录取仍然按照初试成绩与面试成绩加权平均之后的总成绩进行。但随后，面试成绩在总成绩中所占比重不断加大，而且指导教师在面试中的裁量权亦随之增长，从而使得初试中名列前茅的考生最终落榜的情况屡屡出现，而且引发了诸多争议。

在这一问题上最为大胆的做法是所谓“复试否决制”。南开大学2006年对研究生选拔制度进行改革，推行“复试否决制”。根据南大研究生院制订的原则，各学院将对考生的复试成绩进行评议，由专家委员会讨论是否对复试表现不佳的考生实行“复试否决”，凡被专家委员会认定为综合素质和科研潜力未能达到专业要求的考生，即使初试成绩名列前茅，也将不予录取。为保证“复试否决制”的公平、公正和透明，南大还将对研究生复试的考试方式、命题内容等进行严格规范，推荐实施科学合理的考核方式。考生复试成绩由各考试小组综合评议后决定。考生所回答的题目将从现场题库中随机抽取，综合成绩将在学校内予以公布。①

南开大学的这一举措在考生中引起了不小的争论。有人甚至指出“这简直像是出身论蔓延到研究生招考当中了”。但是主流意见认为，复试权重的增加，有利于选拔有学术发展潜力的学生。而且这一做法已经得到国家教育管理部门的认可。为了确保复试的公平、公正和公开的原则，国家制定了一系列的措施，规范选拔程序：

（1）明确了实施复试工作的权力、责任主体和管理职责：招生单位全面负责，校院二级管理，导师、专家集体考查。

（2）对一些重要的复试环节作出规范性要求，如每位考生复试时间一般不少于20分钟，复试小组成员一般不少于5人等；每个复试小组还应对每位考生的作答情况进行现场记录，并妥善保存以备查；同一学科（专业）各复试小组的面试方式、时间、试题难度和成绩评定标准原则上应统一。此

① 参见郑然《南开大学2006年研究生录取实行复试否决制》，腾讯教育网，http://edu.qq.com/a/20060210/000072.htm。

外，明确学校实行三公开：即复试要求公开，办法公开，结果公开；同时要求招生单位统一制订导师、专家遴选和工作规范，并对所有人员进行政策、业务和纪律的培训，使每一个人明确评判标准、规则、程序和纪律。

(3) 加强监督保障。包括实行考场监察和巡视制度，进行全程、全面、有效的监督；广泛接受考生和社会的监督，考生如果对复试结果有意见可以申诉。完善复试监督及复议制度。

在保证复试的科学性方面，近几年教育部也作了许多改革：

(1) 下放部分自主权给招生单位，使研招单位在选拔人才时有更多的自主性。2003 年，教育部授权 34 所高校自主划定复试分数线。2006 年教育部明文规定，复试成绩占总成绩的权重一般在 30%—50%。2007 年教育部再次明确招生单位可以实行复试一票否决制，也就是说只要复试不合格，不管初试成绩多高，招生单位都可以拒绝录取。

(2) 不拘一格降人才。为有特殊学术专长或具有突出培养潜质者，以及在科研或相关实践中表现突出者，开辟了一条“绿色通道”：经研究生招生工作领导小组审核同意，可以适当加分，记入复试成绩；经 3 名以上本校本专业教授联名推荐，经学校推免试生遴选工作领导小组严格审查，可不受综合排名限制。

(3) 考查的范围更加宽泛，不仅是专业素质，还包括思想政治素质和品德、发展潜力、创新精神和能力等综合素质。按照教育部的设想，复试的形式可以根据学科特点更加多样化，有笔试、面试、实践或实验能力考核和心理测试等。

据了解，2008 年教育部将深入推进研究生培养机制改革，深化研究生招生制度改革，积极推进以初试、复试和推荐免试为重点的改革措施。

对此现象批评者有之，而赞成者亦不乏其人。我们认为，这些争议是我国法学高等教育在逐渐发展成熟过程中难以避免的。法学硕士教育既然定位在培养法学研究人才，其选拔制度自然应当能够在学术能力上起到筛选作用。从这一点看来，加大面试的功能自然有其明显的合理性，接下来的工作应当是如何使面试更加合理化，更能够起到考查学生学术研究能力的功能。

二、就业状况

法学硕士原本以培养学术性人才为导向，因此毕业之后最合适的去向应当是继续攻读博士学位或者是去教学科研单位从事与学术有关的工作。但是由于种种现实原因，对于大多数法学硕士毕业生来说，上述两条路都很难行得通。一方面，随着法学博士教育规模的迅速扩大，目前，拥有法学博士学位几乎已经成为进入高校或科研机构工作的必要条件，法学硕士几乎已无法直接踏入这一行业；另一方面，法学博士招生数量毕竟有限，能够有幸考上博士继续深造的硕士毕业生也仅占一小部分。因此，对于绝大多数学生来说，取得法学硕士学位之后都将面临就业的现实问题。

据调查，法学硕士毕业生的主要就业渠道有以下几种：第一，考取公务员，进入政府机关工作。第二，进入法院或检察院从事司法实践工作。第三，进入律师事务所从事执业律师。第四，进入公司、企业的法律部门或从事企业管理工作。

应当说，大学生就业难以及法学毕业生就业难是我国一个非常普遍的现实问题。其实与本科毕业生相比，法学研究生的就业状况相对来讲还是比较好的，因为随着研究生招生规模的迅速扩大，目前，相当多的用人单位都已经把拥有硕士学位作为一个求职的必备条件，这就使得本科学生与许多工作岗位无缘。但是硕士研究生就业状况之“好”也仅仅是相对于本科生而言。从总体上说，目前，全国各主要城市的法律人才逐渐趋于饱和，法学硕士毕业生的数量却又逐年增长，这使得法学硕士毕业生的就业形势逐渐恶化。

目前，关于我国法学硕士总体上的就业率以及就业去向分布，尚无具体详细的统计数字出现。但是法学硕士就业难已经是一个很多人可以清楚感觉得到的严峻现实。2006 年《南方周末》曾发表记者调查文章《毕业了，我们的工作在哪里》，文章披露武汉大学法学院 300 多名硕士毕业生差不多全部报考了公务员，最后被录取的只有五六个人，这几位“成功人士”成为年级里的传奇人物。名牌大学的法学硕士就业形势已经如此严峻，其他普通院校就更是可想而知。

第三节 教学培养

目前，各法学教育机构均制定有各自的法学硕士研究生培养方案，分别就培养目标、修业年限、学分要求、课程设置，以及学位论文等要求予以规定。从内容来看，差异并不明显，可以说基本上采取的是同一模式，即在导师指导下，修满规定的学分，最终撰写学位论文并接受答辩这一基本历程。

绝大多数法律院系及科研院所基本上都把法学硕士研究生的培养目标定

位于理论和实践两个方面能力的培养。如清华大学法学院法学硕士研究生培养方案指出，其培养目标为“通过系统的学习和训练，使学生能够具备坚实的法学理论功底和系统的法律知识，熟练掌握一门外国语，具有独立从事科学研究、教学工作、司法工作、行政工作、律师工作及其他相关工作的能力”。山东大学法学院培养目标中第二条和第三条分别要求学生“具有完整、系统、扎实的法学专业知识和理论体系，具有良好的法学思维能力、学术创新能力和法律实践能力”。“具有较好的外语水平和应用能力，具有全球意识和世界视野以及一定的国际交流和竞争能力”。

近年来，部分高校和科研院所试图在传统模式基础上对其中个别制度进行一定的改革，以求适应新形势之需求。但总体来看，这些改革均未对传统的法学硕士培养模式带来根本性的转变。

一、修业年限

《中华人民共和国高等教育法》第 17 条规定：“专科教育的基本修业年限为二至三年，本科教育的基本修业年限为四至五年，硕士研究生教育的基本修业年限为二至三年，博士研究生教育的基本修业年限为三至四年。非全日制高等学历教育的修业年限应当适当延长。高等学校根据实际需要，报主管的教育行政部门批准，可以对本学校的修业年限作出调整。”

根据这一规定，法学硕士研究生的修业年限传统上一直是三年。但是最近几年来，有相当一部分设有法学博士点的高校将传统的三年制改为两年，并随之将法学博士的基本修业年限从三年延长为四年。作出这一改革的原因是多方面的。但是各种原因之间可能会出现逻辑上的自相矛盾，因此，究竟这一改革之利弊如何衡量一直莫衷一是。

原因之一是，鉴于法学博士教育的规模逐渐扩大，通过缩短法学硕士修业年限，可以将硕士教育改造为一个本科生向博士研究生过渡的阶段。在这一阶段使有志于学术研究的学生奠定一定的专业功底并接受相应的研究方法上的训练，从而为接下来的法学博士阶段的教育做准备。对于这一目标之达成，两年的修业年限被认为是适当的。

原因之二是，法学硕士招生规模逐年增长，绝大部分学生毕业之后的去向并非继续攻读博士，而是走向工作岗位。由于当前我国法学理论与司法实践之间的严重脱节，使很多人认为，与其将学生留在学校里读书，不如让他们尽早结束学业，到司法实践中去经受磨炼，积累实践经验。

上述两点原因各自看起来都在某种程度上言之成理，但是放到一起便可发现其中的矛盾之处。这一矛盾实际恰好折射出我国当前法学教育过度膨胀之后，法学硕士所面临的尴尬境地。曾几何时，博士研究生尚属凤毛麟角，一个人取得法学硕士学位之后可以顺理成章地进入高校或科研机构从事教学和科研工作；但如今博士学位几乎已经成为踏入法学研究者行列的最低要求之一。而且，面对法律职业界对法律实践能力的要求，以及法律硕士教育的冲击，传统上以学术训练为主要特征的法学硕士教育已经面临必须为自身存在提供合理性依据的问题。

对此，北京大学法学院陈瑞华教授认为："至于法学硕士阶段的学习年限到底是两年还是三年，其实并不重要，关键是要建立一套学生可灵活选择自己学习方向的制度：学生打算将来搞研究的，就选择三年制；学生打算将来从事实务的，就选择两年制；选择了三年制的，在第三个学年就应当与博士接轨，且可折算成博士的一个培养学年。"

然而，站在学生的立场上考虑，他们似乎对于上述事关法学教育定位的宏观理论问题并未表现出多少关心，学生更为关心的是这种改革给自己的学习和就业所带来的实际影响。在攻读法学硕士研究生期间，学生必须完成的事情有四项，即修完规定课程、撰写毕业论文、通过司法资格考试、联系工作（或准备报考博士）。其中，修完课程至少需要一年的时间，若采二年学制，则意味着须将其他三件事情放在同一年中完成，这对于大多数学生而言是一项异常繁重的负担。另外，两年学制原本很大程度上是在法学博士教育规模扩大的基础上，强调法学硕士教育之预备性的产物，但现实中，绝大多数的硕士研究生取得学位之后均走向工作岗位，此时，他们的两年学制在很多用人单位眼中又可能会成为一个弱势。这使得他们在找工作的时候常常不得不向用人单位百般解释："虽然我们只学了两年，但是我们的课程安排很紧凑，一点也不比三年的学得少。"

鉴于上述种种现实性障碍，一些原本实行二年学制的学校，最近又悄悄地改回为三年。对此，中国民商法律网上进行了一个调查，征求对中南财经政法大学学制改革的看法，中南财经政法大学的法学硕士的教育曾经是两年，但很快又要改回三年，对于法学院硕士的培养，众说纷纭，不过从调查结果来看，有67%的人认为还是三年好，有23%的人认为是两年好，另外还有9%左右的人认为是弹性学制好。

总之，法学硕士研究生的修业年限目前仍然处于不断变动之中，而隐藏在这一变动背后的恰恰是面对急剧变动的社会形势，对于法学硕士教育应当走向何处这一问题上的徘徊不定。

二、培养方式

法学硕士的培养方式一般采取集体指导与导师负责相结合的方式。研究生入学后，公布研究方向及各方向导师，由研究生选定专业方向和指导教师。指导教师对指导的研究生全面负责，导师对于学生学术和人生的成长与发展起着决定性作用。在《中国青年报》社会调查中心所做的一次调查中发现，“53.6%学生认为读研是否值得关键取决于导师，其重要性远高于‘自己的努力’和‘学校的名气’”。[①] 这充分说明了导师对学生的重要影响。

指导教师根据每个研究生的原有基础、特长、专业重点、发展方向等，在研究生入学报到后的一段时期内制定个人培养计划，每年检查执行情况，做必要的调整和修改；研究生以自学为主、集体讨论为辅。指导教师对学生的指导可以采取的方式主要有以下几种。

第一，单独指导。即导师根据学生的具体情况，做有针对性的个别辅导。此种方式有利于导师因材施教。

第二，集体讨论。每位导师所带的研究生大多不止一名，因此，每一导师名下的研究生可以形成一个团队。许多指导教师会定期或不定期地召集学生就某一学术问题进行探讨；或者在导师指导下，多名学生共同合作完成一些学术研究任务。此种方法有利于学生互相促进、取长补短，并锻炼团队合作精神。在某学者所做的一次问卷调查中，对于“导师带多少学生最为合理”这一问题，将近50%的学生认为是3—4人最为合理。这说明学生尽管希望导师尽可能针对自己进行特别辅导，但是也不希望孤立地学习，而是希望由3—4人组成一个学习小组，相互切磋。[②]

第三，参与学术活动。大多数学校非常重视为研究生参加学术讨论会提供条件，鼓励导师及老师带研究生参加学术讨论会，并要求研究生提供学术论文，研究生在学位论文答辩前应至少参加一次法学学术会议。鼓励研究生独立承担或参加本校或校外科研项目，通过参与科研项目，提高学生理论与实践相结合的科研能力和解决问题的能力。

第四，课程学习。导师要负责指导学生选修相关的专业课程。研究生的

---

① 李慧敏、胡成功、刘浩：《硕士研究生导师期望值研究——基于法学类硕士研究生对导师期望的调查分析》，《现代教育管理》2009年第2期。

② 同上。

课程教学与本科生之间存在较为明显的差异。授课教师实行专题讲座和判解研究相结合的教学方式，关注学科最前沿理论，注重培养研究生的综合素质、实践技能，获取信息能力，发现和解决问题的能力。

三、学位论文写作与答辩

法学硕士研究生学位论文是法学硕士生在高校接受学术训练与教育的智慧成果。它不但是衡量国家高等教育政策实施效果的重要参考，而且集中体现学生所达到的学术水平。因此，学位论文的水平构成了社会对硕士生专业水准、职业精神、诚信与人品的重要评价依据，在任何一所高等院校中都备受重视。

一般情况下，在进入最后一学年前后，研究生本人要认真检查是否已全部完成个人培养计划中的课程学习，所修学分是否满足学科培养方案的要求。完成个人培养计划、满足学科培养方案要求的硕士研究生，可以提出硕士学位论文答辩申请。

根据大多数高校的法学硕士培养方案的规定，硕士论文的写作过程大致分为开题报告、中期检查和答辩三个主要的阶段。

大多数采用三年学制的高校往往将硕士研究生的开题报告安排在第二个学年的后半期。在开题报告中，学生应当着重阐述以下内容：论文的选题、研究目的、研究意义；本论文的主要研究内容、需要克服的理论难点以及创新点；论文写作的进度安排以及预期达到的研究效果；另外，学生还应当在开题报告中就所选论题撰写数千字的文献综述。

在学生提交开题报告之后，学校将组织召开开题报告会，在学生针对开题报告进行汇报的基础上，由各个研究生导师逐一进行评议，提出问题以及修改建议，并作出是否同意学生就该问题展开研究和写作的决定。学位论文开题报告作为研究生在学期间的必修环节，未作开题报告不能申请学位论文答辩。

在开题之后半年，本学科的导师组会对论文进行中期检查，主要检查论文写作进度与基本内容。学位论文中期检查由学校负责，由导师组组成检查小组对研究生的论文工作进展情况、取得的阶段成果、存在的问题与预期目标的差距等进行检查考核。对存在的问题，要提出解决问题的措施或要求。

学位论文的写作应当在导师指导下由学生独立完成。硕士学位论文应对所从事的研究课题有新的见解，或能解决实际问题。要求硕士学位获得者具有一定的独立从事科研工作的能力。为此，要求学位论文必须通过预审，必须是系统完整的学术论文，并体现充分的工作量和成果的先进性，必须是研究生独立完成的，而且文句简练、通顺、图表清晰、数据可靠、撰写规范、严格准确地表达研究成果，实事求是地提出结论。

法学硕士毕业论文在提交答辩之前应当送交本专业有关专家评审，即对该论文的学术质量进行评判并作出是否提交答辩的建议。目前绝大多数高校和科研院所均实行双向匿名评审。所谓“匿名评审”，即研究生的学位论文上不能出现作者及其导师的名字。匿名评审由于隐去了学生和导师的名字，因此，评阅人可以秉持客观公正的学术良心对研究生论文作出评价，不必担心中国式的人情和关系，即使给出“不及格”也不会受到打击报复。而“双向”匿名评审则是指不仅评审专家不知道学生的身份，而且学生亦不了解评审专家为谁。此种方法在许多学校又被称为研究生学位论文“双盲”评审。

学位论文的“双盲”评审分成两大类。一是前期质量监控“双盲”评审（简称前期“双盲”评审），即从研究生提出学位申请后至获准进行学位答辩前的一种必经的学位论文质量监控环节，只有评审获得通过的学生，才允许进行论文答辩。评审由原来的非匿名评审改为“双盲”方式进行，其功能不变；二是后期质量监控“双盲”评审，即是对已获得学位的研究生的学位论文进行的“双盲”评审。主要是针对已获得学位的论文质量而进行。

在作为前期质量监控的双盲评审中，一般评审结果为“已达到硕士学位论文水平，同意该生参加论文答辩”的或“基本达到硕士学位论文水平，同意修改后参加本次论文答辩”的，视为评阅通过。评阅结果为“论文未达到博士（硕士）学位论文水平”或“不同意参加答辩”或“同意对论文进行修改，半年后参加答辩”三种情况中的一种的，视为论文评阅未获通过。评审结果有2份（含学位论文被一位专家否定时按规定补充寄出的1份）结果为否定意见的，不能参加本次答辩。对于评阅结果为“修改后答辩”的，申请人须在答辩会上向答辩委员汇报修改的情况或就评阅专家提出的问题作出解释。学位答辩申请被否定的硕士研究生，如要求毕业参加工作，可由学生本人提出申请，导师审核毕业论文通过后，进行毕业答辩，通过后可以毕业。论文评阅未获通过的申请人，应对论文进行认真修改，硕士应在半年后至一年内，博士应在半年后至两年内再次提出学位申请。再次申请时须填写《研究生重新答辩、申请博士（硕士）学位审核表》，审查通过后方可将学位论文寄出评阅。“双盲”评审未获通过的学位论文，再次申请学位时，仍应进行“双盲”评审。如评审结果仍为否定意见，则终止学位申请人的学位申请资格。

法学硕士论文的答辩委员会一般由3—5名具有副高级专业技术职务以上的专家组成，其中必须包括一名校外具有副高级专业技术职务以上的专家。答辩委员会主要在以下几个方面重点审查学位论文：（1）研究成果的理论意义和实践意义；（2）文献综述的能力；（3）论文的新见解；（4）引用外文原始资料。

四、科研要求

招收法学硕士的院校大多对于学生在科研方面设置一定的要求，作为其取得硕士学位的必备条件之一。科研方面的要求主要体现为在学术刊物上公开发表论文。

清华大学法学院的法学硕士研究生培养方案规定，研究在答辩前需满足如下论文发表要求：已经在学术刊物上发表论文或者收到论文正式接收函，或在学生刊物《明理学刊》上发表过论文。虽不符合前两项要求，但指导教师认为学生论文达到了发表的水平，且字数达到5000字以上，视为已满足论文发表要求。属于前两种情况的，答辩之前须提交复印件；属于第三种情况的，答辩之前须提交经指导教师签署意见的论文稿。

武汉大学法学院规定，研究生在校期间必须在公开出版的学术刊物上发表1篇以上的学术论文；提前毕业或实行硕、博连读的学生必须发表2篇以上的论文。

深圳大学法学院要求，硕士研究生在校期间，应在公开发行的学术刊物上至少发表一篇与专业相关的、署名第一作者的学术论文（以导师为第一作者的第二作者，第三及其后作者名次一律不计），或完成相当水平的研究报告，或取得相当水平的科研成果。

中南大学法学院要求，研究生在校期间，必须在公开学术刊物（增刊例外）上发表与学位论文有关的论文1篇以上，方能取得学位论文答辩的资格。发表论文的第一署名单位应为中南大学。

究竟法学硕士研究生在读期间，将发表论文作为其参加毕业论文答辩的条件之一是否妥当？对于这个问题，在国内曾经产生过不小的争论。这一要求原本是体现法学硕士教育之学术性的标志之一，被普遍认为有利于提高和检验学生的学术水平。但是如果说这一要求在数年以前还是相对比较合理的话，那么在硕士研究生教育规模迅速膨胀以后，便面临诸多矛盾。

上海大学的研究生余亮在计算了学校发布的《中文核心期刊目录》后指出，“一共935本，按每期发表10篇论文来算，每年一共能发93500篇论文，而每年研究生招生数达到27万人，如果每个学校都规定‘研究生拿学位必须发表论文’，确实是僧多粥少”。“僧多粥少”一说立即引起众多研究生的共鸣，纷纷表示不可理解学校的“逆势而行”。有鉴于此，近年来，有越来越多的大学表示，将发表论文与硕士研究生学位挂钩。①

在笔者这样一个法学教育工作者看来，将二者脱钩至少在目前情况下实有必要。因为一系列现实条件导致，目前一名在读的法学硕士研究生要想在公开出版的学术期刊上发表文章，已经成为一项非常困难的任务。而且，学术的训练与培养应当注重“研究”，而非注重“发表”。可以要求研究生在读期间完成一定数量学术文章的写作，但是发表则不应成为衡量其学术水平的指标。

第四节　课程设置

在我国法学硕士教育发展过程中，课程学习一直被视为一种重要的培养方式，因此应当如何使课程设置内容更为合理化是各法律教育机构着重思考的一个基本问题。有学者指出，“研究生课程内容设置上除强调本科、硕士、博士知识的衔接性外，还应强调课程的基础性、宽广性和实用性，注重拓宽学生的知识面，课程设置要有层次和跨度，体系合理、先进，使研究生既能在知识层面上达到横宽，又能在专业方向上得以纵深”。②

2000年，教育部下发《关于加强和改进研究生培养工作的几点意见》(教研［2000］1号)，该意见要求，硕士生课程设置要在本科教育的基础上，充分体现研究生层次的特点。课程体系要有足够的宽广度和纵深度，并具有前沿性和前瞻性。

就法学硕士研究生而言，截至2010年，各法律院系的课程设置方案基本上采用同一模式，包括公共课和专业课两大门类。公共课主要是政治课和第一外语，课程性质为必修课。专业课程的设置根据不同专业分别设置专业必修课、选修课以及补修课程。所谓补修课程，是指跨学科或以同等学力考入的研究生须补修2门本科课程，成绩必须合格，但不计学分。

---

① 参见古月方《也谈研究生是否必须在核心刊物上发表论文才能获得硕士学位》，法律博客网站，http：//xingtanyu. fyfz. cn/blog/xingtanyu/index. aspx？ blogid = 111721。

② 张建林、廖文武：《关于提升研究生培养质量的再思考》，《现代教育科学》2008年第1期。

以下是某法学院一份比较典型的法学硕士研究生课程表。

表 6－3　法学学科硕士研究生课程设置

课程类别	课程编码	课程名称	课内学时	周学时	学分	开课学期	备　注
学位课	010120101	科学社会主义理论与实践	36	2	2.0	秋	必修
	010120108	马克思主义经典著作选读	54	3	3.0	春	
	060120102	硕士生英语精读与写作	136	4	3.5	秋、春	
	060120103	硕士生英语听说	64	2	1.5	秋、春	
	010420201	法理学专题研究	54	4	3.0	秋	
	040120201	宪法学原理	54	4	3.0	秋	宪法学与行政法学必修
	040420202	行政法学原理	54	4	3.0	秋	
	040420203	比较宪法学	54	4	3.0	春	
	040420204	行政诉讼法学原理	54	4	3.0	春	
	040520201	刑法总论	36	2	2.0	秋	刑法学必修
	040520202	犯罪论专题	54	3	3.0	春	
	040520203	刑罚通论	36	2	2.0	秋	
	040520205	刑法分则专题	36	2	2.0	秋	
	010420202	民法学总论	36	3	2.0	春	民商法学必修
	010420209	商法专题	36	2	2.0	春	
	010420606	合同法	36	2	2.0	秋	
	010420501	知识产权法专题	54	2	3.0	秋	
	040620201	刑事诉讼法专题	54	3	3.0	秋	诉讼法学必修
	040620202	民事诉讼法专题	54	3	3.0	春	
	010420402	司法制度专题	54	3	3.0	秋	
	040620401	证据法专题	36	2	2.0	秋	
	010420301	经济法基础理论	36	2	2.0	秋	经济法学必修
	010420303	竞争法	36	2	2.0	春	
	010420313	金融法	36	2	2.0	春	
	010420314	投资经营法专题	36	2	2.0	春	
	010420312	财政税收法	36	2	2.0	春	
	010420601	WTO 专题研究（双语）	36	4	2.0	秋	国际法学必修双语教学占教学时数适当比例
	040420201	冲突法专题研究	36	4	2.0	秋	
	040420202	国际公法专题研究	36	4	2.0	秋、春	
	040420204	国际贸易法专题研究（双语）	36	4	2.0	秋、春	

续表

课程类别	课程编码	课程名称	课内学时	周学时	学分	开课学期	备　注
必选课	040120103	计算机应用技术基础	36	2	2.0	秋	
	040020101	学术研讨	1	1.0	秋、春		必修
	040020102	形势与政策		1		2.0	
选修课	040420401	经济宪政专题	36	4	2.0	春	
	040420402	外国宪法专题	36	4	2.0	秋	
	040420403	外国行政法学	36	4	2.0	秋	
	040420404	部门行政法专题	36	4	2.0	秋	
	040420405	行政诉讼法学前沿	36	4	2.0	春	
	040420406	行政监察法专题	36	4	2.0	春	
	040520401	中国刑法史	36	2	2.0	春	
	040520406	国际刑法学	36	2	2.0	秋	
	040520407	刑法思想史专题	36	2	2.0	春	
	040520404	比较刑法学	36	2	2.0	秋	
	040520405	犯罪社会学	36	2	2.0	春	
	040520408	名著选读与案例评析	36	2	2.0	春	
	040320402	物权法专题	36	2	2.0	春	
	040320204	公司法专题	36	2	2.0	秋	
	010420505	票据法专题	36	2	2.0	春	
	010420315	劳动法与社会保障法专题	36	2	2.0	春	
	040320406	民商法典型案例评析	36	2	2.0	秋	
	040620301	比较刑事诉讼法	36	2	2.0	春	
	040620302	比较民事诉讼法	36	2	2.0	春	
	040620303	中外司法制度	36	2	2.0	秋	
	040620402	律师制度专题	36	2	2.0	春	
	040620404	行政诉讼专题	36	2	2.0	春	
	040620405	纠纷解决机制专题	36	2	2.0	春	
	040620407	名著选读与诉讼法案例评析	36	2	春		
	010420304	行政法专题	36	2	2.0	秋	
	010420503	环境与自然资源保护法研究	36	2	2.0	春	
	040320407	信托法	36	2	2.0	秋	
	040320405	证券法	36	2	2.0	秋	
	040320408	名著选读与经济法案例评析	36	2	2.0	春	
	040320409	专业日语	36	2	2.0	秋	

续表

课程类别	课程编码	课程名称	课内学时	周学时	学分	开课学期	备注
选修课	040420301	国际民事诉讼专题研究	36	2	2.0	秋	
	040420302	西方经济学与国际经济学专题	36	2	2.0	秋	
	040420401	国际投资法专题研究	36	2	2.0	秋	
	040420402	国际知识产权保护法	36	2	2.0	春	
	040420403	条约法	36	2	2.0	秋	
	040420404	名著选读与案例评析	36	2	2.0	春	
补修课	本科非法学专业研究生应随法学院本科生补修下列课程（最低不得少于3门）：中国法制史、外国法制史、宪法学、刑法学、经济法学、国际公法、国际私法和司法文书、法理学、民法学、行政法学、民法、商法、诉讼法、行政法。						

第五节 师资队伍

研究生教育不同于本科教育的一个重要特点，就是研究生应当在导师（组）的指导、点拨之下创造性地完成科学研究工作。研究生在与导师（组）交流与沟通的过程中，碰撞出思想的火花，从而创造新的知识、发掘新的思想。因此，加强导师队伍建设是提高研究生培养质量的前提，没有高素质的导师队伍，就不会形成高质量的研究生群体。导师（组）在研究生培养的过程中，不仅承担传授知识的角色，更重要的是引导研究生如何成才、如何独立地开展科学研究工作，导师在研究生培养过程中起着“火花塞”的作用，他们是研究生个人成长的设计师，是研究生素质和能力全面提高的引路人。①

法学硕士研究生实行导师制，每名硕士研究生均配有一名具有较高学术造诣的导师指导其日常学习以及学术研究工作。担任硕士研究生导师的资格，是对某一学科教师学术水平和教学、研究能力的认定。在国务院学位委员会批准设置的硕士学位研究生专业中，所有符合条件者均可自愿申报，本单位学位评定委员会对其资格进行审核，经审核批准可获得本专业硕士研究生导师资格。各法律院系的硕士研究生指导教师的资格申报和审批工作每年进行一次，一般安排在每年年底进行。

担任硕士研究生导师一般要求具有副教授以上职称；有稳定的研究方

① 张建林、廖文武：《关于提升研究生培养质量的再思考》，《现代教育科学》2008年第1期。

向，有较高的学术造诣；教学和研究的重点与学校经国务院学位委员会批准设置的硕士学位专业（方向）相符或紧密相关；具有独立开设研究生课程的能力和水平；熟悉《中华人民共和国学位条例》及上级有关规定，能较好地履行导师职责。

鉴于目前法学硕士教育的规模逐年扩大，而且硕士研究生导师的遴选工作基本上由各教学科研单位自主进行，因此，全国法学硕士研究生导师的具体数量与年龄、学历结构等信息尚未见到有确切的统计数字。但是从近年来反映出的一些实际情况来看，法学硕士研究生教育在师资队伍上出现的问题主要体现在数量和质量两个方面。

一、导师与研究生比例

近年来，研究生教育规模每年以30%左右的比例递增，但硕士研究生导师数量的增长则未能跟上这一速度，因此导师与学生比例失调的倾向已经非常明显地暴露出来。在一份2006年发表的有关硕士研究生“生师比”问题的研究成果中，我们可以看到，从1999年我国实行高等教育大扩招以来，至2004年，每年研究生的招生人数分别以27%、39%、29%、16%、40%、21%的速度增长，年平均增长率达到23.1%。而高校的研究生导师的数量虽然也在逐年增长，增长率却分别为9%、10%、15%、13%、12%，年平均增长率只有11.8%。2003年，高校有资格指导研究生的导师人数约为1987年的三倍，2003年高校的研究生人数却达到了1987年的5.42倍。可见，生师比比率的增长速度是十分迅速的，而影响这一比率的最直接的因素就是我国高校研究生的增长速度超过研究生导师增加的速度。此外，根据有关报道，2000年到2004年期间，重点大学的研究生扩招十分迅速，据统计，与2000年相比，硕士生的导师比率上涨了102%，2000年，平均一个导师指导3.8个研究生，到2004年，除了担任本科教学任务之外，每位导师平均还要指导7.7个研究生。18年来，研究生数从8万至9万增加到2004年的80多万，生师比则由3—4∶1左右上升到9∶1。特别是从2000年开始，几乎每年增加1个点，在没有充足的师资储备的条件下，大量新生涌进校园，造成生师比的快速升高。①

这一现象在法学硕士教育中体现得更为明显。一些名牌大学法学院，这几年法学硕士和法律硕士都在扩招，再加上在职研究生，一个导师平均要带

① 施华昀：《我国高校硕士生教育的生师比问题研究》，厦门大学硕士学位论文。

二十多个学生的现象已经并非罕见，这使得法学硕士研究生教育被很多人形容为“批量生产”，学校拟定的培养方案已经难以切实得到贯彻，基本上处于所谓“放羊”的局面。生师比例的增长，其结果必然是研究生培养的质量难以保障。

二、导师的学术和教学水准

导师自身所具备的较高学术水平是培养高质量研究生的前提。目前，担任硕士研究生导师的硬性条件之一是必须具备副高级以上职称，以此确保其专业水准。但是，职称仅仅是衡量其学术水准的诸多指标之一，是否具备副高以上职称者均有能力胜任研究生导师的职责，在近年来成为一个越来越引起质疑的问题。鉴于此，一些高校开始考虑打破研究生导师终身制，建立淘汰机制，试图以此推动研究生导师不断提高学术研究水平。如近年来山西、黑龙江、江苏等省教育厅均发布决议决定，加大研究生培养和管理力度，同时加大导师队伍建设力度，对确实难以完成学业的研究生，予以淘汰分流，对相关考核不达标的导师，将停止招生。硕士研究生导师应当承担有纵向或横向科研项目，有一定的科研经费，没有科研项目或近五年内没有科研成果的教师一般不宜聘任为研究生导师。有些省教育厅还规定，导师要对研究生毕业论文的学术行为负责，凡出现弄虚作假、抄袭剽窃等学术不端行为，学生不授予学位，导师取消指导学生资格。

笔者认为，在考虑提高研究生培养质量问题之前，首先通过各种有效措施确保研究生导师队伍自身的质量，是非常必要的。在这个意义上可以说，上述研究生导师的淘汰机制是在这一问题上的一种非常有益的探索。但是，与此相关的另一更为基础性的问题则是如何确立合理有效的评价机制，使得研究生导师队伍建设得以有章可循。比如，对于法学这样一门社会科学来讲，以是否有研究课题、研究经费及其数量作为评价标准是否合理？另外，单纯自身的学术水准高，是否就是一名合格的研究生导师，还是在此之外尚需具备其他条件？这些问题都有深入探讨的必要。

有学者在实证调查的基础上，将研究生导师的质量评价体系所需考虑的要素概括为以下五个方面。①

第一，学术追求。研究生导师队伍作为大学核心力量，应以追求学问为

① 参见李璐、陈闻《硕士研究生导师质量评价体系构建的核心因素分析》，《高教论坛》2008年第3期。

首要任务，而不是墨守成规，停滞不前。导师自身所具备的较高学术水平是培养高质量研究生的前提。

第二，教学热情。作为一个有着深厚学术造诣的导师，不仅应该重视科学研究，不断出新成果，还应该有一股教学热情，把自己的学术思想、新的理念传授给他人，这样才是真正的学者。

第三，创新意识。研究生不只是学生，也是一个研究者，从事的是更深层次的学术研究，这就务必要求其具备较高的创新能力，作为研究生培养的先导，研究生导师是知识和技能的传播者，培养研究生的创造品质和创造素质是每一位导师的责任。这就要求导师本身即具备足够的创新精神。

第四，师生交流。作为导师，最重要的任务是培养研究生，放弃或不很好地履行这一根本职责，便是一个不合格的导师。因此，对于导师与学生之间交流状况的评价显得尤为重要。

第五，职业道德。研究生导师作为一种岗位，被赋予了较高职业道德的要求。不同的职业态度会产生不同的社会价值，教师对从事的工作是否热爱，是否负责，这既是工作态度问题，也是职业道德问题。能否培养出优质研究生的关键在于导师的综合素质，而导师的素质关键则在于其职业道德。

应当说，以上五个方面，是对一个合格的硕士研究生导师应当具备何种素质所做的总结。但是围绕这些方面，如何建立科学合理且具有可操作性的评价标准，在我国则正在处于探索过程中。

鉴于目前我国硕士研究生导师队伍在数量与质量方面存在的种种不足，有学者提出实现研究生导师队伍可持续发展的命题。所谓研究生导师队伍发展的持续性是指要把当前的发展与未来的发展结合起来，要把导师队伍建设的未来发展的可能性作为制定当前导师队伍建设和发展战略的前提。这包括几个层次的涵义。第一个层次是指导师队伍建设在整个学校大系统中始终保持活力和生机。第二个层次是指在教育机会方面的持续性，以及知识、能力、品德、身心健康方面的持续性。

具体而言，在上述第一个方面要解决的问题主要有：研究生导师队伍的“近亲繁殖”问题。要实行固定编制与流动编制相结合、专任导师和兼任导师相结合的用人机制。要树立管理、引导研究生导师队伍建设主动适应市场经济发展的基本思路；树立市场观念、开放观念、竞争观念；调整利益分配，增强对人才的吸引力和凝聚力。导师队伍管理的新模式的出现，必然涉及管理和运行机制的建设。要建立各种管理机制，使之与新变化相适应，首先应建立竞争机制，其次是激励机制，再次是淘汰机制，使导师能各尽其才，各得其所，实现资源的合理配制。建立吸引、选拔培养优秀人才的评价机制。

在第二个方面，要将终身教育体系引入研究生导师队伍建设当中。让任何导师都有机会在任何年龄段进行专门学习。让研究生导师有条件地学习新知，使导师的教学、科研水平不断提高，使其知识和能力不断得到创新，完成自身的可持续发展。①

第六节 现实状况与未来发展

可以说，我国法学硕士教育经过数十年发展走到今天已经到了一个变革的岔路口。其中各项矛盾已经得到比较明显的展现。上文论述的各个具体问题的背后所反映的便是法学硕士教育目前面临的一个基本矛盾。那就是其传统的学术化定位究竟应当何去何从。

面对这一矛盾，近年来许多学者反复重申法学硕士研究生教育的学术化定位。尤其是当我国法律硕士专业教育大幅度开展之后，法学硕士教育的学术化得到更为明确地强调。有学者提出“法律硕士专门化，法学硕士研究化”的发展规划。② 依据我国法学教育发展的整体设计方案，法学硕士与法律硕士在许多重要方面存在显著区别。第一，培养方向不同。法律硕士主要培养“法律家”，即专业性的法律实务人才；法学硕士主要培养“法学家”，即法学研究型人才。第二，招生条件不同。报考法律硕士者一般应当是非法律专业的毕业生，而法学硕士则无此限制。第三，培养方式不同。法学硕士培养采用导师制，学生入学时就固定导师，专业划分较细，研究领域一般只有一个方向，研究向深度发展；法律硕士则无专业划分，也没有固定导师，教学内容将贯彻宽、新、实并举的原则，理论与实际相结合，注意扩大学生的知识面，注意知识的实用性。鉴于上述区别，当前主流意见均认为，我国法学硕士教育改革应当加强其学术含量，依据学术性人才的培养规律安排相应的措施。

随着招生规模的扩大，无论是从社会对学术性人才的需求数量，还是从各法律院系的师资力量、教学条件以及培养方法来讲，法学硕士教育原本的

① 参见程永波《论研究生导师队伍的可持续发展》，中国教育和科研计算机网，http://www.edu.cn/20020510/3025881.shtml。

② 胡加祥：《法学硕士研究化法律硕士专门化》，《学位与研究生教育》2008 年第 3 期。

学术性定位已经堪称岌岌可危。为了应对这一困境，有学者提出以下解决方案：①

第一，缩小法学硕士教育的规模。目前我国法学硕士教育质量下降的一个直接原因就是招生规模的过度膨胀。唯有大幅度缩小招生规模，才能为提高法学硕士研究生培养质量提供一个基本的先决条件。

第二，增强师资力量。所谓师资力量的增强主要是指从数量和质量两个方面加强。一方面，面对学生数量的逐年增长，导师数量的增长速度明显迟缓，一名导师同时带数十名研究生的现象已经并非罕见，在这种情况下，导师显然已经无力对学生展开言传身教。另一方面，研究生导师的任职资格一旦获得即终身有效，因此有相当一部分的导师缺乏继续提高自身学术科研水平的动力，而是忙于其他与教学科研无关的事务，这也极大妨碍了研究生培养的质量。

第三，严格学位论文制度。硕士学位论文的水平是研究生培养质量的一个重要标识，它不但是衡量国家高等教育政策实施效果的重要参考，而且代表着硕士生对相关问题的认识程度。因此，学位论文的水平构成了社会对硕士生专业水准、职业精神、诚信与人品的重要评价依据，理当受到学生的高度重视与认真对待。② 但是，从近年来反映出的一些情况来看，法学硕士研究生毕业论文的质量总体上呈现出明显的下滑趋势，主要表现为缺乏学术创新、不符合学术规范、甚至抄袭现象屡见不鲜。出现这一现象的原因是多方面的。

第四，改革培养方式和课程设置。目前我国法学硕士的培养方式基本上是以课程学习和导师指导相结合的模式。如果坚持法学硕士教育的学术性定位，那么导师面对面的言传身教应当是最为必要和有效的培养方式。但是由于招生规模的过分扩大，课程教学已经在硕士研究生培养过程中扮演着越来越高的比重。有学者对此表示了深深的忧虑。当前，中国研究生教育在课程上规定外语和其他公共课程是必修课。外语课是闭卷考试的课程，研究生必须花大量的时间才能得以通过，一些公共课也被授课教师确定为闭卷考试的科目，对于这些闭卷考试的科目同样需要花相当的时间来应试。对于法学专业课和法学基础课，自然也需要花大量的时间来学习。在研究生三年学习期

---

① 朱立恒：《我国法学硕士教育的学术化改造》，《社会科学家》2009 年第 6 期。

② 朱景文：《法学硕士研究生学位论文写作中的学术积累问题》，法律图书馆，http://www.law-lib.com/flsz/sz_ view.asp? no = 1663。

间，大约有一年半时间花在外语等公共课和法学专业课以及法学基础课上，用于法学研究的时间主要是在撰写毕业论文的七八个月时间里，最后剩下的几个月就用于奔波寻找职业。总之，阅读书目自由度窄、阅读各种书籍时间过少，以及法学研究时间的短暂，这注定中国法学研究生教育模式使硕士研究生与学术研究越来越远。[①] 因此，对法学硕士究竟应当采取何种培养方案，如何协调课程学习与学术指导之间的关系，以及法学硕士研究生的课程应当如何设置方为合理，是接下来需要深入探讨的问题。

第五，完善研究生入学选拔机制。如前所述，我国目前法学硕士研究生招考制度存在比较明显的缺陷，这一环节应当成为法学硕士研究生教育改革的一个重要方面。应当适度扩大导师的决定权，改革考试内容，使考核结果尽量能够反映考生的学术素养。

① 欧锦雄：《中国法学研究生学术成长的思考——从贝卡利亚学术成功之路谈起》，法律图书馆网站，http：//www. law - lib. com/lw/lw_ view. asp？ no = 9580&page = 2。

第七章　法律硕士教育

第一节　概述

一、法律硕士专业学位的设置背景

法律硕士学位是我国法学专业学位中的一种，其类似于美国的J.D（Juris Doctor），但两者在内涵和层次上又有不同。美国的J.D以律师培养为主线，在教育层次上属于Doctor（博士）；我国的法律硕士专业学位培养的对象比较宽泛，涉及律师、法官、检察官以及法律服务、法律监督和经济管理、社会管理等各方面的法律专门人才，在层次上属于Master（硕士）。根据这种情况，为了叫法上的方便和国际交流的需要，借鉴MBA的做法，“法律硕士专业学位”的英文对应名称为Juris Master，简称JM。

我国法律硕士研究生学位教育的设置有其鲜明的时代背景。根据教育部学位办《关于开展法律专业硕士学位试点工作的通知》（学位办［1995］36号），设立法律硕士学位教育是为了着力改变法学研究生教育尚存在的偏重学术性而对实务性注重不够，专业划分过细，培养规格单一的状况，根据法律专业工作领域和职位（岗位）的需要确定培养目标，探索一个适合中国国情的、规范化的、能成批培养合格的应用型高层次法律人才的新型法学研究生教育模式。换言之，随着改革开放和国家法制化进程的不断推进，各级政法部门及社会其他部门对于高层次的应用型、复合型法律人才的需求日益增加，原有的法学硕士培养模式已经无法满足司法实践的人才需求。高层次应用型法律人才的匮乏已经成为阻碍我国法制建设进一步深化的制度瓶颈。正是在这样的时代背景下，国务院学位委员会第十四次会议审议通过的《专业学位设置审批暂行办法》中将设置法律硕士教育的目标明确为“培养高层次、实践性的法律职业人才”。1996年国务院学位委员会办公室批准中国人民大学、北京大学、中国政法大学等8所高校首批试点招收法律硕士专业研究生，拉开了我国法律硕士专业化教育的序幕。此后，1997年12月国家增设了第2批试点单位共5所院校；1998年12月又增设了第3批9所试点院校；截至2009年，有资格招收和培养法律硕士的高等院校和研究机构已达115所。这115个试点单位涵盖了中央和地方所属的以及综合性、政法、财经、师范、民族、军事等不同类型、不同行业特色的高校，实际上已经完全囊括了中国高水平的、有培养法律专门人才优越条件和办学实力的高校和相关研究机构。

二、法律硕士教育的发展历史

法律硕士学位教育的发展历史可谓一波三折。从1996年8所院校对法律硕士试点招生至今，在法律硕士的发展历程中共经历了两个阶段。

第一阶段是从1996年开始招收法律硕士研究生至2000年法律硕士招生的第一次改革。在这一阶段中，法律硕士采取法学本科毕业生与非法学专业本科毕业生兼招的招生政策。这是与法律硕士学位教育的设置初衷相契合的。

按照《中国教育改革和发展纲要》提出的实行学历与文凭和职业资格两种证书制度的要求，法律专业硕士学位是打通专业学位教育与职位（岗位）任职条件或任职资格的联系渠道，是促进教育适应实际工作需要，提高实际部门专业与管理队伍素质的重要而有效的途径。根据法律专业硕士的培养目标，中央有关政法主管部门在制定相应职位（岗位）的任职条件和资格时，对法律专业硕士学位获得者在取得相应职务方面应作出一定的衔接。司法部已明确规定，法律专业硕士学位获得者从事专职律师工作的，到律师事务所实习一年经考核合格者，即可获得律师资格。《中华人民共和国法官法》、《中华人民共和国检察官法》也规定，法律专业硕士、博士学位获得者可直接取得相应的法官、检察官的任职条件。在这一阶段中，法律硕士的招生院校和招生规模不断增加，法律硕士毕业生已经成为同等年份中毕业生就业中的佼佼者。

第二阶段是从2000年法律硕士招生的第一次改革至2009年法律硕士招生的第二次改革。

从2000年始，国务院学位办、教育部高校学生司和司法部法学教育司决定将法律硕士专业学位研究生的报考资格限定为非法律专业考生，招生科目为政治、外语、刑法学、民法学和综合考试（含宪法、法理学和中国法制史）。其中，政治、外语使用全国研究生招生统一考试试题，3门业务课实行全国联考，指导委员会组织有关命题工作。同年教育部颁布了《全国法律硕士专业学位研究生招生大纲》和《考试教程》，适用于法律硕士专业学位研究生的统一报考。

2000 年法律硕士研究生招生的第一次改革之后，以非法学专业本科毕业生为培养对象的法律硕士研究生为国家和社会培养了数万名复合型高级法律人才。他们在不同的工作岗位上发挥着各自行业的法律专家的作用，把本行业业务技能与法律职业技能相结合，加以复合应用。

随着我国改革开放的不断深入，社会主义市场经济的不断发展和社会主义法治事业的不断进步，社会经济生活中的法律问题日益精细化，国家和社会对法律专门人才的需求也越来越迫切。在继续培养“复合型”高级法律人才的同时，如何大力培养高层次的“专门型”高级法律人才成为法学教育，特别是法律硕士教育的重要课题。法律硕士招生政策在 2009 年的变革恰恰反映了实践中的这一要求。根据国务院学位委员会和教育部的决定，全国法律硕士专业学位教育指导委员会已经明确表示，从 2009 年开始，法律硕士专业学位教育开始面向法学专业本科毕业生招生。这一突破性的变化，不但引起了法律硕士两种类型的产生，也促成了我国法科教育的重大变革。允许原有的法学专业本科生报考全日制法律硕士，使学生在非法学专业与法学专业之间产生复合的知识与能力。这是一次具有重大意义的法科研究生培养的结构性调整，它必将导致法律人才培养的三大转变。

其一，从学术型培养为主向职业型培养为主的转变。国家教育部与学位办公室已经明确表示，要压缩法学硕士这种学术型的学位教育，在保证少部分人才从事学术研究的同时逐步加大职业型法律人才的培养。

其二，从复合型人才培养向复合型与专门型人才培养并存的转变。这次制度创新在于招收法学专业本科毕业生，力争“专业一贯制”地培养出法律业务更精深、技能更娴熟的法律硕士，因此，可称之为“专门型 JM”，它与“复合型 JM”构成了职业型法律人才的两类培养模式。

其三，4 年学制逐步向 4 +2 或 4 +3 学制转变。法学本科毕业生攻读法律硕士，确定为 2 年学制，非法学本科生攻读 JM 的学制为 3 年，这正是适应了社会、法律职业部门对法律人才的高层次化的要求，原来通过 4 年培养的本科生从总体上已经不能适应社会和职业对人才层次的需求。

三、法律硕士的三种类型

法律硕士学位教育经过近 15 年的发展和改革，至今共分为三种类型：

第一种类型是参加每年 1 月份全国高校联考的法律硕士，招生对象为非法律专业本科毕业生（含同等学力者）。考试科目中，政治和外语实行全国统考，专业基础课和综合课实行全国联考，考试用书为中国人民大学出版社出版的《法律硕士专业学位研究生联考考试大纲》和《法律硕士专业学位研究生联考考试指南》。录取类别包括计划内非定向、计划内定向、计划外委培和计划外自费，学习方式有脱产学习和不脱产学习，毕业时可获得硕士研究生毕业证书和硕士学位证书。

第二种类型是参加每年10月份全国高校联考的在职法律硕士，招生对象为法律专业或非法律专业的在职法律工作者，考试科目除政治由各校自行命题外，外语和三门专业课实行全国联考，考试用书为中国人民大学出版社出版的《法律硕士专业学位研究生联考考试大纲》和《法律硕士专业学位研究生联考考试指南》。录取后全部是委托培养，采取在职不脱产方式学习，毕业时只获得硕士学位证书。

第三种类型是法律硕士（法学），又称为法本法硕。这是2009年法律硕士研究生招考改革后新增加的一个专业。该专业的招生对象为法学本科毕业生，学制一般为2年。学习方式为脱产学习，毕业时获得硕士研究生毕业证书和硕士学位证书。

2009年各法律院校录取的第一届法本法硕考生都是调剂生，考生志愿是法学硕士中的各个专业，虽未达到法学硕士相关专业的录取分数线，但达到了新划定的法本法硕的分数线。由于属于调剂生，所以第一届法本法硕属于计划外自筹。概而言之，一方面，与法学硕士相比较，法本法硕属于专业硕士，而法学硕士属于科学硕士；前者在于培养实务型法律人才，后者在于培养理论研究型人才。另一方面，与法律硕士相比，二者都是专业硕士，都将获得法律硕士学位。但二者的产生背景不同，基础教育模式也存在较大差别。

四、法律硕士与法学硕士学位教育的比较

法律硕士不同于法学硕士。法律硕士是具有特定法律职业背景的专业学位，主要为立法、司法、行政执法、法律服务与法律监督部门以及经济管理、行政管理和社会公共管理部门培养应用型法律人才；法学硕士则是法学学位系列的一个层次。二者存在下述区别：

（一）招生条件不同。报考法学硕士必须是国民教育本科毕业生，同等学力人员不在招考范畴中；法律硕士的招考条件则相对宽松，同等学力人员在符合一定的学术条件时也可以报考。

（二）考试试题不同。法学硕士专业课试题倾向于理论化试题，题目多以主观题为主。法律硕士教育起源于英美国家，因而遵循美国法律人才的培养原则，注重对考生逻辑思维和推理能力的考察，题目与法学硕士试题相比，更倾向于司法实务。

（三）培养方式不同。法律硕士学位研究生基本是自费培养方式，如北京大学的法律硕士是以每学分 800 元的标准收费，论文指导和答辩费为 6000 元；法学硕士则既有国家公费研究生，也有自费研究生。各招生学校公费研究生与自费研究生招收比例大致相同。

（四）教学方式不同。法学硕士研究生细分为 13 个基本专业，近 20 个研究方向。教学采取导师制，每个学生由一名导师负责学术培养。法学硕士在读期间学习研究的是其所选择法学专业或相关方向的重点理论。法律硕士中传统的全日制法律硕士不分专业，以经世致用为原则，实务为先，贯彻的是理论学习与实践操作相结合的教学理念。2009 年新创建的法本法硕专业采行导师制与授课制并行的培养模式。

表 7－1　　法学硕士与全日制法律硕士教育质量控制比较

	法学硕士	全日制法律硕士
教育背景	从（一般法学）理论到（专业法学）理论	从其他学科理论到法学理论
学习目的	学习的实践应用性，或者理论储备性；从理论到实践或者从理论再到理论	学习的实践应用性（多种情形）
学术研究要求	系统研究	具体研究，小题小做
学科知识要求	核心法学学科的前沿与研究学科系统前提下的纵深	核心法学学科的系统与选择学科的前沿
培养目的	研究型、专一型法律人才	复合型、实践型法律人才
教学方法	理论与实践；系统的学术训练	理论与实践相结合；系统的诊所法律教育

冀祥德等：《中国法学教育现状与发展趋势》，中国社会科学出版社 2008 年版，第 314 页。

表 7－2　　法学硕士与在职法律硕士教育质量控制比较

	法学硕士	在职法律硕士
教育背景	从（一般法学）理论到（专业法学）理论	从实践到理论
学习目的	学习的实践应用性，或者理论储备性；从理论到实践或者从理论再到理论	学习的实践应用性；从理论再到实践

续表

	法学硕士	在职法律硕士
学术研究要求	系统研究	具体研究，小题大做
学科知识要求	核心法学学科的前沿与研究学科系统前提下的纵深	核心法学学科的前沿与选择学科系统前提下的纵深
培养目的	研究型、专一型法律人才	复合型、实践型法律专家
教学方法	理论与实践；系统的学术训练	理论回应实践，理论指导实践；必要的学术训练

冀祥德等：《中国法学教育现状与发展趋势》，中国社会科学出版社 2008 年版，第 314 页。

概而言之，法律硕士学位具有如下特点：

第一，法律硕士是一种专业学位。其虽然与法学硕士学位处于同一层次、同一规格，但二者类型不同，各有侧重。根据培养方案，法律硕士专业学位主要培养面向法律实务部门中级以上专业和管理岗位的法律人才。

第二，法律硕士是以法律为职业领域、具有法律职业背景的专业性学位。这是法律硕士与工商管理硕士学位（MBA）和公共管理硕士学位（MPA）等其他职业性专业学位的主要区别。

第三，法律硕士属于高层次学位序列，这是由法律专业的特点决定的。法律硕士学位的培养是以能够胜任法律实务工作为基准，达到“实践部门中级以上（含中级）专业与管理职务的任职要求”。从这一意义上讲，其与法律本科教育的培养目标有较大差别。

第二节 招生就业

一、招生情况

（一）选拔方式

法律硕士的选拔方式因法律硕士三种类型的培养模式与设定目标不同而存在差异。根据教育部颁布的招收法律硕士学位研究生工作办法的规定，在选拔方式上，法律硕士可以采取公开招考、推荐免试两种方式。

1. 公开招考指招生单位面向全社会组织入学考试，择优录取的招生方式。生源为已获得学士学位、应届本科毕业生以及同等学力的考生，考试方式为参加由教育部组织的全国法律硕士联考。

2. 推荐免试指招生单位自行命题并组织入学考试，对申请免试攻读法律硕士学位的优秀应届本科毕业生择优录取，凡被录取的考生可不参加全国法律硕士联考。如《关于中国社会科学院研究生院（法学研究所）2010 年接收优秀应届本科毕业生免试攻读法律硕士（非法学、法学）的办法》中规定，2010 年法学系拟接收法律硕士（非法学）推荐免试生 6 名（专业学位名额），法律硕士（法学）推荐免试生 16 名（专业学位名额）。专业学位名额专门用于推荐优秀应届本科毕业生攻读硕士专业学位研究生。

通常而言，在职攻读法律硕士学位的考生只能通过公开招考的方式参与选拔，全日制法律硕士考生可通过上述两种方式参与选拔。《北京大学 2010 年法律硕士专业学位研究生招生简章》中明确规定，2010 年招收法律硕士（非法学）专业学位研究生包括推荐免试生和应试生两种。《中国人民大学招收 2010 年全日制法律硕士（法学）专业学位研究生简章》中规定，2010 年拟招收法律硕士（法学）专业学位研究生 100 人（其中含推荐免试生 10 人）。

（二）报名方式及报考条件

法律硕士考试通常实行网上报名。

全日制法律硕士报名考生须到省级招办指定的考点报名、应试，报名点与考点一致。报名时间一般在每年 11 月中旬。应届本科毕业生持本人身份证和学生证，其他人员持本人身份证和学历证书，办理报名手续。考生应备有一寸、近期、免冠、正面头像、同一底版照片两张，报名时分别贴在《报考攻读硕士研究生登记表》、《准考证》上的指定位置或按省招办要求现场采集个人图像。

在职人员攻读法律硕士学位采取网上报名与现场确认相结合的方式。考生在网上报名规定时间内，通过互联网登录有关省级学位与研究生教育主管部门指定网站，按照要求填写、提交报名信息。考生网上报名成功，系统将自动生成《在职人员攻读硕士学位资格审查表》。网上报名时间为 7 月上旬，现场确认时间为 7 月中旬。考生现场签字确认后的信息，由其本人负责，一律不得更改。考生所填报考信息必须真实、有效。考生如不满足报考条件或在网上报名时提供虚假信息，将被取消考试资格、复试资格或录取资格。

法律硕士考生的报考条件，主要包括国籍条件、政治条件、学历条件、年龄条件、专业条件和身体条件。而这些报考条件依据所考取法律硕士的类别而有所不同。以中国社会科学院法学研究所 2010 年法律硕士研究生招生简章为例，全日制法律硕士（法学）的招生报考条件如下：1. 中华人民共和国公民。2. 拥护中国共产党的领导，愿为社会主义现代化建设服务，品德良好，遵纪守法。3. 考生的学历必须符合下列条件之一：（1）国家承认学历的应届本科毕业生；（2）具有国家承认的大学本科毕业学历的人员；(3) 获得国家承认的高职高专毕业学历后，经两年或两年以上，达到与大学本科毕业生同等学力，且复试时提交相当于学士学位水平的论文或在报刊上发表的三篇文章，不限学科专业；（4）国家承认学历的本科结业生和成人高校应届本科毕业生，按本科毕业生同等学力身份报考；（5）已获硕士学位或博士学位的人员，可以再次报考硕士生。自考生和网络教育学生须在报名现场确认截止日期前取得国家承认的大学本科毕业证书方可报考。在校研究生报考须在报名前征得所在培养单位同意。4. 原则上年龄一般不超过40周岁。5. 身体健康状况符合国家和我系规定的体检要求。6. 在高校学习的专业为法学专业的（仅普通高等学校本科专业目录法学门类中的法学类专业［代码为0301］毕业生方可报考）。全日制法律硕士的报考条件与全日制法律硕士（法学）的报考条件的主要差别在于本科期间的专业要求。全日制法律硕士只能由在高校学习专业为非法学专业的（普通高等学校本科专业目录法学门类中的法学类专业［代码为0301］毕业生不得报考）考生报考。在职人员攻读法律硕士学位的招考条件为：1. 2006年7月31日前国民教育序列大学本科或本科以上毕业并取得毕业证书（一般应有学位证书）的法院、检察院、司法、政法委、公安等政法部门人员，人大系统干部以及有关部门从事法律实际工作者。2. 符合报考条件的政法系统考生，持经本单位同意和省级主管部门审查盖章后的资格审查表进行资格审查；其他部门人员的资格审查表由所在单位人事部门填写推荐意见。3. 非政法系统考生录取比例一般不超过本校当年招生限额的20%。表7-3表示三种法律硕士的招考条件差别。

表7-3　全日制法律硕士、全日制法律硕士（法学）：在职人员攻读法律硕士招生考试条件之差别

	专业要求	年龄要求	工龄及工作性质要求
全日制法律硕士	非法学类专业	40周岁以下	无
全日制法律硕士（法学）	法学类专业［代码为0301］	40周岁以下	无
在职人员攻读法律硕士	无要求	无要求	工龄三年以上的法院、检察院、司法行政、政法委、公安等政法部门人员、人大系统干部以及有关部门从事法律实际工作者

（三）考试方式

法律硕士研究生考试包括初试和复试两个环节，初试方式均为笔试。

全日制法律硕士的初试考试时间与全国研究生考试时间相同，通常在每年的1月份举行。根据《全国硕士研究生入学考试大纲修订说明》，初试统考科目包括思想政治理论、外语、法硕专业基础（非法学）和法硕联考综合（非法学）。

全日制法律硕士的复试，各个招生学校略有不同。北京大学研究生复试采取笔试、口试或两者相兼的方式进行差额复试，以进一步考察学生的专业基础水平、逻辑推理能力、综合分析能力、解决实际问题的能力等综合素质。复试人数一般为招生规模的110%—130%，根据生源情况确定。清华大学法律硕士研究生复试包括外国语口语测试和综合复试。综合复试将采取面试加综合知识笔试的方式进行。综合考试范围覆盖：政治、经济、历史、逻辑、语文和一般科技知识等。中国政法大学的法律硕士复试内容包括三部分，分别为法理学和宪法学笔试、专业课口试和外语口试。中国社会科学院法学研究所的法律硕士招生复试也是采取笔试、口试方式差额进行。

与全日制法律硕士的考试方式和考查科目不同，在职攻读法律硕士的考试初试实行全国法律硕士联考。联考通常在每年的11月份举行。考试科目为专业基础课（含刑法、民法）、英语和综合课（含法学基础理论、宪法、中国法制史）三门，其中英语考试含听力测试部分，满分15分，不计入外语总成绩，同等条件下作为录取参考。联考辅导资料为《法律硕士专业学位联考考试大纲及考试指南》和《在职攻读硕士学位全国联考英语（日语、俄语）考试大纲》。在职攻读法律硕士的复试科目由各法学院校自行组织和确定。北京大学法学院针对在职攻读法律硕士的复试科目为政治理论和综合面试。中国人民大学法学院和中国政法大学在职法律硕士的面试为政治理论考试。

（四）录取人数与分数线

随着法律硕士招考院校数量的逐年增加，法律硕士的报考和录取人数也呈现出逐步上升趋势。自1996年我国开始法律硕士研究生招生以来，法律硕士一直是每年硕士研究生入学考试中引人注目的报考热点。特别是该专业在2000年开始不再允许法律专业毕业生报考，只招收非法律专业毕业生以后，法律硕士的报考人数持续走高。2000年全国报考法律硕士研究生只有8000人左右，2001年则上升到1.8万人，到了2002年这个数字已增加到2.7万人，位居研究生入学考试报考人数榜眼之位。近年来，法律硕士的报考人数几乎以每年1万人的速度递增。与报考人数相对应，有资格招收法律硕士的法学院校也呈现逐年上升趋势。1996年法律硕士试点之初，仅有8所院校公开招收法律硕士研究生，时至今年，有资格招收法律硕士的高等院校已达115所。10年之间全国累计招收法律硕士近5万人。

表7－4　　2010年招收法律硕士（非法学）的院校名单

院校名称	所在省市	院校名称	所在省市
安徽财经大学	安徽省	东北师范大学	吉林省
安徽大学	安徽省	吉林大学	吉林省
中国科学技术大学	安徽省	延边大学	吉林省
北方工业大学	北京市	长春税务学院	吉林省
北京大学	北京市	东南大学	江苏省
北京工商大学	北京市	南京大学	江苏省
北京航空航天大学	北京市	南京师范大学	江苏省
北京交通大学	北京市	苏州大学	江苏省
北京科技大学	北京市	扬州大学	江苏省
北京理工大学	北京市	江西财经大学	江西省
北京师范大学	北京市	江西师范大学	江西省
对外经济贸易大学	北京市	南昌大学	江西省
清华大学	北京市	大连海事大学	辽宁省
首都经济贸易大学	北京市	东北财经大学	辽宁省
中共中央党校	北京市	辽宁大学	辽宁省
中国青年政治学院	北京市	沈阳师范大学	辽宁省
中国人民大学	北京市	中国刑事警察学院	辽宁省
中国人民公安大学	北京市	内蒙古大学	内蒙古自治区
中国社会科学院研究生院	北京市	青海民族学院	青海省
中国政法大学	北京市	山东大学	山东省
中央财经大学	北京市	山东科技大学	山东省
中央民族大学	北京市	烟台大学	山东省
福州大学	福建省	中国海洋大学	山东省
华侨大学	福建省	山西财经大学	山西省
厦门大学	福建省	山西大学	山西省

续表

院校名称	所在省市	院校名称	所在省市
甘肃政法学院	甘肃省	西安交通大学	陕西省
兰州大学	甘肃省	西北大学	陕西省
西北民族大学	甘肃省	西北政法大学	陕西省
广东商学院	广东省	复旦大学	上海市
华南理工大学	广东省	华东理工大学	上海市
华南师范大学	广东省	华东政法大学	上海市
暨南大学	广东省	上海财经大学	上海市
深圳大学	广东省	上海大学	上海市
中山大学	广东省	上海对外贸易学院	上海市
广西大学	广西壮族自治区	上海海事大学	上海市
广西民族大学	广西壮族自治区	上海交通大学	上海市
广西师范大学	广西壮族自治区	上海师范大学	上海市
贵州大学	贵州省	同济大学	上海市
贵州民族学院	贵州省	四川大学	四川省
海南大学	海南省	四川省社会科学院	四川省
河北大学	河北省	西南财经大学	四川省
河北经贸大学	河北省	西南交通大学	四川省
河南大学	河南省	西南科技大学	四川省
郑州大学	河南省	西南民族大学	四川省
黑龙江大学	黑龙江省	南开大学	天津市
华中科技大学	湖北省	天津财经大学	天津市
华中师范大学	湖北省	天津师范大学	天津市
武汉大学	湖北省	新疆大学	新疆维吾尔自治区
武汉理工大学	湖北省	云南财经大学	云南省
中国地质大学（武汉）	湖北省	云南大学	云南省
中南财经政法大学	湖北省	云南民族大学	云南省
中南民族大学	湖北省	宁波大学	浙江省
湖南大学	湖南省	浙江大学	浙江省
湖南师范大学	湖南省	浙江工商大学	浙江省
湘潭大学	湖南省	西南政法大学	重庆市
中南大学	湖南省	重庆大学	重庆市
广东外语外贸大学	广东省	青岛大学	山东省
中国地质大学（北京）	北京市		

表 7-5　**2004 年全国法律硕士招生院校报考人数及录取率**

学校招生人数	2004 年	报考人数	预计录取率 招生人数（%）	2003 年	报考数	录取率（%）
北京大学	350	2319	15.09	280	2409	11.62
人民大学	170	2500	6.80	300	3487	8.63
清华大学	200	1920	10.14	50	1600	3.13
中国政法	157	1905	8.24	150	2073	7.23
复旦大学	155	1617	9.58	150	2097	7.15
南京大学	80	1421	5.62	80	1461	5.48
厦门大学	100	560	17.85	70	1000	7
山东大学	150	1300	11.54	120		
南开大学	100	927	10.79	70	961	7.28
中南政法	50	530	9.43	60	300	20.00
华东政法	200	1690	11.83	180	1679	10.72
兰州大学	100	1043	9.59	100	1040	9.62
对外经贸	100	1100	9.09	100	1200	8.33
辽宁大学	100	539	18.55	100	680	14.7
武汉大学	100	1597	6.26	110	1004	10.95
吉林大学	130	2200	5.91	120	1050	11.42

关于 2009 年报考法律硕士的人数，以中国人民大学 2009 年法律硕士考生为例进行分析，《中国人民大学研究生院工作简报〈2009 年内地硕士生报名录取简报〉》中的统计数据显示，该校 2009 年法律硕士报名 1390 人，录取 201 人，其中录取全日制考生 198 人、非全日制考生 3 人。

1. 从考生来源看

表 7-6　**2009 年中国人民大学法律硕士考生来源**

考生来源	报名人数	录取人数
在职人员	328	24
应届本科	687	131
非应届非在职	375	46
合计	1390	201

2. 从考生学历看

表 7－7　2009 年中国人民大学法律硕士考生学历

考生学历	报名人数	录取人数
硕士毕业生	9	2
本科毕业生	1311	197
同等学力	70	2
合计	1390	201

关于全国法律硕士研究生入学考试的分数线，以 2002 年为例，2002 年法律硕士全国联考教育部规定的复试录取分数线是：应届生总分 345 分、往届生总分 340 分，单科最低分 60 分；A 类考生（报考地处重庆、四川、陕西三省、市的招生单位，或截至 2010 年在这三省、市工作且定向或委培回原单位工作的考生）总分和单科最低分可各降 3 分，B 类考生（报考地处内蒙古、贵州、云南、西藏、甘肃、青海、宁夏、新疆、广西等九省、区招生单位，或目前在这九省、区工作且定向或委培回原单位工作的考生）总分可降 5 分，单科最低分可降 3 分。

表 7－8　2009 年全国法律硕士研究生入学考试分数线

学校名称	录取人数	应届生分数线	往届生分数线	单科最低分
北京大学	266	355	350	60
清华大学	30	345	340	60
中国人民大学	287	348	343	60
中国政法大学	160	345	340	60
对外经济贸易大学	90	345	340	60
南开大学	50	345	340	60
山西大学	47	345	340	60
黑龙江省大学	48	345	340	60
吉林大学	100	345	340	60
辽宁大学	60	345	340	60
兰州大学	84	340	335	57
西北政法学院	90	345	340	60
华东政法学院	150	345	340	60
复旦大学	151	349	344	60
山东大学	117	345	340	60
安徽大学	50	345	340	60

续表

学校名称	录取人数	应届生分数线	往届生分数线	单科最低分
南京大学	85	351	346	60
苏州大学	50	345	340	60
浙江大学	60	345	340	60
厦门大学	60	345	340	60
郑州大学	50	345	340	60
中南财经政法大学	45	345	340	60
武汉大学	98	340	340	60
湘潭大学	52	345	340	60
中山大学	65	345	340	60
西南政法大学	190	342	337	57
四川大学	110	345	340	60
云南大学	60	340	340	57

与2002年相比，2003年的全国法律硕士研究生联考分数线总体降低。应届生总分325分、往届生总分320分，单科最低分为公共课52分、业务课78分。B类考生（报考地处重庆、四川、陕西三省、市招生单位的考生；或者目前在上述省、市工作且定向或委托培养回原单位的考生）应届生总分322分、往届生总分317分，单科最低分为公共课49分、业务课74分。C类考生（报考地处内蒙、广西、贵州、云南、西藏、甘肃、青海、宁夏、新疆九省、区招生单位，或者截至2010年在上述省、区工作且定向或委托培养回原单位的考生）应届生总分320分、往届生总分315分，单科最低分为公共课47分、业务课71分。

表7－9　2003年全国法律硕士研究生入学考试分数线

学 校	总 分	公共课单科	业务课单科
北京大学	330	55	90
清华大学	313	52	84
中国人民大学	330	55	90
中国政法大学	332	53	85
对外经济贸易大学	325	52	78
复旦大学	329	55	83

续表

学 校	总 分	公共课单科	业务课单科
华东政法学院	325	54	
吉林大学	315	50	
南开大学	320	50	90
兰州大学	310	45	
山东大学	310	50	75
南京大学	330	50	80
浙江大学	325	55	82
厦门大学	310	50	85
武汉大学	305	47	
中山大学	310	50	75
四川大学	310	50	

2008 年教育部规定的全国法律硕士联考初试合格资格线是：A 类考生①总分 340 分，单科（满分 = 100 分）为 54 分，单科（满分 >100 分）为 81 分；B 类考生②总分为 330 分，单科（满分 = 100 分）为 50 分，单科（满分 >100 分）为 75 分；C 类考生③总分 325 分，单科（满分 = 100 分）为 48 分，单科（满分 >100 分）为 72 分。

表 7 – 10　　2008 年全国法律硕士研究生入学考试分数线

招生院校	总分	政治	外语	专业基础课	专业综合课
北京大学	365	55	55	90	90
中国人民大学	360	60	60	90	90
复旦大学	360	55	55	90	90
中山大学	350	60	60	90	90
南开大学	350	60	57	90	90

① A 类考生：报考地处一区招生单位的考生。一区系北京、天津、上海、江苏、浙江、福建、山东、河南、湖北、湖南、广东等 11 省（市）。

② B 类考生：报考地处二区招生单位的考生。二区系河北、山西、辽宁、吉林、黑龙江、安徽、江西、重庆、四川、陕西等 10 省（市）。

③ C 类考生：①报考地处三区招生单位的考生；或者②截至 2010 年在三区就业且定向或委托培养回原单位的考生。三区系内蒙古、广西、海南、贵州、云南、西藏、甘肃、青海、宁夏、新疆等 10 省（区）。

续表

招生院校	总分	政治	外语	专业基础课	专业综合课
清华大学	350	55	55	90	90
南京大学	350	50	50	90	90
武汉大学	347	55	55	90	90
北京师范大学	345	55	55	90	90
浙江大学	340	58	58	90	90
四川大学	340	56	56	84	84
山东大学	340	55	55	85	85
中南大学	335	53	53	80	80
吉林大学	330	55	55	90	90
上海交通大学	320	55	50	80	80
厦门大学	320	53	53	80	80
湖南大学	310	46	46	80	80
华南理工大学	330	50	50	85	85
同济大学	320	50	45	90	90
华中科技大学	310	50	50	85	85
东南大学	320	48	48	90	90
西安交通大学	330	45	45	75	75
重庆大学	315	50	50	80	80
兰州大学	310	47	47	75	75

与2008年相比，2009年全国法律硕士联考初试合格资格线有所下降。A类考生总分315分，单科（满分=100分）为47分，单科（满分>100分）为71分；B类考生总分为305分，单科（满分=100分）为44分，单科（满分>100分）为66分；C类考生总分295分，单科（满分=100分）为41分，单科（满分>100分）为62分。

表7-11　2009年全国法律硕士研究生入学考试分数线

招生院校	总分	政治	外语	专业基础课	专业综合课
北京大学	340	55	55	90	90
中国人民大学	340	55	55	90	90
复旦大学	330	50	50	90	90

续表

招生院校	总分	政治	外语	专业基础课	专业综合课
中山大学	320	55	55	90	90
南开大学	325	50	50	90	90
清华大学	325	50	50	90	90
南京大学	330	50	50	90	90
武汉大学	310	45	40	90	90
北京师范大学	320	50	50	90	90
浙江大学	335	55	55	90	90
四川大学	305	50	50	75	75
山东大学	300	45	45	75	75
中南大学	330	50	50	80	80
吉林大学	330	55	55	90	90
上海交通大学	330	55	55	85	85
厦门大学	330	53	53	80	80
湖南大学	330	53	53	80	80
华南理工大学	328	55	48	90	90
同济大学	325	55	50	90	82
华中科技大学	325	50	50	85	85
东南大学	320	60	50	90	90
西安交通大学	320	50	50	80	80
重庆大学	320	50	50	80	80
兰州大学	315	47	47	75	75

概而言之，与全国其他专业的研究生入学考试分数线划定相比较，法律硕士的全国联考分数线，无论是总分，公共课抑或是专业课单科都属于较高的分数序列，这也间接地体现出法律硕士入学考试的难度相较于其他学科而言较大，竞争也更为激烈。

二、就业状况

在法律硕士的三种类型中，在职攻读法律硕士学位的研究生由于其招生性质上的特殊性而一般不涉及就业问题。对于全日制法律硕士而言，其以往的就业总形势是相当不错的。这是与法律硕士专业学位精准的专业定位密切相关的。就法律硕士毕业后的就业走向而言，法律硕士毕业后主要从事立法、司法、行政执法、法律服务和公共事物、经济管理等实际工作。对于广大有志于从事法律事业的非法律专业考生来说，考取法律硕士专业学位的研究生，是在高起点上直接从事法律工作或进一步深造的最佳选择。我国的法律硕士培养方式是参考美国的法律硕士培养模式来的，对于这项新的教育改革，给原有专业不理想的考生提供了一个重新选择发展方向的机会，也给未学过法律而欲从事法律事业的考生创造了一个提高层次、实践理论的机遇和捷径。全国各公、检、法机关和社会性法律服务机构每年都需要大量的法律实践人才。特别是随着依法治国方略的实施和人民法律意识的增强，社会对执法人员的要求也相应地提高。据我国社会学专家预测，在未来十年内法律硕士毕业研究生仍将是社会紧缺人才。

以下是对几所国内知名法学院校 2005 年法律硕士就业基本情况的不完全统计：

表 7-12　　2005 年几所国内知名法学院校法律硕士就业情况统计

	律师	公检法机关	其他政府机关	公司、企业及其他
北京大学	4	5	13	17
中国人民大学	2	12	16	37
清华大学	5	4	29	36
复旦大学	4	10	15	8
南开大学	8	9	6	27

第三节　教学培养

法律硕士的教学培养是法律硕士教育中的核心内容。按照 1996 年国务院学位委员会第十四次会议审议通过的《专业学位设置审批暂行办法》的规定，法律硕士教育旨在培养法律职业高层次、实践性的专门人才。十余年间，经过政府有关部门和各法学院校的探索与实践，法律硕士的培养规模不断扩大，法律硕士教育的培养目标也逐渐明晰化。法律硕士区别于以培养法律教学和研究的专门人才为目标的法学硕士教育，明确定位为培养高层次的复合型、实践型法律人才。法律硕士的教学培养也围绕这一目标展开。

一、学习年限

2000年教育部在《关于加强和改进研究生培养工作的几点意见》中（教研［2000］1号）规定，研究生培养可采取全日制和非全日制两种培养方式。应逐步将通过同等学力申请学位和在职攻读专业学位的人才培养方式纳入非全日制研究生培养方式。实行弹性学制。法律硕士包括全日制法律硕士、在职法律硕士和全日制法律硕士（法学）三种类型，采取全日制和非全日制（在职兼读）两种学习方式。全日制学习年限一般为3年，非全日制学习以修满学分为限培养单位自行确定（但不得少于3年）。

全日制法律硕士的学习年限一般为3年。对于法本法硕，根据国务院学位委员会2009年5月19日下发的《全日制法律硕士专业学位研究生指导性培养方案（适用于法学专业毕业生）》的要求，其学习年限一般为2年。

在职法律硕士的学习年限由培养单位根据培养方案自行确定，一般不少于3年。《北京大学2009年在职攻读法律硕士（J. M）专业学位招生简章》中规定，在职攻读法律硕士专业学位采取2年至4年的弹性学制，最短学习年限为2年，最长学习年限为4年，含授课时间、论文写作和答辩时间。《中国人民大学2009年招收在职攻读法律硕士专业学位硕士生招生简章》中规定，在职法律硕士的学制为3年。南京大学法学院学位委员会2009年6月25日通过的《南京大学在职攻读法律硕士专业学位研究生培养方案》中规定，在职法律硕士的学习年限为3年，最长为5年。

根据具体情况，法律硕士可以申请提前或者推迟毕业和答辩。《中国社会科学院研究生院（法学研究所）法学系关于法律硕士专业学位研究生提前毕业的规定》中第1条至第3条的规定，研究生必须提前修满培养方案中规定的全部课程学分，成绩合格，并完成培养方案中规定的教学、科研和社会实践等任务。在法学系认可的学术刊物上发表两篇以上法学类学术论文，并完成学位论文初稿，经导师审阅同意的才可申请提前毕业。第8条规定，计划提前毕业的研究生，必须由研究生本人（在职研究生应有所在单位同意证明）在毕业前4个月提出书面申请，经导师同意，报法学系审核后，到研究生院有关部门审批。中国人民大学《硕士研究生申请提前毕业的暂行规定》中规定的申请条件有：第一，有较强的科学研究能力。第二，已按本年级硕士生培养方案修完全部课程和学分，各门课程考试成绩均合格。此外，同等学力考入者和两年学制硕士生原则上不得申请提前毕业。第三，毕业（学位）论文已经导师审阅并同意打印。

二、导师指导

我国目前在法律硕士的教学培养上，主要采行导师组培养方式。根据国务院学位委员会《全日制法律硕士专业学位研究生指导性培养方案（适用于法学专业毕业生）》的要求，法律硕士（法学）专业的培养方式是成立导师组，采取集体培养与个人负责相结合的指导方式。导师组应吸收法律实务部门中具有高级专业技术职务的人员参加。《中国社会科学院研究生院（法学研究所）法学系全日制法律硕士专业学位研究生培养方案（适用于法学专业毕业生）》中规定，设立若干与必修课和重要选修课科目相对应的法律硕士导师组。导师组由相应专业具有副高以上职称的人员组成，负责组织编写相关教材、确定相关课程的授课老师、指导法硕研究生的专业学习。导师组成员包括专职导师和兼职导师。专职导师一般由法学研究所具有指导法学硕士研究生资格的副高以上职称的研究员担任；兼职导师由法学系从具有一定知名度和影响的法官、检察官、律师及政府、立法部门的官员中聘任。兼职导师主要承担法律实务课程的教学、指导法硕研究生的社会实践，也可指导法硕研究生的论文写作。

三、中期考核

中期考核是法律硕士专业学位研究生培养的重要环节之一，以检测法律硕士研究生是否掌握法学坚实的基础理论和系统深入的专业知识以及分析问题、解决问题的能力，是否具备从事法律职业所要求的法律知识、法律术语、法律思维、法律方法和职业技术，并以此确定是否进入学位论文撰写阶段。

《四川大学在职攻读法律硕士专业学位研究生培养方案》中规定，中期考核在在职攻读法律硕士学员入学后第三学期结束前进行。成立由各位导师组成的中期考核小组，分别对法律硕士学员的专业学习情况进行考察，考查其对专业理论知识的掌握以及发现、分析和解决法律问题的能力。在此基础上，考核小组着重考核学员的科研能力，以确定学员是否有资格进入下一阶段（即学位论文的准备和撰写）的培养。《中国社会科学院研究生院（法学研究所）法学系全日制法律硕士专业学位研究生培养方案（适用于法学专业毕业生）》中规定，考核分为考试和考查两种。考试成绩采取百分制，70分为合格；考查成绩分为合格与不合格两种。必修课应当采取考试的形式。选修课可以采取考试或考查的形式，其中考试科目不得少于选修课总数的

1/2。考试可由任课教师决定采取书面闭卷、书面开卷、论文或者多种形式相结合的方式。考核重在考查法硕研究生对所学专业理论和知识的掌握与运用，以及发现、分析、判断和解决实际问题的能力，而应减少对机械性记忆的考核。

四、学位论文

法律硕士学位论文选题应贯彻理论联系实际的原则，论文内容应着眼司法实践、面向法律事务、深入法学理论。重在反映学生运用一定的理论与知识综合解决法律实务中的理论和实践问题的能力。导师组应根据学生的选题方向，确定具体的导师负责其论文的指导工作。

法律硕士学位论文应以法律实务研究为主要内容，但不限于学术论文的成果形式。提倡采用案例分析（针对同一主题的三个以上相关案件进行研究分析）、研究报告、专项调查等方式。学位论文的写作均应规范，字数以2万字为宜。下面主要以《中国社会科学院研究生院（法学研究所）法学系全日制法律硕士专业学位研究生培养方案（适用于法学专业毕业生）》为例来分析法律硕士的学位论文写作。

（一）开题

法律硕士专业学位研究生在正式进行学位论文写作之前，须在导师的指导下，完成学位论文选题和开题报告。学位论文开题报告应较详细地反映学位论文各组成部分的主要内容、国内外在这一问题的研究现状、论文的新颖性、预期的结论、参考的具有代表性和前沿研究水平的文献。

（二）写作

学位论文应该在导师指导下由法律硕士研究生独立完成。学位论文内容应概念清楚、立论正确、分析严谨、数据真实可靠、计算正确、图表清晰、层次分明、文字简练。初稿完成后，须提交导师组进行中期考核，导师组应对论文提出考核意见。如果论文的内容有重大缺陷、理论阐述有错误或学术不规范，导师组有责任阻止其进入答辩程序，直至上述缺点改正为止。用于学位论文写作的时间一般应为半学年，字数不少于2万字。

（三）评阅

学位论文必须由3名本专业具有高级职称的专家评阅，其中必须有1位校外专家或学者。如果评阅结果为不同意推荐答辩的，申请人及其指导教师对评阅结果有异议的，由系学位评定委员会审议。

（四）答辩

学位论文答辩委员会由 3 人或 5 人组成，申请人的指导教师可以有 1 人参加答辩委员会，但不得担任委员会主席；学位论文答辩委员会成员中，应有 1 名至 2 名实际部门或校外具有高级专业技术职务的专家；论文评阅人可有 1 人兼作答辩委员会委员，但不得担任答辩委员会主席。论文答辩实行 3/2（含 3/2）绝对多数通过制，通过无记名投票表决是否建议授予硕士学位。通过论文答辩者并经法学系学位评定委员会和研究生院学位评定委员会审议通过后，授予法律硕士专业学位；学位论文答辩未通过者，经论文答辩委员会同意，可在 1 年内修改论文，重新答辩 1 次。

表 7－13 中国社科院法学所法律硕士（JM）专业学位相关工作流程

序	内容	工作要求	责任者	时间
1	开题报告	开题报告规定和工作程序详见“培养方案”。	法学系	法学系自定
2	答辩资格审查	1. 申请人填写“答辩资格审查表”，并到法学系及院相关处室办理资格审查手续；此表由法学系统一交学位办。 2. 法学系将本年度“拟申请答辩的 JM 研究生名单数据库表”（电子版）报学位办核对。	申请人 法学系 相关处室	3 月 1—31 日
3	同行评阅	1. 聘请 2 位具有副高级以上职称的同行评阅专家，其中 1 人为外单位专家（外单位指社科院以外的实际工作部门，不含申请人所在单位），同行评阅人出具“同行评阅书”； 2. 同行评阅专家中可有 1 人参加答辩会，但不得担任主席； 3. 如果评阅意见为不同意推荐答辩，申请人及导师对该评阅意见有异议的，由系学位评定委员会审议。	法学系	答辩前 3 周
4	指导教师撰写评阅意见	指导教师就论文的选题、文献综述、新意、写作规范、不足之处等作出综合性评价。	指导教师	答辩前
5	论文答辩	答辩委员会由 3 人或 5 人组成： 1. 委员须有副高级以上职称； 2. 答辩会主席应有硕导资格； 3. 委员中应有 1 名至 2 名外单位（参见“论文同行评阅”）专家； 4. 答辩人导师可列席会议，但在委员评议及表决时应回避； 5. 答辩委员会出具 3 份“论文评阅书”； 6. 答辩委员会作出书面决议； 7. 答辩秘书须有中级以上职称或研究生学历； 8. 委员不能委托他人或以通讯方式投票。	法学系	5 月 20 日前

续表

序	内容	工作要求	责任者	时间
6	申请人向学位办报材料	1. 论文3本。 2. “授予学历硕士人员登记表”。	申请人 学位办	6月1日前
7	交电子版论文	请见 www. gscass. cn “图书馆”。	申请人	6月1日前
8	系学位评定委员会会议	1. 审议建议授予法律硕士专业学位人员材料； 2. 作出建议授予法律硕士专业学位或修改论文、重新答辩的决定。	法学系	6月15日前
9	报院学位评定委员会材料	报送上会材料：用A4纸复印30份填写完整的“建议授予法律硕士专业学位人员名单”。	法学系	6月20日前
10	报学位办存档材料	报送建议授予法律硕士专业学位人员存档材料： 1. “JM专业学位论文评阅书”（包括导师和同行专家的评阅书）原件各1份； 2. “JM专业学位论文答辩报告书”和“JM专业学位评定委员会决议书”原件各2份； 3. “JM专业学位论文答辩会记录”1份； 4. 系学位评定委员会“建议授予学位报告书”的纸质版及电子版文档各1份（后附“建议授予法律硕士专业学位人员名单”）。	法学系 学位办	6月20日前
11	院学位评定委员会会议	1. 审议上报的建议授予法律硕士专业学位人员的材料； 2. 作出授予法律硕士专业学位的决定； 3. 作出撤销违反规定而授予学位的决定； 4. 研究和处理授予学位有争议的其他事项。	院学位评定委员会	6月30日前后
12	领取学位证书及转学位档案	1. 法学系到学位办领取学位证书及学位档案； 2. 学位获得者到法学系领取学位证书； 3. 法学系转走学位档案（应加印密封）。	学位办 法学系	毕业典礼后

五、诊所法律教育①

中国法律硕士教育的宗旨是培养高层次的复合型、实践性法律人才，然而其传统的注重课堂教授而忽视实践训练的教育方法和模式却并不能完成这个目标。为了更好地培养法律硕士，有必要将诊所法律教育引入到法律硕士教育之中来。

（一）诊所法律教育在中国的实践状况

诊所法律教育（Clinical Legal Education），一般认为是20世纪60多年代美国法学院普遍兴起的一种新的法学教育方法，主要是对当时美国法学教

① 本小节引自冀祥德、李庆明《诊所法律教育：中国法律硕士专业学位教育的发展方向》。

育制度中某些缺陷的一种回应。诊所法律教育的特点在于仿效医学院利用诊所培养实习医生的形式，通过诊所教师指导学生参与法律实际应用。在我国，诊所法律教育已经走过了近十年的历程。2000 年秋季开始，在美国福特基金会的资助下，我国首次在北京大学、清华大学、中国人民大学、武汉大学、中南财经政法大学、复旦大学和华东政法学院 7 所院校开设了法律诊所课程。之后，不断有法学院校陆续开设该课程。2002 年 7 月，中国法学会法学教育研究会诊所法律教育专业委员会（简称 CCCLE）正式成立，标志着诊所法律教育在中国法学教育中拥有了一席之地。截至今天，已经有 117 所会员学校开设了 90 个不同专业领域的法律诊所。近十年来，中国法学教育经过了从繁荣发展到规范发展的阶段，诊所法律教育也走过了一个从无到有、从模糊到清晰、从名不见经传到在部分院校法学教育中占有一定地位的过程。

（二）我国法律硕士专业学位教育存在的问题

第一，培养理念缺失。法律硕士教育属于一种专业学位教育，旨在为我国培养高层次的应用型法律人才。这类法律人才应具有他们共同的法律精神和法律价值观，具有法律公正意识和法律信仰，然而这却正是我国在培养法律硕士过程中所缺失的。我国目前的法律硕士教育以学习法学理论和现行法律法规为主要内容，教学过程中很少注意培养学生的法律意识、法律理念和法律信仰。这些学生一旦成为法官、检察官、律师，就暴露出其本身法律意识淡薄的缺陷。

第二，培养方式单一。我国现阶段的法律硕士教育和法学硕士或者法律本科生的教育一样，仍然以系统的课堂教学为主要教学方法，完全忽视了对法律硕士将来从业所需职业技能的培养。作为一个“法律人”，一方面需要有完备的法律知识，但另一方面更重要的是要熟悉调查取证、诉讼程序等一系列的从事法律实践工作所需要的职业技能。各个具有法律硕士招收资格的学校应该积极开创多种形式的教学培养模式。

第三，教学实践不到位。法律硕士的培养应侧重于实务方面，培养应用型和复合型的人才。所以法律硕士研究生的教育实习是非常重要的，必须安排充足的实践与实习时间。这样，学生不仅仅学习如何进行法律推断、掌握法律诉讼的程序以及调查取证的方法，更重要的是在实习的过程中，和这些有职业道德法律人的接触过程中能够培养学生的法律意识、法律信仰、法律公正和法律伦理道德。然而，法律硕士目前的培养教育模式却是十分令人担忧。部分学校仍是照搬给法学本科生或者法学硕士上课的那一套方式，主要采取课堂教学的方法，在教学计划中缺乏实践课程的安排，这就使得培养实践型法律人才的目标难以实现。①

(三) 在法律硕士教育中引入诊所法律教育的必要性与可行性

基于我国法律硕士专业学位教育中存在的问题，将诊所法律教育引入法律硕士专业学位培养中，对于我国法律硕士专业学位教育的持续发展和完善有着十分重要的意义。

第一，诊所法律教育与法律硕士教育的培养理念、目标、方法相契合，因此十分有必要在我国法律硕士教育中引入诊所法律教育。法律硕士教育主要是为法律职业部门培养具有社会主义法治理念、德才兼备、高层次的复合型、实务型法律人才，因此必须更多地与法律实践相结合，以实践为导向。诊所法律教育就是一个必要的途径。诊所法律教育的形式借鉴了医学院诊所教育的模式。学生在一个真实或虚拟的“法律诊所”中，在教师的指导下为处于困境中的委托人提供咨询，“诊断”他们的法律问题，开出“处方”，为他们提供解决问题的方法，并亲自为他们提供法律服务。这一做法类似于医学院的临床实习，即从实践和经验中学习法律职业技能。概括美国的诊所法律教育，就是“通过法律实践学习律师的执业技能”，教会学生“像律师一样思考”。学生在法律诊所中，通过亲身参与，训练解决问题的方法和技巧，培养判断力，建立职业责任心，从而深刻理解法律人的社会角色，具备终生学习的能力同时，还可以了解司法制度问题所在，并为其改进作贡献，成为一个有道德的、“反思性的”法律人。这与我国法律硕士的培养目标正相契合。

第二，诊所法律教育在法律硕士教育中的成功实践证明将其引入法律硕士培养方案是可行的。在已经开设法律诊所的院校和科研机构，完全有可能将现有的法律诊所应用到法律硕士教育中；没有开设法律诊所的院校和科研机构，可以为法律硕士教育创造条件设立。事实上，有的法律硕士培养单位已经在培养制度中引入了诊所法律教育并取得了成功的经验。中国社会科学院法学研究所（研究生院）的法律硕士教育就是其中的典范。法学研究所在法律硕士研究生培养中，在全国率先实践了专门以法律硕士研究生为学员的法律诊所教育模式，取得了良好的教学效果与社会效果。首先，参与诊所法律教育的法律硕士100%通过了国家司法考试。其次，在就业上，参与诊

① 参见崔玉华《我国法律硕士（JM）培养中存在的问题及建议》，《鲁东大学学报（哲学社会科学版）》2007年第3期。

所法律教育的学生表现抢眼。除个别同学考博而未就业外，就业率为100%。就业单位中，既有中国证监会、中石油这样的中央企事业单位，又有北京等地党委、政府和法院、检察院、公安局等党政机关和政法机关，也有不少像普华永道、竞天这样的跨国公司与知名律师事务所。目前，法学研究所在法律硕士的培养方案中，已经将诊所法律教育作为学生12个学分的必修环节，要求所有的法律硕士研究生都要经过法律文书、模拟法庭、法律谈判和法律实践培养，而且均通过诊所法律教育的方式来实行。探索出了诊所法律教育初级班、中级班、高级班三层次教育模式，深受法律硕士研究生青睐。目前，该校正在大力建设法律硕士研究生教学基地的基础上，总结经验，招贤纳士，争取资金，创建全国模范刑事法律诊所；并以此为龙头，着力实施“教学强所”指导目标，推动法律硕士教育的规模化、规范化发展，进一步推进“社科法硕”名牌战略发展。从中国社会科学院法学研究所培养法律硕士的经验来看，将诊所法律教育作为法律硕士研究生的必修课程，其可行性毋庸置疑。

可以说，诊所法律教育是新世纪中国法学教育的一项重大改革，是国外先进教学模式与中国法律教育实际有机结合的成功尝试，将对我国高级法律人才的培养产生重大影响。因此，在法律硕士专业学位教育中有必要开展诊所法律教育，以更好地培养高层次的应用型法律人才。

第四节　课程设置

法律硕士专业课程设置是法律硕士教育的一个重要方面，是实现高级应用型法律人才培养目标所必备的要素。法律硕士所设定的培养目标在层次上高于法律本科生、实践导向上具有明显的法律职业背景，并且具有传统法科学生所不具备的复合型专业结构。法律硕士研究生应掌握基本的法学基础理论和较宽广的法律实务知识，具有宽口径、复合型、外向型的知识与能力结构，能够综合运用法律、经济、科技、外语和计算机等方面的知识，独立地从事法律实务工作。因此，法律硕士专业课程应紧紧围绕着法律硕士的培养目标来进行设置。

根据2006年国务院学位委员会办公室制定的《法律硕士专业学位研究生指导性培养方案》的要求，法律硕士专业学位教育，按法学“一级学科”设置课程，分为四类课程：第一类为必修课程、第二类为推荐选修课程、第三类为自选课。其中，第一类必修课12门（32学分）；① 第二类推荐选修课8门（要求选修13学分）；② 第三类自选课（8学分）。必修课科目和第二类推荐选修课科目，均由该《培养方案》统一规定，第三类自选课由培养单位自行确定。第四类为实践必修课程（12学分）。包括法律文书课（起草合同书、公司章程、诉讼文书、仲裁文书等的训练，由律师、检察官、法官讲授）；模拟法庭训练课（由教师组织，法官、检察官、律师辅助指导）；法律谈判课；法律实践课（在法院、检察院或律师事务所实习2—3周）。此外，法律硕士专业学位研究生还应撰写学位论文（10学分）。

根据国务院学位委员会2009年5月19日下发的《全日制法律硕士专业学位研究生指导性培养方案（适用于法学专业毕业生）》的要求，法律硕士（法学）专业学位教育的总学分不低于57学分，主要分为以下四部分：第一，课程设置。课程按法学一级学科为主设置，课程结构分为必修课和选修课。必修课（27学分），③ 选修课（选满10学分），各培养单位自行确定选修课程。第二，实践教学（15学分）。实践教学时间不少于1年。1. 法律职业规范与伦理（3学分）；2. 实践必修环节（6学分）。（1）法律文书（含起草合同、公司章程、起诉书、答辩书、仲裁申请书、公诉书、判决书、裁定书等的训练，由律师、检察官和法官讲授）（2学分）；（2）模拟法庭训练（分刑事、民事、行政三种任选，法官、检察官、律师三类型任选，由教师组织，法官、检察官、律师辅助指导）（2学分）；（3）法律谈判（2学分）。3. 实务实习（6学分）。在法院、检察院、律师事务所、法律援助机构、公证处等司法实际单位或政府法制部门、企事业单位法律工作部门实习不少于6个月。第三，职业能力。采用多种途径和方式开展职业能力的培养。职业能力包括法律职业思维、职业语言、法律知识、法律方法、

① 邓小平理论（2学分）；外语（4学分）；法理学（3学分）；中国法制史（2学分）；宪法（2学分）；民法学（4学分）；刑法学（4学分）；刑事诉讼法学（2学分）；民事诉讼法学（2学分）；行政法与行政诉讼法学（3学分）；经济法学（3学分）；国际法（2学分）。见《法律硕士专业学位研究生指导性培养方案》（学位办［2006］39号附件一）。

② 外国法制史（2学分）；商法（3学分）；国际经济法（2学分）；国际私法（2学分）；知识产权法（2学分）；环境资源法（2学分）；法律职业伦理（2学分）；法律方法（2学分）。见《法律硕士专业学位研究生指导性培养方案》（学位办［2006］39号附件一）。

③ 中国特色社会主义理论（2学分）；外语（3学分）；法理学专题（2学分）；中国法制史专题（2学分）；宪法专题（2学分）；民法学专题（3学分）；刑法学专题（3学分）；刑事诉讼法专题（2学分）；民事诉讼法专题（2学分）；行政法专题（2学分）；经济法专题（2学分）；国际法专题（2学分）。

职业技术等方面的法律职业从业技能，第四，学位论文（5学分）。学位论文选题应贯彻理论联系实际的原则，论文内容应着眼实际问题、面向法律事务、深入法学理论。重在反映学生运用一定的理论与知识综合解决法律实务中的理论和实践问题的能力。

表7-14　中国社科院法学所全日制法律硕士专业学位研究生教学计划
（适用于法学专业毕业生）

课类	序号	课程名称	学分	总学时	计划开课学期
必修课	1	中国特色社会主义理论	2	40	第一学期
	2	外语	3	60	第一学期
	3	法理学专题	2	40	第一学期
	4	中国法制史专题	2	40	第一学期
	5	宪法专题	2	40	第一学期
	6	民法学专题	3	60	第二学期
	7	刑法学专题	3	60	第一学期
	8	刑事诉讼法专题	2	40	第一学期
	9	民事诉讼法专题	2	40	第一学期
	10	行政法专题	2	40	第一学期
	11	经济法专题	2	40	第一学期
	12	国际法专题	2	40	第一学期
选修课	13	知识产权法	2	40	第二学期
	14	国际私法	2	40	第二学期
	15	国际经济法	2	40	第二学期
	16	商法概论	2	40	第二学期
	17	物权法	2	40	第二学期
	18	刑法各论	2	40	第二学期
	19	债法	2	40	第二学期
	20	证券法	2	40	第二学期
	21	犯罪学	2	40	第二学期
	22	亲属法与继承法	2	40	第二学期
	23	竞争法	2	40	第二学期
	24	劳动与社会保障法	2	40	第二学期

续表

课类	序号	课程名称	学分	总学时	计划开课学期
选修课	25	税法	2	40	第二学期
	26	比较法	2	40	第二学期
	27	票据法	2	40	第二学期
	28	公司法	2	40	第二学期
	29	保险法	2	40	第二学期
	30	证据法	2	40	第二学期
	31	司法制度	2	40	第二学期
实践教学	32	法律职业规范与伦理－诊所法律教育（一）	3		
	33	法律文书——诊所法律教育（一）	2		
	34	模拟法庭——诊所法律教育（二）	2		
	35	法律谈判——诊所法律教育（二）	2		
	36	实务实习——诊所法律教育（三）	6		
学位论文	第三学期论文写作，第四学期论文答辩				
备注	1. 可开设课程共36门，其中必修课12门27学分；选修课19门38学分				
	2. 实践教学环节共计15学分，实务实习不得少于5个月；学位论文5学分				
	3. 学位总学分要求不低于57学分，选修课要求选满10学分				
	4. 本教学计划根据有关文件制定，并随之修改，以最新修正版为准				

表7－15　山东大学威海分校法学院法律硕士专业硕士研究生课程设置情况表

课程类别	课程编号	课程名称	开课学期	总学时数	学分	授课单位	考核方式
必修课（32学分）	M090699	邓小平理论	1	36	2	马列部	考试
	M090003	外语	1	72	4	翻译学院	考试
	M090232	法理学	1	54	3	汪全胜	考试
	M090700	中国法制史	2	36	2	王强	考试
	M090184	宪法	1	36	2	牛文军	考试
	M090617	民法学	1	72	4	董学立	考试
	M090615	刑法学	3	72	4	王瑞君	考试
	M090724	刑事诉讼法学	4	36	2	于立强	考试
	M090725	民事诉讼法学	4	36	2	张世全	考试

续表

课程类别	课程编号	课程名称	开课学期	总学时数	学分	授课单位	考核方式
必修课（32 学分）	M090701	行政法与行政诉讼法	3	36	2	阎国智	考试
	M090620	经济法学	1	54	3	金玄武	考试
	M090702	国际法学	1	36	2	姜爱丽	考试
选修课（13 学分）	M090703	外国法律史	4	36	2	王娆	考查
	M090723	商法	3	54	3	李秀芬	考查
	M090622	国际私法	3	36	2	姜世波	考查
	M090725	知识产权法	2	36	2	安玉萍	考查
	M090234	法律方法	3	36	2	陈金钊	考查
	M090705	法律职业伦理	2	36	2	张其山	考查
专业自选课（方向课）（8 学分）	M090623	立法学	3	36	2	汪全胜	考查
	M090704	法律经济学	2	36	2	桑本谦	考查
	M090720	公司法学	4	36	2	金玄武	考查
	M090706	比较刑法	4	36	2	刘军	考查
实践必修环节（12 学分）	M090719	法律文书	3		3		
实践必修环节（12 学分）	M090719	法律文书	3		3		
	M090722	模拟法庭训练	3		4		
	M090718	法律谈判课	4		2		
	M090717	法律实践课	4		3		
学位论文（10 学分）		字数在 1.5 万—2 万字					

表 7－16　武汉大学在职法律硕士（J. M）课程设置

类别	课程名称
公共课	邓小平理论、英语
必修课	法理学、民商法学、刑法学、刑事诉讼法学、民事诉讼法学、行政法学、行政诉讼法学、经济法学
指定选修课程	国际法学、国际经济法学、中国法制史或外国法制史、宪法学、国际私法
选修课程	司法伦理学、成案研究、司法文书、涉外案例分析

第五节　师资队伍

振兴民族的希望在教育，振兴教育的希望在教师。教师是法学教育的实施者，只有拥有一支高水平的教师队伍，才能在新世纪的舞台上牢牢掌握法学教育的主动权，变挑战为动力，变机遇为现实。师资及其所开设课程的质量，是决定法律硕士教育成功与否的核心要素。因此，构建一支高素质、高水平的师资队伍，对于为法律职业部门培养高层次的复合型、实践型法律人才有着极为重要的意义。

法律硕士的教育一般采取成立导师组的方式对学生进行培养，采取集体培养与个人负责相结合的指导方式，指导学生日常的学习以及学位论文的写作。可见，导师对研究生的影响是全方位的，加强法律硕士导师队伍建设是学校发展法律硕士专业学位教育的关键。要培养高素质的应用型法律人才，导师必须有较高的学术水平、较强的法律实务能力和严谨的治学态度。这就必然要求高校加强法律硕士导师队伍建设，把导师队伍建设纳入到整个师资队伍中来，并把它作为重点来抓。

教育部《关于加强和改进研究生培养工作的几点意见》（教研［2001］1号）中明确指出，加强导师队伍建设，完善研究生指导教师选聘制度。应采取有力措施稳定研究生指导教师队伍，同时重视从国外吸引优秀留学人员回国担任研究生指导教师的工作。提倡高等学校聘请科研机构的高水平科研人员担任兼职导师工作。培养单位应完善研究生指导教师的选聘制度。

法律硕士导师可以分为全职和兼职两种。

全职法律硕士导师一般从本单位中具有副高级以上专业技术职务的教师中选聘。新聘硕士生导师任职条件一般包括科研能力和教学经验等方面。如《华东政法大学硕士研究生指导教师工作办法》（2009年6月修订）中第2条规定，研究生指导教师的任职条件如下：（1）硕士生导师应当以教书育人为己任，忠诚党的教育事业，热爱研究生教育工作。（2）硕士生导师一般应具有副高级以上专业技术职称，并在本专业的教学科研工作有一定造诣。（3）硕士生导师应具备硕士研究生学历。如非硕士研究生毕业，需要聘任为硕士生导师的，须本科毕业后连续从事本专业的教学科研工作10年以上。（4）不具有副高级以上专业技术职称但已取得博士学位的教师，需聘任为硕士生导师的，应有五年以上高等教育或相关工作经历。（5）应具备独立的科研能力，一般应出版过专著（含合著），或近5年在正式出版物上独立发表10篇以上论文（其中3篇须发表于核心期刊）；或近5年主持承担国家级或省部级科研项目。（6）能开设一门以上研究生专业课程，能指导研究生学位论文的工作。（7）校外兼职硕士生导师的资格认定由校学术委员会决定。（8）因学校学科发展的实际需要，对极个别研究成果比较突出，在相关学科或专业领域具有重大学术影响，各方面表现突出且评价优良的教师，经校学位评定委员会批准，可以破格受聘担任硕士生导师。《西南政法大学研究生指导教师规范》（校长办公会2002年7月12日通过，经2008年7月2日校长办公会修订）中第11条规定，新选聘的硕士学位课程。新选聘的法律硕士专业学位研究生指导教师除具备上款第（一）、(四)项条件外，应具有10年以上法学教育或法律实务的工作经验，近3年公开发表过3篇以上的学术论文或者主编过1部以上法学著作，能够承担法律硕士专业学位研究生的论文指导工作。

兼职法律硕士导师主要有三种来源：第一是实务部门学术水平比较高的专家；第二是本来是该学校的老师，后来被调到其他单位；第三是比较有水平的其他学校的教授。之所以聘请兼职硕士生导师原因不一，有的是为了壮大学科专业的科研力量，保持学科的优势地位，有的是为了保持自己的硕士点，避免考核不合格。

法律硕士导师考核制度。为了激励硕士生导师工作，各院校现在正逐步完善硕士生导师的遴选、考核和激励机制。如《西南政法大学研究生指导教师规范》(校长办公会2002年7月12日通过，经2008年7月2日校长办公会修订）中第27条规定，导师每一学年须向校学位评定委员会提出书面述职报告，由校学位评定委员会综合学生评估结论、督导委员会评估结论和同行专家评估结论进行审查，对成绩突出者给予表彰和奖励，并作为有关部门提职、晋级的依据。第28条规定，为表彰在研究生培养工作中做出显著成绩的导师，学校设立“西南政法大学优秀导师奖”，每两年评选一次。其评选办法另定。第30条规定，导师有下列情况之一者，由校学位评定委员会决定暂停其新招研究生一年至两年或撤销其导师资格：（1）导师述职经审查不合格者；（2）在教学评议活动中被评为不合格者；（3）发生重大教学事故者；（4）在学校教职工年度考核中不合格者；（5）在年度考核中没有新的科研成果而不宜指导研究生者。《华东政法大学硕士研究生指导教师工作办法》(2009年6月修订）中第6条规定，校学位委员会对有下列情况之一的导师应终止其导师资格：（1）连续两年不招收、指导研究生的；（2）连续两年经教学测评不合格的；（3）不履行导师职责造成不良影响和严重后果的。校学位评定委员会对有下列情况之一的导师应暂停其导师资格：(1) 连续两年没有完成学院规定的科研工作量的；(2) 因健康原因不能履行导师职责的；(3) 长期离校不能履行导师职责的。

第六节　现实状况及未来发展

一、法律硕士教育的现实状况

法律硕士教育历经十余年的发展和改革，至今呈现出两大特征：

第一，法本法硕、全日制法律硕士与在职法律硕士形成三足鼎立之势。这三种类型的法律硕士的产生都有其鲜明的时代背景，也都是司法实践人才需求的直接结果。同一学位教育三种类型并存的教育模式在我国的研究生学位教育培养中尚属唯一。

第二，法律硕士教育在教育实践中面临着严峻的考验。这是因为，法律硕士的培养机制虽然与法学硕士相比存在较大的差异，但不可否认的是，在各招考院校的实际研究生培养中，法律硕士的培养模式与法学硕士的培养模式并无二致，在许多法学院校，法律硕士和法学硕士的课程采取同样的授课方式，授课内容也基本相同，在个别院校，甚至出现了法律硕士与法学硕士同班授课的情形。此外，由于近年来，法学硕士的大量扩招，导致在法律专业毕业生就业问题上，大部分的法学硕士选择与法律硕士相同的就业途径，真正继续从事学术研究的只占极少部分。而法律硕士的日常培养由于没有突出实践性、综合性、职业性的培养宗旨而背离了法律硕士专业学位设置的初衷。这是法律硕士就业率逐年下降的主要原因之一。

二、国外法律硕士教育的发展状况

我国的法律硕士专业学位教育从初始阶段的纯粹职业化培训，到截至2010年以培养高层次、复合型、应用型法律人才为目标的职业化教育，在很大程度上受到了西方发达国家法律硕士教育尤其是美国法律职业博士学位培养模式的影响。以下仅以美国的J. D（Juris Doctor）教育模式为例来探讨国外法律硕士学位教育的发展情况。

美国的法律硕士教育是一种高层次、高起点的教育，其突出特点是初级法律教育被定位在大学本科教育之后，通常被认为是研究生层次的法学教育，这是由其法律教育职业化和职业目标法律化的特点所决定的。美国的法律教育是以法律执业为目标，法学院的主要任务在于为学生提供分析和解决法律实务方面问题的各种技术性训练。美国大学没有我们所说的法律本科，申请进入法学院学习的学生必须先取得一个文学士（B. A.）学位或理学士（B. S.）学位以上的学位，并且要通过竞争激烈的 LAST 考试（Law School Admission Test）。法学院有的人可能已取得其他专业的硕士或博士学位，他们进入法学院学习的目的并非为了拿高学位，而是想从事法律工作，因而并不在乎自己要拿的学位是什么，但是，没有法学院的这个初级法学学位，是不能参加律师资格考试的。从历史上看，美国法学院的这种初级学位称之为法学士（Bachelor of Laws，简称 L. L. B），自 20 世纪 60 年代起，以法律职业博士（Juris Doctor，简称 J. D）取而代之。美国 J. D 学位的学生在校时就已经基本掌握了作为一名律师所具备的实际技能，因此一旦取得律师资格就可以马上执业了。从这个角度来看，美国的 J. D 教育是一种非常专业化的法律职业教育，其在培养目标、课程设置、教学方法和师资队伍等方面均不同于学术性研究生教育模式。

（一）培养目标

J. D 教育作为一种法律职业教育，是指法律教育应与人文教育相分离，学生在开始学习法律之前被假定已获得了必要的人文科学知识，为寻求从事法律职业做准备，而法学院的宗旨是训练他们“像法律家那样进行思考”。这种教育最重视的是培养学生的综合职业能力，即法律知识能力、职业思维能力和驾驭法律信息资源能力三大能力。具体说，就是培养学生具备 10 种基本的律师技巧：（1）解决问题；（2）法律分析和推理；（3）法律研究；（4）实际调查；（5）通讯联络；（6）咨询客户；（7）谈判；（8）诉讼与其他解决纠纷程序；（9）法律工作的安排组织；（10）认识和解决道德难题。这种学位的培养标准强调法律知识与专业技巧的紧密结合，致力于启发学生应用法律知识和解决实际问题的能力。

（二）入学及学费

美国的 J. D 学位徒有博士之名而无博士之实，但 J. D 教育却是不折不扣的本科后教育，是硕士层次的教育。如前所述，报考法学院的学生通常要求已获得某个学院或大学的文学士（B. A.）学位或理学士（B. S.）学位，并且要通过竞争激烈的法学院入学考试（LSAT）。法学院的录取依据除考生的 LSAT 成绩外，主要还有考生的本科成绩单、证明书、年龄、经历、课外活动能力以及法学院认为能够评价考生能否成功完成这种严格的法律学习的某些重要参考信息。可见，美国 J. D 教育的入学条件相当严格，竞争十分激烈。

在一般的私立学校，读一个J. D学位每年的学费大都在1.5万—2.0万美元之间。州立学校则相对便宜一些，每年的学杂费也在1万美元左右。加上食宿、交通、娱乐等生活费用，每年的总消费额当在3万—4万美元上下。三年下来，获得一个J. D学位的平均费用就是9万—10万美元，相当于一个普通人4—6年的全部收入。

（三）课程设置

美国常规法学院的J. D学制为全日制在校学习三年，如果是部分时间学习的学生，则要学习四年。学习期间需修满大约90个学分，毕业时授予法学初级学位J. D学位。在三年的学习期间，法学院的教学内容基本上由普通法的课程组成，分必修课和选修课两种。必修课一般约占全部课程的三分之一，均为核心必修课。尽管各个法学院开设的课程有所不同，但基本上大同小异。以新英格兰地区的13所法学院1985—1986年的课表为例，统一都开的基础课程有11门，即：民事诉讼法、宪法、合同法、刑法、刑事诉讼法、证据学、法律研究、法律写作、职业责任、财产法、侵权法。选修课数量庞大，设置灵活，学生除一年级所修必修课外，可根据自己的爱好和特点以及将来所选职业的需要，选择16—20门课，并达到90个学分才能毕业。哈佛、耶鲁等名牌大学的法学院开设的选修课程大都在100门以上。除必修课和选修课外，各法学院要求学生在三年学习期间都要学习法律写作课和职业道德课，并且该课程是唯一贯穿于三年教学全过程的课程。另外，法学院一般设有法律诊所，为在校生提供从事法律实践活动的平台。

由此可见，美国的法学教育已经放弃了作为本科教育培训机构的道德培养，而侧重于在美国的历史、社会、经济等方面问题的分析和研究，以及语言与文字的表达能力的培训。此外，课程设置也有了相当大的变化，如教育法、卫生和医院法、环境法等新的领域不断得到开拓。

（四）教学方法

在教学方法上，J. D教育表现为以判例（案例）教学法为主，多种法律技能训练为补充。美国法学院崇尚问答式教学，以问题讨论法代替传统的课堂讲授。教师课前先将要讨论的内容所涉及的教科书、案例布置给学生，学生上课前必须对所布置的学习内容认真研读。这样，上课之前，学生已经有了一些自己的见解和不明白的地方，才会带着问题或某种见解有备而来。上课时教师与学生互相提问、互相回答、互相辩论。学生如同律师在法庭上那样，陈述自己的观点，通过教师的循循善导和集体讨论的相互碰撞，个人见解逐步形成了统一意见，除了达成对法律基本理念和法律原则的共识外，还产生了新的法律思维和视野。这样，学生在获得知识的同时，也得到了充分职业化的思维操练和技能的训练。整个教学活动中，教师始终扮演的是经验丰富的“引导者”的角色，而不是纯粹的“教师”角色。

尽管判例教学法非常适合美国普通法的讲授，并有诸多优点，但近年来还是遭到一些批评。为此，美国法学院做出了不少改进，增加了一些补充性教学方法。比如，“情景教学法”颇受青睐，其中最有名的是“诊所式教学法”、“模拟法庭”，它主张让学生在真实的情景中学习、体会律师工作。

（五）师资队伍

在美国，法学院的教师是令人羡慕的工作，地位高而且待遇好。当然，这也是与整个法律职业的高收入相联系的。大学教师分为教授（professor）、副教授（associate professor）和助理教授（assist professor），统称为教授。教授又有全职（full time）和兼职（part time）之分。全职教授只在学校从事教学、科研及教学服务工作，由教授会根据德才标准选录，采用合同制聘任，对教授的科研成果以质量要求，而不是以数量要求。全职教授每人基本上任课2—5门，上课实行选教制，即同一门课分别在不同时间，由不同的教授讲授。这样做，一方面，方便了学生，另一方面，也对教授形成压力和挑战。兼职教授多数是来自实践中的律师、法官、检察官、政府官员等。教授的大部分精力放在教学和从事科研上，行政方面的杂事由秘书来处理。

（六）毕业去向

美国J. D教育的培养目标是从业律师，因此大多数学生拿到学位后，参加律师资格考试，从事律师职业。美国的法律职业一般包括五类：第一类是私人开业律师；第二类是政府部门法律官员；第三类是公司法律顾问；第四类是法官；第五类是法学教师。律师在广义上泛指所有法学院毕业并通过律师资格考试的人，通常包括以上五类人。狭义上的律师仅指私人开业律师，或兼指政府、公司中的法律顾问。在美国，律师业是一个高收入的职业。当然，对法学院的毕业生而言，进政府机关也不失为一条好的出路，尽管所占比例很小。①

① 参见张敬峰、李效民《美国的J. D教育》，《山东省农业管理干部学院学报》2003年第4期。

总之，美国 J. D 教育作为一种非常职业化的法律教育，是以职业培训为起点，再回到法学研究，最后以法学理论促进实务的进程。这种先实务后理论，由实务到理论的做法值得我们借鉴。

三、法律硕士教育的未来发展

他山之石可以攻玉。通过借鉴英美国家的法律职业教育，结合我国现行法律硕士专业学位教育的特点，笔者认为，我国法律硕士教育未来的发展主要呈现在两个方面：

第一，全日制法律硕士教育将成为未来法律硕士学位培养的主流，在职攻读法律硕士的模式最终将退出法律硕士培养机制。

近年来，随着法律专业毕业生特别是法学硕士和法律硕士的大量扩招，一大批高素质的法律职业人才涌入我国中央和地方各级司法机关和其他相关部门，满足了这些部门对法律职业人才的基本需求。因而，以为各级司法机关培养专业人才为设置目标的在职法律硕士逐渐失去了存在的必要性。

第二，法律诊所教育将成为未来法律硕士学位培养的主要模式。

无论是从法律硕士学位教育培养的目标而言，抑或是对法律硕士教育当前培养模式的担忧考虑，法律硕士培养模式的转变都已经迫在眉睫。而法律诊所教育显然是法律硕士培养模式转变的一剂良药。通过法律诊所教育的开展，并使其成为法律硕士学位培养的主要模式，能够从培养机制上保障法律硕士培养的职业化和专业性，这也是我国法律高层次学位教育与英美发达国家法律学位教育接轨的契合点。

四、结语

为适应我国社会主义市场经济和依法治国对高层次应用型、复合型法律人才的需求，我国从 1996 年开始试办法律硕士专业学位教育，并且在教育部、国务院学位委员会的正确领导和政法部门的大力支持下，取得了突出的成就，经过十余年的试点和不断的探索，至 2006 年底法律硕士教育已经全面转入正规化。法律硕士教育是我国法学教育改革的一项重大措施，在我国的法律生活中已经获得了相当程度的普及和传播，并在我国的法学教育界与司法实务界产生了重大影响，取得了丰硕的成果。但不可否认的是，由于教育理念和培养模式的模糊，法律硕士在运行中还存在一些亟待解决的问题，在制度设计、培养标准、具体运作等方面有待于进一步的改进和完善。尽管如此，作为我国法律教育的新生力量，法律硕士教育在短短十余年间的迅猛发展预示着它是我国法律教育正确的改革方向，作为我国依法治国、建立社会主义法治国家的人才库，必将担负起为构建和谐社会培养具有社会主义法治理念的高层次、高素质应用型法律人才的重任。

第八章　法学博士教育

第一节　概述

博士教育是现代高等教育中的最高层次，无疑法学博士教育也是法学教育中的最高层次，法学博士教育对整个法学教育的健康发展意义重大，抛开法学博士教育作为法学教育的组成不说，法学博士教育还为法学教育起着输送人才的作用，法学博士也是法学研究的中坚力量，所以，从某种意义上说，法学博士教育的发展状况和水平是法学教育发展的风向标。

60多年法学教育发展进程中，法学博士教育的发展是近30多年的事，[①] "文化大革命"结束以后，1977年全国开始恢复高考制度和研究生招生制度。1980年2月12日五届人大常委会第十三次会议审议通过《中华人民共和国学位条例》，并于1981年1月1日起施行，这标志着我国学位制度正式建立。1981年5月20日国务院批准了《中华人民共和国学位条例暂行实施办法》，进一步明确了博士学位授予单位、课程考试、科研工作、学位论文和学位授予等要求。1981年11月国务院批准了首批博士学位授予单位以及学科、专业和指导老师名单。首批博士学位授予单位共151个，博士学位授予单位的专业点共计812个，可以指导博士研究生的导师共计1155人。其中，法学博士学位授予单位3个，法学博士学科、专业点6个，法学博士研究生指导教师6个。[②] 1982年7月 教育部颁发了《关于招收攻读博士学位

---

① 20世纪五六十年代，我国曾借鉴苏联建立过副博士教育制度，但有学者指出，副博士不是严格意义上的博士，而是我国有关博士生招考培养最正规也是最早的教育尝试。参见徐希元《当代中国博士生教育研究》，知识产权出版社2006年版，第132页。

② 参见国务院学位委员会《首批博士和硕士学位授予单位审核工作情况的说明》，《国务院学位委员会公报》1981年第3号，第121页，转引自朱立恒《法治进程中的法学教育改革》，法律出版社2009年版，第257页。根据笔者查到的资料中国法学大事记记载，1983年，中国政法大学设立了新中国第一个法学博士学位授予点——中国法制史博士点，张晋藩先生成为新中国第一批法学博士生导师之一。自1984年开始，张晋藩先生招收第一届法制史博士生。

研究生的暂行规定》，对博士研究生的培养目标、报考条件、考试方式和科目作出了原则性的规定。随后，各博士培养单位按照上述文件的精神，结合本单位的具体情况，制定了具体的博士生招生办法，并开始正式招收中国大陆地区本土各学科最早的一批博士生。1984 年国务院学位委员会和教育部先后下发《关于博士生培养工作的几点意见》、《关于做好博士学位授予工作的几点意见》、《关于做好博士学位研究生学位授予工作的通知》，对博士生培养目标、学习年限、专业培养方案、博士生培养计划、培养方式、博士学位课程方式、博士学位论文和学位授予等作出了明确的规定。至此，我国法学博士教育才真正开展起来。①

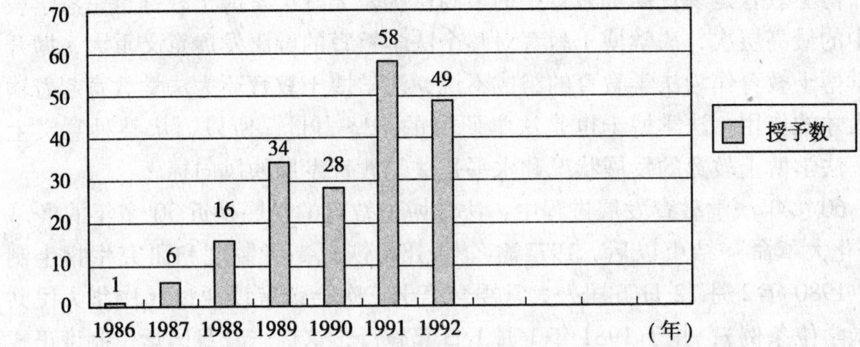

图 8－1 法学一级学科授予博士学位统计（1986—1992）

法学博士教育的发展在法学博士学位的授予有明显体现，调查数据显示，1983 年，中国法学博士研究生开始招生时只录取了 1 人，2008 年，中国法学博士毕业生人数 1700 余人，法学博士招生人数 2500 余人，法学博士在校学生人数 8500 余人。② 26 年间，法学博士教育取得了长足的发展，从图 8－1 与图 8－1 可以看出，在前一个十年（1986—1996），法学博士教育发展稳定，法学博士学位数量增长稳定；在后一个十年（1986—1996），法学博士教育发展迅速，法学博士学位的授予数量逐年递增。

① 朱立恒：《法治进程中的法学教育改革》，法律出版社 2009 年版，第 257 页。

② 《法学毕业生就业率最低》，http：//news. sina. com. cn/c/2009－03－10/093115285462s. shtml。

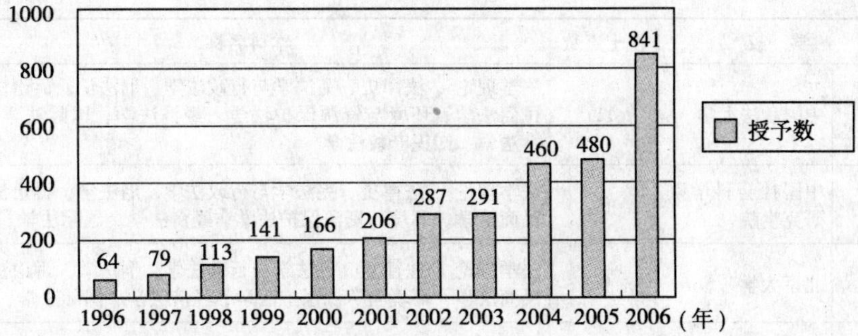

图 8－2　法学一级学科授予博士学位统计（1996—2006）①

法学博士教育的发展在法学博士点的设置上也能呈现，截至 2010 年，我们有 37 所院校和科研机构设有法学博士点，其中法学一级学科博士学位授权点有 11 个。法学一级学科博士学位授权点是国务院学位办批准的，学校将有权自主设立现有的全部 10 个法学二级学科的硕士点与博士点，2003 年第一次公布的时候，全国这样的院校只有以下 6 所：北京大学、中国人民大学、中国政法大学、武汉大学、中国社会科学院研究生院、西南政法大学。2007 年前后，吉林大学、华东政法大学、南京师范大学、厦门大学、中南财经政法大学以及清华大学也都获得了法学一级学科博士学位授权点。截至 2010 年，在法学二级学科上招收博士生的法学理论博士点 15 个、法律史博士点 10 个、宪法学与行政法学博士点 17 个、刑法学博士点 12 个、民商法学博士点 16 个、诉讼法学博士点 12 个、经济法学博士点 14 个、环境与资源保护法学博士点 9 个、国际法学博士点 15 个、知识产权博士点 4 个、民族法学博士点 2 个、军事法学博士点 2 个。

表 8－1　2009 年各院校法学博士生招生专业表

学　校		博士点数	学科名称
1	中国人民大学	10	法学理论、法律史、宪法与行政法学、刑法学、民商法学、诉讼法学、经济法学、环境与资源保护法学、国际法学、知识产权法

① 数据来源：中国学位与研究生教育信息分析课题组：《中国学位与研究生教育信息分析报告》，中国人民大学出版社 2009 年版，第 63 页。

续表

学　校		博士点数	学科名称
2	中国政法大学	11	法学理论 、法律史、宪法学与行政法学、刑法学、诉讼法学、民商法学、环境与资源保护法学、经济法学、国际法学、军事法学、知识产权法学
3	中国社会科学院研究生院	9	法学理论 、法律史、宪法学与行政法学、刑法学、诉讼法学、民商法学、环境与资源保护法学、经济法学、国际法学、
4	北京大学	9	法学理论 、法律史、宪法学与行政法学、刑法学、诉讼法学、民商法学、环境与资源保护法学、经济法学、国际法学、
5	武汉大学	7	法学理论、宪法与行政法学、刑法学、民商法学、经济法学、环境与资源保护法学、国际法学
6	吉林大学	7	法学理论、法律史、宪法学与行政法学、民商法学、经济法学、刑法学、国际法学
7	中南财经政法大学	10	法学理论、法律史、宪法与行政法学、刑法学、民商法学、诉讼法学、经济法学、环境与资源保护法学、国际法学、知识产权法
8	厦门大学	7	法学理论、宪法学与行政法学、民商法学、刑法学、诉讼法学、经济法学、国际法学
9	南京师范大学	6	法学理论、法律史、刑法学、宪法学与行政法学、民商法学、诉讼法学
10	华东政法大学	8	法律史、宪法学与行政法学、刑法学、民商法学、经济法学、国际法学、司法鉴定、知识产权
11	清华大学	6	法学理论、民商法学、宪法学、刑法学、诉讼法学、国际法学
12	西南政法大学	9	法学理论、法律史、宪法与行政法学、刑法学、民商法学、诉讼法学、经济法学、环境与资源保护法学、国际法学
13	山东大学	3	法学理论、宪法学与行政法学、民商法学
14	浙江大学	2	法学理论、宪法学与行政法学
15	复旦大学	2	民商法学、国际法学
16	对外经贸大学	2	民商法学、国际法学
17	湘潭大学	2	法律史、诉讼法学
18	中央党校	1	法学理论
19	中山大学	1	法学理论
20	上海交通大学	1	宪法学与行政法学
21	苏州大学	1	宪法学与行政法学
22	郑州大学	1	宪法学与行政法学

续表

	学　校	博士点数	学科名称
23	黑龙江大学	1	民商法学
24	南京大学	1	经济法学
25	安徽大学	1	经济法学
26	辽宁大学	1	经济法学
27	湖南大学	1	经济法学
28	中国人民公安大学	1	诉讼法学
29	四川大学	1	诉讼法学
30	福州大学	1	环境与资源保护法学
31	中国海洋大学	1	环境与资源保护法学
32	重庆大学	1	环境与资源保护法学
33	大连海事大学	1	国际法学
34	湖南师范大学	1	国际法学
35	中央民族大学	1	民族法学
36	云南大学	1	民族法学
37	西安政治学院	1	军事法学

表中各院校专业设置引自2009年各院校博士生招生专业目录。

可以说，虽然我们的法学博士教育起步很晚，但是发展速度，取得了巨大的成就，如有些学者所总结的，法学博士教育的开展使得我国高等法学教育形成了完整的体系，培养了大量高级法学人才，[①] 增强了法学研究的水平，提升了法学院校的整体实力和学术声誉。[②]

第二节　招生就业

一、招生情况

（一）选拔方式

根据教育部颁布的《2009年招收攻读博士学位研究生工作办法》，在选

① 目前中国法学会各研究会的会长以及各学科研究的中青年骨干绝大部分都是我国培养的法学博士。

② 朱立恒：《法治进程中的法学教育改革》，法律出版社2009年版，第257—264页。

拔方式上，可以采取公开招考、提前攻博、硕博连读和直接攻博四种方式。

1. 公开招考：指招生单位面向全社会，自行命题并组织入学考试，择优录取的招生方式。公开招考分初试和复试。生源为已获硕士学位人员、应届硕士毕业生以及同等学力考生。

2. 提前攻博：指招生单位从本单位提前完成硕士课程学习并且成绩优异、具有较强创新精神和科研能力、尚未进入论文阶段或正在进行论文工作的在学硕士生中选拔博士生的方式。考生进入博士阶段前要完成硕士论文答辩并取得硕士学位。

3. 硕博连读：指招生单位在本单位完成规定课程学习并且成绩优异，具有较强创新精神和科研能力的在学硕士生中遴选博士生的方式。拟进行硕博连读的学生按招生单位的规定提出申请，经本专业博士生导师同意及招生单位核准后，通过招生单位的博士生入学考试后进入博士生阶段的学习。

北京大学法学院党政联席办公会议于2008年5月16修订公布了《法学院硕博连读暂行办法》，对法学学科硕博连读作了详细规定，包括名额上的限制（法学院每年接收本院的硕博连读学生不超过5个（含5个），每个专业的硕博连读学生不超过1个）、资格的限制（（1）申请人是北京大学法学院全日制法学硕士研究生；（2）申请人在硕士研究生第一学年度的各门课程平均成绩在80分以上，专业必修课平均成绩在85分以上）、程序（申请人应当在法学院教务办公室通知的资格考试时间，接受法学院学位委员会的考核。法学院学位委员会对申请人进行面试考核时，应当根据申请人的申请材料以及其他相关材料，重点考察申请人分析解决问题能力、创新能力和人品素养，并在充分讨论的基础上进行匿名投票表决。申请人的申请经法学院学位委员会出席会议的委员三分之二以上（含三分之二）表决通过的，申请人即可列入硕博连读报送名单，由法学院主管教学的副院长签字确认后上报给研究生院。研究生院批准后，申请人就可纳入申请提出之年的下一年的博士生初取名单）。

4. 直接攻博：指允许特定学科和专业的应届本科毕业生直接取得博士研究生入学资格的选拔方式。直接攻博方式仅限在设立研究生院的普通高校试行；生源应为取得推荐免试资格的优秀应届本科毕业生；招生专业一般为理、工、农、医等学科门类；招生人数原则上不超过本校博士生招生规模的10%。法学博士招生采用直接攻博招考方式的很少见。

（二）报考条件

根据《2009 年招收攻读博士学位研究生工作办法》的规定，以公开招考方式报考博士生的条件是：

1. 拥护中国共产党的领导，愿意为社会主义现代化建设服务，品德良好，遵纪守法。

2. 已获硕士学位的人员；应届硕士毕业生（最迟须在入学前取得硕士学位）；获得学士学位 6 年以上（含 6 年，从获得学士学位到博士生入学之日）并达到与硕士毕业生同等学力的人员。

3. 身体健康状况符合报考单位规定的体检要求。

4. 报考国家计划内博士生的年龄不超过 45 周岁，报考委托培养或自筹经费的考生年龄不限。

5. 有两名与报考学科相关的副教授（或相当职称）以上的专家书面推荐。

6. 以硕士毕业生同等学力身份报考的人员，按招生单位根据本单位的培养目标对考生提出的具体的业务要求，提交相应的材料。如中国人民大学要求同等学力报考须具备以下条件：（1）必须获得学士学位满六年；（2）报名时已在核心期刊上公开发表与报考专业相关的论文 3 篇以上；（3）报名时原则上已获得国家外语六级水平考试证书；或 2005 年 6 月以后参加六级考试成绩达到 426 分以上者，提交成绩单；（4）初试时加试两门业务课和政治理论课；（5）提交与报考专业相关的、相当于硕士学位水平的论文。华东政法大学要求，同等学力报考人员须满足下列条件之一：（1）三年内在国内外核心期刊上，以第一作者发表与报考学科相关的论文；（2）在所报学科曾有专著；（3）三年内曾主持部省级以上的科研项目或获部省级以上奖励的科研成果。

参加少数民族高层次骨干人才计划全国统一招收博士研究生考试必须符合以下条件：（1）拥护中国共产党的领导，拥护社会主义制度，维护国家统一和民族团结，立志为西部大开发和民族地区发展服务。（2）保证毕业后到定向地区或单位就业。（3）往届或应届硕士毕业生（最迟须在入学前取得硕士学位）；满足我校规定的同等学力人员报考要求。（4）年龄一般不超过 45 周岁。（5）身体状况符合国家规定的体检要求。

7. 现役军人考生，按解放军总政治部的规定办理。

提前攻博方式的报考条件：除满足上述第 1、3、4、5 条规定外，考生应是提前完成硕士课程学习并且成绩优异、具有较强创新精神和科研能力、尚未进入论文阶段或正在进行论文工作的在学硕士生。

硕博连读方式的报考条件：除满足上述第1、3、4、5条规定外，考生应是已完成规定的课程学习，成绩优秀，对学术研究有浓厚兴趣，具有较强创新精神和科研能力的本校在读硕士生。

直接攻博方式的报考条件：除满足上述第1、3、4、5条规定外，考生应是取得推荐免试资格的优秀应届本科毕业生。

（三）报考手续

报名时间地点。法学博士入学考试的时间通常在每年的三月份或者四月份，通常实行网上报名。

符合报考公开招考方式报考条件的报考人员应在规定的期限内向招生单位提交下列材料以供审查：（1）填写好的攻读博士学位研究生报考登记表；（2）专家推荐书；（3）学位证书复印件（应届毕业生必须在入学前补交）或证明书；（4）以同等学力身份报考的人员按招生单位的要求提交有关材料；（5）招生单位要求的其他材料。

每个学校对资格审查要求提供的材料有细微差别，中南财经政法大学是这样要求的，资格审查及交送的报考材料包括：（1）《中南财经政法大学2009年报考博士研究生登记表》1份；（2）副高职称以上的专家推荐信2份（均须专家本人签字，且提供其职称复印件各1份）；（3）考生考试诚信承诺书1份；（4）体格检查表（市级三甲以上医院的体检结果）1份；（5）硕士学位证书复印件或证明书（应届硕士毕业生须提交所在学校研究生培养部门提供能如期毕业的研究生学籍证明）1份；（6）由本人签字确认的报名信息卡1份；（7）硕士阶段成绩单1份（须加盖硕士培养部门公章或考生档案所在人事部门公章）；（8）少数民族骨干计划博士研究生考生登记表（限少数民族骨干计划考生）1份。① 中国人民大学则要求提交：（1）博士研究生登记表；（2）学历、学位证书复印件；（3）两名与报考学科有关的教授（或相当职称）的专家推荐书；（4）硕士课程学习成绩单原件和复印件、硕士学位论文（应届毕业硕士生可提供论文摘要和目录等）；跨学科专业报考者、同等学力报考者须提交内容与所报专业相关的、相当于硕士学位水平的论文；同等学力报考者提交国家外语六级水平考试证书或成绩单复印件以及在核心期刊上公开发表的与报考专业相关的论文；（5）公开发表的学术论文、所获专利及其他科研成果；（6）攻读博士学位期间本

① 《中南财经政法大学2009年攻读博士学位研究生招生简章》。

人想致力研究的问题和设想的陈述书；（7）报考在职培养的博士生考生须提交单位人事部门同意脱产学习的证明。①

北京大学法学院规定，申请硕博连读的则须提交：（1）《北京大学硕士生、博士生连续培养登记表》；（2）申请人书面研究计划，包括申请人拟从事研究的主题、该主题在本学科领域中的重要意义、申请人对该主题已经进行的研究、申请人拟在攻读博士期间从事的研究以及研究可能实现的创新等内容，字数不少于8000字；（3）愿意招收该申请人的博士生导师对申请人学术水准和能力的评价书，字数不少于800字。申请人在《北京大学硕士生、博士生连续培养登记表》中注明有科研成果的，应当提交该成果封面页、目录页和正文第一页的复印件。②

（四）考试方式

公开招考的博士生考试包括初试和复试两个环节。

初试的科目为政治理论（已获得硕士学位者和应届硕士毕业生可以申请免试）、外国语和不少于两门的业务课，均为笔试。每科目考试时间为3小时，满分为100分。所有科目均由招生单位自行命题。考试须在招生单位内进行，不得在招生单位之外设置考场。除必须进行笔试外，招生单位还可以增加其他方式对考生进行考核。试卷由招生单位自行评阅。考试成绩由招生单位书面通知考生本人。考生本人不得查阅试卷，如对评卷结果有异议，考生可向招生单位提出书面复查申请，招生单位应组织专门人员进行认真复查，并将复查结果书面通知考生本人。

招生单位应组织包括指导教师在内的三人以上的复试小组对确定参加复试的考生进行复试。复试的具体方法和程序、参加复试的考生名单、复试时间和地点、初（复）试成绩使用办法、录取规则等规定和要求由各招生单位自定。至迟应在复试前向考生公布。复试小组根据专业培养要求，考查考生综合运用所学知识的能力、对本学科前沿知识及最新研究动态掌握情况，参考申请材料，测评考生是否具备博士生培养的潜能和综合素质，并进行外国语的听力和口语测试。在专业课的复试上，一般是参加复试的考生应向专家复试组作报告。报告内容包括个人科研经历和成果介绍、对拟从事研究的领域的了解和看法、本人拟进行的研究工作设想及理由等。复试组对学生的攻博研究计划、学科背景、专业素质、外语口语水平、思维能力、创新能力等进行考察和考试。对同等学

① 《中国人民大学2009年招收攻读博士学位研究生简章》。

② 《北京大学法学院硕博连读暂行办法》。

力考生应加强复试，复试阶段须对其加试（笔试）两门本专业硕士学位主干课程。要确保复试阶段的面试时间和面试质量，要有现场记录、成绩和评语。复试结果应书面通知考生本人。招生单位认为需进一步考查时，可再次安排复试。招生单位的招生工作领导小组对复试结果负责。

在成绩的计算上，各校略有差别，如北京大学法学院是总成绩以100分计算，考生初试成绩占50%，攻博研究计划占30%，面试成绩占20%。总成绩（百分制）=初试成绩（专业成绩1+专业成绩2+外语成绩）÷3×0.5+攻博研究计划×0.3+面试成绩×0.2。厦门大学法学院复试成绩占总成绩的40%，即初试和复试成绩各占60%和40%。复试包括三部分：(1)专业外语测试（25分）。专业外语口试：由主考教师与考生进行专业外语会话（10分）。专业外语笔试：在规定的时间内将专业外文文献翻译成中文（15分）。(2)专业课考试（45分）。考试方式：口试——由主考教师分别向考生提问，考生当场回答。考试范围：所报考专业方向的初试科目。(3)科研素质与能力考查（30分）。考查范围：考生已有的科研成果、获奖情况及其他科研素质及能力。考查依据：考生参加复试时须提交本人已公开发表的学术论文和已公开出版的学术著作等，指明其中的代表作一篇，并提交能证明自己科研素质及能力的其他材料（请列一份清单）。一个显而易见的趋势是，复试相对笔试在总成绩中占的比重呈上升趋势，而复试中更注重对学术潜力的考查。

（五）录取情况

法学博士研究生的考试也是竞争非常激烈的一项考试，考虑到法学博士对学术方面的要求比较高，很多人望而却步，表8-2和表8-3中近年来中国人民大学法学院和清华大学法学院的录取比例反映了考博的淘汰率还是比较高的。当然，在法学博士的考录上，名气比较大的学校，名气比较高的导师，比较热门的专业，淘汰率就更高些，以至于很多导师那里都有考博排队一说。

表8-2　中国人民大学法学院博士生报考录取情况统计（2005—2009）①

年份	报考人数	录取人数	录取比例（%）
2005	819	140	17
2006	852	139	16.3

① 数据来源：《中国人民大学研究生招生工作简报》(2005—2009)。

续表

年份	报考人数	录取人数	录取比例（%）
2007	846	148	17.4
2008	888	137	15.4
2009	912	140	15.3

表 8－3　清华大学法学院博士生报考录取情况统计（2006—2008）①

年份	报考人数	复试人数	录取人数	录取比例（%）
2006	153	81	11	7.2
2007	238	59	24	10
2008	310	39	24	7.7

二、就业状况

法学博士是法学教育领域培养出来的高端人才，其应然的就业取向应当以学术为业，从事法学研究，早期的法学博士绝大多数都是到高校或科研机构从事法学研究，现在已经成为法学研究的中坚力量。

目前，法学博士按照培养方式的不同可以分为以下五种：（1）非定向生：全脱产学习，转户口、调档案，毕业后工作非定向选择；（2）自筹经费生：交纳学费，全脱产学习，转户口、调档案，毕业后工作自主选择；（3）委托培养：委托单位或个人交纳学费，全脱产学习三年（北京生源不提供住宿），毕业后回委托单位工作；（4）在职定向：不脱产学习，第一年在校上课（本地生源不提供住宿，外地生源只提供第一年住宿），毕业后回原单位工作；（5）在职培养：考生单位或个人交纳学费，不脱产学习，第一年在校上课（本地生源不提供住宿，外地生源只提供第一年住宿），毕业后回原单位工作。后三种不涉及工作问题，博士就业的问题主要涉及非定向生和自筹经费生。从表 8－4 可以看出，在 2005 年以前，法学博士毕业生就业去向也主要是教育研究机构。但近二三年来，出现了法学博士就业难的问题，之所以出现这个问题大概有以下几个原因：第一，法学博士培养数量的增多超过了科研机构的需求；第二，前一段时间为应付本科教学评估，各大高校掀起了进人热，现在各大高校的教学科研岗位基本上饱和；第三，北京

① 数据来源：清华大学法学院网站，http：//www.tsinghua.edu.cn/docsn/fxy/web2008/zs/tongji－2006.htm。

是培养法学博士的大本营，大部分法学博士都想留京不愿意去外地加剧了法学博士的就业难度。而法学博士的就业难也导致了目前法学博士研究生毕业后两大取向，一是考公务员，二是做博士后。①

表 8-4　　北京三所院校法学博士毕业研究生去向（不完全统计）②

类　别	2004 年（清华）	2005 年（清华）	2004 年（北大）	2005 年（北大）	2005 年（人大）
教育、研究机构	5	6	12	27	31
博士后	2		不详	2	1
中央国家机关	1		3	6	1
地方机关				3	2
事业单位			5	3	
法院、检察院		1	不详	1	2
金融机构		1		1	
法律事务咨询			1	1	1
外资企业					2
合计	8	8	31	44	40（不含在职）

第三节　教学培养

博士生的教学培养是法学博士生教育中的核心内容。2000 年教育部在《关于加强和改进研究生培养工作的几点意见》（教研［2000］1 号）中指出，博士生教育应以培养教学、科研方面的高层次创造性人才为主。博士生不仅要掌握坚实宽广的基础理论和系统深入的专门知识，能够独立地、创造性地从事科学研究工作，而且要具有主持较大型科研、技术开发项目，或解决和探索我国经济、社会发展问题的能力。可见，我国博士的培养目标是立足中国的高层次研究型人才，法学博士的培养也应围绕这个目标展开。

一、学习年限

2000 年教育部在《关于加强和改进研究生培养工作的几点意见》（教研［2000］1 号）规定，研究生培养可采取全日制和非全日制两种培养方式。

① 公务员相对稳定的收入以及干部队伍知识化的要求使得公务员成了法学博士的较好选择。

② 转自孔志国《法学博士：从政者是少数派》，《法律与生活》2005 年第 21 期，第 26 页。

应逐步将通过同等学力申请学位和在职攻读专业学位的人才培养方式纳入非全日制研究生培养方式。实行弹性学制。博士生学习年限一般为3—4年，具体由培养单位自行确定。允许研究生分段完成学业，并规定学生累计在学的最长年限。

全日制法学博士研究生的学习年限通常为三年，但北京大学法学院自2004年开始，法学博士的学习年限改为四年，在职博士生的基本学习年限为五年；直接攻读博士学位的研究生（简称直博生）、硕士—博士连续培养的研究生（简称硕博连读生）的学习年限一般为五年。中国政法大学全日制博士研究生在校学习期限为三年，在职博士研究生在校学习期限为四年。华东政法大学规定一般不得超过五年。中南财经政法大学则规定，脱产学习者，学制为三到六年；在职学习者，学制为四到六年。

根据具体情况，博士研究生可以申请提前或者推迟毕业和答辩。《西南政法大学博士研究生培养管理办法》第7条第2款规定，因正当理由未能按时完成学习、研究任务或参加博士论文答辩的，可由本人提前三个月提出申请，指导教师签署意见，经学科组、学院同意并报研究生部审核、主管校长批准后，可延长学习年限，但最长不超过两年。第9条规定，提前完成全部培养目标，成绩特别优异的博士研究生，可由本人提出申请，并附导师、学科组推荐意见，经学院同意、研究生部审核、主管校长批准后，提前申请博士学位论文答辩，答辩通过后经校学位评定委员会决定授予博士学位。成绩特别优异是指所有课程的平均成绩优秀、综合考试成绩优秀、在中国中文核心期刊正刊上以本校博士研究生名义独立发表学术论文5篇以上、在校内面向全校师生作学术报告两次以上。中国人民大学则要求具备以下两个条件：(1) 已按博士生个人培养计划的要求学完全部课程，各门课程考试成绩均在及格以上。(2) 在校期间须在“核心期刊”或“专业期刊”上发表科研论文不少于3篇，同时在“其他期刊”上发表论文不少于3篇；或在“核心期刊”、“专业期刊”上发表学术论文不少于5篇；或在可检索的国际学术期刊上发表两篇以上（含两篇）学术论文或在本学科领域内取得重大的科研成果，获得全国性科研成果奖。在程序上要履行以下手续：(1) 由博士生本人向所在院、系、所提交申请提前毕业的书面报告，详细列明申请提前毕业的条件和理由；(2) 指导教师和院、系、所主管研究生工作的领导签署意见；(3) 填写《博士研究生提前毕业申请表》一式两份；(4) 携带经导师审阅并签署同意打印的毕业（学位）论文。以上材料一并报研究生院培养管理办公室审批。自筹经费和委托培养的研究生还须出示缴纳学费的财务收据。武汉大学规定，在职博士生符合以下条件的，可申请提前毕业：(1) 学习期间已公开发表4篇以上科研论文；(2) 已完成了学位课程学习且成绩均为A以上；(3) 学位论文经送审“盲评”三分之二评审结果为“优”；(4) 符合学校文件规定的其他条件。

二、导师指导

导师如何指导学生，大陆法系和英美法系有不同的路径和方式。如在注重学术师承的德国是采取的师傅带徒弟的方式，这种方式有利于导师的言传身教和文脉传承，但容易造成门户之见；推崇实用主义的美国则多采取导师组的指导方式，这种方式有利于学生博采众长，但也有可能造成学生被“放羊”。我国目前在法学博士研究生的培养上，有导师制和导师及导师组结合制两种方式。

导师制是大多数学校推行的培养方式，在博士生入学考试报名时，就确定报考哪个导师，在考上后就被那位导师指导。导师应全面负责博士研究生的日常培养教育工作，包括：(1) 指导博士研究生制订个人培养计划；(2) 督促博士研究生在课程学习期间到校学习，完成学习任务；(3) 对博士研究生执行学习和科研计划的情况进行检查，提出具体意见；(4) 对博士研究生进行思想政治、学风、品德等方面的教育；(5) 指导和检查博士研究生的学位论文工作；(6) 对不能达到培养要求的博士研究生提出淘汰建议。

导师及导师组结合制是指对每位博士生都必须成立博士生指导小组。博士生指导小组，应由该生的导师为组长，另有3—5名本专业和/或相关学科专业的专家组成。在这种指导方式下导师的确定方式有三种：(1) 在报考时即确定，大多数学校采用此种方式。(2) 取消导师报考制，采取方向报考制，在入学后确定导师，如西南政法大学，新生入学后一个月内确定博士研究生的指导教师。导师确定的程序是，由博士研究生本人提出申请，学科组根据博士研究生和导师的意愿确定，学院对导师分工名单核定后报研究生部审核。(3) 有的学校在中期考核结束后通过双向选择确定导师。导师组共同负责博士研究生的日常培养工作。

三、中期考核

中期考核，也称中期考试、综合考试、资格考试，是博士生修完课程后、学位论文开始前进行的一次综合考核。检查博士生是否掌握本学科坚实宽广的基础理论和系统深入的专门知识，以及分析问题、解决问题的能力，并以此确定是否进入博士论文撰写阶段。一般而言，如果中期考核不能通过，就意味着不能进入博士论文写作阶段，就意味着不能顺利毕业。

表 8－5　　六所院校法学博士中期考核方案

	中国人民大学法学院	北京大学法学院	清华大学法学院	中国政法大学	西南政法大学	华东政法大学
考试时间	第三学期或第四学期	基本学习年限为4年的博士生，应在入学后的第三学期；基本学习年限为5年的博士生，在入学后的第四学期末之前；硕—博连读生在转为正式博士生后一学期之内，进行学科综合考试。	第二学年秋季学期初	第三学期末	第四学期结束前	至迟应在入学后的第三学期结束前
考试方式	口试与笔试相结合	可以是口试，也可以是口、笔兼试	闭卷笔试（60分）和口试（40分）两部分	口试与笔试相结合		综合考试可以口试或口笔兼试方式，按优、良、合格、不合格四级评定成绩并写出评语。考试委员会应选聘一名讲师职称以上的人员作综合考试的记录。
考试内容	专业课内容		笔试重点考查博士生是否掌握了深入和宽广的学科基础和专业知识；口试重点考查博士生是否能综合运用本学科专业知识分析和解决问题，是否具备进行创新性研究工作的能力。		（1）课程学习情况，包括各门课程考核成绩；（2）基础外语及专业外语的掌握情况；（3）独立从事科研工作的能力、素质、作风和已经发表的科研成果情况；（4）思想政治表现、学习和工作态度。	导师应在综合考试前向考试委员会报告博士生的专业、研究方向及培养计划所规定的学习和科研情况。考试委员会应根据博士专业培养目标及个人培养计划的要求，确定考试范围，拟定考试题目。

续表

	中国人民大学法学院	北京大学法学院	清华大学法学院	中国政法大学	西南政法大学	华东政法大学
考试组织	导师组统一组织	学科综合考试由考试委员会主持，考试委员会应由本学科和相关学科的至少五名教授、副教授（或相当职称的专家）组成。考试委员会主席由教授（或相当职称的专家）担任。导师可以参加考试委员会，但不能担任主席。	博士生资格考试由院统一组织。资格考试委员会由不少于三名的教授、副教授组成，并经学位评定分委员会同意。资格考试的范围、时间，由资格考试委员会在考试前一个月通知博士生。	由五名以上教授、副教授组成考核委员会		综合考试和成绩评定由导师组主持，导师组应组织本学科和相关学科的三至五名教授、副教授（或相当职称的专家）担任。导师可以参加考试委员会，但不担任主席。
考试后果	考试成绩合格，方能进入博士学位论文准备程序	按合格和不合格两级评定成绩并写出评语，须经过表决，得到考试委员三分之二以上（不含三分之二）赞成合格者，方为通过。考试成绩不合格的，可以补考一次。对补考仍不及格者的处理办法是：硕士起点的博士生，予以退学；直攻博或硕—博连读的博士生，由导师提出转读硕士学位或予以退学的建议，院（系、所、中心）领导研究同意，报研究生院审批。	资格考试不及格者，可在博士生入学后第二学年秋季学期末重考一次。重考仍不及格者不能继续攻读博士学位，并应按照《清华大学研究生学籍管理规定》办理退学手续。	中期考核成绩不及格者，不能进行学位论文撰写，按有关规定淘汰。	中期考核合格的博士研究生可进入博士学位论文工作阶段。中期考核不合格者，应予淘汰。	综合考试成绩不合格的博士生，不得补考，中止博士论文撰写，按结业处理。

四、学位论文

博士学位论文集中体现博士研究生的科研水平和科研能力，表明作者掌握本学科坚实宽广的基础理论和系统深入的专门知识，具有独立从事科学研究工作的能力，是博士研究生培养中的核心内容。博士学位论文的完成一般要讲过开题、写作、申请答辩、评阅、答辩五个阶段。

（一）开题

根据相关大学的规定，要求研究生在广泛调查研究、阅读文献资料、搞清楚主攻方向上的前沿成果和发展动态的基础上，自己提出学位论文选题。博士学位论文的选题应属于学科前沿领域或对我国法治、经济和社会发展有重要意义的课题。

博士研究生本人填写《博士研究生学位论文开题报告》。开题报告的内容应包括：（1）拟定的学位论文题目；（2）课题的研究意义、国内外研究现状分析；（3）课题研究目标、研究内容、拟解决的关键问题；（4）拟采取的研究方法、方案及其可行性研究；（5）课题的创新性；（6）计划进度、预期进展和预期成果；（7）与本课题有关的资料积累、已有的前期研究成果。

开题报告会应在本学科或相关学科范围内公开进行，由学科组负责人召集有关专家组成学科专家组对开题报告进行论证。学科专家组由 3 人以上专家组成。

博士研究生在开题报告会上应就所选课题进行详细报告。学科专家组应对报告人所选课题的创新性和可行性进行重点论证，并就课题的研究工作提出具体意见和建议。开题报告通过者，论文正式进入写作阶段；未通过者，应在三个月内进行修改，再度进行开题报告。

学科组应指定专人对开题报告会作记录。专家组成员、记录人和报告人应在笔录上签名。开题报告和专家论证意见应在学科组、学院和研究生部存档。

（二）写作

博士学位论文应在导师指导下由博士研究生独立完成。

博士学位论文内容应概念清楚、立论正确、分析严谨、数据真实可靠、计算正确、图表清晰、层次分明、文字简练。

博士学位论文应为具有系统性、完整性、创造性的学术成果，能够通过专家鉴定认可，达到在国内外重要刊物、出版社正式发表的水平。

博士学位论文一般不少于10万字。也有学校如厦门大学法学院规定不少于12万字。

博士论文写作时间一般不少于1年。

为保证博士论文的写作质量，不少学校要求导师和导师组督促博士学位论文的完成。如西南政法大学要求，通过论文开题报告进入论文写作阶段的博士研究生应分别于第四、五、六学期开学后第二周向导师和导师组提交上一学期工作计划完成情况报告，及时汇报科研情况和论文写作计划完成情况，由导师和导师组在该报告上签署是否同意前一阶段论文写作与科研工作的意见，并报研究生部备案。导师和导师组应对博士研究生的学位论文工作及科研计划完成情况作出评定，指出其存在的问题。对学位论文写作与科研工作存在严重问题的博士研究生，导师组应提出推迟其学位论文答辩或终止学位论文写作的意见，经学科组、学院、研究生部审核后，报主管校长批准。被终止学位论文写作的博士研究生应予淘汰。更多的学校对此作的是弹性的规定，如北京大学法学院规定，每隔3—5个月，研究生应在一定范围内报告论文进展情况。导师、指导小组及有关人员应帮助分析论文工作中的难点，找出不足，明确下一步研究的方向和重点，促进论文工作的顺利开展。

此外，为提高论文质量，促进博士学位论文的学术水平，很多学校还规定了预答辩制度。如北京大学法学院要求申请学位论文答辩的三个月以前向本专业和相关专业的教师、导师和指导组成员全面报告论文进展情况及取得的成果，听取意见，确定如期还是延期答辩，进一步修改和完善学位论文。清华大学法学院要求博士生在学位论文工作基本完成后，至少于答辩前三个月，作一次博士论文工作总结报告，邀请本专业博士生导师及有关教师参加，对其论文工作的主要成果和创造性等进行评议，广泛听取意见。《中国政法大学博士学位论文答辩细则》第十三条至十七条更对预答辩作了细致规定，经导师推荐的申请论文，应申请人及导师要求、经院答辩指导小组同意，可以进行预答辩。预答辩小组主持预答辩。预答辩小组由本校教师3—5人组成。预答辩公开进行。具体程序如下：（1）申请人介绍申请论文的选题意义、主要内容、创新之处及存在的不足；（2）预答辩小组成员针对申请论文进行提问；（3）申请人回答问题；（4）预答辩小组对申请论文进行评议，针对其不足提出意见。导师应当参加预答辩小组。导师因故不能参加的，应当将对申请论文的书面意见提交预答辩小组。预答辩小组根据申请论文及预答辩中出现的问题，出具书面意见，告知申请人、导师及院答辩指导小组。预答辩小组的意见对于申请人是否进入评阅、答辩程序，不具有约束力。申请人、导师应当参考预答辩小组的建议。

（三）申请答辩

博士研究生应于第六学期开学后一个月内完成学位论文的撰写和学位论文答辩申请。学科组应经学院向校学位办提交按时和推迟学位论文答辩的博士研究生名单，由校学位办签署意见，报主管校长批准。

（四）评阅

博士学位论文的评阅分为匿名评阅和公开评阅两种。目前，北京大学法学院、中国政法大学、西南政法大学全部实行匿名评阅，其他院校采用抽签决定部分博士学位论文匿名评阅。

在评阅意见的约束力上，各校规定亦略有不同。如同是全部采取匿名评审的学校，《西南政法大学博士生培养管理办法》规定，校学位办应将其学位论文送 7 名校内外专家匿名评审，学位办应在收齐 7 名校内外评审专家的评审意见后，及时完成校内外专家同意和不同意申请人参加答辩的统计工作。三分之二以上专家同意申请人参加答辩的，校学位办应立即通知学科组安排该申请人答辩。三分之一以上专家不同意申请人参加答辩的，校学位办应立即通知学科组不安排该申请人答辩。《中国政法大学博士学位论文答辩细则》规定，每篇申请论文由 4 名同行专家进行评阅。其中应包括 2 名校外专家。4 名评阅专家一致同意申请人参加答辩的，该申请人进入答辩程序。1 名评阅专家不同意申请人参加答辩，申请人不进入答辩程序。但申请人提出评阅异议申请。评阅异议申请应在申请人被告知 1 名专家不同意申请人参加答辩消息后 3 日内以书面形式向院答辩指导小组提出。对于评阅异议申请，由校学位评定委员会办公室增聘 2 名评阅专家作为再评阅专家，对申请论文进行再评阅。再评阅专家 2 人一致同意申请人参加答辩，申请人进入答辩程序；再评阅专家中有 1 人不同意申请人参加答辩，申请人本次学位申请程序中止。2 名以上（含）评阅专家不同意申请人参加答辩的，申请人不进入答辩程序。学院书面通知申请人，申请人的本次学位申请程序中止。程序中止后，申请人应在半年后二年内申请答辩。

（五）答辩

博士论文答辩委员会一般由校内外 5—7 名为专家组成。博士学位论文答辩应经答辩委员会三分之二以上成员通过。对博士学位论文的答辩，《中国政法大学博士学位论文答辩细则》作了详细的规范。该细则规定了三种答辩结果：（1）经答辩委员会表决，三分之二以上委员同意，申请论文答辩通过，建议授予博士学位。(2) 经答辩委员会表决，同意票不足三分之二、但过半数者，申请论文答辩不通过，建议修改申请论文后，延期再答辩。(3) 经答辩委员会表决，同意票未过半数者，申请论文答辩不通过，建议不授予博士学位。同时规定了相应的救济措施，建议延期答辩、不授予博士学位，答辩委员会应当在答辩会后以书面形式将理由、修改意见通知申请人。申请人对答辩委员会做出的延期再答辩、不授予博士学位的建议可以提出答辩异议申请。答辩异议申请的理由，限于答辩委员会组成违反规定，或答辩程序违反规定并影响表决结果。答辩异议申请应在答辩之日后3日内以书面形式通过院答辩指导小组向校答辩指导小组提出。校答辩指导小组在收到申请人答辩异议申请书后，组织相关人员就申请理由进行调查，并于3日内决定是否重新组织答辩。对于导师推荐意见、评阅专家评阅意见、答辩委员会学位授予与否建议，申请人只能提起异议申请一次。申请人对于院答辩指导小组就其推荐异议申请、评阅异议申请所做出的决定不服，对于校答辩指导小组就其答辩异议申请所做出的决定不服，可以书面形式在上述决定做出5日内向校学位评定委员会提出复议申请。校学位委员会对于申请人的复议申请，可视情况进行书面复议或听证复议。校学位委员会对于申请人复议申请的复议，以参加复议委员三分之二票同意为通过。

表8-6 法学类全国优秀博士论文（1999—2009）

年份	学校	学科	导师	作者	题　目
1999	中国人民大学	民商法	赵中孚	吴汉东	论合理使用——关于著作权限制与反限制的研究
2000	武汉大学	国际法	余劲松	石静霞	跨国破产的法律问题研究
2001	中国政法大学	诉讼法学	陈光中	王万华	行政程序法研究
2001	西南政法大学	诉讼法学	徐静村	龙宗智	刑事庭审制度研究
2002	中国人民大学	刑法学	赵秉志	田宏杰	中国刑法现代化研究
2002	社科院法学所	法学理论	李步云	周汉华	中国法制改革论纲：从西方现实主义法律运动谈起
2003	武汉大学	宪法行政	李龙	汪习根	发展权与当代宪法
2003	西南政法大学	诉讼法学	徐静村	孙长永	沉默权制度研究

续表

年份	学校	学科	导师	作者	题　目
2004	中国人民大学	刑法学	高铭暄	张智辉	刑法理性论
2004	武汉大学	国际法	黄进	何其生	电子商务的国际私法问题
2005	北京大学	刑法学	储槐植	白建军	罪刑均衡实证研究
2005	中国人民大学	法律史	曾宪义	李力	清代民间契约中的法律——民事习惯法视角下的理论构建
2006	中国人民大学	民商法学	王利明	易军	法律行为制度研究——以私人自治为中心
2007	清华大学	民商法学	王保树	梁上上	论股东表决权——以公司控制权争夺为中心展开
2008	北京大学	刑法学	陈兴良	林维	刑法解释的权力分析
2009	中国政法大学	环境法	王灿发	于文轩	生物安全立法研究

五、科研要求

既然把博士研究生的培养目标定位为高层次的研究人员，各个高校在法学博士研究生的考核上有发表学术论文的要求。

华东政法大学要求，在国内核心刊物上至少应发表两篇学术论文，省部级以上刊物上发表五篇以上具有学术价值的论文。未达到上述要求的，一般不批准学位论文答辩。鼓励博士生在境外刊物上发表论文。

北京大学要求，一般应以北京大学第一作者身份的名义（导师为第一作者时本人可以第二作者）在国内核心刊物或国际重要刊物上至少发表或被接受发表2篇论文。未达到要求者，一般不接受其学位申请。各专业要求博士生在学期间发表的论文数以及本专业的“重要刊物”、“核心刊物”名称，由各院（系、所、中心）结合本学科专业的具体情况作出规定，并列入培养方案。

清华大学法学院要求，博士生在学期间至少在核心期刊上发表论文4篇，其中至少两篇发表在我院确定的重要学术期刊上（目录见附件）。在多国国际会议上发表1篇论文（被收入论文集），或论文获奖（三等奖以上）等同于在核心期刊上发表论文1篇。

中国政法大学要求，在学期间第一至第三学期，博士研究生应每个学期分别提交至少1篇本专业的科研论文（每篇应在5000字以上），并于第一学年末提交学年论文1篇（字数应在1万字以上）。上述论文经导师评阅合格后，计2学分。在中期考核之前，本专业博士研究生应以第一作者身份或独著正式发表2篇（每篇应在5000字以上）或1篇1万字以上学术论文。

厦门大学要求，博士生在学期间应当在导师指导下，开展学术研究活动，每年完成两篇2万字以上的论文或研究报告，每年并须完成2万字以上的外国法律文献译文。博士生在学期间应独立发表两篇以上专题学术论文（限于法学专业学术刊物、省级以上学术刊物或综合性大学学报，未完成者不参加论文答辩）。

山东大学法学院要求，博士生在攻读博士学位期间，以本人为第一作者，并以山东大学为第一作者单位，在CSSCI收录刊物的正刊上公开发表两篇以上学术论文（以出版或出版清样为准，每篇字数不应少于8000字）。

第四节　课程设置

专业课程设置是法学教育的一个重要方面，是实现法学人才培养目标所必备的要素。2000年教育部在《关于加强和改进研究生培养工作的几点意见》（教研［2000］1号）指出，博士生课程应结合博士生的研究领域和所需知识结构，以及提高创新能力的需要来确定。

从表8－7可以看出，各高校法学博士研究生的课程设置基本一致，主要包括两部分即公共课和专业课，公共课包括马克思主义与当代社会思潮和外语，专业课往往根据不同的专业有不同的设置。之所以大同小异是来源于《国务院学位条例》的规定，该条例第11条规定，博士学位的考试课程和要求：（1）马克思主义理论课。要求较好地掌握马克思主义的基本理论。（2）基础理论课和专业课。要求掌握坚实宽广的基础理论和系统深入的专门知识。考试范围由学位授予单位的学位评定委员会审定。基础理论课和专业课的考试，由学位授予单位学位评定委员会指定三位专家组成的考试委员会主持，考试委员会主席必须由教授、副教授或相当职称的专家担任。（3）两门外国语。第一外国语要求熟练地阅读本专业的外文资料，并具有一定的写作能力，第二外国语要求有阅读本专业外文资料的初步能力。个别学科、专业，经学位授予单位的学位评定委员会审定，可只考第一外国语。各学校培养方案的课程设置都根据该条设立，所以呈现出相似的面貌。

表 8－7　六所院校法学博士研究生课程设置

院校名称	学分合计	课程设置		
		公共课	专业课	其　他
中国人民大学法学院	16 学分	马克思主义与当代社会思潮（3 学分）、第一外语（3 学分）、法学方法（3 学分）、学科前沿课（3 学分）	专题讲座课（2 学分）、研究指导课（2 学分）	同等学力考生需选修两门专业课（不计学分）
北京大学法学院	18 学分	马克思主义与当代社会思潮（3 学分）、第一外语（4 学分）	（1）拓宽加深专业基础的基础理论课、实验课；（2）重要文献研读；（3）本二级学科以外的相关学科课程（至少一门）；（4）本学科最新的科研成果和发展动态的文献阅读讨论和讲座	
清华大学法学院	19 学分	马克思主义与当代社会思潮（3 学分）、博士生外语（基础部分）（2 学分）	由导师组确定至少 3 门专业课（9 学分）	文献综述与选题报告（1 学分）、学术活动与学术报告（1 学分）、资格考试（1 学分）、社会实践（1 学分）
中国政法大学	20 学分	马克思主义与当代社会思潮（2 学分）、第一外语课（含专业外语）（3 学分）	集体指导课：（由博士点共同开设）（3 学分）、导师指导课：（由导师开设）（2 学分）、鼓励博士生参加专题讲座及硕士生的相关课程	前沿讲座（2 学分）、读书报告（2 学分）、同等学力补修课（4 学分）、科研论文（2 学分）、应届生的社会实践课程（36 学时）
西南政法大学	26 学分	（1）公共学位课，3 门，计 12 分。马克思主义与当代社会思潮（4 学分）、第一外国语（5 学分）、学科前沿问题专题研究（3学分）。（2）公共必选课程，第二外国语（2 学分）	专业学位课，3 门，计 12 学分	在申请学位论文答辩前应面向全校作公开学术报告至少 1 次，记 2 学分。在申请学位论文答辩前应在学科组和学院安排下完成教学与社会实践，记 2 学分。
华东政法大学	25 学分	马克思主义理论课（3 学分）、外语（3 学分）、鼓励博士生选修第二外国语，并达到阅读本专业外文资料的初步水平。	基础理论课和专业课（15 学分）	选修课（4 学分）。取得博士学位授予权的学科应开出反映学科前沿或具有交叉学科知识、综合性的博士生选修课，鼓励博士生参加学术讲座、专题讲座和旁听硕士生的相关课程。
厦门大学	12 学分	公共学位课（4 学分）	专业学位课（6 学分）	选修课（2 学分）

第五节 师资队伍

教师是法学教育的实施者，博士生导师是指导、培养博士生的重要工作岗位，是法学博士教育发展考察的关键因素。有关博士生导师的评定，教育部曾经发布过一个原则性的指导意见《关于选聘博士生指导教师工作的几点原则意见》（国务院学位委员会学位［1999］9号），各个院校也制定了相应的规范，如《西南政法大学研究生指导教师规范》（校长办公会2002年7月12日通过经2003年9月2日、2004年3月26日、2004年6月15日、2006年11月1日校长办公会修订）、《华东政法大学博士生指导教师工作办法》（2009年6月修订）、中国人民大学博士生指导教师核准审定办法（2004年3月23日校长办公会通过）、北京大学关于博士研究生指导教师遴选办法的意见（2005年3月）。截至2010年，我国各博士点均有相应的导师，而且博士生导师的数量同该院校该学科在全国的地位也比较匹配，一些教育部学科重点研究基地所在地博士生导师的数量就比较多。①

博士生导师可以分为全职和兼职两种。

全职博士生导师一般从本单位的教授中评定。新聘博士生导师任职条件一般包括教学经验和科研能力等几个方面，如《西南政法大学研究生指导教师规范》规定，新选聘的博士研究生导师应符合下列条件：1. 具有本学科或相关学科教授、研究员职称，并具有硕士研究生导师资格；2. 在核心期刊上独立发表12篇以上论文，且近5年内达到下列要求之一：（1）在核心期刊上独立发表5篇以上论文并至少出版1部个人专著；（2）在核心期刊上独立发表2篇以上论文并至少出版2部个人专著；（3）在核心期刊上独立发表3篇以上论文并主持完成省部级以上科研项目至少1项。3. 1958年1月1日以后出生者一般应具有博士学位，如无博士学位，除具备上述基本条件外，近5年内应在核心期刊上独立发表8篇以上论文。4. 能够开设2门以上博士研究生课程，且近3年内每学年至少曾为本科学生讲授一门课程，并能继续承担本科教学任务。但是，北京大学法学院、中国政法大学把一些科研能力较强的副教授也聘为博士生导师。

兼职博士生导师有三种来源，第一是实务部门学术水平比较高的专家；

① 当然，有些学校的学科博士生导师比较多是由于只有一个二级学科博士点，相关教授都纳入这个博士点成为博士生导师。

第二是本来是该学校的老师，后来被调到其他单位；第三是比较有水平的其他学校的教授或者博导。之所以聘请兼职博士生导师原因不一，有的是为了壮大学科的科研力量，保持学科的优势地位，有的是为了保持自己的博士点，避免考核不合格。近些年，对兼职博士生导师的要求也越来越高，如《华东政法大学博士生指导教师工作办法》规定，兼职博士生导师除应具备我校博士生导师的基本条件，同时符合下列要求：（1）申请人同时受聘为我校兼职教授或类似职位。（2）申请人应为国内外知名学者，具有较高的学术造诣，从事的研究属本学科前沿。（3）申请人能为博士生提供校外高水平的学习、科研工作条件，对博士生培养的全过程给予有效指导。（4）申请人须有校内合作博士生导师，且双方拥有相近的研究方向和充足的科研经费，能够合作指导博士生。

博士生导师考核制度。为了激励博士生导师工作，各院校现在正逐步完善博士生导师的遴选、考核和激励机制。如《华东政法大学博士生指导教师工作办法》规定，受聘担任博士生导师的，每届聘期为三年。由研究生教育院结合研究生培养质量、学位授予情况与科研完成指标等要求进行评估，并且达标。具体内容为：（1）年度科研考核分值不少于500分。其计算办法按照校科研考核规定执行。如学校科研考核有新的规定，参照新的规定执行。（2）教学情况和指导研究生论文的情况；（3）教书育人，为人师表以及协助开展研究生思想政治工作情况。有下列情况之一者，予以解聘或缓聘：（1）受党纪或政纪处分，为人师表形象受到影响，无法履行教书育人职责的；（2）长期离校，不能对所指导的研究生和承担的研究生培养工作做出妥善安排的；（3）教学评议活动中被评为不合格或者发生重大教学事故的；博士生导师所指导的博士生的学位论文获得全国优秀博士论文奖的，在两个考核期内（六年）可以减免科研考核指标。北京大学通过博士生的选择来激励博士生导师，《北京大学关于博士研究生指导教师遴选办法的意见》，在博士研究生资格考试通过后，学生开始选择指导教师。教师通过学院（系、所、中心）导师资格审核机构的资格审核后，须向学生公布自己的研究方向、在该领域内的研究成果、承担的研究项目、系统的指导方案和招收名额，供学生选择。学生的选择经教师的复审和认可，报学院（系、所、中心）的导师资格审核机构批准后，教师的博士研究生指导教师资格随即确定。将导师和收取指导的学生一并进入学院（系、所、中心）的博士研究生培养系统进行管理。未被学生选中、没有博士研究生的教师就不是博士研究生指导教师，只能等待下次机会再由学生选择。

表 8－8 法学理论博士生导师师资

序 号	学 校	博导数	博士生导师
1	吉林大学	7	张文显、姚建宗、黄文艺、邓正来、郑成良、徐显明、王健
2	北京大学	6	朱苏力、周旺生、张琪、巩献田、罗玉中、强世功
3	中国人民大学	5	朱景文、张志铭、朱力宇、史彤彪、孙国华、吕世伦
4	山东大学	6	徐显明、谢晖、陈金钊、范进学、郝铁川、汪全胜
5	南京师范大学	3	公丕祥、龚廷泰、夏锦文
6	中国政法大学	12	徐显明、郑永流、葛洪义、舒国滢、廖美珍、应星、李德顺、刘斌、米健、柳经纬、潘汉典、许传玺、刘星
7	西南政法大学	5	付子堂、赵 明、张永和、卓泽渊、贺卫方
8	武汉大学	3	李龙、汪习根、徐亚文
9	中南财经政法大学	3	张德淼、张斌峰、罗洪洋
10	浙江大学	2	孙笑侠、林来梵
11	厦门大学	3	葛洪义、宋方青、张文显
12	中山大学	6	徐忠明、周林彬、程信和、马作武、刘恒、刘星
13	清华大学	3	王晨光、许章润、高其才
14	中央党校	4	石泰峰、卓泽渊、张恒山、林喆
15	中国社科院法学所	4	夏勇、刘作翔、吴玉章、信春鹰

关于各院校各个学科导师的数据来源于各院校 2009 年博士生招生的专业目录，其中社科院法学所的数据来源于 2008 年、2009 年两年的博士生招生专业目录，北京大学法学院数据来源于北京大学研究生院网站。

表 8－9 法律史专业博士生导师

序号	学 校	博导数	博士生导师
1	中国政法大学	12	中国法制史：张晋藩、朱勇、刘广安、林乾、郭成伟、徐世虹、张生、怀效锋 中国法文化：郭世佑、崔永东、张中秋 外国法制史：曾尔恕
2	中国人民大学	7	曾宪义、程天权、叶秋华、赵晓耕、王云霞、马小红、刘海年（兼）
3	华东政法大学	6	何勤华 李秀清 王立民 徐永康 沈国明 陈刚

续表

序号	学　校	博导数	博士生导师
4	北京大学	5	李贵连、徐爱国、张建国、贺卫方、武树臣
5	中南财经政法大学	2	范忠信、陈景良
6	西南政法大学	3	曾代伟、俞荣根、张培田
7	湘潭大学	8	李交发、张全民、夏新华、胡平仁、洪永红、李伯超、胡旭晟、王晓天
8	南京师范大学	2	李力、李玉生
9	吉林大学	3	霍存福、汪世荣、闫晓君
10	中国社科院法学所	2	徐立志、苏亦工

表 8－10　　宪法学与行政法学专业博士生导师

序号	学　校	博导数	博士生导师
1	武汉大学	8	宪法：陈晓枫、周叶中、林莉红、秦前红、汪进元、江国华 行政法：董皞、石佑启
2	北京大学	8	罗豪才、姜明安、袁曙宏、张千帆、王磊、湛中乐、王锡锌、沈岿
3	中国人民大学	5	许崇德、韩大元、胡锦光、杨建顺、莫于川
4	中国政法大学	17	宪法：王人博、蔡定剑、焦洪昌、李树忠、廉希圣 行政法：朱维究、马怀德、薛刚凌、张树义、刘莘、刘善春、王万华、应松年、江必新、张穹、何兵、信春鹰、高家伟
5	浙江大学	3	胡建淼、章剑生、朱新力
6	中南财经政法大学	4	刘茂林、王广辉、方世荣、石佑启
7	苏州大学	8	杨海坤、黄学贤、周永坤、胡玉鸿、艾永明、陈立虎、韩龙、李晓明
8	西南政法大学	3	汪太贤、唐忠民、肖唐镖
9	南京师范大学	3	刘旺洪、季金华、贺日开
10	山东大学	8	齐延平、范进学、肖金明、冯殿美、周长军、王德志、柳砚涛、于改之
11	上海交通大学	13	徐向华、叶必丰、朱芒、郑成良、季卫东、韩长印、寿步、王先林、张绍谦、王福华、徐冬根、胡加祥、王曦
12	华东政法大学	6	宪法：童之伟、李路曲、郝铁川； 行政法：张明军、刘松山、孙潮
13	郑州大学	5	苗连营、沈开举、刘向文、宁金成、田土城
14	吉林大学	2	崔卓兰、李韧夫

续表

序号	学　校	博导数	博士生导师
15	厦门大学	1	朱福惠
16	清华大学	1	王振民
17	中国社科院法学所	5	李林、吴新平、冯军、张明杰、周汉华

表 8－11　　刑法学专业博士生导师

序号	学　校	博导数	博士生导师
1	中国人民大学	15	高铭暄、王作富、戴玉忠、黄京平、谢望原、韩玉胜、张小虎、刘明祥、冯军、田宏杰、肖中华、姜伟（兼）、张军（兼）、熊选国（兼）、胡云腾（兼）
2	北京大学	7	陈兴良、王世洲、梁根林、白建军、刘守芬、郭自力、张文
3	武汉大学	7	莫洪宪、林亚刚、贾宇、许发民、康均心、吴振兴、皮勇
4	西南政法大学	6	陈忠林、李永升、梅传强、朱建华、刘家琛（兼）、李邦友
5	中国政法大学	13	曲新久、薛瑞麟、阮齐林、张凌、王平、于志刚、何秉松、黄道秀、郎胜、王牧、孙谦、乐国安、罗大华
6	吉林大学	7	李洁、张旭、徐岱、闵春雷、孙谦（兼）、贾宇、冯卫国
7	华东政法大学	7	刘宪权、郑伟、杨兴培、邱格屏、林荫茂、顾肖荣、赵国强
8	南京师范大学	2	蔡道通、刘远
9	厦门大学	3	李兰英、邱兴隆、熊选国（兼）
10	中南财经政法大学	2	齐文远、夏勇
11	清华大学	3	张明楷、周光权、黎宏
12	中国社科院法学所	2	陈泽宪、屈学武

表 8－12　　民商法学专业博士生导师

序号	学　校	博导数	博士生导师
1	中国人民大学	14	王利明、龙翼飞、董安生、叶林、杨立新、张新宝、林嘉、姚辉、黎建飞、王轶、赵中孚、杨大文、吴汉东、郭明瑞
2	清华大学	5	崔建远、韩世远、施天涛、朱慈蕴、王保树

续表

序号	学 校	博导数	博士生导师
3	中国政法大学	12	王卫国、李永军、费安玲、李显冬、张俊浩、王胜明、江平、方流芳、赵旭东、管晓峰、夏吟兰、巫昌祯
4	武汉大学	10	孟勤国、温世扬、张里安、余延满、冯果、陈本寒、赵钢、李新天、宁立志、洪浩
5	中南财经政法大学	4	吴汉东、陈小君、麻昌华、雷兴虎
6	厦门大学	3	徐国栋、林秀芹、蒋月
7	北京大学	7	尹田、刘凯湘、钱明星、曲三强、张平、郑胜利、韦之
8	吉林大学	7	赵新华、徐卫东、马新彦、李建华、于莹、彭诚信、石少侠
9	西南政法大学	9	李开国、谭启平、唐烈英、梁慧星、赵万一、石慧荣、汪世虎、陈 苇、张玉敏
10	华东政法大学	4	高富平、徐士英、吴弘、董保华
11	南京师范大学	2	眭鸿明、张国平
12	山东大学	4	梁慧星、刘保玉、郭明瑞、王丽萍
13	对外经贸大学	10	王军、苏号朋、冀宗儒、梅夏英、徐海燕、沈四宝、丁丁、李玫、焦津洪、高西庆
14	复旦大学	11	刘士国、王全弟、胡鸿高、董茂云、章武生、马贵翔、张梓太、段匡、季立刚、王志强、郭建
15	黑龙江大学	7	杨震、马长山、董惠江、杨震、王歌雅、钱福臣、董玉庭
16	中国社科院法学所	5	梁慧星、王家福、孙宪忠、邹海林、李明德

表 8－13　　诉讼法学专业博士生导师

序号	学 校	博导数	博士生导师
1	中国政法大学	16	刑事诉讼法：陈光中、樊崇义、卞建林、刘根菊、杨宇冠、顾永忠、沈德咏（兼） 民事诉讼法：宋朝武，肖建华，杨荣馨，陈桂明 证据法：刘金友、张保生、王进喜、刘耀
2	中国人民大学	8	刑事诉讼法：陈卫东、程荣斌、王新清（兼）、甄贞（兼） 民事诉讼法：汤维健、陈桂明、江伟 证据法：何家弘
3	西南政法大学	8	刑事诉讼法：孙长永 、牟 军 、龙宗智 民事诉讼法：田平安、李祖军 、廖中洪 、汪祖兴 司法制度：徐昕
4	中国人民公安大学	8	刑事诉讼法：崔敏、熊一新、赵永琛 刑事侦查：王大中、郝宏奎 物证：刘耀、王彦吉、杨永川

续表

序号	学校	博导数	博士生导师
5	四川大学	3	左卫民、龙宗智、顾培东
6	北京大学	4	汪建成、陈瑞华、潘剑锋、张玉镶
7	中南财经政法大学	2	姚莉、杨宗辉
8	南京师范大学	3	刑事诉讼法：李建明 民事诉讼法：李浩、刘敏
9	湘潭大学	7	刑事诉讼法：黄明儒、谢勇、李蓉 民事诉讼法：何文燕、廖永安 行政诉讼法：胡肖华、陈乃新
10	厦门大学	3	民事诉讼法：齐树洁 刑事诉讼法：张泽涛、卞建林
11	清华大学	2	王亚新、章程
12	中国社科院法学所	2	王敏远、熊秋红

表 8-14　经济法学专业博士生导师

序号	学校	博导数	博士生导师
1	西南政法大学	6	卢代富、岳彩申、吴越、张怡、李树、顾培东
2	北京大学	7	刘剑文、甘培忠、张守文、刘瑞复、蒋大兴、贾俊玲、盛杰民
3	南京大学	16	范健、邵建东、陶广峰、张淳、孙国祥、吴建斌、李友根、张仁善、杨春福、肖冰、周安平、狄小华、金俭、王太高、叶金强、胡晓红
4	中国人民大学	7	史际春、徐孟洲、吴宏伟、王欣新、刘俊海、刘文华、朱大旗
5	中国政法大学	6	徐晓松、李曙光、时建中、刘少军、郑尚元、施正文
6	华东政法大学	5	顾功耘、郑少华、罗培新、胡汝银、徐明
7	武汉大学	1	熊伟
8	中南财经政法大学	1	刘大洪
9	吉林大学	4	冯彦君、蔡立东、王彦明、傅穹
10	厦门大学	2	朱崇实、刘志云
11	安徽大学	4	王源扩、王先林、徐淑萍、张宇润
12	湖南大学	9	王全兴、郑鹏程、屈茂辉、郑鹏程、许光耀、聂资鲁、石柏林、徐涤宇、王远明
13	辽宁大学	4	杨松、郭洁、任际、石英
14	中国社科院法学所	3	陈甦、王晓晔、李顺德

表 8－15　环境与资源保护法专业研究生导师

序号	学　校	博导数	博士生导师
1	武汉大学	6	蔡守秋、王树义、杜群、张梓太、别涛、秦天宝
2	北京大学	3	汪劲、魏振瀛、朱启超
3	中国政法大学	2	王灿发、孙佑海
4	西南政法大学	1	曹明德
5	中国人民大学	2	周珂、李艳芳
6	中南财经政法大学	1	吕忠梅
7	重庆大学	10	陈德敏、黄锡生、曾文革、胡光志、许明月、程燎原、陈伯礼、陈刚、齐爱民、陈忠林
8	福州大学	2	陈泉生、邹雄
9	中国海洋大学	2	徐祥民、刘惠荣

表 8－16　国际法学专业博士研究生导师

序号	学　校	博导数	博士生导师
1	武汉大学	18	国际公法：曾令良、万鄂湘、胡德坤、余敏友、杨泽伟、韩永利、周茂荣、罗国祥、严双伍 国际私法：黄进、肖永平、郭玉军、宋连斌、何其生 国际经济法：张庆麟、聂建强、张湘兰、李仁真
2	厦门大学	7	国际公法：傅崐成、徐崇利 国际私法：古祖雪 国际经济法：陈安、李国安、廖益新、曾华群
3	华东政法大学	8	国际公法：王虎华、周洪钧 国际私法：丁伟、林燕萍、刘晓红 国际经济法：曹建明、周汉民、朱榄叶
4	北京大学	8	白桂梅、龚刃韧、李鸣、李红云、饶戈平、邵景春、吴志攀、张潇剑
5	对外经贸大学	8	沈四宝、王军、丁丁、黄勇、高西庆、焦津洪、王晓川、鲍禄
6	中国政法大学	11	国际公法：周忠海、凌岩、林灿铃 国际经济法：王传丽、莫世健、赵威、许浩明、吴焕宁、张玉卿、张丽英 国际私法：杜新丽
7	吉林大学	4	吕岩峰、那力、刘亚军、王瀚
8	大连海事大学	16	海商法：司玉琢、李海、李志文、韩立新、郭萍、关正义、傅廷中、胡正良 国际经济法：沈四宝 国际私法：屈广清、王利民 国际商法：翟云岭、曹守晔（兼） 国际刑法：赵微 、郝银钟（兼） 海事行政法：王世涛

续表

序号	学　校	博导数	博士生导师
9	中国人民大学	6	国际公法：朱文奇、邵沙平 国际经济法：余劲松、赵秀文、尹立、万鄂湘（兼） 国际私法：赵秀文
10	复旦大学	7	国际公法：张乃根 国际经济法：陈治东、孙南申、何力、 国际私法：陈治东、孙南申、陈梁 国际刑事司法：谢佑平、陈浩然
11	湖南师范大学	6	李双元、王贵国、蒋新苗、李先波、肖北庚、郑远民
12	西南政法大学	3	赵学清、邓瑞平、刘想树
13	中南财经政法大学	2	刘仁山、刘笋
14	清华大学	3	车丕照、李兆杰、傅廷中
15	中国社科院法学所	3	沈涓、莫纪宏、朱晓青

表 8－17　　知识产权法学专业博士生导师

序号	学　校	博导数	博士生导师
1	中国人民大学	3	刘春田、郭禾、郭寿康
2	中南财经政法大学	3	吴汉东、曹新明、王景川
3	中国政法大学	3	冯晓青、张楚、徐家力
4	华东政法大学	2	何敏、王迁

表 8－18　　军事法学专业博士生导师

序号	学　校	博导数	博士生导师
1	西安政治学院	7	周健、张山新、杨东录、李昂 、李自飞、陈耿、宋新平
2	中国政法大学	2	周忠海、周健

表 8－19　　民族法学专业博士生导师

序号	学　校	博导数	博士生导师
1	云南法学	4	张晓辉、方慧、牟军、吴大华
2	中央民族大学	6	匡爱民、徐中起、熊文钊、苏钦、李鸣、乔世明

第六节　现实状况及未来发展

一、博士点：以资评定还是指标分配

2008 年 3 月 27 日，陕西 8 所高校参加了该省申请新增博士学位授权立项建设单位汇报与答辩评审会议，西北政法大学是这 8 所学校之一。经过 8 位校长每人 20 分钟的答辩后，专家开始进行投票。当晚传来消息，西北政法大学落选。西北政法大学具有 70 多年的办学历史、50 年的本科教育历史、30 多年的研究生培养历史。在原属司法部主管的 5 所政法院校中，中国政法大学、西南政法大学、华东政法大学、中南政法大学都具有了法学一级学科博士学位授予权，西北政法大学一直是个例外。申博失利消息传来，该校校园群情激奋，教师带着沮丧的心情出面安抚有情绪的学生。最后，在不知是谁的提议下，大约有四五十位教师和学生从校园出发，一路步行来到省政府，以“散步”的形式表达对结果的不满。4 月 20 日，西北政法大学正式向陕西省政府递交了《行政复议申请书》，请求对陕西省学位委员会确定的第 11 次博士学位授权立项建设单位进行重新评审。①

西北政法大学申博事件一个大的背景是，2006 年第十次博士学位授权审批工作结束后，国务院学位委形成明确判断，认为我国学位授权点的布局工作已基本完成，新增博士点要重点解决学科布局不平衡和国家特殊需要的问题，用时任国务院学位委员会主任陈至立的话说，叫“拾遗补缺”。因此，2008 年，国务院学位委出台了 29 号、30 号文件，由全国统一评审博士学位授权，改为各省学位委进行评审，评审结果报省政府批准，国务院学位委备案。

目前，博士点设置中有这样几个问题：

博士学位授权审批的暂停是否合理？目前我们确实已经确立了不少博士点，培养博士的数量也越来越多，使得博士就业都成为问题，但这是否是暂停审批博士点的理由。博士生培养的大跃进和博士点是否有必然关系？限制了博士点是否就能限制博士的数量？在当下，博士点成为一个学校发展壮大的重要平台，与其利益切实相关，博士点的暂停审批是不是既得利益者的一种限制竞争行为。

---

① 详见《陕西高校申博事件如何收场》，《南风窗》2009 年第 11 期。

假设暂停合理，国家学位办给每个省分配名额是否合理？教育主管当局面临的难题是：有更多的学校想建博士点，但现在博士又太多太滥。在计划经济时代，祖国叫你培养就培养。现在大学成了利益主体，博士点既不由国家完全指定，也不是市场化运作，而是国家分配名额给各省份，省份自己去争，这必然带来很多问题，比如凭什么给陕西分两个？①

权力下放还带来的一个问题是评审专家的组成问题，全国范围的评审，可以有该学科领域内的专家根据其学术声誉以及本专业的了解作出相对公正的评价，下放到省级以后，就会面临外行评价内行的问题，如何保证这种评价的科学性和合理性。

所以针对此种情况有学者提出博士点市场化的建议，国家学位制度设计一个最低的门槛，符合条件的教师，爱带博士就带。乱到一定程度就会趋向均衡，当中关村一片树叶掉下来能砸到三个博士，博士就贬值了。到时候靠什么评价一个博士？比如学校、院系以及导师的名声，能起到品质担保的作用。当然博士主要仍靠自己来证明水平。这也能从根本上减少教育主管当局的压力。②

二、博士招生：公平还是公正

目前在博士生的招生中存在以下问题：

第一，“博士大跃进”影响了博士生的培养。在中央提倡干部年轻化、知识化的背景下，很多地方在选拔干部时，已明确把博士学历作为一个优势条件。然而，这一原本体现国家对知识和人才尊重的良好举措，却在一些地方和部门走了形、变了味，“博士大跃进”浮躁之风愈演愈烈。更有甚者，在这场由官员和高校担任主角的“二人转”中，官员以权力谋学位，教授以学历谋资源，“博士帽”变成了权力腐败和学术腐败同流合污的筹码。据记者调查，官员攻博主要有四种心态。一是在实际工作中确实感到还有知识欠缺，希望通过攻博开阔视野，提高对专业领域的研究水平。二是塑造个人形象，把高学历当作光鲜外衣包装自己。三是把攻博作为扩大社交范围，结识更多专家、官员和企业家的机会。四是想用博士学位把自己“武装”成拥有高学历的知识型干部，以此获得提拔晋升的优势条件。相当数量已获得和正攻读研究生的党政干部，大多是利用自己的地位和职权，动用公款混取文

---

① 何海波：《博士点、硕士点可以更市场化》，《南方周末》2009年7月30日第31版。

② 同上。

凭。入学考试往往是瞒天过海，或者名义上报考统招生，实际上参加校外班单独考试；或者考试舞弊，甚至根本没有经过考试就取得了入学资格。在课程学习过程中，或者三天打鱼两天晒网，或者由秘书代听课。在学期考试中，由秘书代考或者根本不考，反正总有办法得到高分。完成整个博士学业所必需的发表学术论文、接受答辩等诸多严格的程序，一些官员也有应对之策，论文可以找人写，答辩委员会的成员可以提前“做工作”。[①]

第二，招生程序设置引起诸多争议。2004 年，甘德怀事件引起了学界对博士招生体制的讨论，[②] 2005 年，林群英事件又把社会的目光聚集到博士招生上，[③] 抛开这些事件的具体是非不谈，就博士生招生而言，这些事件带给我们的思索是：导师在博士生招生中应该扮演什么样的角色？通过考试的方式能不能发现考生的学术潜质？[④] 如何设置既能选拔出优秀人才又公平的博士生选录机制是现实的需求。

在博士生的生源上，一些高校已经开始对招收在职博士生提出严格要求，包括引入匿名评审员制度、论文评审公示制度等，还有些学校甚至明确宣称不招收在职博士生，而且一些党政机关对干部文凭腐败现象已有所警觉，在公选干部时，对需要拥有博士学历的岗位，提出了必须是全日制博士

---

① 秦亚洲：《揭开官员博士大跃进权学交易灰幕》，《半月谈》，http：//news. xinhuanet. com/legal/2008 - 11/27/content_ 10420927. htm。

② 2004 年 4 月 6 日，河海大学法律系讲师甘德怀在北京大学研究生院网站上看到了自己考博士的初试成绩：英语 52，法理学 84，法社会学 63。甘德怀很高兴，因为他的各科分数均过了复试线，而且是法社会学方向唯一具有复试资格的考生。然而，在后来三人参加的复试中，他被刷了下来。唯一的被录取者，据说是北京大学法律硕士艾佳慧。甘由此质疑此次博士招生的公正性，7 月 9 日，他将一篇题为《我的北大考博经历》由此引起了轩然大波。7 月 12 日，甘德怀报考的导师、北大法学院院长朱苏力教授向新语丝投去一篇《关于甘怀德同学面试情况的说明》（朱教授将“甘德怀”误为“甘怀德”），就甘德怀的“质疑”有选择地进行了回应。朱苏力教授也许不会想到，这份旨在维护北大法学院声誉的《说明》，并未平息这场风波，相反，又使争议进一步升级，由此引发了一系列的争论。详见《外滩画报》2004 年 7 月 27 日。

③ 林群英报名参加了厦门大学 2005 年国际法专业国际经济法方向博士生入学考试，他报考的导师是厦门大学法学院廖益新教授。3 月，林群英参加了初试；4 月 27 日，初试成绩公布，林群英进入复试。在报考廖教授的考生中，按最终成绩（初试占 60%，复试占 40%）的分数来看，林群英排名第三。5 月 24 日，在法学院对外公布的录取名单中，没有林群英的名字。林群英看到自己报考廖教授名下招收的 3 名博士中，除了考试成绩名列前两名的考生外，还有一名并没有报考廖教授的考生丁某，而丁某报考的是曾华群教授。录取结果公布后，林群英曾提出书面异议，但没有结果。8 月 3 日，林群英将厦门大学告上法庭。详见《林群英诉厦门大学行政纠纷案》，http：//www. legaldaily. com. cn/2007ajzj/2007 - 06/24/content_ 645703. htm。

④ 朱立恒：《法治进程中的法学教育改革》，法律出版社 2009 年版，第 282—283 页。

研究生的要求。

在博士生的选录机制上，比较一致的判断是应该增加复试在整个成绩评级中的权重，在前面我们已看到很多学校都在增加复试考查的份额。招考的公正在于程序的细致，有的学者还提出了具体的改革方案。如有人认为，应将法学博士入学考试分成科研能力测评、笔试和面试三个组成部分，每个部分均为100分，共计300分。所谓科研能力测评是指，在笔试之前，由导师组对考生的申请材料和科研成果进行审查，重点评估考生的科研能力或者学术潜质，并给出相应的分数，并计入最后的总成绩当中。这个环节满分为100分，如果这个环节的分数低于60分，那么考生将失去参加笔试的机会。笔试仍然包括外语和两门专业课，每门满分100分，但外语考试不应该有最低分数线限制。导师组根据科研能力测评和笔试成绩按照一定的差额，确定复试名单。由导师组负责面试。如果考生对科研能力测评、笔试、面试成绩有异议，可以向学术委员会进行申诉。由学术委员会对考试情况进行重新审查，并给出相应的处理决定。①

三、博士培养：精英化还是庸俗化

博士生教育应当是精英教育，这与教育部把博士生培养为高层次研究人才的目标所契合，也与诸多专家学者的意见相一致。② 但现实情况下，我们的博士培养离精英培养还有相当的差距，主要表现在：

1. 课程设置单调。前文已述，我国目前的博士生课程设置多由国务院学位条例的规定演化而来，所以出现大同小异，但这带来了不少博士生学术视野狭窄，研究思路单一的问题。

2. 中期考核落空。中期考核本来是博士生培养中的一个重要阶段，现在很多学校将其形式化、虚置化，使得中期考核的监督考察的功能弱化甚至不能实现。

3. 学术训练不足。在目前的培养模式下，我们法学博士生的培养不注重学生的学术训练，博士生的学术训练往往因导师指导多少而异，导致学术能力参差不齐。

---

① 朱立恒：《法治进程中的法学教育改革》，法律出版社2009年版，第309—310页。

② 李昌麒：《法学博士教育绝对应是精英培养》，《社会科学报》2007年3月18日；沈四宝、杜娟：《树立正确的法学博士教育培养目标》，《中国教育报》2007年5月22日。

4. 学位论文堪忧。博士论文存在着缺乏新意、缺少中心命题等问题；鉴于学术圈子的彼此熟悉，很多质量不高的论文在答辩评审时得以侥幸通过。

5. 科研考核异化。作为高层次的研究人才，写出高质量的科研作品理应是应有之义，但现在严格的数字量化使得不少研究生不能够静下心来读书，滋生了学术腐败，制造了论文垃圾。

我们认为，法学博士生的培养应该是培养以学术为志向的法学研究人才，在此目标下，应对法学博士生的培养作以下调整：

1. 课程设置开放化。引导博士生学习多学科、交叉学科的知识，拓宽其学术视野，增强其知识积淀。

2. 学术训练多样化。以提高博士生的学术水平为中心，把中期考核纳入学术训练的范畴，在平时的培养过程中，通过小组讨论会、自我学术讲座的强化学术训练。

3. 科研考核中心化。科研是博士生培养的中心，高层次的专门人才要以科研成果来体现，但我们不赞成必须设置定额化的期刊论文，我们建议以博士学位论文为中心展开对法学博士生的科研考核，通过细化选题，强化开题程序，夯实论文写作，完善预答辩制度，严格论文评审和答辩，通过层层把关提高博士生的科研水平。当然在严格答辩的同时，还要借鉴政法大学的相关规定，完善博士生的权利救济。

四、博士生导师：考核还是不考核

博士生导师作为博士生教育的具体实施者，博士生导师的水平、能力和教学直接关系到博士生培养的好坏乃至成败，目前在博士生培养上主要存在以下问题：

博士生导师能力不够。一些学校出于学科发展或知名度的需要，盲目上博士点，使不少不具备博士生导师资格和能力的教师任命为博士生导师，这些导师在指导学生上常得不到学生的信服。

博士生导师精力不够。学而优则仕，很多博士生导师承担着这样那样的行政职务，有的博士生导师甚至兼着若干个学校的博士生导师，繁忙的职务压缩了博士生指导学生的时间和精力。

博士生导师指导不力。这主要表现在如下几个方面：（1）工作繁忙，时间精力投入不足。“导师经常有开不完的会，整天有做不完的琐碎事，还有时常受各种行政事务部门的管、卡、压”。（2）研究选题学术水平不够。

(3) 论文把关不严，对博士学位论文不认真修改。①

一份针对博士生的调查问卷结果表明，与导师的交流频次平均每月一次以下的比例高达37.1%。特别是那些无明确课题的导师，交流的频次平均每月一次以下的比例竟高达57.1%。②

针对这些情况，很多学校已经进行了探索，比如我们前面提到的明确博士生导师的任职标准，严格兼职博士生导师的任职条件，强化博士生导师的遴选机制，打破博导终身制，让学生选择导师等等。

当然，对正在实施的博士生导师遴选机制，也有学者提出反对意见。其认为博导遴选限制了博士研究生的选择权。由于把教授分为可带博士的与不可带博士的，这样，同在一个博士点的一部分或一大部分教授就被剥夺了指导学生的资格，而学生也就失去了选择那些没有博导头衔的教授作为论文指导者的权利。因此，博导遴选既是对教授的歧视，又是对学生权利的剥夺。博士生指导教师的本质是博士生论文指导教师（写论文前是无所谓指导的，是进修包括外语在内的各种课程，有数十个任课教师指导），但当把博士生（论文）指导教师改为博导时，则导致成为博导的教授实际上垄断了博士生从入学考试到毕业的全过程。由此，使博导与博士生形成一对一关系，使其由师生关系变成师傅与徒弟关系、老板与打工者关系，从而导致各种黑色交易、暗箱操作。博导遴选导致了副博导之类的怪物产生。③

我们认为，应在完善导师组指导的基础上，细化对博士生导师的遴选和考核，避免僵化的考核，形成能上能下的激励和竞争机制。

---

① 朱立恒：《法治进程中的法学教育改革》，法律出版社2009年版，第292页。

② 厚伟华、郭从斌：《博士生导师制度的模糊数字评价》，《中国高等教育评估》2005年第3期。

③ 顾海兵：《质疑“博导遴选”制度》，http://www.people.com.cn/GB/jiaoyu/2022781.html。

第九章　法学博士后制度

早在1984年邓小平同志就将博士后制度概括为“培养与使用相结合，在使用中培养，在培养与使用中发现更高级的人才”的一种促进科研、培养使用和发现人才的重要制度。自那时起，我国开始探索建立与发展博士后制度，迄今为止已经整整25个年头。25年来，我国的博士后制度取得了长足的进步与发展，法学博士后作为博士后制度的重要学科之一，也伴随着博士后制度的发展而逐步壮大、繁荣。由于本书的主旨为新中国法学教育的发展情况，需要特别说明的是，博士后制度是与法学教育紧密相关但又存在本质区别的一项制度。博士后本身不是一种学历，从理论上将并不属于法学教育的序列，然而博士后制度在我国以及在世界上其他国家都被视为与法学教育直接关联着的一种制度安排。博士后制度的主体为博士学位获得者，他们既是法学教育最高层级培养机制的成果与产出，而且其博士后科研工作中又较多地体现了培养因素，且经过一段时间的“流动性”科研工作之后，多数博士后仍然会致力于法学教育工作，本书正是从这个意义上，将法学博士后制度作为本书的内容之一予以介绍。

法学博士后制度是我国博士后制度的有机组成部分之一，同时考虑到我国博士后制度所具有的国家统筹管理的特点，法学博士后的相应管理、运行制度基本上均按照国家博士后管理委员会设定的程序与要求实施，因此法学博士后的许多管理、科研、考核规定都需要执行国家博士后管理的一般性规定，因此在本章许多内容的介绍中，我们将结合博士后制度的总体性、一般性规定对法学博士后制度予以介绍。

第一节　我国博士后、法学博士后制度概述

一、博士后制度的相关概念与历史沿革

法学博士后制度是我国博士后制度中的子部分之一，其定位与历史沿革与整个博士后制度的发展演变息息相关，因此有必要先简要介绍一下我国博

士后制度的整体定位与历史沿革，以便读者更为全面地了解法学博士制度的相关情况。

博士后制度是指在国内的高等学校和科研机构，或大型企业、高新技术企业、留学人员创业园和科研生产型事业单位设置一些特殊职位，挑选获得博士学位的优秀年轻青年到这里，在规定的期限内从事科学研究工作。[①] 在我国，博士后研究人员是指经批准并在全国博士后管理委员会办公室注册，在流动站或工作站里从事博士后科研工作的人员，博士后研究人员具有如下四项鲜明的特点：（1）博士后表明的是一种经历，博士是最高学位，博士后不是学位，博士后研究工作结束后不再授予其他任何名义的学位称号，同时博士后也不是专业技术或行政职务；（2）博士后研究人员主要从事科学研究，而这种科研工作往往具有探索、开拓、创新性质；（3）博士后研究人员是国家正式工作人员，而不再是学生，在博士后期间，其与正式职工一样计算工龄，除享受国家规定的优惠待遇外，还应享受同本单位正式职工一样的待遇；（4）对设站单位而言，博士后是有期限的工作人员，不列入正式编制，工作期满后必须出站，在其获得固定工作岗位前，实际上处于流动状态。[②]

从世界范围来看，通常认为，博士后制度最先出现在美国，19 世纪后半期博士后制度在美国出现萌芽，1876 年霍普金斯大学设立了一项研究基金，用以资助优秀的青年学者在较好的研究条件下从事科学研究工作，在最初获得该基金资助的 20 名研究人员中有 4 人已经获得了博士学位，因此人们将其称之为“博士后”，这也被视为博士后制度的发端阶段。到 20 世纪 20 年代，洛克菲勒基金会为保障物理科学的学习效果，在该学科正式建立博士后基金，此后各种基金开始越来愈多地资助博士学位获得者从事博士后研究工作。[③] 发展到今天，美国的现有博士后科研人员已经达到 5 万多人，博士后制度已经被认为是美国在世界上保持科学与工程领导位置的关键。[④]

中国的博士后制度始于 1983 年，其中这一制度的建立与华裔物理学家李政道教授的大力倡导密不可分。1983 年 3 月和 1984 年 5 月，李政道教授两次给邓小平同志写信，建议在中国设立博士后流动站、实行博士后制度，

① 庄子健、潘晨光主编：《中国博士后（1985—2005）》，经济管理出版社 2006 年版，第 10 页。

② 同上书，第 12 页。

③ 俞家栋：《中国博士后制度研究》，中国社会科学院法学所 2006 年博士论文，第 15 页。

④ 同上。

他还当面向邓小平同志澄清了博士后与博士之间的区别以及建立博士后制度的主要目的："取得博士学位只是高级人才培养过程中的一个环节，青年博士必须在学术气氛活跃的环境里再经过几年独立工作的锻炼，才能逐渐成熟，因此，应在高等学校和研究机构中设置一些特殊的职位，挑选青年博士从事博士后研究，以进一步拓宽知识面，培养其独立从事科研工作的能力，使之成为高水平的专业人才"。① 李政道教授的建议得到了邓小平同志的大力支持，邓小平同志将博士后制度的目的与发展方向简练概况为："培养与使用相结合，在使用中培养，在培养和使用中发现更高级的人才。以后各行业都可以参照这个办法，既是使用培养，也是考核。这是一种新的方法，成百上千的流动站成为制度，是培养使用科技人才的制度。"②

博士后在20世纪80年代初期得以建立的一个重要历史功用在于吸引留学博士回国工作，1983年前后我国首批改革开放后出国留学人员开始面临毕业并选择是否归国，在这种条件博士后制度可以为吸引他们回国工作开辟出一个"制度特区"与"绿色通道"。③ 正如李政道教授所言："如何妥善处理他们（即将归国留学生）的工作使他们继续发展和成长为中国需要的高级科技人才是一个十分紧急的问题。这个问题如果解决得成功，可以影响其他学科，也会吸引更多的海外学者参加祖国建设；如处理欠妥，则对将来派出人员学成归国的信心会受到相当影响"，博士后制度恰恰是吸引更多的留学博士回国工作的最佳途径。④

在邓小平同志等党和国家领导人的直接关怀与关注下，1985年7月，国务院正式批准了《关于试办博士后科研流动站的报告》（国发［1985］88号），这标志着博士后制度在我国的正式确立。⑤ 此后，当时的国家科委、博士后管理委员会、教育部、人事部、公安部等相关部门共同颁布了若干文件，涉及博士后及其家属的户籍管理、劳动人事关系、住房、上学、工资、职称评审等一系列问题，初步搭建起博士后制度的基本制度框架，为博士后制度的良性运转奠定了基础。

1985年全国博士后管委会在全国范围首次批准建立了102个博士后流

① 转引自冯支越《中国博士后制度沿革及其发展》，经济科学出版社2003年版，第7页。

② 同上。

③ 庄子健、潘晨光主编：《中国博士后（1985—2005）》，经济管理出版社2006年版，第78页。

④ 同上。

⑤ 同上书，第82页。

动站，这些博士后流动站设立在72个单位，大多集中在理工类学科。1987年在著名社会学家费孝通先生的倡议下，1987年北京大学成立了全国首家社会科学流动站——社会学博士后流动站，这标准着博士后制度扩大到了社会科学领域。[①] 1992年，博士后制度在社会科学领域内的设站学科进一步扩大，法学学科也是在这个历史阶段上开始出现的，其中国家在1992年首次批准了在法学学科中建立四所流动站，包括中国社会科学院法学所、人民大学、北京大学与武汉大学在内的四个当时法学研究与教育水平较为突出的科研院校率先建立起法学博士后流动站。

二、博士后制度与博士后流动站、工作站的现有状况

我国自1985年开始正式招收博士后进站开展科研工作，到2007年的22年间，博士后招收规模呈现出逐年大幅增加的趋势，1985年仅有1人进站，10年后的1995年进站人数为1207人，2005年这一数字为5993人，最近的一年的统计数字显示2007年共有7200人进站从事博士后科研工作。[②] 22年间，我国共设立博士后流动站1797个，其中自然科学领域1449个，占设站总数的80.6%，社会科学领域348个，占设站总数的19.4%，另外还设有博士后工作站1309个，招收博士后研究人员50648人，期满出站28742人。[③]

就博士后的招收类型来看，我国将博士后根据来源以及培养经费的差异划分为四类：国家资助类、自筹经费类、留学归国类、企业联合培养类。2007年全国博士后管委会公布的数据表明，截至2010年，博士后来源所占比例从高到低依次为自筹经费类博士后（59%）、国家资助类博士后（25%）、企业联合类博士后（14%）、留学归国类博士后（2%）。

就博士后设站单位的地理分布情况来看，北京作为我国的文化、教育中心，无论是从设站数量还是从招收博士后数量来看，都处于明显领先的地位，如2006年全国博士后管委会公布的数据显示，当年全国博士后进站总数为6000余人，北京招收博士后达2000余人，当年全国已设博士后流动站396个，其中北京有博士后流动站106家，远远超过处于第二位的上海，后

① 俞家栋：《中国博士后制度研究》，中国社会科学院法学所2006年博士论文，第35页。

② 参见全国博士后管理委员会公布的统计资料，转引自潘晨光等《中国博士后制度的发展与创新》，《博士后交流》2008年第4期，第7页。

③ 潘晨光等：《中国博士后制度的发展与创新》，《博士后交流》2008年第4期，第6页。

者当年仅有31家博士后流动站。[①]

博士后招收单位分为流动站与工作站两种，流动站是指设立在高等院校与科研院所中的博士后招收机构，而工作站则指在大型、特大型企业或企业集团、科研生产型事业单位、高新技术企业、高新技术开发区、留学人员创业园区等单位设置的博士后科研机构。根据国家相关文件，高等院校和科研院所设立博士后流动站需具备的基本条件包括：（1）具有授予博士学位的学科、专业和一定数量的博士生指导教师，并已培养出取得博士学位人员；(2）具有较强的科研实力和较高的学术水平，承担着高水平的研究项目，科研工作处于国内前列；（3）具有必需的科研条件和科研经费，并能为博士后研究人员提供必要的生活条件。而设立工作站的条件为具有国家级企业技术中心或健全的研究与开发机构，有高水平的科技人员队伍和高水平的科研项目；具有较强的经济技术实力，重视人才工作，能为博士后研究人员提供较好的科研条件和必要的生活条件。博士后流动站与工作站的设立，需根据人事部和全国博士后管理委员会的统一部署，由相关单位提出申请，全国博士后管理委员会组织各学科专家组对申报材料进行评审，评审结果报人事部、全国博士后管委会审定。

三、博士后的管理机构体系

我国博士后制度设立之初，将博士后管理机构确定为博士后科研流动站管理协调委员会，由当时的国家科委、国家教委、中国科学院等单位共同组成，办事机构设在国家科委科技干部局。1988年国家机构改革过程中，原国家科委科技干部局划归人事部，全国博士后工作划转人事部领导。目前博士后工作由国家人事部主管，[②] 另经国务院批准设立全国博士后管理委员会，由国务院人事、科技、教育、财政等有关部门、有关地区的负责人和专家组成，负责对全国博士后工作中的重大问题进行研究决策和协调，全国博管会主任由人事部主要领导担任。在全国博士后管理委员会下设若干学科专家组，专家组的主要任务是在全国博士后管委会的领导下，对申请设站的单

① 法学重点学科的设立院校包括北京大学4个，中国人民大学3个，中国政法大学2个，武汉大学2个，西南政法大学1个，吉林大学1个，厦门大学1个，对外经贸大学1个。

② 2008年3月十一届人大第一次会议批准将人事部与劳动和社会保障部合并组成人力资源与社会保障部，博士后管理工作转入新成立的人力资源和社会保障部专业技术人员管理司。由于现有文件均为该机构改革前颁布的，因此本章内容仍然沿用机构改革前的各种机构称谓，特此说明。

位进行评审。①

全国博士后管理委员会设办公室作为日程办事机构，具体机构设在人事部专业技术人员管理司，其具体负责全国博士后的日常工作及综合管理事务，包括：

1. 拟订博士后工作的有关方针、政策、法规；

2. 拟订全国博士后工作发展规划；

3. 组织设立博士后科研流动站、工作站的申报和评审工作；

4. 制定国家资助博士后研究人员的计划和重点资助博士后研究人员的计划；

5. 制定博士后公寓建设方案并组织实施；

6. 负责博士后宣传工作；

7. 指导各省、自治区、直辖市人事（厅）局和国务院有关部委人事部门的博士后管理工作；

8. 指导中国博士后科学基金会的业务工作；

9. 指导全国博士后科研流动站、工作站的博士后工作。

除此之外，为支持博士后的科研工作，国家设立博士后科学基金，设立中国博士后科学基金理事会与博士后科学基金会办公室，在博士后管理委员会的领导下开展博士后科研基金的评选、资助与评估工作。

四、法学博士后的发展简况②

我国在法学学科中设立博士后工作站始于1992年，第一批设站的单位共有四个，分别为中国社会科学院法学所、中国人民大学、北京大学与武汉大学。此后至今的18年间，法学博士后设站单位经历了两次大幅度的增加，1997年增加了7个设站单位，分别为吉林大学、中国政法大学、西南政法大学、华东政法大学、厦门大学、南京师范大学、对外经贸大学。2007年我国新增8家法学博士后设站单位，分别为清华大学、浙江大学、山东大学、中南财经政法大学、复旦大学、南京大学、湘潭大学、中国人民公安大学。至此，我国法学学科中共有19家科研院校设立了法学博士后流动站。

---

① 庄子健、潘晨光主编：《中国博士后（1985—2005）》，经济管理出版社2006年版，第107页。

② 本章所指的“法学”是指小法学，不包括教育部学科分类中大法学范围内的政治学、马克思主义理论、民族学、社会学。除有特殊说明，本章所指的法学学科均指“小法学”。

（详见表9－1）

表9－1　　全国法学博士后设站单位（1992—2009）

单　位	设站时间
1. 中国社会科学院法学研究所	1992年
2. 中国人民大学法学院	1992年
3. 北京大学法学院	1992年
4. 武汉大学法学院	1992年
5. 吉林大学法学院	2003年
6. 中国政法大学	2003年
7. 西南政法大学	2003年
8. 华东政法大学	2003年
9. 厦门大学	2003年
10. 南京师范大学	2003年
11. 对外经贸大学	2003年
12. 清华大学法学院	2007年
13. 浙江大学法学院	2007年
14. 山东大学法学院	2007年
15. 中南财经政法大学	2007年
16. 复旦大学法学院	2007年
17. 南京大学	2007年
18. 湘潭大学	2007年
19. 中国人民公安大学	2007年

设站年份与第一年招收博士后年份往往相差一年，即当年审批设站，第二年开始招收博士后。

尽管我国法学博士后设站单位经历了三次大的增加，但法学博士后的人数仍然十分有限，表9－2中表明了11所2003年前设站的单位2001—2005年博士后招收情况。除中国社会科学院法学所、人民大学法学院、中国政法大学、华东政法大学年均招收法学博士后的人数为两位数之外；其他大多数设站单位年均进站人数都为个位数。而全国法学博士流动站招收人数年均也不过60人左右，即使考虑到该统计数字没有包括2007年新设站的8个单位，全国博士后年均入站人数也至多维持在200人左右，如2007年招收法学博士后211人，而2006年这一数字为185人。对这一数字的评估，仍需要对照当年法学博士的毕业生数，比如2003、2004年我国分别招收法学博士后60人、90人，而当年毕业的法学博士770人、1022人，① 考虑到此处的“法学博士”不仅包括小法学，还包括政治学、马克思主义理论、社会学等大法学学科，再考虑到每年法学博士后中有其他交叉学科的博士毕业生申报，因此大致的估算为2003—2004年间，法学博士后的人数为法学博士毕业生的10%左右。

应当说，现有的法学博士后设站单位以及成立法学博士后流动站的时间先后在一定程度上也反映了相应的法学科研院校在法学教育与研究方面的实力。虽然国家博士后管委会确定的设立博士后流动站的条件弹性非常大，然而实践中法学博士后流动站的设立还是体现了优中选优、从严控制的工作方针。比如首批获得博士后招收权限的四家科研院校在90年代初期乃至今天都是我国法学教育、科研工作的领跑者，以法学国家重点学科的数量为例，全国共有法学重点学科15个，而人民大学法学院、北京大学法学院以及武汉大学法学院共有9个重点学科，占60%，② 中国社会科学院法学所虽不属于法学教育序列，但作为最高级别的国家智库，其法学研究水平也被公认为处于第一梯队。再从第二批设站单位来看，三所政法院校通常也被认为是法学教育与研究的一流专业性院校，而吉林大学法学院、对外经贸大学分别在法理学、国际经贸法律方面具有较强的领先优势。根据国家法学重点学科的分布，所有法学重点学科所在院校均设有博士后流动站，这反映出博士后流动站对设站单位自身科研水平的强调。

表9-2　全国法学博士后流动站招生人数统计表（2001—2005）

单　位	2001年	2002年	2003年	2004年	2005年	总计
中国社会科学院	13	24	40	28	22	127
北京大学	5	4	3	3	5	20
人民大学	6	11	11	13	15	56
对外经济贸易大学				2	3	5

① 资料来源：《中国教育统计年鉴》、《中国教育事业统计年鉴》（1991—2004），此处的法学为“大法学”。

② 徐显明主编：《中国法学教育状况》，中国政法大学2006年版，第143页。

续表

单　位	2001 年	2002 年	2003 年	2004 年	2005 年	总 计
中国政法大学				13	10	23
武汉大学	3	8	6	4	7	28
西南政法大学				8	5	13
吉林大学				5	9	14
南京师范大学				3	3	6
厦门大学				1	4	5
华东政法大学				12	18	30
总　计	27	47	60	92	101	327

摘自中国社会科学院法学所李林所长在首届全国法学博士后论坛上的讲话，中国法学网，http：//www. iolaw. org. cn/showNews. asp？ id = 14881。

从法学博士后在全国博士后数量中所占的比例来看，2007 年法学博士后入站人数为 211 人，占全国当年博士后招收比例的 2. 67%，2006 年招收法学博士后 185 人，占当年博士后招收总人数的 2. 9%，而 2001 年至 2005 年的这一比例详见表 9 – 3：

表 9 – 3　　2001—2005 年法学博士后占全国博士后的比例

年　份 学　科	2001 年	2002 年	2003 年	2004 年	2005 年	总 计
法学	45	72	82	142	176	517
全国博士后	3264	3904	4495	4889	5933	22485
百分比（%）	1. 37	1. 85	1. 82	2. 9	2. 96	2. 29

摘自中国社会科学院法学所李林所长在首届全国法学博士后论坛上的讲话，中国法学网，访问时间 2009 – 5 – 30。另外，该统计所指的“法学”学科是指大法学，即除法学之外，还包括政治学、社会学等。

法学博士后数量相对于全国博士后数量而言十分有限，这是比较容易理解的，毕竟博士后制度自建立之初就是主要面向理工类的一种科研岗位设置。即使单从文科博士后的角度来看，法学博士后的数量与所占比例都不是很高，比如 2001—2005 年招收的法学博士后数量占全国文科博士后的比例始终徘徊在 10% 左右（详见表 9 – 4），这一比例与管理学、经济学持平，但高于文学、哲学、军事学等其他文科学科的比例。根据博士后管委会公布的统计数字，近年来我国几大主要学科中博士后招收人数所占比例从高到低依次为：工学42%，理学18%，医学9%，农学6%，管理学5%，经济学、法学、文学各占4%，其他学科8%。[①] 其中2007年法学博士占全国博士生招生总数的3.56%，法学博士生导师的数量为1639名，占全国博士生导师总数的4.09%。由此数字对比观之，法学博士后占全国博士后的比例维持在4%左右是相对合理的、成比例的一档招收人数。

表9-4　　2001—2005年全国法学博士后占文科博士后的比例

单　位	2001年	2002年	2003年	2004年	2005年	总 计
法学	45	72	82	142	176	517
文科总数	562	763	963	1248	1479	5012
百分比（%）	8	9.43	8.51	11.37	11.89	10.31

第二节　法学博士后的进出站、科研及管理工作

博士后的培养与科研工作的大致流程包括进站、科研及其管理、出站三个步骤，本节结合国家博士后管理的一般性规定，对法学博士后的培养与科研流程给予介绍。

一、博士后进站

1. 进站条件

全国博士后管委会将可申请博士后科研工作的条件比较宽泛地界定为：申请人必须取得博士学位，品学兼优、身体健康、年龄一般在40岁以下。委托代培、定向培养博士和在职人员、现役军人，申请从事博士后研究工作须征得有关单位同意，在职人员不得申请兼职从事博士后研究工作，设站单位培养的博士，一般不得申请进本单位同一个一级学科的流动站从事博士后研究工作。

在上述条件下，硬性条件包括：（1）取得博士学位，包括国内与国外获得的博士学位；（2）年龄为40周岁以下，当然这一条件为通常情况，“一般”为40周岁之下，至于40周岁以上的博士能否提出进站申请，各博

① 数据来源：《博士后工作文件资料汇编（1985—2007）》，转引自潘晨光等《中国博士后制度的发展与创新》，《博士后交流》2008年第4期，第9页。

士后流动站应有一定自由裁量的空间。[①]（3）不得兼职从事博士后科研工作，在职人员在申请博士后岗位前必须经原单位同意其脱产在博士后流动站从事科研工作。[②]（4）设站单位培养的博士，除特殊情况经批准外，不得申请进本单位同一个一级学科从事博士后研究工作。[③] 这一条件主要为了避免近亲繁殖，鼓励博士人员到新的环境中开展独立的科研工作，充分锻炼自己的能力。（5）身体健康，各设站单位均要求申请人员通过指定医院进行的体检方可进入申请面试程序。

各法学博士后流动站在上述一般性进站条件的基础上多制定了本流动站招收博士后科研人员的实施细则或具体规定，其中多数参照国家博士后管理委员会制定的上述条件，也有部分博士后流动站根据自身机构的条件、对博士后培养的定位等不同情况制定有内部的进站条件。比如北京大学法学院招收法学博士后要求申请人必须为"国内高校或科研机构在读的统招统分博士生，并于当年秋季博士后进站前取得博士学位；或者为正在国外攻读并即将取得博士学位或新近回国尚未就业的博士"，同时要求申请人提交"统招统分的相关证明"。[④] 这一条件意味着北京大学法学院仅接收应届博士毕业生从事博士后研究，不再接收在职人员从事博士后研究工作。

减少或者禁止在职人员申请博士后职位已经成为越来越多的博士后流动站招收博士后人员的发展趋势。如 2009 年中国人民大学公布的博士后招收工作的通知明确要求各院系的博士后流动站只能招收应届统分博士毕业生、非应届毕业生但已与原单位解除关系或原单位同意其出站后自主择业、留学回国且无工作单位的博士。[⑤]

也有学校对博士毕业后、申请博士后岗位前的间隔期限有要求，如

① 最初创办博士后制度时国家拟定的博士后年龄上限为 35 周岁，考虑到改革开放初期人才队伍的特殊年龄结构，国家当时准许博士后试办时期招收的博士后人员的年龄可以为 40 周岁及其以下。截至 2010 年，大多数法学博士后流动站依然适用 40 周岁的这一上限，当然也有少数流动站单位如北京大学博士后流动站对年龄原则上要求 35 周岁以下。

② 人事部 2001 年发布的《关于印发〈博士后管理工作规定〉的通知》（人发［2001］136 号，2001 年 12 月 26 日）。

③ 同上。

④ 《北京大学法学院 2008 年招收博士后的通知》，参见北大法学院网站，http：//www.law.pku.edu.cn/filedb/200310235795358/2008193755875.htm。

⑤ 根据《人民大学博士后工作实施细则》，在 2006 年前，该校流动站可以招收其他三类博士后人员：原在北京市内教学、科研机构工作，现工作单位同意其以脱产方式进入我校博士后流动站的；原在外地教学、科研机构工作，现工作单位同意其以脱产方式进入我校博士后流动站的；原在非教学、科研机构工作，现工作单位同意其以脱产方式进入我校博士后流动站的。

《中国政法大学2009年博士后招收简章》在"招收条件"中明确，申请人获得博士学位的时间一般不超过两年或者属于即将于本年度毕业的、能够拿到博士学位证书的博士生。清华大学法学院博士后流动站列明的申请条件也要求申请者获得博士学位年限一般不能超过两年。这一条件可以帮助流动站过多地招收在职人员从事博士后工作，而是更多地招收应届法学博士毕业生在其科研工作的起点阶段尽早开始博士后研究工作，有助于落实"培养与使用相结合"博士后制度的设计目标。

上述五项条件仅仅是招收博士后的非科研性的基本条件，博士后申请人的科研能力理所应当地成为博士后进站时一个重要的考核指标，虽然全国博士后管理委员会的规定中并未明确提出相应的科研能力条件，但在全国统一适用的《博士后申请表》中对申请人的科研能力与潜力有着大篇幅的强调与突出。博士后申请人员在申报博士后进站时需在《博士后申请表》中详细填写申请人博士学位论文情况、申请人博士期间科研情况（含在学术刊物或会议上发表的代表性论文与著作、科研成果、奖励和荣誉称号）、参加或完成的科研项目、在站期间的科研工作计划书。上述内容侧重于申请人科研能力与科研潜力的考核，实际上要求申请人具备相当的科研实力与潜力方可从事博士后科研工作。部分科研院校博士后流动站对申请人的科研能力提出了更为严格、可量化的申报条件，如清华大学法学院2007年10月公布的《清华大学法学院博士后申请人员考核办法》中明确要求申请人员必须具备下列条件之一方可提出申请：（1）攻读法学专业博士学位以来在国内核心期刊、重要期刊或国外学术期刊（含国际会议）发表或被录用法学论文4篇及以上，其中至少有2篇发表（含录用）在《中国社会科学》、《中国法学》、《法学研究》、《清华法学》、《中外法学》、《法律科学》、《当代法学》、《环球法律评论》、《政法论坛》、《法制与社会发展》、《现代法学》、《法学》、《法学评论》、《法学家》、《法商研究》、《清华大学学报（哲社版）》等16种刊物上；或攻读非法学专业博士学位以来在CSSCI来源期刊中收录的核心期刊发表或被录用论文4篇及以上。（2）有书面材料证明申请者作为主要研究人员参加省部级及以上科研项目，其研究取得创造性成果。（3）作为主要研究人员获省部级或全国性专业学会二等奖以上奖励。（4）博士论文有创新性或者校级及以上级别优秀博士论文奖获得者。（5）我院博士后流动站领导小组认定有突出科研能力者。

2. 进站程序

各博士后流动站通常采用面试考核的方式遴选博士后研究人员，面试由法学学科所在的法学院、研究所组织实施。以中国社会科学院法学所博士后进站程序为例，申请博士后研究职位的人员需在每年2月初至4月底提交相应的申请材料，包括博士后申请表、博士后申请书以及所在单位同意脱产做博士后的证明、两位本学科博士生导师推荐信（其中之一需为法学所博士生导师）、[①] 博士学位证书复印件或有关学位证明、[②] 所在单位党委或党支部出具的政审材料、博士学位论文及本人学术成果代表作1—2篇（部）、指定医院的体检合格证明。[③] 在经过书面材料的初步审核后，法学所于每年5—6月份组织博士后进站评审面试，根据学科进行分组评审，通常情况下分为四组：法理、法史组；宪法、行政法、传媒法组；刑法、刑诉和国际法组；民商、经济法组。每组由4—6位博士生导师组成专家组，每人面试8分钟，包括个人情况介绍5分钟与评审组提问3分钟。申请人介绍环节，申请人应言简意赅、繁简得当地介绍个人学历、博士论文的主要学术观点、拟定的博士后研究计划、近年来的主要学术成果与主要观点，其中重点为博士后研究计划的相关内容。最终由法学所博士后教授委员会根据评审组意见、个人申报材料、合作导师意见进行集体审查作出是否初步录取的决定并报法学所所长办公室讨论通过。初步录取人员还需填写《博士后研究人员登记表》，报全国博士后管理委员会核准，方可办理进站手续。

全国博士后管委会办公室核准申请者的进站申请后将出具批复件，博士后研究人员持此批复件到博士后流动站办理报到手续。对于招收计划外博士后的流动站通常要求在报到前将科研经费划入博士后流动站账户。[④] 计划外博士后，也被称之为自筹经费博士后，与国家资助博士后相对应，由各流动站根据各自的经费来源、研究工作需要、人才培养和学科建设等情况，在确保博士后研究人员进站后科研和生活条件的前提下进行招收。根据国家当初创设自筹经费博士后的初衷，其经费由设站单位比照国家资助类博士后的标准筹集经费，除经费问题之外，计划内博士后与计划内博士后享受同等待遇。实践中，计划外博士后的经费来源演变为由博士后申请人向设站单位缴

① 实践中两封推荐信分别来自博士生导师与博士后合作导师。

② 暂未拿到学位证书者可提交博士论文答辩决议书的复印件或由学位办开具通过博士论文学位答辩的证明材料，同时加盖所在校、院（所）学位委员会印章。

③ 《中国社会科学院法学研究所博士后流动站管理工作暂行规定》第五条。

④ 计划外博士后是指非国家出资的博士后，即自筹经费类博士后，自2007年起国家资助类博士后与自筹经费类博士后合称为自主招收类博士后，在名称上没有区别，仅在有无国家财政拨款上有所不同。

纳科研经费（4万—6万元不等），这种情况极易导致博士后制度变质，降低博士后科研成果的质量，明显背离了博士后制度设置的初衷。

部分院校在博士后进站环节设置了更为严格与客观的遴选程序，如中国人民大学博士后进站程序要求，各院系要召开公开的博士后遴选会，或以试讲、学术成果报告会等形式，对申请人进行面试和遴选，具体程序包括（1）专家审阅申请材料；（2）申请人就博士后阶段开展的研究课题和主要工作思路进行简要介绍并就专家的质询进行答辩；（3）专家对申请人进行综合评价，以无记名投票的方式表决确定拟招收人员，并签名填写《中国人民大学博士后遴选登记表》；（4）学院组织通过遴选的申请人在校医院体检，体检合格后，报学校博士后管理办公室。上述程序最能体现公正与客观的环节在于专家委员会对遴选人的无记名投票，这一环节更有利于体现遴选的公正性。

博士后流动站招收博士后进站工作，应当具备相应的博士后合作导师，对博士后合作导师的要求，有些法学博士后流动站规定只有具备正高职称或博士生导师资格的教研人员方可作为博士后合作导师，如中国社会科学院法学所、北京大学法学院；也有些博士后流动站对博士后合作导师的条件规定的更为复杂，如中国人民大学各博士后流动站的合作导师原则上应当为博士生导师且须具备指导博士后的现实条件，学术专长与博士后研究项目相近，有研究课题且经费到位，精力充足。例外情况下，非博士生导师的副教授也可作为博士后合作导师，条件为学术水平较高、有省部级及以上重大课题、研究经费充足的副教授，经法学院博士后工作领导小组推荐并报学校审批后，可以担任博士后导师。清华大学法学院对博士后合作导师要求的条件为正高职称，但部分学术水平高、有重大或前沿研究项目、研究经费充足的副教授或副研究员，经法学院博士后领导小组审批同意也可招收博士后。

在办理进站手续时，许多流动站要求进站博士后与流动站、合作导师签署三方协议，对博士后、流动站与合作导师在博士后培养过程的权利与义务、工作期限、时间保证等问题予以明确。①

二、博士后在站期间的科研、管理与待遇

1. 科研与管理

博士后在站期间的核心任务为博士后课题的研究工作，即博士后研究

---

① 参见《清华大学博士后管理规定》第九条、《中国人民大学博士后工作实施细则》第三条（二）。

报告的撰写工作。与博士论文的完成程序相似，该报告的撰写也要经过开题、中期考核、出站答辩三个主要的环节，但与博士论文的形成过程略有不同之处在于，许多法学博士后流动站对博士后报告的中期考核给予了高度强调与重视。许多博士后流动站对于相对自主科研能力更强的博士后人员规定了更为严格的在站考核程序，以防止博士后研究人员的科研工作产生拖沓、推迟出站甚至退站等情况。比如中国社会科学院法学所博士后管理规定对博士后在站期间博士后报告的研究过程规定了如下一套详细的时间表：入站一个月内提出研究计划书并参加开题报告会；第二个学期向教授委员会就进站以来课题进展情况进行集中汇报；第三个学期组织对博士后的中期考核，再次听取博士后研究报告的进展情况；第四个学期，即两年在站时间的最后一个学期，向博士后流动站教授委员会提交书面报告汇报出站报告的进展情况。

博士后报告的选题可以与博士论文联系起来，作为博士论文的深化与拓展，也可以另辟蹊径，选择一个与博士论文没有关联的话题展开研究。但由于博士后研究的在站时间一般为两年，通常比博士学习的时间要短，因此多数博士后会选择与博士论文研究主题紧密相关的话题展开研究，这样既可以减少前期收集资料所需的时间，同时也有助于产出更具有学术分量的研究成果。

博士后科研人员在站期间的科研工作任务除了完成博士后科研报告之外，许多流动站还结合自身情况为其设立了其他方面的科研甚至教学任务。如中国社会科学院法学所博士后流动站要求博士后出站前至少公开发表学术成果2篇/部（含学术论文、专著、研究报告），并至少参加博士后合作导师申报实施的课题项目一项。再比如中国人民大学对博士后科研人员在站期间的科研、教学任务设立的标准包括：（1）以“中国人民大学”为第一作者单位，在该校收录的核心期刊或境外相当水平的刊物上，发表不少于5篇流动站学科领域的学术论文；（2）在站期间完成学校以及学院安排的教学任务，可以与合作导师共同合作开课，也可独立开课，在站期间课堂教学工作总量不少于4学分（72课时）。

博士后在站期间应当全职、脱产进行科研工作，不得在流动站之外兼职或者挂职。根据全国博士后管委会的规定，对博士后正常出国参加国际学术会议或交流活动，以及不超过三个月的出国进行与博士后课题直接相关的合作研究或实验工作，博士后流动站应当予以支持。但出国必要性不大或不符合出国条件的应不予批准。在国外停留时间超过半年的，按自动退站处理。①

为了资助博士后研究人员中的优秀者，帮助他们迅速成长为各类高水平专业人才，国家专门设立了中国博士后科学基金。该基金的设立主要用于鼓励和支持博士后研究人员中有科研潜力和杰出才能的年轻优秀人才，使他们在某些方面得到优厚的条件，以便顺利开展科研工作，迅速成长为高水平的研究人员。博士后在站期间除可以使用国家财政提供的研究经费之外，还可以独立申报国家博士后科学基金。该基金分为面上资助与特别资助两种，面上资助金额分为一等资助5万与二等资助3万元两档，截至2010年，资助比例已经达到了33%；特别资助为2008年国家开始设立的，资助标准为10万元/人，获得面上资助的博士后，仍可申请特别资助，且在评比中将科研能力强，曾获得过重大基金项目作为评选的重要条件，这充分体现了特别资助的择优资助、重点培养拔尖人才的宗旨。②

在各个博士后流动站设站单位，由流动站所在的法学院、系、所博士后专门管理机构或者专门的管理人员具体负责博士后的日常科研管理事务，包括督促检查科研计划的落实情况、申报博士后科研基金、科研经费的使用等。流动站所在单位人事部门负责博士后研究人员的录用、报到和调动手续、年度考核、实际工作考勤、专业职务评审、工资和福利待遇。

2. 博士后在站期间的身份、工资、福利待遇

国家在设立博士后制度之初就对博士后科研人员较为关心的身份、工资、福利待遇等方面的具体问题做出了明确的政策规定，在博士后制度发展过程，国家又接连出台各项政策因时调整了相应的规定。这些政策规定涉及到博士后科研人员工作与生活的方方面面，包括：

（1）工资，自2006年7月1日起，博士后研究人员实行岗位绩效工资制度，执行专业技术人员基本工资标准。薪级工资在第一站执行16级薪级工资标准，以后每做一站提高两级薪级工资标准。绩效工资由设站单位根据其工作表现和实际贡献确定。津贴补贴按照国家有关规定执行。从2006年起经设站单位考核，结果为合格及以上等次的博士后研究人员，每年增加一

① 《关于少数博士后研究人员出国逾期不归问题的通知》（人专发［1989］16号，1989年12月27日）。

② 潘晨光等：《中国博士后制度的发展与创新》，《博士后交流》2008年第4期，第10页。

级薪级工资，并从第二年的1月起执行。[①]

国家资助的博士后人员每年经费为5万元人民币，其中40%为工资收入，即平均每年2万元工资，其余3万元作为科研项目活动经费。自筹经费的博士后工资待遇参照上述标准执行。

（2）户口迁移

博士后进站，在设站单位所在城市落常住户口，其配偶及未成年子女可以随其流动，按有关规定到当地派出所办理暂住户口手续。女性博士后在站期间生育的子女，其户口可随母亲落在设站单位，男性博士后人员的配偶在博士后人员在站期间生育的子女随母亲落户。当然上述国家的有关政策规定在不同地区的落实情况有别，比如在博士后最为云集的北京市，实践中博士后进站只能办理临时户口，且不办理其配偶与子女的户口，只有在博士后出站后留在北京工作，才能办理常住户口及其配偶子女的随迁户口。[②]

与法学博士生所具有的学生身份不同，博士后按照国家文件的规定属于国家正式工作人员，应计算工龄。[③] 通常情况下，多数法学博士后流动站根据国家的政策，将博士后科研人员视为本单位的科研人员。

（3）配偶安置与子女上学

国家针对博士后的政策规定，入站的博士后人员之配偶如系国家正式职工，由设站单位借调安排适当工作，并按照原工资等级标准发给工资，生活福利及奖金等享受设站单位同等待遇。[④] 此外关于博士后人员的子女上学问题，国家政策规定，子女上学问题，由当地教育部门按照常住户口同样对待，给予解决，博士后子女可以就近上学和入园，或在暂住户口所在地报考重点中学和普通中学。

实践上上述两方面的政策基本上没有被执行，比如中国人民大学博士后管理细则明确规定，博士后在站期间配偶及子女户口不随其迁移，学校不解决博士生在站期间配偶的工作，子女如中小学时，由博士后本人联系，学校博士后管理办公室可为其出具相关证明。

---

① 人事部2006年9月1日发布的《关于博士后研究人员工资待遇问题的通知》。

② 潘晨光等：《中国博士后制度的发展与创新》，《博士后交流》2008年第4期，第18页。

③ 国家科委1986年3月13日发布的《关于印发〈博士后研究人员管理工作暂行规定〉的通知》。

④《关于博士后研究人员配偶借调有关问题的通知》（人专发［1992］11号，1992年8月5日）。

（4）职称评定

博士后批准进站后，即认定其具有助理研究员任职资格，博士后出站前可申请评定高级专业技术任职资格。① 该项政策在多数法学博士后流动站中得到了较好的落实，如中国社会科学院法学所博士后管理工作暂行规定第24条规定，博士后研究人员专业技术职务任职资格的评审，参照本所研究人员评审方法进行，计划外博士后研究人员和出站后非留所工作的计划内博士后研究人员，按外单位委托评审办理申报手续。武汉大学博士后管理条例也规定，如博士后研究人员能够创造性地进行研究工作、较好地完成研究课题，并取得较大成绩，出站前1个月可申请高级专业技术职务任职资格的评审，其任职资格的评定按《武汉大学教师职务评审暂行办法》有关规定办理。

与上述做法不同，也有部分法学流动站在博士后职称评定问题上采取了不同的处理方法，如中国人民大学博士后工作实施细则规定，在站博士后可申报中级专业技术职务，但不受理在站博士后的高级专业技术职务的评审。创造性地完成博士后工作任务，且出站评审为优秀的，出站时，如接收单位来函委托，学院教师职务评聘审议小组可参照学校教师职务评聘的有关规定，为其出具高级专业技术职务任职建议。而清华大学博士后流动站管理规定中明确指出，博士后在站期间不参加该校的专业技术职务评聘，对未曾确认专业技术职务的人员，进站后认定其助理研究员（中级职务）任职资格。

（5）住房与医疗

在博士后制度创设之初，国家曾拨专款建造部分博士后公寓，以解决博士后住房问题，部分设站单位也通过自行出资或者其他方式努力解决博士后的住房问题。截至2010年，多数流动站能够解决博士后的住房问题，如人民大学为在站博士后提供二人一套的青年公寓，中国社会科学院法学所也为计划内博士提供两室一厅的住房一套。

博士后医疗问题国家的相应政策为其应与设站单位享受同等的医疗保障待遇，所需资金的筹集应当执行设站单位职工医疗保障资金的筹集办法。在实践中这一问题也得到较好地解决，如中国人民大学、清华大学、北京大学都规定博士后比照在职教职工的待遇享受公费医疗待遇。

---

① 《转发全国博士后科研流动站管理协调委员会〈关于博士后研究人员专业技术资格职务评审和任职的原则意见〉的通知》（职改字［1987］33号，1987年8月18日）。

三、博士后出站与退站

博士后在站研究时限为两年，特殊情况可以至多提前 3 个月申请出站，也可以延期一年出站。博士后科研期限届满时必须出站。博士后出站需提交博士后研究报告，参加出站评审，出站评审由 5—7 名正高职称专家组成评审组对其出站报告进行类似博士论文答辩的评审会，并提出是否同意出站的书面意见。经设站单位审核允许出站的，还须报经全国博管办或有关省市博士后主管部门审核备案，相关博士后主管部门为出站的博士后出具相关材料，包括《博士后研究人员工作期满分配工作审批表》、《博士后研究人员分配工作介绍信》、《博士后证书》等。博士后的出站手续按照在职人员正常工作调动的有关程序办理，享受国家或设站单位住房的博士后还需要归还专用住房。

多数博士后流动站规定了博士后科研人员出现如下情形按照退站处理：(1) 触犯法律法规或者违反校规校纪受到处分的；(2) 未能履行工作协议或者中期考核、出站评审不合格的；(3) 有违反学术道德行为或不符合博士后身份行为的；(4) 违反博士后在站期间工作纪律的；(5) 因病连续请假半年以上的；(6) 未经批准，不按时出站的；(7) 不按期交还财物、住房的；(8) 出国逾期 30 天不归的。

第三节　法学博士后制度的问题与展望

经过 16 年的发展与建设，我国的法学博士后制度已经初步完成了奠基阶段的工作任务，与新中国法学教育所处的历史阶段相同，当下正是对我国法学博士后制度进行全面反思、综合评估的关键时期，以期推动法学博士后制度愈发成熟、壮大，为我国法学教育与法治事业培养出更多的尖端、拔尖人才。本节着重阐述目前我国法学博士后制度中存在的若干制度性发展障碍，并提出相应的解决对策。

一、法学博士后流动站及博士后科研人员的数量与质量之间的矛盾

经过三次增设法学博士后流动站的调整之后，我国目前共有 19 家法学博士后流动站，已经培养和在站的博士后约占全部博士后的 4%，约为 2000 人左右。关于法学博士后及博士后流动站的数量多少，是存在不同观点的，部分观点认为，当前法学与法治的发展趋势与未来需求客观上要求进一步增

加法学博士后流动站的数量与培养的博士后人员的数量。我们认为，鉴于近年来法学博士的招生规模一直比较稳定，且在部分重点大学还存在减少招生数量、提高生源培养质量的趋势，基于近年来我国法学高级人才培养规模的不断扩充，同时考虑到法学博士后的特定培养规律，未来一段时间发展法学博士后制度的重点并不在于盲目地扩大数量，而是更多地关注培养质量、关注博士后科研工作的质量。博士后的科研工作与法学博士生的培养存在一定的差异，前者的研究更为精细、专业，需要博士后合作导师给予更为个性化、更为投入的指导。同时在我国目前的法学教育领域，能够具备博士后招收条件的高等院校与科研院所数量依然十分有限，19 家单位已经是一个不小的规模，再扩大招收单位的范围，将直接导致不具备培养条件的单位随意招收博士后科研人员，导致培养质量的下降。

二、国家投入与发展规模存在矛盾

近年来随着我国经济的发展，社会各界对高端人才的需求越来越大，各设站单位对国家资助类博士后的指标的需求大大超过国家资金所能增加的供给，截至 2010 年，平均每个博士后流动站分配不到 1 个指标，我国招收的博士后人员中近 60% 为自筹经费类博士后。① 这种状况要求未来博士后发展过程中，应当增加多渠道的资金筹措方式，如设站单位使用科研项目招收博士后、合作导师利用项目资金招收定向研究的博士后科研人员，企事业单位出资资助定向课题招收博士后科研人员等方式，进一步扩大博士后科研资金的来源。

当前博士后人员在站期间的工资等福利待遇尽管有一定的基本保障，但与正式在职员工相比还有一定差距，且流动站又要求博士后在站期间不得从事兼职工作，这就使得博士后入站工作时所获得的工资等福利待遇过低，在部分城市甚至仅能维持基本的生存，这种状况的存在导致部分博士后研究人员难以专心投身到课题研究当中。解决这一问题的对策，除了继续推行博士后科学基金制度之外，还应当允许博士后在站期间与设站单位在职人员同样可以申报各类国家课题，使他们有机会争取更多的课题经费，增加对博士后研究工作的保障力度。

---

① 潘晨光等：《中国博士后制度的发展与创新》，《博士后交流》2008 年第 4 期，第 20 页。

三、认识不到位导致制度变形

当前，部分博士后流动站管理人员、设站单位领导以及博士后合作导师对博士后性质、特点及定位的认识较浅或有误，给博士后工作的发展带来一定困难，许多设站单位并未把博士后研究人员当作正式职工看待，在管理方面，或放任自流，或增加非科研工作负担，缺乏规范的管理制度。[①] 在认识存在的偏差与误区包括：（1）认为博士后研究人员是找不到工作、不得已采取迂回就业的群体，从而把博士后当成高级打工者，而不是让他们独立开展研究工作。（2）将博士后研究人员等同于博士生，而不是研究课题或项目的合作者，没能让他们作为科研团队的一员参与到课题研究中，资源未能充分整合，人才团队的优势不能充分发挥，造成大量人才浪费。（3）将"自筹经费类博士后"理解为博士后自己筹集经费开展研究，将招收博士后作为自主创收的手段，把一些有潜质的学术功底扎实的青年人才拒之门外，其实"自筹经费类"博士后的本意是指由招收单位、合作导师或社会筹集资金，支持博士后开展科学研究。[②]

实际上，上述错误或者偏差认识的存在，部分是认识问题，说到底还是制度设计问题，凸显出我国博士后管理制度与评估制度中存在着疏漏，在制度建设方面仅仅是关注进站、出站等程序性步骤，对于博士后培养过程中的细节问题尚未制定全国统一的考核、评价、监管标准，导致博士后制度在实践运行中的走样以及各种潜规则大行其道。解决认识问题固然需要通过交流、培训等方式展开，但更重要、更实际的解决之道在于强化、细化制度建设。

四、部分博士后科研人员自身科研态度的误差导致制度变形

为了使博士后潜心研究，国家对博士后户籍、档案以及其子女入学等方面做了配套规定，化解了博士后的后顾之忧。然而近年来，一些申请人选择博士后研究时过多地考虑了非学术性因素，使博士后研究的功利性因素上升，部分申请人受个人利益驱动，把作博士后作为解决户口或子女上学的捷径，或仅仅为了找一块跳板，利用所在单位的品牌和区域优势，为自己寻找

---

① 潘晨光等：《中国博士后制度的发展与创新》，《博士后交流》2008 年第 4 期，第 19 页。

② 同上书，第 19—20 页。

更好的工作，还有的把作博士后当成荣誉与光环。[①] 实践中这一问题的出现与部分博士后流动站招收在职博士后的做法有一定关系。是否招收在职博士后一直以来是我国博士后制度发展过程中的一个争议较大的问题。[②] 在职博士后固然具有较好的科研积累与相对丰富的科研经验与条件，可以较快地产出科研成果，然而其消极因素也是非常明显的，比如入站的个人目的是解决子女、配偶的户口或工作问题，或者把博士后作为个人职业生涯的"跳板"；且由于在职博士后的科研时间往往难以保障，与原单位的工作关系难以彻底切断从而全身心地投入博士后科研工作，导致博士后科研成果的质量低下，部分在职博士后难以按期完成科研任务。[③] 这一问题的解决同样依赖于制度建设，特别是要依赖于本章下一部分谈及的各种对博士后科研工作的制约与考核机制。

五、健全博士后人员选拔、考核与激励机制，提高博士后科研成果的产出率

目前制约我国博士后制度包括法学博士后制度进一步发展的障碍性因素错综复杂，但核心问题在于如何健全质量监控机制、提高博士后科研工作质量。可以说目前法学博士后制度运行中表现出来的最大问题在于，流动站对博士后科研工作缺乏实时、有效的监管与评估，导致多数博士后的科研工作处于放任自流的状态。部分博士后流动站设立了量化目标管理机制，比如要求在站期间，博士后至少发表五篇以上核心期刊论文，尽管这种量化机制从某个角度来看缺乏科学性，[④] 但量化的考核标准毕竟从一个方面强化了对博士后的考核与监控，收到了一定的成效。在这个问题上，量化的指标是必需的，但量化指标如何设定是一个需要慎重考虑的问题。

部分博士后科研人员与流动站之间存在联系上的隔绝，部分流动站并没有将博士后科研人员完全视为本机构的科研人员对待，同时博士后个人也没有产生足够的机构归属感，这一问题导致博士后科研人员与流动站之间存在隔阂，博士后科研人员难以充分融入到新的科研环境中锻炼与提高自身的科

① 潘晨光等：《中国博士后制度的发展与创新》，《博士后交流》2008 年第 4 期，第 19 页。

② 陈晓玲：《招收在职博士后研究人员的利与弊》，《中国博士后研究》2007 年第 4 期。

③ 同上。

④ 众所周知，发表文章的数量特别是在核心期刊上发表论文作为考核科研人员、博士生的指标历来备受质疑，比如目前国内法学核心期刊可发表论文的数量远远不能满足各学校为博士研究生确立的硬性指标，且在目前国内期刊发表论文审查与运作机制存在瑕疵的情况下，强调论文发表数量结果只能是促使研究人员通过非正当手段发表论文，学术腐败的情形不断增多。

研能力与水平。解决这一问题，需要流动站通盘协调自身的各个职能机构做好接纳博士后的各项对接手续，同时制定详尽的培养计划。博士后科研人员也应当被要求定期参与所在学科的各项学术活动，除博士后报告的撰写工作之外，还应当实质性参加所在学科的相关科研项目。

博士后流动站应当建立相应的激励机制，比如将博士后科研人员纳入到对现有科研、教师人员的激励机制当中，允许、鼓励其以所在流动站科研人员的身份申报各项国家课题。博士后流动站所在单位应避免为博士后增加非科研性任务，以充分发挥博士后制度原本设定的发现、使用优秀年轻人才的功用。为了体现人才发展的激励效应，博士后流动站应当尽可能地让博士后独立承担部分科研性任务，尽可能让博士后参与各项学术活动。

在博士后选拔阶段，可以考虑实行更为严格的遴选程序，如匿名评议、教授委员会匿名集体投票，设定入站学术成果基本条件，同时禁止目前部分流动站实行的博士后申请人自筹经费从事博士后的做法，本着宁缺毋滥与按需招收的原则，可由各博士后合作导师根据各自承担的课题情况提出招收人员的方向与研究旨趣要求，愿意申请相应导师的博士后申请人，其所需的科研经费从博士后合作导师的课题经费中支出。

第十章　法学自学考试教育

第一节　概述

国务院《高等教育自学考试暂行条例》第 2 条规定："本条例所称高等教育自学考试，是对自学者进行以学历考试为主的高等教育国家考试，是个人自学、社会助学与国家考试相结合的高等教育形式。"由此可见，高等教育自学考试是我国高等教育的重要组成部分。我国高等教育自学考试制度酝酿于 20 世纪 70 年代末，创建于 20 世纪 80 年代初。1981—1982 年京、津、沪、辽先后进行了试点，1985 年推广至全国，1988 年国务院发布了《高等教育自学考试暂行条例》。高等教育自学考试在至今二十多年里，取得了很大的成绩，也得到了很快的发展。当前，高等教育自学考试制度已得到比较充分的发展。作为规模大、范围广、层次多、功能全、具有完整组织机构体系、统一标准规范系统、协调的管理体制的高等教育自学考试，已在我国教育体系中占着重要地位，成为普通高等教育、成人高等教育所不能替代的新的高等教育形式。

高等教育自学考试制度为所有的人提供了一个接受和选择高等教育的机会。该制度自 1981 年创立以来，截至 2008 年底，累计有 5230 万人（不计重复）、1.97 亿人次参加自学考试学历教育，累计报考科次约 4.62 亿，累计培养本、专科毕业生 857.5 万人；参加自学考试非学历教育累计 4185 万人次，约有 1423 万人获得各类证书。2008 年自学考试学历教育报考人次 989 万，非学历教育 961 万，总体规模达 1950 万人次，学历教育与非学历教育基本持平。

高等教育自学考试具有最大的开放性、广泛的适应性、极大的灵活性，而且投资少、效益高、见效快。自学考试面向全国全民乃至整个社会，无入学条件要求，只要是中华人民共和国的公民，不受性别、年龄、民族、种族、已受教育程度的限制；报考专业、学习方式、地点不受限制；考一门通过一门，即可取得该门课程的单科合格证书。考试时间、考试次数不受限制，考试不及格可考多次、重复考，直到合格为止等等。高教自学考试的质量标准，在总体上与普通高等学校同等学力层次水平的要求相一致。自学考试每个学科的考试，均属该科结业考试，及格一门即获得该科的单科合格证书，完成规定的毕业论文（设计）或其他教育实践任务，经思想品德鉴定符合要求，即可获得同层次的毕业证书。符合相应学位条件的高等教育自学考试的本科毕业生，按《中华人民共和国学位条例》的规定，由国务院已授权的主考高等院校授予相应学位。

第二节　专业设置

从广义上来讲，高等教育法学自学考试专业包括法律专业、律师专业和公安管理专业自学考试。这三个专业均设专科（基础科）、本科学历层次(其中包括本科段和独立本科段)。本科段是本科专业的一部分，与其基础科段有直接的衔接关系。而独立本科段是在专科层次起点基础上又独立于专科层次的自学考试专业类型，这类专业与同专业的专科没有直接的衔接的关系。两类专业都是专科起点专业，也都是持有国家承认学历的专科（或专科以上）毕业证书或正在专科（或专科以上）就读者才可报考。考生在达到规定的毕业要求后，也都可获得本科毕业证书。自学考试法律专业（独立本科段）是为满足高等教育非法律专业和非法律相关专业专科以上毕业生报考高等教育自学考试法律专业本科层次的需要所制定的考试计划。而自学考试法律专业本科考试计划是为已有高等教育法律专业或法律相关专业的专科毕业生，在专科基础上继续完成本科层次学习需要而制定的。二者所面向的对象不同。因此，法律或法律相关专业专科以上毕业生应接考法律专业本科，不能接考法律专业（独立本科段)。

法学自学考试各专业的培养目标和基本要求主要是：

1. 法律专科

法律专科阶段的培养目标是，培养和造就适应社会主义市场经济建设需要的，德才兼备的法律工作专门人才。要求应考者努力学习马克思列宁主义、毛泽东思想和邓小平理论，树立爱国主义、集体主义和社会主义思想，遵守法律、法规，具有良好的思想品德。专科基本要求是，立足于培养应用型法律专门人才。要求掌握本专业所必需的基本理论、基本知识和基本技能，熟悉我国主要法律、法规以及有关的方针政策，具有一定的分析和解决法律实际问题的能力。

2. 法律本科

法律本科阶段的培养目标是，培养和造就适应社会主义市场经济建设需要的，德才兼备的法律工作专门人才。要求应考者努力学习马克思列宁主义、毛泽东思想和邓小平理论，树立爱国主义、集体主义和社会主义思想，遵守法律、法规，具有良好的思想品德。本科基本要求是，主要培养从事政法机关和其他部门法律实际工作以及法律教育、研究工作的高层次专门人才。要求在专科的基础上系统掌握本专业的基础理论、基本知识和基本技能，熟悉我国的法律、法规以及国家的有关方针政策，了解国外法律和法学的动态，有较强的分析和解决法律实际问题的能力。掌握一门外国语。

3. 法律专业（独立本科段）

法律专业（独立本科段）的培养目标是，为满足高等教育非法律专业专科以上毕业生报考高等教育自学考试法律专业本科层次的需求，特制定高等教育自学考试法律专业（独立本科段）考试计划，为统一考试标准，建立合理的法学知识结构，本专业考试计划的设置要求，在总体上与全日制普通高等学校法律专业的水平相一致，并与现行高等教育自学考试法律专业考试计划的基本要求相一致。以马克思主义、毛泽东思想、邓小平理论和“三个代表”重要思想为指导，培养复合型、应用型法律专门人才，要求毕业证书获得者具有坚定正确的政治方向和良好的专业素质，积极促进社会主义民主与法制建设，适应公检法司等工作部门对法律人才的实际需要。要求毕业生系统掌握本专业的基础理论、基本知识和基本技能；熟悉我国法律、法规以及国家的有关方针、政策；具有较强的分析和解决法律实际问题的能力。

4. 律师专科和本科

律师专业专科阶段和本科阶段的培养目标均是，培养和造就适应社会主义市场经济发展和民主法制建设需要，德才兼备的律师、公证及其他法律服务等方面的高层次的专门人才。其基本要求是，以马列主义、毛泽东思想、邓小平理论为指导，坚持四项基本原则，热爱律师工作和其他法律服务工作，具有良好的职业道德，熟悉党的方针政策和国家的法律法规，具有应用基本理论和知识分析问题、解决实际问题的能力。

5. 公安管理专科①

① 北京市高等教育自学考试公安管理专业系北京市公安局委托开考专业。2008 年，北京教育考试院自学考试办公室经与委托部门及主考院校协商，已经决定关闭公安管理专业（专科）。

高等教育自学考试开考公安管理专业的目的，在于为国家造就和选拔德才兼备的从事公安管理工作的专门人才。在政治上，要求获得毕业证书者能够坚持四项基本原则，坚持改革开放，树立辩证唯物主义和历史唯物主义的观点；遵纪守法，全心全意为人民服务。在业务上的要求是，应掌握马克思主义的基本原理，能正确理解和掌握公安管理的基本理论，掌握本专业各门课程的基本知识和基本技能，并具有一定的分析与解决实际问题的能力。

6. 公安管理本科[①]

高等教育自学考试开考公安管理专业的目的，在于为国家造就和选拔德才兼备的从事公安管理工作的专门人才。在政治上，要求获得毕业证书者能够坚持四项基本原则，坚持改革开放，树立辩证唯物主义和历史唯物主义的观点；遵纪守法，全心全意为人民服务。在业务上的要求是，应掌握马克思主义的基本原理，能比较系统地正确理解和掌握比较坚实的公安管理的基本理论、基本知识和基本技能，能较好地运用所学基本理论分析和解决问题，并具有一定的科研能力。

高等教育自学考试是我国高等教育的重要组成部分。分析自学考试的专业设置，不能脱离整个高等教育的专业设置结构。“以前我国高等教育的专业划分过细，专业内容陈旧、面向窄、适应性差。现在各高校为适应社会发展变化、改革人才培养模式，都在进行专业结构调整、科学合理地设置专业，从过去强调‘专业对口’转化为注重适应不断变化的社会需求，减少专业分类，拓宽专业基础，扩展专业面向，缩减基础课程上划分过细的专业，增加新兴学科或培养社会急需人才的相关专业”。[②] 通过比较上述法律专业、律师专业和公安管理专业的培养目标和基本要求，可以发现，公安管理专业与法律专业具有相似性，但是，也有其特殊性。公安管理专业相比法律专业的特殊之处超出了二者的相似之处。但是，律师专业和法律专业相比而言，更多的是相似之处，而非特殊之处。而且，要成为一名律师，还必须通过国家统一司法考试，必须有着坚实的法学基础理论功底。所以，未来的自学考试专业设置的改革，有必要考虑将律师专业纳入到法律专业之中，这样更能体现自学考试专业设置的科学性。

---

① 北京市高等教育自学考试公安管理专业系北京市公安局委托开考专业。2009 年，北京教育考试院自学考试办公室经与委托单位及主考院校协商，已经决定停止公安管理专业（本科）新生注册。

② 杨培珍：《高等教育自学考试课程体系研究》，南京理工大学硕士学位论文 2006 年，第 28 页。

第三节 教学培养

法律专业自学考试不同于其他法学教育形式，其主要以考试为指挥棒左右助考机构的教学培养，而不像全日制高等法律院校中系统的、常规的教学培养。参加法律专业自学考试的考生的学习形式是多种多样的：有的完全靠自己啃书本，边工作边学习；有的在自学的基础上，听一些辅导串讲课；有的参加网络学堂的学习；有的是参加各种学校举办的全脱产的自考培训班。[①] 北京市高等教育自学考试办公室通过"自学考试信息专递"网络平台开展的自学考试学习状况问卷调查显示：在被调查的1456名考生中，参加全日制辅导的有286人，占到19.64%；参加大多数课程业余辅导的有147人，占到10.10%；参加个别课程业余辅导的有290人，占到19.92%；完全自学的有733人，占到50.34%。[②] 从这一调查中，可以看出，有一半参加自学考试的考生参加了自学助考机构的教学培训。

为加强自学考试社会助学工作，原国家教委1995年发布了《关于高等教育自学考试社会助学工作的意见》。在此基础上，教育部及全国考办于2000年前后，又连续制定、下发了一系列关于助学管理工作的文件。近几年全国考办多次召开助学会议，推动社会助学工作的开展。以北京为例，截至2010年，在北京自学考试办公室登记的各类自学考试助学机构达到89个。其中普通高校21个，成人高校4个，部门委托办学单位5个，民办高校及其他社会力量办学单位59个。其中，学生人数在千人以上的有28所。接受社会助学的考生达到13.6万人，占自学考试在考人数的68%；其中参加全日制学习的人数72万人，占接受社会助学人数的53%。[③] 这些自学考试助考机构招收的对象不大一样。以高等院校和学术团体举办的全日制高等教育自学考试辅导班为主，招收对象主要是应届和往届落榜的高中毕业生。短期业余面授高等教育自学考试辅导班招收对象主要是在职人员。自学考试社会助学以民办教育为主体。在现实中，因为这些自考助学机构办学成本相对较小，投入少、回报快、营利空间较大，许多民办、高职院校及其他社会

---

① 王健、高福勤：《关于高等教育自学考试管理工作的思考》，http：//www.bjeea.cn/22265005113012224/20060118/11077.shtml。

② 毕胜：《北京市高等教育自学考试学习状况问卷调查统计结果分析研究》，《中国考试》2008年第2期。

③ 高洪军：《加强社会助学指导 完善自学考试教育制度》，《中国考试》2006年第5期。

培训机构在缺乏基本办学条件和设施的情况下大量开班“助学”，招生谋利，助学质量总体水平不高。不少普通高校虽本身已面临优质教育资源不足问题，但也纷纷举办“助学班”，盲目增设专业、扩大招生规模，为学校和教师“开源”创收，由此引发一系列负面问题，如“助学班”教学和管理混乱，高校自身教育资源不足问题加剧，造成社会助学市场的不良竞争等。①

由于自学考试助考机构在资金上的限制、所处地位和所受重视程度的局限，目前，这些自学考试助考机构对考生的教学培训过程中存在的主要问题是：

第一，侧重应试教育，忽视素质教育；重“助考”，轻“助学”。一味追求“合格率”是助学单位的通病，一切教育教学工作都围绕着这一中心，只注重知识的传授，凭借题海战术，最终导致部分学生只会死啃书本、思维狭隘、动手能力差，缺乏创新精神和实践能力，缺乏分析问题、解决问题的能力，容易陷入“应试教育”的窠臼。②

第二，重理论素质提高，轻实践能力的养成。法学乃实践性的学科，而且，自学考试法律专业的培养目标就是培养适应社会主义法制建设的法律人才。但是，因为自学考试主要侧重理论素质的考查，忽视实践能力的检测，这就导致，在自学助考过程中，各个助学机构的课程设置主要以开考科目为准，忽视有助于实践能力提高的科目，在教学过程中，教师往往以知识记忆和理解为主，缺乏对实践能力的讲授，这种教学培训机制所培养出来的学生往往缺乏一定的实践精神和创新能力。

第三，教学内容过于老化，教学方法过于传统和僵化。法律专业自学助考机构的教师往往来源于高等法律院校的现任教师和退休教师以及博士或者硕士研究生。其中一些教师的教学内容过于老化，没有随着法律的修改以及司法解释的出台而更新。在教学方法上，许多教师采用的是传统的“填鸭式”的教学方法，英美的案例教学法并没有引入课堂之上，这就让学生只是被动地接受教育，不能积极主动的思考和理解问题。可以说，法律专业自学助考机构的这种教学模式相比我国大多数普通高等法律院校的教学模式相对落后。

---

① 林金辉、刘志平：《高等教育自学考试社会助学系统若干问题及其对策》，《教育与考试》2007 年第 4 期。

② 青志刚、穆松：《浅析自学考试助学单位存在的问题及对策》，http：//www.bjeea.cn/22265000511301 2224/20060117/10925.shtml。

第四，教材建设缺乏时代特色。首先，有些自考教材编写没有紧紧围绕开考专业的培养目标和课程内容进行，而是照搬普通高校的教材，没有考虑自考生的特点；自考教材编写思路只着眼于培养学生获取新知识，而忽视培养学生分析问题和解决问题的能力。其次，教材内容陈旧，更新周期太长。教材内容没有随着社会的发展以及法律的变化而加以修订，不能做到适应需要、推陈出新、反映时代发展特征、反映知识经济对法学学科建设的影响。可以说，教材传输的信息因陈旧不断贬值，影响了学习者对先进科学知识的掌握和积极性的提高。①

第五，学生基础参差不齐，助学机构无法因材施教。参加助学辅导的学生的来源不同，有的属在职人员，有的是高中毕业生，他们的背景和基础不大一样，但是，自考助学机构教师在教学过程中往往按照统一的进度进行授课，这就导致有些学生跟不上教学的进度，但又无法得到教师的进一步细致指导。这种助学的效果可想而知，结果依靠的还是学生的自学。

针对自学考试助考机构在教学环节出现的上述问题，有必要采取措施加以解决。我们认为，可以主要从以下几个方面着手：第一，应从法律专业自学考试的各个环节、考核评定等过程中积极引导助考机构的教学，比如从题型上可以减少理论性的客观试题，增加案例分析型的主观试题；将实践和实习作为一门考核课程，等等。第二，积极吸收优秀的法学专家参与法律专业自学考试教材的编写，并紧随法律的更新而修订。而且，在教材的编写上应尽可能的区别于高等法律院校本科生教材的编写模式，针对参加自学考试的学生的特点，既兼顾教材的理论性，也要兼顾教材的实用性，特别是应当在教材中增加案件分析的分量，帮助考生提高实际问题的分析能力。第三，各级自学考试主管部门应对各种助学机构按照严格的标准进行定期的审查和评估，对条件不合格的自考助学单位给予撤销或者并转。也就是说，各级自学考试主管部门应通过奖励和惩罚的机制，会同工商、教育等主管机关强化对助考机构教学质量的监控和管理。第四，各助考机构应对所聘任的教师进行定期或者不定期的培训，促使其更新知识储备，提高教学技能和水平，而且，各助考机构应根据学生的背景和基础的不同，设置不同的班级，从而实现因材施教，同时，各助考机构应兼顾应试教育和素质教育，让学生在学习过程中不仅注重锻炼法律思维，而且形成法律人应具备的职业道德水平和素

① 杨培珍:《高等教育自学考试课程体系研究》，南京理工大学硕士学位论文 2006 年，第 8 页。

养。总之，只有不断地提高自学考试助考机构的教学水平，才能让高等教育自学考试真正成为一种高层次的教育形式，进而获得社会的广泛认可。

第四节　课程设置

高等教育自学考试是个人自学、社会助学和国家考试相结合的高等教育形式。所以，自学考试这一高等教育形式始终围绕着考试这根指挥棒，不论是考生自学，还是参加助考机构的辅导，所学课程都是按照全国以及各个地方自学考试委员会制订的考试方案，以下我们以北京市教育考试院所设置的考试方案为核心进行具体分析。

1. 法律（基础科）专科

北京市教育考试院对法律专业专科阶段课程、学分和考核方式的要求如下。

表 10－1　　法律专科

课程名称	课程性质	学分	考核方式
思想道德修养与法律基础	政治课	2	笔试
毛泽东思想、邓小平理论和“三个代表”重要思想概论	政治课	4	笔试
大学语文	文化基础课	4	笔试
法理学	专业课	7	笔试
宪法学	专业课	4	笔试
刑法学	专业课	7	笔试
民法学	专业课	7	笔试
刑事诉讼法学	专业课	4	笔试
民事诉讼法学	专业课	5	笔试
行政法学	专业课	5	笔试
经济法概论	专业课	6	笔试
国际法	专业课	6	笔试

2. 法律本科

北京市教育考试院对法律专业本科阶段课程、学分和考核方式的要求如下。

表 10－2 法律本科

课程名称	课程性质	学分	考核方式	是否选考课
中国近现代史纲要	政治课	2	笔试	
马克思主义基本原理概论	政治课	4	笔试	
英语（二）	文化基础课	14	笔试	是
日语（二）	文化基础课	14	笔试	是
俄语（二）	文化基础课	14	笔试	是
国际私法	专业课	4	笔试	
国际经济法概论	专业课	6	笔试	
劳动法	专业课	4	笔试	
环境与资源保护法学	专业课	4	笔试	
婚姻家庭法	专业课	3	笔试	
合同法	专业课	5	笔试	
知识产权法	专业课	4	笔试	
公司法	专业课	4	笔试	
法律文书写作	专业课	3	笔试	
法律职业道德	专业课	3	笔试	是
中国法律思想史	专业课	4	笔试	是
外国法制史	专业课	4	笔试	是
西方法律思想史	专业课	4	笔试	是
票据法	专业课	3	笔试	是
保险法	专业课	3	笔试	是
税法	专业课	3	笔试	是
金融法	专业课	4	笔试	是
公证与律师制度	专业课	3	笔试	是
房地产法	专业课	3	笔试	是
法律专业毕业论文	综合课	0	论文/毕业设计	

3. 律师（基础科）（专科）

北京市教育考试院对律师专业专科阶段课程、学分和考核方式的要求如下。

表 10－3　**律师专科**

课程名称	课程性质	学分	考核方式
思想道德修养与法律基础	政治课	2	笔试
毛泽东思想、邓小平理论和“三个代表”重要思想概论	政治课	4	笔试
法理学	专业课	7	笔试
宪法学	专业课	4	笔试
民法原理与实务	专业课	7	笔试
民事诉讼原理与实务（一）	专业课	7	笔试
刑法原理与实务（一）	专业课	7	笔试
刑事诉讼原理与实务（一）	专业课	7	笔试
商法原理与实务	专业课	6	笔试
法律文书写作	专业课	3	笔试
经济法原理与实务	专业课	6	笔试
行政法与行政诉讼法（一）	专业课	7	笔试

4. 律师本科

北京市教育考试院对律师专业本科阶段课程、学分和考核方式的要求如下。

表 10－4　**律师本科**

课程名称	课程性质	学分	考核方式	是否选考课
中国近现代史纲要	政治课	2	笔试	
马克思主义基本原理概论	政治课	4	笔试	
英语（二）	文化基础课	14	笔试	是
日语（二）	文化基础课	14	笔试	是
俄语（二）	文化基础课	14	笔试	是
律师执业概论	专业课	5	笔试	
环境与资源保护法学	专业课	4	笔试	
婚姻家庭法原理与实务	专业课	4	笔试	
知识产权法	专业课	4	笔试	
合同法	专业课	5	笔试	
国际经济法概论	专业课	6	笔试	
国际私法	专业课	4	笔试	

续表

课程名称	课程性质	学分	考核方式	是否选考课
国际法	专业课	6	笔试	
证据法学	专业课	6	笔试	
公证与基层法律服务实务	专业课	3	笔试	是
司法鉴定概论	专业课	4	笔试	是
法院与检察院组织制度	专业课	3	笔试	
律师专业毕业论文	专业课	0	论文/毕业设计	
税法	专业课	3	笔试	是
劳动法	专业课	4	笔试	是
公司法	专业课	4	笔试	是
金融法	专业课	4	笔试	是

5. 法律（独立本科段）

北京市教育考试院对法律专业独立本科阶段课程、学分和考核方式的要求如下。

表10－5　　法律（独立本科段）

课程名称	课程性质	学分	考核方式	是否选考课
中国近现代史纲要	政治课	2	笔试	
马克思主义基本原理概论	政治课	4	笔试	
英语（二）	文化基础课	14	笔试	是
日语（二）	文化基础课	14	笔试	是
俄语（二）	文化基础课	14	笔试	是
宪法学	专业课	4	笔试	
法理学	专业课	7	笔试	
中国法制史	专业课	5	笔试	
刑法学	专业课	7	笔试	
民法学	专业课	7	笔试	
刑事诉讼法学	专业课	4	笔试	
民事诉讼法学	专业课	5	笔试	
行政法学	专业课	5	笔试	

续表

课程名称	课程性质	学分	考核方式	是否选考课
经济法概论	专业课	6	笔试	
国际法	专业课	6	笔试	
国际私法	专业课	4	笔试	
国际经济法概论	专业课	6	笔试	
环境与资源保护法学	专业课	4	笔试	
劳动法	专业课	4	笔试	是
婚姻家庭法	专业课	3	笔试	
合同法	专业课	5	笔试	
知识产权法	专业课	4	笔试	
公司法	专业课	4	笔试	
法律文书写作	专业课	3	笔试	
法律职业道德	专业课	3	笔试	是
中国法律思想史	专业课	4	笔试	是
外国法制史	专业课	4	笔试	是
西方法律思想史	专业课	4	笔试	是
票据法	专业课	3	笔试	是
保险法	专业课	3	笔试	是
税法	专业课	3	笔试	是
金融法	专业课	4	笔试	是
公证与律师制度	专业课	3	笔试	是
房地产法	专业课	3	笔试	是
法律专业毕业论文	综合课	0	论文/毕业设计	

6. 公安管理（基础科）（专科）

北京市教育考试院对公安管理专业专科阶段课程、学分和考核方式的要求如下。

表 10－6　　公安管理专科

课程名称	课程性质	学分	考核方式
思想道德修养与法律基础	政治课	2	笔试
毛泽东思想、邓小平理论和“三个代表”重要思想概论	政治课	4	笔试

续表

课程名称	课程性质	学分	考核方式	是否选考课
宪法学	专业课	4	笔试	
刑法学	专业课	7	笔试	
刑事诉讼法学	专业课	4	笔试	
公安学基础理论	专业课	5	笔试	
公安秘书学	专业课	4	笔试	
公安管理学	专业课	8	笔试	
治安管理学	专业课	5	笔试	
刑事侦查学	专业课	7	笔试	
保卫学	专业课	4	笔试	
预审学	专业课	5	笔试	
公安法规	专业课	5	笔试	

7. 公安管理（本科）

北京市教育考试院对公安管理专业本科阶段课程、学分和考核方式的要求如下。

表 10－7　　公安管理本科

课程名称	课程性质	学分	考核方式	是否选考课
中国近现代史纲要	政治课	2	笔试	
马克思主义基本原理概论	政治课	4	笔试	
英语（二）	文化基础课	14	笔试	是
大学语文	文化基础课	4	笔试	
警察伦理学	专业课	6	笔试	
犯罪学（一）	专业课	6	笔试	
刑事证据学	专业课	6	笔试	
公安决策学	专业课	5	笔试	
公安信息学	专业课	6	笔试	
涉外警务概论	专业课	5	笔试	是
计算机应用基础	文化基础课	4	非笔试	是
公安管理专业毕业论文	综合课	0	论文/毕业设计	
警察组织行为学	专业课	5	笔试	是
公安行政诉讼	专业课	4	笔试	是
刑事侦查情报学	专业课	5	笔试	是

由上可知，法学专业中的三个具体学科有着不同的侧重，法律专业较为侧重法学基本理论，律师专业较为侧重法律实务；而公安管理专业兼顾了法律常识和公安实务。但是，从宏观上来看，法学专业的自学考试课程包含政治课、文化基础课和专业课、综合课（即毕业论文）四部分。在这四部分中，所占学分最多的是专业课。专业课的设置基本上与《全国高等学校法学专业核心课程教学基本要求》是一致的，沿袭了普通高校法律本科教学的课程设置模式。总体而言，法学专业的自学考试课程规划存在如下问题：第一，着重强调学科知识的系统性、完整性，并没有反映出自考的特色，没有体现出实用性的特点，背离了法律这一实践性学科的本质。第二，课程设置和教材编写完全以学科为唯一依据，忽视了社会需求和个性发展等重要因素。第三，课程过于关注知识的经典性、原理性、规范性，而对知识的整合性和实用性考虑得不够，课程体系设计中重理论、轻应用，重传授知识、轻能力培养。第四，课程内容与学习者的生活、与现代社会和科技发展之间的联系、与学习者的学习兴趣和经验等关系不够紧密，缺乏针对性。这些弊端不可避免地造成高等教育自学考试的功能被僵化为培养专门学科人，而不是培养社会人、职业人。[①] 目前全国和各个地方法学专业的自学考试课程设置已经有多年未加以调整，这种考试科目设置已经严重脱离法律实践的需要，亟待改革。我们认为，在法学专业自学考试课程设置改革中，应当注重从以下几个方面入手：首先，应增加实践性课程的比重，以提高学生解决问题的能力，比如法律诊所课程以及法律实践、模拟法庭课程，等等；其次，应在不加重考生负担的前提下，增加选修课程的比重，比如法律与文学、法律社会学、法律经济学等课程，通过开考这些选修课，开阔学生的视野，发展考生各方面的兴趣；再次，法律专业自学考试专业课的设置应区别于高等学校法学专业核心课程，体现出自学考试的特色，以适应社会发展的需要。

第五节　师资队伍

自学考试虽然是以考生自学为主，但是由于自考的学生起点较低，层次也不一样，因此，社会助学是自学考试质量的重要保证。我国的法律专业自考助考机构包括普通高等法律院校、委托开考机构和民办学校。据教育部的

① 杨培珍：《高等教育自学考试课程体系研究》，南京理工大学硕士学位论文 2006 年，第 7 页。

统计数据，截至2005 年底，全国共有304 所普通高校开展自考社会助学，占全国自考社会助学单位总数的27.6%，委托开考部门助学单位有111 个，占全国助学单位总数的9%，社会力量助学单位总数为671 个，占全国自考助学单位总数的54.5%。社会力量助学已经成为自考助学的中坚力量。在我国自考助学中，目前的教学辅导形式主要有四种：一是业余面授，如夜晚助学班。二是开办全日制助学班。三是函授辅导。这种助学形式，主要面向交通不便，师资力量薄弱的边远地区和农村的考生进行教学辅导。四是短期巡回面授。高等学校或其他助学组织不定期组织教师深入边远地区或农村考生集中的城镇进行教学辅导，面向农村，服务于"三农"。①

助学机构的师资队伍是助学机构教学质量的保证因素。一般而言，普通高等法律院校有自己的师资可供本院校的助考机构教学，也就是说，此类助考机构的师资有一定的保证。但是，委托开考机构和民办学校则没有自己的师资，所以，它们所开办的助考机构往往只能从高等院校和科研机构中聘请在职教师或者退休教师，甚至是在读的博士、硕士研究生进行教学。如果这些教师在本单位有相应的教学（或者学习）任务的话，助考机构的授课时间就很难保证。而且，委托开考机构和民办学校所聘请的师资在水平上参差不齐，其中，优秀的教师同时为多家助学单位授课，而那些责任心差、教学质量不好的教师，常常遭到学生的谴责，最终"下课"。② 上述种种原因都导致自考助学机构的教师队伍具有不稳定性和流动性。

委托开考机构和民办学校所聘请的师资的教学质量令人担忧。主要有以下几个原因：第一，由于这些教师的职责只是讲课，并不参与助学单位管理，故助学单位在对教师队伍建设上相对缺乏。与高等院校相比，缺乏正规的管理和教师培训。没有学术交流、座谈会、研讨会、教师进修等，也缺乏对教师教学质量的考核考评。③ 第二，许多民办助学单位由于经济、管理等方面的原因，在所招聘的教师中，学历参差不齐，职称一般较低，副教授职称以上的教师更少，师资队伍总体偏于年轻化，他们一般是在读或者刚毕业的研究生，缺乏实际教学的经验和能力，对于考生学习中出现的问题缺乏针对性的指导，而且许多教师所教授的科目并不是其所学的专业。这类助学单

① 魏成松、翟梅伶：《我国自学考试社会助学的现状与对策研究》，《湖北大学成人教育学院学报》2009 年第3 期。

② 青志刚、穆松：《浅析自学考试助学单位存在的问题及对策》，http：//www.bjeea.cn/222650005113012224/20060117/10925.shtml。

③ 同上。

位的教学质量总体不高。[①]

基于我国法律专业自考助考机构师资的现状，我们认为，有必要重视和加强助考机构的师资队伍建设，保障助考机构的教学质量，保证我国法律自学考试毕业生的理论素质和实践能力。具体而言，首先，助学单位要保证教师队伍的稳定性。具有一定实力的助学单位可以考虑建立专职的教学团队，不足以建立专职教学团队的助学机构也应与受聘的兼职教师保持长期联系，签订相应的教学合同，以保证有一定的师资力量和充足的教学时间来促进教学质量的提升。其次，要加强对教师的专业知识和技能的培训，通过开展各种各样的学术研讨会、座谈会、课题讲座、课题研究项目等，促进教师之间的沟通交流，培养专业型教师和研究型教师。[②] 通过这种培训和研讨，有助于形成适应参加自学考试的学生特点的一整套教学方法。最后，助考机构应当将教师的课堂教学和课后的教学辅导结合起来，有条件的助考机构应当组织专门的课后教学辅导团队来帮助学生答疑解惑，将完全的自学真正转变成为自学与教学辅导相结合，这些措施都有利于通过自学考试这一特殊的高等教育模式培养出更多的合格法律人才。

第六节　现实状况与未来发展

一、现实状况

从 20 世纪 80 年代至今，自学考试教育为推动我国高等教育的发展发挥了至关重要的作用，为我国各行各业培养出了优秀的人才。截至 2008 年底，累计有 5230 万人（不计重复），1.97 亿人次参加了自学考试。20 多年来，通过自学考试途径培养的本、专科毕业生达到 857.5 万人。然而，近几年，自学考试制度遭遇严峻的挑战，社会考生报考人数呈逐年递减的趋势。全国报考人数从 2003 年的 11982726 人减至 2007 年的 9533632 人。[③] 我国法律专业自学考试也呈现了相应的变化趋势。

这种局面出现的原因主要有以下几个：首先，自学考试的任务发生了变

---

① 魏成松、翟梅伶：《我国自学考试社会助学的现状与对策研究》，《湖北大学成人教育学院学报》2009 年第 3 期。

② 青志刚、穆松：《浅析自学考试助学单位存在的问题及对策》，http://www.bjeea.cn/22265000511301224/20060117/10925.shtml。

③ 郑代斌：《高等教育自学考试的诚信危机及其化解路径》，《中国考试》2009 年第 9 期。

化。自学考试创立初期直至20世纪末，是以“文化大革命”被耽误了学习机会的人员和不能进入高校学习的人员为主要报考对象，这部分人员的实践经验丰富，理论知识比较欠缺，在这种情况下，自学考试以补充理论知识为主要内容，这种“补偿教育”的历史任务已经基本完成。进入新世纪后，取而代之的是终身教育，这种教育既有学历教育的性质，又有非学历教育的性质。随着社会经济的发展，自学考试不但肩负着学历教育的重任，还肩负着终身教育的重任。① 其次，来自生源市场的竞争和挑战。近几年来为了尽可能满足广大群众日益增长的接受高等教育的愿望，除了普通高校不断扩大招生规模外，其他各类高等教育形式也纷纷抢占生源市场。如：电大、函授、远程教育等，原本普通高校、成人高校、高教自考三足鼎立的高教格局已被打破，取而代之的是多元化的教育体系。此外，国内非学历的考试冲击高教自考日趋激烈。随着我国体制改革的不断完善，更多的人清醒地认识到，能力比学历更为重要。因此，各种专业技能班应运而生，给自考等一些国家性学历考试带来了不小的冲击。②

可以说，我国高等教育自学考试制度面临的挑战是空前的，尤其是随着报考人数的逐年减少，自学考试中的学历考试究竟朝着何种趋势发展，人们众说纷纭。有人甚至认为，自学考试的历史使命已经完成，而且自学考试中舞弊现象严重，文凭水分很大，因而应取消我国的高等自学考试制度。我们认为，绝对不能忽视自学考试的社会性、大众性、灵活多样性特点，自学考试可以适应某些特殊人群终身教育的需要，未来应当保留并改革我国的高等教育自学考试制度。

二、未来发展

法律专业自学考试教育这一教育形式欲在我国法学教育中占有一席之地，必须从法律专业自学考试进行改革。主要应考虑到法律专业自学考试既具有自学考试性质，也是法学教育的一种形式。在这一前提下，从开考方向、层次、模式和助考方式等多方面对法律专业自学考试进行完善，才能培养出社会所急需的法律人才。

---

① 魏成松、李云富、周连勇：《四川省自学考试发展现状分析》，《中国考试》2007年第10期。

② 张涤森：《浅谈新形势下自学考试发展思路》，http://www.bjeea.cn/22265000511301224/20060117/10947.shtml。

首先，取消专科层次法律专业的自学考试，保留本科层次的法律专业自学考试。法律专科层次的教育是特定历史阶段的产物，已经无法适应当前经济和社会发展的需要，同时，仅仅法律专科层次教育的毕业生也无法胜任复杂的法律职业的要求，因而有必要适时地退出法学自学考试的历史舞台。当然，学界也有人提出，建议发展研究生层次的自学考试。[①] 我们认为，由于研究生层次的教育与导师的言传身教有密切关系，所以，研究生层次的法律专业自学考试教育应慎重为之。

其次，开考一些社会有迫切需要的法律相关专业。随着我国经济和社会的发展，交叉学科人才的需求日益紧迫，法律专业自学考试也应当随之有所发展。尤其是在开考专业上，可以设置一些交叉学科的专业（比如法务会计、法律英语专业等），培养社会需要的实践性人才。可以说，这一策略是在当前高校扩招、法学教育膨胀的情况下，拯救法学专业自学考试的一剂良药。

再次，改革自学考试的模式。在法律专业自学考试改革中，实现即时考试、自适应性考试和无纸笔考试。并且，逐步改变命题的指导思想（兼顾素质教育和职业教育）、考核内容（增加考查实践性内容的比例）、考试方法（面试和笔试相结合）与考试手段（增加主观题的比例），通过发挥考试这一指挥棒的作用，提高自学考试毕业生的素质。

最后，改革自学考试的助考方式，提高助考教学培训的质量。随着信息技术的不断发展，法律专业的自学考试应在考生自学的基础上，充分利用互联网技术，设立“网上课堂”，对考生进行切实有效的应试教育和素质教育。同时，自学考试主管部门应对我国目前良莠不齐的法律专业自学考试助考机构进行清理，设置科学、合理的考核和评估标准，取缔不合格的助考机构，造就一批优秀的社会助考机构，健全我国的自学考试助考机制。

总之，自学考试不应当仅仅只是一种考试机制，国家和社会必须通过各种途径将当前的自学考试真正转变成为一种高等教育形式，这种教育形式不仅可以帮助特殊的人群获得文凭，而且能够提升接受教育者的专业素养和职业素质。

---

① 边星灿：《多维视野中的自学考试制度》，中国人民大学出版社 1998 年版，第 293 页。

第十一章　法学电大教育

第一节　概述

中国广播电视大学是采用计算机网络、卫星电视等现代传媒技术，运用文字教材、音像教材、多媒体课件、网络课程等多种媒体进行远程教育的开放性高等学校。它是由中央广播电视大学，省级广播电视大学、地市级、县级广播电视大学分校和工作站组成的覆盖中国大陆的远程教育系统。①

基于十年浩劫之后社会各方面人才奇缺的情况，为了“多、快、好、省”地培养出社会主义建设人才，借鉴英国等西方发达国家开放大学的经验，邓小平同志在1978年亲自倡导并批准创办中国的广播电视大学。1979年，中央电大与全国28所省级电大同时开学，2月8日由中央电视台首次向全国播出课程，从而拉开了建设有中国特色的现代远程教育开放大学的序幕。

中央广播电视大学发展规划办公室的教育管理统计信息显示，2009年，全国广播电视大学共有中央广播电视大学1所；省级广播电视大学（指省、自治区、直辖市、计划单列市及独立设置的广播电视大学）44所；地市级广播电视大学分校（指电大分校和由省级电大直接管理的工作站）933所，其中电大分校774所、工作站159所；县级广播电视大学工作站（指电大分校管理的工作站）1829所。② 这为广播电视大学（以下简称电大）广泛开

---

① 参见《中国广播电视大学教育统计年鉴》（2007），中央广播电视大学出版社2008年版，第2页。

② 参见《中国远程教育》2010年第3期。中国广播电视大学网站，http://www.crtvu.edu.cn/topicpage/zhengwugongkai/tongjixinxi.html/2009-05-20。省级电大指各省、自治区、直辖市、计划单列市及独立设置的广播电视大学；独立设置的广播电视大学指沈阳、长春、哈尔滨、南京、武汉、广州、成都、西安八所省会城市和新疆建设兵团广播电视大学；计划单列市广播电视大学指大连、青岛、宁波、深圳、厦门五所城市设置的广播电视大学。地市级分校指各地教育行政部门批准建立的广播电视大学分校。参见《中国广播电视大学教育统计年鉴》（2007），中央广播电视大学出版社2008年版，第1页。

展法学教育提供了坚实的物质基础和强大的系统保障。

一、历史语境下的电大法学教育

我国的电大教育受国家教育政策的影响非常大。国家教育政策的每一次调整，都对电大教育整体或者其某种办学形式、办学层次等产生巨大影响，法学教育也是如此。

运用广播电视手段进行远距离法学教育，① 始于辽宁、浙江、福建、吉林等几个省广播电视大学。1982 年，辽宁电大率先开办法律专业，学制为三年制大专（全脱产学习三年）。1983 年，浙江电大也开设了法律专业，学制为二年制大专（半脱产学习三年）。1984 年，福建电大开设法律专业，学制为二年制大专（半脱产学习三年）。吉林电大也于 1984 年开设法律专业，学制为二年制大专（业余学习三年）。②

随着社会主义法制建设的需要，法律人才短缺的问题日渐显现。1984 年 1 月初，教育部、司法部在北京联合召开了全国高等法学教育座谈会。会议安排，中央广播电视大学应尽快开设法律专业，并支持和协助各省、市、自治区广播电视大学开设闭路电视的法律班，在 1990 年前，能有 5 万名在职干部和知识青年通过电大学习，掌握大专水平的法学知识。同年，司法部会同最高人民法院、最高人民检察院联合发出《关于认真组织司法干部参加电大法律专业学习有关问题的通知》，依托中央和各地的广播电视大学开设法律专业，满足边远地区和不发达地区政法干部教育的急需。③ 在此种情势下，电大拟增加政法类人才的培养，电大法学教育随之在全国范围内逐步展开。1984 年，经教育部批准，中央电大开办法律专业。1985 年 5 月正式在全国范围内招生，同年 9 月开始授课。全国除台湾、西藏外，共有 35 个省、自治区、直辖市和计划单列市广播电视大学随同中央电大开办了法律专业。辽宁、贵州等省电大还自办了全脱产学习的二年制大专；辽宁、吉林、四川等省电大自办了全脱产学习的三年制大专；贵州省电大自办了劳改专业。④ 1986 年，经国家教委批准，广播电视大学开始举办招收参加全国普通高校统一考试高中毕业生的普通专科班，使电大真正有了传统意义上自己的

① 为考察全面，本章所说“法学”，除单独标明外，是指教育部所划分的一级法学。

② 参见《中国法律年鉴》（1988 年），中央广播电视大学教研室提供。

③ 参见徐显明主编《中国法学教育状况》，中国政法大学出版社 2006 年版，第 30—32 页。

④ 参见《中国法律年鉴》（1988 年），中央广播电视大学教研室提供。

学生。

1995年秋，电大开始招收高等专科“注册视听生”，法律专业为首批三个试点专业之一。1996年，经原国家教委批准，北京、天津、上海、江苏、广东、广西、云南、新疆八个省市电大招收法学专业“专升本”学生。这两种办学形式，使电大法学教育出现了新局面。

1999年，教育部批准了中央电大《关于开展人才培养模式改革和开放教育试点的报告》，这对于中国的广播电视大学教育具有特殊的历史意义。试点以项目研究的形式开展，由教育部高教司与中央电大联合立项，试点工作由高教司主管。本科试点由中央电大与普通高校联合主办，专科试点由电大独立开展，中央电大主办。中央电大组织专家对申请试点的电大进行评审后确定试点单位。1999年专科试点单位控制在20所左右，本科试点单位控制在15所左右。试点教学与考试的全过程接受教育行政部门的指导、监督和检查。同年3月18日，中央电大与中国政法大学举行联合举办大专起点本科开放教育（法学专业）签字仪式。8月5日，中央电大正式印发开放教育试点本科法学的教学计划，并于8月5—11日在山东泰安召开法学专业开放教育教学工作暨课程建设研讨会。招生分为春季和秋季两次。[①] 中央电大还与部队合作，通过八一学院和总参学院开展法学教育。2002年，中央电大开始开展法学等专业电大其他学习类型与开放教育试点并轨的试点。同年11月，中央广播电视大学与最高人民检察院决定在检察系统联合开展法学专业开放教育试点。

根据教育部的决定，从2006年起，全国电大“普招专科班”停止招生。这对电大法学教育产生了一些不利影响。此后，电大不得不做出一些调整。许多省级及其以下的电大采用双轨并立模式，即设置了建立在省级电大基础上的高等职业技术学院，并获教育部备案，进入了高等职业教育的主流，形成了“一校两制”、“一校两牌”、“一校多区”、成人高等教育与普通高职教育并举的经典双轨模式。河北电大等采取单独考试招生模式。有的省级电大采取与其他院校联合办学模式，等等。通过上述方式，执行当地教育计划，开展普通专科和高职类的教育。而开放教育、成招专科、注册视听生等方式的法学专业教育则继续进行。

① 中央广播电视大学网站，http：//www. crtvu. edu. cn/topicpage/gaikuang/lishi. html/2009 - 05 - 20。

二、多层次、多规格、多功能、多形式的电大法学教育

自1979年广播电视大学开办以来，充分运用现代化教学手段，发挥投资少、见效快、覆盖面广的优势，多层次、多规格、多形式开展法学教育，取得了丰硕的成果。

在教育形式方面，电大既开展法学学历教育，又开展法学非学历教育；在办学层次方面，电大既开展法学本科教育，开展法学专科教育（包括高职教育），也开展中等法律教育，还有部分注册视听生。

学历教育包括开放教育和统招高等学历教育。开放教育即1994年教育部批准实施的“中央广播电视大学人才培养模式改革和开放教育试点”项目，包括开放教育本科和开放教育专科。它是由中央电大组织实施、全国电大系统共同参与、主要面向在职成人的一种教育形式。自1999年以来，省级电大陆续取得了实施开放教育的资格。通过教育部的总结性评估，开放教育成为电大的常规办学形式。截至2008年秋季，全国44所省级电大及中央电大直属学院、八一学院、总参学院、西藏学院、残疾人教育学院等全部参与开放教育。

统招高等学历教育包括普招专科、成招专科和第二专科学历教育。其中，普招专科是指广播电视大学通过全国普通高等教育统一招生考试，招收高中毕业生为主要培养对象，实施全日制的高等学历教育；2006年，根据中央电大的统一部署，按照“有所为，有所不为”的指导思想，转变电大教育的发展重点，由“量的扩张”转向“质的提升”，全国电大普通专科班停止招生。成招专科是指广播电视大学通过全国成人高等教育统一招生考试，招收具有高中毕业或同等学力的人员为主要培养对象，利用业余时间等形式实施的高等专科学历教育；第二专科学历教育是指已修完一个专科专业后，不需要参加全国成人高等教育统一招生考试，直接攻读第二专科专业的教育。①

在创办初期，电大实行了自学视听生制度。1986年，电大停止招收自学视听生。经原国家教委批准，1995年秋，电大又开始招收法律专业高等专科“注册视听生”。

非学历法学教育主要开展岗位培训、继续教育等，对象主要是在职的政

---

① 参见《中国广播电视大学教育统计年鉴》（2004），中央广播电视大学出版社2005年版，第1页。

法工作人员。

在办学形式方面，电大更是灵活多样。除了单独办学以外，还与中国政法大学等许多普通高校合作办学，开展开放教育，对符合条件的本科学生授予学士学位。与部队合作办学，面向在职士官开展高等学历法学教育和中等专业法律教育；与最高人民检察院联合开展法学专业开放教育；与中国残疾人联合会合作，开展远程教育，等等。

第二节 招生情况

电大办学形式、办学层次较多，并且不同办学形式开始的时间存在差异，所以其招生情况也较为复杂。现从不同角度将电大法学教育招生情况概要分析如下：

一、探索时期的招生情况

在电大法学教育探索时期，招生规模较小，各地发展情况不均衡，学历层次只有大专。招生对象主要为政法队伍的在职人员。1982 年，率先开办法律专业的辽宁电大招生 815 人。1983 年继续招生，人数为 4233 人，两届共招生 5048 人，到 1986 年毕业 4813 人；1983 年，浙江电大招生 512 人，到 1986 年毕业 441 人；1984 年，福建电大招生 494 人，吉林电大招生 1780 人。福建电大、吉林电大 84 级学员均于 1987 年 7 月毕业。①

1985 年 5 月中央电大开办的法律专业正式在全国范围内招生，全国除台湾、西藏外，共有 35 个省、自治区、直辖市和计划单列市电大随同中央电大开始招生。据不完全统计，1985 年全国电大招收在籍生 3 万余人，自学视听生 7 万余人，共计 10 万余人。② 到 1987 年下半年，全国电大法律专业在校学生为 8 万余人（其中在籍生 28000 余人，自学视听生 52000 余人）。此外，吉林省电大新开设的二年制大专法律专业还招生 1500 人。

二、统招专科的招生情况

统招专科主要包括普招专科和成招专科。为了使更多的参加普通高校入学考试成绩较好的高中毕业学生有接受高等教育的机会，根据国务院领导同

① 参见《中国法律年鉴》（1988 年），中央广播电视大学教研室提供。
② 同上。

志指示，经原国家教委批准，决定从1986年开始，广播电视大学招收参加普通高校统一考试的高中毕业生，组成普通专科班。学生自费学习，不包分配，择优录用。但是，全国电大高等专科学历教育学生数的逐年下降趋势一直延续到1991年，1992年起招生数有所回升。1994年招生数量继续上升。由于诸多原因，全国电大普通专科班于2006年停止招生。成招专科的招生对象主要是具有高中毕业或同等学力的人员，需要参加并通过全国成人高等教育统一招生考试。现将全国电大统招专科的招生情况分析如下：

（一）1994—1997年，统招专科在校生数量见下列表11-1、图11-1。[①]

表11-1　　1994—1997年统招专科在校生数量表　　单位：万人

年　份	1994	1995	1996	1997
在校生数	4.81	5.16	5.37	6.50

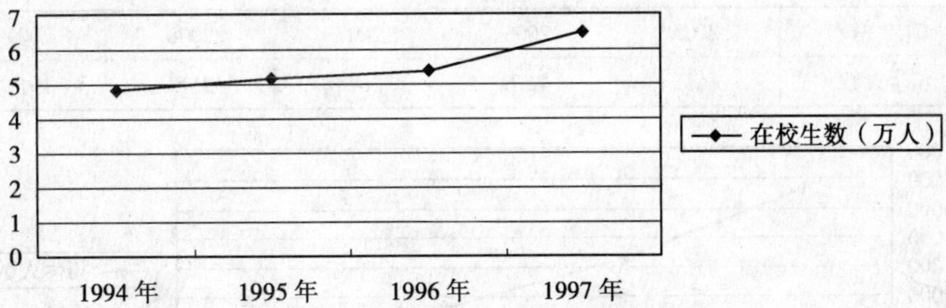

图11-1　1994—1997年统招专科在校生数量走势图

通过以表11-1、图11-1可以看出，1994—1997年，统招专科在校生数量持续上升。

（二）2001—2005年，统招专科招生数量见表11-2。

表11-2　　2001—2005年统招专科招生数量表　　单位：人

年　份	2001	2002	2003	2004	2005
招生人数	31708	23411	17200	16427	10044

① 资料来源：根据中央电大教育管理信息中心："全国电大教育基本情况统计公报"（1994—1997年）整理而成。摘自《中国电大教育》（1995—1997）。

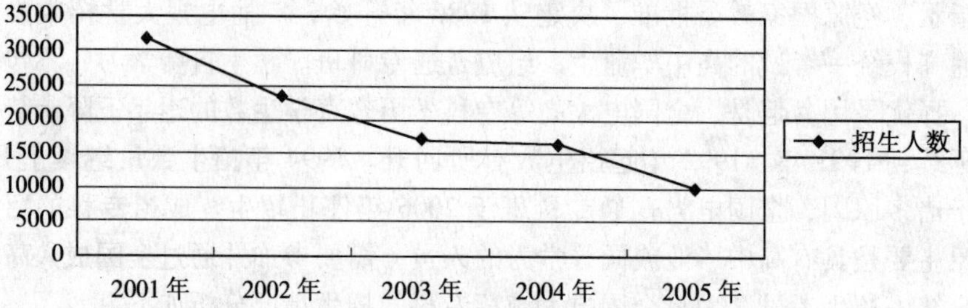

图 11－2　2001—2005 年统招专科招生数量走势图

通过以表 11－2、图 11－2 可知，从 2001—2005 年，全国统招专科的招生数量呈逐年减少趋势。

（三）在 2006 年，由于全国电大普招专科停止招生，统招专科部分只有成招专科继续招生。

表 11－3　2005—2009 年成招专科招生数量表　单位：人

年　份	2005	2006	2007	2008	2009
招生人数	6685	4276	2673	2113	1913

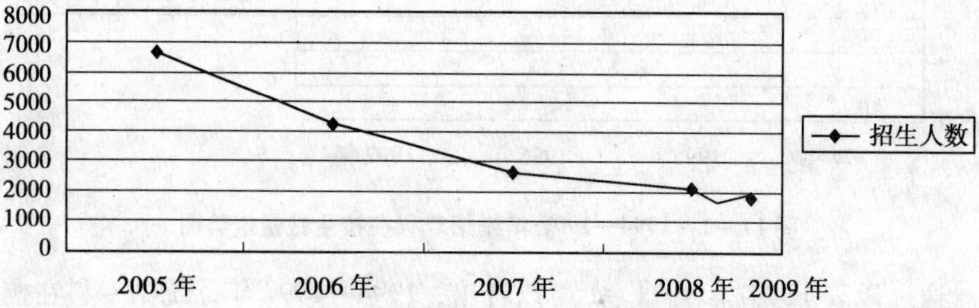

图 11－3　2005—2009 年成招专科招生数量走势图

通过表 11－3、图 11－3 可知，从 2005—2009 年，全国成招专科的招生数量也在逐年减少。

综上所述，尽管缺失 1998、1999、2000 年的相关材料，但是我们基本可以得出这样一个结论：电大法学统招专科的招生数量在 1997 年左右达到顶峰，在此之后逐年减少。

三、开放教育的招生情况

1999 年以来，开放教育逐渐成为电大法学教育的主要形式，每年分为春季和秋季两次招生。开放教育法学本科招生对象为具有国民教育系列法学专业高等专科（高职）及以上学历者。法学相近专业（包括政治学、社会学、公安学）也可以参加，但在入学后必须补修相关课程。① 学生修完规定的补修课程，成绩合格，方能毕业获得毕业证书。开放教育法学专科的招生对象是普通高中、职业高中、技工学校和中等专业学校毕业者。开放教育试点实行免试入学，凡符合入学条件均可报名。但是，为保证生源质量和有利教学安排，报名者需要参加入学水平测试。入学水平测试工作由省级电大组织实施，必须在学生注册前进行。入学水平测试的内容侧重于基础知识。本科测试相当于成人专科毕业水平，测试科目为：法理与宪法、刑法与刑事诉讼法、民法与民事诉讼法、行政法与行政诉讼法和大学语文。专科测试相当于高中毕业水平，测试科目为高中基础课程。测试方式以综合测试为主、单科为辅，采取闭卷、开卷、口试、现场面试等多种方式进行。经省级电大审核符合招生条件，并且通过入学水平测试，报经中央电大终审，终审合格者即取得入学资格。其入学程序为：报名→入学资格初审→领取入学测试准考证→入学水平测试→入学资格审查→注册→中央电大终审→入学。

（一）开放教育本科招生情况

表 11－4　　2001—20089 开放教育本科招生数量表　　单位：人

年　份	2001	2002	2003	2004	2005	2006	2007	2008	2009
招生人数	34453	45798	59966	57688	51348	54198	47839	44489	43847

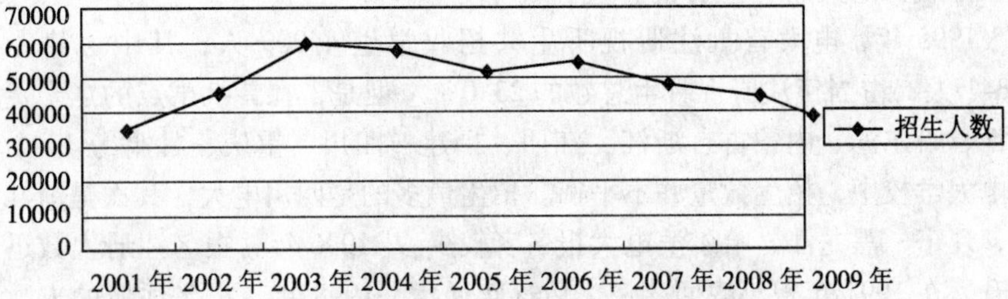

图 11－4　2001—2009 年开放教育本科招生数量走势图

① 补修课程为：宪法学、法理学、刑法学、民法学、经济法学、刑事诉讼法、民事诉讼法、行政法与行政诉讼法。

通过以表 11-4 可以看出，从 2001—2003 年，开放教育本科招生数量增长迅速，在 2003 年达到顶峰。从 2004—2009 年，招生数量基本呈现缓慢减少趋势。

（二）开放教育专科招生情况

表 11-5　2001—2009 年开放教育专科招生数量表　单位：人

年　份	2001	2002	2003	2004	2005	2006	2007	2008	2009
招生人数	2689	31110	66805	71615	63397	68175	62679	66828	68728

综上所述，自 1999 年以来，全国电大开放教育法学专业的招生数量经历了五、六年的快速增长之后，开始相对稳定，并有一定程度的回落。其中，法学专业专科的招生数量已经连续六年超过本科。

四、自学视听生、注册视听生的招生情况

电大在创办初期，实行了自学视听生制度。1985 年，法律专业自学视听生达 7 万余人。由于某些原因，自学视听生于 1986 年停招。

为了扩大开放办学，经原国家教委批准，从 1995 年起，电大开始招收高等专科法律专业注册视听生。招生对象是具有普通高中、职业高中、技工学校和中等专业学校毕业证书的在职人员和社会青年。不允许招在校学生。招生重点面向基层，面向农村，面向边远地区。入学时无需考试，只要在所在省、自治区、直辖市、计划单列市或独立设置的电大办理了报名注册手续，即成为电大的“注册视听生”。

1995 年，电大首批注册视听生共招收学生 44909 人，其中法律专业 10341 人，占当年注册视听生总数的 23.0%。但是，在首批试点的辽宁、黑龙江、哈尔滨、内蒙古、浙江、江西、福建、四川、重庆、甘肃等 10 个省市电大学校中，招生数量并不平衡。招生最多的是四川电大，其次是浙江电大，辽宁、黑龙江、哈尔滨电大报名者较少。① 1996 年，报名注册人数迅速上升，在 1997 年曾小幅回落，之后逐年递增。1998 年，报名注册的人数达 3.57 万人。到 2002 年，在册生人数达 70454 人。但是，在此之后在册生人数迅速减少。在 2006 年，在册人数只有 8847 人，仅是 2002 年在册人数的 12% 左右。详细情况参见下表 11-7。

① 吉林广播电视大学网站，http://www.jlrtvu.jl.cn/2009—5—21。

表 11－6　1995—1998 年电大高等专科法律专业注册视听生招生情况统计表 单位：万人

年　份	1995	1996	1997	1998
招生人数	0.95	3.18	2.91	3.57

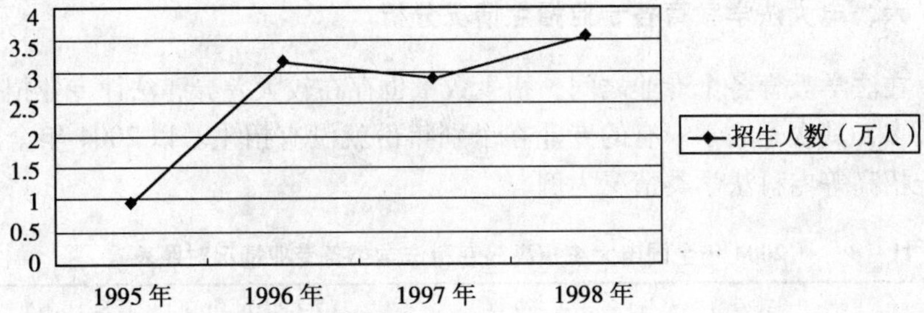

图 11－5　1995—1998 年电大高等专科法律专业注册视听生招生数量走势图

资料来源：根据中央电大教育管理信息中心：《全国电大教育基本情况统计公报》（1998 年）整理而成。中国广播电视大学网站，http：//www. crtvu. edu. cn/topicpage/zhengwugongkai/tongjixinxi. html/2009－05－20。

表 11－7　2002—2006 年电大高等专科法律专业注册视听生在册生情况统计表

单位：人

年　份	2002	2003	2004	2005	2006
在册人数	70454	48126	24855	15377	8847

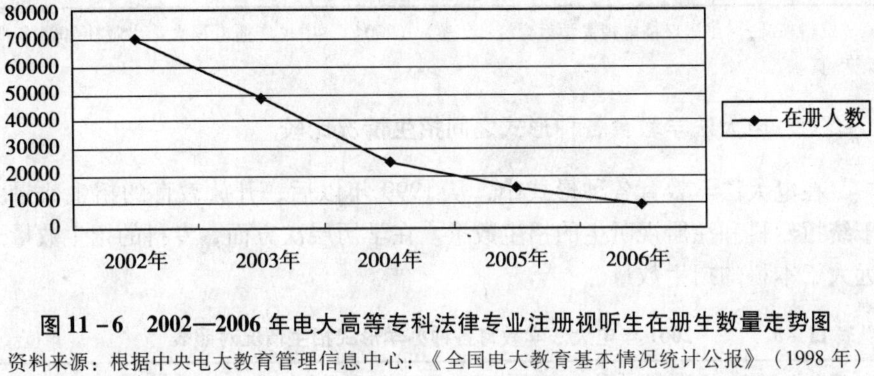

图 11－6　2002—2006 年电大高等专科法律专业注册视听生在册生数量走势图

资料来源：根据中央电大教育管理信息中心：《全国电大教育基本情况统计公报》（1998 年）整理而成。中国广播电视大学网站，http：//www. crtvu. edu. cn/topicpage/zhengwugongkai/tongjixinxi. html/2009－05－20。

五、其他办学形式的招生情况

除上述中央电大统一管理的招生方式外，辽宁、吉林等许多省级电大经所在省（市）教育厅（省教委）批准，举办高等职业教育，属于普通专科招生计划。招生对象多是应届初中毕业生，学制为5年。学生入学时需要参加当地统一组织的初中升高中考试，学校择优录取。

六、电大法学教育各专业招生情况分析

在法学教育各个专业之间，招生数量也存在较大差异，法律专业招生数量最多，其次是法学。有的专业在个别年份就没有招生。以2004年全国电大统招高等专科法学类情况为例。

表11－8　2004年全国电大统招高等专科法学类各专业情况对照表　单位：人

	毕业生数			招生数			在校生数			预计毕业生数		
	计	普招专科	成招专科	计	普招专科	成招专科	计	普招专科	成招专科	计	普招专科	成招专科
法学类	22472	4650	17822	15296	4468	10828	28433	11653	16780	9040	3599	5441
法学	4177	877	3300	2571	830	1741	5333	2585	2748	2039	1108	931
法律	17496	3538	13958	12627	3595	9032	22878	8985	13893	6893	2451	4442
律师	44		44	10		10	52		52	42		42
经济法	671	152	519	88	43	45	130	43	87	26		26
国际经济法	32	31	1									
劳动改造学	52	52					40	40		40	40	

资料来源：《中国广播电视大学教育统计年鉴》（2004），中央广播电视大学出版社2005年版，第75页。

七、电大法学教育各种形式之间招生情况比较

在电大法学教育各种形式中，从1999年以后，开放教育的招生数量大于统招专科和注册视听生的招生数量。在学历层次方面，专科的招生数量远远大于本科的招生数量。

表11－9　2001年电大法学教育各种办学形式招生情况对照表　单位：人

招生形式	开放教育本科	开放教育专科	统招专科	注册视听生
招生人数	34453	2689	31708	24461

资料来源：根据中央电大教育管理信息中心："全国电大教育基本情况统计公报"（2002年）整理而成。

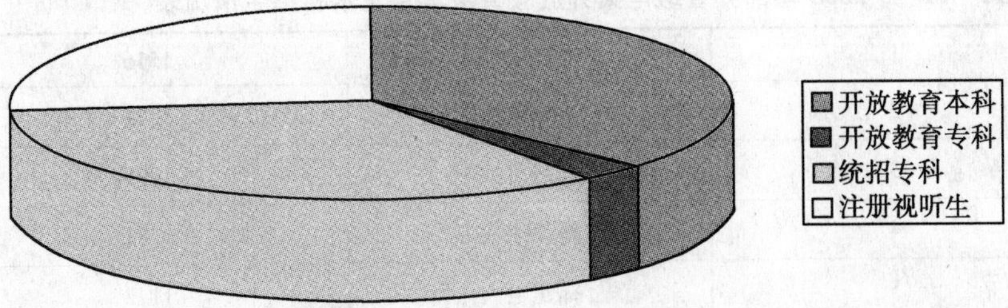

图 11－7　2001 年电大法学教育各种办学形式招生情况对照图

表 11－10　2002 年电大法学教育各种办学形式招生情况对照表　单位：人

招生形式	开放教育本科	开放教育专科	统招专科	注册视听生
招生人数	45798	31110	23411	5990

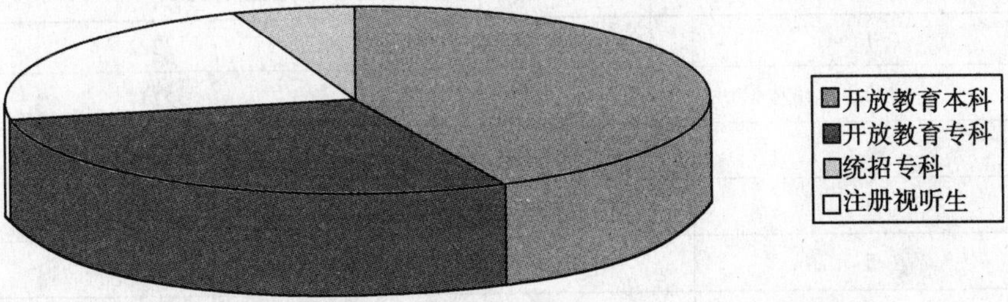

图 11－8　2002 年电大法学教育各种办学形式招生情况对照图

八、各省市级电大之间招生情况比较

在法学专业招生数量方面，各地电大发展不均衡。以 2008 年开放教育招生情况为例，即使是全国前十名的省级电大的招生数量也存在较大差距。如开放教育本科，浙江电大招生数量最多，达 1516 人，而位列第十的江苏电大仅招生 936 人，相差 580 人。开放教育专科，八一学院招生数量最多，达 3222 人，而第十名的福建电大仅招生 1324 人，两者相差 1898 人。招生数量在前十名的省级电大之间的差距都这么大，更不用说招生数量名次靠后的那些省级电大了。具体情况见表 11－11。

表 11－11　2008 年部分省级电大开放教育法学专业本科招生情况表　单位：人

1	浙江电大	1516
2	广东电大	1514
3	安徽电大	1295
4	新疆电大	1281
5	福建电大	1172
6	贵州电大	1169
7	河北电大	1066
8	四川电大	1021
9	河南电大	963
10	江苏电大	936

郭青春：《从招生趋势变化看电大文法类专业教学改革》，浙江广播电视大学网站。

表 11－12　2008 年部分省级电大开放教育法学专业专科招生情况表　单位：人

1	八一学院	3222
2	新疆电大	2747
3	河北电大	2295
4	安徽电大	1957
5	总参学院	1953
6	河南电大	1821
7	贵州电大	1608
8	四川电大	1535
9	广东电大	1386
10	福建电大	1324

九、电大法学教育与其他专业招生情况的比较

在电大各专业招生中，法学专业一般都在前三位，在电大招生中占有重要地位。

表 11－13　　2004 年全国电大统招高等专科学科分布表

	毕业生数			招生数			在校生数			预计毕业生数		
	计	普招专科	成招专科	计	普招专科	成招专科	计	普招专科	成招专科	计	普招专科	成招专科
总　计	187672	48052	139620	155288	60893	94395	331153	159650	171503	119269	49531	69738
经济学	8500	3328	5172	7721	4465	3256	17077	11655	5422	5511	3336	2175
法　学	23180	4744	18436	16427	4544	11883	29713	11810	17903	9151	3460	5511
教育学	11051	782	10269	4645	918	3727	7383	1620	5763	2178	226	1952
文　学	37152	10978	26174	31380	15873	15507	67822	40499	27323	24134	13066	11068
历史学	469		469	45		45	112		112	67		67
理　学	1536	858	678	1221	900	321	3383	2803	580	1316	1055	261
工　学	25803	15311	10492	24892	16021	8871	69223	49082	20141	25538	16510	9028
农　学	680	1	679	625	108	517	828	139	689	172		172
医　学	20623	938	19685	7566	286	7280	23636	763	22873	14719	192	14527
管理学	58678	11112	47566	60766	17778	42988	111976	41279	70697	36483	11506	24977

《中国广播电视大学教育统计年鉴》(2004)，中央广播电视大学出版社 2005 年版，第 67 页。

表 11－14　　2005 年注册视听生分专业学生数　　(单位：人)

	合计	法律	小学师资教育（理科方向）	小学师资教育（文史方向）	英语	应用电子技术	市场营销	财务会计	会计与统计核算	乡镇管理
毕业生	26930	7391	167	7173	1366	229	674	8220	1049	661
在册生	45514	15377	1066	8163	1979	408	2662	12560	1873	1426

资料来源：中央电大教育管理信息中心：《全国电大教育基本情况统计公报》(2005 年)。中国广播电视大学网站。

表 11－15　　2009 年全国电大开放教育各学科及学生数　　(单位：人)

学　科	毕业生	招　生	在校生
管理学	285901	553614	1505357
法　学	91622	115389	349792
工　学	40644	91476	254052
文　学	62572	68771	237633
教育学	24770	37381	108047
经济学	16009	29992	96328
医　学	12686	27711	65253
农　学	6357	17956	39779
理　学	2835	1543	7274
总　计	543396	943833	2663515

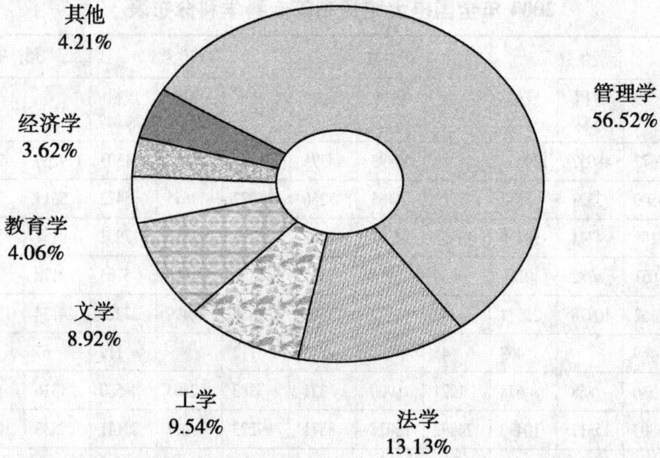

图 11-9 2009 年全国电大开放教育各学科在校学生数的比例

资料来源：中央电大教育管理信息中心：《全国电大教育基本情况统计公报”（2009 年）》，中国广播电视大学网站。

第三节 教学培养

在电大开办初期，法学教育只有法律专业。因为中央电大尚未开设法律专业，所以对法律专业的学制等教学培养要求并未做出具体的规定，各地电大法律专业的学制和学习要求稍有不同。1982 年，辽宁电大法律专业学制为三年制大专（全脱产学习三年）。1983 年，学制分为三年制大专（全脱产学习三年）和二年制大专（半脱产学习三年）两种。1983 年，浙江电大开设的法律专业学制为二年制大专（半脱产学习三年）。1984 年，福建电大和吉林电大开设的法律专业学制也为二年制大专（半脱产学习三年）。

1984 年，经教育部批准，中央电大开办法律专业。1985 年 5 月正式在全国范围内招生，学制为二年制大专（业余学习三年）。辽宁、贵州等省电大还自办了全脱产学习的二年制大专；辽宁、吉林、四川等省电大自办了全脱产学习的三年制大专；贵州省电大自办了劳改专业。

电大法律专业的教学工作实行“统一计划，分级管理”。教学计划由教育部（或者原国家教育委员会）审批下达，中央电大和地方电大分级组织实施。中央电大负责主要课程的教材编写、节目制作和考试命题等项工作；各地电大、电大分校、工作站、教学班和办学单位分别负责本地区或本系统的教学、辅导和组织、管理工作以及自开课程的教材编写、节目制作等项工作。因此，通过部分电大学校法学教育教学计划的考察，就能够对全国电大法学专业的教学培养有一个大致的了解。

中央电大法律专业自开办起至1986年底，共开设必修课10门，选修课1门，并对每门课程进行了考核。有些地方电大也自开了部分课程。根据考核结果和调查情况看，所开课程的教学效果良好，基本上达到了教学计划的要求。

1987年，除吉林省电大新开设二年制（业余学习三年）大专法律专业外，全国电大法学教育均为前一阶段教学工作的继续。经过前一阶段的学习和考核，电大法律专业的学员大部分达到教学要求，顺利毕业，只有少量学员被淘汰。根据对辽宁、四川、浙江、吉林、福建等省电大和检察系统的抽样统计，包括福建、吉林两省1984年所开法律专业在校人数在内，全国电大法律专业1987年上半年在校学生为83000余人（其中在籍生29000余人，自学视听生53000余人），淘汰率平均约为15%。1987年7月，福建电大、吉林电大84级学生和辽宁电大、贵州电大85级全脱产二年制学生分别毕业（其中福建电大毕业433人，吉林电大毕业1400人，辽宁电大毕业380人，贵州电大毕业857人）。同时，经过1987年上半年的成绩考核，又有少量学员被淘汰。

无论是中央电大还是各省级电大或者办学单位和部门，每门新设课程在正式授课前均组织了师资培训，保证了教学要求的贯彻实施，实现了教学目的。各级电大或办学单位和部门还聘请了众多兼职教师进行教学辅导。每个学期结束时，对所开课程均进行了考核。到1987年底，中央电大共组织了8门18次全国统一考试（考查）。根据对各科成绩的抽样统计，及格率平均为60%—70%。

在完成正常教学的基础上，全国电大先后办理了毕业事宜。1987年上半年，福建电大完成了84级二年制大专（半脱产学习三年）学员的毕业工作；吉林电大完成了84级二年制大专（业余学习三年）学员的毕业工作；辽宁、贵州等省电大完成了85级全脱产二年制大专学员的毕业工作。中央电大于1987年8月制订了《关于85级法律专业毕业作业工作的意见》下发全国各级电大，部署毕业作业工作。各省级电大参照中央电大的规定制定了本地区的毕业作业工作细则。①

---

① 参见《中国法律年鉴》（1988年），中央广播电视大学教研室提供。

对于此后法学专业的教学培养，现从开放教育、统招专科和注册视听生三大方面加以分析。

一、开放教育

开放教育法学专业本科（专科起点）和专科教育，都实行学分制，课程成绩及获得的相应学分在学籍 8 年内有效。其中本科最低毕业学分为 71 学分、专科最低毕业学分为 76 学分，最短学习年限为两年半。学生修完教学计划规定的课程，考核合格，达到教学计划规定的毕业总学分，符合毕业要求，颁发国家承认的专科或本科学历毕业证书，教育部给予毕业证书并进行电子注册。

在学习方式方面，开放教育法学专业本科（专科起点）和专科教育都采用现代远程教学技术手段，实行以适应学生工作、家庭和学习兼顾的自主学习为主，教师辅导为辅的教学方式。学习者主要利用文字教材、录音、录像教材等多种媒体教材和由计算机网络、卫星电视网络、电信网络有机结合的数字化、多媒体、交互式远程教学平台自主学习。学生可以在家里通过因特网和中央电大及各级电大远程教学平台随时点播和下载网上教学资源，利用网上直播、双向视频系统等网络交互手段，与同学、教师进行学习交流，也可以到教学点参加集中面授辅导或小组学习。各省级电大及分校（教学点）利用计算机网络、卫星电视网络、电信网络等远程教学平台为学生自主学习提供良好的学习支持服务。

（一）开放教育法学专业本科

开放教育法学专业本科（专科起点）的培养目标，是培养适应社会主义建设需要的德、智、体全面发展，系统掌握法学知识，熟悉我国法律、法规，达到全日制高等学校法学专业四年制本科毕业的水平，能在国家机关、企事业单位和社会团体，特别是能在司法机关、行政机关、仲裁机构和法律服务机构从事法律工作的高级应用型法律专门人才。主要学习法学的基本理论和基本知识，接受法学思维和业务技能的基本训练，具有运用法学理论和法律知识分析问题、解决问题的基本能力与创新意识，并具有较强的自学能力。①

开放教育法学专业本科（专科起点）的教学计划由中央电大按照国家高等教育的培养目标和规格要求统一制定。专业教学计划中的主干必修课程

① 浙江广播电视大学网站，http：//www. zjtvu. edu. cn/2009 - 5 - 21。

（占全部课程60%）由中央电大统一开设，执行统一教学大纲、统一教材、统一考试和统一评分标准；英语、计算机应用基础两门课程由教育部统一组织考试。其他课程由省级电大组织教学和考试。[①] 限选课为专业必修课程，由中央电大统一课程名称，执行统一教学大纲（或教学要求），并推荐教材。选修课可由地方电大或学生根据需要自由选择，但专科阶段已选的选修课，本科阶段不得重复选用。地方电大亦可根据培养目标及当地的需要自开选修课。非法学专业专科及专科以上学历毕业的学生参加法学本科学习时，必须补修民法、刑法和法学基础知识等课程。统设服务的课程，中央电大可提供教学大纲、多种媒体教材、考试等教学资源的支持服务。自开课程的教材、教学管理及考试工作由地方电大负责。学生可以从“公共选修课程目录”中选修课程，也允许学生跨科类选修课程。但这部分课程的学分一般不得超过课程总学分的10%。各门法学专业课程均须安排平时作业，由中央电大和地方电大共同组织。作业成绩计入课程总成绩，英语平时作业成绩占课程总成绩的20%。无平时作业成绩或平时作业成绩不及格者不得参加课程结业考试。法学专业各门课程的考核以教学大纲和文字教材为依据，命题时适当安排理论知识和应用能力两部分内容。考试试卷采用百分制，卷面成绩占总成绩的80%—85%。平时作业成绩占总成绩的15%—20%。集中实践环节由地方电大根据教学大纲（要求）负责组织实施，可采取模拟法庭、法律咨询、专题辩论、实习、社会调查等形式，不得免修。毕业论文重点培养学生综合运用所学知识解决实际问题的能力，题目可以多样化，选题应符合法学专业教学要求。[②] 学生如果达到授予学位的标准并符合有关规定要求，[③] 可以获得合作办学院校——中国政法大学授予的学位证书。

下面，我们通过浙江广播电视大学2008级的教学计划，简要介绍开放教育法学专业本科的教学计划进程。

---

① 内蒙古广播电视大学网站，http：//202.207.96.9/jwc/zhaoshk/zskmain.htm/2009－5－21。

② 浙江广播电视大学网站，http：//www.zjtvu.edu.cn/2009－5－21。

③ 中央电大对开放教育法学专业本科学生授予法学学士学位的刚性要求主要包括：1. 完成法学本科开放教育教学计划规定的教学内容，修满教学计划规定的学分，经审核准予毕业，获得毕业资格，并且统设必修课程科目中50%的成绩达到70分以上（含70分），其他各科成绩达到60分以上（含60分），免修、免考课程视同成绩达标，表明已较好地掌握本学科的基础理论、专业知识和基本技能，且具有从事科学研究工作或技术、业务工作的初步能力。2. 独立完成毕业论文写作并通过答辩，成绩良（含良）以上。3. 在学期间通过学员所在的省、自治区、直辖市或者北京市成人高等教育本科学士学位英语统一考试或者中国政法大学统一组织的俄语、日语等专项考试，成绩合格；或者通过国家大学英语四级考试。4. 获得法学本科毕业证书。

表 11－16　浙江电大 2008 级法学科法学类法学专业（开放本科）教学计划进程表

课程类别	序号	课程名称	学分	课内学时	电视	录音	实验	考试学期	第一学期	第二学期	第三学期	第四学期	第五学期	第六学期	课程性质	开课单位	备注
必修	1	开放教育入学指南	1	18				1	1						统设	中央电大	
必修	2	中国法制史	5	90				1	5						统设	中央电大	
必修	3	英语Ⅱ（1）	3	54				1	3						统设	中央电大	
必修	4	英语Ⅱ（2）	3	54				2		3					统设	中央电大	
必修	5	国际公法	5	90	9	36		2		5					统设	中央电大	
必修	6	计算机应用基础（本）	4	72				3			4				统设	中央电大	
必修	7	劳动法学	3	54				3			3				统设	中央电大	
必修	8	国际私法	4	72				3			4				统设	中央电大	
必修	9	商法	4	72				4				4			统设	中央电大	
必修	10	合同法	4	72				4				4			统设	中央电大	
必修	11	国际经济法	4	72				5					4		统设	中央电大	
必修	12	知识产权法	4	72				5					4		统设	中央电大	
必修	13	法律文书	3	54				6						3	统设	中央电大	
限选	1	证据学	4	72				2		4					统服	中央电大	
选修	1	中国法律思想史	5	90	2	36		1	5						统服	中央电大	
选修	2	国家赔偿法	3	54				1	3						统服	中央电大	
选修	3	外国法制史	5	90		9		2		5					统服	中央电大	
选修	4	税法	4	72				2		4					统服	中央电大	
选修	5	犯罪学	3	54				3			3				统服	中央电大	
选修	6	英语Ⅲ（1）（2）	6	108				34			3	3			统服	中央电大	
选修	7	公司法	4	72				4				4			统服	中央电大	
选修	8	仲裁法	3	54				4				3			统服	中央电大	
选修	9	证券法	4	72				5					4		省开	省电大	
选修	10	检察实务	4	72				5					4		统服	中央电大	
选修	11	竞争法	3	54				5					3		统服	中央电大	
选修	12	律师实务	3	54	18			6						3	统服	中央电大	
选修	13	环境法学	3	54	7	12		6						3	统服	中央电大	
选修	14	消费者权益保护法	3	54				6						3	省开	省电大	
实践	1	法律实践（法本）	3	3周				4				3			其他	省电大	
实践	2	毕业论文（法本）	5	5周				6						5	其他	省电大	
学位必修	1	学位论文指南	7	126				6						7	其他	中央电大	
补修	1	民法学#	4	72				1	4						统服	中央电大	

续表

课程类别	序号	课程名称	学分	课内学时	电视	录音	实验	考试学期	第一学期	第二学期	第三学期	第四学期	第五学期	第六学期	课程性质	开课单位	备注
补修	2	刑法学#	4	72				1	4						统服	中央电大	
补修	3	法学基础知识#	4	72				1	4						统服	中央电大	
其他	1	学位外语（法学）	0	0											其他	中央电大	
		必修学分要求	47														
		限选学分要求	4														
		选修学分要求	12														
		实践环节学分要求	8														
		最低毕业总学分	71＋补														

备注：补修课是非法学类专业专科毕业生必补课程。

（二）开放教育法学专业专科

开放教育法学专业专科的培养目标，是培养适应社会主义建设需要，德、智、体全面发展，掌握必需的法学知识，熟悉我国主要法律、法规，重点面向基层的应用型高等法律专门人才。主要学习法学专业所必需的基本理论、基本知识，掌握基本技能，具有一定的运用法学理论和法律知识分析问题、解决问题的基本能力。①

开放教育法学专业专科的教学计划中设置必修课、限选课、选修课和综合实践环节。课程性质有统设、统设服务和自开等。统设必修课由中央电大统一开设，执行统一教学大纲、统一教材、统一考试、统一评分标准。采用集中辅导和巡教巡考等方式，加强教学过程管理。

限选课为专业必修课程，由中央电大统一课程名称，执行统一教学大纲（或教学要求），并推荐教材。采用集中辅导和巡教巡考等方式，加强教学过程管理。选修课为专科阶段和本科阶段共同设置的课程。地方电大或学生可根据需要自由选择。地方电大亦可根据培养目标及当地的需要自开选修课。参加专科阶段学习的学生如今后不参加本科阶段的学习，可将本科阶段的必修课程作为专科阶段的选修课。统设服务的课程，可由中央电大提供教学大纲、多种媒体教材、考试等教学资源的支持服务。学生可

① 中央广播电视大学网站：中央广播电视大学开放教育试点2007级法学科法学类法学专业（专科）教学计划，http：//www. crtvu. edu. cn/2009－5－20。

以从公共选修表中选修课程，也允许学生跨科类选修。但这部分课程的学分不得超过课程总学分的10%。各门法学专业课程均须安排形成性考核，由中央电大和地方电大共同组织。形成性考核成绩计入课程总成绩，占总成绩的20%。无形成性考核成绩者不得参加课程结业考试。法学专业各门课程的考核应以教学大纲和文字教材为依据，命题时应适当安排理论和应用能力两部分内容。考试试卷采用百分制。教学实践包括课程实践环节和综合实践环节，综合实践环节包括法律实践和毕业论文。实践环节由地方电大根据教学大纲（要求）负责组织实施，采取模拟法庭、法律咨询、专题辩论、实习、法院旁听、社会调查等形式，不得免修。毕业论文重点培养学生综合运用所学知识解决实际问题的能力，题目可以多样化，选题应符合法学专业教学要求。

下面是部分省级电大开放教育法学专业专科的教学计划情况。①

表11－17　　广东电大2008级法学科法学类法学专业

（专科）教学计划进程表

学制：二年（三年业余）

课程设置			学分	教学媒体				教学环节			开设学期	建议排课学期						课程性质	考试单位
类别		课程名称		录像	录音	CAI	VCD	作业	实习	社会调查		一	二	三	四	五	六		
必修课	1	开放教育入学指南	1								全年	√						统设	省电大
	2	邓小平理论和“三个代表”重要思想概论	2	√				√			全年	√						统设	中央电大
	3	法理学	5					√			全年	√						统设	中央电大
	4	宪法学	4					√			全年	√						统设	中央电大
	5	英语Ⅰ（1）（2）	6					√			全年	√	√					统设	中央电大
	6	行政法与行政诉讼法	5		√			√			全年		√					统设	中央电大
	7	刑法学（1）（2）	9					√			全年		√	√				统设	中央电大
	8	刑事诉讼法学	3					√			全年			√				统设	中央电大
	9	民法学（1）（2）	9	√				√			全年			√	√			统设	中央电大

① 资料来源：广东省广播电视大学网站。

续表

课程设置			学分	教学媒体				教学环节			开设学期	建议排课学期						课程性质	考试单位
类别		课程名称		录像	录音	CAI	VCD	作业	实习	社会调查		一	二	三	四	五	六		
必修课	10	民事诉讼法学	3	√				√			全年				√			统设	中央电大
必修课	11	经济法学	5		√			√			全年					√		统设	中央电大
必修课		小计	52																
限选	1	婚姻家庭法学	3					√			5					√		统服	省电大
选修课	1	法律文书	3					√			6						√	省开	省电大
选修课	2	国家赔偿法	3					√			5					√		省开	省电大
选修课	3	竞争法	3					√			2		√					省开	省电大
选修课	4	国际法	4					√			2		√					省开	省电大
选修课	5	香港法概论	4					√			3			√				省开	省电大
选修课	6	环境保护法	3					√			3			√				省开	省电大
选修课	7	消费者权益保护法	3					√			3			√				省开	省电大
选修课	8	法律逻辑学	4					√			2		√					省开	省电大
选修课	9	计算机应用基础	4	√				√	√		5					√		省开	省电大
选修课	10	艺术欣赏（公）	2								全年			√				省开	省电大
选修课	11	文献检索与应用	1								全年				√			省开	省电大
选修课	12	岭南民间文化（公）	2								全年					√		省开	省电大
选修课	13	社交礼仪概论	2								全年			√				省开	省电大
实践环节	1	社会实践（法专）	3								5					√			
实践环节	2	毕业论文（法专）	5								6						√		
合计		必修课	52																
合计		限选课	3																
合计		选修课	13																
合计		实践环节	8																
合计		毕业学分	76																

通过上面表格可以看出，在开放教育法学专业专科教学培养方面，各地电大在必修课方面与中央电大的统一要求是高度一致的，只不过在选修课等方面呈现出地方差异性。

二、统招专科

（一）普招专科

电大法学普招专科的培养目标和教学要求等与普通高校基本一致。其培养目标是，以邓小平理论和“三个代表”重要思想为指导，培养德、智、体全面发展，熟悉我国各种法律知识，熟悉各种法律操作规则和程序，具有较强的法律意识和从事法律工作的基本经验、技能的复合型高素质法律人才。要求掌握本专业所必需的基础理论、基本知识和基本技能，熟悉我国主要法律、法规以及有关的方针政策，具有一定的分析和解决法律实际问题的能力。通过广东省电大法学普招专科的教学计划进程表可以窥见一斑。

表 11－18　广东省电大 2004 级法学科普招专科教学计划进程表

学制：三年（普专）

课程设置			学分	合计	理论教学		实践教学		开课学期安排	按学期排课周学时数						课程性质	备注
类别		课程名称			音像	面辅	习题	实验		一	二	三	四	五	六		
必修课	1	邓小平理论概论	2	36					2		2					省管	
	2	思想道德修养	3.5	63		36	9		3			3.5				省管	
	3	大学英语（1）（2）	6	108					12	3	3					省管	
	4	计算机应用基础	4	72	27			45	2		4					统设	
	5	毕业生就业指导	1	18					6						1	市管	
	6	法理学	5	90	18				1	5						省管	
	7	宪法学	4	72	18				1	4						省管	
	8	行政法与行政诉讼法	5	90	36				2		5					省管	

续表

类别	课程设置		学分	合计	理论教学		实践教学		开课学期安排	按学期排课周学时数						课程性质	备注
		课程名称			音像	面辅	习题	实验		一	二	三	四	五	六		
必修课	9	刑法学	7	126					3			7				省管	
	10	民事诉讼法	3	54					4				3			省管	
	11	刑事诉讼法	3	54	9				3			3				省管	
	12	民法学	7	126					4				7			省管	
	13	经济法学	5	90	9				5					5		省管	
小计			55.5														
选修课	1 √	婚姻家庭法学	3	54	36	9			5					3		市管	限选
	2 √	法律文书	3	54					6						3	市管	限选
	3 √	哲学	3	54					5					3		市管	
	4 √	税法	4	72					4	<p c							

广东省广播电视大学网站。

（二）成招专科

电大法学成招专科的培养目标及规格是培养社会主义市场经济建设需要的德、智、体全面发展的，重点面向基层、面向业务第一线的应用型高等专门人才。在政治思想道德方面，拥护党的基本路线、热爱祖国、具有全心全意为人民服务的精神。遵纪守法、有良好的社会公共道德和职业道德。

在业务知识和能力方面：掌握法律专业所必需的基本理论、基本知识和基本技能，具有一定的运用法律理论和法律知识分析问题、解决问题的基本能力。同时具备一定的自主学习和自我提高能力。在身体素质方面，身体健康，能精力充沛地工作。学制为二年制专科。实行学年学分制。电大按三年业余学习安排教学计划，最低毕业总学分为 76 学分。学生修完课程，达到毕业总学分的要求，思想品德经鉴定符合要求，即准予毕业并颁发毕业证书，国家承认其高等教育二年制专科学历。

教学计划进程表中分必修课、限选课、选修课和集中实践环节，其中必修课的学分不少于课程总学分的 60%，限选课占课程总学分的 10%、选修课的学分不超过课程总学分的 30%。本专业的课程总学分为 68 学分，集中实践环节为 8 学分。必修课程和限选课程由各地方电大根据中央电大相应专业的教学计划统一开设，执行统一的教学大纲及教学要求、统一教材、统一考试和统一评分标准。采用集中辅导和巡教巡考等方式，加强教学过程管理。教学计划中所列选修课程供县级电大和教学点制定实施性教学计划时选用，县级电大和教学点必须根据培养目标和当地需要有针对性地开设选修课程。课程考核采用形成性考核和终结性考试相结合的方法进行。其中形成性考核包含学习内容考核和学习情况考核两部分，一般情况下，分别占总成绩的20%和10%。[①] 以宁波市电大法学专业成招专科为例。

表11－19　宁波电大成人高等专科2008级法学科法学类法律事务专业二年制（三年业余学习）教学计划进程表

课程类别	序号	课程名称	学分	教学媒体		教学环节		课程学期安排						备注
				视频课件	网上课堂	实验	作业	第一学期	第二学期	第三学期	第四学期	第五学期	第六学期	
必修课	1	邓小平理论和“三个代表”重要思想概论	2					√						
	2	法理学	5				√		√					
	3	宪法学	4				√		√					
	4	刑法学（1）、（2）	9				√		√	√				
	5	刑事诉讼法学	3				√			√				
	6	民法学（1）、（2）	9				√				√	√		
	7	民事诉讼法学	3				√					√		
	8	经济法学	5				√			√				
		小计	40											
限选	1	婚姻家庭法学	3				√				√			
	2	行政法与行政诉讼法	5				√					√		
		小计	8											
选修课	1	WTO 法律专题	4				√		√					
	2	大学语文	5				√		√					
	3	法律逻辑学	4				√				√			

① 资料来源：宁波广播电视大学网站，http：//www. nbtvu. net. cn/2009－5－24。

续表

课程类别	序号	课程名称	学分	教学媒体		教学环节		课程学期安排						备注
				视频课件	网上课堂	实验	作业	第一学期	第二学期	第三学期	第四学期	第五学期	第六学期	
必修课	4	房地产法	3				√				√			
	5	国家赔偿法	3				√					√		
	6	计算机应用基础	4			√	√	√						
	7	科学发展简史	4				√			√				
	8	律师实务	4				√					√		
	9	税法	4				√		√					
	10	外国法制史	5				√					√		
	11	英语Ⅰ（1）	3				√		√					
	12	中国法制思想史	5				√				√			
		最低要求学分	20											
集中实践环节	1	社会调查	3								√			
	2	毕业作业	5										√	
		小计	8											
最低毕业总学分			76											

三、注册视听生

电大举办的高等专科注册视听生教育，实行统筹规划、分级办学、分级管理的教学管理体制。注册视听生严格区分于电大举办的经国家统一招生考试录取的普通专科和成人专科班。学生以自学和收听、收看必要的广播、电视、录音、录像课为主，不组班教学，接受适当的教学辅导，实行完全学分制。教学计划、课程教学大纲由中央广播电视大学按照国家高等专科教育的要求拟定，在国家教育部成人教育司主持下，由中央电大和国家教育部自考办推荐的学科专家进行审定，国家教育部批准下达。课程教学严格执行统一教学计划。必修课程由中央广播电视大学开出，它所占的学分不少于该专业课程总学分的70%。必修课程实行统一教学大纲、统一教材。选修课和实践教学环节由参与试点的地方电大按照教学计划和实践教学大纲的要求，组织教学和考核。

注册视听生的必修课程实行全国统一考试。由国家自考办命题，考试过程由电大组织，省自考办评卷，并参与监督和检查，实现“教考分离”。根据课程教学大纲，由国家教育部自考办编写考试说明，拟定考试及格标准，在国家教育部成人教育司主持下，由国家教育部自考办和中央电大推荐的学科专家进行审定，作为命题的依据，连同教学计划、教学大纲同时下达。命题组由国家教育部自考办组织，中央广播电视大学参与，聘请学科专家组成；考务工作由国家教育部自考办组织实施，地方电大教师参与评卷工作，以利于了解教学情况。每门课程每年安排一次全国统一考试，根据课程安排的时间，分别于学期末进行。注册视听生取得规定的毕业总学分，实践教学环节考核合格，思想品德符合要求，即准予毕业，由中央电大颁发国家教委统一印制的成人高等教育毕业证书。[①]其教学计划与法学专业自考生基本相同，在此不再赘述。

第四节　课程设置

1987 年，中央电大法学专业（专科）的课程分为必修课和选修课。必修课有 7 门，分别是：政治经济学、民法、民事诉讼法、国际私法、劳改法、经济法概论和律师、公证与调解业务。选修课只有自然科学基础知识一门。但是，各地电大的课程设置并非完全统一，有些省级电大根据自己的需要自开了少量课程，有的单位和部门也根据自己的情况开设或调整了部分课程。

在 1990 年以后，全国各级电大法学专业的课程设置基本统一。其中，电大普招专科与成招专科的课程设置基本一致。以泰安电大普招专科、宁波电大成招专科为例，泰安电大普招专科法学专业的主要课程是：大学英语、法理学、宪法学、行政法与行政诉讼法学、刑法学、刑事诉讼法学、民法学、民事诉讼法学、经济法学等。在宁波电大成招专科的课程设置中，必修课为邓小平理论和“三个代表”重要思想概论、法理学、宪法学、刑法学（1、2）、刑事诉讼法学、民法学（1、2）、民事诉讼法学、经济法学；婚姻家庭法学、行政法与行政诉讼法为限选课；选修课是 WTO 法律专题、大学语文、法律逻辑学、房地产法、国家赔偿法、计算机应用基础、科学发展简史、律师实务、税法、外国法制史、英语Ⅰ（1）、中国法制思想史。社会

① 国家教委关于广播电视大学招收高等专科“注册视听生”的试点的通知。

调查、毕业作业作为集中社会实践课程。

作为电大法学教育的主力军，开放教育法学专业的课程设置是本节考察的重点。如前所述，开放教育法学专业专科、本科的课程设置都分为必修课、限选课、选修课和实践课四个部分。课程性质有统设、统设服务和自开等。现通过部分电大开放教育法学专业的课程设置加以考察。

表 11－20　部分电大开放教育法学专科课程设置情况

名称	课程类别	主要课程
广东广播电视大学	必修课	开放教育入学指南、邓小平理论和“三个代表”重要思想概论、法理学、宪法学、英语Ⅰ（1）（2）、行政法与行政诉讼法、刑法学（1）（2）、刑事诉讼法学、民法学（1）（2）、民事诉讼法学、经济法学
	限选课	婚姻家庭法学
	选修课	法律文书、国家赔偿法、竞争法、国际法、香港法概论、环境保护法、消费者权益保护法、法律逻辑学、计算机应用基础、艺术欣赏（公）、文献检索与应用、岭南民间文化（公）、社交礼仪概论（13 科）
	实践课	社会实践（法专）、毕业论文（法专）
浙江广播电视大学	必修课	开放教育入学指南、邓小平理论和“三个代表”重要思想概论、法理学、宪法学、英语Ⅰ（1）（2）、行政法与行政诉讼法、刑法学（1）（2）、刑事诉讼法学、民法学（1）（2）、民事诉讼法学、经济法学
	限选课	婚姻家庭法学
	选修课	计算机文化基础、WTO 法律专题、法律逻辑学、国际贸易法、房地产法、监狱法学、现代产权法律制度专题、财政金融法、英语Ⅱ（1）（2）
	实践课	社会实践（法专）、毕业论文（法专）
山西广播电视大学	必修课	开放教育入学指南、法理学、宪法学、行政法与行政诉讼法、刑法学（1）（2）、刑事诉讼法学、民法学（1）（2）、民事诉讼法学、经济法学、邓小平理论概论
	限选课	婚姻家庭法学
	选修课	英语（1）（2）、中国法律思想史、法律逻辑学、犯罪学、消费者权益保护法、环境法学、律师实务、计算机应用基础　（8 科）
	实践课	社会调查、毕业论文

根据广东广播电视大学、浙江广播电视大学、山西广播电视大学官方网站公布的课程设置情况整理而成。

表 11－21 部分广播电视大学开放教育法学本科课程设置情况

名称	课程类别	主要课程
浙江广播电视大学	必修课	中国法制史、国际公法、劳动法学、国际私法、商法、合同法、国际经济法、知识产权法、开放教育入学指南、英语Ⅱ（1）、英语Ⅱ（2）、计算机应用基础（本）、法律文书
	限选课	证据学
	选修课	中国法律思想史、国家赔偿法、外国法制史、税法、犯罪学、英语Ⅲ（1、2）、公司法、仲裁法、证券法、检察实务、竞争法、律师实务、环境法学、消费者权益保护法
	实践课	法律实践、毕业论文
内蒙古广播电视大学	必修课	中国法制史、国际公法、劳动法学、国际私法、商法、合同法、国际经济法、知识产权法、英语Ⅱ（1）、英语Ⅱ（2）、计算机应用基础（本）、法律文书
	限选课	开放教育入学指南、证据学
	选修课	中国法律思想史、国家赔偿法、外国法制史、税法、公司法、环境法学与草原法学、犯罪学、法律工作职业道德
	实践课	法律实践、毕业论文
河北广播电视大学	必修课	中国法制史、国际公法、国际私法、国际经济法、合同法、商法、知识产权法、法律文书、劳动法学、英语Ⅱ（1）（2）、计算机应用基础
	限选课	证据学
	选修课	中国法律思想史、大学语文、国际贸易法、环境法学、公司法、外国法制史、现代产权法律制度专题、律师实务、婚姻家庭法、仲裁法、公共关系学、世界贸易组织法、英语Ⅲ（1、2）
	实践课	开放教育指南、毕业论文、社会实践、学位论文指南
山西广播电视大学	必修课	中国法制史、国际公法、国际私法、国际经济法、合同法、商法、知识产权法、法律文书、劳动法、英语（1）（2）
	限选课	开放教育入学指南、证据学
	选修课	国家赔偿法、国际商法与实务、婚姻家庭法、财政金融法、英语（3）（4）、公司法、证券法、社会保障法、竞争法
	实践课	法律实践、毕业论文

根据浙江广播电视大学、内蒙古广播电视大学、河北广播电视大学、山西广播电视大学官方网站公布的课程设置情况整理而成。

通过表 11－20、11－21 和相关资料可以看出，各地电大在必修课、限选课以及实践课三个方面的课程设置几乎完全一致，充分体现了各地广播电视大学在课程设置上与中央广播电视大学的高度一致性。而在选修课方面，各地电大则体现出各地的地方特色和地方需求，如广东电大开放教育法学专科开设的香港法概论、岭南民间文化（公）等课程。

第五节　师资队伍

师资队伍的健全和发展，是搞好电大法律专业教学工作的重要保证。在电大法学教学的师资构成中，不仅包括电大自己的专任教师，兼职教师也是其不可或缺的重要组成部分。

在电大法学教育初期，由于学生数量较少，法律专业的教师数量也相对较少。在教师结构中，兼职教师占了较大的比例。到1986年，中央电大有专职法律教师7人，兼职教师40余人（包括教授、副教授、讲师、助教等）。其中，有一些是国内外知名专家、学者。各省级电大平均拥有专职法律教师2—3名，个别省市电大达到4—5名。而且，各级地方电大还聘请了相当数量的兼职教师。这样，从中央电大到地方电大直至教学班，基本上形成了一个较为完整的教学体系。

1987年，中央电大和各省级电大的专职法律教师一般增加1—2人，少数省市电大增加2—3人，某些电大分校或工作站也有了少量专职法律教师。到1987年底，全国电大共有140余名专职法律教师（中央电大8人，地方电大130余人）和大量的兼职教师，电大法学教育体系日趋完备。

随着电大法学教育的发展壮大，全国电大法学专业的师资力量逐步增强，数量逐步增大。以2005—2009年为例。

表11－22　　2005—2009年全国电大专任法学教师数量情况分析表

年　份	2005	2006	2007	2008	2009
专任法学教师人数（人）	3534	3730	3768	3894	4007

根据中央电大教育管理信息中心《全国电大教育基本情况统计公报》（2005—2009年）整理而成。

但是，在全国电大的专任教师队伍中，法学专业教师所占比例并不大，基本都在各专业专任教师数量排序的第六位（见表11－23），仅占电大专任教师总数的8%左右。而法学专业每年的招生数量基本都在电大各专业招生的前三位，所以电大法学专业的师生比不够合理，教师力量略显不足。

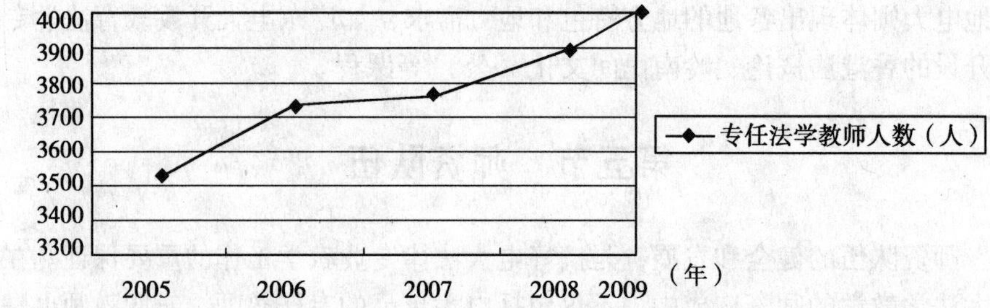

图 11－10　2005—2009 年全国电大专任法学教师数量情况分析图

表 11－23　　2005—2009 年全国电大各专业专任教师数量情况分析表

专业／年份	经济学	法学	教育学	文学	哲学和历史学	理学	工学	农学	医学	管理学
2005	5755	3534	3861	10022	3188	5306	9726	460	865	2548
2006	6129	3730	4324	10674	3298	5573	10250	504	962	2811
2007	6256	3769	4441	10834	3313	5732	10825	559	963	2902
2008	6219	3894	4625	11291	3304	5842	10815	611	970	3031
2009	6097	4007	4768	11127	3371	5729	11084	579	877	3312

根据中央电大教育管理信息中心：《全国电大教育基本情况统计公报》（2005—2009 年）整理而成。

由于掌握资料的限制，难以对电大法学教师的职称结构、年龄情况、学历情况、专兼职老师的比例等方面做准确、翔实的分析。现将全国电大 2002 年和 2008 年各专业的整体师资情况加以介绍，以期起到一定的参照作用。

2002 年，全国电大专任教师 3. 69 万人。在职称方面，具有高级职称的有 8249 人，具有中级职称的 16742 人，分别占全体专任教师的 22. 37% 和 45. 4% 。可见，中级职称的教师占了近一半的比例。在年龄方面，30 岁以下 9805 人，占 26. 6% ；31—40 岁 16063 人，占 43. 6% ；41—50 岁 7102 人，占 19. 3% ；51 岁以上 3899 人，占 10. 6% 。可以看出，全国电大专任教师仍以中、青年教师为主。在学历方面，具有博士学历的教师 45 人，具有硕士学历的教师 1412 人，具有本科学历的教师 30178 人，具有专科及以下学历的教师 5234 人，分别占全体专任教师的 0. 12% 、3. 8% ，81. 9% 和 14. 2% 。可以看出，本科学历的老师是电大教育的主力军。

2002 年全国电大聘请校外教师为 2. 76 万人，其中具有高级职称的 9975

人，中级职称的14316人，分别占全体聘请校外教师总数的36.22%和51.99%。①

2008年，全国电大专任教师5.06万人，具有高级职称的1.35万人、具有中级职称的2.26万人，分别占全体专任教师的26.73%和44.61%。可见，中级职称的教师还是占了近一半的比例。在专任教师中，30岁及以下1.24万人，占24.52%；31—40岁为2.02万人，占39.82%；41—50岁为1.34万人，占26.48%；51—60岁为0.45万人，占8.94%；61岁及以上为0.01万人，占0.24%。因此，全国电大专任教师仍以中、青年教师为主。在学历方面，具有博士研究生学历的教师209人，具有硕士研究生学历的教师4990人，具有本科学历的教师42608人，具有专科及以下学历的教师2795人，分别占全体专任教师的0.41%、9.87%、84.20%和5.52%。与2002年相比，具有本科及以上学历的专任教师数量大幅增加，尤以具有硕士研究生学历教育的专任教师数量增加幅度较大，专科及以下学历的教师数量和比例有所减少。

2008年，全国电大聘请校外教师3.52万人，其中具有高级职称的1.26万人、中级职称的1.76万人，分别占聘请校外教师总数的35.94%和49.98%。②

如果按照法学专业教师占电大教师总数8%的比例计算，我们对法学专业教师的职称结构、年龄情况、学历情况、专兼职老师的比例等方面就可以进行初步的估测。

第六节　现实状况与未来发展

通过电大进行法学教育，是邓小平教育思想的伟大实践，是中国高等教育发展史上的伟大创举。30多年来，中国广播电视大学努力适应我国改革开放和社会主义现代化建设的需要，充分应用现代化教学手段，多层次、多规格、多功能、多形式办学，发挥投资少、见效快、覆盖面广的教育优势，开展以高等教育为基础的学历教育和各种非学历教育，为中国法学教育的繁

① 中央电大教育管理信息中心：《全国电大教育基本情况统计公报》（2002年）。中国广播电视大学网站，http://www.crtvu.edu.cn/topicpage/zhengwugongkai/tongjixinxi.html/2009-05-20。

② 中央电大教育管理信息中心：《全国电大教育基本情况统计公报》（2008年）。中国广播电视大学网站，http://www.crtvu.edu.cn/topicpage/zhengwugongkai/tongjixinxi.html/2009-05-20。

荣起到了很大的推动作用。

中央电大的统计公报显示，在2009年，全国电大开放教育本科（专科起点）法学专业毕业生人数为39945人，招生人数为43847人，在校生人数为146663人。全国电大开放教育专科法学专业毕业生人数为51485人，招生人数为68728人，在校生人数为198337人。全国电大成招高等学历教育法学专业毕业生人数为3465人，招生人数为1913人，在校生人数为5645人。全国电大普招专科法学专业毕业生人数为178人，招生人数为43人，在校生人数为360人。

从上述资料中不难看出，一方面电大法学教育仍然保持了一定的规模，在全国的法学教育中占有一席之地；另一方面，由于多种因素的影响，电大法学教育的生源数量、质量等呈现出明显的下滑趋势。从电大外部因素来看，电大法学教育受到普通高等教育与自学考试、网络大学等的挤压。普通高校招生数量的不断增加，满足了人们上全日制大学学习法学的愿望，这大大降低了电大的社会吸引力。随着信息和网络技术的发展，许多高校的现代远程教育更使电大法学的招生雪上加霜。截至2003年底，经教育部批准的现代远程教育试点学校已达67所，这些学校都是国内的重点大学，在招生、教学方面拥有得天独厚的优势。民办高校的蓬勃发展，也夺走了电大的一部分生源。自学考试凭借其学习的灵活性和较高的文凭社会认可度等优势，更使电大法学教育的生源大量流失。从电大内部因素来看，办学理念错位，将电大的成人教育特点与普通高等教育混淆，将电大法学教育引入了一个误区。在电大开办之初，主要是解决由于十年动乱造成的人才奇缺和高等学校教育资源有限之间的矛盾，开展的主要是学历补偿性教育。教学模式僵化，忽视电大教育的成人性、业余性、远程教学与传统面授相结合的特点，是造成目前电大法学教育窘境的一个原因。教育管理过于松散、学生学习要求过低，是造成目前电大法学教育窘境的另一个原因。电大考试管理不严，已是社会上众所周知的事实，这导致电大法学教育的社会评价降低。电大法学教育的教师队伍素质偏低，整体水平不高，也是制约电大法学教育发展的一个因素。此外，从法学教育的大趋势来看，许多院校的法学教育已经走向精英化、特色化的发展道路。在此种情势之下，电大法学教育的平民化发展道路必将异常艰难。

但是，新的历史条件下的电大法学教育并非注定无所作为。从世界各国教育发展的历程来看，任何一个成熟的教育体系，都应该是学历教育与非学历教育、普通高等教育与成人教育、职前教育与职后教育、培养与培训的同时并举和有机结合。在办学理念方面，要坚持电大的成人教育特点，发挥自己学习方式多样、学习时间灵活等优势。在招生方面，要尽量减小普通高等教育迅猛发展所带来的冲击，力争做到“下沉”和“上移”。“下沉”是指在电大法学教育专科层面上，要重点面向教育相对落后的中西部地区，尤其是县级以下基层单位。“上移”是指在教育相对发达的东部沿海地区和各大中城市，提高办学层次，主要进行本科乃至研究生教育。拓宽办学渠道，加强与国内普通高校之间、与行业、企业和部门以及部队之间、与国外高校之间的合作办学，进行普法性的法学教育。在人才培养方面，要搞好课程建设和课程改革，改善师资结构，提高老师素质。根据学生特点，改进教学方法，狠抓考风考纪，确保教学质量和文凭的含金量，赢得社会的认可和赞誉，谋求新的发展之路。

面对党的十七大所提出的“发展远程教育和继续教育，建设全民学习、终身学习的学习型社会”的号召，电大法学教育利用其现代信息技术和教育技术手段的特长和优势，利用其覆盖面广、高效的办学网络和灵活的办学方式，在构建国家终身教育体系、建设学习型社会进程中，在建设社会主义法治国家的道路上，为实现全民终身教育的目标，必将继续发挥其不可替代的作用。

第十二章　法学远程教育

第一节　概述

从概念上来讲，远程教育（又称为远距离教育，即 Distance Education）是指利用多种教学媒体传递教学信息以代替教师课堂面授的各类教育的总称。远程教育有广义和狭义之分，从广义上来讲，远程教育已经历经三代：第一代是函授教育；第二代是广播电视教育；第三代的基本特征是利用计算机网络和多媒体技术，在数字信号环境进行教育学活动，被称为“现代远程教育”（又称为网络教育）。[①] 这就意味着广义的远程教育包括函授教育、广播电视教育和现代远程教育。从狭义上来看，远程教育仅指现代远程教育，即网络教育。本书有专章研究函授教育、电大教育，故本章中所称的远程教育，仅指现代远程教育。

现代远程教育是利用网络技术、多媒体技术等现代信息技术手段开展的新型教育形态，是建立在现代电子信息通信技术基础上的网络教育，以面授教学、函授教学和广播电视（视听）教学为辅助，它以学习者为主体，学生和教师、学生和教育机构之间主要运用多种媒体和多种交互手段进行系统教学和通信联系。现代远程教育开发了课件制作系统、VOD 课件点播系统、语音答疑系统、文字答疑系统、网上作业系统、短信发送平台、网络教育管理系统等网络教育系统。现代远程教育提供网络课程、网上课堂、BBS 讨论、文字答疑、语音答疑、网上视频会议等课程内容传输和教与学活动，网络教育教学教务管理系统实现了招生报名、入学考试、网上录取、网上注册、网上选课、作业提交、课程考试、成绩管理、学籍管理、毕业审查等各教学环节的咨询、指导和助学服务，有效地支持了学分制、弹性学制的教学管理模式。

现代远程教育是相对于函授教育、广播电视教育等传统远程教育形态而

---

① 谢新观主编：《远距离开放教育词典》，中央广播电视大学出版社 1999 年版，第 157 页。

言。现代远程教育与函授教育、广播电视教育的区别主要在于以下三点:[①]第一，媒体本身的区别。函授教育和广播电视教育提供的是视觉或听觉媒体(印刷品、广播、电视)，学生只能按提供的定量信息进行定餐消化。由于计算机多媒体以及对信息的选择功能，现代远程教育可提供学生在信息选择上的宽容度和同一教学信息量上的饱和度。第二，距离上的区别。函授教育和广播电视教育，只能是学生从视听两个信息传播通道接受信息，无法突破距离的限制向教师提问，教师亦无法当场答疑。建立在计算机技术、网络技术、多媒体技术、双向通信技术基础上的现代远程教育，使用的是双向交互式通信媒体，改变了传统远程教育的面貌与概念，使远程教育变为实有距离而似无距离。第三，主动学习与被动学习的区别。函授教育与广播电视远程教育，基本采用分校或教学点集中授课方式，这种形式与普通学校的班级授课模式没有明显的区别，这种授课形式仍摆脱不了学生被动接受知识的传统模式。现代远程教育则与之不同，它结合文本采用图像、音频、视频和虚拟显示技术传递教学内容，同时采用多种技术实现的因特网和供学习者使用的资源库，实现了教与学之间的交互性，使学习由被动变为主动，由客体变为主动，由指导变为主导，由学会变为会学，由学校选择学生变为学生选择学校、选择专业、选择老师、选择学习内容、选择学校进度。

伴随着我国信息技术的发展，我国的现代远程教育开始于20世纪90年代末。1999年1月，国务院批准发布实施的教育部制订的《面向21世纪教育振兴行动计划》中，提出要在我国实施“现代远程教育工程，形成开放式教育网络，构建终身学习体系”。1998年，教育部首批4所（清华大学、浙江大学、北京邮电大学、湖南大学）普通高校进行现代远程教育试点。以后，北京大学、中央广播电视大学加入了试点行列。到2002年初，教育部批准建立网络学院、进行现代远程教育试点的高等院校数量已经达到67所。[②]在这些网络教育学院中，开设的专业已经覆盖工学、管理学、医学、文学、理学、农学、经济学、教与学、法学、哲学等10大学科门类，共140种专业。据教育部官方网站公布的数据，2004年，网络本科毕业生数211728人，专科毕业生数181987人，其中，法学专业本科毕业生数为60374人，专科毕业生数为30670人；网络本科招生人数为427811人，专科招生人数为411514人，其中，法学专业本科招生人数为84801人，专科招

① 杨学改主编:《现代远程教育》，国防工业出版社2003年版，第10—11页。

② 丁兴富:《远程教育研究》，首都师范大学出版社2002年版，第1页。

生数为76744人。2006年，网络本科毕业生数436707人，专科毕业生数448410人，其中，法学专业本科毕业生数为94137人，专科毕业生数为80157人；网络本科招生人数为509530人，专科招生人数为622986人，其中，法学专业本科招生人数为91203人，专科招生人数为78572人。从教育部官方网站公布的数据看，不论是毕业人数还是招生人数，法学专业都仅次于管理学专业，名列各个专业的前茅。可以说，法学远程教育是我国现代法学教育体系中一支不可忽视的生力军，为我国的法制建设培养出了许多不可或缺的人才。

第二节 招生就业

据统计，截至2010年，我国网络高等教育已形成五大层次：一是“研究生课程进修”，主要针对已获得普通高校或成人教育大学本科及以上学历的学生；二是“专科起点升本科”，绝大多数的试点高校提供这一类型的远程教育；另外三种形式分别是“第二学士学位”、“高中起点攻读本科”和“高中起点攻读专科”。在专业设置上，多集中在工商管理、计算机科学与技术、法学等学科上。[①] 目前，法学远程教育主要限于后两种形式。例如，北京大学法学院开设的法学远程教育主要采用的是“专科起点升本科”模式和“高中起点攻读本科”模式，前者招收的人数远大于后者。根据《北京大学远程教育招生简章》，北京大学远程教育法学专业主要是为了培养掌握法学基础理论和司法实践的专业知识，熟悉我国法律制度的法律工作专业人才。通过深入学习，了解国家统一司法考试相关知识，学生毕业后对我国社会主义法制建设和政法工作有广泛的适应性，能从事律师、法律顾问、公安、检察、法院、工商、税务、司法、监察、纪检、秘书等工作。凡拥护中国共产党的领导，愿为社会主义现代化建设服务，品德优良、遵纪守法、身体健康、具有国民教育系列大学专科以上（含专科）毕业文凭者均可报考。符合以下条件的学生可报名申请免试入学：具有国民教育系列大学本科以上（含本科）毕业证书；参加成人高考专升本考试的考生，成绩在当地省、市招办规定的专科起点本科录取分数线以上。考生（免试生除外）须参加北京大学单独命题的统一入学考

① 潘凤金：《高等学校远程教育存在问题及对策分析》，《福建信息技术教育》2008年第2期。

试，考试的科目为大学语文、民法和英语三门课。成绩合格且报名材料复审合格者，由北京大学择优录取。符合成人高考照顾录取条件的考生，可以照顾相应分数录取。

在传统的“专科起点升本科”和“高中起点攻读本科”的教育模式基础上，有些法学远程教育机构还积极探索出了适应司法考试制度的远程法律教育培养模式。例如，北京大学法学院创立的适应司法考试制度的远程法律教育培养模式已于2004年秋季开始付诸实施。这种模式将社会上短期的司法考试课程辅导融入远程法律学历教学课程之中，旨在全面提高法学教育的水平和质量，将素质教育和应试教育结合起来，使更多的学生在日常教学以及在日后的考试中获益，使学生获取学历的过程同时也成为准备参加国家统一司法考试的过程，学生在毕业后既可以取得法律专业的学历，也提高了参加国家统一司法考试的能力，为学生顺利进入法律行业铺平成功的道路。

法学远程教育招生的渠道主要有两种：第一种是法学远程教育机构与法院、检察院系统合作招生；第二种是法学远程教育机构直接面向社会招生。以北京大学法学院开设的法学远程教育为例，为了贯彻执行修改后的《法官法》和《检察官法》，加强司法队伍建设，提高司法队伍整体素质，2001年初，经过北京大学继续教育部、最高人民检察院政治部以及最高人民法院政治部的批准，北京大学法学院开始在法院、检察院系统联合开展专升本学历教育。2001年11月，北京大学法学专升本现代远程（网络）学历教育在检察系统招收5800名学员。2001年12月，北京大学法学专升本现代远程（网络）学历教育在法院系统招收8700名学员。2002年9月，北京大学法学专升本现代远程（网络）学历教育在全国法院系统和检察院系统招收4172名学员。2003年9月，北京大学法学专升本现代远程（网络）学历教育在全国法院系统和检察院系统招收966名学员。2005年11月，北京大学法学专升本和高升本现代远程（网络）学历教育在全国法院系统和检察院系统招收6500名学员。①

在授予学生毕业文凭和相应学位方面，法学远程教育机构一般都对学生的英语水平、计算机水平、所修课程平均分和毕业论文答辩情况有着不同的要求。对获得毕业文凭的相关要求：多数院校都要求毕业生必须通过主办大学自己组织的英语和计算机水平考试，并且全部课程须达到主办大学自己规

① 北京大学法学院远程教育办公室。

定的分数线（一般要求及格以上），毕业论文要求通过答辩。对获得学士学位的相关要求：多数院校要求英语必须通过国家英语四级考试和主办大学自己组织的计算机水平考试，课程平均分的要求较高，一般要求75分以上，并且要求毕业论文取得良好或良好以上的成绩。[①]

在就业方面，由于许多接受法学远程教育的学生是在职人员，他们往往在毕业后仍然从事着本职的工作，不存在需要就业的问题。当然，也有相当一部分接受法学远程教育的学生在毕业后需要就业。“作为应届的网大毕业生就业途径，主要靠参加就业管理部门主办的各种就业招聘会。现在高校应届毕业生的就业招聘基本上都是针对普通高校的，对网大毕业生有的索性不让进，有的即使进去了，网大毕业生也拿不出就业协议书。因为高等教育学历考试就业协议书是要到每年的毕业证书拿到后才能允许申领。其他就业渠道如报考国家机关公务员、报考研究生也是困难重重。网络教育毕业生报考国家、省级机关公务员，报名资格都未能通过。作为应届生报考研究生的情况，各校的政策不一样，有的院校对网络教育毕业生需加试科目，有的干脆拒绝。”[②] 这种现象出现的原因主要是，法学远程教育属于新兴的法学教育模式，许多用人单位在心理上对法学远程教育的专科、本科学历存在着一定的偏见[③]，认为接受法学远程教育的毕业生毕竟多数依靠分散的自学，相比接受全日制高等法律院校的法科毕业生，对法律基础知识的把握不够扎实，各方面的素质也相对较差，从而导致整个社会对法学远程教育培养的毕业生的接受度不高。[④] 这一问题不仅需要法学远程教育机构不断提高自身的教学质量，还需要我国的教育主管部门积极宣传，纠正社会对法学远程教育的偏见，提高社会对法学远程教育的认可度。

---

① 熊澄宇主编：《中国现代远程教育发展战略研究》，高等教育出版社2004年版，第334—344页。

② 邵迪玲、吴雪娣：《网络教育毕业生的就业及反思——浙江大学网络教育毕业生就业情况分析》，载陈德人主编：《现代远程教育理论与实践探索》，浙江大学出版社2003年版，第350页。

③ 有学者指出，“拿着一所名牌大学的远程教育学历，可能还不如一所普通大学的学历更有把握。在没有考察能力之前，社会已经不自觉地为远程教育定了三六九等”。李运昌：《我国现代远程教育的发展状况与对策研究——从构建学习化社会的视角来看》，山东师范大学硕士论文2005年，第20页。

④ 有学者指出，人们不懂得网络教学的实质内容是什么，结果会如何，网络教学与电大、高自考有何区别，将其视为一种非正规的教育，对这种教育方式持徘徊、观望态度。国家承认现代远程教育的文凭，但在社会上根深蒂固的传统观念里，现代远程教育的文凭在人们心目中其“含金量”却要大大低于传统的大学文凭。熊澄宇主编：《中国现代远程教育发展战略研究》，高等教育出版社2004年版，第365—366页。

第三节　教学培养

“教育教学质量是高校现代远程教育的生命线，它决定着现代远程教育的成败。在历次现代远程教育的讨论中，教育部门的领导都把质量放到一个至关重要的地位来强调，强调现代远程教育是人才培养体系的一个重要的、有机的组成部分，在要求、目标上与普通学生教育一致，并非是次要的、补充的、低水平的。”① 远程教育的教学过程通常包括两个阶段：一是学习资源的设计和开发阶段，二是学习支持阶段。学习资源的设计和开发阶段的活动包括制作课件、提出学习建议、学习策略指导等；学习支持阶段的活动主要是根据学生的学习情况，向学生提供学习帮助服务。从远程教育的教学手段上分析，截至2010年，我国现代远程教育试点高校主要采用以下五种教学方式：通过Internet点播课件或者浏览主页课件的自主学习方式进行教学；通过卫星进行双向或单向实时教学；通过视频会议系统进行双向实时教学；通过局域网点播课件或者利用光盘课件学习方式进行教学；集中面授方式进行教学。绝大多数试点高校在具体教学中同时混用两种或者两种以上的教学方式。与远程教学相配套的学习支持服务主要有六种形式：利用网络教学平台提供同步或者异步教学辅导或者答疑；为学生提供相关资源，供学生自学时使用；通过各类视频会议系统组织集体实时讨论和交流；组织各种形式的学生学习活动（实验、参观、基于任务的小组协作）；通过常规通信工具，为学生提供咨询和答疑服务；面授辅导答疑。多数学校都提供两种或两种以上的学习支持服务。与函授教育和广播电视教育相比，基于信息技术双向交互的媒体传播教学模式丰富了远程教育教学方式和学习支持方式，为师生之间提供了双向交互的机会。② 在我国法学远程教育的实践中，各个法学远程教育机构或多或少的选择了上述教学手段和学习支持服务方式。例如，北京大学现代远程教育法学专业的教学方式包括发放的专用教材和课件、派各科主讲教师巡回演讲（针对法学学科的前沿问题以及复习指导）、设置专门的网络平台（包括“学习”区、“讨论”区、答疑室）、派辅导教师实时答疑等等。

对学生课程的考核是检验教学效果的重要环节。在现代远程教育的考核方式上，一般学校对课程采用闭卷考试，只有少数的课程采用口试、面试和

① 熊澄宇主编：《中国现代远程教育发展战略研究》，高等教育出版社2004年版，第366页。
② 陈丽：《远程教育学基础》，高等教育出版社2004年版，第24—25页。

论文。绝大多数学校将考试地点设在学习中心，也有的按省市集中考试，还有的采用网络实时考试。绝大多数学校注重监考和阅卷工作，少数学校把一些课程的监考工作委托给学习中心或第三方。阅卷方式则以主办大学统一阅卷为主，学习中心自己组织阅卷的占少数。[①]

尽管现代远程教育的方式多元化，但是，由于教与学的隔离、远程教育机构的重视程度以及财力的限制，各个法学远程教育机构在教学培养实践中也存在诸多的问题，归纳起来，主要有以下几个方面：

第一，教学资源匮乏、共享不足。目前试点学校在网络教育资源建设方面投入了相当多的人力、物力和财力，开发了大量的网络课程和网络课件，但是，课件的形式和内容，主要是以“教”为主的知识传递型课件。教学开发的思路仍然是如何呈现信息，课件内容和形式缺乏交互性。截至2010年，试点学校之间的还没有形成资源共享的机制。从统计数据中可以看出，许多学校开设了相同的专业，但网络课程都是自行开发。各个试点学校在建立各自的校外学习中心时也投入了大量的人力、物力和财力，但是目前也是各自为战，学校间尚不能共享校外教学支撑服务体系。[②]

第二，教学缺乏针对性。法学远程教学的对象通常不属于社会中的优势群体，有相当多一部分是在职人员，他们具有一定的实践经验，一般都肩负着工作和家庭的双重责任，主要以业余学习为主。[③] 法学远程教学的对象之间往往存在较大的差异，他们年龄跨度大，知识水平参差不齐，专业背景和工作背景多样，学习经历和学习环境也大不一样。但是，法学远程教育机构多数都提供一致的教学服务，没有注意到他们的这些特点和差异以及需求，无法因材施教，因而导致某些法学远程教育机构提供的教学达不到很好的学习效果。

第三，教师的讲授内容和方法过于僵化。无论是面授辅导还是网上辅导包括制作的课件，教师仍没有摆脱讲授者的地位，讲授的东西多，和学生交流的少；灌输的东西多，供学生思考的问题少；纯理论性的东西多，具体问题涉及的少；教师仍然是教育的中心，学生是被授教的对象，学生不能有自

① 熊澄宇主编：《中国现代远程教育发展战略研究》，高等教育出版社2004年版，第346—347页。

② 同上书，第368页。

③ 据统计，经教育部批准开展现代远程教育的试点高校中接受现代远程教育的学生以在职人员为主。在职学习人数占总人数的87%，脱产学习人数占13%。其中，44所普通试点学校中在职学习人数约占69%，脱产学习人数约占31%；中央广播电视大学中在职学习人数约占94%，脱产学习人数约占6%。熊澄宇主编：《中国现代远程教育发展战略研究》，高等教育出版社2004年版，第345页。

己的观点，否则考试结果不敢想象。远程教育强调学生个别化自主学习，师生之间的交流有一定的困难，同学之间的探讨也有局限，这无形中也为开展互动式教学增加了难度。①

第四，学习支持服务不到位。有些远程教育机构的学习资料发放、课程学习等最基本的环节难以正常保障和进行；由于网络环境的限制，有些远程教育机构的学生的实时交流无法得到实现；学生在学习过程中产生的疑问，无法得到来自指导教师、管理人员的及时答复；实践环节难以落实，降低了对培养目标的要求；考试纪律松弛，在一定程度影响了远程教育的声誉；成绩公布迟缓，学习效果得不到及时反馈，等等。总之，学习支持服务的不到位使得现代远程教育的随时、随地和自主性得不到充分的发挥。

上述种种问题的存在，使法学远程教育的效果在某种程度上背离了远程教育这种教育方式的初衷，这种“放羊式”的教学培养方式无法保证远程学习的质量，因而，远程教育机构非常有必要从学习支持服务和教学管理、监控等多方面提高教学培养水平，从而促进法学远程教育的良性发展。

第四节　课程设置

不论是全日制的法学教育，还是业余法学教育，法学课程设置是否科学必然影响法学教育的效果、法学人才的素质。课程是指所有学科（教学科目）的总和，或学生在教师的指导下各种活动的总和。课程既具有教学科目（学科）的涵义，也有对教学目标的引向与控制以及体现学生主动学习的涵义。课程体系是若干相互关联的课程组织或结构。高等学校的课程体系集中反映了人才培养目标的具体要求，也构成学生达到培养目标所应学习的基本内容，决定了学生的智能结构。课程体系历来被视为人才培养的核心内容，它本质上是一系列课程科目的排列组合，这个组合首先必须根据专业知识结构，起到传授专业知识的作用，又必须符合知识系统的科学性，还必须符合学生学习知识的教育心理。② 因此，对于法学课程进行研究，审视我国法学远程教学课程设置是否科学十分重要。

以下是北京大学法学院远程教育办公室制订的“北京大学现代远程

① 范晓峰：《远程教育法学专业课程体系和教学内容的研究》，《中国远程教育》2004 年第 9 期。

② 蒋慧：《一般院校法学专业本科课程体系设置初探》，《广西教育学院学报》2005 年第 3 期。

（网络）教育法学专业（高中起点本科）教学计划”和“北京大学远程（网络）教育法学专业（专升本）教学计划”。

表 12－1　北京大学现代远程（网络）教育法学专业（高中起点本科）教学计划

课程类别	课程编号	课程名称	学分	开课学期							
				第一学年		第二学年		第三学年		第四学年	
				第一学期	第二学期	第三学期	第四学期	第五学期	第六学期	第七学期	第八学期
公共必修课	公共必修课为 35 学分，占总学分的 22.4 %										
		邓小平理论	3	3							
		马克思主义哲学原理	3		3						
		计算机基础与应用	5	5							
		英语	20	4	4	4	4	4			
		大学语文	4		4						
专业必修课	法学专业课为 108 学分，占总学分的 69.2%，其中，专业必修课为 66 学分；专业限选课为 42 学分；法律实习为 3 学分，占总学分的 1.9%；毕业论文为 10 学分，占总学分的 6.4 %										
		刑事诉讼法	3	3							
		刑法总论	3	3							
		宪法学	3	3							
		法理学	3		3						
		民法总论	3		3						
		民事诉讼法与仲裁法	3		3						
		国际法	3			3					
		行政法与行政诉讼法	4			4					
		国际私法	3			3					
		合同法	4			4					
		中国法制史	3				3				
		刑法分论	4				4				
		债权法	4				4				
		国际经济法	4					4			
		经济法	3					3			
		商法	4						4		
		环境法	4						4		
		物权法	4						4		
		知识产权法	4							4	

续表

课程类别	课程编号	课程名称	学分	开课学期							
				第一学年		第二学年		第三学年		第四学年	
				第一学期	第二学期	第三学期	第四学期	第五学期	第六学期	第七学期	第八学期
专业限选课		外国法制史	4	4							
		劳动法与社会保障法	3			3					
		自然资源法专题	4			4					
		财政税收法	3				3				
		西方法律思想史	4					4			
		国际投资法	4					4			
		法律实务与文书写作	4						4		
		司法鉴定	4						4		
		中国法律思想史	4						4		
		亲属法与继承法	4							4	
		法学前沿专题	4							4	
		法律实习	3							3	
		毕业论文	10								10
		毕业学分	156								

表 12－2　北京大学远程（网络）教育法学专业（专升本）教学计划

（2003 年 8 月修订）

课程类别	课程名称	学分	各学期周授课学时			
			第一学年		第二学年	
			第一学期	第二学期	第三学期	第四学期
公共必修课为 15 学分，占总学分的 17.6%；						
公共必修课	邓小平理论	3	3	a	a	a
	英语	3	3	a	a	a
	英语	3	a	3	a	a
	英语	3	a	a	3	a
	英语	3	a	a	a	3

续表

课程类别	课程名称	学分	各学期周授课学时			
			第一学年		第二学年	
			第一学期	第二学期	第三学期	第四学期
专业必修课为40学分，占总学分的47.1%						
专业必修课	国际经济法	4	4	a	a	a
	知识产权法	4	4	a	a	a
	合同法	4	4	a	a	a
	环境法	4	a	4	a	a
	民法分论	4	a	4	a	a
	国际私法	4	a	4	a	a
	行政法与行政诉讼法	4	a	a	4	a
	国际法	4	a	a	4	a
	刑法分论	4	a	a	a	4
	法理学	4	a	a	a	4
选修课为36学分，至少选22学分，占总学分的25.9%						
选修课	经济法**	4	4	a	a	a
	刑事诉讼法*	4	a	4	a	a
	财政税收法**	4	a	4	a	a
	民事诉讼法*	4	a	a	4	a
	民法总论*	4	a	a	4	a
	劳动法与社会保障法**	4	a	a	4	a
	刑法总论*	4	a	a	a	4
	宪法学*	4	a	a	a	4
	中国法制史**	4	a	a	a	4
毕业论文（占总学分的9.4%）		8	a	a	a	8
毕业总学分		85	a	a	a	a

本计划为法学专业（专升本）通用教学计划，带“＊”的课程为限制性选修课，为专科阶段非法律专业学员必须选修课；带“＊＊”的课程为任意性选修课。

从上述课程设置中可以发现，法学远程教育的教学计划基本上是按照《全国高等学校法学专业核心课程教学基本要求》建议而制订的。这些课程设置存在的问题主要有以下几点：

首先，不论是必修课还是选修课，多数法律课程的开设主要以法学中各部门法学科的划分或国家颁布的主要法律（基本法）为依据，也就是说，以法律部门或颁布的法律为标准来设置课程现象仍非常突出。同时，必修课的数量远远超出选修课，留给学生选择的自由度不大。

其次，课程结构中注重法学专业课，交叉学科课程较少。大多数法科学生仍主要依靠单科培养。在知识经济时代，科学研究的信息化和社会关系日益复杂化推动着社会科学在高度分化的基础上走向高度综合。这种高度综合性也迫切需要课程的综合，以培养学生综合的知识结构。[①] 由于知识分割过细，造成学生知识和能力不必要的重复和产生某些漏洞，造成学生单向、刻板、片面的知识结构，不利于学生多维、灵活、创造性的思维能力的培养。

再次，法学教育重视本国法律条文的阐释，忽视国外类似法条的理论比较。比较分析的方法本来就是法学教学常用的有效方法，何况法律不仅有民族性的一面外，还有共同性的一面，特别是随着改革开放的发展和世界经济一体化趋势的加强，法律融合大势所趋。只知道本国法条是什么，而不懂国外法律的法学教育，难以适应社会经济发展的需要。

最后，实践性法律课程受到忽视。目前，全日制高等法律院校开设的实践性法律课程主要有法律诊所、模拟法庭和司法实习等。但是，在法学远程教育的课程设置中很少看到这些课程的踪影。原因主要在于两个方面：其一，许多法学远程教育机构缺乏实践性课程的教学力量；其二，这些实践性课程自身不仅需要教师教授的理论，还需要学生亲身参与和体验，这对于教与学隔离的法学远程教育而言，往往很难实现。总之，实践性法律课程的欠缺导致法学远程教育培养出来的学生无法迅速的融入法律的各个行业之中。

针对上述问题，我国法学远程教育的课程设置必须进行改革，具体而言，这种改革既应与法学专业的特点相适应，还应与远程教育这一教学方式相契合，充分体现原则性与灵活性的结合、统一性与多样性的结合、理论性与实践性的结合。

---

① 李龙、李炳安：《我国综合性大学法学本科专业课程体系的调查与思考》，《政法论坛》2003年第5期。

第五节　师资队伍

与传统教育的教师不同，远程教育中的教师通常不像传统课程教学那样，一门具体课程的教学由一个教师独立承担，而是由一个团队的教师合作完成。一般来讲，法学远程教育机构中的教师包括三类：课程主讲教师、课程主持教师和课程辅导教师。这三类教师的角色和职责有所不同。课程主讲教师主要是配合课程设计人员共同安排课程的设计、开发和教学运行。具体包括进行课件拍摄、提供与课件相关的资料、支持辅导、学习活动以及主持课程期末考试、布置平时考核作业等。课程主持教师负责课程的教学大纲、教学内容和网络教学工作，根据网络教育学院对聘任教师的要求，组建课程组，对负责的网络课程进行总体设计，主持网络课程建设，并保证网络课程和教学的质量。课程辅导教师的职责是全面了解学生，帮助学生制订学习计划，承担网上答疑、习题命题、教学活动、作业审批、学科资源建设和学习评价等，课程辅导教师给学生提供课程学习方面的支持，建立学生和教师的联系，向有关人员反馈学生在学习中遇到的问题，促进学生的学习和教师的教学。①

我国法学远程教育领域的师资队伍五花八门，其中，电大远程教育中的教师主要来源于外聘的兼职教师和本校的专职教师，而高等院校网络教育学院中的教师基本上都是兼职教师。这些远程教育的教师队伍存在的问题是：

第一，一些兼职教师通常在本单位承担教学任务，一些教师自身的科研、行政任务较重，很难为远程教育机构保证充足的教学时间。远程教育机构的兼职教师存在相当大的不稳定性，这一缺陷既不利于远程教育机构对教师的管理，也不利于教师与学生之间保持连贯而且良好的教学互动关系。

第二，一些远程教育机构的教师欠缺远程教育的技术。由于远程教育机构的教师年龄跨度大、经历不同、学术水平参差不齐，他们即使是本专业领域中拔尖的人才，也可能欠缺系统的远程教育技术的培训，从而影响专业课程教学的质量。

第三，一些远程教育机构的教师角色不分，这些教师在教学过程中既是课程的主讲教师，也是课程的主持教师和辅导教师。如果这些教师非常有责任心，那么，他们可能不堪重负；如果他们对教学不负责任，就可能耽误学

① 李爽、陈丽：《中国远程教育专业人员能力模型研究》，《中国电化教育》2004年第3期。

生的学习。

第四，一些远程教育机构的教师仍然沿用给全日制高等院校大学生的教学模式讲授课程，忽视了远程教育与普通全日制高等教育的区别，不太重视调动学生的积极性，影响了远程教育的教学质量。

针对上述问题，我们认为，远程教育机构欲保证良好的教学质量，必须加强师资队伍建设。远程教育机构必须能够保持一个高素质的教学和辅导团队，这个团队中的教师既具有较高的专业素质，还具有远程教育的技术和经验，他们在团队中分工明确，而且能够相互协作，唯有如此，才能为参加远程教育的学员提供高质量的教学资源，进而培养出合格的人才。

第六节　现实状况与未来发展

法学远程教育是我国法学教育的重要组成部分，从20世纪末至今为我国法制建设培养了大量的应用型人才，在一定程度上提高了我国法官、检察官队伍的整体水平，适应社会对人才类型的多样化需要。但是，随着高等教育的大众化以及现代远程教育实施中资金不足、网络资源不足、技术支持不足、专业人员不足、理论指导不足，我国法学远程教育的招生人数在逐年下降。有的高等院校（如清华大学）主动放弃了法学远程教育的招生；有的高等院校由于对网络教育学院的管理体制不够，办学条件相对落后，优秀教学资源相对缺乏，甚至违规办学，遭到教育主管部门禁止继续招生。[①] 法学远程教育备受质疑，远程教育何去何从，人们众说纷纭。有人认为，法学远程教育无法提供高质量的法学教育，无法培养出合格的法律人才，因此，为了保证我国法学教育的整体质量，纯粹以商业赢利为目的的法学远程教育应

① 在经济利益的驱动下，一些远程教育机构在招生工作中出现了竞争无序的状况。具体表现为：为吸引生源，大量招生，不考虑对学校声誉的影响，招生宣传极不严肃，对考生作出一些不切合实际的承诺；不遵循教学规律，不注重教学质量管理，减少教学计划中的学时数，或以相关课程免修等形式来缩短学制吸引学生；不计后果，将远程学院的招生权转包出去；通过提高考试合格率以利扩大招生；未经当地教育行政部门审批备案，自行设点（郑潇、杨纪生：《加强远程教育招生管理刻不容缓》，载陈德人主编：《现代远程教育理论与实践探索》，浙江大学出版社2004年版，第149—150页）。很多远程教育的学费甚至超过了正常教育服务的价格；很多远程教育学院只不过是提供了一个简单的网站，就开张营业了。有些远程教育学院甚至只有几个E-mail地址加上一些打印材料，其余全凭一些面授的机会提供传统方式的教学，内容和形式的丰富性无从谈起（李运昌：《我国现代远程教育的发展状况与对策研究——从构建学习化社会的视角来看》，山东师范大学硕士论文2005年，第20页）。

当退出法学教育的舞台；有人则认为，法学远程教育顺应了信息技术飞速发展的趋势，有利于解决我国教育资源发展不平衡的难题，并且适应了我国全民教育、终身教育和个性化教育的需求，因此，有必要促进法学远程教育的发展，不能以当前法学远程教育发展中出现的问题来否定法学远程教育这种教育形式存在的价值，教育主管部门应当对法学远程教育加强管理和规范，让法学远程教育走上正规化的发展道路，真正成为我国法学教育的一股生力军。我们赞同后一种观点，也就是说，我国目前的法学远程教育机构应顺应世界发展的潮流，在现有基础上进一步发展，让法学远程教育成为法学教育大众化、终身化的有效教育形式和途径。我国法学远程教育必须从以下几个方面进一步加以完善。

第一，远程教育机构应不断提高远程教育教师的素质。教师角色应由课堂教学中的主讲人转变为学生学习过程中的指导者，即实现由讲师向导师的转变；应由过去的信息传授者转变为学生与各方面关系的协调者，即实现由传授者向组织协调者的转变；应由单一型教师向复合型教师转变。尤其是要提高远程教育教师通过网络获取各类信息和教学资源的能力；使远程教育教师都会利用电子邮件、BBS 论坛及其他网上交流形式与其他师生进行交流，能制作电子讲稿，会利用多媒体投影仪、VCD 等设备。远程教育教师只有借助各种渠道不断更新自身的观念，丰富自身网络教学的基本知识，提高自身网络教学的基本技能，才能提升网络教学的教学质量。

第二，远程教育机构应提供先进的支持服务设施，整合远程教育资源。科学技术发展为远程教育的推广提供了强大的技术支持，充分利用科学技术成果普及远程教育是一个比较好的选择。我国幅员辽阔，各地区经济和教育发展水平极不平衡。要促进法学远程教育的进一步发展，必须加强基础设施建设。特别是，要提高经济和教育欠发达地区计算机的普及率，加快网络传输速度，增强教学信息传输的质量和稳定性，以破除远程教育发展中的瓶颈。同时，为了提高远程教育资源的利用率，避免远程教育资源的浪费，有必要整合我国各个远程教育机构的资源，促进资源的共享，为学员提供更为优质的远程教育服务。①

① 有学者指出，在现代远程教育资源库的建设中应注重做好以下工作：宏观规划分工，由各地教育行政主管部门统筹规划，根据各个学校的特色和优势，承担相应的教育资源建设；区域联合优势互补，实现硬件设备和技术资源的共享；重视现有资源的二度开发；不同载体资源相结合开发，多种载体的远程教育资源建设齐头并进；加强共享合作，发挥远程教育资源库的最大效益。蒲和平：《加快现代远程教育资源库建设的有效途径》，《中国远程教育》2001 年第 2 期。

第三，远程教育机构应改革远程教育的课程体系。首先，压缩专业必修课程的数量，增加选修课程的数量。为了适应政治、经济、社会的不断发展，必须尽快改变多数学校法学专业必修课过多，选修课偏少的局面，积极地扩大选修课的开课规模，增加选修课程的总量和自由度。同时在选修课程的设置上，要注意学科结构的合理化问题。尤其是，就法学相关的人文学科知识以及其他学科知识开设相应的选修课，拓展法学本科生的知识面，为提高法学本科生的法律素养奠定坚实的基础。其次，优化法学理论课程和法学实践课程的比例。法学教育的实践环节应当包括以下四种基本形式：(1) 实践性法律课程体系，包括法律诊所、模拟法庭、疑案抗辩等。(2) 实习课程体系，主要是指司法实习课程。(3) 社会实践课程体系，主要包括社会调查、法律咨询服务等。(4) 劳动课程体系。① 最后，增加比较法和外国法知识的课程。法学课程设置中既要反映国内立法、司法实践，又要包括该学科在世界范围内的最新发展动态或本课程所需的前沿理论。因此，我国的法学课程改革要紧密联系各个科目的新发展、新理论、新信息，而且，应当开设一些比较法和外国法知识的课程，让法学本科生不仅熟悉本国法律的历史与现实，而且要对各国的法律条文、法律传统、法律文化的差异有所了解。

第四，政府教育主管部门应加强对法学远程教育机构的监督和管理。首先，政府教育主管部门应对法学远程教育制定科学的长期规划，在办学规模、招生就业、教师培训、教学课程设置等多个方面利用政策引导法学远程教育朝着良性轨道发展。其次，在积极发动民间资本投入远程教育、推动教育产业化的同时，政府教育主管部门在法学远程教育发展上也要加大资金投入，为法学远程教育的发展提供扎实的硬件基础，特别是要改善我国中西部计算机网络条件差、成本高的现状，为法学远程教育的普及提供最为基本的前提条件。再次，政府教育主管部门应对远程教育加强宣传，让人们了解不同于传统教育模式的远程教育模式，改变人们对远程教育的错误认识，进而增强民众对远程教育模式的教授程度。最后，政府教育主管部门应建立科学的远程教育质量的监控机制。必须引进竞争机制，制定严格的法律远程教育准入制度，建立独立的法学远程教育质量评估机构，限制一些不具备法学远程教育条件的机构匆忙上马。没有雄厚的师资力量、没有齐备的设施、没有健全而规范的管理是不可能有优良的办学效果的。必须严格禁止不具备法学

① 李龙、李炳安：《我国综合性大学法学本科专业课程体系的调查与思考》，《政法论坛》2003 年第 5 期。

远程教育设立条件的机构以各种名义开展各类法学远程教育。

总之，我国法学远程教育尚处于起步的摸索阶段，为了不让法学远程教育过早的夭折，更好地满足社会多层次的需求，法学远程教育机构及其主管机关应当共同努力，积极吸收西方国家远程教育发展的经验，树立先进的理念，引入科学且规范的管理模式，保持适度的教学规模，提高教学质量，让我国的法学远程教育得到可持续发展，逐步赢得社会的广泛认可。

第十三章　警察院校的法学教育

根据《中华人民共和国人民警察法》第二条第二款之规定，“人民警察包括公安机关、国家安全机关、监狱、劳动教养管理机关的人民警察和人民法院、人民检察院的司法警察”。警察院校的主要任务应是培养学生具备成为一名合格警察的能力和知识。根据《中华人民共和国人民警察法》第四条之规定，“人民警察必须以宪法和法律为活动准则，忠于职守，清正廉洁，纪律严明，服从命令，严格执法”。可见，警察履行任何一种职务行为，均应以法律为依据，那么懂法便是警察的首要素质，因此，警察院校的教育应系法学教育的范畴，是法学教育的重要组成部分。

第一节　概述

一、我国警察教育方式与办学模式

有学者认为，警察教育培训是指对警察的教育训练的综合行为。在国家教育体制中属于职业教育的范畴，在警务管理上，属于人事训练的范畴。①《人民警察法》明确规定，国家发展人民警察教育事业，对人民警察有计划地进行政治思想、法制、警察业务等教育培训。此外，《人民警察警衔条例》、《公安机关人民警察训练条令》规定了人民警察应有初任训练、专业训练、晋升训练等训练制度。因此，我国警察教育培训有四种方式：一是普通学历教育。以警察院校为依托的普通学历教育，是我国警察教育的主要渠道。根据国家招生计划，经过普通教育统一考试、提前录取，由警察院校进行全日制系统教育取得国家颁发学历证书，是警察普通学历教育的表现形式。这种教育方式主要培养具有系统的基础理论知识、掌握警察业务知识及技能，具有较强警察职业意识、较高警察技术水平、理论研究水平的专门人

① 王大伟主编：《欧美警察科学原理——世界警务革命向何处去》，中国人民公安大学出版社2007年版，第98页。

才。二是新警教育。新警教育是每一名警察职业生涯的开端，其目的是使公安机关新录用的警察对公安机关的工作特点、组织纪律、法律法规有所了解，尤其需要使新警了解自己将要承担的工作性质、内容和职权与职责范围，并树立起良好的政治思想意识及职业道德观念。教育内容主要是法律基础知识、公安业务基础知识及智体基础训练、组织纪律等。三是岗位培训。岗位培训主要包括任职培训、晋升培训、专门业务及岗位培训、知识技能更新培训等，是针对岗位具体要求开展的专门知识和技能的培训。通过培训，目的是使警察政治素质、业务素质、执法水平有所提升，使任领导职务的人员业务水平和管理能力有所提高。四是在职警察学历提升教育。这种教育包括函授、夜大、干部专修、大专、本科自学考试等教育形式。它是提高人民警察学历层次的有效途径，是对警察知识结构更新和提高的进一步培训，使人民警察通过这种教育补充新的理论、方法和技术。

一般认为，我国警察院校的办学模式主要存在四种：一是警察专业学历教育和警察职业培训、成人教育相结合的办学模式，其代表学校是中国人民公安大学、中国刑事警察学院等。这种模式一方面通过学历教育培养高起点的专业人才，另一方面依靠学历教育力量开展警察在职培训和成人教育。二是多元化办学模式，这种模式与第一种模式不同在于其不仅有警察专业学历教育还有非警察专业学历教育，并有以此种学历教育为基础的成人教育，其代表学校是江苏警官学院、湖北警官学院等。这是走社会化办学之路的模式，其目的是有效利用师资、场地等教育资源，避免闲置浪费，缓解办学教育经费困难。三是二专科模式，又称为“2+2”模式，其代表学校是上海公安高等专科学校。它的特点是警察院校不再开办学历教育，只承担警察在职培训，前两年普通学历教育由社会教育体系完成，后两年职业学历教育由警察院校完成。这种模式的优点在于：有效解决了入警问题，学员以公务员身份入学，避免了就业难问题；学制缩短，避免了警察人才培训，且有利于培养复合型人才；教学训练针对实战，训练效果突出。四是高职高专类办学模式，其代表学校是安徽警官职业学院、河北公安警察职业学院等。此外，还有一些警察院校仅负责当地警察在职培训任务。①

① 王庆功、张宗亮、李传良：《战略视野中的中国警察高等教育》，中国人民公安大学出版社2008年版，第126—129页。

二、我国警察院校发展历程

随着我国社会政治经济生活变迁，我国警察院校教育的发展普遍经历了一个从创建、发展、调整到重新蓬勃发展的时期，这个发展轨迹与整个中国法学教育的发展历程紧密相关，明显呈现三个高峰发展阶段：第一是20世纪50年代左右，第二是20世纪80年代，第三是2000年以后。

（一）初建阶段（1946年至1966年）

我国警察院校教育始于解放战争时期，1946年5月，山东省警官学校创办于山东省临沂县，培养公安保卫干部和警卫人员，这是我党所建立的第一所警察院校。学校开办不久，由于国民党军队进犯解放区，学校被迫停办。1948年9月，在山东省警官学校的办学基础上，华东警官学校创建于刚刚解放的济南，仅三个多月，由于解放军胜利进军江南，学员们匆匆结业，成为后来公安战线的骨干力量。1949年6月，该校奉命改建为山东警察干部学校（1983年该校改为山东公安专科学校，2004年改为山东警察学院）。此外，这一时期，各地还纷纷成立了多个警察院校，如1946年，旅大市公安总局也创办了警察学校，公安部直属的两所公安院校——中国人民公安大学、中国刑事警察学院，其前身均成立于1948年。

新中国成立后，由于维护社会治安的形势更加严峻，为了有效打击敌对势力，保卫刚刚建立的人民民主专政政权，浙江、湖南、江西、湖北、吉林等地纷纷创办警察院校，至1956年，警察院校的数量达到了52所。建国之初的警察院校多以军事化管理为特点，生源主要来自军队或各地公、检、法、司、民等机关的干部（进入20世纪60年代，少数警察院校开始招收中学毕业生培训一年），其教学任务主要是培训在职人员，以适应当时的政治形势和公安民警政治、业务素质较低的实际情况，教学内容以政治思想教育为主，以公安业务基础知识为辅，教育形式则以轮训骨干为主。这一时期，初步形成了一个地域布局合理、互为补充、协调运作的警察教育培训体系。但是，这一时期的警察院校教育仅为在职人员职业教育，缺少学历教育。

其后，随着中国政治形势的变化，警察院校教育遭遇了重创，进入停滞萎缩阶段，至1966年，全国仅余2所警察院校。

（二）重建恢复与发展阶段（1978年至1999年）

“文化大革命”后，我国警察院校得到迅速恢复，至1978年，52所警察院校恢复重建。随后，警察院校发展进入蓬勃快速发展的黄金时期，这个阶段又可以分为两个阶段。

第一个阶段是以中专学历教育为主的发展阶段。这个阶段的主要时间段是20世纪80年代。改革开放后，随着社会经济发展和对外交往的扩大，社会主义建设需要大量专业人才，其中公安专业人才同样急需，中专学历教育成了我国20世纪80年代教育的主要形态，警察院校乘着这股东风迅速发展，至1988年，全国人民警察学校校长座谈会上的数据显示，全国警察院校总数达到240余所，其中有高等院校21所，人民警察学校、公安干校等220所。这一阶段的主要特点是：一是中专教育成规模发展。1978年，有8所人民警察学校开始面向社会招生，进行中专学历教育。以1988年的全国人民警察学校校长座谈会的数据为例，从1981年至1987年，共有81000名警察院校中专毕业生，占到当时警察总数的13.5%，而1987年警察院校中专在校生尚有24000名。[①] 相比之下，警察院校大专毕业生在20世纪80年代末仅占到警察总数的7%左右的比例。二是院校呈规范化建设趋势。主要表现是：改革教育体制，除了2年制的教学计划外，增加了招收初中毕业生的4年制教学计划；在公安部教育局主持下，统编了一批警察专业课程教材；制定警察院校规章制度，如《公安院校军事化管理条令》、《人民警察学校学生学籍管理暂行规定》等；增加了警察专业课程，并改革教学方法，增加实践性的教学方式；有目的地培养教师，如从社会引进招聘人才、送在校老师到社会高校进修等，打造警察专业特色的教师队伍。

第二个阶段是以高等学历教育为主的发展阶段。自20世纪80年代以来，虽然警察院校发展迅猛，中专学历教育成规模化发展，至1993年已到298所，办学更加规模化、科学化，但是警察队伍依然存在层次不高，人才短缺的问题，发展警察院校高学历教育是当务之急。至20世纪末，警察本科院校共有4所，即中国人民公安大学、中国人民警官大学、中国刑事警察学院、中国人民武装警察部队学院，高等专科院校共有34所。[②] 这一阶段的主要特点是：一是办学规模不断扩大，办学层次不断提高。1993年，中国人民公安大学取得硕士学位授予权，1995年，警察院校第一批硕士研究生入学。1998年，中国刑事警察学院取得硕士学位授予权，1999年，该校第一批硕士研究生入学。二是警察院校资源进一步整合优化。1997年、1998年，位于北京直属公安部的两所高校——中国人民公安大学、中国人

---

① 丁玲：《公安教育研究》，青海人民出版社2007年版，第46页。

② 王庆功、张宗亮、李传良：《战略视野中的中国警察高等教育》，中国人民公安大学出版社2008年版，第107页。

民警官大学合并，组成新的中国人民公安大学，使我国警察高等教育资源进一步整合优化，办学规模和力量进一步壮大，拥有了进一步发展更加坚实、雄厚的基础。其他警察院校也有整合趋势，警察院校实际数量开始逐渐减少，合并后的各校综合办学实力却在逐渐增强。

（三）快速发展阶段（2000 年后）

20 世纪末，我国普通高等教育开始第一轮扩招改革浪潮，警察院校也受到深刻影响。1999 年，公安部在全国公安工作教育会议上提出警察教育调整方案：加快发展研究生，尽快开展博士生学历教育；扩大本科学历教育规模；巩固和发展大专学历教育，逐步取消中专学历教育；加快发展在职民警培训，大幅度提高职业培训在公安教育中所占的比重。这一阶段的特点：一是多层次、多形式的警察院校高等教育体系形成。2004 年，中国人民公安大学首次招生博士生，警察院校开始有自主培养博士研究生的能力。同时，警察院校开始扩招本科生、硕士研究生，截至 2005 年，在校学生超过 5000 人的学校有 20 所，① 形成了包括研究生教育、本专科教育、成人高等教育、在职培训等在内的多层次、多形式的警察高等教育体系。二是办学层次进一步提升。2000 年后，全国先后有 10 所警察专科学校集中升为本科院校，使我国除中国人民公安大学、中国刑事警察学院、中国人民武装警察部队学院外，又增加了中央司法警官学院、北京人民警察学院、山东警察学院、江苏警官学院等 10 所警察本科院校，改变了我国警察院校教育长期在低层次徘徊、人才培养学历层次过低的局面。当然，随着警察院校办学层次、办学能力的提高，教学改革的力度也在不断加大，专业及课程设置日渐趋于科学、合理，教学力量的投入也在不断增大。

三、我国警察院校现状概述②

据统计，我国警察院校分布在全国各省、市、自治区，有三个办学层次，即本科及以上的警察院校，专科、高职警察院校，警察培训学校三个层次。

截至 2010 年，我国共有 13 所警察本科院校，具体情况见表 13－1。

---

① 徐显明：《中国法学教育状况（2007）》，中国政法大学出版社 2009 年版，第 168 页。

② 本章数据凡未注明出处的均来自各校校园网及各校 2009、2010 年招生简章，以下不再重复注明。

表13－1 本科及以上警察院校一览表

学校名称	所在地	隶属	始建年代	人才培养层次
中国人民公安大学	北京市	公安部	1948年	全日制教育：博士研究生、硕士研究生、本科、二学位；高级警官培训；成人学历教育。
中央司法警官学院	河北省保定市	司法部	1956年	全日制教育：本科；警官培训；成人学历教育。
中国刑事警察学院	辽宁省沈阳市	公安部	1948年	全日制教育：硕士研究生、本科、二学位；高级警官培训；成人学历教育。
中国人民武装警察部队学院	河北省廊坊市	公安部	1981年	全日制教育：硕士研究生、本科；高级武警军官培训；成人学历教育。
北京人民警察学院	北京市	北京市公安局	1949年	全日制教育：本科、专科；警察培训；成人学历教育。
江苏警官学院	江苏省南京市	江苏省公安厅	1949年	全日制教育：本科、专科；警察培训；成人学历教育。
浙江警察学院	浙江省杭州市	浙江省公安厅	1949年	全日制教育：本科、专科；警察培训；成人学历教育。
福建警察学院	福建省福州市	福建省公安厅	1949年	全日制教育：本科、专科；警察培训；成人学历教育。
山东警察学院	山东省济南市	山东省公安厅	1946年	全日制教育：本科、专科；警察培训；成人学历教育。
湖北警官学院	湖北省武汉市	湖北省公安厅	1949年	全日制教育：本科、专科；警察培训；成人学历教育。
广东警官学院	广东省广州市	广东省公安厅	1949年	全日制教育：本科、专科；警察培训；成人学历教育。
四川警察学院	四川省泸州市	四川省公安厅	1950年	全日制教育：本科、专科；警察培训；成人学历教育。
云南警官学院	云南省昆明市	云南省公安厅	1950年	全日制教育：本科、专科；警察培训；成人学历教育。

从学校总体办学规模来看，上述13所警察院校招生规模均不断扩大，2009年，多数院校在校学生超出了5000人以上；除浙江警察学院占地490余亩外，其他院校占地均超出500亩；图书馆藏均超出50万册（包括电子图书）；均成立了多个实验室和研究所；除中国人民武装警察部队学院实施军事化管理外，其他院校均实行警务化管理，学生入学后着警察制式服装。此外，本科类警察院校中，仅中央司法警官学院隶属于司法部，其他均隶属公安部或各地公安厅。

截至2010年，我国专科、高职警察院校主要是以下41所：

表 13－2　专科、高职类警察院校

学校名称	所在地	隶属	始建年代	人才培养层次
铁道警官高等专科学校	河南省郑州市	公安部	1950 年	全日制教育：专科；警察培训；成人学历教育。
公安海警高等专科学校	浙江省宁波市	公安部	1983 年	全日制教育：专科；武警军官、士官等培训；成人学历教育。
南京森林公安高等专科学校	江苏省南京市	国家林业局、公安部	1953 年	全日制教育：专科；警察、消防人员培训；成人学历教育。
河北公安警察职业学院	河北省石家庄	河北省公安厅	1978 年	全日制教育：专科；警察培训；成人学历教育。
河北司法警官职业学院	河北省邯郸市	河北省司法厅	1982 年	全日制教育：专科；司法警察培训；成人学历教育。
天津公安警官职业学院	天津市	天津市公安局	1949 年	全日制教育：专科；警察培训；成人学历教育。
上海公安高等专科学校	上海市	上海市公安局	1949 年	全日制教育：第二专科；警察培训；成人学历教育。
山西警官高等专科学校	山西省太原市	山西省公安厅	1954 年	全日制教育：专科；警察培训；成人学历教育。
山西警官职业学院	山西省太原市	省监狱管理局	1964 年	全日制教育：专科；司法警察培训；成人学历教育。
内蒙古警察职业学院	内蒙古呼和浩特	内蒙古公安厅	1948 年	全日制教育：专科；政法干部培训；成人学历教育。
辽宁警官高等专科学校	辽宁省大连市	辽宁省公安厅	1960 年	全日制教育：专科；警察培训；成人学历教育。
吉林公安高等专科学校	吉林省长春市	吉林省公安厅	1949 年	全日制教育：专科；警察培训；成人学历教育。
吉林司法警官职业学院	吉林省长春市	吉林省司法厅	1979 年	全日制教育：专科；司法警察培训；成人学历教育。
黑龙江公安警官职业学院	黑龙江哈尔滨	黑龙江公安厅	1946 年	全日制教育：专科；警察培训；成人学历教育。
黑龙江司法警官职业学院	黑龙江哈尔滨	黑龙江司法厅	2001 年成立	全日制教育：专科；司法警察培训；成人学历教育。
浙江警官职业学院	浙江省杭州市	浙江省司法厅	1984 年	全日制教育：专科；司法警察培训；成人学历教育。
安徽公安职业学院	安徽省合肥市	安徽省公安厅	1958 年	全日制教育：专科；警察培训；成人学历教育。
安徽警官职业学院	安徽省合肥市	安徽省司法厅	2000 年成立	全日制教育：专科；司法警察培训；成人学历教育。

续表

学校名称	所在地	隶属	始建年代	人才培养层次
福建警官职业学院	福建省福州市	福建省司法厅	1985年	全日制教育：专科；司法警察培训；成人学历教育。
江西公安专科学校	江西省南昌市	江西省公安厅	1951年	全日制教育：专科；警察培训；成人学历教育。
江西司法警官职业学院	江西省南昌市	江西省司法厅	2002年成立	全日制教育：专科；司法警察培训；成人学历教育。
山东司法警官职业学院	山东省济南市	山东省司法厅	1982年	全日制教育：专科；司法警察培训；成人学历教育。
河南公安高等专科学校	河南省郑州市	河南省公安厅	1949年	全日制教育：专科；警察培训；成人学历教育。
河南司法警官职业学院	河南省郑州市	河南省司法厅	1984年	全日制教育：专科；司法警察培训；成人学历教育。
武汉警官职业学院	湖北省武汉市等	湖北省司法厅	20世纪80年代初	全日制教育：专科；司法警察培训；成人学历教育。
湖北武汉公安管理干部学院	湖北省武汉市	武汉市公安局	1950年	主要进行警察培训。
湖南公安高等专科学校	湖南省长沙市	湖南省公安厅	1949年	全日制教育：专科；警察培训；成人学历教育。
湖南司法警官职业学院	湖南省长沙市	湖南省司法厅	1980年	全日制教育：专科；司法警察培训；成人学历教育。
广东司法警官职业学院	广东省广州市	广东省司法厅	2002年成立	全日制教育：专科；司法警察培训；成人学历教育。
广西警官高等专科学校	广西南宁市	广西公安厅	1950年	全日制教育：专科；警察培训；成人学历教育。
重庆警官职业学院	重庆市	重庆市公安局	2001年成立	全日制教育：专科；警察培训；成人学历教育。
四川司法警官职业学院	四川省德阳市	四川省司法厅	1982年	全日制教育：专科；司法警察培训；成人学历教育。
贵州警官职业学院	贵州省贵阳市	贵州省公安厅	1949年	全日制教育：专科；警察培训；成人学历教育。
云南司法警官职业学院	云南省昆明市	云南省司法厅	1980年	全日制教育：专科；司法警察培训；成人学历教育。
西藏警官高等专科学校	西藏拉萨	西藏公安厅	1956年	全日制教育：专科；司法警察培训；成人学历教育。
陕西警官职业学院	陕西省西安市	陕西省政法委		全日制教育：专科；政法干部培训；成人学历教育。
甘肃警察职业学院	甘肃省兰州市	甘肃省公安厅	2002年成立	全日制教育：专科；警察培训；成人学历教育。
宁夏司法警官职业学院	宁夏银川市	宁夏司法厅	1980年	全日制教育：专科；司法警察培训；成人学历教育。

续表

学校名称	所在地	隶属	始建年代	人才培养层次
青海警官职业学院	青海省西宁市	青海省公安厅	20世纪50年代	全日制教育：专科；警察培训；成人学历教育。
新疆兵团警官高等专科学校	新疆乌鲁木齐	新疆兵团		全日制教育：专科；警察培训；成人学历教育。
新疆警官高等专科学校	新疆乌鲁木齐	新疆公安厅	1950年	全日制教育：专科；警察培训；成人学历教育。

始建时间指能够追溯到最早的建立时间，成立时间是指截至2010年院校名称的成立时间。

此外，还有广州市公安管理干部学院、烟台市人民警察培训学校等警察院校隶属于本地公安局，作为本地警察培训基地，并进行成人学历教育。

上述院校大多数办学规模较小，少数院校面临生存危机；多数学校设置了多个实验室、警体训练馆等设施；多数学校除警察相关专业外，也有面向社会的非警察专业；除公安海警高等专科学校实行军事化管理外，其他警察院校警察专业的学生实行警务化管理，即学生入学后着警察制式服装，非警察专业学生参照警务化管理。

第二节　招生就业

招生与就业情况从一定程度上反映一个学校的实力与社会影响，同时，反映学校的生存状态，因此，招生就业可以说是学校的命脉所在，每个学校都高度重视自身的招生、就业工作，通过各种方式努力吸引优秀生源，扩大就业渠道，提高就业率。由于警察院校本身的专业性和职业特殊性，使其招生与就业工作与其他普通高校有很大不同。

前文已述，目前基于学校生存压力，部分警察院校在招生方面存在警察类专业和非警察类专业之分，呈现多元化特点，但由于非警察类专业、普通成人学历教育的招生就业与普通院校相同，故本章仅探讨全日制警察类专业及在职警察培训、学历教育的招生就业特点。

一、招生情况

警察院校的培养方式分四个层次：博士研究生、硕士研究生、本科或二学位、专科，这四个层次具有相似的招生特点和不同的生源情况。

（一）全日制教育招生特点

除需参加高考具备一定文化水平外，警察院校主要招生特点在于其对于招收对象有着严格的限制。①

首先，招收对象身体条件有限制。招收本专科学生一般要求未婚；年龄不超过22周岁（部分院校规定不超过20或21周岁），外语专业考生不超过20岁；男生身高不低于1.70米（部分院校规定不低于1.65米），体重不低于50公斤，女生身高一般不低于1.60米（部分院校规定不低于1.58米），体重不低于45公斤；左右眼单眼裸眼视力，理科专业4.9（0.8）以上，文科专业4.8（0.6）以上；还要求考生无色盲、色弱，两耳无重听，无口吃，五官端正，面部无明显特征和缺陷，嗅觉不迟钝，无鸡胸、腋臭、严重静脉曲张、明显八字步、罗圈腿、重度平跖足、文身、少白头、驼背、各种疾病，本人或直系亲属无精神病史等。招收博士、硕士研究生与本专科学生在婚姻、年龄、视力方面有所不同，但与普通院校相比依然比较严格，如中国人民公安大学要求报考非定向的博士研究生年龄应在35周岁以下（普通院校一般要求在45周岁以下），视力一般要求理科专业4.8（0.6）以上、文科专业4.6（0.4）以上（普通院校无限制）。

其次，招收对象政治方面有限制。警察院校招收学生需要经过政审程序，在政治方面有严格的要求：考生必须热爱祖国、人民，遵纪守法，勤奋学习，自愿献身人民警察事业。对于曾受过刑事处罚、劳动教养、少年管教、近五年曾受过治安处罚的，有违法犯罪嫌疑受到政法机关侦查、控制的，曾受过开除学籍、团籍或者党籍纪律处分、近三年有记过以上处分的，曾参加过法轮功邪教或非法组织、黑社会性质组织的，有吸毒史的，直系亲属或关系密切的旁系亲属有上述情况的，均不符合政审要求而不被录取。

再次，招收对象男女比例有限制。警察院校往往把女生比例限定在15%以内，如中国刑事警察学院2009年计划招收的女生约占学生总数的6.2%，2008年计划招收的女生约占学生总数的5.4%。

最后，招生程序有限制。警察院校招生一般属于提前录取批次，即早于普通院校录取程序，招生时除了考核文化水平、政审外，还需要对考生进行面试、体能测试。各院校对于体能测试的要求是根据公安部《公安普通高等学校招生工作暂行办法》中的要求灵活掌握的，有的执行其中部分，如四川警察学院2009年招生中规定，达到其中两项合格即可；北京人民警察学院2009年招生中则要求其中三项合格；中国人民公安大学、中国刑事警察学院2009年本科招生中均要求四项应全部合格。具体情况见表13－3。

① 情况来自于各校校园网。

表 13－3　　　警察院校招生体能测试项目及合格标准一览表

性　别	测试项目	合格标准
男子	50 米	7″1 以内（含 7″1）
	1000 米	3′55″以内（含 3′55″）
	俯卧撑	10 秒内完成 6 次以上（含 6 次）
	立定跳远	2.3 米以上（含 2.3 米）
女子	50 米	8″6 以内（含 8″6）
	800 米	3′50″以内（含 3′50″）
	仰卧起坐	10 秒内完成 5 次以上（含 5 次）
	立定跳远	1.6 米以上（含 1.6 米）

此外，多数警察院校在招生时对外语一般要求为英语，有的院校即便招生时学生所学不是英语，入学后也要求改为英语。同时，警察院校招生分数一般会高于同层次的普通院校，如中国人民公安大学 2009 年招收本科生的最低分均达到各地高考一本分数，且多数超过了此分数。

（二）2009 年招收全日制学生情况

2009 年，警察院校的博士研究生、硕士研究生除了在招收对象的条件上要求较普通院校严格外，其招生情况与普通院校情况基本一致，而警察院校的本专科招生与普通院校不同。

首先，从招生的区域范围来看，由于该类院校的属性和规模等原因，大部分院校并非面向全国招生。参考 2009 年各院校的招生简章中可见，在上述 50 余所院校中，可分为三种情况：一是面向全国招生。这些学校主要是隶属公安部、司法部、国家林业局、部分司法厅的学校。如中国人民公安大学、中国刑事警察学院等均是面向全国招生。二是面向部分省、市、自治区招生。如山西警官高等专科学校等。三是面向本省、市、自治区招生。这些学校主要是全部隶属地方公安厅的警察院校和部分隶属司法厅的院校。如山东警察学院、河北公安警察职业学院等。

第二，从招生的数量来看，随着公务员准入制度的建立与完善，当前，警察院校已不具有 20 世纪的就业优势，即入学便有就业保障，警察院校的本专科招生已渐呈萎缩趋势，甚至部分院校已明确宣布停止招收高中毕业生，如湖南公安高等专科学校等。而正在招生的院校在招生数量上也有所萎缩，如山东警察学院，2005 年本专科招生计划为 1300 人，2007 年本专科招生计划为 1000 人，2008 年、2009 年却均为 800 人；再如中国刑事警察学院

2008 年计划招生 1400 人，2009 年则仅为 680 人。

第三，从招生质量来看，虽然警察院校招生条件严格，但总体而言，绝大部分能够完成招生计划，同时从文化考试的分数上看，一般都会高于同层次的普通高校。

第四，从学费收取情况来看，除了公安部直属的中国人民武装警察部队学院、公安海警高等专科学校两所院校因为属于现役编制，学生系军籍，完全免收学费及住宿费以外，其余所有院校学员均需按照一定标准缴纳学费及住宿费。学费缴纳标准从 2000 元至 6000 元不等，总体而言，西部地区院校学费数额较低，其他地区学费相对较高。

此外，值得关注的是，2009 年的警察院校教育及警察教育迎来一次政策性的契机。根据全国统一安排，计划招收 2.3 万余人政法干警，采取教育入学考试和公务员考试一并统考的方式，从部队退役士兵和普通高校毕业生中选拔优秀人才，经政法院校（其中包括警察类院校）学历教育培养合格后，定向分配到县级以下基层政法机关工作，并办理公务员（人民警察）录用手续。负责培养的院校包括中国政法大学、湖南公安高等专科学校等 15 所政法、警察类院校，对于警察教育来说，这是一种具有标志性意义的变革。这次招收的政法干警分四个层次：高中起点大专、专科升本科、第二学士学位、硕士研究生。具体招生计划见表 13－4。

表 13－4 2009 年全国各地政法干警定向招录基本情况一览表

<table>
<tr><th rowspan="3">省份</th><th rowspan="3">年　龄</th><th rowspan="3">报考对象户籍要求
(兵指已退役士兵)</th><th rowspan="3">总计</th><th colspan="4">招考职位基本情况</th><th rowspan="3">备注</th></tr>
<tr><th colspan="4">部门及人数</th></tr>
<tr><th>公安</th><th>司法</th><th>法院</th><th>检察</th></tr>
<tr><td>河北省</td><td>兵 25 岁，公安 25 岁，司法 30 岁</td><td>未限</td><td>822</td><td>600
(兵 202)</td><td>74</td><td>100
(兵 18)</td><td>48</td><td></td></tr>
<tr><td>山西省</td><td>35 岁(兵 25 岁，公安、司法 30 岁)</td><td>公安、司法限山西常住户口或山西生源</td><td>976</td><td>800
(兵 300)</td><td>20</td><td>90
(兵 15)</td><td>66</td><td></td></tr>
<tr><td>内蒙古</td><td>35 岁(兵 25 岁)</td><td>兵限内蒙古户籍；高校毕业生限内蒙古生源</td><td>614</td><td>120
(兵 100)</td><td>62</td><td>100</td><td>132</td><td>另拟退役士兵 200 名</td></tr>
<tr><td>辽宁省</td><td>28、33 岁(兵 25 岁)</td><td>兵限辽宁户籍；高校毕业生未限</td><td>474</td><td>400
(兵 50)</td><td>34</td><td>40</td><td></td><td></td></tr>
</table>

续表

省份	年　龄	报考对象户籍要求（兵指已退役士兵）	总计	招考职位基本情况 部门及人数				备注
				公安	司法	法院	检察	
黑龙江	士兵25岁	未限	484	337（兵137）	51	70	26	法、检、司计划集中
江苏省	25岁	兵限江苏户籍；大专学历人员限江苏生源	372	300（兵48）	72（兵21）			
浙江省	33、28岁（兵25岁）	兵限浙江户籍；高校毕业生限浙江生源	632	500（兵48）	132（兵24）			
安徽省		兵限安徽户籍；高校毕业生未限	1099	900（兵300）	80（兵38）	83	36	
福建省	25岁	兵限福建户籍；高校毕业生限福建生源	175	120	55（兵26）			
江西省	25岁（法检系统30岁）	兵限江西户籍；大专学历人员限江西户籍、生源或江西高校应届毕业生	728	450（兵100）	143（兵83）	90（兵20）	45	
山东省	35岁	无	94		94			
河南省	35岁（兵25岁）	兵限河南户籍；高校毕业生限河南生源	2392	2100（兵915）	130（兵40）	100（兵4）	62	
湖北省	25岁（法院27岁，司法28岁）	兵限湖北户籍；高校毕业生未限	1194	1000（兵350）	42	110（兵19）	42	
湖南省	30岁（兵25岁）	兵限湖南户籍；高校毕业生未限	1146	900（兵250）	104（兵49）	90（兵15）	52	
广东省	25岁	兵限广东户籍；大专学历人员限广东常住户口或广东生源	672	450（兵150）	23			另由广州军区拟退役士兵199名，由部队负责推荐
广西	35岁（兵、公安司法25岁）	兵限广西户籍；专科层次计划限广西籍	755	300（兵75）	129（兵116）	100（兵30）	132	另拟退役士兵94名，由部队负责推荐
海南省	公安26岁，司法、检察25岁	兵限海南户籍；高校毕业生限海南生源	120	80	23（兵8）		17	

续表

省份	年龄	报考对象户籍要求（兵指已退役士兵）	总计	招考职位基本情况				备注
				部门及人数				
				公安	司法	法院	检察	
重庆市	35岁（兵、公安、监狱25岁）	兵限重庆常住户口；大专学历人员限重庆常住户口	591	300（兵50）	215（兵42）	30	46	
四川省	35岁（兵、公安25岁）	专科及以下学历人员限四川籍；本科及以上学历人员未限	1463	630（兵150）	33（兵27）	160（兵5）	240	另拟退役士兵400名，由部队负责推荐
贵州省	兵25岁	兵属地化原则；贵州生源应往届专科及以上或在贵州就读的外省籍应届本科及以上	839	500（兵200）	79（兵70）	110	150	
云南省	35、29岁（兵25岁）	云南户籍士兵，拟服役的云南籍或在云南服役士兵；高校毕业生未限	1676	1000（兵450）	426（兵350）	50	200	已含拟退士兵招录计划384名
西藏	35岁（兵27岁）	兵限西藏户籍；高校毕业生限西藏生源	998	700	100	70	128	
陕西省	兵25岁，公安27岁	兵限陕西户籍；高校毕业生限陕西生源或陕西高校毕业	1313	851（兵259）	182（兵118）	120（兵18）	160	
甘肃省	35岁（兵25，公安30岁）	兵限甘肃户籍，拟退役士兵限在甘肃服役；高校毕业生未限	1339	750	42（兵10）	70（兵14）	127	另拟退役士兵350名
宁夏	士兵25岁	兵限宁夏户籍；高校毕业生未限	253	50	43（兵34）	120（兵20）	40	
新疆			1013					

我国政府之所以出台这项招收政法干部的新政策，目的是面向社会高校选拔优秀毕业生充实到基层政法机关，尤其是充实到缺少人才的西部地区基层政法机关，改变这些单位人员素质低下的现状，也缓解大城市高校毕业生的就业压力。考虑到政法机关工作人员的专业性，而普通院校的学生又恰恰缺少专业培训，因此，公费送其到警察类、政法类院校进行学历教育，这事实上与“2+2”办学模式相类似，即学生在普通院校学习基础知识，到警

察院校学习专业知识及职业技能培训。事实上，这种新变化对于警察院校的发展来说是一种新契机，笔者认为，这也是我国警察教育方式转型的一种信号。

（三）在职警察培训或学历教育招生情况

纵观各警察院校的发展历程，其建立之初，一般目的是对在职警察进行职业培训，经过多年的发展才壮大成为可以进行全日制学历教育的高等院校，因此，各校对于在职警察的培训具有较长的历史及丰富的经验。

本章第一节已提及，警察的继续教育包括短期岗位培训和学历教育。短期培训主要是岗位培训，一般由公安部、司法部或各地公安机关、司法机关安排培训计划，依托于警察院校的师资力量和教学力量进行。如中国人民公安大学门前挂有公安部高级警官培训学院的牌子，即中国人民公安大学又承担着培训高级警官的任务，如各地公安机关晋升为“警监”职衔警官的都需要经过高级警官培训。学历教育，主要是警察院校招收在职民警，通过函授、脱产、半脱产、夜大等方式进行的学历教育。

以中国人民公安大学为例，逐步建立和形成了包括自学考试、脱产专修、函授、夜大学、高职班、本专科培训班等成人学历教育和专业证书、研究生进修班等非学历教育在内的结构合理、层次分明、衔接紧密的多层次公安成人教育体系、并积累了举办成人高等教育的丰富教学管理经验。该校成人高等学历教育目前有本科和专科教育两个层次。截至2010年，该校已在全国29个省（市）设立了函授辅导站。在校人数（包括脱产、函授、夜大学、成人高职）已达到15000人，自学考试本，专科学员各2万余人。自开办至今，共为全国公安系统培养了155110名（其中学历教育75644人，专业证书79466人）专业人才，为公安队伍建设提供了大量的人才保障。该校成人高等学历教育总的发展思路是：坚持以普通本科教育为依托，以专科教育为基础，大力发展专升本和远程教育，积极探索公安成人高等教育的新途径。

再如中国刑事警察学院，1981年扩建学院前学校教育全部为公安民警在职培训，共为我国公安战线培训17000多名专业技术骨干，有的走上了重要领导岗位，有的成为杰出的专家骨干。学院扩建后在承担侦查和刑事技术专业本科学历教育的同时也承担公安民警成人高等学历教育和非学历在职培训教育，成人高等教育面向在职公安民警，至今已为我国公安系统培训侦查和刑事技术专业人员30000余人，其中脱产、半脱产培训11000余人，函授11120余人，自学考试毕业800余人。截至2010年，学院开办大学专科、本科、研究生三个教育层次，成人教育学习形式有脱产、半脱产、函授和自学考试。其中，正规学历教育有脱产大专班、本科班，函授专科、本科、专升本，自学考试专科、本科；非学历教育有属公安部调训计划的全国刑警总队长（刑侦局、处长）岗位培训班，全国县（市）公安局长、政委岗位培训班，全国刑警支（大）队长岗位培训班以及按专业方向招生的大专《专业证书》和专业岗位培训班。截至2010年，成人高等教育校内培训每年毕（结）业1400余人，校外培训毕（结）业400余人。该校每年由公安部向各省（直辖市、自治区）公安厅（局）下达招生计划。1985年学院在全国公安院校中首先开设高中起点专科函授，1995年开设高中起点本科函授，1998年又增设专科升本科函授教育，并在部分省（市、自治区）设有函授站，每年招收函授学员1400余人，截至2010年，建站23个，在籍函授学员4160余人。

此外，隶属于司法机关的院校，一般也担负着其隶属单位的领导干部培训和警官培训的任务，如中央司法警官学院是行业公认的全国司法行政系统后备人才培养基地、司法行政领导干部和高级警官培训基地。其建立初期，主要职能是培训全国监狱长和劳教所长。1985年，为适应监狱劳教干部教育经常化、正规化和制度化的要求，成立中央劳改劳教管理干部学院，开始成人高等教育。

从招生方式来看，短期培训的招生有两种方式：一种是由隶属的公安机关或司法机关下达培训计划；一种是由地方公安机关或司法机关与学校联系进行培训。这种招生不需要考试，只要具备相关资格即可。学历教育招生也分为两种方式，一种是需要考试方可入学，另一种则是不需考试，只要具备所需资格即可。如中国刑事警察学院，已具有国民教育系列大学专科以上学历的人民警察报考刑警学院，可凭毕业证书原件，报经学校或代办单位到省、自治区、直辖市及计划单列市教育行政部门办理资格审定和录取手续，免试入学，参加函授专科和脱产大专班学习，毕业时可获得第二个大学专科学历。

从招生对象上来说，如中国刑事警察学院，报考成人高等教育公安专业学习，必须是公安机关在职在编的人民警察，有良好的政治表现、思想觉悟和道德品质，并具备高中以上文化程度，经所在单位同意，且专业对口。其中，报考脱产学历班学习的，须具有2年以上工龄，年龄不低于21岁；报考函授学习的，工龄、年龄不限；报考大专《专业证书》班学习的，须具有2年以上工龄，年龄不低于30岁。报考专业证书班的，则需要是全国公安系统在职民警，检察院、法院、司法局的在职公务员以及军队（武警）保卫干部等。

二、就业状况

（一）就业去向[①]

随着近年来全国就业政策的调整和就业趋势的发展，警察院校中除了个别院校仍然具有定向培养、统一分配性质以外，如云南警官学院有专门面向少数民族地区的定向培养招生计划，大部分院校的学生就业也同普通高校一样都实行毕业双向选择、自主择业。由于警察院校本身人才培养、专业设置的特殊性和数量的有限性，总体来看就业形势较好，毕业生主要能够进入公安、边防、消防、警卫等机关或队伍工作，或进入地方各级司法行政机关和企事业单位工作，大部分院校近年来就业率始终保持在90%以上。

目前，完全实行按计划统一分配的院校主要是由公安部直属的中国人民武装警察部队学院、公安海警高等专科学校，两校毕业学员直接分配至各地边防、消防、警卫等单位，如公安海警高等专科学校就是由学校根据公安部边防局分配计划统一分配至全国各省边防部队工作。两校毕业学员在部队见习工作1年后，分别定为副连职武警中尉警官、正排职武警少尉警官。其中如边防船艇指挥专业毕业学员经过部队岗位见习锻炼，去各地海警支队担任船艇长或船艇枪帆长，船艇动力管理专业去各地海警支队担任船艇机电长，通信技术专业去各省边防总队各级部队从事通信技术工作或担任通信参谋等。

通过双向选择、自主择业的学生，主要毕业去向可以分为以下五类：一是全国各地公安系统中的警察；二是公安边防、消防或警卫部队的武警军官；三是监狱、劳教系统司法警察；四是司法行政部门的行政工作人员；五是其他企事业单位法律人才或者安保人员等。

事实上，虽然警察院校的培养目标是培养警察、司法警察等专业人才，但是大部分警察院校的毕业生毕业时并不能直接进入公安机关、司法机关等部门，这些毕业生在取得毕业证及学历证书以后，还必须根据国家和地方政府的相关政策规定参加公务员考试或边防、消防、警卫部队的考核，合格者方能录用为人民警察或警官。一般来讲录用比例较高，不少学校称能够达到

① 在职警察培训及在职警察学历教育不存在就业问题，故此处简要介绍各校全日制警察类专业学生的就业情况。

90%以上，如安徽公安职业学院在2009年招生简章中称“公安类专业学生毕业时，按照公务员考试录用的规定程序和人民警察录用条件、录用计划，根据省人事厅、公安厅组织的单列考试成绩和在校期间的综合素质量化考核成绩，按当年毕业生90%的比例择优录用为人民警察，并统一安排到县以下基层公安一线工作，未被录用的自主择业”。[①] 再如山东警察学院，2008年，毕业生1198名，其中本科毕业生613名，专科毕业生585名，共落实就业岗位1131个，占全体毕业生总数的95%，其中入警1086人，占91%，同时，入围中央国家机关招考公务员、进入省选调生考察、考取研究生的有86人（含重复人数41人）。[②]

（二）就业指导

近年来，就业形势日益严峻，警察院校均十分重视毕业生就业工作，利用与政法机关联系紧密的先天优势采取各种方式为学生收集就业信息，提供就业指导，联系就业岗位，拓宽就业渠道。综合各院校的情况，主要做了三个方面工作。

首先，设立就业指导机构。多数警察院校设立了就业指导办公室，建立了就业工作责任体系，形成了校长、院长亲自抓就业、教师全员参与解决就业、全过程指导就业、全方位实现就业、全校上下齐抓共管的良好局面，有效地提高了就业率。

第二，建立毕业生就业网站。网络信息化为毕业生就业工作提供了便利，因此，各警察院校纷纷建立毕业生就业需求信息库，开通网上就业渠道，采取实时发布招聘信息、组织专场招聘会等多种就业形式，通过网络为学生与就业单位搭起沟通的桥梁。据初步统计，该类院校中80%以上在校园网上建立了就业网站，但是，约过半的就业网站信息量仍然十分有限，有待于进一步完善与发展。

第三，加大对学生实务性、技能性以及复合型方向的培训与引导，努力开展教育改革。多数警察院校注重学生与职业的对接，注重学生职业技能培养，推行毕业证书与职业资格证书并重的“双证制”教育。如有的学院将计算机、英语、警体、汽车驾驶等专项技能作为实践性教学必修课，要求学生在毕业时取得毕业证外，还要同时取得计算机、外语等级证书，掌握汽车

① 参见安徽公安职业学院校园网。
② 参见山东警察学院校园网。

驾驶技术等，为就业提供便利，为毕业生适应警察职业奠定基础。①

第三节　教学培养

警察院校由于其教育对象的职业特殊性，其教学培养具有不同于普通院校的特色，主要体现在教学目的、专业设置、实验室等硬件设施建设方面。

一、教学目的

教学目的，是指学校开展教学活动对学生进行培养，使学生具备一定素质能力的目标。警察院校的教学目的显然是使毕业生具备从事警察或其他政法职业的能力。因此，警察院校的教学目的就是使毕业生或结业生（在职警察培训）具备以下素质能力。

（一）基本能力

警察院校的毕业生应主要具备以下基本能力：

一是政治鉴别能力。政治鉴别能力是指人们从政治上分清是非的能力，是对政治现象、政治事件、政治关系、政治形势等进行鉴别、分析、判断的能力。无论是公安机关还是司法机关，均是维护国家统治、社会秩序的国家机器，政治鉴别能力是其成员应具备的首要和基本能力，是一个人思想观念、理论知识、政治经验、立场、观点的综合能力的体现。

二是服务大众的能力。服务大众既是一种能力，也是一种意识和理念。全心全意为人民服务是党的宗旨，那么服务大众的能力就是指在执法或司法过程中具备服务人民群众的思想意识。

三是依法办事的能力。依法办事能力是指严格依照国家法律和党的政策开展行政执法工作、刑事司法工作的能力。依法办事的能力是现代行政、司法对国家公职人员的基本要求，依法执法和司法是依法治国的基本内涵，它主要有两个方面的内容：依法的理念和法律知识体系。它要求执法或司法者有法治理念、法律意识、证据意识，能够忠实地遵守宪法和法律，严格按照法定职责、权限和程序履行职责，准确运用法律办事、执行公务，准确执法或司法，公正执法或司法。

四是科学决策的能力。科学决策能力是指执法者或司法者在工作中能够

---

① 参见徐显明《中国法学教育状况（2007）》，中国政法大学出版社 2009 年版，第 173—174 页。

果断决策，科学合理地做出选择的能力。这种能力既是领导者所应具备的能力，也是一般执法者或司法者所应具备的能力，既是日常工作中所应具备的能力，也是突发事件中所应具备的能力。

五是心理调适能力。心理调适能力是指执法者或司法者在工作中面对挫折、压力时及时调整心态，保持健康良好的精神状态的能力。这种能力应是公务员必备的能力，警察或者是司法人员，其职业均是责任重、风险大、具有挑战性，甚至有可能流血牺牲的压力密集型、处于风口浪尖上的职业，良好的心理调适能力是应对职业挑战所必须具备的素质。

（二）专业素养

专业素养是指从事某种职业所应具备的基本专业技能。警察院校学生的专业素养应根据岗位不同、专业不同，其专业素养也便略有不同。

如刑事警察，应具备运用现代刑事科学技术侦查破案，打击犯罪，维护社会稳定，保护群众生命财产安全的能力。主要包括：一是具备基本刑事案件侦破能力，包括现场勘查、讯问、犯罪情报搜集、分析与综合运用等能力；二是具备运用先进刑事科学技术手段的能力，包括独立完成现场勘验工作的能力，完成现场文字笔录、绘图、摄影和摄像等能力，掌握现场痕迹发现、显现、提取、分析的技术和方法，运用互联网科技手段侦破案件等能力；三是具备擒敌格斗能力，包括擒拿格斗、射击、驾驶等技术能力。

再如治安警察，则应具备利用先进的管理手段维护社会治安，保障社会秩序的能力。主要包括：一是具备运用现代化信息技术手段进行人口管理的能力，包括户籍登记、人口信息查询、网上排查、识别犯罪嫌疑人、重点人口等；二是掌握治安秩序管理的方法和技能，包括掌握一般治安勤务技能，制定公共场所安全防范预案和群体性事件处置预案，掌握公共场所安全检查的一般方法等；三是掌握治安案件查处的一般方法，包括掌握治安案件的现场勘查、制作讯问或询问笔录及法律文书、做出处理结果等技巧；四是具备独立进行道路交通安全管理的能力。

此外，作为一名合格警察，还应具备一些共性的能力，如继续学习的能力、调查研究的能力、沟通协调的能力、用先进理念和意识解决人民内部矛盾的能力等等。①

---

① 王庆功、张宗亮、李传良：《战略视野中的中国警察高等教育》，中国人民公安大学出版社2008年版，第228—233页。

二、专业设置

（一）全日制教育专业设置

警察院校的专业设置一般与警察职业或政法工作息息相关，与法学专业有交叉有重合，即大部分专业系法学专业，如侦查学、治安学、公安情报学等，也有部分自然科学的专业，如刑事科学技术、交通管理等等。具体可见表13－5。

表13－5　隶属公安机关的警察院校本科主要专业设置情况一览表

学校名称	专业设置情况
中国人民公安大学	法学、治安学（分为治安学、公安法制学两个方向）、侦查学（分为刑事侦查、计算机犯罪侦查、经济犯罪侦查、国内安全保卫、禁毒学等方向）、刑事科学技术、安全防范工程、交通管理工程（分为交通运输、交通控制两个方向）、犯罪学、公安情报学、公安管理学、涉外警务
中国刑事警察学院	侦查学、公安情报学、治安学、经济犯罪侦查学、禁毒学、刑事科学技术、公安视听技术、信息安全、法医学
北京人民警察学院	刑事科学技术、侦查学、治安学、法学
江苏警官学院	侦查学、治安学、行政管理、刑事科学技术、计算机科学与技术、法学
浙江警察学院	侦查学、治安学、刑事科学技术、交通管理工程、法学、计算机科学与技术
福建警察学院	侦查学（含刑事侦查、国内安全保卫、禁毒学、警察指挥与战术四个专业方向）、经济犯罪侦查、刑事科学技术（含刑事科学技术、信息网络安全监察二个专业方向）、治安学（含治安管理、交通管理、公安管理三个专业方向）
山东警察学院	侦查学、治安学、刑事科学技术
湖北警官学院	侦查学、治安学、刑事科学技术、计算机科学与技术、信息安全、法学、公共事业管理、消防工程、治安学（警察临战方向）、信息安全（网络侦查方向）
广东警官学院	侦查学、治安学、经济犯罪侦查、刑事科学技术、法学
四川警察学院	法学、治安学、侦查学、社会学、公安管理、计算机科学与技术、刑事科学技术、交通管理工程
云南警官学院	法学、禁毒学、侦查学、经济犯罪侦查、治安学、刑事科学技术（含文件检验、痕迹检验二个方向）、计算机科学与技术（网络监察方向）、交通管理工程、公安情报学

从表13－5可见，隶属于公安机关的警察院校本科设置的主要特点：一是侦查学、治安学、法学、刑事科学技术四个专业是各院校中最常见的基本专业，而公安情报学也在部分院校设置。二是侦查学、治安学系上述警察学校必备专

业，并根据社会治安形势，延伸出多个方向，如侦查学延伸出经济犯罪侦查、计算机犯罪侦查、禁毒学、国内安全保卫等，治安学延伸出警察临战、公安管理、交通管理等方向。三是公安情报学虽是警察院校设置时间较短的专业，却发展极快。据笔者所知，中国人民公安大学的公安情报学设文理两科，其中文科系汉语言文学专业、公安文学专业演变而来，这种变化体现了警察院校为增强其就业优势，而在专业设置上有意识地凸显了警察职业特点。四是警察院校本科专业设置多数是法学专业，授予毕业生法学学士学位，如侦查学、治安学、法学、公安情报学、犯罪学等均为授予法学学士学位的专业。

专科警察院校一部分隶属于公安机关，一部分隶属于司法机关，这使得其专业设置不尽相同。为此，笔者抽取了部分院校进行一定比较。

表 13－6　部分隶属公安机关的警察院校专科主要专业设置情况一览表

学校名称	专业设置情况
北京人民警察学院	刑事侦查、治安管理、道路交通管理
江苏警官学院	侦查、安全保卫、治安管理、交通管理、防火管理
浙江警察学院	侦查、刑事技术、交通管理、治安管理、警察指挥与战术、警察管理、公共事务管理、法律文秘
山东警察学院	侦查、治安管理、刑事技术
湖北警官学院	刑事侦查、经济犯罪侦查、侦查技术、预审、安全保卫、治安管理、警察管理、交通管理、出入境管理、法律、计算机与信息管理、警察技能与战术
广东警官学院	侦查、治安管理、刑事技术、法律事务、法律文秘

隶属于公安机关的警察院校专科主要专业与本科相比，其核心专业仍然是侦查学、治安学，只是在名称、学制、具体培养计划上有所不同，如本科中称为“治安学”，而专科中却称为“治安管理”，本科的学制是四年，专科的学制却分为三年（针对高中毕业生）或五年（针对初中毕业生），专业中所设置的课程和具体课时更是有较大区别。此外，法律文秘成为专科中较常见的专业，这是本科中所没有的专业。

表 13－7　部分隶属司法机关的警察院校本、专科主要专业设置情况一览表

学校名称	专业设置情况
中央司法警官学院	法学、监狱学、侦查学（狱内侦查方向）、教育学（矫正教育方向）、信息管理与信息系统、行政管理（警察管理方向）

续表

学校名称	专业设置情况
福建警官职业学院	社会工作专业（社区矫正方向）、心理咨询专业、法律事务、刑事侦查技术、安全防范技术、涉毒人员矫治
山东司法警官学院	法律事务、法律文秘、司法警务、司法助理、司法信息技术、监狱管理、劳教管理、刑事执行、社区管理与服务
湖南司法警官职业学院	刑事执行、司法警务、罪犯心理测量与矫正技术、戒毒康复、法律事务、法律文秘、司法信息安全、电子政务、经济管理、社区管理与服务、安全防范技术、司法鉴定技术、刑事侦查技术
宁夏司法警官职业学院	法律文秘、经济法律事务、律师事务、刑事执行、书记官、社会工作者（法务方向）、司法信息、法律

隶属于司法机关的警察院校所设置的专业凸显政法机关特色，贴近检察机关、法院、司法机关（指司法部及各地厅、局单位等，其中包括律师行业）、监狱等职业特点。如果说隶属于公安机关的警察院校所设置的专业大同小异，比较统一，那么隶属于司法机关的警察院校所设置的专业却多有不同，各校根据自己的实力及生存状态等情况设置专业，没有任何一个专业是每个学校均设置的。由于这类学校除中央司法警官学院外，其他均是高职类院校，故其设置专业时，直接考虑其实用性，多数与法律事务有关，因此几乎全部属于法学教育的范畴。如法律文秘、律师事务、刑事执行、司法官、社会工作、司法警务、监狱管理、劳教管理等等。

隶属于公安部的武警现役院校，其专业特色更加明显，但由于公安海警高等专科学校的专业一般属于理科专业，笔者不再赘述，简单介绍一下中国人民武装警察学院的法学专业设置情况：硕士研究生有军事法学专业，学制三年；本科有边防管理等专业，学制四年。

此外，根据中国人民公安大学2010年招生简章，其博士研究生仅设一个诉讼法学专业，下设五个方向：刑事诉讼法学、刑事侦查学、物证技术学（药物毒物分析、法化学、计算机物证）。硕士研究生设：法学理论（法律学、比较法学方向）、宪法学与行政法学、刑法学（中国刑法学、经济刑法学、犯罪学方向）、民商法学（民法学方向）、诉讼法学（刑事诉讼法学、行政诉讼法学、侦查学、刑事科学技术等方向）、国际法学（国际公法方向）、社会学（犯罪社会学方向）、马克思主义中国化研究（中国化马克思主义与公安工作）、思想政治教育（公安思想政治教育工作方向）、应用心理学（警察心理学、犯罪心理及测试研究方向）、行政管理（公安管理学、治安学、公安情报学等方向）、法律硕士及军事教育训练学、法医学、交通运输规划与管理、交通信息工程及控制、安全技术及工程、计算机应用技术等专业。中国刑事警察学院2010年招收硕士研究生的专业为：刑法学（中国刑法学、犯罪学、犯罪训练学方向）、诉讼法学（刑事诉讼法学、行政诉讼法学、侦查学、经济犯罪侦查、物证技术学、禁毒学、公安情报学方向）、法律硕士及分析化学、计算机应用技术、法医学、军事教育训练学等。可见，警察院校的研究生主要侧重于刑事诉讼法、刑法学等法学专业的培养。

（二）在职警察培训及学历教育专业设置

在职警察培训及学历教育专业设置以全日制教育专业设置为基础，结合了在职警察自身的特点。在职警察培训的内容一般与培训主题有关，而学历教育专业设置则与全日制教育的专业设置类似。由于中国人民公安大学与中国刑事警察学院的办学特点具有示范性效应，笔者在介绍在职警察培训及学历教育时，一般均以此二所院校为例。

如中国公安大学，2009年成人招生所设专业为：专升本有法学和治安学专业，高中起点本科的有法学专业，函授专科有法学、法律文秘、交通管理、警察管理、行政管理、治安管理等专业，该校的成人高等教育有夜大学、函授等学习形式，为业余时间学习，实行自学为主，面授为辅的授课形式。

再如中国刑事警察学院的专业设置见表13-8。

表13-8　中国刑事警察学院在职警察培训专业设置

<table>
<tr><th>办学形式</th><th>层次</th><th>专业</th><th>学制</th><th>学位</th></tr>
<tr><td rowspan="5">脱产学历班</td><td rowspan="5">专业证书班</td><td>侦查学</td><td rowspan="5">一年</td><td rowspan="5"></td></tr>
<tr><td>痕迹检验</td></tr>
<tr><td>文件检验</td></tr>
<tr><td>公安图像技术</td></tr>
<tr><td>法医学</td></tr>
<tr><td rowspan="3">函授学历班</td><td>高起本</td><td>侦查学</td><td>五年</td><td>法学学士学位</td></tr>
<tr><td rowspan="2">专升本</td><td>侦查学</td><td rowspan="2">三年</td><td rowspan="2">法学学士学位</td></tr>
<tr><td>刑事科学技术</td></tr>
<tr><td>岗培班</td><td colspan="2">各类岗位培训</td><td>三个月</td><td></td></tr>
</table>

此外，中国人民武装警察部队，干部专升本、干部大专有法学等专业，

学制二年；战士大专学制三年，也设置了法学专业，同时，函授教育也开设法学本科专业和消防管理、边境管理专科专业。

三、实训性教学设施建设

警察院校具有鲜明的职业培养目标，实践性教学就显得十分重要，因此，各校纷纷加大投入，建设各类实验室和实训场地。对此，笔者抽取部分警察院校予以比较。

表13－9　部分隶属公安机关的警察院校实验室等设置建设情况一览表

学校名称	实验室等设施情况
中国人民公安大学	现有观摩大厅、综合指挥中心、计算机房、互动靶场、警训教室、模拟法庭、模拟剧场等主要训练场所，布置了86个模拟训练场景，包括商业、金融、文教、卫生、民居、客房、餐饮、娱乐等多种训练场景，并提供了8个多媒体教室作为理论教学和训练讲评场地。
中国刑事警察学院	现有装备现代化的查缉战术训练系统、刑事科学技术中心和法医中心等国内领先的实验室，配备了多波段光源、文件检验仪、语图仪、图像处理系统、扫描电子显微镜、气质联用仪、毛细管电泳仪和DNA分析系统等先进的高科技检测设备；有犯罪现场模拟教学中心、计算机广场、语音室、校园网以及电化教学中心。拥有现代化的图书馆、泅渡训练馆、田径体育场、室内射击场、机动车驾驶训练场及大型篮、排、网球综合训练场等。
北京人民警察学院	现有DNA检验、电感耦合等离子发射光谱、侦查语言识别、痕迹比对、刑事照相、心理测试、计算机犯罪侦查等实验室。
江苏警官学院	现有痕迹检验、法化学、刑事侦查等8个综合性实验室，射击馆、警体训练馆、警用驾驶训练场、技战术训练模拟街区、标准运动场等训练场馆。
浙江警察学院	现有警务实战教学训练基地、模拟犯罪现场、车辆驾驶训练场、射击训练馆等7个校内实训场所和DNA检测、扫描电镜、痕迹检验等34个基础、专业实验室。
福建警察学院	现有现代化的警体馆、射击馆、战术训练场、运动场、游泳池、交通管理训练基地等教学训练场馆，拥有基础实验室6个及数字化侦查、物证分析、痕迹检验、文件检验、法医、特种照相、警察自动化指挥等专业实验室15个。
山东警察学院	现有警用武器、痕检、文检、法医、刑事化验、刑事影像、现场勘查、防爆排爆、测谎等33个实验室。
四川警察学院	现有计算机应用实验室、心理学实验室、物理实验室、化学实验室、语音室等基础实验室5个；有现场勘查、毒品鉴定、审讯（测谎）、侦查信息技术、物证提取、物证录像、物证检验、法医检验、车辆结构与检测、交通安全与控制等专业实验室23个；有应用于警务技战术、基础体能与技能、警务驾驶、野外战术等实践教学的训练场5个。

表 13-10　部分隶属于司法机关的警察院校实验室建设情况一览表

学校名称	实验室等设施情况
中央司法警官学院	现有现代化的体育馆、警体训练馆和国内一流的室内射击馆，有总面积达71亩地的驾驶训练基地，建有现代监管技术实验中心、矫正环境拟真实验室、戒毒与康复技术实验室等20个现代化的实验室。
河北司法警官职业学院	现有微机室、电教室、语音室、刑事侦查实验室、模拟法庭、室内靶场、400米8跑道标准运动场。
黑龙江司法警官职业学院	现有刑侦实验室、财会模拟实验室、电子电工实验室、语音室、微机室、宽带网络技能训练房、模拟法庭、警体训练馆及现代化实弹射击训练馆等，设有省规模最大的汽车驾驶员培训学校。
河南司法警官职业学院	有标准跑道、足球场、排球场、车辆驾驶训练场；有汽车、枪械等完善、配套的警用训练器材；有计算机、语音、刑事照相、痕迹检验、心理咨询与测试、财会、模拟法庭等实验、实践场所。
湖南司法警官职业学院	有国家职业技能鉴定所、国家武术段位考试站、驾校、武术搏击俱乐部，设有刑侦暗室、模拟法庭、武术搏击俱乐部、驾校、计算机房、语音室等实训场所。
四川司法警官职业学院	拥有设施先进、功能完善的图书馆、语音室、多媒体教室、电子阅览室、模拟法庭、刑事技术专业实验室、安全防范专业实验室、射击场、警体馆等教学设施。
广东司法警官职业学院	现有标准运动场、训练场、室内警体馆、室内手枪靶场、标准篮球场、网球场、足球场、羽毛球场、健身房、乒乓球室等多个运动场地。有语音教学实验室2个、多媒体电教室2个、计算机室4个、教学平台1个、有33个教室可实行电视教学；刑侦实验室2个、模拟法庭2个、模拟预审室1个。

从表13-9、表13-10可见，隶属于公安机关的警察院校实验室主要贴近刑事侦查、警察体能训练等内容；隶属于司法机关的警察院校除建设有贴近刑事侦查、警察体能训练等内容的实验室及实践场所外，几乎均设置了模拟法庭，这取决于其所培养的对象。此外，中国人民武装警察部队学院也设有重点实验室——灭火救援技术实验室，这个实验室"是面向灭火救援技术研究领域的开放型实验室，是以消防部队的灭火救援实战需求为导向，以消防指挥学科建设和人才培养为牵引，系统开展灭火救援理论与应用、指挥与战术、技术与方法等方面的研究。是消防指挥学科教学和研究的技术平台，是消防指挥学研究生、本科生、高级指挥员等高科技人才的培养基地，是消防部队灭火救援技术服务和学术交流的中心。设有灭火救援技术基础、灭火救援指挥与现场处置技术、灭火指挥模拟训练技术和消防软科学等4个研究方向"。①

① 参见该校校园网。

先进的实验室是学科建设和科学研究的重要基地，是对学生进行综合素质教育的重要课堂，是学科建设水平的重要标志，由于警察及政法工作的社会实践性，实验室对于教学具有十分重要的意义。因此，应加快实验室建设步伐，使实验室建设朝着科学化、标准化、规范化目标发展，并建立健全实验室管理制度，培养实验室教师队伍。

第四节 课程设置

一、全日制教育一般课程设置

本节选取警察院校最常见的法学类专业，探讨其课程设置情况。这些专业是侦查学、治安学、法学、公安情报学、法律文秘、法律事务等。

（一）本、专科类课程设置

1. 侦查学专业

侦查学是警察院校中设置率最高的专业，是应用学科之一，它与警察职业特点密不可分。笔者抽取七所院校来分析侦查学本科、专科的课程设置情况。

表 13－11　四所警察院校侦查学专业本科课程设置情况

学校名称	培养目标	核心课程
中国人民公安大学	培养掌握马克思主义基本原理，具有良好的科学素质与人文素养、警察基本素质和技术技能，全面掌握侦查学基础理论、基本知识和基本技能，能够在公安机关等政法部门从事国内安全保卫、刑事侦查、经济犯罪侦查、技术侦察、禁毒等方面实际业务工作和教学、科研工作的应用型高级专门人才。侦查学专业下设刑事侦查、国内安全保卫、经济犯罪侦查、禁毒、技术侦察等 5 个专业方向。	社会学、宗教学、民族学、社会统计学、中外政治制度、C 语言程序设计、微机原理与接口技术、计算机组织与结构、数据结构、操作系统、编译原理与技术、计算机网络、数据库原理、公安信息系统分析与设计、信息网络安全技术与监察、计算机犯罪侦查与取证、情报学理论与方法、情报分析、信息与信息管理、侦查学、治安学、犯罪现场勘查、刑事案件侦查、侦查措施、侦查讯问、侦查程序、国内安全保卫学、专案侦察、国内安全保卫情报学、经济犯罪侦查总论、金融犯罪侦查、涉税犯罪侦查、走私犯罪侦查、司法会计、刑事科学技术等。

续表

学校名称	培养目标	核心课程
中央司法警官学院	培养具有坚定正确的政治方向，严格的组织纪律观念，良好的职业道德，有为维护国家安全、社会安定而献身的精神，熟悉我国监狱侦查工作的方针、政策和相关法律、法规，系统掌握侦查学专业的基本理论、基本知识和基本技能，能在监狱及相关部门从事侦查学教学、科研实践等方面工作的高级专门人才。	狱内侦查方向：法理学、宪法学、刑法学、刑事诉讼法学、行政学、行政诉讼法、治安学、监狱学、狱政管理学、犯罪学、犯罪心理学、侦查学、狱内侦查学概论、现场勘查、侦查情报学、狱内审讯学、痕迹学（手印、足迹、工具痕迹等）、文书检验、法医学、司法精神病学、司法化学、微量物证、刑事照相、监狱安全学、侦查心理学、司法会计、司法鉴定学、侦查文书等。
广东警官学院	培养德、智、体、美等全面发展，政治坚定、业务精通、作风优良、执法公正，具有良好的综合素质、扎实的专业基础、较强的实战能力，能在公安、检察、国家安全等部门，民航、铁路等企业公安部门从事案件侦查、刑事执法工作的高级专门人才。下设普通侦查学、毒品犯罪侦查、经济犯罪侦查方向。	公安学基础理论、刑法学、刑事诉讼法学、侦查学原理、侦查措施与策略、刑事案件侦查、经济犯罪侦查、刑事技术学、侦查讯问学、国内安全保卫学、治安管理学、禁毒学概论、毒品犯罪案件侦查、毒品检验、查缉情报、经济法学、经济犯罪侦查学总论、司法会计、金融犯罪案件侦查、商贸犯罪案件侦查、涉税犯罪案件侦查、会计资料勘验、文件检验学等。
山东警察学院	培养具有坚定的政治方向、严格的组织纪律观念和良好的职业道德，具有较为深厚的文化底蕴，熟知法律，了解犯罪基本规律，掌握刑事侦查基本理论和各项侦查技能，具有较强的研究、创新能力的专业应用人才。	侦查学总论、犯罪现场勘查、侦查措施与策略、刑事案件侦查、经济犯罪案件侦查、犯罪情报学、侦查讯问学、反恐对策等。

表 13－12　　三所警察院校侦查学专科课程设置情况

学校名称	培养目标	核心课程
南京森林警官高等专科学校	培养能适应刑事案件侦查工作需要的高等应用型人才。毕业生应掌握与本专业有关的法律、法规；掌握刑事侦查工作的基本理论、基本知识和基本技能；具有侦破各种刑事案件的能力；掌握射击、擒拿格斗、驾驶、攀登、查缉等警务技能。	主要课程有：刑法学、刑事诉讼法学、森林概论、犯罪学、证据学、侦查学总论、现场勘查、刑事技术、侦查措施与谋略、侦查讯问、查缉战术等。
河北公安警察职业学院	培养具有侦查工作的基本理论、基本知识和基本技能，全面掌握侦查工作的程序、措施、手段和方法，能在侦查工作中侦破一般案件和部分重特大案件的高等专门人才。	计算机应用、英语、犯罪心理学、擒拿、散打、射击、现场勘查、侦查措施与手段、案件侦查、案件审理、国家安全保卫、刑事技术。

续表

学校名称	培养目标	核心课程
江西公安专科学校	培养从事刑事侦查和刑事执法等方面工作的实用型人才。	侦查原理、侦查程序、犯罪现场勘查、侦查措施与策略、经济犯罪侦查、毒品犯罪侦查、专案侦查、犯罪情报、国内安全保卫、预审、刑法、刑事诉讼法、警察体育、警察查缉战术。

侦查专业本、专科类核心课程，各院校设置不尽相同，这是由各自培养对象不同和教学实力决定的，其中共通的课程主要是犯罪现场勘查、刑法、刑事诉讼法、侦查程序等课程。随着市场经济的发展，经济犯罪侦查课程已成为发展极快的学科，多数院校已设置此课程作为核心课程，而计算机犯罪侦查课程也在快速兴起，已有部分警察院校加大力量进行研究并投入教学。

2. 治安学（治安管理）专业

治安学主要培养在警察队伍中从事治安管理工作的应用型人才，也是警察院校中设置极高的专业之一。笔者抽取七所警察院校治安学专业的本、专科课程设置进行分析。

表13－13　　部分警察院校治安学专业本科课程设置情况

学校名称	培养目标	核心课程
中国人民公安大学	培养具有良好的科学素质、人文素质与警察基本素质，既有较强的执法能力和社会治安管理水平，又有强烈的公共服务意识，全面掌握法学与治安学的基础理论和基本知识，掌握从事公安工作的基本技能，适应公安工作需要的应用型公安高级专门人才。治安学专业下设治安学与公安法制两个专业方向。	治安学方向：治安学总论、治安案件查处、治安秩序管理、危险物品管理、公共安全危机管理、社区警务、公安人口管理、治安防控、保卫学等。 公安法制方向：法理学、中国法制史、宪法学、刑法学、刑事诉讼法学、行政法与行政诉讼法学、民法学、民事诉讼法学、商法学、国际法、国际经济法学、警察法学、犯罪学、刑事侦查学、治安管理学等。
北京人民警察学院	培养具有坚定正确的政治方向、掌握大专文化知识和治安专业基本理论、基本技能、严格执法的治安管理专门人才。	政治理论、法律、外语、计算机、社会学、公安学、犯罪学、治安管理基础理论、人口管理、危险物品管理、涉外警务、公共秩序管理、内保工作、社区安全防范、警卫工作、防火管理、交通管理、群体性治安事件处置、刑事案件侦查、治安案件查处、警体等课程。

续表

学校名称	培养目标	核心课程
浙江警察学院	培养具有良好的政治素质、法律素质、业务素质、人文素质、身体素质、心理素质，掌握警务实战技能，具有严明的纪律作风和良好的职业道德，系统掌握治安学专业必需的基础理论、基本知识和基本技能，具有较强的实践能力和创新能力，能在公安系统及相关部门从事治安行政管理工作、预防和控制违法犯罪以及治安学教学、科研等方面工作的高级专门人才。	行政管理学、公安行政法学、擒敌、射击、查缉战术、汽车驾驶、治安管理学、治安秩序管理、户政与人口管理、公共安全危机管理、危险物品管理、保卫学、治安案件查处、治安情报信息等。
山东警察学院	培养掌握马克思主义基本原理，具有良好的科学素质、人文素养和技术技能，全面系统掌握治安学基本理论、基础知识和基本技能，能在公安机关从事治安管理、安全保卫、交通管理、涉外警务，以及在边防、消防、警卫等部门从事相关工作的专业应用人才。	治安学基础理论、治安秩序管理、治安案件调查与处理、社区警务、涉外警务、消防管理学、警卫学、道路交通管理等。

表 13－14　　部分警察院校治安管理专业专科课程设置情况

学校名称	培养目标	核心课程
河北公安警官职业学院	培养具有治安管理工作的基本理论、基本知识和基本技能，能在治安管理工作中从事公安基层基础工作、处理各种治安案件、治安事件、治安灾害事故和管理危险物品、场所和行业、道路交通安全等工作的高等专门人才。	计算机应用、英语、擒拿、散打、射击、治安管理基础理论、道路交通管理、危险物品管理、场所和行业管理、户政管理、出入境管理、治安信息、社区警务、安防应用技术、案件查处、巡警防暴。
南京森林警官高等专科学校	培养能适应治安管理工作需要的高等应用型人才。毕业生应掌握与本专业有关的法律、法规；掌握治安管理工作的基本理论、基本知识和基本技能；具有处理治安案件、林政案件、林区突发事件及一般治安问题的能力；掌握射击、擒拿斗、驾驶、攀登、查缉等警务技能。	刑事诉讼法学、民法学、森林公安行政执法概论、社会学、犯罪心理学、治安管理基础理论、户政管理、治安案件查处、警察体育等。
吉林公安高等专科学校	培养公安机关从事治安管理工作的应用型人才，通过学习，使学生掌握公安工作路线、方针和政策，掌握治安管理的基本理论、基本知识、基本技能，具有处理各种治安案件、治安事件、适应公安基层基础工作及较快适应相邻专业业务工作的基本素质。	刑法、刑事诉讼法、行政法、犯罪心理学、设计、擒拿格斗、查缉战术、公安应用写作、刑事侦查学、刑事技术、预审学、治安秩序管理、户政管理、治安基层基础、治安案件查处。

治安学或者说治安管理贴近于日常社会生活，共通的主要是户政管理、

治安案件管理、治安学基层理论，其不同的在于有些学校设置了交通管理、消防管理等跨学科的课程，以便于基层警察掌握更多的专业知识，在执法过程中及时发现问题、解决问题。

3. 法学、公安情报学专业

法学、公安情报学专业一般系本科专业，其中隶属公安机关的法学多为公安法制方向，而隶属司法机关的法学则主要是法学的基础教育（表13－15）。

表13－15　法学专业课程设置情况

学校名称	培养目标	核心课程
中央司法警官学院	培养系统掌握各种法律知识，能在国家机关、立法机关、检察机关、审判机关、司法行政机关和法律服务机构从事法律工作的高级专门人才。	法学基础理论、宪法学、刑法学、刑事诉讼法、民法学、民事诉讼法学、经济法学、行政法学、侦查学、法律文书、律师实务、国际公法、国际私法、中国法制史、外国法制史、犯罪学、犯罪心理学、警察学、监狱学概论、擒拿技术、射击技术、驾驶技术等。
浙江警察学院	培养具有社会主义法治理念，系统掌握法学专业基础理论和基本知识，熟悉公安法律和相关政策，掌握法学专业必要的基本技能、方法和相关知识，具有从事公安法制实务和理论研究工作的初步能力，能在国家机关，特别是在公安机关和法律服务机关从事法律工作的高级应用人才。	公安法制方向：法理学、宪法学、法制史、刑事侦查学概论、刑事技术总论、治安管理学概论、法律文书、法律逻辑、刑法学、刑事诉讼法学、证据法学、民法学、民事诉讼法学、行政法与行政诉讼法学、经济法学（含商法）、国际法学、公安执法实务研判等。

情报学是研究情报的产生、传递、利用规律和用现代化信息技术与手段使情报流通过程、情报系统保持最佳效能状态的一门科学。它使人们正确认识情报自身及其传播规律，充分利用信息技术和手段，提高情报产生、加工、贮存、流通、利用的效率。现代公安教育中，公安情报学是一门新兴的分支学科。由于公安情报工作活动的特殊性，而形成了本学科独特的结构特征和发展路径。有学者认为，公安情报学是研究公安情报的产生、传递、存贮、检索、分析、利用的活动规律，以及用现代化信息技术和手段，使公安情报流通过程、情报系统保持最佳效能状态的一门应用学科，属于新兴的、综合性交叉学科，与情报学、法学、信息科学、计算机科学、统计学、指挥学、决策学、控制论、语言学等诸多学科关系密切，其价值取向主要是为了指导和解决公安情报工作实际问题，本质上属于应用情报学范畴。① 2005

① 张平：《公安情报学学科建设思考》，《江苏警官学院学报》2005年第4期，第146—148页。

年，中国人民公安大学率先成立公安情报系，设置公安情报专业，该专业培养具备扎实的公安情报学理论基础，掌握情报收集、处理、分析和管理的方法与技术，具备使用现代信息技术开展公安情报活动的能力，能在公安机关从事公安情报收集、分析、研判和应用的应用型高级专门人才。招生时文理兼收，学制4年，授予法学学士学位。主要课程有：公安情报学、公安情报资源管理、公安情报管理信息系统、公安情报技术、公安情报分析、公安情报言语破译、公安情报保密与安全等。

4. 法律文秘与法律事务专业

法律文秘、法律事务也是警察院校，尤其是隶属于司法机关的专科、高职类院校所设置的专业，具有极强的实用性。严格来说，这两个专业没有太多警察教育特色，所从事的也多数是司法机关或律师事务所等单位的辅助工作。如山东司法警官职业学院，法律事务专业为司法机关、行政机关及其他用人单位输送熟练掌握法律基本原理、具有创新意识和运用法学理论与法律知识分析问题、解决问题基本能力的应用型高等法律职业人才。主要基础课和专业课：法律原理与技术、中国宪法、民法原理与实务、刑法原理与实务、行政法原理与实务、诉讼法原理与实务、法律文书写作、法律助理工作概论、律师公证制度与实务、司法鉴定、证据学、擒敌拳、汽车驾驶技能等。法律文秘专业主要培养适应我国法治建设、法制宣传以及依法行政需要的，具有良好敬业精神和职业道德，具备一定法学理论知识和职业能力，德、智、体、美全面发展的，能在司法部门、基层司法行政部门和企事业单位从事文秘、助理等工作的应用型专门人才。主要基础课和专业课：法律原理与技术、中国宪法、民法原理与实务、刑法原理与实务、行政法原理与实务、诉讼法原理与实务、法律文书写作、中英文录入技术、社交礼仪、法庭辩论、应用口才训练、汽车驾驶培训等。

再如湖南司法警官职业学院，通过法律文秘专业系统学习，使学生掌握有关法律文秘工作的基本理论和基本知识，具备将所学知识运用于政法文秘工作的各种能力，培养德、智、体全面发展、能够从事政法机关和企事业单位文秘工作的应用型人才。主要专业课：刑事法律制度、民事法律制度、秘书原理与务实、公关关系原理与务实、法律文书写作与训练、诉讼原理与实务、秘书写作、办公自动化、速录训练、档案管理等。通过法律事务专业系统的学习，使学生掌握法律实务基础理论、基本技能，具备将所学知识运用于司法实践的各种能力，为司法行政、法院、检察院、公安等政法机关和律师事务所、企业单位和居民社区培养具有一定的法学理论知识和实践能力的应用型法律职业人才。主要专业课：法理学、宪法、民法原理与实务、刑法原理与实务、经济法原理与实务、行政诉讼原理与实务、刑事诉讼原理与实务、民事诉讼原理与实务、法律文书写作与训练、犯罪心理学、擒拿、速记、计算机应用等。

（二）研究生课程设置

由于具有法学专业研究生培养资格的仅有两所警察院校：中国人民公安大学、中国刑事警察学院，在此仅介绍中国人民公安大学、中国刑事警察学院的研究生课程设置情况。

1. 硕士研究生课程设置

中国人民公安大学法学类硕士研究生专业主要有：刑法学、诉讼法学、行政管理学等。具体情况见表 13－16。

表 13－16　　中国人民公安大学硕士研究生专业课程设置情况

专业名称	课程名称
刑法学	公共学位课：基础外语、马克思经典著作选读、科学社会主义的理论与实践、专业外语、计算机信息检索； 专业学科基础课：犯罪学、刑法总论； 非学位课：刑法学方向：刑法各论、外国刑法学、中国刑法史；犯罪学方向：犯罪社会学、现代西方犯罪学、被害人学； 选修课：西方法哲学、证据学、律师学等 21 科课程； 其他必修环节：教学实践、学术活动等 8 科课程。
诉讼法学	公共学位课：基础外语、马克思经典著作选读、科学社会主义的理论与实践、专业外语、计算机信息检索； 专业学科基础课：诉讼法学、证据学； 非学位课：刑事侦查学方向：侦查学基础理论、犯罪现场勘查的理论与实践、刑事案件侦查；行政诉讼法学方向：宪法学、行政诉讼法学、行政法学；刑事诉讼法学方向：刑事诉讼法学专题研究、外国刑事诉讼法学、刑事证据学专题； 选修课：宪法学、行政诉讼法学、行政法学等 40 余科课程； 其他必修环节：教学实践、学术活动等 8 科课程。
行政管理	公共学位课：基础外语、马克思经典著作选读、科学社会主义的理论与实践、专业外语、计算机信息检索； 专业学科基础课：公共管理学、政治学； 非学位课：警察行政管理学方向：管理理论研究、人力资源开发与管理、定量分析方法；比较警察方向：比较警察专题研究、中国公安工作专题研究、世界警察专题研究；涉外警务方向：涉外警务研究专题、警察执法与人权保护、国际警务概论；安全管理方向：安全管理比较研究、安全防范系统、安全防范学；治安管理方向：安全管理比较研究、社区警务比较研究、治安基础理论研究； 选修课：公共政策研究、组织理论、决策理论研究等 40 余科课程； 其他必修环节：教学实践、学术活动等 8 科课程。

中国刑事警察学院法学类硕士研究生专业主要是诉讼法学专业和刑法学

专业。其中，诉讼法学专业硕士点于1999年开始招生，下设7个研究方向，即刑事诉讼法学、行政诉讼法学、侦查学、物证技术学、经济犯罪侦查、禁毒学、计算机犯罪侦查等，主要培养具有坚实的理论基础并有分析和解决实际问题能力的应用与研究复合型专业人才。刑事诉讼法学方向主要研究刑事诉讼法律规范、刑事诉讼基本规律及刑事诉讼基本原理，各项刑事诉讼制度、刑事司法体制和刑事诉讼程序；行政诉讼法学方向主要研究行政诉讼前沿理论与实务问题，如行政诉讼与民事诉讼、刑事诉讼不同的诉讼原则、受案范围、管辖规定、证据规则、审理程序等内容；侦查学方向是研究侦查活动基本规律的学科，包括侦查基础理论和应用技术等内容，培养目标是使学生掌握关于侦查工作的法律、法规和刑事执法、侦查破案的一般方法；经济犯罪侦查方向主要研究经济犯罪的规律、特点，经济犯罪侦查基本理论，经济犯罪侦查的一般程序及方法，经济犯罪的预防与控制等内容；计算机犯罪侦查方向主要培养具有扎实的理论基础和综合运用计算机犯罪侦查、电子数据取证、信息网络安全技术等知识的复合型人才；物证技术学方向的研究对象是与犯罪有关的各种物证，包括痕迹检验、文件检验和图像技术三个方面；禁毒学方向以服从公安禁毒实践为宗旨，以侦查学和法医法化学为依托，主要研究缉毒、戒毒、毒品检验和毒品预防等内容。开设的主要课程有刑事诉讼法学、刑事侦查学、证据学、犯罪学、物证技术学、侦查措施等。

刑法学专业硕士点于2002年开始招生，下设中国刑法学、犯罪学、犯罪心理学三个研究方向。主要培养具有坚实的法学理论基础和系统的刑法学专业知识，熟悉我国刑事立法和司法实际，有较强的运用刑法学理论分析、解决实际问题的能力，能够运用刑事一体化研究方法对中国刑法学、犯罪学、犯罪心理学进行学术研究的专门人才。中国刑法学方向主要研究关于犯罪与刑罚的基本原则、基本制度、基本概念以及犯罪成立的构成条件和各种具体犯罪的构成要件以及罪与非罪、此罪与彼罪、重罪与轻罪的界限；犯罪学方向主要研究犯罪现象的本质及其产生、发展、演变的一般规律和犯罪成因、防治犯罪的基本对策等；犯罪心理学方向的培养目标是能够熟练掌握犯罪心理学知识和原理，解决公安实践问题的高层次应用型人才。开设的课程主要有中国刑法总论、中国刑法各论、外国刑法、犯罪学、比较犯罪学、犯罪心理学、警察心理学等课程。

2. 博士研究生课程设置

中国人民公安大学博士研究生专业分为刑事诉讼法学方向和刑事侦查学方向，课程设置情况如下：

表 13－17　　刑事诉讼法学研究方向博士学位研究生培养计划

课程类型	课程名称	学时	学分
公共学位课	马克思主义理论课	54	3
	英语课	120	4
必修课	刑事诉讼法	68	4
	外国刑事诉讼	42	3
	刑事证据学	42	3
选修课	中国法律史学	36	2
其他必修环节	学术活动		1
	文献综述与开题报告		1
	教学实践		
	社会实践		

表 13－18　　刑事侦查学研究方向博士学位研究生培养计划

课程类型	课程名称	学时	学分
公共学位课	马克思主义理论课	54	3
	英语课	120	4
必修课	刑事诉讼法学	68	4
	侦查学	68	4
	比较侦查学	42	3
选修课	刑事证据学	42	3
其他必修环节	学术活动		1
	文献综述与开题报告		1
	教学实践		
	社会实践		

二、实训课程设置

何谓警务实训课程？中国人民公安大学的解释是：警务实战训练以公安实战工作要求为导向，以本科培养目标为基准，以全面提高学生的警务实战能力为目的，以警务实战训练馆和实训街区为基地，围绕完善训练科目体系、更新训练内容和改革训练方法与手段，探索并建立面向公安实战工作的基础训练与专业训练相结合的教学模式。具体包括以下四个方面的内容：一是警务实战训练内容体系：依据2005年本科培养方案，确定了适用于47门本科课程的80个警务实训（模拟教学）科目，制定了公安大学警务实训科目大纲。二是警务实战训练方法和手段体系：在模拟实战的条件下，理论教学法和操作训练法相结合，有效地开展警务实战训练活动。三是警务实战训练教师队伍：以校内教师为主体，专职教师和外聘教官相结合，逐步建设一支教学、科研、办案一体化的警务实战训练师资队伍。四是警务实战训练保障体系：以确保警务实战训练教学效果为目标，有效地开展实训教学管理、实战训练教材建设、训练系统开发与运行等项工作。

由于中国人民公安大学的课程设置向来受到各警察院校的效仿和学习，故笔者抽取该校与法学专业有关的部分实训课程大纲情况进行介绍。

（一）刑事案件审判实训科目大纲

实训科目：刑事案件审判。

理论教学课程：刑法学Ⅱ。

实训教学时数：6学时。

适用专业（方向）及时间安排：法学专业，第四学期。

教学内容：刑事案件审判，6学时。

目的与要求：通过刑事案件模拟审判，使学生熟悉刑事案件审判的具体实务和基本技能，尤其是法庭调查与法庭辩论的开展，了解和掌握司法实践中常见罪名的特征、罪与非罪的界限，相似犯罪之间的区别，促进刑法理论和刑事实务的紧密结合。要求学员认真进行演练，并在模拟演练中寻找问题，解决问题，培养实战能力。

内容安排：主要模拟法庭调查与法庭辩论；对案件所涉罪名的特征、证据认定、相似罪名的区别要点进行讲评和总结。

训练场地：警务战术实训馆三层模拟法庭。

教学条件：法庭所有必备设施：控辩审和旁听席的法庭办公设施；法官、法警、检察官和辩护律师、被告人等诉讼参与人服装；举证尤其是视听资料举证的各种电脑、音响设备；手铐等戒具；模拟录像和诉讼案例材料的准备。

（二）法庭审判模拟演练实训科目大纲

实训科目：法庭审判模拟演练。

理论教学课程：刑事诉讼法学C。

实训教学时数：8 学时。

适用专业（方向）及时间安排：法学专业，第四学期。

教学内容：法庭审判模拟演练，8 学时。

目标要求：在讲解和针对性训练后，进行开庭、法庭调查、法庭辩论、被告人最后陈述、评议和宣判的连续模拟。

内容安排：模拟刑事案件法庭审判程序；进行讲评和总结。

训练场地：警务战术实训馆三层模拟法庭。

教学条件：法庭所有必备设施：控辩审和旁听席的法庭办公设施；法官、法警、检察官和辩护律师、被告人等诉讼参与人服装；举证尤其是视听资料举证的各种电脑、音响设备；手铐等戒具；模拟录像和诉讼案例材料的准备。

（三）民事案件一审开庭程序模拟演练实训科目大纲

实训科目：民事案件一审开庭程序模拟演练。

理论教学课程：民法学Ⅱ。

实训教学时数：6 学时。

适用专业（方向）及时间安排：法学专业，第四学期。

教学内容：民事案件一审法庭实战模拟演练，6 学时。

目标要求：在旁听、讲解针对性训练后，准确进行开庭、法庭调查、法庭辩论、调解、当事人最后陈述、评议和宣判等连续的模拟实战。

内容安排：模拟实战准备的民事案件；查找不足进行讲评和总结。

教学组织形式：小组。

训练场地：警务战术实训馆三层模拟法庭。

教学条件：法庭所有必备设施；法官、法警、诉讼代理人等诉讼参与人服装；举证尤其是视听资料举证的各种音响和投影设备；手铐等戒具；模拟录像和诉讼案例材料的准备。

（四）模拟听证实训科目大纲

实训科目：模拟听证。

理论教学课程：行政法与行政诉讼法学 B。

实训教学时数：4 学时。

适用专业（方向）及时间安排：法学专业，第六学期。

教学内容：模拟听证，4 学时。

目标与要求：培养学生将听证理论与规范综合运用于公安行政执法工作的能力，熟悉听证的内容、程序和要求，强化法律思维能力和执法为民的理念。

教学组织形式：区队/多区队。

教学场地：警务战术实训馆三层模拟法庭。

教学条件：模拟法庭的设施，主持人、申请人、被申请人、代理人等标牌。

（五）行政案件一审庭审模拟演练实训科目大纲

实训科目：行政案件一审庭审模拟演练。

理论教学课程：行政法与行政诉讼法学 B。

实训教学时数：4 学时。

适用专业（方向）及时间安排：法学专业，第六学期。

教学内容：行政案件一审庭审模拟演练，4 学时。

目标与要求：熟练掌握庭审程序，准确地进行开庭准备、法庭调查、法庭辩论、当事人最后陈述、评议和宣判；掌握行政行为和公安行政执法行为合法与否的认定标准；掌握公安机关在诉讼中的抗辩方法，积累诉讼抗辩经验。

教学组织形式：区队/多区队。

教学场地：警务战术实训馆三层模拟法庭。

教学条件：法庭所有必备设施；法官、律师等人的服装；庭审所需的音响和投影设备；模拟录像和诉讼案例的材料准备。

（六）纠纷调解实训科目大纲

实训科目：纠纷调解。

理论教学课程：社区警务。

实训教学时数：4 学时。

适用专业（方向）及时间安排：治安学专业，第六学期。

教学内容：模拟家庭财产纠纷调解的要领和技巧，4 学时。

目标与要求：培养学生把握纠纷调解的要领和操作程序，当堂纠正不正确的调解方法。

教学组织形式：小组。

教学场地：警务战术实训馆、警务战术实训街区内的家庭环境。

教学条件：简单家居如桌椅、板凳等道具。

（七）治安管理处罚的听证会实训科目大纲

实训科目：治安管理处罚的听证会。

理论教学课程：治安案件查处 B。

实训教学时数：1 学时。

适用专业（方向）及时间安排：治安学专业，第七学期。

教学内容：模拟听证会。

目标与要求：通过组织模拟听证会，使学生全面了解治安听证的内容和程序步骤。

教学组织形式：由学生扮演各种角色及旁听，分期进行。

教学场地：模拟听证室。

教学条件：听证室内的规范性桌椅、听证笔录纸。

（八）犯罪嫌疑人的处置程序实训科目大纲

实训科目：犯罪嫌疑人的处置程序。

理论教学课程：侦查程序。

实训教学时数：3 学时。

适用专业（方向）及时间安排：侦查学专业技术侦察方向、计算机犯罪侦查方向，第五学期；侦查学专业国内安全保卫方向、刑事侦查方向、禁毒学方向，第六学期；经济犯罪侦查方向，第七学期。

教学内容 1：搜身，0.5 学时。

目标与要求：通过对犯罪嫌疑人搜身，使学生了解人身搜查的步骤，掌握搜身的常用方法。按人身搜查的规范要求进行。

教学组织形式：小组。

教学场地：警务战术实训街区政务大楼二层。

教学条件：办公桌椅、储物袋、铁皮保险柜、登记簿。

教学内容 2：照相，0.5 学时。

目标与要求：通过对犯罪嫌疑人拍照，使学生了解和掌握嫌疑人面貌和身高特征的照相方法。按照相的操作规程进行。

教学组织形式：小组。

教学场地：警务战术实训街区政务大楼二层。

教学条件：数码照相机、三脚架、照明设备、标牌、标尺。

教学内容 3：指纹采集，0.5 课时。

目标与要求：通过对犯罪嫌疑人十指指纹和掌纹的活体采集以及捺印，掌握实际操作程序及方法。

教学组织形式：小组。

教学场地：警务战术实训街区政务大楼二层。

教学条件：电脑、活体指纹采集仪、捺印盒、指纹卡片，办公桌椅。

教学内容 4：生物物证采集，0.5 课时。

目标与要求：通过对犯罪嫌疑人生物样本的采集，使学生了解采集的步骤、方法。按操作规程进行。

教学组织形式：小组。

教学场地：警务战术实训街区政务大楼二层。

教学条件：法医勘验箱、标本瓶、样本袋、样品柜、办公桌椅。

教学内容5：权利告知、宣布拘留，0.5学时。

目标与要求：通过模拟谈话、权利告知，使学生了解、掌握谈话方法、步骤。按规范程序进行。

教学组织形式：小组。

教学场地：警务战术实训街区政务大楼二层。

教学条件：办公桌椅等。

教学内容：询问知情人，0.5学时（与照相、采集指纹同步进行）。

目标与要求：通过模拟询问，使学生了解询问程序，掌握询问方法。按规范程序进行。

教学组织形式：小组。

教学场地：警务战术实训街区政务大楼二层。

教学条件：桌、椅、沙发等。

三、在职警察继续教育课程设置

前文已提及，在职警察继续教育包括岗位培训、学历教育、专业证书等种类。

（一）学历教育课程设置

以中国人民公安大学的函授和夜大两种教学方式的课程设置为例。函授主要有法学（高中起点的本科、专科升本科、专科三种）、公安文秘、交通管理、警察管理、治安管理、行政管理专业。夜大主要是法学专业，其中有高中起点的本科和专科。其中高中起点的法学本科学历教育主要课程22科，核心专业课程分别是：法理学、宪法学、中国法律制度史、民法学、民事诉讼法学、商法学、婚姻法学、知识产权法学、经济法学、刑法学、刑事诉讼法学、行政法与行政诉讼法学、国际法学、国际私法学、国际经济法学；专科升本科的法学本科学历教育主要课程12科，核心专业课程分别是：外国法律制度史、商法学、知识产权法学、国际法学、国际经济法学、中国法律思想史、国际私法学等；法学专科主要课程12科，核心专业课程分别是：法理学、宪法学、民法学、民事诉讼法学、刑法学、刑事诉讼法学、行政法与行政诉讼法学、婚姻法学等；公安文秘主要课程12科，核心专业课程分别是：法学概论 、现代汉语 、写作基础 、古代汉语 、古代文学选讲、公安文书学、现当代文学选讲、公安秘书学、公安语用学、公安管理学等；治安管理专科主要课程12科，核心专业课程分别是：公安秘书学、刑法学、刑事诉讼学、法学、刑事侦察学、社区警务、治安管理学、道路交通管理、危险物品管理、出入境管理、治安案件查处等；警察管理专科主要课程12科，核心专业课程分别是：公安秘书学 、刑法学 、刑事诉讼法学、刑事侦察学 、警察伦理学、犯罪学、公安管理基础 、公安信息学 、警察关系学 、公安人力资源开发与管理等；行政管理本科主要课程也是21科，核心专业课程分别是：法学概论、犯罪学、行政法与行政诉讼法学、公安秘书学、刑事侦察学、组织行为学、公共政策分析、治安管理学、行政管理学、公安人力资源开发与管理、警察公共关系学、公安决策学、公安信息系统与信息管理、公共财政、领导科学等。

（二）专业课程班课程设置

“专业证书”教育是国务院确定的成人教育三种证书制度之一。是用人单位根据工作岗位需要，为使有关专业人员达到上岗任职要求的专业知识水平，进行专业知识教育的一种证书制度。以中国刑事警察学院2010年上半年所准备招生的专业课程班为例，其专业主要有8种，具体课程见表13－19。

表13－19 中国刑事警察学院2010年度专业课程班课程设置情况

专业	课 程
刑事侦查	犯罪现场勘查、刑事案件侦查、侦查措施、犯罪情报学、预审学、侦查学总论等。痕检专业证书班：手印学、足迹学、枪弹痕迹学、工具痕迹学、特殊痕迹检验、爆炸痕迹检验等。
文件检验	言语识别、印刷文件检验、笔迹检验、污损文检检验、文检材料分析等。
公安图像	摄影基础、现场摄影、物证检验摄影、辨认摄影、视听资料检验、刑事录像等。
法医学	法医病理学、法医物证学、法医临床学、法医毒理学、法医人类学、命案现场勘查与分析等。
经济侦查	经侦总论、会计资料勘查、金融犯罪侦查、涉税犯罪侦查、商贸犯罪侦查、民商法等。
治安学	治安管理学、治安概论、治安基层基础概论、治安案件查处、治安部门管辖刑事案件侦查、治安法规、公安学等。
禁毒	禁毒案件侦查、禁毒战略、禁毒法、毒品化学、戒毒学等。
痕迹检验	痕检专业证书班：手印学、足迹学、枪弹痕迹学、工具痕迹学、特殊痕迹检验、爆炸痕迹检验等。

第五节　师资队伍

师资队伍建设是高校工作永恒的主题，是最重要的一项基本建设，没有一流的师资队伍，就不可能成为一流的学府，警察院校也不例外。随着近年来全国法学教育发展，法学院校数量激增，法学招生规模持续扩大，法学教育的师资力量总体呈现出一种较紧张态势，这对于警察院校来说，除了少数警察院校师资力量较雄厚外，其余相当一部分院校师资力量比较薄弱。

一、本科类警察院校师资队伍

本科类警察院校的师资队伍相对于专科类的警察院校师资队伍来说，是较为雄厚的。具体见表13－20。①

表13－20　本科类警察院校师资情况

学校名称	教学科研人员总数	副教授以上人数
中国人民公安大学	600余	340余
中央司法警官学院	314	145
中国刑事警察学院	712（教职工数）	172
中国人民武装警察部队学院		223
北京人民警察学院	244	81
江苏警官学院	402	149
浙江警察学院		135
福建警察学院	283	111
山东警察学院	414	164
湖北警官学院	541（教职工数）	120
广东警官学院	297	113
四川警察学院	306	124
云南警官学院	294	166

此外，上述院校还聘请了来自实务部门的兼职教师多名，以增强其实训

① 以上数据中，由于各校园网更新速度的原因，有些数据可能会存在一定滞后性，只能反映总体概况。同时，凡注明教职工数的院校，目前尚未找到专职教师的数据。

课程的职业性。从表 13－20 可见，师资力量排列在前五名的分别是：中国人民公安大学、中国人民武装警察部队学院、中国刑事警察学院、山东警察学院、云南警官学院。而中央司法警官学院、江苏警官学院的师资力量也相对比较雄厚。

二、专科类警察院校师资队伍

笔者抽取部分专科类警察院校来考察其师资队伍情况，具体见表 13－21。

表 13－21　　部分专科类警察院校师资情况

学校名称	教学科研人员总数（人）	副教授以上人数（人）
铁道警官高等专科学校	172	81
公安海警高等专科学校	260 余	60 余
南京森林公安高等专科学校	281	84
河北公安警察职业学院	125	64
河北司法警官职业学院	140	77
天津公安警官职业学院	150	61
上海公安高等专科学校	专职教官 121，专职教员 90	
山西警官高等专科学校	202	64
山西警官职业学院	200 余	80% 具有中高级以上职称
内蒙古警察职业学院	179	70
辽宁警官高等专科学校	300 余	125
吉林公安高等专科学校	161	55
吉林司法警官职业学院	270（教职工数）	53
黑龙江公安警官职业学院	186	53
黑龙江司法警官职业学院	169	67
浙江警官职业学院	216	83
安徽警官职业学院	154	48
江西公安专科学校	264	96
山东司法警官职业学院	158	52
河南司法警官职业学院	315	39
武汉警官职业学院	219	70

续表

学校名称	教学科研人员总数（人）	副教授以上人数（人）
湖南公安高等专科学校	362	177
广东司法警官职业学院	179	71
广西警官高等专科学校	159	51
贵州警官职业学院	354	129
云南司法警官职业学院	202（教职工数）	35
西藏警官高等专科学校	68	
陕西警官职业学院	304	92
宁夏司法警官职业学院	120 余	30 余
新疆警官高等专科学校	308	81

可见，大部分专科类警察院校的师资力量尚处于薄弱时期，即便是隶属于公安部的铁道警官高等专科学校等三所院校其师资队伍也是薄弱的，仅有少数专科警察院校的师资队伍可以跟本科类警察院校相比，如湖南公安高等专科学校、贵州警官职业学院等。

第六节　现实状况及未来发展

当前，随着政治体制改革，公务员队伍准入制度日渐规范化，警察院校的就业优势逐渐丧失，其自身建设的许多问题逐渐显现出来，多数警察院校的生存面临着严峻考验，究竟是趁改革之风而上，还是知难而退，几乎已经是所有警察院校急需并已经在考虑的问题。

一、现实状况

（一）警察类专业设置状况

笔者还记得，合并之前的中国人民警官大学，曾设置了外语系、中文系、新闻系等系别及相关专业，到了20世纪90年代，这些系别及相关专业因为与普通院校相比不具特色，又无法和普通院校比拼资源，受到诟病，于是走向萎缩并一再改头换面，直到再也找不到它的影子，前车可鉴。从目前警察院校的专业设置来看，虽然取得了很大成绩，却仍然存在一定问题。

首先，专业口径依然过窄。根据有关资料，我国普通高校专业数量曾达到1000多个，相比较而言，俄罗斯现有专业有80余个，日本也只有70个左右。近年来，我国高校专业数量在逐渐减少，1998年，教育部颁布的相关文件显示，专业数量已减为500余个。警察院校也不例外，由于其专业设置过于强调与职业、行业取得一致，以便于毕业生能更快的胜任本职工作，使得专业设置过细。

其次，专业结构不合理。在开设的专业课程中，纯理论的课程较多，而实用性、实践性的课程较少，虽然，目前，各校均在努力开设实践性课程，并取得一定成效，但相对而言，依然无法缓解“高文凭，低水平”的现象。学生在学习期间学到的专业技能常常与实际工作的专业技能需要脱节，如公安文书写作，尽管教师在课堂上努力让学生搞清各种文书的写作方法，学生也十分努力地在学习，等到了岗位上，学生眼前依然是一片茫然，依然需要经过前辈或领导指点、修改，才能逐渐适应工作要求。同时，警察院校各专业主要的实践性教学环节一般放在最后两个学期中的一个，这种安排不利于学生对专业技能的理解把握。

再次，专业层次性分界不清晰。同一专业，其本、专科在培养计划上虽稍有不同，课程设置上专科也相对较少，但对培养目标界定不清晰，且两个层次的学生对于专业要学习的程度也不明确。对培养目标的界定不清晰，必然导致对本科学生教学标准降低，对专科学生要求过于苛刻。

(二) 师资力量状况

前文已提及，警察院校的师资力量普遍薄弱，其主要表现是：

首先，师资队伍总体素质有待提高。警察院校近年来发展很快，但之前往往仅是培训学校，故当学校层次提高后，原来的师资队伍问题就暴露了出来，如教师学历偏低，知识结构和综合适应能力较弱等问题。尽管这些院校在加大引进社会院校高层次毕业生的力度，但是，这些新生的教师力量还需要假以时日来历练和培养，其教学能力的提高并非一蹴而就的事情。

其次，人才结构不合理。在一些警察院校中，普通学科的教师数量多、学历层次高，而警察类学科的教师数量较少，且学历较低，这使得警察院校基础性学科人才辈出，应用性学科人才缺乏，长线专业人才较为充裕，警察工作发展的人才短缺，警察类专业一般性人才多，学科带头人少。事实上，这种状况与警察院校高层次人才培养有关，因为从普通院校引进的高层次人才，一般所研究的就是普通学科，往往是警察院校的高层次人才，才会有意识地研究警察类学科，但是警察院校目前能够培养高层次的人才的学校和专业寥寥无几，所以，这种状况的扭转一方面依赖于警察院校高层次人才的培养，另一方面依赖于院校应鼓励和引导普通学科教师的研究方向的转变。

再次，管理体制行政化。警察院校的设立、发展等均是在公安机关、司法机关统一规划下进行的，院校本身自主权较少，使得院校在人才管理方面处于被动应付状态，缺少自主意识。因此，在师资队伍建设上缺少紧迫感和危机感。

最后，人才流动及教师本身状态不佳。市场经济下，人才流动本来是一种普遍的社会现象，但是，由于区域、行业、校际之间的发展不均衡，人才市场发育不健全，法规规定不完善等原因，使得人才流动出现无序现象。警察院校一方面人才短缺，一方面又留不住人才，已使得警察院校教师队伍不稳定，不利于学科建设。同时，部分教师本身状态不佳，有的教师评上高级职称后便不思进取，不再更新知识，仅仅是应付教学，导致教学水平低下，缺乏科研的主动性和创造性；有的教师则不安于教学、科研工作，这与部分院校的总体建设思想有关，如有的院校将教师从事律师工作作为展现其师资力量的表现之一。

(三) 课程设置状况

课程，是指学校学生所应学习的学科总和及其进程和安排。广义上是指为了实现学校培养目标而规定的所有学科的总和，狭义上是指某一门学科。近年来，随着警察院校实力不断增强，课程设置体系也取得了长足进步，但课程体系结构依然不尽合理。主要表现：

一是公共基础课和专业基础课内容不够厚重，没有对专业课形成良好的支撑，各课程之间逻辑联系性不强，缺乏必要交叉和递进关系，使得基础课对于专业培养目标的支持力度不足。

二是未形成完整的法律体系。警察类专业首先是法学教育，但由于过于注重一些实用性较强的课程，对法律基础知识体系没有完整架构起来，学生的警察意识有了，法律意识有了，但法律知识却不完善，法律课程之间缺乏联系性，不能使学生很好的理解和把握，也难以形成一个完整的法律知识体系。

三是综合性课程设置不足。综合性课程是对基础性课程的支撑，是对学生知识背景的架构，是指警察类学科的相邻学科，是一种通识类课程。警察院校往往注重纵向发展课程设置，却缺乏设置综合性课程，限制了学生的视野，造成了学科知识的孤立，不利于学生综合素质的提高。

四是人文性课程设置不足。警察院校十分重视学生的政治工作，强调学生在政治上可靠，在业务上过硬，却极少设置人文性课程，如人权观念、群众工作、人际关系的处理等课程。毕业生缺少人文底蕴，直接影响其在工作中的人文关怀和人权理念，影响了其执法素质和修养的提高。

五是实训性教学不完善。实训性教学已受到各警察院校的关注，如中国人民公安大学已设置了80门实训性科目。但是，目前大多数警察院校的实训性教学课程数量有限，内容涵盖面不广，且由于指导教师的自身素质的限制，往往使许多实训性教学课程流于形式，成了脱离实践的“小孩子过家家”式的课程。此外，由于硬件设施建设等方面的限制，实训性教学往往会成了可有可无的“美好畅想”。

六是选修课不足。这与师资力量有十分重要的关系，跨专业、跨学科的选修课缺乏，也使得学生知识体系不够宽广，解决之道恐怕在于与他校的合作和加强本校师资队伍建设。①

此外，警察院校教育现状还包括德育现状、硬件设施建设现状、教育理念及办学模式现状等，由于本章主要介绍其法学教育情况，故在此不再赘述。

二、全球警察教育新发展

提高警察队伍整体战斗力，其主要方法之一便是警察教育培训，各国对此均十分重视。

（一）警察教育培训法制化、正规化

以立法的形式保障警察教育培训是多数国家通行做法，对此，美国、俄罗斯、日本、英国、法国等国家单独立法予以规范。如法国1985年制定了《国家警察训练法》，确立了警察教育培训目的、原则、体系、规格、类型、组织和实施方法等。美国各州于20世纪70年代后纷纷制定“执法教育规划”，对警察教育培训严格立法，对警察教育时间、内容、考核等均作了十分明确的规定。日本规定，警察教育设施管理及训练所需经费由国库支出，警察教育课程由警察厅统一规定，建立了从警察录用、晋升到各级警官培训的一整套制度。而俄罗斯等国明确了警察上岗需要三个月的培训期。中国的《人民警察法》、《人民警察警衔条例》、《公安机关人民警察训练条令》均将培训教育作为其中的重要内容。

---

① 王庆功、张宗亮、李传良：《战略视野中的中国警察高等教育》，中国人民公安大学2008年版，第153—154、160—161、193—195页。

同时，各国对于警察正规化系统培训十分重视，实行警察招募、教育培训与晋升一体化，所有新警员入警、在职警员晋升均需经过培训。法国的警察则不进警察院校进行正规化学习，不能进入警察队伍。而德国，初级警察，需经过选拔、培训、考核程序才能晋升，其中仅有25%能够成为中级警官，1%—2%的人能成为高级警官。英国、意大利所招募的警察均需经过2年的警察院校学习才能真正进入警察队伍，还需要适用合格后才能上岗，每晋升一级都要进相应的学校进行相应的培训。

（二）警察教育培训体系化、实践化

世界多数国家警察教育培训自成体系，不受国家教育行政部门制约，由警察部门统一制定警察教育规划、统一部署，包括建立不同类型、不同层次的警察院校和培训机构。如法国就是根据全国统一部署规划，按照警衔不同和培训对象不同，建立了中、初级警察院校和培养高级警官的学校及培养治安警察、举办短期轮训班的培训机构。德国的警察院校独立于国家普通教育体系之外。日本则由全国统一领导，分为学校教育、委托教育、一般教育三种，学校教育又分为初、中、高级警察教育三个层次，这些教育不属于学历教育，所需经费由国库支出。

各国警察教育培训，无论是学历教育还是在职培训，都十分注重于实际需要密切结合，突出针对性、实用性和专业性，注重警察实战能力的提高。主要方式是校内学习和校外实习。校内学习主要是建立各种模拟训练室，如英国布莱姆谢尔警察学院内，民宅、银行、商场、酒吧等各种模拟场所应有尽有。德国警察教育，校内学习与校外实习时间各半，如初级警察学习时间为3年，校外实习时间就长达1年半，高级警察学习时间为2年，实习时间长达1年。同时，教学教材往往随社会形势变化而变化，紧贴实战需要。

（三）师资队伍高素质化

警察教育的质量与师资队伍有着紧密的关系，因此，各国十分重视师资队伍建设。首先是高标准准入。如俄罗斯中高等警察学校中，多数具有副博士以上学位，全国3000多名警察院校教师中，有35名院士，250多名博士，2000余名副博士。其次是专兼职教师结合。如英国警察院校中专职教师占三分之一，兼职教师占三分之二，兼职教师多来自警察实战部门有理论知识与实践经验的高等警官及社会名流。再如美国，警察院校不设专职教师，各类课程教学由资深警官或有一定工作经验优秀年轻警官担任，同时向社会普通大学、社会机构临时聘请。最后是警察院校与警察机构人员双向交流。如英国为了鼓励在职警官到警察院校任教，规定被择优选任的教官，晋升一级，两年任教期满返回原单位工作，再晋升一级，有在校任教经历的警官有更多的晋升机会。①

三、未来发展

挑战与发展同在，面临着日新月异的社会变化，警察院校教育处于考验期。

当前，经济全球化给国家稳定与安全带来新命题：经济全球化在一定程度上改变了国家传统的主权意识；对国家政治体制和政策影响加大；公民对国家政治制度要求提高；某种程度上使得金融犯罪加剧；对公共信息安全的威胁增大；对保护国家经济贸易安全构成压力；对产业安全的负面效应增大。同时高科技革命也为社会稳定带来新难题：利用现代通信工具、交通工具增加了实施犯罪的活动能力和逃逸能力；利用高技术产品伪造、变造、非法制造各种证件、印章等犯罪；利用计算机、互联网实施各种金融犯罪和涉黄犯罪；利用现代光学和电子技术制造炸弹等危险物的犯罪；利用高科技手段制毒、藏毒、贩毒及洗钱等犯罪；利用特殊工具及有毒物质实施致人死命的犯罪；利用心理性规律，进行诈骗或其他犯罪等等。此外，我国战略机遇期、国际范围内的第四次警务革命等均对警察工作提出新的挑战，应对挑战的主要手段之一便是增强警察教育培训，增强对准警察（警校学生）、在职警察的教育。笔者认为可以从以下几点展开：

第一，更新教育理念。在警察院校的教学中，应贯穿：素质教育理念，即增强政治素质、思想道德、人文素质、警察业务素质、心理和身体素质等五大素质教育理念；创新教育理念，即培养学生创新能力、改革教学内容和课程体系、改进教学方法和手段、加强实践能力培养、促进学生个性发展；合作教育理念，即不仅培养学生具有合作意识，学校本身也要加强与外界合作；人本教育理念，即以学生为根本，改变教学目标、人才观、教育观；忠诚教育理念，即牢固树立学生头脑中的忠于党、祖国、人民、法律意识。

第二，建设具有特色的警察专业。需要从三个方面突破：一是使专业结构趋于合理化。应重视拓宽本科专业口径，淡化专业意识，做到既不能丧失其专业性，又能打通学科基础相同的专业；二是规范专业设置。使专业名称趋于规范，专业布局趋于合理，专业领域趋于拓宽，学科门类趋于综合，打

① 王大伟主编：《欧美警察科学原理——世界警务革命向何处去》，中国人民公安大学出版社2007年版，第180—183页。

造符合警察特色的侦查、治安、安全防范、交通管理、公安情报学等专业。三是更新教育培养模式。以培养具备综合知识的复合型人才为目标，拓宽教学思路、深化教学内容、完善课程体系。

第三，构建合理的课程体系。应明确课程体系内容，建立公共基础课、专业基础课、专业课、专门化课四个层次的课程体系，整合综合基础知识课内容，增加人文、法律类基础课程，使学生既具备通识，又具备专业，既有人文精神，又有完整的法律体系和强烈的法律意识。同时，加强实训性课程建设，加大投入建设实训场所，拓宽实训内容，延长实训时间，聘请实务部门教官进行实训教学。此外，还要不断根据社会形势变化和治安新问题，不断研发新课程，及时补充更新课程体系。

第四，锻造一流师资队伍。一流的师资力量是提高警察院校教育质量的关键所在，但一流的师资队伍需要从各个方面来锻造，如应确立以教师的主体地位，改革学校管理机制；营造以教学科研为中心的学校管理氛围；鼓励教师进行学历再教育，提高教师整体学历水平，并加强教师培训，并借此两方面教育更新其知识体系；与公安机关、司法机关合作，实现双向交流，壮大“双师”教师队伍；努力开展学术活动，倡导学术研究的风气。

第五，转变在职警察教育理念和方式。近年来，在职警察的学历再教育长足发展，但首先学历教育毕竟是一次性或两次性的教育，警察工作纷繁复杂、变化多端，这种教育并不能毕其功于一役，只有持续不断地“终生教育”才能够使警察适应不断变化的社会形势、治安形势和工作压力，其次，目前新入警的人员本身都已进行过专业人才的系统培养，低学历水平的在职警察已在逐年减少。因此，需要转变在职警察教育理念和方式，从系统培养专业人才转到在职人员的岗位技能和素质上来；从系统的理论课教学转到注重解决实际问题的专题教学上来；从专职教师任教转到专兼职教师并存上来；从课堂讲授为主转到多种教学方式并存上来；从单一的教学科研转到复合式的教研综合体上来，即教师除了教学还要参与管理，除了被动接受教学任务，还要到实务部门去调研，“送培训”入机关。

此外，警察院校在未来的发展中还应注重警察校园文化的建立和德育教学水平的提高。

总之，警察院校以法学教育为主，即便是理工科专业的学生也需要普及有关法律法规，因此，警察院校教育是法学教育重要组成部分，直接反映我国法学教育的现状与发展，应将其纳入法学教育范畴予以共同发展。

第十四章　检察官院校的法学教育

第一节　概述

我国一直非常注重对检察官的职业教育，20 世纪 80 年代以后更是如此。在此过程中，检察官教育从应急式、补课式的教育方式逐步转化为系统化、规范化的教育方式。相应地，检察官院校的建设从初期的临时性培训机构转化为以最高人民检察院及地方检察院设立的检察官院校为主体的教育体系。这样，检察官院校的法学教育也就逐渐分化为两种，一种是检察官职业培训，另一种是以培养出色检察人才为导向的学历教育。

一、历史沿革

检察官院校的法学教育开始于 20 世纪 80 年代，随着中国社会主义法制化进程的发展以及检察官职业群体素质的提高，检察官教育从应急式、补课式的教育方式逐步转化为系统化、规范化的教育方式。检察官院校的建设从初期的临时性培训机构转化为以最高人民检察院及地方检察院设立的检察官院校为主体的教育体系。有关检察官教育的法律规定也由检察机关系统内部的政策文件等转化为现在的《检察官法》、《检察官培训条例》以及一系列配套实施规定。目前，检察官院校的法学教育分为两种，一种是检察官职业培训，另一种是以培养出色检察人才为导向的学历教育。下面从三个方面介绍一下我国检察官院校法学教育的历史发展。

（一）教育方式的职业化过程

改革开放后，检察队伍刚刚建立，人员构成比较复杂，政治觉悟普遍较高，但是文化层次却较低，检察官的教育只能摸着石头过河。此时的教育针对的是关于 1979 年《刑法》和《刑事诉讼法》的法律知识普及学习。这时的教育方式属于一种应急式的教育，主要是针对当时法律人才的稀缺，法律从业人员对法律普遍缺乏足够认识的情况而设立的。为了从根本上解决法律人才的稀缺，法律从业人员素质不高的情况，80 年代后开始通过多种途径和多种形式，开展大学法律专科教育，鼓励检察人员参加职工大学，高等教育自学考试及广播电视大学的学习，提高检察人员的法律基础知识水平。进入90年代后，这种“补课式”的教学方式已经不能适应社会实践的需求，广大检察人员都接受过一定的法律培训，具备了必要的法律基础知识，因此教学方式要由普法教育转变为提高其业务能力，提升其法律职业道德修养为主线的职业教育。受传统教育思维的影响，这种检察官职业教育表现为一种“学科型教育”，类似于法学专科、法学本科院校的授课过程，是一种以完善学科知识体系为目的，以课堂讲授、知识灌输为主要方式的教育方式。“学科型教育”不能适应对检察官进行职业教育的要求，[①] 这种教育方式容易使检察官院校的法学教育被架空，检察官的教育更多地依赖于一些业务部门的职业技能培训。

（二）培训机构设置的体系化过程

在检察官教育的初期，承担培训任务的是一些临时性的培训机构，并且只针对法律基础知识进行“补课式”教育。1986年最高人民检察院报请国家教委要求成立中央检察管理干部学院，并要求有条件的省、自治区、直辖市也要积极筹建检察干部学校。1988年最高人民检察院建立了高级检察官培训中心，地方检察官建立了26个电大分校、检察学校和培训中心。[②] 国家检察官学院是在原中国高级检察官培训中心的基础上，于1991年6月27日正式创建的，原名中央检察官管理学院，1998年更名为国家检察官学院。国家检察官学院是最高人民检察院直属的成人高等院校，是我国培养高层次、高素质检察人才的最高学府。既肩负法学学历教育的职能，也肩负着针对不同对象进行职业教育的任务。除了建立检察官院校的方式，最高人民检察院还委托大学代培检察官，举办了一些专业培训班等方式对检察官进行法学教育培训。

2007年，最高人民检察院颁布了《检察官培训条例》，规定最高人民检察院设立国家检察官学院及其分院，省级人民检察院设立省级检察官学院等培训机构，有条件的地市级人民检察院经过省级人民检察院批准，可设立培训机构。最高人民检察院、省级人民检察院根据检查业务工作需要，可设立

---

① 参见王立秋、付东阳《检察官培训课程的职业化》，《国家检察官学院学报》2009年第2期。

② 参见冀祥德等《中国法学教育现状与发展趋势》，中国社会科学出版社2008年版，第48页。

业务技能实训基地。我国对检察官的培训采取了党校、中央检察官管理学校或国家检察官学校，各级检察官培训中心或学校、大学等多种渠道。

（三）法律规定的系统化过程

1995年8月7日，最高人民检察院第八届第二十次院务会议通过了《检察官培训暂行规定》，其中对检察官培训的目标、配套制度设计作出了一些规定。1995年2月28日，全国人民代表大会常务委员会第八届第十二次会议通过了《中华人民共和国检察官法》，其中对检察官的教育培训作出了一些规定。2001年6月30日，第九届全国人民代表大会常务委员会第二十二次会议通过了《关于修改〈中华人民共和国检察官法〉的决定》，相应的培训内容也有一些修改。根据《检察官法》要求，对检察官应进行有计划的培训。检察官培训是一种特定的在职培训，对处于不同任职阶段、不同职务、不同部门、不同岗位的检察官，应有不同的培训目标和具体的培训要求。2001年1月18日，《检察官培训暂行规定》等四个配套规定已被《检察官培训条例（试行）》等文件代替。最高人民检察院根据《检察官法》制定的《检察官培训条例（试行）》对检察官的培训种类与方式作了专章规定，根据条例制定的《2001—2005年全国检察干部教育培训规划》将检察官培训的形式分为领导素能培训、任职资格培训、专项业务培训和岗位技能培训四类。

2007年1月8日，最高人民检察院制定了《检察官培训条例》。《检察官培训条例》对专兼职教师队伍建设、课程和教材建设等都作出了规定。2009年3月26日，最高人民检察院印发了《最高人民检察院关于2009—2012年大规模推进检察教育培训工作的实施意见》（以下简称《实施意见》）。《实施意见》指出，检察机关将组织分级实施、覆盖全员的大规模正规化培训，为检察事业科学发展提供坚强的思想政治保证、人才保证和智力支持。

二、检察官教育的必要性

纵观国内外的法学教育制度，检察官教育是一国司法制度中的重要部分。“当社会生活变得越来越复杂，法律规范愈来愈具有抽象性和普遍性的情况下，解决纠纷或对其可能的解决方式提出建议的工作变得更为困难时，更需要专门的训练”。[①] 当今中国法制状况的变迁，对中国检察官执业素质

① ［美］埃尔曼：《比较法律文化》，贺卫方、高鸿均译，三联出版社1990年版，第104页。

的要求越来越高，检察官教育也就成了必需。

（一）检察官教育是提高检察官素质和业务水平的重要途径

我国长期以来，检察官素质偏低，不能满足检察工作的实践需要。尤其是随着经济和社会的发展，法制工作对检察官的业务要求越来越高。我国的检察官教育属于成人法学教育的范畴，具备职业针对性强、实践需求性强、专业技能性强等特点。这些特点使检察官教育不同于一般意义上的法学教育。一般院校的法学教育难以具有针对性地满足检察官职业本身的业务要求。检察官教育便成为提高检察官素质和业务水平的重要途径。

（二）检察官教育是实践中检察工作顺利进行的重要保障

我国《刑事诉讼法》规定，人民检察院既是公诉机关，又是侦查机关，同时还是法律监督机关。检察院在整个刑事诉讼过程中的重要作用无需赘言。社会经济的发展和社会结构的复杂化，使犯罪形式日益复杂化。如职务犯罪、智能犯罪以及跨地区、跨国犯罪日趋增多，这使得检察官揭露犯罪更加困难。[①] 现实情况要求现代检察官不仅要熟练掌握法学知识，也要掌握一些现代化的技能。这样既有利于更好地追诉犯罪，又能顺利侦查各种新型职务犯罪。检察官教育通过提高检察官自身素质直接推动了检察工作专业化进程，提高了检察工作的效率，满足现代社会对打击犯罪的要求。

（三）检察官教育对中国推动社会主义法治建设有着重要意义

一国的法治状况与该国法律职业者的素质密切相关。“按刑事诉讼全过程，检察官在侦查中有‘司法警察官’职能，在起诉裁量时有‘审判官’的职能，莅庭实施公诉时有‘公益辩护人’之职能，刑罚执行时有‘罪犯矫正师’之职能”。[②] 检察官在我国法律工作者中地位特殊，不仅肩负追诉和侦查犯罪的责任，还享有一定的法律监督权。因此，检察官制度在法治社会中有举足轻重的作用。

（四）检察官教育的发展有利于促进中国检察官制度和国际接轨

现代各国对于检察官教育应达到的目标和任务达成了共识。1990 年第八届联合国预防犯罪和罪犯待遇大会通过的《联合国关于检察官作用的准则》第 2 条（b）明确规定：“检察官应受过适当的教育和培训，应使其认

---

① 吕历：《沟通　借鉴　发展——95 北京检察官教育国际研讨会评述》，《人民检察》1995 年第 6 期。

② ［日］平野龙一：《刑事诉讼法概说》，有斐昭和 43 年版，第 30 页。转引自陈卫东、李训虎《检查一体与检察独立》，《法学研究》2006 年第 1 期。

识到其职务所涉的理想和职业道德，宪法和其他法规中有关保护嫌疑犯和受害者的规定，以及由国家法律和国际法承认的各项人权和基本自由。”我国检察官教育与国际接轨是发展检察官制度和建设法治国家的必然选择。

三、检察官院校法学教育的内容

检察官教育的主要目的是提高检察官队伍的素质和办案能力。其内容应以检察官教育的目的为导向，以配合检察官工作顺利进行为宗旨。《检察官法》第 29 条规定：“对检察官应当有计划地进行理论培训和业务培训。检察官的培训，贯彻理论联系实际、按需施教、讲求实效的原则。”2007 年，我国根据《检察官法》制定了《检察官培训条例》。《检察官培训条例》第 6 条规定：“检察官培训分为任职资格培训、领导素能培训、专项业务培训和岗位技能培训。”随着经济和社会的发展，犯罪类型不断增加，对检察官的工作能力提出了更高的要求。不仅要求检察官有出色的法学基础，还要求具备良好的职业技能和职业道德。因此，我国检察官院校的法学教育应针对我国检察工作的实际要求，以按需施教为原则，应包括法学理论教育、检察业务能力培训、政治理论和职业道德等方面的内容。

（一）法学理论教育

毋庸置疑，法学理论教育是检察官教育的重点。在我国检察官教育发展的过程中，法学理论教育一直是被关注的重点。需要强调的是，自《检察官法》实施以来，我国检察官队伍的结构发生了重大变化。截至 2007 年底，全国共有检察官 139132 人，其中本科以上学历占 65.1%，研究生以上学历占 4.24%，学历层次大幅度提高，专业结构显著优化。[①] 另外，司法考试制度对检察官的专业能力也有了一定的要求。所以对检察官的法学理论教育应当结合实践中所遇到的法学问题进行针对性培训，而不是“补课式”教育。对检察官的法学教育应当以专业化为导向。

（二）检察业务能力培训

检察业务培训的内容包括专项技能培训和岗位技能培训两部分。新型犯罪的出现对检察官追诉和侦查犯罪的能力提出了挑战。检察官工作的特殊性要求其不仅应当具备基本的法学素养，还应具备其他类型的岗位技能。我国《检察官培训条例》第 10 条规定：“专项业务培训的对象为检察业务部门的检察官，内容包括最新法律和政策、检察业务专题和实务技能等。”第 11

---

① http：//www. china. com. cn/news/2009 －03/09/content_ 17408954. htm.

条规定："岗位技能培训的对象为检察业务部门的检察官，内容包括计算机应用技术、电子检务、工作方法和技巧、公文写作与文书处理、外语等。重点是加强检察官岗位通用技能和岗位专用技能。"

（三）政治理论和职业道德

我国法学教育最大的问题是在职业道德教育方面的缺失。检察官教育存在同样的问题。普适性的公民道德对于检察官来说固然重要，但检察官职业所需要的法律职业道德和政治素养才应是培训的侧重点。在建设法治国家的道路中，一国检察官之职业道德的高低决定了一国法治建设的状况。我国制定了《检察官职业道德规范》，明确规定检察官职业道德的标准是忠诚、公正、清廉、严明。检察官教育应把职业道德培训作为主要内容，并将政治理论教育贯彻在整个检察官教育的过程之中。

第二节 招生就业

随着一系列法律法规的出台，中国的检察官教育逐渐步入正轨。我国的检察官院校的法学教育逐渐变得系统化、专业化。《检察官培训条例》第15条规定："检察官培训实行两级为主的管理体制。最高人民检察院统一领导全国检察官培训工作，省级人民检察院领导本辖区内检察官培训工作。最高人民检察院、省级人民检察院设立教育培训主管部门。地市级和县级人民检察院应确定专人负责检察官培训工作，有条件的地市级人民检察院可设立专门的教育培训机构。"第18条规定："最高人民检察院设立国家检察官学院及其分院；省级人民检察院设立省级检察官学院等培训机构；有条件的地市级人民检察院经省级人民检察院批准，可设立培训机构。"我国的检察官院校主要分为中央和地方两级，以国家检察官学院为核心，由最高人民检察院，省级人民检察院主管学院的法学教育工作。教育类型主要分为两类：一是检察官的在职培训，二是法学学历教育。

一、检察官在职培训

检察官的在职培训属于职业教育的范畴，目的是在满足实践需要的同时逐步提高检察官队伍的法学素养。根据不同检察工作的针对性不同，《检察官培训条例》将培训分为任职资格培训、领导素能培训、专业业务培训和岗位技能培训。其中任职资格培训包括初任检察官培训和晋升高级检察官培训。不同类型培训的对象有所不同，这样进行分类培训更能达到《检察官条例》中规定的“加强检察官队伍专业化建设，推进检察官培训的科学化、制度化和规范化”的目标。

（一）初任检察官培训

初任检察官培训是我国检察官培训体系中的关键。作为新任检察官的主要培训方式，培训对象是通过国家司法考试的拟任人员。《检察官培训条例》第 7 条规定：“初任检察官培训的对象为已通过国家司法考试拟任检察官的人员，内容包括检察官职业道德和职业规范、检察制度、检察实务和办案技能等。重点是使其具备检察官基本履职能力。培训时间不少于 90 天。”初任检察官培训的正规化已经是各地检察官院校的改革方向。2009 年 3 月，国家检察官学院吉林分院举办了第一期初任检察官资格培训班，共有 150 名初任检察官参加培训。① 这次正规化培训在国家检察官各地分院中尚属首例。对初任检察官进行系统化、专业化的培训是实现我国检察官培训达到高覆盖面的重要措施。《最高人民检察院关于 2009—2012 年大规模推进检察教育培训工作的实施意见》中提到要做到“深化正规化培训体系建设，实现岗位培训的全员覆盖”，“大力加强任职资格培训”，“严格实行凡进必训，规范晋级培训，做到非培训不得上岗任职，不能晋级。”因此，初任资格培训也是新进人员上岗担任检察工作的必要条件。

（二）晋升高级检察官培训

《检察官培训条例》第 8 条规定：“晋升高级检察官培训的对象为拟晋升高级检察官的人员，内容包括法学前沿理论、检察管理、司法改革理论与实践、高级检察官实务和重大疑难案件分析处理技能等。重点是使其具备高级检察官履职能力。培训时间不少于 30 天。”也就是说，凡拟晋升高级检察官的人员必须经过晋升培训才具备资格。《最高人民检察院关于 2009—2012 年大规模推进检察教育培训工作的实施意见》中将晋升高级检察官的培训作为晋升的必要条件，并规定了严格的考核制度。将晋升和培训挂钩能有效的实现培训的效果，有力的保障晋升制度的合理性。

（三）领导素能培训

《最高人民检察院关于 2009—2012 年大规模推进检察教育培训工作的实施意见》中提到要着力强化领导素能培训，目标是通过“带队伍”进而“促业务”。《检察官培训条例》第 9 条规定：“领导素能培训的对象为地方

① 董长征：《吉林 150 新进人员参加初任检察官正规化培训》，《检察日报》2009 年 3 月 17 日。

各级人民检察院正副检察长及其他领导班子成员、检察委员会专职委员和业务部门负责人。重点是提高组织领导和决策指挥能力。培训时间不得少于15天。"《实施意见》中提到，最高人民检察院在2008年分州市院检察长轮训的基础上，2009年轮训完省级检察院领导班子成员，2010年底前轮训完基层院检察长。2012年底前轮训完省级院业务部门负责人。省级院2011年底前轮训完分州市院、基层院的班子成员，2012年底前轮训完分州市院、基层院业务部门负责人。有条件的分州市院可按省级院部署轮训基层院业务部门负责人。开展后备干部培训。

（四）专项业务培训

《检察官培训条例》第10条规定："专项业务培训的对象是检察业务部门的检察官。重点是提高检察官履行本职工作的能力和水平。培训时间可根据实际需要合理安排。"专项业务培训以执法业务骨干为重点，大规模开展专项业务培训，着力加强从事各项检察工作必需、急需的专门技能培训，注重培养做群众工作和处置突发公共事件的能力。加强上级院业务部门对下级院业务工作与业务培训的指导，推动业务工作与业务培训相互促进、全面发展。从2009年开始，最高人民检察院每年举办15—20期全国性专项业务培训，培训检察院系统业务骨干2000人左右；各省（自治区、直辖市）每年培训人数应不少于辖区检察人员总数的四分之一。

（五）岗位技能培训

岗位技能的熟练程度对于检查工作能否顺利进行有至关重要的作用。因此，岗位技能培训是检察官培训的重点。《检察官培训条例》第11条规定："岗位技能培训的对象为检察业务部门的检察官。""重点是加强检察官岗位通用技能和岗位专门技能。培训时间可根据实际需要合理安排"。检察业务部门的检察官为了顺利处理检察工作，加强岗位技能培训是必要的。检察官院校组织岗位技能培训时应注重引导检察官不断改善知识结构，提高办案能力。各地检察院应当将培训成绩作为工作考核的内容之一。

二、检察官院校学历教育的招生就业

我国的检察官院校是以国家检察官院及其在各地的分院为主，其他有条件的省市设立的检察官培训学校为辅助的办学体系。其中，以国家检察官学院为研究对象最具有代表性。国家检察官学院是最高人民检察院直属的成人高等院校，主要办学任务就是根据检察官法、高等教育法和检察官培训条例，培训和培养检察官及其后备人才。

国家检察官学院除了检察官在职培训外，还设立了法学学历教育，主要有法律硕士、成人高等学历教育两类。

（一）成人高等学历教育的招生就业

根据国家检察官学院的招生简章，成人学历教育主要包括高中起点本科、专科起点本科、高中起点专科三个层次。其中高中起点本科专业为法学，学制四年；专科起点本科专业为法学，学制是两年；高中起点专科专业是法律书记官，学制是两年。三个专业均为全日制脱产。高中起点本科、高中起点专科的招生对象为年满 18 周岁，具备普通高中、中等专业学校或职业技术学校学历的公民。并且招生对专业没有任何限制。

国家检察官学院本科的培养目标是能够通过国家司法考试的法律从业人员。该学科注重培养实务型、实用性人才。专科培养则注重学生法律专业知识以及书记员、司法文员、文秘等岗位工作需要的专业知识和使用技能的培养和训练。无论是法学本科还是法学专科的教学，其目标都是培养能胜任检察工作的法律人才。招生、教学、就业三位统一。

（二）法律硕士教育的招生就业

为了进一步优化检察队伍文化专业结构，经国务院学位委员会批准，2008 年国家检察官学院和中国政法大学合作，继续面向全国检查系统检察官及检察行政管理人员招收培养法律硕士专业学位研究生。因此，国家检察官学院法律硕士的招生对象一般为具有国民序列教育大学本科学历，毕业满两年的公民。具有高级检察官资格或处级（含）以上检察行政管理人员优先录取。

国家检察官学院的法律硕士教育为在职教育，学制三年，采取非全日制在职学习的方式，每学期在国家检察官学院采取集中一个至一个半月时间上课。

国家检察官学院的法学教育类型明晰，不同类别的法学教育目标不同。并且不同专业有不同的就业方向，在满足法学人才的需要的同时，着重培养检察工作需要的各种专业型人才。我国各级检察官院校的法学教育应以国家检察官学院为核心，分批分次分类别进行检察官培训和学历教育。做到招生就业双向统一，真正为检察官工作的高质量进行提供保障。

第三节　教学培养

一、教学目标

检察官院校教学培训的目的在于以检查工作的要求为中心，根据具体的职位来设计，向受训者传授专门的知识和特殊的技能，最终目标是通过教学培训提高受训者的业务能力和工作绩效，其中又分为思想政治培训目标和专业技能培训目标。

（一）思想政治培训目标

检察官培训以邓小平理论和“三个代表”重要思想为指导，全面贯彻落实科学发展观，紧紧围绕党和国家工作大局，坚持“强化法律监督，维护公平正义”的工作主题，把政治理论培训放在首位，以增强法律监督能力为核心，以专业化建设为方向，强化管理，注重质量，讲求实效，为检察事业发展提供可靠的思想政治保证、人才保证和智力支持。检察官培训要按照党的十七大精神和中央关于建设高素质检察队伍的重要指示精神，为检察事业科学发展提供坚强的思想政治保证、人才保证和智力支持。这是检察官法学院校教育的总体性政治目标。

把教育培训纳入检察事业整体布局，提到优先发展的战略地位，组织和引导全体检察人员认真学习、深刻领会、准确把握党中央关于检察工作一系列重大理论和实践问题的重要论述，紧紧围绕检察业务中的重点、热点和难点问题进行学习和研究，进一步提高贯彻党的理论和路线方针政策的能力和水平，提高法律监督和公正执法的能力和水平，提高推动科学发展、促进社会和谐的能力和水平。在具体教学培训过程中要不断增强全体检察人员对中国特色社会主义的政治认同、理论认同、感情认同，更加自觉、更加坚定地做中国特色社会主义事业的建设者、捍卫者和社会公平正义的守护者。这是检察官法学院校教育的时代性政治目标。

（二）专业技能培训目标

教育培训作为检察队伍建设的基础性、先导性、战略性工程，是提高队伍素质和能力的有效途径和重要手段。解决检察队伍建设存在的突出问题，必须按照专业化建设要求，大力加强法律监督能力建设，大规模推进教育培训工作，大幅度提高检察队伍业务素质，努力培养一支能够适应新时期法律监督工作需要、党和人民满意的高素质检察队伍。

通过职业道德规范的教育培训使受训者建立起应有的职业道德素养，明确在本职岗位上应遵守的行为规范。通过检查机关组织制度的教育培训使受训者明确自己岗位的职权、职能与职责，了解工作流程和办事程序。通过法律法规相关知识的教育培训使受训者对工作中需要的法律法规做到准确理解、准备适用。

此外，适应网上办公办案需要，开展电子检务培训。广泛组织司法语言、公文写作与文书处理和外语等岗位通用技能培训。积极开展综合知识培训，引导检察人员努力学习哲学、社会学、经济学、历史学及其他社会科学理论和自然科学知识，不断改善知识结构。这些教育培训的目的是提高受训者的综合素质和办公能力。

二、教学方式

最高人民检察院在2009年印发的《关于2009—2012年大规模推进检察教育培训工作的实施意见》中专门强调了改善完善培训教学方式。《实施意见》中指出，实现由一般性轮训为主向专题培训为主转变。坚持教学相长、学学相长，强化实践性教学环节。培训机构应加强教学法研究、切实提高教学水平和质量。灵活采用讲授式、研究式、案例式、体验式等教学方法，大力推行案例教学法，国家检察官学院及其分院、省级检察官培训机构建立检察业务教学案例库。

实践中，检察官培训的教学方式多种多样。主要的教学方式为讲授式，但是这种教学方式有其弊端，容易与实践脱节，不利于检察官法学教育目标的实现。应当灵活采用多种教学方式，从理论学习为进路，实践教学为落脚点，综合提高检察官培训的教学质量。另外，现今有一种研讨式教学方法。在检察官培训中的应用，有助于检察官教育之教学目标的实现。第一，它不是如何上好一堂课的方法，而是一门课程一以贯之的方法。研讨式教学方法的基本思路是：一方面，教师提出一个或若干个起始问题并进行讨论，而这个起始问题必须能引起研讨者的好奇心，是没有单一的或标准的答案的，能够产生对话的，能够引起对所讨论问题更深刻、更广泛的理解，可经由查阅参考资料做出最好的解答。另一方面，问题讨论结束后，要求每一个学员都要依据讨论的情况写一篇文章，提出自己的见解。然后，教师再根据学员讨论中的表现及提交的文章对学员的综合素质进行全面的考评。①

三、检察官院校教学效果的评估

《检察官培训条例》第5章明确要求实行检察官培训机构考核评估制度。最高人民检察院教育培训主管部门负责制定培训机构考核评估指标体系及办法，每3年对国家检察官学院及其分院的办学方针、培训质量等内容进

① 单民：《研讨式教学方法在高级检察官培训中的应用》，《国家检察官学院学报》2005年第1期。

行考核评估，并对省级人民检察院检察官培训机构进行抽查。省级人民检察院教育培训主管部门应定期对省级人民检察院检察官培训机构进行考核评估，并对地市级人民检察院检察官培训机构进行抽查。

（一）办学方针评估

检察官培训机构应坚持正确的办学方向，不得开展与检察官培训工作无关的活动，不得违反规定收取培训费用、滥发培训证书。对违反规定的，视情责令其限期整改或责令停止培训；情节严重的，给予责任人纪律处分。

（二）培训过程评估

对检察官法学院校的教学培训进行全程评估。通过对师资力量的评估，确保培训者的能力和素质。通过对教学培训课程设置的评估，确保教学内容和知识结构的科学与合理。对师资力量不足、课程设置不符合要求的培训机构限期整改，整改后仍不合要求的，取消去培训资质。

（三）培训结果评估

严格培训考试、考核制度。对规划内的各种培训应实行严格的考试或考核。检察官未按规定参加考试、考核或未通过考试、考核的，不能取得结业证书和获得相应的资格。完善各类培训证书的管理制度。任职资格培训的证书由最高人民检察院统一印制，其他培训种类的证书由省级人民检察院印制。

第四节　课程设置

法学教育课程设置是否科学必然影响法学教育的效果、法学人才的素质。课程是指所有学科的综合，或学生在教师的指导下各种活动的综合。课程设置必须根据专业知识结构，起到传授专业知识的作用，又必须符合知识系统的科学性，还必须符合学生学习知识的教育心理。因此对于检察官院校法学教育的课程设置科学化研究，对于提高检察官院校法学教育的水平和提升检察官的素质有着巨大的推动作用。检察官院校的法学教育又分为针对检察官进行的检察官培训和学历教育两种，下面就区分两种教育方式来介绍课程设置情况。

一、检察官培训的课程设置

如前所述，《检察官培训条例》将检察官培训分为任职资格培训、领导技能培训、专项业务培训和岗位技能培训，并对上述各种培训的内容作出了规定。这些培训的内容反映了在培训过程中进行课程设置的依据，对初任检察官培训内容包括检察官职业道德和职业规范、检察制度、检察实务和办案技能等；晋升高级检察官的培训内容包括法学前沿理论、检察管理、司法改革理论与实践、高级检察官实务和重大疑难案件分析处理技能等；领导技能培训内容包括政治理论与形势任务、法学前沿理论、检察改革理论与实践、检察领导与检察管理等；专项业务培训内容包括最新法律和政策、检察业务专题与实务技能等；岗位技能培训内容包括计算机应用技术、电子检务、工作方法与技巧、公文写作与文书处理、外语等。针对不同的检察官培训类型，培训的内容，课程设置都有所不同，使其更具有针对性，更有利于培训目标的实现。

2009 年最高人民检察院下发了《关于 2009—2012 年大规模推进检察教育培训工作的实施意见》，强调了在进行检察官培训的过程中要贯穿的几点要求。

（一）持之以恒加强中国特色社会主义理论体系教育培训

把学习中国特色社会主义理论体系作为检察教育培训的中心内容和首要任务，切实做到“进教材、进课堂、进头脑”，教育引导队伍坚持“三个至上”、“四个在心中”，提高运用科学理论分析解决实际问题的能力，增强建设、捍卫中国特色社会主义事业的坚定性、自觉性。

（二）继续深化社会主义法治理念教育培训

把社会主义法治理念作为必修内容融入各类培训，健全集中教育与自我教育、理论学习与岗位践行相结合的长效机制，教育引导队伍端正执法观念、改进执法作风、规范执法行为、改善执法形象，切实提高执法公信力、维护社会公平正义。加强中国特色社会主义检察制度和检察理论的教育培训，帮助广大检察人员掌握中国特色社会主义检察理论、坚定坚持和发展完善中国特色社会主义检察制度的信心和决心。

（三）不断加强检察职业道德、职业纪律教育培训

把反腐倡廉教育作为各级各类检察教育培训的必修课程，专门安排，逐步建立起具有检察特色的廉政教育常态机制。坚持廉政教育与职业道德职业纪律教育相融通、日常教育与集中教育相结合，重点强化对党员领导干部、新进人员及拟任检察官人员的廉政教育、职业道德和职业纪律教育，强化廉洁从简意识，增强职业自律能力。

（四）突出加强领导干部政治轮训

分主题对领导干部进行政治轮训，促进政治轮训制度化、规范化和实效

化。重点抓好地方三级院班子成员的政治轮训，着力强化党性观念、全局观念、政治纪律观念和责任意识，提高政策理论修养，提高廉洁自律、抵御风险、拒腐防变能力。从2009年开始，最高人民检察院每年结合年中全国检察长座谈会对省级院检察长和最高人民检察院各部门、单位主要负责人进行一次政治轮训。

现今检察官培训在课程设置上也面临一些问题。首先，适合检察官培训的课程和教材不多。从课程设置上讲，重复培训的课程较多，如宪法、刑法、刑诉法等。其次，一些专业课程中基础理论与实务理论之间缺乏接洽。如职务犯法侦察课程，基础理论部分基本上是从刑事侦察学中抄袭而成，缺乏职务犯法侦察的基础理论，因而导致实务理论部分仅限于侦察经验的无序堆积。[①] 最后，检察官培训的课程定向性不强，没有考虑到不同岗位和不同层次的检察官需求，检察官培训的基本思路应该围绕检察业务的需求来设计课程类别。

二、学历教育的课程设置

检察官院校的学历教育主要以法学专业理论课程为基础，另外设置相应检察实务课程，包括检察业务概论、公诉理论与实务、检控案例指导与研究、检察改革研究等。由于存在中央和地方两级检察官院校，所以下面将选取国家检察官学院和河南检察职业学院分别为中央和地方的代表进行展开。

（一）国家检察官学院的法律硕士教育

国家检察官学院经国务院学位委员会批准，与中国政法大学2009年继续合作培养法律硕士（J. M）专业学位研究生。除法学专业理论课程外，还包括检察官职业道德、领导科学与领导艺术、犯罪学、中国检察制度、证据学、职务犯罪侦查实务、民行检察实务、侦查监督实务、公诉实务、检察行政管理、检控案例指导与研究、检察改革研究等实务课程。

（二）河南检察职业学院的专业设置

1. 法律事务专业

法律事务专业目标是培养能够从事法律实务工作的复合型、应用型人才，主要开设法理、宪法、法律逻辑学、民法、刑法、中国法制史、刑事诉讼法、民事诉讼法、行政法与行政诉讼法、经济法、合同法、公司法、国际法、擒敌、司法文书、劳动法、知识产权法等课程。

---

① http：//www. papercool. com/html/falu/fashixue/200908/25－12101_ 5. html.

2. 检察事务专业

培养全面掌握法律基本理论、精通检察实务，熟练掌握检察业务基本技能的高层次法律专门人才。毕业生主要面向全国检察系统。主要开设法理学、宪法学、法律逻辑学、刑法理论与实务、民法理论与实务、刑事诉讼法理论与实务、民事诉讼法理论与实务、行政法与行政诉讼法理论与实务、证据学理论与实务、司法文书、检察业务概论、公诉理论与实务、民事行政检察实务、反贪污贿赂检察实务、控告与申诉检察实务、渎职检察实务等课程。

3. 法律文秘专业

培养掌握法律文秘操作技能，能在基层司法机关、基层行政机关和企事业单位从事法律文秘工作的高等应用型、辅助型专门人才。主要开设法理、宪法、刑法、民法、刑事诉讼法、民事诉讼法、行政法和行政诉讼法、经济法、证据法、公文写作、古代文学、秘书学概论、行政管理学、办公自动化、司法文书、公共关系、档案学等课程。

4. 书记官专业

培养熟悉我国法律知识，具有计算机汉字快速录入能力和司法辅助事务处理能力的书记官等应用型、辅助型法律专门人才。主要开设法理、宪法、刑法、民法、刑事诉讼法、民事诉讼法、行政法和行政诉讼法、经济法、证据法、公文写作、古代文学、书记员工作概论、行政管理学、档案学、快速笔录、司法文书、公共关系、书法等课程。

5. 司法鉴定专业

培养能为司法机关及社会机构主办的司法鉴定所（中心）独立从事物证技术鉴定工作的应用性专门人才。主要开设法理、宪法、法律逻辑学、刑法、民法、刑事诉讼法、民事诉讼法、证据学、司法鉴定概论、刑事侦查学、司法鉴定文书、法医学、司法精神病学、现场勘查学、文书检验学、笔迹检验学、痕迹检验学、司法会计学等课程。

6. 司法警务专业

培养具有一定的法律知识，精通司法警察业务，熟练掌握司法警察技能的高层次法律专门人才。毕业生主要面向审判机关、检察机关的法警岗位。主要开设法理、宪法、刑法、民法、刑事诉讼法、民事诉讼法、行政法和行政诉讼法、证据法、刑事侦查、犯罪心理学、治安管理处罚法、狱政管理学、警察法学、保卫学、法警业务知识等课程。

7. 刑事侦查技术专业

培养适应新时期刑事侦查工作，熟练掌握刑事侦查工作的基本理论与技术，熟悉相关法律和司法制度，具有独立从事刑事侦查技术工作的业务素质与能力的高等技术应用性专门人才。学生毕业后，主要在公安机关、国家安全机关、检察机关、监狱、军队保卫部门从事刑事侦查技术工作及其他相关的专业技术工作。也能胜任国家机关及企事业单位的治安保卫工作。主要开设法理、宪法、刑法、刑事诉讼法、侦查学原理、现场勘查、痕迹检验、侦查措施与手段、刑事案件侦查、犯罪心理学、侦查讯问、擒拿格斗、警用枪械使用、车辆驾驶等课程。

8. 工商企业管理专业

培养能够在各类企业或相应业务部门从事管理工作的应用型专门人才。主要开设英语、基础会计、计算机基础、西方经济学、市场营销管理、人力资源管理、商业管理、微积分等课程。

9. 旅游管理专业

培养掌握现代旅游企业经营管理理论，能在旅游行政管理部门、旅游企事业单位从事旅游管理工作的中高级复合型旅游管理专业人才。主要开设西方经济学、财务管理、人力资源管理、市场营销、休闲与旅游学概论、旅游经济学、饭店管理、餐饮管理、旅行社经营管理、旅游业经营策划与管理等课程。

10. 职务犯罪预防与控制专业

培养系统掌握职务犯罪预防与控制专业的基本理论、基本知识、基本技能，能在检察部门从事职务犯罪预防与控制工作的应用性专门人才。主要开设法理、宪法、刑法、民法、刑事诉讼法、犯罪情报学、刑事侦查学、职务犯罪预防与控制概论、预防职务犯罪理论与实践、侦查策略与措施、司法文书、职务犯罪学、司法会计、证据学等课程。①

第五节 师资队伍

检察官院校法学教育发展的快慢很大程度上取决于师资队伍建设的水平。只有从长远的发展的角度来规划师资队伍建设、精心营造教师健康成长的人文环境、积极创设和谐的校园工作氛围、坚持不懈地加强师德师能建设，才能全面提高教师整体素质，提升检察官培训以及检察官院校学历教育

① 参见河南检察职业学院官方网站，http://www.hnjc.edu.cn/zb/zs/79.htm。

的质量，真正将教育落到实处。

根据《检察官培训条例》的规定，检察官培训机构应按照数量适当、素质优良、专兼结合的原则，建立高素质的检察师资队伍。专职教师一般应具有硕士以上学位和一定的法律实务工作经历。兼职教师从检察机关或其他实务部门和学术机构聘请，一般应具有高级检察官（法官、律师）资格或其他高级专业技术职称。建立全国检察教育师资库，实现优秀教师资源共享。[①]

在师资力量方面，以国家检察官学院为例，学院的师资队伍由学院教师和兼职教授组成。学院教师分属五个教研部，教师构成基本都为硕士以上学历，在各自专业领域内有一定的专业贡献。兼职教授人员构成为检察官、律师、客座教授等，具有一定实务经验，对于检察实务有一定经验的人员。除了国家检察官学院之外，检察官培训机构的专职教师太少，有的甚至根本没有任何司法实务经验，有的培训机构几乎完全在由所在检察院的检察官兼任教员，可想而知，这些检察官的办案任务原本很重，实际上无法将更多的精力放在教学之上。

师资队伍的建设，要从师资的配备、培训和管理三个方面来分析。

一、师资配备

目前，检察官院校需要统一配备高学历、具有相应实践经验的人员担任教师，从教育长远发展来看，这是必要的。但现状是，广大检察官院校的教师队伍建设走向了两个极端，或是虽具有高学历，在理论研究领域有所突破创新，但缺乏实践经验，检察理论的讲授与实践脱节，缺乏实际操作性。尤其在检察官培训中，缺乏实践操作性的纯理论讲述是没有生命力的。或是有多年实务经验的检察人员，但是由于检察工作的任务繁重，无法将更多精力投入教学中，缺乏以学生为定位的教学规划，教学目的自然很难达到理想状态。因此，在检察官院校的专业化教学工作中，应当吸收具备相当理论水平和具有丰富实践经验的检察官充实到教师队伍中，设定一个时期培养一支适应检察官院校特色法学教育工作的专职教员队伍。

二、师资培训

法律规定与实践情况的不断更新，需要对检察官院校的教师进行定期师

---

① 冀祥德等：《中国法学教育现状与发展趋势》，中国社会科学出版社2008年版，第50页。

资培训，以适应现实的需求，这也是检察官教育工作正规化建设的重要内容。检察官院校应当充分分析自身的优势，在自身优势的基础上，制定师资培训计划，通过多种形式多种渠道进行师资培训。

师资培训的主要方法有师资进修、师资集训、科研工作和实战锻炼。师资进修是指教师到相关大学进修相关专业，提升自身理论水平；师资集训主要针对检察机关的内部业务培训，使教师适应新的教学要求；科研工作主要是通过各学校教研室进行课题研究、教材编写等科研工作，提升教师的专业素质；实战锻炼指专职教师定期应到实践工作部门参与检察实践工作，来增加检察实践经验，对于检察官教育的内容和重点所在能有一个清晰地认识。另外，师资培训的方式还有很多种，比如教学观摩，教学交流等。

三、师资管理

师资管理工作还包括职称评聘、待遇、考核等问题。检察官专业教育培训涉及的专业门类很多，省级及省级以下培训中心很难配备门类齐全的各专业教师，目前，各地培训中心解决这一问题的主要途径包括专职教员的一专多能和配备兼职教员。检察机关需要建立一支相对稳定的师资队伍，这是建立具有检察机关特色的职业教育体系的重要前提。对于对专职教员的管理与检察官的管理应当有所区别。专职教员的管理，应当参照大学教师的管理模式进行，以便于解决职称、待遇等问题。同时，省级以下培训中心（检察分院）也应当十分重视兼职教员具体管理问题，与兼职教员所在单位加强沟通和协调，使兼职教员在知识结构、教学能力等方面能够适应检察官职业教育的需要。[①] 另外，检察官的考核问题也是师资管理的一个很重要的方面。

第六节　现实状况和未来发展

如前所述，我国检察官院校的法学教育已经逐渐步入正轨。随着《检察官法》、《检察官培训条例》等法律法规的完善，我国已经形成了具有中国特色的检察官院校法学教育模式。但这种中国模式是否真的能满足我国检察工作的实践需要，是否真的能达到教育制度设计之初所想要达到的目的，

① 于朝：《检察官职业教育的若干问题》，http：//www. fsou. net. cn/html/text/art/3355745/335574520. html。

这对于中国检察官院校的法学教育实践是一个挑战。中国模式的法学教育已经进入怎样的阶段？面对实践中出现的越来越复杂的情况，法学教育应当如何与时俱进？

一、检察官教育的现实状况

检察官院校的法学教育是针对中国检察官队伍的现状而设立的专门教育制度。检察官教育以检察工作为核心和导向。由于检察工作在各国法律工作中的重要性，因此纵观全球，各国都很重视检察官教育。但是不同国家进行教育培训的方式有所不同，对我国的检察官院校的法学教育改革也应有所启发。

（一）美国的检察官培训制度

美国的检察官的业务分为五种，即“诉讼、谈判、书写法律文件、法律咨询和行政管理”。[①] 美国检察官的工作十分繁重，并且需要掌握很多刑事法律和刑事证据法方面的知识。与美国的刑事侦查和刑事起诉过程有关，美国的检察工作对检察官的知识结构要求非常之高。因此检察官培训在美国就显得尤为重要。美国的检察官培训主要包括两方面的内容：一是理论，二是实践。理论部分的讲授主要由有经验的检察官讲授诉讼法和证据法方面的内容。实践培训则由有资历的检察官带领初任检察官观摩法庭审判的实况录像，并通过共同分析讨论来完成教学。培训人为法学教授和有经验有资历的检察官。培训的内容不仅有一般的法学理论知识，还有查证，取证等证据法方面的知识和技巧。[②]

（二）英国的检察官培训制度

英国进行培训的目的主要是培训适应不同岗位工作的检察官，主要分为集中培训和分散培训两种形式。集中培训由皇家检察署统一组织，根据工作需要和检察官要求设置培训课程。主要培训各地新录用人员，包括助理检察官和各检察机构的部门负责人。分散培训由各地方监察机构自行组织。培训形式上多以短期集中培训为主，一般时间为一周左右。学习的方法多为观看录像、专题讨论以及最新的网络技术应用。培训的内容根据培训对象不同设

---

① 周振雄：《美国司法制度概况》，上海三联书店2000年版，第229页，转引自何家弘《检查制度比较研究》，中国检察院出版社2008年版，第392页。

② 何家弘：《检查制度比较研究》，中国检察院出版社2008年版，第392页。

有法律专业培训、管理与技巧培训、发展课程培训等。①

（三）法国的检察官培训制度

“为了保证法官、检察官的执法水平适应形势发展的需要。法、德两国都十分重视司法人员的在职业务培训。法国所有法官、检察官每年都要接受一次培训，他们每次升职之前都要接受一次相应的业务培训。国家一有新的法规出台，所有法官、检察官都必须学习领会。”② 法国的检察官培训是和检察官的任职资格挂钩的。能否顺利就职的标准之一就是是否合格地完成了相应的业务培训。

（四）德国的检察官培训制度

德国的检察官培训主要是为检察官提供深造、交流和更新知识结构的机会。德国设有两所检察官管理学校，每年做出计划之后，由各州组织检察官进行培训。但是德国的检察官培训一般没有统一的教材和课程体系，而且培训时间也较短。

（五）日本的检察官培训制度

日本的检察官培训制度出现的比较早，至今已经有大约40多年的历史。日本非常重视对检察官的在职培训。其培训主要分为三类，包括检察官研修制度、检察人员轮换制度和国际交流。培训类型多样，不同类型的培训侧重有所不同，并且针对的对象也有所不同。日本的很多教育经验都值得我国借鉴学习。

二、中国检察官院校法学教育的现状

如前所述，我国检察官院校的法学教育不仅仅包括各级检察官的在职培训，还设置了针对检察工作需要的相应学历教育。两种教育类型的招生对象和教学目标有所不同。

（一）培训的现状

《检察官法》、《检察官培训条例》等一系列法律法规出台之后，我国的检察官在职培训已经走上了正规化、法制化的道路。我国《检察官法》和《检察官培训条例》中已经明确把检察官培训作为检察官的权利和义务，提出了系统化的培训要求，即要求贯彻理论联系实际的原则、按需施教、讲求实效。不仅如此，我国将检察官培训的目标和想要达到的效果也纳入了法制

① 何家弘：《检查制度比较研究》，中国检察院出版社2008年版，第392页。

② 周理松：《法国、德国检察制度的主要特点及其借鉴》，《人民检察》2003年第4期。

化的轨道，并将检察官的培训和任职、晋升相联系，这种做法在一定程度上将检察官培训从传统的被动式培训变为主动式求学。检察官人员结构的转变促使检察官培训从传统的“补课式”向“专业化”转变。这一系列的变化都证明我国的检察官培训制度正在随着实践的要求慢慢改革和发展，其改革的方向是使其更加适应检察工作的实践要求，能够不断地满足实践中追诉和侦查犯罪的需要。

但是，在看到检察官教育制度发展的同时，我们应该清醒地认识到检察官教育现状中存在的不足和值得完善之处。

1. 我国目前的检察官队伍素质还是偏低

虽然随着司法考试制度的设立和入职门槛的增高，检察官人员结构有了一定的改善。但是改善程度仍不足以满足实践中对检察官专业素质的要求。实践中对人才的需求和现实中检察人员的供给出现了矛盾。检察官培训在这时便凸显出无可替代的重要作用。纵观全国，日本，法国和德国等的检察官素质都普遍很高，因此，我国检察官培训所承载的任务依旧十分繁重。而现今的检察官培训是不足以满足现实需要的，其所起的作用是改善而非改变。

2. 培训内容较为单一

在过去的改革中，检察官培训已经走上了专业化道路，但是研究之后不难发现，我国的检察官培训基本局限在传统法学理论的灌输上。尽管《检察官培训条例》中规定了培训应当注重理论和实际结合，但是在实际操作中，并没有将理论和实践很好的统一起来。实践的教学更多停留在理念层面，而不是将其作为培训的重点。《检察官培训条例》中提到了岗位技能培训和专业素养培训的重要性，但笔者需要指出的是，实际培训过程中并没有真正做到将培训与检察工作中实际需要的技能联系起来。培训的内容过于单一，并且与检察工作实践有一定脱节。

3. 没有形成统一的司法官培训体系

我国的法官培训和检察官培训是分开进行的，并且彼此之间联系很少。这种分离的培训模式对于司法制度工作状况的整体改善而言效果不是很好。国外的司法官教育是一个整体。国外的很多经验是值得我国借鉴的。建立统一的司法官培训体制有利于完善检察官培训制度、推动社会主义法治建设。

（二）法学学历教育的现状

随着中国法学教育的发展，我国的法学学历教育已经形成基本的体系化、专业化、国际化的教育模式。检察官院校的学历教育具有针对性，如前面所述，其教育对象和教育目的的设置都是为了满足我国检察官队伍的需要，培养能适应愈加复杂的法制状况的合格检察官。因为教学目的的不同，检察官院校的法学学历教育与一般学校的法学学历教育也不一样。其所具有的专业性、实践性的特点使得在课程设置，师资配备方面也有不同侧重。这种教育模式弥补了检察官培训不够全面系统的缺陷。

但在研究的过程中发现，检察官院校学历教育的招生简章中规定的招生人数往往与检察官队伍的实际需要不对应。除了检察官院校之外，我国还有众多的专门法学院校，并且各类综合性大学都设有法学专业。法学专业的毕业生已经存在一定的就业问题。在这样的国情下，是否确有必要专门培养适应检察官工作的法学人才。一般法学专业的学生已经能够胜任初任检察官的基本职务，我国还配有相应的检察官在职培训。这一系列的制度基本已经能够满足检察事业的需要。面临近几年爆发的就业难题，在检察官培训制度日趋完善的情况下，检察官院校的学历教育应当何去何从，这是我们应该考虑的问题。

三、我国检察官院校法学教育的未来发展

通过前面对世界各国检察官培训制度和我国检察官院校法学教育的现状介绍可以看出，国外检察官培训制度是有一定的先进性，值得我们借鉴和完善。

我国的检察官院校法学教育已经步入正轨。改革和发展的方向也基本确定。积极发展和推进检察官教育对我国的法治发展是有必要性的。《实施意见》中指出要“从全局和战略的高度，深刻认识大规模推进检察教育培训工作的重大意义”，这里提到的重要意义主要有以下几个方面：“第一，大规模推进检察教育培训工作，是检察机关高举中国特色社会主义伟大旗帜、始终坚持正确政治方向的必然要求。第二，大规模推进检察教育培训工作，是全面加强和改进检察工作、努力开创中国特色社会主义检察事业新局面的客观需要。第三，大规模推进检察教育培训工作，是按照严格公正文明执法的要求建设高素质检察队伍的紧迫任务。”并且该《实施意见》中还明确规定了我国大力推进检察官教育改革的目标和方向。

（一）我国检察官院校法学教育的发展目标

《实施意见》中提到，我国大力推进检察官院校法学教育的基本目标是“检察教育培训规模进一步扩大，正规化培训覆盖全员。教育培训的针对性、适应性、实效性进一步提高，质量全面提升，效果整体优化。基础建设明显加强，培训投入逐年加大，保障能力不断提高，教育培训持续发展的后

劲切实增强。检察教育培训的体系、制度日渐完善，检察人员素质能力养成机制进一步建立健全。经过四年努力，全面实现从学历教育向能力教育的转变，从应急性、临时性培训向系统化、规范化培训的转变，从一般法律课程、讲座向多形式、多层次的岗位培训的转变”。这里提到的基本目标是符合我国现状的。并且按照这个目标发展的话，能在一定程度上改善我国检察官工作的缺陷。培训的正规化，全员化是检察官教育的目标。教学过程针对性、适应性、实效型的提高是发展方向。

针对这个目标，我国检察官教育发展的具体思路应该是《实施意见》中规定的“高举中国特色社会主义伟大旗帜，以邓小平理论和‘三个代表’重要思想为指导，深入贯彻落实科学发展观，按照党的十七大精神和胡锦涛总书记等中央领导同志关于建设高素质检察队伍的重要指示精神，以增强法律监督能力为核心，以促进专业化建设为方向，以领导骨干和业务一线检察官为重点，以改革创新为动力，全面推进检察教育培训工作，大规模组织正规化培训，广泛开展岗位练兵，大力强化高层次人才培养，着力加强西部和基层教育培训工作，为检察事业科学发展提供坚强的思想政治保证、人才保证和智力支持”。

（二）我国检察官院校法学教育未来发展的具体措施

1. 扩大教学内容的覆盖面

如前所述，我国的检察工作要求检察官的知识结构必须与时俱进。随着犯罪类型的增多，新型犯罪的出现，为了达到追诉和侦查犯罪的目的，检察官必须掌握丰富的岗位技能，包括侦查技能等诸多方面。传统的教育培训只是起到了蜻蜓点水的作用，并没有真正将技能培训落到实处。导致的后果是培训教学和实践操作相比总有一定的滞后性，这使得培训的目的不能达成。《检察官培训条例》中规定：“最高人民检察院、省级人民检察院根据检察业务工作的需要，可设立业务技能实训基地。”我国检察官培训的发展方向应该是注重实践能力的培养。建立相应的实训基地，开设针对检察工作需要的实训课程是很好的改革措施。

2. 加强关于政治素养和职业道德的培训

检察官并非一般的法律工作者，既是追诉和侦查犯罪的主体，又是国家公权力的行使者。社会对检察官的职业道德的要求必然是很高的。另外，检察官的政治素养的高低也应当是评判其是否能胜任工作的标准。《实施意见》中也提到：“把学习中国特色社会主义理论体系作为检察教育培训的中心内容和首要任务，切实做到‘进教材、进课堂、进头脑’，教育引导队伍坚持‘三个至上’、‘四个在心中’，提高运用科学理论分析解决实际问题的能力，增强建设、捍卫中国特色社会主义事业的坚定性、自觉性”。“反腐倡廉教育作为各级各类检察教育培训的必修课程专门安排，逐步建立起具有检察特色的廉政教育常态机制。坚持廉政教育与职业道德、职业纪律教育相融通，日常教育与集中教育相结合，重点强化对党员领导干部、新进人员及拟任检察官人员的廉政教育、职业道德和职业纪律教育，强化廉洁意识，增强职业自律能力”。在中国社会的现实背景下，检察官的职业道德与其所具备的法学素养同等重要。检察官是维护社会公平的守护者，如果职业道德、政治素养有所缺失，那么法律的执行一定是有名无实的。

3. 实现岗位培训的全员覆盖，建立多种方式并存的教学体系

完善和巩固以领导素能培训、任职资格培训、专项业务培训和岗位技能培训为基本类型的岗位培训体系，坚持系统内自主培训与选派参加系统外培训相结合，建立健全检察人员每年定期培训制度；配合检察人员分类管理改革，进一步规范和细化分级分类实施的正规化培训体系。除此之外，应当号召建立自主学习机制。不论培训如何改革，教学和实践终究是有一定的滞后的。社会情况的变迁速度越来越快，检察官想要尽快地适应这种变化，就应当学会在平时根据实践变化而自主更新知识结构的能力。

检察官院校的法学教育在检察官素质保障体系中占有不可或缺的地位，然而，检察官教育不是万能的，只有和科学的选任、晋升、惩戒等相结合构成整体，才能确实达到提高检察官素质，提高检察工作的质量的效果。从检察官院校的法学教育本身来看，问题绝不单单是教育内容、形式、师资等表面上的问题。因此，其他的配套制度的建设等也是非常重要的。我们应当立足中国国情，更好地促进检察官院校的法学教育的提升。

第十五章　法官院校的法学教育

第一节　概述

一、法官院校概述

（一）历史发展

我国在改革开放之初启动法官教育的目的主要是恶补法官队伍素质。当时，我国各级法院安置了大量的部队转业干部。据统计，1985 年以前，全国法院系统 20 多万干警中，具有大专文化程度的仅占干警总数的 7%，而其中法律专业毕业的不足 3%。他们尽管政治思想素质很高，但是法律专业知识欠缺，法律素养不高。这种状况成为制约司法公正实现的一大障碍。

为改变这一状况，1985 年 9 月，最高人民法院创办了全国法院干部业余法律大学（以下简称法律业大）。法律业大在办学过程中突出了法院系统办学的特点，贯穿了理论联系实际和为审判工作服务的宗旨，在组织领导上，最高法院设总校，地方各级法院分别设立业大分校、分部、教学班，法院院长和一名副院长兼任学校的领导职务，这样使各级法院领导把业大工作放在法院整体工作中，并作为法院工作的重要组成部分来布置安排。在管理体制上，业大受国家和地方教育行政部门的管理和监督，在法院内部则纳入法院的一体化管理，这样妥善解决了工学矛盾，既能保证教学工作的顺利进行，又促进了办学效率的提高。在教学工作中，突出了实体法和程序法教学，并根据法制建设的发展和人民法院工作的需要，不断调整原有课程，及时开设新课。在教师队伍中，业大实行以专职教师队伍为主，专兼职教师相结合的方针，开展教学工作。十多年的时间里，全国法院干部业余法律大学累计培养大专学历生 8.9 万人，专业证书生 8.2 万人。截至 1997 年，全国法院系统中达到大专以上文化程度的占全体干警的 70%，其中法官占 80%，高级法官占 90%。由于全国法院系统的文化水平和业务素质大大提高，办案水平也随之提高，为保证新时期法官审判工作的顺利进行和《法官法》

的制定奠定了基础。①

为了适应我国社会主义经济建设和法制建设，培养更多具有较强审判工作能力的高级法官及其后备人才，最高人民法院和国家教育委员会决定联合创办中国高级法官培训中心。中国高级法官培训中心于1988年2月13日成立。在决定成立的通知中明确规定“培训中心是大学后继续教育的基地。在必要时，可以举办现职法官短期培训班，分别承担不同的培训任务。培训中心要贯彻教育改革的精神，坚持理论密切联系实际、学以致用的原则，结合我国立法和审判工作实际进行教学和研究，讲求实效，努力开辟一条培训高级法官和培养应用型高层次法律专门人才的途径。培训中心委托北京大学、中国人民大学开办进修班，并为法院定向招收和培养学位研究生”。截至1997年，该培训中心已培训近600名具有高级法官任职资格的学员，并培训了一批法学硕士，还公派了一些出国留学生，有的已获得了法学博士学位。

法律业大和法官培训中心为全国法院系统培养了大批法律人才，使我国法官队伍的总体水平大大提高，为我国的法制建设作出了积极的贡献。但是，这些培训是一种知识和学历上的“补课”，主要是针对那些没有接受过系统的法律专业培训以及没有接受过正规高等院校法律教育的法官进行的，重在学历教育，培训内容也多局限于具体的法律条文知识。

随着社会政治、经济、文化的发展，社会对法官的素质要求越来越高，我国原有法官教育体系渐渐无法有效满足法官教育和培训的需要。

1997年，国家法官学院在全国法院干部业余法律大学和中国高级法官培训中心的基础上成立。国家法官学院的成立，是我国法官培训事业开始步入正轨的一个可喜信号，各法律业大分校在完成自己的历史使命后，转轨成为各地的法官培调中心或法官学院。

（二）现状概述

目前，我国法官院校主要有：最高人民法院设立的国家法官学院及其分院，各高级人民法院设立的省级法官学院、法官进修学院、法官培训学院等法官培训机构以及经高级人民法院批准设立的地（市）级法官培训机构。

从字面上理解，法官院校应该是专门培养法官的机构，然而，我国法官培训机构除了对法官进行培训外，还承担着一些法官培训之外的职能，如针对一般社会公众开展的学历教育。

---

① 乔燕、王红：《建立和完善我国的法官教育培训体系》，《法律适用》1999年第5期。

就法官培训来看，国家法官学院承担的法官培训的主要任务有：

（1）预备法官培训；

（2）初任高、中级人民法院院长、副院长以及基层人民法院院长的任职培训；

（3）晋升高级法官的晋级培训；

（4）最高人民法院法官的续职培训；

（5）地方各级人民法院高级法官的续职培训；

（6）地方法官培训机构的师资培训；

（7）最高人民法院指定的其他培训。

必要时，国家法官学院可委托其分院承担以上培训任务。

国家法官学院分院、省级法官学院或其他法官培训机构承担的法官培训的任务主要有：

（1）初任基层人民法院副院长的任职培训；

（2）地方各级人民法院一级以下法官的续职培训；

（3）高级人民法院指定的其他培训；

（4）最高人民法院委托的培训。

根据最高人民法院的要求，国家法官学院在容量有限、师资紧缺、各项硬件建设落后的情况下，克服种种困难，全面开展各类法官培训，根据审判工作的需要，精心研究法官培训课程体系，逐步形成法官培训特色。法官培训在培训规模、培训种类、培训内容、培训方式、培训质量等方面都取得了很大的进步，提高了法官培训的科学性，为法官职业化建设奠定了基础。2008 年，国家法官学院开创了法官网络教学这一新的培训形式，建立了中国法官培训网，这标志着中国法官教育培训事业迈上一个新的台阶。

经最高人民法院批准，国家法官学院先后在北京、上海、天津、内蒙古、四川、山东、黑龙江、河南、甘肃、广东、广西、江苏等 17 个高级人民法院设立了国家法官学院分院。

省级法官学院和其他法官培训机构根据各地实际，在自身条件允许的范围内也在不断摸索法官教育和培训的新型方式，特别是一些经济发达的省市，如南京、上海，在法官教育和培训方面都走在全国法官院校的前列，为全国法官培训提供了许多有益的思路和经验。

我国传统的法官培训方式主要是在职离岗的脱产培训，近年逐步在加强法官培训的国际交流与合作，按照国家有关规定选派法官出国进修、邀请国外法学专家、教授和法官来中国进行专题讲座。① 例如，中国与加拿大的合作培训项目让29位中国的法官在国内和加拿大获得了系统的司法培训机会。福特基金会在过去的6年中与中南政法学院以及湖北省高级人民法院合作，举办湖北省地方法官培训班，一些国内外知名的学者和法官来到武汉，为当地的法官讲课，仅湖北一省受到培训的法官便达到600名以上。

此外，我国法官培训在近年来有了不断健全的制度保障。2000年，最高人民法院制定并颁布了《法官培训条例》，该条例明确了法官培训的组织与管理、内容与形式、条件与保障、考核与责任等各个方面。2001年，最高人民法院又召开了全国法院教育培训改革与发展战略研讨会，确立了今后一个时期全国法院教育培训工作的指导思想和发展目标，提出法官培训工作要实现战略性的转变，即从学历教育为主向岗位培训为主转变，从应急性、临时性的法官培训为主向系统化、规范化的法官培训为主转变，从普及性培训为主向职业化、精英化培训为主转变。最高人民法院还先后制定了《2001—2005年全国法院干部教育培训规划》和《2006—2010年全国法院教育培训规划》，具体明确了各个不同时期法官培训的指导思想和基本原则、总体目标和基本任务以及保障措施，从而使法官教育培训工作逐步走上了制度化、规范化的轨道。

除了承担法官教育和培训的主要任务外，我国部分法官院校也承担着大学本科及专科学历教育的职能。

学历教育是我国法官培训学院的其中一个任务，尤其是在法院系统建立初期，学历教育是当时的法官院校，如业大和培训中心的主要任务。根据《2006—2010年全国法院教育培训规划》（简称培训规划），学历教育也是培训规划制定的其中一项任务。培训规划规定，鼓励符合条件的法官及其他工作人员特别是中青年法官，本着学用一致原则，积极参加研究生学历教育。中级以上人民法院要逐步形成一个具有法学（法律）硕士以上学历（学位）的法官群体。到2010年，法官中研究生层次人数要比2005年翻一番，力争达到2万人，其中，东部地区法院、中部地区法院、西部地区法院法官中研究生层次人数所占比例分别达到该地区法官总数的15%、9%和6%。继续做好本科学历教育，重点加强和支持西部地区法院本科学历教育，力争使通过专项培训取得继续任职资格的西部贫困地区法官达到法官法要求的学历条件。

① 王安、乔檀：《试论我国法官培训的发展与完善》，《法律适用》2004年第12期。

教育部2001年12月批准国家法官学院从2002年开始举办专升本教育，这为全国法院本科学历教育开辟了一条新的路径。从2001年开始，国家法官学院开始与北大联合举办远程专升本教育，开创了法院系统规模化举办“专升本”教育的局面。此外，国家法官学院还同北京大学、中国人民大学、中国政法大学等院校联合，尝试举办法律硕士兼读高级法官班。

二、法官教育概述

谈及法官院校的法学教育，不能不提及法官教育，因为，法官院校法学教育的重心在于法官教育，甚至可以说，法官教育应该是法官院校教育的全部内容，对法官进行教育和培训，培养合格、胜任的法官，并为法官提供持续、终身教育，应该是法官院校唯一宗旨和任务。在许多国家，法官院校所承担的唯一职能就是法官教育和培训。

（一）法官教育的界定

法官教育的含义有狭义和广义之分。狭义的法官教育是指针对在职法官进行的一种职业教育（即在职法官教育）；与狭义的法官教育相比，广义的法官教育的过程更长，除了包括在职法官教育外，还包括将一个普通人培养成一名称职法官的职前教育。

司法传统、法学教育模式以及法官遴选制度的不同会导致法官教育的界定不同。例如，美国大多数法官是律师，具有法学学位和一些执业律师的经验是成为一名法官最普遍的资格要求，因此，美国法官教育指的主要是法官在职教育。而在大陆法系的许多国家，如德国，通往法官之路非常艰辛，一般来说要经历大学法学教育——初试——两年的培训——复试——见习法官——法官这样一个漫长的过程，因此，德国的法官教育倾向于广义的法官教育，包括大学法学教育（作为普通法学教育的一部分）、实习（作为普通法学教育的一部分）、见习法官、针对所有法官进行的继续教育。[①]

笔者认为，从本质上说，法官教育应是将一个普通人培养成一名称职法官的过程，包括在职教育，也包括职前教育。实际上，无论是狭义的法官教育还是广义的法官教育，都脱离不开职前教育，因为，教育具有内在连续性，法官任职前所受的教育会伴随他的整个职业生涯，法官在职教育注定无法也不应脱离法官职前教育。因此，笔者认为，法官教育应该是广义上的法

① 吴汉东、李汉昌：《“法官职业与法官培训”国际研讨会发言摘要》，《法商研究》2000年第1期。

官教育，在职法官教育仅仅是法官教育的一个阶段，而不是全部。

我国《法官法》以及我国法官教育的实践都倾向于将法官教育界定为狭义上的法官教育，即在职法官教育。

在我国，法官职前教育主要是指大学教育（包括大学法学教育），鉴于本书其他章节已对该等内容做详细论述，本章对该阶段的法官教育内容不再详细阐述，而将讨论的重点放在在职法官教育上，除非本章另有说明，本章以下所述法官教育均是指法官在职教育。

（二）法官教育的必要性

对法官进行科学、持续、系统的教育具有无可争议的必要性。

从本质上说，法官教育的必要性（或者说意义）首先源于法官在法治社会中所扮演的重要角色。沈家本在一百年前维新变法时就说过："夫法之善也者，乃在用法之人，苟非其人，徒法而已。"法官作为以国家名义行使审判权的居中裁判者，在国家司法公正的实现过程中起着不可替代的重要作用。如果说法院是社会的最后一道防线，那么法官就是这道防线的守门人。一个胜任的法庭是公众对司法公正存有信心的前提和基础，而且，司法审判本身就是一项专业性和技术性极强的工作。这些都意味着，法官只有在技术上精通法律、熟悉业务，在人格品性上恪守中立、正直无私、严格遵守法律，才能保证其在裁判过程中真正做到超然、中立，做出正确的裁决，进而维护司法公正。而要做到这些，就需要有系统的法官素质保障制度，而法官教育就是该制度不可或缺的组成部分。

其次，对法官进行持续不断的教育，也源于法律的不断变化和审判实践的日趋复杂。法律具有相对稳定性，但是法律也需要根据社会的发展而发展，因此，总是不断有新的法律或规则出台，也总是有对原有法律的修订，而且许多新出台的法律具有很强的专业性，法官单靠自学可能无法在较短时间内透彻理解并正确适用新的法律。此外，随着经济和社会的发展，法官所面临的审判实践也越来越复杂。因此，即使假设法官都是通过严格的法官遴选制度被严格筛选出来的优秀人才，在法官的职业生涯中，也仍然有必要对法官进行继续教育和培训，其中就包括就新出台的法律或原有法律的修订以及不断变化的审判实践组织专门人员对法官进行培训，以使法官更好地适用法律，解决纠纷。

出于保障法官素质的需要，许多国家都非常重视法官教育。即使是在法官遴选制度较为特殊的美国，也越来越关注法官教育。美国的法官一般都来源于执业经验丰富的律师，因此，与其他国家（如法国）法官加入专门的学校进行几年的工作学习不同，起初，美国的法官被任命或选举后几乎不接受正规的培训，他们假定有经验的律师有充分的法庭经历承担法官一职。但是，随着法官工作越来越复杂，这项假定也被越来越认为不合理。人们开始普遍关心法官的培训问题，越来越多的法官接受正规教育。1974年起，一些州已要求法官参加专门的继续教育。20世纪80年代末，美国22个州和13个联邦地区法院要求所有的执业司法人员，包括法官继续接受教育。一些组织对特定类型的法官，如刑事审判法官、上诉法官、少年法院法官和联邦法官开设专门的课程和研习班。①

从我国的实际情况来说，随着社会民主法治的不断进步，法官在整个社会中所扮演的角色越来越重要，法官素质的高低不仅影响到国家法律的实施效果，而且直接影响到个人利益和权利的实现。② 因此，要求提高法官素质和专业水平的呼声一直都很高。无论法学界还是司法实务界还是社会大众几乎都无可置疑地同意，有必要对法官进行持续、科学的教育和培训。

此外，基于我国法学教育和法官队伍组成的特殊性，法官教育的必要性除了前面提及的两个原因外，还有两个主要原因：其一，基于历史的原因，我国法官队伍中有一部分人没有法律专业背景，这部分人虽然经验丰富，但是理论水平却亟待提高，需要对其进行必要的补课教育；其二，初任法官的主要队伍来自高校毕业生，但是，由于我国法学教育模式的特殊性，高校毕业生毕业后依然不具备法官的职业素质和技能，因此，法官教育就不得不承担起法官职业培训的任务。

目前，我国已通过《法官法》将法官培训通过立法的形式固定下来，虽然内容比较笼统和原则，但也在一定程度上反映出我国立法者对于法官教育的必要性给予了必要的重视。

（三）法官教育的内容

法官教育的内容取决于法官的职责和该职责对法官的素质要求。因此，在讨论法官教育内容时，有必要先分析法官担任的职责和法官的素质要求。

从法官担任的职责上看，法官承担着司法审判，解决纠纷的职能，法官

---

① ［美］斯黛丽等：《美国刑事法院诉讼程序》，陈卫东、徐美君译，中国人民大学出版社2002年版，第181—182页。

② 当然，在我国，影响到法律实施的不仅仅是法官，从根本上说，还有政治体制层面的原因。因此，不能说，只要提高法官素质，就一定能够实现民主法治的大进步，但是，反过来说，如果法官素质低下，民主法治水平就不可能提高。从这个逻辑上说，提高法官个人素质，保证法官队伍胜任司法审判，是在现有政治体制和司法环境之下，促进民主法治进步可为也必须为的事情。

需要主持庭审，倾听有关诉讼参与人的辩解或陈述，对证据进行认定，在判断事实真相的基础上，适用有关法律，对纠纷做出裁决。

法官要适当地履行上述职责，至少应该具备以下两方面的素质：在技术上精通法律，熟悉业务，具备基本的司法审判能力和技巧；在人格品性上，崇尚法律，恪守中立，正直无私，具有良好的职业道德和修养。

基于此，法官教育的内容至少应该包括以下两个方面：

1. 司法能力培训

司法能力包括知识掌握程度以及司法实践能力。

从知识上说，对于法官在审判案件中经常使用到的法律专业知识，应该在知识的深度和及时性上给予加强。因为法官只有透彻理解相关法律规定，并且能够及时掌握法律的最新变化，才能在处理纠纷时正确适用法律。具体来说，要加深法官对于法律专业知识的理解，确保法官领会立法意图，对法律规定有正确、透彻的理解；新的法律规定出台或者对原有法律规定修订后，要及时对法官进行知识的更新培训。

此外，由于法官面对的案件涉及的领域不确定而广泛，因此，还应适当扩大法官知识面。可以结合法官审判实践，对法官进行政治学、经济学、社会学等方面知识的培训，这些培训有利于扩大法官的视野，也有利于完善法官的知识结构，对于法官的审判工作非常有益。

从司法实践能力上说，应该重点从法官驾驭庭审的能力、发现案件关键问题并正确适用法律的能力、裁决能力以及阐明判决依据和理由的表达能力（即制作裁判文书的能力）方面培养和提高法官的审判技能。

2. 职业道德和修养

在法治社会中，法官被认为是公正、公平和礼节的集中体现。“抗辩制的公平和公正取决于那些坐在审判席上的人们的行为”。① 如果法官不尊重自己，法院的尊严就可能被损坏；如果法官堕落，司法的信任将被糟蹋。为了维护法院的威严和权威，经常要用比其他人更高的标准要求法官。尽管社会可能容忍其他职业的粗鲁和不诚实，但法官却要因这种行为受到处罚。因此，加强对法官职业道德和修养的培养就成为法官教育的基本内容之一。

为此，需要针对法官制定专门的职业道德规则来规范法官的行为，并在法官教育中重点对法官（尤其是初任法官）给予这方面的培训。

---

① ［美］斯黛丽等：《美国刑事法院诉讼程序》，陈卫东、徐美君译，中国人民大学出版社2002年版，第194页。

在美国，法官和所有律师都必须遵守道德准则。美国律师协会通过制定示范准则和规则影响每个州所适用的准则。美国律师协会在对法律行业的道德前提和道德问题进行广泛的重新评价后，于1983年采纳了一部新的法典，称为《职业行为标准规则》，20世纪90年代早期，三分之二以上的美国法院管辖区采用了标准规则。法官也受一套专门的原则约束。1990年，美国律师协会代表委员会采纳了一部经过修改和补充的法典，称为《司法行为示范法典》，对法官的工作及角色提出了具体的要求。[①]

此外，法官还必须具有良好的修养，这主要是指，法官必须公平、谦恭地对待所有诉讼当事人，对其给予基本的尊重，不得带有任何歧视、偏见或傲慢。

当然，针对法官的不同情况，法官教育内容也应有所侧重，例如，对于初任法官来说，培养其遵守法官职业道德和修养以及基本的审判技能就显得非常重要，而对于审判实践比较丰富的法官来说，保证其掌握的知识及时更新就是培训的重点。

法律职业人才培养模式的不同，法官教育内容在各个阶段上也有所区别。例如，在大陆法系国家，如德国、日本、法国，法学院教育作为法官职前教育的一部分，以知识性教育（或者说是知识理性）为主，而法官在职教育则以培养法官的职业技能（或者说是实践理性）为主。在普通法系国家，如英国、美国，在担任法官之前，这些人基本都已经具有比较丰富的法律实践，因此，对于在职法官的教育应主要集中在知识的更新和审判技能的提高上。

从我国来看，改革开放之初，我国法官来自转业干部的比例较高，这部分人大多没有法律专业背景，因此，对其进行法律专业知识进行补课就成为法官教育的主要任务。培训的内容也就非常多，包括法律专业知识、法律思维以及审判技能等等。而目前，我国初任法官的主要来源是从学校毕业的学生，这些学生中大多数都接受过法学院的法学教育，已经掌握了一定的法律知识，但是，由于我国法学教育和法律职业之间存在脱节，学生从学校毕业后尚不具备法官职业所要求的基本职业素养和技能。虽然国家统一司法考试拟在法学教育和法律职业之间架起一座桥梁，然而，司法考试本身内容、形式等方面存在的局限性也使得这个目的无法实现。因此，目前我国法官院校

① ［美］斯黛丽等：《美国刑事法院诉讼程序》，陈卫东、徐美君译，中国人民大学出版社2002年版，第194—197页。

的法学教育就不得不承担起衔接大学法学教育与法官职业的角色。

第二节 招生就业

一、招生情况

（一）国家法官学院

国家法官学院是最高人民法院直属的国家级法官教育培训基地。其主要任务是根据全国法院干部教育培训规划，承担全国高级法官培训及初任法官培养任务。同时，国家法官学院也是教育部批准的成人高等法律院校，在国家核准计划内，开展大学本科及专科成人高等学历教育。

1. 法官培训招生

国家法官学院法官培训的对象主要是在职法官。一般来说，国家法官学院每年会制定年度法官培训计划表，并就培训名额在全国法院分配，表15－1、15－2是国家法官学院2005年度法官培训计划表和名额分配表。①

从招生对象看，法官培训项目不同，招生的对象也有所不同，例如，陪审员业务培训招生的对象主要是已任命的基层人民法院人民陪审员、法官培训机构师资培训班招生的对象是各级法院法官培训机构从事审判教学工作的教师，专题培训班招生的对象则主要是从事与培训专题有关的业务人员。

从招生范围看，一般面向全国法院招生，在全国各省市之间进行比较平均的分配。

从招生规模看，招生规模不大，各培训班招生人数一般都在150人以下，尤其是专项培训，招生规模一般都在100人以下。②

从招生的系统性上看，除了岗位培训外，其他类型法官培训尚未形成一套完整的体系。结合审判规律和我国审判实践，深入研究设置一套科学的法官培训体系，并有针对性地招收有需要、有必要接受相应培训的法官参与培训，是我国法官院校改革和完善法官培训的首要也是基础课题。

---

① 目前，尚无法从公开渠道获得最近几年的培训计划，因此，只能将2005年的计划列出供参考。

② 本章未注明的数据均来自各法官院校/培训中心官方网站。

表 15－1　**2005 年度法官培训计划表**

序号	培训时间	培训班名称	培训对象	人数	地点
1	2.28—3.10	人民陪审员业务培训班	已任命的基层人民法院人民陪审员。	100	通州（总装）
2	2.28—3.18	高级法官续职资格培训班（民事）	各级法院从事民事审判工作的高级法官。	100	学院
3	2.28—3.18	高级法官续职资格培训班（商事）	各级法院从事商事审判工作的高级法官。	100	学院
4	3.21—4.8	高级法官续职资格培训班（知识产权）	各级法院从事知识产权审判工作的高级法官。	100	学院
5	3.21—4.8	高级法官续职资格培训班（涉外商事海事）	各级法院从事涉外商事海事审判工作的高级法官。	100	学院
6	4.11—4.29	高级法官续职资格培训班（行政）	各级法院从事行政审判工作的高级法官。	100	学院
7	4.11—4.29	高级法官晋级资格培训班（行政）	1. 拟首评为高级法官的人员。2. 因法官职务或行政职级提升，在法官等级编制幅度内，拟从法官晋升高级法官的法官。3. 2004 年 10 月 31 日前，任一级法官满四年、正科级以上的法官（不含助理审判员）。	100	学院
8	5.9—5.20	全国法院网络涉法信息阅评员培训班	各高院主管宣传工作的院领导、法院网信息阅评员、已在中国法院网建地方法院网站的负责人、中国法院网法制论坛版主。	130	通州（总装）
9	5.16—6.10	高级法官晋级资格培训班（刑事）	1. 拟首评为高级法官的人员。2. 因法官职务或行政职级提升，在法官等级编制幅度内，拟从法官晋升高级法官的法官。3. 2004 年 10 月 31 日前，任一级法官满四年、正科级以上的法官（不含助理审判员）。	100	学院
10	5.16—6.10	法官培训机构师资培训班（刑事）	各级法院法官培训机构从事刑事审判教学工作的教师。	100	学院
11	5 月中旬	“正当程序与法律适用”规则专题培训班（中国—德国行政诉讼法比较研究项目）	各高级法院、中级法院从事行政审判工作的法官。	40	待定

续表

序号	培训时间	培训班名称	培训对象	人数	地点
12	6.13—6.24	国家赔偿法理论与实践培训班	高、中级人民法院从事赔偿工作的主任、副主任、审判骨干。	120	学院
13	6.13—7.1	高级法官续职资格培训班（立案）	各级法院从事立案审判工作的高级法官。	100	通州（总装）
14	6.13—7.8	基层法院院长轮训班	全国基层法院院长。	100	学院
15	8月上旬	“裁判方式与行政合同”专题培训班（中国—德国行政诉讼法比较研究项目）	各高级法院、中级法院从事行政审判工作的法官。	40	待定
16	8月上旬	全国法院司法行政装备管理干部培训班	各高级人民法院、各计划单列市中级人民法院、各省会（自治区首府）中级人民法院司法行政部门负责人。	80	待定
17	9.5—9.30	高中级法院院长、副院长任职资格培训班	近两年担任高、中级人民法院领导职务的正、副院长。	100	学院
18	9.5—9.30	基层法院院长轮训班	全国基层法院院长。	100	学院
19	9.5—	预备法官培训班	各级法院已通过国家统一司法考试的拟任审判人员。	50	九所
20	10.8—10.31	“法律适用方法”培训班（中—德司法合作项目）	各高级法院法官培训机构教师（民商事专业）。	50	九所
21	10.10—10.28	高级法官续职资格培训班（普通刑事）	各级法院从事普通刑事审判工作的高级法官。	100	学院
22	10.10—10.28	高级法官续职资格培训班（经济犯罪、职务犯罪）	各级法院从事经济犯罪、职务犯罪审判工作的高级法官。	100	学院
23	10.31—11.18	高级法官续职资格培训班（执行）	各级法院从事执行工作的高级法官。	100	学院
24	10.31—11.18	高级法官续职资格培训班（审监）	各级法院从事审判监督工作的高级法官。	100	学院
25	10月下旬	环境法律实务研习班	各级人民法院从事环境审判工作的法官。	40—50	待定
26	11.21—12.1	全国法院研究室调研工作培训班	各级人民法院研究室领导或从事调研工作的干部。	110	待定

续表

序号	培训时间	培训班名称	培训对象	人数	地点
27	11.21—12.16	高级法官晋级资格培训班（民商事）	1. 拟首评为高级法官的人员。2. 因法官职务或行政职级提升，在法官等级编制幅度内，拟从法官晋升高级法官的法官。3. 2004 年 10 月 31 日前，任一级法官满四年、正科级以上的法官（不含助理审判员）。	160	学院

注：（1）各高院政治部、法官培训机构对以上每期培训班参加人员可选派一名培训机构教师参加。

（2）“环境法律实务”研习班属国家法官学院与中国政法大学联合办班，名额分配、地点另行确定。

表 15－2　　国家法官学院 2005 年度法官培训名额分配表

序号	省份 培训班及培训时间	最高法院	北京	天津	河北	山西	内蒙古	辽宁	吉林	黑龙江	上海	江苏	浙江	安徽	福建	江西	山东	河南	湖北	湖南	广东	广西	海南	四川	重庆	贵州	云南	西藏	陕西	甘肃	青海	宁夏	新疆	兵团	解放军	合计
1	人民法院人民陪审员业务培训班（2.28—3.10）	1	3	3	4	4	3	4	3	3	3	4	3	3	4	3	4	4	4	3	4	3	2	3	3	2	3	2	3	3	2	2	3	2		100
2	高级法官续职资格培训班（民事）（2.28—3.18）	1	3	3	3	4	3	3	3	3	3	3	3	3	3	3	4	3	3	3	4	3	2	3	3	2	3	3	3	3	2	2	3	2	5	100
3	高级法官续职资格培训班（商事）（2.28—3.18）	1	3	3	3	4	3	3	3	3	3	3	3	3	3	3	4	3	3	3	4	3	2	3	3	2	3	3	3	3	2	2	3	2	5	100
4	高级法官续职资格培训班（知识产权）（3.21—4.8）	1	3	3	4	4	3	4	3	3	3	4	3	3	4	3	4	4	4	3	4	3	2	3	3	2	3	2	3	3	2	2	3	2		100
5	高级法官续职资格培训班（涉外商事海事）（3.21—4.8）	1	3	3	4	4	3	4	3	3	3	4	3	3	4	3	4	4	4	3	4	3	2	3	3	2	3	2	3	3	2	2	3	2		100
6	高级法官续职资格培训班（行政）（4.11—4.29）	1	3	3	4	4	3	4	3	3	3	4	3	3	4	3	4	4	4	3	4	3	2	3	3	2	3	2	3	3	2	2	3	2		100

续表

序号	省份 培训班及培训时间	最高法院	北京	天津	河北	山西	内蒙古	辽宁	吉林	黑龙江	上海	江苏	浙江	安徽	福建	江西	山东	河南	湖北	湖南	广东	广西	海南	四川	重庆	贵州	云南	西藏	陕西	甘肃	青海	宁夏	新疆	兵团	解放军	合计
7	高级法官晋职资格培训班（行政）（4.11—4.29）	1	3	3	4	4	3	4	3	3	3	4	3	3	4	3	4	4	4	3	4	3	2	3	3	2	3	2	3	3	2	2	3	2		100
8	全国法院网络涉法信息阅评员培训班（5.9—5.20）	4	4	4	4	4	4	4	4	4	4	4	4	4	4	4	4	4	4	4	4	4	4	4	4	4	4	3	4	4	3	4	4	3		130
9	高级法官晋级资格培训班（刑事）（5.16—6.10）	1	3	3	3	4	3	3	3	3	3	3	3	3	3	3	4	3	3	3	4	3	2	3	3	2	3	3	3	3	2	2	3	2	5	100
10	法官培训机构师资培训班（刑事）（5.16—6.10）	1	3	3	4	4	3	4	3	3	3	4	3	3	4	3	4	4	4	3	4	3	2	3	3	2	3	2	3	3	2	2	3	2		100
11	“正当程序与法律适用”规则专题培训班（中国—德国行政诉讼法比较研究项目）（5月中旬）	1	1	1	2	2	1	2	1	1	1	2	1	1	2	1	2	1	1	1	1	1	1	1	1	1	1	1	1	1	1	1	1	1	1	40
12	国家赔偿法理论与实践培训班（6.13—6.24）	1	4	4	4	4	4	4	4	4	4	4	4	4	4	4	4	4	3	4	4	4	4	3	4	4	4	3	3	3	3	3	3	3		120
13	高级法官续职资格培训班（立案）（6.13—7.1）	1	3	3	4	4	3	4	3	3	3	4	3	3	4	3	4	3	4	3	4	3	2	2	3	2	3	2	2	2	2	2	2	2	5	100
14	基层法院院长轮训班（6.13—7.8）	1	3	3	4	4	3	4	3	3	3	4	3	3	4	3	4	3	3	3	4	3	2	3	3	2	3	2	3	3	2	2	3	2	2	100
15	“裁判方式与行政合同”专题培训班（中国—德国行政诉讼法比较研究项目）（8月上旬）	1	1	1	2	2	1	2	1	1	2	2	1	1	2	1	2	1	1	1	1	1	1	1	1	1	1	1	1	1	1	1	1	1		40

续表

序号	省份 培训班及培训时间	最高法院	北京	天津	河北	山西	内蒙古	辽宁	吉林	黑龙江	上海	江苏	浙江	安徽	福建	江西	山东	河南	湖北	湖南	广东	广西	海南	四川	重庆	贵州	云南	西藏	陕西	甘肃	青海	宁夏	新疆	兵团	解放军	合计
16	全国法院司法行政装备管理干部培训班（8月上旬）	1	2	2	3	3	2	3	3	3	3	3	3	2	3	3	3	3	3	2	3	3	3	2	2	2	2	1	2	2	2	2	2	2		80
17	高中级法院院长、副院长任职资格培训班（9.5—9.30）	1	3	3	4	4	3	4	3	3	3	4	3	3	4	3	3	4	3	3	3	3	2	3	3	2	3	2	3	3	2	2	3	2	3	100
18	基层法院院长轮训班（9.5—9.30）	1	3	3	4	4	3	4	3	3	3	4	3	3	4	3	4	4	3	3	3	3	2	3	3	2	3	2	3	3	2	2	3	2	2	100
19	预备法官培训班(9.5—)	1	2	2	2	2	2	2	2	2	2	2	1	1	2	2	2	2	1	2	2	1	2	1	1	1	1	1	1	1	1	1	1	1		50
20	“法律适用方法”培训班（中—德司法合作项目）（10.8—10.31）	1	2	1	2	2	2	1	2	2	2	1	2	1	2	2	2	2	1	1	2	1	2	1	2	1	1	1	1	1	1	1	1	1	2	50
21	高级法官续职资格培训班（普通刑事）（10.10—10.28）	1	3	3	4	4	3	4	3	3	3	4	3	3	4	3	4	4	4	3	4	3	2	3	3	2	3	2	3	3	2	2	3	2		100
22	高级法官续职资格培训班（经济犯罪、职务犯罪）（10.10—10.28）	1	3	3	4	4	3	3	3	3	3	3	3	3	4	3	4	3	3	3	4	3	2	3	3	2	3	2	3	2	2	2	3	2	5	100
23	高级法官续职资格培训班（执行）（10.31—11.18）	1	3	3	4	4	3	4	3	3	3	3	3	3	4	3	4	3	3	3	4	3	2	3	3	2	3	2	3	2	2	2	3	2	4	100
24	高级法官续职资格培训班（审监）（10.31—11.18）	1	3	3	4	4	3	4	3	3	3	3	3	3	4	3	4	3	3	3	4	3	2	3	3	2	3	2	3	2	2	2	3	2	4	100
25	环境法律实务研习班（10月下旬）																																			40—50

续表

序号	培训班及培训时间	最高法院	北京	天津	河北	山西	内蒙古	辽宁	吉林	黑龙江	上海	江苏	浙江	安徽	福建	江西	山东	河南	湖北	湖南	广东	广西	海南	四川	重庆	贵州	云南	西藏	陕西	甘肃	青海	宁夏	新疆	兵团	解放军	合计
26	全国法院研究室调研工作培训班（11.21—12.1）	2	3	3	3	4	3	4	4	4	3	4	4	4	4	3	4	4	4	4	3	3	3	3	3	3	3	3	3	3	3	3	3	3		110
27	高级法官晋级资格培训班（民商事）（11.21—12.16）	4	4	4	6	6	4	6	6	6	5	4	4	4	5	5	6	6	6	4	6	5	4	4	4	4	4	4	4	4	4	4	4	4	6	160

2. 学历教育招生

从国家法官学院高等学历教育2009年招生简章看，国家法官学院所从事的学历教育层次不等，主要有三类：高中起点本科、专科起点本科、高中起点专科。共招生三个专业：法学专业、法律事务专业、司法警务专业。高中起点本科全部为脱产，专科起点本科、高中起点专科部分专业则有脱产也有业余。从招生条件看，司法警务专业因专业的特殊性对招生对象的年龄、身高等有要求，而且要求在录取前进行体检，入学后还要进行复检。

具体来看，国家法官学院2009年计划招收专科学生900名，专升本学生300名，高起本科学生300名。各学历层次专业设置及招生计划如下：

（1）高中起点本科

法学专业：脱产，招生计划350名，学习年限4年，面向社会招生。面向社会招收具有高中以上学历的在职从业人员及社会青年。

（2）专科起点本科

法学专业：脱产，拟定招生计划200名，学习年限2年，面向社会招生。招生对象为具有国民教育系列大学专科以上学历，品德优良，身体健康的人员。

法学专业：业余，拟定招生计划50名，学习年限2.5年，面向北京市招收具有国民教育系列大学专科以上学历，品德优良，身体健康的人员。每周六上课。

（3）高中起点专科

法律事务专业：脱产，招生计划400名，学习年限2年。面向社会招收具有高中以上学历的在职从业人员及社会青年。

司法警务专业：脱产，招生计划300名，学习年限2年。招生对象要求具有高中（中专）以上文化程度，社会青年年龄在23周岁以下，法院在职考生年龄不限，男生身高在1.70米以上，女生身高在1.60米以上，品德优良，身体健康，口齿清楚，能够脱产学习的法院在职人员和其他从业人员、社会青年。各省高级法院在录取前将对考生进行体检和面试，入学后由学院进行复检。上课地点在国家法官学院西安司法警察分院。

法律事务专业：业余，招生计划200名，学习年限2.5年。面向北京市招收遵纪守法、品德良好，国家承认学历的各类高、中等学校在校生以外的在职、从业人员及其他社会人员。每周六上课。

表15-3　2009年国家法官学院学历教育招生计划分配表

省　份	法律事务（业余）	法律事务（脱产）	司法警务（脱产）	高起本（脱产）	专升本（业余）	专升本（脱产）
北　京	200	250	50	250	50	60
天　津		4	10	2		5
河　北		8	10	5		10
山　西		10	10	5		15
内蒙古		10	15	5		10
黑龙江		4	10			
江　苏		5	10	4		5
浙　江		8	15	5		8
安　徽		8	15	5		10
福　建		8	10	5		5
江　西		4	10	10		5
山　东		10	10	5		5
河　南		10	15	5		8
湖　北		4	10	2		5
湖　南		4	10	2		5
广　东		10	15	10		12
广　西		10	15	8		8
四　川		10	15	5		8
云　南		10	15	10		9
陕　西		8	20	5		5
青　海		5	10	2		2
合　计	200	400	300	350	50	200

凡有志报考国家法官学院的考生可在各省、自治区、直辖市成人招生办公室规定的时间，在考生户口所在地市、县、区招生机构报名，也可异地报考。自治区、直辖市报名时间基本都在8月中下旬，考试在10月份的第二个周末。报考高起本的考生可同时报考专科，如高起本未录取，可作为专科第一志愿生源参加专科录取。

高起本考试科目为：语文、数学、英语、文综（地理、历史）

专升本考试科目为：政治、英语、民法

高起专考试科目为：语文、数学、英语

为提高录取率，国家法官学院还举办考前辅导班。时间：7月中旬至12月中旬。辅导班除对考生进行考试科目的辅导外，在考试结束后继续开设英语、写作等课程。

从前述内容可以看出，国家法官学院在学历教育招生方面与普通高等院校学历教育招生并没有太大的差别，唯一不同的是，国家法官学院招生的对象主要是社会在职人员，具有成人教育和职业教育的特点，而普通高等院校学历教育除了招生社会在职人员，进行成人教育外，招生的对象主要是高中毕业的学生。因此，国家法官学院实质承担了普通高等院校的部分职能。从专业分工的角度看，国家法官学院和普通高等院校之间应该有严格的职能分工，允许它们之间基于更好地履行自身职能的目的进行必要的交流和合作，但在职能上绝不允许实质性的交叉和混淆，否则，可能会造成“不在其位而某其政”的局面。

3. 研修教育培训招生

此外，国家法官学院还利用自身优势和条件自行以及与其他教学机构联合开展了各类研修教育培训班，目前，国家法官学院举办的研修班主要有法学硕士、法律硕士研修班。

(1）法学硕士研修班

法学硕士研修班与香港城市大学合作培养，招生对象是经各级人民法院政治部推荐，具有国民教育序列大学法学学士学位以上的在职法官和法官助理。法学硕士研修班对招生对象英语水平有特别要求，英语要求须具备下列条件之一：1）大学英语六级490分；2）托福传统笔试580分、电脑考试237分或网上考试92分；3）雅思7分。香港城市大学将在北京对报名考生的英语进行严格的考试，择优录取。考试科目为英语。考试时间拟定为8月28日笔试，8月30日—9月1日面试。报名名额在全国法院分配。报名人数为120人，最终从中选拔30人赴中国香港和美国学习。

表 15－4　2010 年国家法官学院与香港城市大学合作培养法学硕士单位推荐报名名额分配表

省　院	计划数	省　院	计划数	省　院	计划数
北　京	5	湖　南	3	天津海事	2
天　津	5	广　东	4	上海海事	2
河　北	3	广　西	3	广州海事	2
山　西	3	海　南	4	武汉海事	2
内蒙古	3	四　川	3	厦门海事	2
辽　宁	3	贵　州	3	海口海事	2
吉　林	3	云　南	3	北海海事	2
黑龙江	3	西　藏	1	青岛海事	2
上　海	5	陕　西	2	大连海事	2
江　苏	4	甘　肃	2	宁波海事	2
浙　江	4	青　海	1	最高人民法院	5
安　徽	3	宁　夏	1	合计	120
福　建	3	新　疆	1		
江　西	3	重　庆	3		
山　东	3	解放军军事法院	1		
河　南	3	新疆兵团分院	1		
湖　北	3				

从这种形式的法学硕士研修教育的形式和内容来看，法学硕士研修班主要是在香港地区和境外国家进行培训，目前，我们对这种培训的具体培训内容尚没有准确的了解，不好评论培训本身是否必要、是否科学，但从学历教育本身而言，可能又回到了前面提及的问题，即法官院校承担学历教育的必要性和科学性有待商榷。

（2）法律硕士研修班

国家法官学院已连续多年与中国政法大学合作培养法律硕士专业学位研究生。招生对象为经各级人民法院政治部推荐，具有国民教育序列大学本科学历（一般应有学士学位）、工龄 3 年以上的在职法官和司法行政管理人员。招生人数 55 名，计划单列。

考试科目为英语、政治理论、专业综合考试（含刑法学、民法学、法理学、中国宪法学、中国法制史），共计3门。其中，政治理论考试及面试由国家法官学院和中国政法大学单独组织，其余2门为全国联考。联考考试时间为2009年10月31日、11月1日。考试地点由报名所在省区市学位办公室指定。

联考成绩合格后，参加由国家法官学院和中国政法大学组织的复试，复试科目为政治理论和综合面试。

4. 司法考试辅导招生

此外，为了方便法院系统工作人员考前复习，提高司法考试通过率，国家法官学院自2002年国家司法考试以来与首都部分高校合作，在北京、广东、河南等地成功举办了司法考试考前辅导班。2005年国家法官学院与各省、自治区、直辖市人民法院法官培训机构、法官学院分院联合，本着整合资源、节约经费、立足系统、面向社会、规范运作的原则，统一的、有计划的举行考前培训班，为学员提供高质量、高水平、高效率、低费用的考前辅导培训，以期解决存在的工、学等突出矛盾，最大限度的满足各级人民法院和本系统在职人员的迫切需求。

关于法律硕士研修班开办的必要性，仍然涉及学历教育的问题。截至2010年，我国已经有一大批法律硕士教育的院校和科研机构，这些院校和科研机构在法律硕士的教学和培养方面已经初步摸索出了一套比较科学的招生教育体系和教学方法。有学历教育需求的法院在职人员完全可以在这些院校和科研机构攻读学位，法官院校专门为法院系统人员设置学历教育，是否有足够的必要性？如何能让人相信其公正性和权威性？而且，从资源配置的角度看，似乎也是一种资源上的浪费。

（二）省级法官学院或其他法官培训机构

我国大多数省级法官学院与国家法官学院在各地设立的分院是一个机构两个牌子，主要承担本省法院系统法官及司法行政人员的教育培训任务及国家法官学院交办的部分培训任务，也承担部分学历教育的职能。

1. 法官培训招生

在法官培训方面，与国家法官学院类似，省级法官学院除了进行常规培训（主要是指初任基层人民法院副院长的任职培训、地方各级人民法院一级以下法官的续职培训）外，还开展各类专项培训（如行政审判培训班、司法警察业务技能骨干培训、民商事审判培训、立案信访干警培训、知识产权审判业务培训、执行干部培训等），培训种类不同，招生对象也有所不同。如，河南省法官进修学院2006年第二期全省基层法院民商事审判法官轮训班培训对象为：全省基层法院民庭、立案庭和审监庭从事民商事审判的法官，具体分配情况为：郑州40人，开封20人，洛阳35人，安阳20人，新乡25人，平顶山20人，焦作20人，许昌10人，濮阳10人，漯河8人，驻马店20人，周口20人，鹤壁10人，南阳35人，信阳20人，济源3人，商丘20人，三门峡10人，郑铁4人。全省法院新进人员培训班招生对象为全省法院新招录人员，人数为300人。鉴于各培训机构培训种类灵活多样，此处不再一一列举。

2. 学历教育招生

与国家法官学院不同，省级法官学院和其他培训机构在学历教育方面并没有系统化，扮演的主要是辅助性和服务性的角色。总的来看，省级法官学院和其他培训机构承担的学历教育主要分为两大块：一是承担国家法官学院学历教育的部分任务，二是委托高等院校或科研机构对本省法官开展远程网络教育，法官学院承担的角色主要是向本教学点的学员传达网络教育机构的各种信息、组织报名、考试等。如为适应司法系统人才培养需要，山东大学在司法系统开办法学专业（专科、专科升本科）远程网络高等教育，国家承认学历。凡具有高中、中专学历的在职人员可参加专科入学报名；凡具有国民教育专科或专科以上学历的在职人员可参加专升本入学报名。专科和专升本入学均由学校单独命题考试，择优录取，业余学习，实行学年学分制，规定学习年限2—5年。从2004年开始招收的专升本学生，在读期间必须参加全国现代远程教育试点学校网络教育公共课程统一考试（两门），成绩合格后方可取得教育部高等教育学历文凭电子注册资格。专升本学生修满教学计划规定课程，成绩合格，且毕业论文通过者，学校颁发山东大学（网络教育）本科毕业证书，国家承认学历，符合学士学位授予条件者，可授予山东大学成人高等教育学士学位。专科学生修满教学计划规定的课程，成绩合格，学校颁发山东大学（网络教育）专科毕业证书，国家承认学历。

二、就业情况

就法官培训来看，因为法官培训的对象主要是在职法官以及拟出任法官的人员，因此，对于这部分学员来说，并不存在就业的问题，他们培训完成后就有现成的岗位。就学历教育和司法研修教育而言，就业问题也不大，国家法官学院招收的人员主要是社会在职人员，这部分学员一般来说都已经有工作或者至少是有一定工作经验的人，有的人是边工作边上学，对于目前尚没有工作的人来说，他们一般也都有一定的工作经验，因此，与普通高等院校的毕业生相比，就业难度相对要小得多。当然，对于需要寻找就业岗位的毕业生，法官学院也都采取毕业生推荐等模式利用自身资源优势为毕业生寻找和创造尽可能多的就业机会。

第三节 教学培养

一、法官培训

截至2010年，规范我国法官教育的法律和司法解释主要有《法官法》、《法官培训条例》（简称培训条例）以及《2006—2010年全国法院教育培训规划》（简称培训规划）。培训条例和培训规划对当前我国法官教育做了比较系统的规定。培训条例和培训规划是我国法官院校进行法官培训的指南针。下面围绕培训条例和培训规划的内容对我国法官院校法官培训的教学培养情况做简单介绍。

（一）目标

根据培训规划，2006—2010年全国法院教育培训规划的总体目标是：

1. 进一步健全和完善各项教育培训制度和配套措施，加强教育培训机构建设，提高教育培训质量，强化教育培训效力。

2. 切实加强队伍的政治理论、职业道德教育和司法能力培训，着力实施司法能力培训考核和高层次人才培养计划，努力造就一支以职业化法官队伍为核心、适应现代审判需求的高素质法院队伍。

当然，各个种类法官培训的具体目标也有所不同，例如，预备法官培训、任职培训、晋级培训、续职培训四类培训的目标就显著不同，预备法官培训的目标是要培养能够胜任审判的合格法官，使其明确审判制度、法官职责与权利、法官职业道德，并掌握基本的司法礼仪，同时，在其原有专业知识的基础上进一步加强审批知识和技能，例如，庭审驾驭能力、法律适用能力、裁判文书制作能力等；任职培训的目标是培养合格的法院院长和副院长，通过培训，使其明确国家形势和政策，提高法院管理与领导能力等；晋级培训的目标是进一步提高拟晋升高级法官的人员的专业素质和政治素养；续职培训的目标则是更新、补充在职法官的专业知识，提高专业技能。

（二）任务

我国法官院校承担的法官培训的主要任务包括：

1. 岗位培训

岗位培训主要是对法院新录用人员，初任法官，晋升高级法官，晋升或调任地方各级人民法院院长、副院长的人员以及正在履职的法官进行的岗位培训，以使其胜任新的工作岗位或者现任工作。

2. 高层次人才培养

培训规划规定，在规划期内，全国法院要重点培养10000名以上具有一定理论素养和审判实践经验的各级人民法院审判业务骨干，培养100名以上具有丰富审判经验并在专门法律领域有一定社会影响和学术地位的审判业务专家。此外，要培养一批既懂法院审判业务工作，又熟悉经济、管理、科技、心理、社会、信息、外语和少数民族语言等其他专业知识的复合型法官，适应跨专业审判的需要。为了提高法院管理水平，还要重点培养一批高级司法政务管理人才。

3. 学历教育

学历教育也是培训规划制定的其中一项任务。鼓励符合条件的法官及其他工作人员特别是中青年法官，本着学用一致原则，积极参加研究生学历教育。中级以上人民法院要逐步形成一个具有法学（法律）硕士以上学历（学位）的法官群体。到2010年，法官中研究生层次人数要比2005年翻一番，力争达到20000人，其中，东部地区法院、中部地区法院、西部地区法院法官中研究生层次人数所占比例分别达到该地区法官总数的15%、9%和6%。

培训规划要求，法官院校继续做好本科学历教育，重点加强和支持西部地区法院本科学历教育，力争使通过专项培训取得继续任职资格的西部贫困地区法官达到法官法要求的学历条件。

培训规划将学历教育列为法官培训的一个任务，纯粹是为了提高法官学历，达到法官法的要求。从法官法对法官设置学历条件要求的出发点来看，法官法的出发点是对法官个人专业知识和专业素养提出要求，而不是学历本身，设置学历条件是基于这样一个假设：学历能够从一定程度上反映一个人所掌握的专业知识程度。培训规划将学历教育列为法官培训的一个任务，脱离了法官法的根本出发点，不知是因为理解上的问题，“只知其然而不知其所以然”，还是一种急功近利，应付和敷衍法律规定的一种急功近利的做法？还是有别的深层次的原因？培训规划的这种错误定位对法官院校直接产生了一种误导，使得许多法官院校不伦不类地扮演起了学历教育的角色。

（三）法官岗位培训的种类

根据培训条例和培训规划的规定，我国法官岗位培训主要包括以下五种：初任培训、预备法官培训、任职培训、晋级培训和续职培训。

1. 初任培训

初任培训的对象是各级人民法院新录用人员。培训内容主要包括：政治理论、法学基础知识、中国审判制度、人民法院工作规章和纪律，各岗位职责及相关业务知识和技能等。培训由高级人民法院教育培训主管部门规划，各级人民法院组织实施。培训时间不少于半个月。初任人民陪审员上岗前应当接受履行职责所必备的审判业务知识和技能培训。主要内容包括：法官职责和权利、法官职业道德、审判纪律、司法礼仪、法律基础知识和基本诉讼规则等。培训的面授时间一般不少于3天。

2. 预备法官培训

预备法官培训的对象是通过司法考试并拟任法官的人。

预备法官培训分在校培训和校外实习两部分。在校培训包括综合知识培训和职业技能培训。综合知识主要包括政治理论、中国审判制度、法官职责与权利、法官职业道德、审判纪律、司法礼仪等；职业技能主要包括法律思维方法和庭审驾驭能力、诉讼调解能力、法律适用能力、裁判文书制作能力，立案、审监、执行工作的基本规则和技能等。校外实习主要是到指定的人民法院及检察机关、政府机关、法律服务机构、金融机构、企事业单位等进行观摩与实践。预备法官培训由最高人民法院教育培训主管部门规划，国家法官学院组织实施。培训时间不少于1年。

3. 任职培训

任职培训的对象是初任法院院长、副院长的人。

培训内容主要包括：政治理论与形势教育，党和国家有关法律工作与人民法院工作的基本政策，法院管理与领导科学，法学前沿理论及热点、难点问题，司法改革理论与实务等。其中，地方各级人民法院院长和高、中级人民法院副院长的任职培训由最高人民法院教育培训主管部门规划，国家法官学院组织实施；基层人民法院副院长的任职培训由高级人民法院教育培训主管部门规划，省级法官培训机构组织实施。任职培训时间不少于一个半月。

根据培训条例和培训规划，接受任职培训是出任法院院长、副院长的一个条件。然而，从我国法官任命制度上看，我国法官一般由全国人民代表大会以及各级人民代表大会常务委员会任免，从实际操作看，法官的任命基本上都由法院党组决定，而法院党组又听命于地方党委。从这个意义上说，实际上，任职培训不能算是出任法院院长、副院长的一个必备条件，充其量只是任职前需要履行的一项义务。

4. 晋级培训

晋级培训的对象是拟晋升高级法官的人。

晋级培训内容主要包括：政治理论和职业道德，法律思维，相关审判专业的前沿理论及热点、难点问题，当前审判实践中新型、复杂、疑难案件的法律适用等。晋级培训由最高人民法院教育培训主管部门规划，国家法官学院组织实施。培训时间不少于一个月。

5. 续职培训

法官履职期间须接受续职培训，主要任务是更新、补充法律知识和提高业务技能。续职培训内容主要包括：政治理论和职业道德，新法律法规、司法解释，职业思维和业务技能，现代办公技能等。高级法官的续职培训由最高人民法院教育培训主管部门规划，国家法官学院组织实施。五级至一级法官的续职培训由高级人民法院教育培训主管部门规划，省级法官培训机构组织实施。上级人民法院或本院根据工作需要也可适时组织法官续职培训。法官续职培训时间每年累计不少于半个月。

续职培训采取分年度、分阶段累计学时的方式。通过组织调训形式参加各级党校、行政学院培训，或其他经法院教育培训主管部门认可的培训，可计为续职培训时间。

除了预备法官培训外，其他岗位培训的时间都有些长，例如，关于续职培训，由于主要是业务知识更新和技能提高方面的培训，笔者认为，半个月的培训时间有些长，可以考虑缩短培训时间，如改为5天，增加培训频次，以满足我国法官数量多，培训需求多的需要。预备法官培训所承担的任务较重，要实现大学法学教育和法律职业之间的衔接，笔者认为1年的培训时间较短，可以适当延长。

（四）其他专项培训

除了岗位培训外，法官院校还根据审判实践需要开展了多种形式的专项培训，如，执行干部培训、民商事裁判文书研讨班、基层法院院长轮训班、国家赔偿法理论与实践培训、法官培训机构师资培训等。这些专项培训形式灵活多样、针对性强，对于提高法官业务素质和审判能力，及时解决司法审判中的疑难问题具有积极作用，因此往往很受欢迎。但是，目前这种专项培训还处于比较随意和零散的状态，无论是从培训项目设置上看还是从培训项目选择、评估上看，都尚未形成一套科学的体系，例如，必须设置的专项培训有哪些？对于其他专项培训，应由哪个机构或主体来评估是否需要临时开设一个专项培训项目？具体评估的依据和指标是什么？

对于专项培训的课程设置、教学方法和形式、师资、学员选择等都没有系统、专门的规定。

（五）教学培养模式和方法

从形式上看，我国法官培训主要采取在职离岗集中培训的方式，也采取分段培训、累计学时的方式。根据培训条例和培训规划的规定，培训种类不同，培训的时间也有差别。例如，预备法官培训不少于1年，任职培训不少于一个半月，晋级培训不少于1个月，续职培训每年累计不少于半个月。

从培训的手段和方法上看，我国法官培训在不断采取灵活多样的培训形式，例如，远程教育方式；按照国家有关规定选派法官出国进修，或邀请国外法学专家、教授和法官来国内进行专题讲座；到高等院校和研究机构进行系统培训；选派部分法官到金融、证券、对外贸易、知识产权管理等机构进行短期交流等。但总体来看，教学方法仍显单一，且不利于调动学院学习的兴趣和积极性。

（六）教材和培训资料

最高人民法院成立了法官培训教材编审委员会，统一规划、组织各类法官培训教学大纲、教材的编写和审定工作。

目前，我国也编写了一些法官培训教材，如国家法官学院法官培训系列教材（如法官职业道德教程），基层人民法院法官培训教材、疑难案例评析等等。但是，这些教材缺乏系统性和统一性，比较杂，在实践中使用起来比较混乱。

（七）考核

人民法院法官管理部门一般都建立所辖人民法院法官的培训档案。法官参加培训的履历、成绩和鉴定应存入本人档案。

设立法官培训机构的人民法院也都建立了法官培训考核制度并不断完善。预备法官培训和任职、晋级、续职培训的《合格证书》由最高人民法院统一印制。国家法官学院举办任职、晋级、续职培训的《合格证书》由最高人民法院教育培训主管部门和国家法官学院验证、发放。省级法官培训机构举办的任职、续职培训的《合格证书》由高级人民法院教育培训主管部门和省级法官培训机构验证、发放。

法官无正当理由拒不参加培训的，所在人民法院应督促其改正，并视情节轻重给予批评教育直至取消任职、晋级资格。

二、学历教育

（一）专业设置和教学培养目标

如前所述，国家法官学院学历教育共设有三个层次：高中起点本科、高中起点专科、专升本。这三个层次的学历教育共设有三个专业：法学专业、法律事务专业、司法警务专业，其中，法学专业设在高中起点本科和专升本，法律事务专业和司法警务专业设在高中起点专科。

从专业特色和培养目标看，专科注重对学生法律基础知识和专业技能的培养。除法律专业课程外，法律事务专业开设法院诉讼文书写作、计算机速录、申论等具有很强实用性的课程，司法警务专业开设多门警务技能课。经过两年在校学习，学生打下良好的基础，为继续学习做好充分准备。同时具备从事法院书记员、司法警察、文秘、安全保卫等岗位工作需要的专业知识和技能。本科围绕统一司法考试，有针对性地开展教学活动。符合教育部授予学位条件的可授予法学学士学位。

（二）教学培养模式

国家法官学院学历教育采取脱产和业余两种方式，其中，高中起点本科法学专业为脱产学习，高中起点专科司法警务专业为脱产学习，专升本法学专业、高中起点专科法律事务专业分脱产和业余两种，业余班只面向北京市招生，通常只在周末上课。

国家法官学院学历教育实行班主任、辅导员管理体制。

三、司法研修教育

（一）法学硕士

1. 培养目标

通过与香港城市大学合作培养法学硕士，加强内地法官与香港的交流，培养一批坚持社会主义法治理念，精通英语，熟悉涉外、涉港澳民商事法律知识和审判技能的高层次、复合型法官。

2. 教学培养模式

这部分学员主要是在境外脱产学习，但是，在此之前，为提高语言水平，一般会在国内进行英语强化培训。

（1）出境前培训

经笔试、面试，择优选拔 40 名学员在国家法官学院进行 3 个月英语强化培训。培训结束后，将从中选拔 30 名学员赴香港学习。

（2）境外攻读 LLM

学员将于 2010 年 1 月赴境外脱产学习 1 年。其中，在香港城市大学学习 8 个月，在美国哥伦比亚大学学习 1 个月。

学员在 1 年内修满所规定的学分，成绩合格者，授予教育部认证的香港城市大学法学硕士学位。另，美国哥伦比亚大学将为在该校考试合格者颁发结业证书。

（二）法律硕士

1. 培养目标

通过开展法律硕士专业学位研究生合作培养，进一步提高各级人民法院法官和司法行政干部的司法能力和水平，培养出一批具有精深法学理论知识和司法技能的高层次、复合型的法官和司法行政管理人才。

2. 教学培养模式和方式

就教学培养上看，法律硕士学习年限为 3 年，实行学分制。采用在职兼读和半脱产的培养方式。在职兼读学位的学员利用双休日和晚上上课（北京及周边地区的学员）；半脱产的学员每学年集中两次，每次学习时间一至一个半月。授课地点均在国家法官学院。

就教学方式上看，法律硕士教学采取集中授课与分散自学相结合的方式，教学以课程教学为主，注重理论联系实际，适量安排专家讲座，加强案例研讨和模拟训练，着重培养和提高学员在审判实践中法律分析能力和庭审驾驭能力以及司法行政中的管理能力。

学员在规定年限内修满所规定的学分，成绩合格，完成学位论文并通过国家法官学院与中国政法大学组织的论文答辩，学位评定委员会审核，经中国政法大学学位委员会批准后，授予法律硕士专业学位，颁发国务院学位委员会统一印制的学位证书。

第四节 课程设置

一、法官培训

法官培训种类不同，课程设置和培训内容也不同，例如，初任培训的培训内容主要包括：政治理论、法学基础知识、中国审判制度、人民法院工作规章和纪律，各岗位职责及相关业务知识和技能等；预备法官培训的课程包括：政治理论、中国审判制度、法官职责与权利、法官职业道德、审判纪律、司法礼仪及对职业技能的培养，主要包括法律思维方法和庭审驾驭能力、诉讼调解能力、法律适用能力、裁判文书制作能力，立案、审监、执行工作的基本规则和技能等；任职培训的培训内容主要包括：政治理论与形势教育，党和国家有关法律工作与人民法院工作的基本政策，法院管理与领导科学，法学前沿理论及热点、难点问题，司法改革理论与实务等；晋级培训内容主要包括：政治理论和职业道德，法律思维，相关审判专业的前沿理论及热点、难点问题，当前审判实践中新型、复杂、疑难案件的法律适用等；续职培训内容主要包括：政治理论和职业道德，新法律法规、司法解释，职业思维和业务技能，现代办公技能等。至于专项培训，则因每次专项培训的主题不同而有所不同。

二、学历教育

就专科而言，国家法官学院除设置法律专业课程外，法律事务专业开设法院诉讼文书写作、计算机速录、申论等具有很强实用性的课程，司法警务专业开设多门警务技能课。本科则主要围绕司法考试开设课程。

三、研修教育

就法律硕士教育来看，学员除学习法学专业理论课外，还要参加适合本系统职业特色的实务课学习，如法官职业道德，领导科学与领导艺术，民事、刑事、行政和商事审判实务，司法审判技能，司法行政管理，法律适用方法论，司法体制与工作机制改革研究，国外法学理论与审判动态等全国中、高级法院院长培训班和高级法官晋级班等相关课程。

第五节　师资队伍

一、法官培训

我国法官培训的师资实行专兼结合，以兼为主的机制。

从事法官培训工作的专职教师一般具有研究生以上学历和较高政治、业务素质，并具有相应的法官资格和审判工作经验。法官培训的专职教师一般从法官中选任。

除了法官担任法官培训教师外，我国法官培训师资中有一部分来自高校及科研机构的教师及学者。

以国家法官学院为例，国家法官学院拥有一支高素质的专兼职师资队伍，现有专职教师54人，其中教授7人、副教授20人、博士18人，同时聘请兼职教师47人。学院专职教师实行“教学、科研、从事审判业务”三结合制度，定期组织安排教师到审判实际部门挂职锻炼，以切实增强司法实践经验，提高教学水平。兼职教师绝大多数是具有深厚的法学理论功底和丰富的司法审判经验的法官。长期教学实践所形成的理论与实务、专职与兼职相结合的独特师资结构，实现了“法官教法官”的教学模式，确保了法官培训的质量和效果。

二、学历教育

本科教学的教师中，国家法官学院约50%的教师具有副教授以上职称，约40%的教师具有博士学位，约30%的教师出国进修一年以上。

三、研修教育

就法律硕士教育来看，授课人员除国家法官学院与中国政法大学的专职教授、副教授外，实务课则由最高人民法院院领导、各业务庭庭长、副庭长和资深法官以及相关各部委、首都其他部分高校的知名专家、学者担任。为体现国家法官学院法律硕士专业研究生教育的特色，法律硕士专业学位研究生的学位论文指导教师实行双导师制，即由法官学院具有硕士生导师资格的专兼职教授担任理论方面的论文指导老师，由最高法院的资深法官担任实务方面的论文指导老师，以进一步提升学员学位论文的理论水平和实务特色。

第六节　存在问题及未来展望

经过20多年的探索和发展，我国法官院校法学教育在提升法官素质，保障司法审判质量方面发挥了积极作用，然而，其中仍然存在许多亟待解决的问题。要顺利实现培训规划确立的法官培训目标，就必须对这些问题对症下药。

一、我国法官院校法学教育存在的问题

（一）法官院校定位不明，培训机构参差不齐

截至2010年，我国许多法官院校定位不明。以国家法官学院为例，国家法官学院目前除了承担培训法官的职能外，还花费了很大的精力在学历教

育上。从应然的角度说，学历教育是普通高等院校的职责，而国家法官学院的主要或者说唯一职能是培训法官，这也是设立国家法官学院的初衷。只是在特殊的历史阶段，国家法官学院被赋予了许多额外的角色。现在情况变了，原来额外加给法官学院的角色现在已经没有存在的必要了。但是，现实情况是，国家法官学院所承担的角色却没有得到及时纠正，相反大有主次颠倒之势。这种定位上的错乱势必导致国家法官学院无法将资源和精力有效集中在其本应承担的职责上，造成的局面可能是，该扮演的角色没有扮演好，而去与别人争着扮演不属于自己的角色。职能的分散必然带来精力的分散。国家法官学院将一大部分精力放在学历教育上，势必导致其投入到法官培训上精力的减少，这多多少少会影响法官培训的质量。

此外，许多地市州培训中心根本不具有培训资格和条件。这些培训中心集会议、接待、餐饮、住宿和娱乐多“功能”为一体，培训中心实际上成了法院创收、改进福利待遇的“幌子”。

法官院校定位不明以及培训机构培训能力的参差不齐，在很大程度上制约了法官教育任务的完成。

（二）法官教育地区发展不平衡

我国东西部经济发展上的不平衡导致东西部法官院校之间存在较大差距。

我国东西部地区法官素质本身就存在很大差别，东部地区法院在20多年的发展中吸纳了许多优秀的人才，而西部地区由于经济落后无法吸引足够的优秀人才进入法官队伍，加上东西部地区法官教育所享有的资源的差异，导致东西部法官教育水平存在很大差距，在东部发达地区法官教育逐渐完成从学历教育向专业素质教育的转变之后，西部地区为了达到国家对法院学历比例的规定，还将法官教育停留在学历教育的阶段上。

（三）师资队伍无法有效满足法官教育需要

法官培训条例规定，法官培训的专职教师一般应当从法官中选任。此外，法官培训机构的专职教师，应有计划地参加审判工作，丰富实践经验，以加强培训教学的针对性。

但是，目前我国法官队伍中能够担当法官培训任务的法官毕竟有限，而且，法官一般都还有繁重的审判任务，没有太多精力放在法官培训上。因此，不得不从一些高校教师、学者中选择一些人来为法官进行培训，这些教师、学者理论方面的知识一般比较丰富，能够在加强法官理论水平方面发挥重要作用，但是，这些教师、学者大多没有审判经验，因此，让其向法官传授有关审判技巧和技能方面的内容有些勉为其难。可以说，法官教育师资奇缺已经成为制约我国法官教育的一个重要障碍。

（四）法官培训存在的问题

1. 培训内容不科学

根据培训条例的规定，法官培训注重法官的职业道德素质和业务素质教育，提高法官庭审驾驭能力、诉讼调解能力、法律适用能力和裁判文书制作能力。培训条例对法官培训内容的规定是比较科学的，但是，内容过于概括，不够细化。

在实际操作中，法官教育的内容却与这个规定相距甚远。目前，我国法官培训的内容主要集中在法律条文和法律基本知识上，对法官庭审驾驭能力、诉讼调解能力、法律适用能力以及裁判文书制作能力的培养内容较少，法官职业道德以及司法理念等方面的培训内容所占比例也很小，或者即使有，也只是流于形式，达不到实质性效果。

此外，目前我国尚没有统一的法官培训教材，各培训机构使用的法官培训教材比较杂乱，缺乏规划性和系统性，而且内容也远远无法满足法官培训的实际需要。

可以说，法官培训内容方面的缺陷是我国法官教育的基础弊病，如果内容存在问题，形式再好，投入的成本再多，也不能从根本上达到法官教育的目的。

2. 培训形式单一

总体来看，我国法官培训形式比较单一，主要采用填鸭式的教学方式，缺乏互动性和趣味性，无法激起法官学习的兴趣和积极性，也没有突出法官培训的职业性和实践性。由此造成的局面是，培训机构只为完成培训任务，糊弄了事，而法官也是为了完成培训而应付过关。虽然国家投入了大量成本和精力，培训机构和法官也投入了许多时间，然而，培训效果却不尽如人意。

当前，一些有条件的法院组织法官到国外参加培训，例如，与国外大学建立长期合作项目，由国外大学为国内法官开展短期培训以及考察。这种法官培训形式越来越受到欢迎，一些法院不惜花重金送法官出去镀金，增长见识。然而，这种形式的法官培训对于法官业务能力和技能的提高究竟有多大，其所获得的收益与投入的成本是否成正比？这种形式的法官培训是否具有切实的存在价值？恐怕都是疑问。毕竟，各国国情不同，司法制度和文化也有很大差别，法官自身审判技能的提高可能还是主要靠法官日常的学习和经验积累，有必要对这种形式的法官培训给予重新审视。①

3. 层级发展不平衡

目前，我国法官教育的培训机构与法官级别相对应，法官级别越高，所对应的培训机构的级别也越高，例如，法官续职培训中，国家法官学院负责最高人民法院法官和地方各级人民法院高级法官的培训工作，而地方各级一级以下的法官则是由国家法官学院分院、省级法官学院培训，三级以下法官由各中级法院负责培训。从各级法官所承担的职责对其能力的要求上看，高一级的法院受理的案件往往比下级法院要重大和复杂，而且，高一级法院还要审核下级法院提起的上诉案件，从某种程度上发挥着纠错和示范的功能。因此，法律和社会对高级别法院法官的职业能力要求必然会相对较高，因此，安排高级别的培训机构对其进行培训也是必要的。

但是，从另一个角度说，基层法院承担的是案件初审的职能，它们所面对的是数量巨大、种类繁多的案件和纷繁复杂的社会民情。由于任务繁重，基层法院的法官不仅要保证办案质量，还要尽可能提高办案效率。初审案件解决的质量和效率直接关系到社会纠纷的解决质量和司法公正的实现程度。所以，基层法院法官不仅要能够娴熟地适用法律，而且，要能将法律适用和当地的社会风俗等文化结合起来，具备良好的职业道德和职业精神，才能有效处理纠纷。而目前我国基层法院法官的素质参差不齐，还远远不能满足其所承担的职能，提高基层法院法官的素质刻不容缓。所以，在我国法官教育体系中，应该把基层法院法官的教育摆在重要地位。

然而，当前，我国基层法院法官的教育却不容乐观。基层法院法官的培训主要是由中级法院的培训机构承担，而中级法院培训机构无论从设备、设施、师资还是经费等方面都很欠缺，而其所面对的培训对象人数又众多，因此，僧多粥少，培训质量难免难以保障。

除了上述四个方面的问题外，我国法官教育还存在许多问题，如考核机制流于形式，无法有效约束培训机构以及接受培训的法官；法官教育观念落后，还存在相当一部分法官教育停留在提高法官学历教育上而忽视对法官素质和业务技能的培养等等。

① 关于法官国外培训的情况介绍和分析，可参阅范愉《有关法官国外培训的实证考察》，《环球法律评论》2006 年第 4 期。

二、未来展望

最高人民法院提出，我国法官教育要实现“三个转变”，即：从学历教育为主向岗位培训为主转变，从应急性、临时性的法官培训为主向系统化、规范化的法官培训为主转变，从普及性培训为主向职业化、精英化培训为主转变。除了培训规划外，2009年2月18日，最高人民法院又下发了《关于进一步加强和改进人民法院教育培训工作的意见》，对我国法官教育工作做了更明确的指导和更细化的规定。可以说，最高人民法院提出的“三个转变”是在我国法官和法官教育现状的基础上，在遵循法官教育规律的基础上对我国法官教育的未来发展指明的方向，这个方向基本上是正确和切合实际的。截至2010年从我国的实际情况看，要实现上述三个转变，至少需要从以下几个方面进行努力：

（一）进一步加强法官培训内容和方法的科学性

目前，培训条例和规划所指明的法官培训内容基本上是科学的，问题在于落实上。从我国目前法官培训情况看，这些内容没有切实落实到法官培训的实践中。这其中的原因可能是，培训条例和培训规划规定的培训内容太原则，不够细化，因此，培训机构具体执行起来比较困难；缺乏严格的监督和考核机制，培训机构即使没有落实培训条例和培训规划中规定的内容，也不会受到任何形式的追究。

针对此情况，应该：第一，在培训条例和培训规划规定的法官培训内容的基础上，制定具有操作性的更为细化的法官培训内容指导意见，将各类型法官培训的内容细化到书面的指导文件上，并据此组织编写全国统一的法官培训教材和资料。在此基础上，对法官培训机构的培训活动进行有效的监督，可以考虑设立必要的举报和评估机制，发挥学员的积极性，防止培训机构偷工减料，从而将科学的培训内容从纸面上真正落实到培训活动中。

要将培训内容落实到培训计划中，还必须依赖于合理的方法和形式。应该根据法官培训的内容有针对性探索能够将这些内容成功表现出来的方法和途径，否则，内容再好，没有实现它的合理的形式和途径，内容也就只能停留在纸面上。

从法官培训的内容看，法官培训的重点在于培养和提高法官的司法能力，具体体现为法官驾驭庭审的能力、法律适用能力以及制作裁判文书的能力。传统的填鸭式的教学方法显然远远不能满足这个要求。

当前，我国法官培训的形式僵化已经是众所周知的事实，而且这个状况已经延续了二十几年，但是为什么明明知道这种形式不好，却一直没有作出实质性改变？原因有二，其一，法官教育认识上的错误，在法官培训机构看来，法官培训是其要完成的一项任务，传统的填鸭式的教学方法既省时又省力，是培训机构最愿意采取的一种方式；在大多数学员看来，法官培训只是获得或提高学历的一个途径，教学形式不重要，最后能够通过考核，拿到学历证书或培训合格证才是最重要的；其二，资源有限，目前，法官培训机构尤其是中级法院培训机构设备、师资等方面资源有限，传统填鸭式的教学方法只要有个老师拿着一本几十年都不变的教案在台上讲授即可，对设备和师资的要求都不高，如果要改变这种形式，可能要受制于资源的有限性。端正对法官教育的认识，提供必要的资源保障恐怕是改革目前法官教育形式的基础和前提。

在端正认识和有足够的资源保障基础上，要围绕法官培训的内容探索法官培训的合适的方法和形式，强调法官培训的互动性、实践性、直观性。许多学者和司法实践人员已经提出了许多有益的方法和形式，例如，采取案例教学方法、诊所式教学方法、以案析理、庭审观摩演练、法律文书讲评等。此外，集中式授课成本比较高，而且对于我国数量庞大的法官来说，这种短期的集中式授课所发挥的作用也有限，因此，从降低成本和提高培训效果的角度可以考虑，利用新型技术和媒体开展法官培训，可以考虑制作教学短片，设视频讲座，以录音录像的形式向法官传授培训内容，这样，既可以降低成本，又能扩大培训面，使更多法官享受到质量同等的教育。

（二）加强薄弱环节

目前，我国法官培训中比较薄弱的环节是预备法官培训、基层法院法官培训以及中西部法官培训，需要在今后的法官教育中给予一定的倾斜。

预备法官培训主要针对的是拟任法官的人员，预备法官培训期间所确立的职业精神、理念、职业道德以及司法能力对于法官今后的职业生涯具有重要影响，加上预备法官培训还承担着衔接大学法学教育与法官职业之间的重任，一个法学院的毕业生能否顺利实现职业化很大程度上取决于预备法官培训的效果。

在培训条例出台之前，我国一直都没有预备法官培训的概念，更没有系统性的针对拟出任法官的人进行培训的机制，一般来说，法学院学生毕业进入法院后，先从书记员做起，担任书记员期间，就是其进行自我职业培训的过程，这种机制过去散漫，显然不能胜任法律职业培训的任务，培训条例出台后，虽然对预备法官培训的机构、内容、形式、时间等做了原则性规定，但是实践中，预备法官培训仍然没有受到足够重视，也普遍存在着形式僵化，实践性和职业性不强的缺点。从改革的思路来看，其一，在校培训部分，内容上着重加强职业道德以及司法能力的培养，在形式上，进一步突出实践性和互动性，广泛采取案例教学法和模拟演练。其二，对于校外实习部分，要对预备法官校外实习作出科学的安排和规划，不能流于形式。其三，要建立严格的考核机制，对于未经过考核的预备法官不能出任法官，培训不合格的须继续参加培训直到通过考核。从时间上看，在1年时间完成校内和校外培训，似乎有些仓促，建议适当延长。

关于基层法院法官的培训，前面已经述及，在法官教育未来的发展中，应该从思想上对基层法院法官培训给予应有的重视，从行动上为基层法院法官培训提供基本的资源保障，进一步加强中级法院培训机构的培训能力，为该等培训机构配备充足的师资、必要的设备和设施，从硬件和软件方面保证基层法院法官都能受到合格的、系统的培训。

中西部法院法官培训也是我国法官培训的一个薄弱环节。目前，加强中西部法院法官培训的关键在于资源保障上，如何为中西部法院法官培训提供足够的经费和师资保障，恐怕是未来加强该等地区法官培训的关键。

培训规划特别强调，把基层和西部地区法官培训作为工作重点，加大支持力度。继续完成基层人民法院院长和基层法官轮训任务，坚持每三年对人民法庭庭长和法庭其他法官轮训一遍。最高人民法院和各高级人民法院适时选派优秀审判业务骨干和培训教师，组织巡讲团，深入到基层和西部地区法院巡回授课，扩大培训覆盖面，提高培训质量。继续在国家法官学院和各省级培训机构定期组织培训基层和西部地区审判业务骨干，增加班次，扩大规模。全国性培训在名额的分配上向基层和西部法官倾斜。最高人民法院《关于进一步加强和改进人民法院教育培训工作的意见》也指出，要加大对基层和西部法院教育培训扶持力度：各级人民法院要把基层法院干警作为教育培训的重点，致力于把推动科学发展、促进社会和谐的要求落实到基层。国家法官学院、省级法院培训机构和中级人民法院均要根据各自职责开展相应的基层法官培训，确保每五年对基层人民法院，包括人民法庭干警轮训一遍。要继续对西部法院开展多种形式的培训支援活动。要在政策和经费上对西部地区和革命老区、民族地区、边疆地区、贫困地区给予倾斜。要加强对少数民族语言法官和西部中青年法官的培训，并尝试在少数民族集中地区建立双语人才培训基地。最高人民法院要经常派出讲师团，深入基层和西部地区巡回授课，努力解决基层和西部地区培训经费短缺、师资不足、信息迟滞等实际问题，及时就最新立法、司法解释和审判实践中的热点、难点问题进行培训。各高级人民法院也要因地制宜开展巡回授课活动，加大对基层的智力扶持。基层和西部地区法院要继承发扬艰苦奋斗的优良传统和作风，充分挖掘自身潜力，利用现有条件鼓励干警自学，并开展多种形式的培训活动，在法院形成浓厚的学习氛围，使干警在工作中学习提高。

培训规划和最高人民法院的指导意见的思路是很好的，但是，从根本上说，法官培训地区不平衡的问题，可能并不是单纯改革目前的培训体制就能解决的，这归根到底是一个地区政治和经济发展不平衡的问题，因此，我们只能在现有制度框架下将该问题尽量弱化，但却不能指望从根本上解决。

（三）加强师资队伍建设

师资是法官教育的基础条件，也是制约目前我国法官教育改革的一大因素，例如，目前法官培训形式单一化至少有部分原因是因为法官教育的师资力量太薄弱，没有足够的能力以理想中的培训方式进行授课。

从法官职业的特性上来说，法官职业的根本特性就是实践性，因此，这就决定了只有具有丰富审判实践经验的人才能够胜任法官教育教师的职位，“法官教法官”也因此成为许多国家法官教育的模式。目前，我国法官教育师资队伍奇缺的重要原因是：其一，法官队伍中同时具备“具有丰富审判经验”和“具有教学能力”两个条件的人太少；其二，截至2010年，我国尚没有形成系统的在法官队伍中培养、选调法官培训教师的制度，而且这个问题在目前似乎尚未引起足够重视。可以确定，法官必然是也应该是未来法官教育师资的主要来源，因此，应该在充分调研的基础上，建立一整套系统的从法官中选任以及培训法官培训教师的制度，这应该是我国目前法官教育中亟待解决的一个问题。

关于法官教育师资队伍的建设，国际上有许多成功的经验供我们参考和学习，例如，在法官教育制度比较完善和发达的法国，就非常重视法官教育师资队伍的建设。法国法官教育培训，教师由专职脱产从事法官教育工作的专职教师以及兼职从事法官教学工作的兼职教师两部分组成。国家法官学院专职教师均系法官，共29人，分别具有一等至二等的各级法官资格。他们当中，一部分终身从事法官教育工作，一部分是国家法官学院根据教学需要，通过既定程序从法官当中选调来的，按要求在学院从事专职教学工作2—5年。具体选调程序是，国家法官学院根据教师岗位空缺情况，列出明细要求下发至各上诉法院传达到每个法官，由自愿从事法官教育工作的法官个人申报，上诉法院根据条件择优推荐，国家法官学院考核选调。专职教师的主要条件，是具有一定的审判实践经验，较强的办案能力，并且具有能够胜任教学的伦理道德、专业理论素养以及口头与文字表达水平。①

目前，我国有些地区的法院已经在法官教育师资队伍建设上做了许多有益的尝试，例如，江苏省高级人民法院近年来正在尝试建立一支专兼职师资队伍。按照培训师资管理办法拟定的标准，这支师资力量主要由各市中级法院在本辖区法院法官中物色推荐，省法官培训机构审批并发聘书，聘期两年，两年内被聘教师享有优先接受培训权。定期召开专题教学研讨会，将培训授课的备课任务分配至每位教师手中。教师任期内必须完成规定的备课讲义和课时，并接受系列教学评估。两年后由省法官培训机构重新招聘，优秀者续聘，并列为专家型的法官储备。如此几次聘期过后，势必形成一支优秀的法官教师队伍，不仅可以解挟省级培训需求，也能解决市一级的培训师资需求，并可在全省范围内师资共享，将来全国各省市之间也可以实现互相交流，逐步会涌现出一大批专家型法官师资队伍。②

（四）法官院校重新定位

对法官院校重新定位，就是要重新审视法官教育机构的任务和职能。显而易见，法官教育机构尤其是法官在职教育机构的根本职能是培养法官，其他职能都应服务于这个职能，而不能有与这个职能相并列或与该职能没有必然联系的职能或任务，这是没有任何疑问的。

目前，我国法官培训机构定位模糊的一个主要原因在于，改革开放之初，我国法官队伍素质参差不齐，为了达到国家对法官学历的要求，法官培训机构在一段时期承担的主要职能就是提高法官学历，从事学历教育就成了法官培训机构的一个重要角色，也因此使得部分法官培训机构在定位上出现了偏差，舍本逐末。当前，应该坚定明确法官培训机构的定位，并对定位发生偏差的培训机构进行集中整顿，将其职能完全集中到培养法官上来，使其集中精力从事法官教育的工作。

此外，还应对法官教育机构进行严格的监督和管理，确保其不会脱离本职工作，利用法官教育的招牌去从事与法官教育无关的活动。

（五）法学教育——法官教育改革的基础

如笔者在前面对法官教育的界定那样，法官教育应该是将一个普通人培

① 王世民、杨永波、马幼宁、彭永和：《法国司法改革与法官教育培训制度》（下），《法律使用》2000年第1期。

② 参见李颖《美国法官培训对我国法官教育之借鉴》，《法律适用》2000年第8期。

养成一名合格的法官并对其进行终身教育的一种教育。在我国目前的法官选任制度下，初任法官的主要来源是高校毕业生，因此，高等学校法学教育就自然而然成为法官教育不可分离的一部分，法官职前、在职教育都必须在现有的法学教育的模式下进行，如何实现法学教育与法官职业之间的有机联系，是法官教育的一个基础问题。目前我国法学教育本身就存在很多问题，也由此给法官教育带来许多无法避开的障碍和困难。虽然，鉴于本书的体例结构和内容分配，笔者在本章没有对法学教育施以众多笔墨，然而绝不意味着可以抛开法学教育来谈论法官教育，本章对法官教育的讨论恰恰都是在现有法学教育模式的基础上进行的。要从根本上改革目前的法官教育，就绝对离不开法学教育的改革。

第十六章　科研机构的法学教育

第一节　概述

通常意义上的科研机构是指拥有大量的专业人才专门从事科学研究的事业单位，其研究活动的宗旨就在于服务国家和社会。具体的管理内容由国家有关部门予以规定。我们一般意义上的从事法学教育工作的科研机构主要有中国社会科学院研究生院法学系、中国科学院研究生院人文学院法学系、上海社会科学院法学研究所和四川省社会科学院。另外，黑龙江省社会科学院的法学教育一般认为是综合性的法学教育，其中包含着马克思主义哲学、马克思主义经济学教育等，即所谓的大法学意义上的法学教育。这里将不作为研究的重点，不再进行细致的分析。研究机构培养对象是已经具有本科或同等学力以后的学生，即只针对研究生招生培养，这其中包括硕士研究生和博士研究生。

新中国最初的研究生教育的发端就是1951年中国科学院和教育部联合发布的《一九五一年暑期招收研究实习员、研究生办法》；1978年，中国科学院和中国社会科学院又率先在中国建立了研究生院，成为中国恢复研究生教育制度后研究生教育的重要承担者。①

一、中国社会科学院法学系概况

中国社会科学院法学系是中国社会科学院研究生院——成立于1978年，经邓小平、叶剑英亲自批准设立研究生培养基地，直属于中国社会科学院这个中国人文社会科学研究最高学术机构和综合研究中心——的一部分。法学系以中国社会科学院法学研究所和中国社会科学院国际法研究所为依托，成立于1978年。中国社会科学院法学研究所的前身是1956年筹建，1958年

---

① 石磊、张海英：《浅析国立科研机构在研究生教育方面的作用》，《中国科学技术大学学位与研究生教育》2005年第1期。

正式成立的中国科学院哲学社会科学部法学研究所，主要从事法学基础理论和民主法治人权重大理论与现实问题研究。中国社会科学院国际法研究中心成立于2002年10月，前身是中国社会科学院法学研究所国际法研究室，在国际航空法、世界贸易组织法、国际海洋法、国际人权法、国际刑法和国际冲突法等方面的研究处于国内领先地位。

中国社会科学院法学系是国务院学位委员会审核批准的全国法学一级学科博士学位授权点之一，博士研究生招生范围包括法学理论、法律史、宪法学与行政法学、刑法学、民商法学、经济法学、诉讼法学、环境与资源保护法学、国际法学等学科。硕士研究生招生范围包括法学理论、法律史、宪法与行政法学、刑法学、民商法学、经济法学、诉讼法学、环境与资源保护法学、国际法学、传媒与信息法学和知识产权法学等学科。2003年经国务院学位委员会批准，法学系成为法律硕士专业学位研究生培养单位，并与2004年开始招收法律硕士专业学位研究生。截至2010年，法学系拥有博士生导师38名，硕士生导师47名。其中学部委员2人，名誉学部委员5人。从1978年以来已培养毕业包括港澳台及外国留学生在内的法学博士毕业生265人，法学硕士毕业生474人。法律硕士专业学位毕业生227名。

二、中国科学院法律系概况

中国科学院法律系成立于2002年9月4日，是中国科学院研究生院人文学院的五个系之一，该系仅包含民商法专业和知识产权专业，以知识产权专业为核心，这种设置恐怕与其自身的理工类学科建设有着密不可分的联系。人文学院拥有一支高素质的教师队伍。学院由著名理论家郑必坚任院长，聘请于光远等14位著名学者为学术顾问，聘请王家福等15位著名学者为学术委员。学院现有教职员工46人，其中教授16人，副教授15人，讲师11人，职员4人。学院每年向研究生院全院学生开设各类人文社会科学基础课、专业基础课与专业课近100门。人文学院现招收科技哲学、科技史与科技考古专业的博士生，招收科技哲学、科技史与科技考古、科技传播学、民商法、科技行政管理专业的硕士生。根据中国科学院研究生院“三统一、四结合”的办学方针，人文学院与中国科学院自然科学史研究所、科技政策与管理科学研究所、心理学研究所密切合作，共同办学。研究生院密切关注国际教育发展态势及国际科技前沿，与国内外著名大学、科研机构及跨国公司开展了广泛的交流与合作，建立了多种形式的双边交流与合作关系。不少博士研究生在学期间能出国进行学术交流，硕士研究生在学期间也有一部分可以出国参加学术活动。

三、上海社会科学院法学研究所概况

上海社会科学院法学研究所自1979年以来招收硕士生，至今已经招生硕士27届共计400余名，取得硕士学位270名。自2002年起，法学研究所与院外单位共建共享两个博士点，一是与山东大学法学院合作设立法学理论博士点；一是与华东政法大学合作设立刑法学博士点，现有顾肖荣研究员、林荫茂研究员为这个点的博导。顾肖荣研究员还兼任中国人民大学、北京师范大学刑法学博士点的导师。

20多年来，法学研究所五个硕士授予点以科研促进教学，以教学带动科研，形成了教、研相长的良性互动机制。依托着相应二级学科专业研究室和研究人员，在各自的领域建成了一支梯队结构合理、学术成果丰厚、社会影响较大的科研群体。从“六五”规划至今，法学研究所承担国家级、市级课题30余项。先后获得上海市哲学社会科学优秀成果奖30项，上海市政府决策咨询奖和邓小平理论研究奖8项，国家图书奖4项，国家科技进步奖1项，其他各方面评定的优秀论文、优秀研究报告、优秀著作近百项。截至2010年，上海社会科学院为上海唯一的综合性人文和社会科学研究机构，是全国最大的地方社会科学院。现设有2个研究院、15个研究所、9个职能处室、11个直属单位和近20个院直属研究中心。在职工作人员770余人，在读研究生580余人。

四、四川省社会科学院法学研究所概况

四川省社会科学院法学研究所是四川省社会科学院内设的15个科研所之一，成立于1978年6月，是四川省法学研究的“龙头”。作为四川省社会科学院主要研究领域的民商法学与经济法学研究，已经形成为具有四川特色的优长学科和重点学科。该法学研究所始终坚持以马列主义、毛泽东思想和中国特色社会主义理论为指导思想，全面贯彻落实党的十七大和四川省委九届四次会议精神，深入学习实践科学发展观，着力培育优势学科，推出精品成果，建设优秀团队，营造优良环境；加快提升为决策服务、为社会服务和为民生服务的水平和质量，把握社科研究的时代特征、中国特色和地方特点，为加快科研转型开创及探寻一条新的道路，为四川省委、省政府科学决策起到“思想库”和“智囊团”的作用。四川省社会科学院现有人数1220人，其中：院职工609人（其中：在职职工411人，离、退休职工198人），

经理日报社职工260人，临时聘用职工51人，在校研究生300人。在科研人员中：正高级职称71人，副高级职称77人，中级职称86人，初级职称45人；享受国务院及省政府特殊津贴专家26人，四川省学术和技术带头人14人，四川省学术和技术带头人后备人选8人，省突出贡献专家10人；硕士生导师34人；博士（含博士后）21人，在读博士19人。拥有一批蜚声中外的以当代中国神话学大师袁珂和著名经济学家林凌为代表的国内外著名专家及知名学者。

以上为我国科研机构的主要情况，与大学相比，中国科研机构的研究生教育有其独有的优势：首先，培养方式侧重研究生科学教育和科研能力的培养。由于科研机构本身的特点，科研机构的研究生有更多的机会参与科研活动，受到导师严格的科学研究训练，较早地进入学科前沿，因此培养的研究生表现出较高的研究能力和素质。其次，师资力量雄厚，师生比高。科研机构拥有一大批高水平的研究人员，这些研究人员中又有相当部分承担着培养研究生的工作。如中国科学院系统有4500多名研究员，仅在岗博士生导师就有2000多名，其中还有300多位中国科学院和中国工程院院士，但一年录取的各类研究生不过10000名；中国社会科学院有博士生导师400余名，硕士生导师600余名，但每年的博士生招生名额只有240余名，硕士生招生名额180余名。其他科研机构的师生比也是类似的情况。师生比较高，使得科研机构的导师有条件对研究生进行更多时间的指导。第三，具备广泛的国际交流和合作。2004年，中国科学院有7300多人次出访，接待了12300余人次的来访，聘请国外名誉和客座教授430余人次，举办多边和双边国际学术研讨会274次，新签署的国际交流合作项目276项；中国社会科学院同样也有着广泛的学术交流，1978年以来的国际交流人次与清华大学处在同一水平。虽然这是整个科研机构而不是其研究生教育的国际交流与合作，但如此广泛而众多的国际合作与交流，超越了中国绝大多数大学的水平，为研究生教育的国际化发展提供了更多的条件与机会。①

第二节　招生就业

法学研究生的招生与就业是法学研究生教育工作不可缺少的重要组成部

① 参见赵睿《国际化背景下中国科研机构研究生教育发展战略思考》，http://202.121.15.143/aspfiles/document/b77/ab770186.asp。

分，是保证研究生培养质量的两道重要“进出口”。

一、研究生招生制度与就业形势概述

（一）研究生招生制度

招生制度是人才选拔的开始，也是人才培养的基础。完善的招生制度，能保证国家选拔优秀青年进入高校接受培养，又能对普通教育质量的提高起促进作用。截至目前，从事法学研究的科研机构的研究生招考制度和普通高等学校的研究生招考制度是一致的，都是采用统一考试的招生制度。这种统一招生考试制度已经有很长的历史了。根据1951年教育部发布的《关于高等学校1951年度暑假招收新生的规定》，全国有3个大区的高等学校开始采取统一招生考试的办法。从1952年到1965年期间，除了1958年曾改为省市自行考试、就地招生外，都是实行全国统一招生的办法。“文化大革命”期间，改为各公社、各行业推荐入学的办法，全国统考招生中断了11年，当时采用推荐的办法，标准不一、弊端丛生，导致新生质量严重下降。粉碎“四人帮”以后，1977年废除了推荐入学办法，恢复全国统一考试招生制度。

（二）研究生就业形势

总体上讲，目前我国高校毕业生的就业情况不容乐观，找工作难的现象普遍存在，这与经济状况的影响和人才培养的规格不能很好的适应市场需求有很大的联系。研究生作为国家高层次人才的主要来源，一直是备受推崇的稀缺人才。然而，据教育部统计，从1999年至今我国研究生招生规模年平均递增速度达26.9%。毕业生数量的激增使其就业形势不容乐观，研究生的就业问题逐渐凸显出来。研究生就业问题是一个应该多层次、多角度加以考察的综合复杂的社会问题，主要体现在以下几个方面：（1）就业难度增加以前，一个研究生毕业时总会有很多单位排队争抢。目前，这种风光已不再。很多单位对研究生不再另眼看待，相反，对一些拥有研究生文凭却没有真才实学的人则持怀疑和谨慎的眼光。一项研究表明，十年前，研究生毕业时会有机关事业单位、大型国企或外企等数个不错的单位可供选择。如今，机关事业单位在吸收了大量人才后编制逐渐额满，接收毕业生的能力逐渐减小。大型国企、外企在接收毕业生方面也存在这样或那样的困难。总之，研究生的就业不再是“皇帝的女儿不愁嫁”，就业难度明显增加。（2）研究生工资比较低。在一些竞争较激烈的专业，研究生的月薪甚至已经跌破了2000元大关。目前，广东一些单位压价严重，研究生月薪仅千元。这对很多苦读三年的毕业生来说心理上很难承受，以至于毕业生们感叹读研白白浪费了三年的时间。

二、科研机构研究生招生就业情况

（一）中国社会科学院法学系的研究生招生就业情况

中国社会科学院研究生院（法学研究所）于2003年被批准成为法律硕士专业学位研究生（以下简称法硕研究生）培养单位。根据国务院学位委员会、教育部、司法部和全国法律硕士专业学位教育指导委员会等有关部门指示精神，中国社会科学院法学研究所和研究生院精心筹划，在校园建设、师资配备、教材编制、课程安排以及教学管理等方面都为法硕研究生创造了良好的条件。经过5年多的努力实践与大胆探索，该所法硕研究生的各项培养工作取得了扎实稳步的发展，建立了一支高素质的教学与教学管理队伍，形成了一套成熟的教学与教学管理体系，编写出了一套规范且具有较强针对性的法硕研究生教材，探索出了具有"社科法硕"特色的办学模式和经验做法，取得了预期的效果，实现了既定目标。

研究生的招生数量在法律系一直较为平稳，自2004年至2009年，法学所共招收法硕研究生591人，其中2004级全日制法硕研究生149人，已顺利答辩毕业；2005级在职法硕研究生80人，已顺利答辩毕业；2006级在职法硕研究生75人，其中70人已顺利毕业；2007级在职法硕研究生83人；2008级在职法硕研究生48人，目前正在培养之中；2009年招收全日制法硕研究生156人，已于2009年9月顺利入学。

法学系的研究生招生考试形式是全国统一招生考试，其中要求要是中华人民共和国公民；拥护中国共产党的领导，愿意为社会主义现代化服务，品德良好，遵纪守法；符合相应的学历要求；原则上年龄不超过40岁；身体健康状况符合国家和该系的体检要求。考试同样有初试和面试两个环节，只有初始符合要求的才有机会参加面试。[①]另外，社科院法律系还有一定比例的推免名额。经过各个高校遴选的优秀学生可以直接申请推免资格，不必进行全国统一入学考试，仅通过复试即可入学。这在各个高校和科研机构是普遍存在的。

关于研究生就业问题，委托培养硕士生回委托单位，其他硕士生按国家和学校有关就业政策办理。据统计，2004级全日制法硕研究生除个别同学

---

① 参见 http：//www. iolaw. org. cn/。

考博而未就业外，就业率为100%。就业单位中，既有中国证监会、中国银行、中石油、北方工业集团公司这样的中央企事业单位，又有北京等各地党委、政府和法院、检察院、公安局等党政机关和政法机关，也有不少像普华永道、竞天这样的跨国公司与知名律师事务所。3名同学考取博士研究生继续深造。再就业压力日益高涨的今天，能有如此的就业成绩是让人欣羡不已的。这也正是法律系教学理念的最好印证。

另外，值得一提的是中国社科院法学所是目前唯一招收博士研究生的科研机构。2010年法学系将总共招收法学博士研究生17名。招生的专业有法学理论、法律史、宪法与行政法学、刑法学、民商法学、诉讼法学、经济法学、国际法学和知识产权法学。博士生报名条件要求拥护中国共产党的领导，愿意为社会主义现代化建设服务，品德良好，遵纪守法；已获硕士学位的人员（在境外获得的学位应通过教育部留学服务中心认证）；应届硕士毕业生（最迟须在入学前取得硕士学位）；获得学士学位6年以上（含6年，从获得学士学位到博士生入学之日），并达到与硕士毕业生同等学力的人员；身体健康状况符合社科院规定的体检要求；年龄一般不超过45周岁；有两名与报考学科有关的副教授（或相当职称）以上专家推荐；现役军人考生，按中国人民解放军总政治部有关规定办理。

（二）中国科学院人文学院法学研究生招生就业情况

中国科学院法律系自2002年设立以来其法学研究生的招生规模相对来说一直较小，一般每年只招收3名研究生。并且这3名研究生只有民商法和知识产权法两个研究方向，考试科目完全相同，都包含政治理论、英语、民商法和知识产权法。中国科学院法律系将会在2010年扩大招生的规模，达到10人。同样只包含两个研究方向，民商法和知识产权法。

该法律系的研究生培养以德智体全面发展，爱国守法，在本学科内掌握坚实的基础理论和系统的专门知识，具有从事科学研究、教学、管理或独立担负专门技术工作能力、富有创新精神的高级专门人才为原则，采用统一招考和推免相结合的方式。凡是报名参加研究生全国统一考试的必须符合下列条件，要拥护共产党的领导，愿意为社会主义现代化建设服务，品德良好，遵纪守法；必须符合学历要求；年龄一般不超过40岁，报考委托培养或自筹经费的考生年龄不限；身体健康状况符合规定的标准；除此之外同等学力人员还应具备其他一些条件才可报考。报名时的信息填写要求一定要准确，考生报名前应仔细核对本人是否符合报考条件。在复试阶段将进行报考资格审查，凡不符合报考条件的考生将不予复试和录取，相关后果由考生本人承担。考生应在国家规定的统一考试时间内参加入学考试，只有初试符合要求，才有参加面试的资格。中科院法律系一般会按照1∶1.2的比例进行差额复试，初试和复试均符合要求且无其他不良记录的将被录取。中科院法律系还有一套完整的接受推免生的政策。首先，必须是本科应届毕业生，所在学校必须是教育部规定的具有当年免试生推荐资格的高校，须获得所在高校推荐免试资格，占用本校推荐免试生名额；其次，申请人在大学本科阶段学习成绩优异，在学期间无重修科目或补考记录，在校期间没有受过纪律处分。具有较强的外语听、说、读、写能力。具有较强的调查研究、综合分析问题、解决问题能力。身体健康状况符合规定的体检标准，心理健康状况良好。最后，根据申请人自愿提交的材料，通过一系列的审核后，方可成功推免，不必再参加统一入学考试。

中国科学院法律系就业率一直名列前茅，这与研究型机构的特点有密不可分的联系。毕业生的去向广泛，有国家机关、企事业单位，还有公司企业等。

（三）上海社会科学院法学研究所招生就业情况

上海社会科学院法学研究所2010年招生人数情况是，民商法学10人、国际法学10人、刑法学7人、宪法学与行政法学4人、法学理论4人。这样的招生规模也是秉承了上海社会科学院法律系的一贯传统。2009年民商法学10人、国际法学10人、刑法学3人、宪法学与行政法学3人、法学理论3人。①

上海社会科学院法学系的研究生招生考试形式是全国统一招生考试和推荐免试并存，其中要求要是中华人民共和国公民；拥护中国共产党的领导，愿意为社会主义现代化服务，品德良好，遵纪守法；符合相应的学历要求；原则上年龄不超过40岁；身体健康状况符合国家和该系的体检要求。进行网上报名和现场确认，根据国家规定的时间参加统一入学考试。通过初试资格线的考试有机会参加复试。法律系同样采用差额复试的方法，根据考生入学考试成绩、思想政治表现和业务素质择优录取。凡委托培养的考生，在正式录取之前，必须签订委托培养协议书。

面对日益严峻的就业形式，毕业生经过几年的学习后都走向了自己的工作岗位。近30多年来，毕业研究生大多在上海党政机关、高校、科研机构、文化、金融、大型国有企业、外资企业等部门工作，他们中的许多人成为领

---

① 参见http：//www. iolaw. org. cn/。

导干部、著名学者、业务骨干、部门负责人，恢复高考后上海社会科学院培养的首批研究生厉无畏研究员现为全国政协副主席。

（四）四川省社会科学院法学所研究生招生就业情况

四川省社会科学院法学所法学专业仅设有民商法学和经济法学，其中民商法学中包含有公司法律制度研究、物权法律制度研究、知识产权法律制度研究和合同法律制度研究；经济法学中具体分为证券法律制度研究、经济法责任制度研究以及反垄断法律制度研究。从招生规模上看，2009 年民商法学招收 10 名，经济法学招收 9 名。从 2010 年开始，四川省社会科学院计划招收法律硕士（非法学）专业学位研究生 3 人，法律硕士（法学）专业学位研究生 2 人，这是该院首次招收法律硕士。2010 年民商法学专业招收研究生 9 人，较 2009 年少一人；经济法学专业招收研究生 8 人，同样较 2009 年少一人。[1]

参加研究生入学统一考试的人员，凡符合国家规定，年龄不超过 40 岁，身体健康的大学本科毕业生和国家承认学历的大专毕业后两年（2008 年 7 月前毕业）以上的人员、应届本科毕业生均可报考四川省社会科学院法学所。该所民商法学和经济法学专业（法律硕士除外）原则上不接收推免生。

该研究所的毕业生因为基础知识扎实，实践能力强等原因就业情况良好。主要就业单位有律师事务所、公检法机关及其他国家机关、企事业单位等。

第三节　教学培养

21 世纪，是这样一个以知识经济蓬勃发展并在社会的生产、生活中逐步占据主导地位为基本特征的新时代。在知识经济时代，一个国家经济的增长和社会的进步将比以往任何时候都更加依赖于知识的创造、加工与应用。创新已成为决定一个国家在国际经济竞争和世界政治总格局中地位的决定性因素。经济的发展靠创新，创新的主体是人才，人才的培养靠教育，从这个意义上说，在日益激烈的国际竞争中，经济的竞争、科技竞争，说到底是人才的竞争，教育的竞争。积极发展研究生教育对于培养高层次创新人才，提高国家的创新能力，推动经济增长和社会进步具有重要意义。下文拟就科研机构法学（律）研究生教学培养做初步的分析，以期对其有更深入的了解，

---

① 参见 http：//www. sass. cn/sky. asp？ name = yjs。

进一步完善科研机构对法学（律）研究生的教学培养。

一、中国社会科学院法学研究所

从成立时间上来说，中国社会科学院法学研究所早于其他三所科研机构，基于这样的优势，社科院法学所已经在研究生教学培养方面形成了一套较为完善的体系。

（一）中国社会科学院法学所对硕士研究生的教学培养

中国社会科学院法学研究所致力于为国家经济建设和社会发展培养高层次法律职业人才，加强职业意识与应用能力的培养，突出案例分析和实践教学，提高专业素养与就业创业能力。[①] 该所的硕士研究生培养方向有：法学理论、法律史、宪法学与行政法学、刑法学、民商法学、经济法学、诉讼法学、环境与资源保护法学和国际法学。根据具体的培养方向，该研究所主要开设马克思主义理论课，外语，专业基础课，专业课，社会实践等基本课程。通过这些基本课程的设置希望使研究生掌握马列主义、毛泽东思想、邓小平理论和“三个代表”重要思想的基本内容，拥护党的基本路线、方针、政策，自觉遵守和维护宪法和法律，热爱祖国，弘扬正义，具有较高的政治素质和良好的法律职业道德；掌握扎实宽广的法学理论、基础知识和实务知识，具备法律职业所要求的知识结构和思维能力，能够运用法学理论和法律知识分析和解决各类法律问题；能够综合运用法律、政治、经济、管理、社会、外语、科技、计算机等方面的相关知识，独立从事法律实务工作和相关的管理工作，达到有关部门中级以上专业与管理职务的任职要求；[②] 另外，在我国法律制度并不发达的情况下，熟练的掌握一门外语，以研读最原始的法律材料对于我国法律事业的发展也是极为重要的。与此同时，各个硕士点的导师组还根据本专业的特点、培养方案等，为硕士研究生设置相应的课程体系，并要求硕士研究生参加本专业的学术活动。这主要是考虑到学术活动往往涉及学术最前沿的问题，硕士研究生参加这样的活动正是感受学术氛围、培养学术情操的绝好机会。这也正是科研机构对外交流的机会多、师资力量强等特点在研究生教学方面的体现。

社科院法学所除了注重对硕士研究生法学素养的培养以外，对其论文的撰写能力以及职业能力也是极为看重的。首先是论文的撰写，检验一个硕士

---

① 参见 http：//www. iolaw. org. cn/showNews. asp？ id = 18220。

② 参见 http：//www. iolaw. org. cn/jxjd/show. asp？ id = 3。

研究生的学习成果和独立思考能力的最好方法便是看其论文的写作能力。据此，社科院法学所对硕士研究生论文的撰写从过程到内容都有严格的要求：法硕研究生可以根据学术兴趣提出学位论文的选题，论文选题可以是学术论文、调研报告、重大疑难案例的解决方案或分析报告等。法硕研究生的选择经导师认可后，方可确定为学位论文的选题；学位论文选题确定后，要撰写开题报告，开题报告须说明该选题的理论意义、实践意义、以往研究状况述评、分析框架与创新、主要内容、结构、研究方法、主要参考文献；开题报告经导师组审核批准后，方可开始论文写作；学位论文写作完成以后必须由两名本专业具有高级职称的专家评阅，其中必须有一位校外专家或学者，经评阅，如果评阅结果为不同意推荐答辩的，申请人以及其指导老师对评阅结果有异议的，由学位评定委员会审议。学位论文答辩委员对论文答辩实行三分之二绝对多数通过制，通过无记名投票表决是否建议授予硕士学位。经过严格的筛选后，修满规定学分并符合申请学位论文答辩条件者，可按照《中华人民共和国学位条例》、《中华人民共和国学位条例暂行实施办法》及中国社会科学院研究生院学位评定委员会审议通过后可以授予法律硕士专业学位。① 其次是职业能力的培养问题，同样不容忽视。法律职业能力包括法律职业思维方式和能力、法律职业行为方式和技能。法律职业能力的培养内容主要表现在：对各种社会现象中的法律问题善于运用法律职业思维和法律原理予以发现、分析和解决；能够较熟练地进行法律推理；能够具备履行法官或检察官相应职责的能力；能够较熟练地从事诉讼法律实务和非诉讼法律实务；有起草法规的一般能力等。以上能力可通过课程教学、实践、专题讲座与研究等多种形式培养。

（二）中国社会科学院法学研究所对博士研究生的教学培养

在中国社会科学院法学研究所，博士研究生的培养方向与硕士研究生的培养方向相同，都是法学理论 、法律史、宪法学与行政法学、刑法学、诉讼法学、民商法学、环境与资源保护法学、经济法学和国际法学。针对这些培养方向和博士研究生自身的特点，主要开设马克思主义理论，外语，专业基础理论，专业课等基本课程。另外，博士研究生在校期间，应参加法学所相关研究室和研究中心的学术活动。法学所对博士研究生的培养本着重在本学科基本理论的学习与掌握，并力求在相关课题的研究上有重大突破和创新的理念和依据国家教育部和研究生院的有关要求，对博士研究生实行高标

---

① 参见 http：//www. iolaw. org. cn/jxjd/show. asp？ id =6。

准、严要求的管理和培养。各博士学科点成立导师组，由各相关学科具有研究员职称的研究人员组成。导师组集体研究培养方案，并负责讲授专题课。同时，在导师的认真指导下，博士研究生拟定学位论文题目、写作提纲并完成学位论文。博士研究生的学位论文答辩，由导师组和法学系共同组织，严格按照有关规定进行，确保论文和答辩的质量。

除此之外，对博士研究生的法律职业能力等方面的培养和对硕士研究生的培养有相似之处，兹不赘述。

二、中国科学院人文学院法律系

中国科学院人文学院法律系的研究生培养目标是面向社会需求，适应工程技术发展和创新需要，培养德智体全面发展，掌握相关专业领域坚实的基础理论和宽广的专业知识，具有较强的解决实际问题的能力，能够承担专业技术或管理工作，具有良好职业素养的高层次应用型专门人才。该系培养方向只有民商法和知识产权法，民商法学专业开设的基础理论课程，包括民法学、商法学两大部分。知识产权法是民商法专业的核心课程，主要内容包括知识产权法概论、著作权、专利权、商标权、反不正当竞争法、知识产权国际公约等几个部分。中国科学院人文学院法律系以其雄厚的师资力量在培养硕士研究生时很重视实践教学、互动教学，培养学生的实际解决问题的能力。与此同时，经常组织学生参加实习活动，在实践中锻炼学生的法律职业能力。

相对于中国社会科学院研究生院法律系的教学培养，中国科学院人文学院法律系更注重法律的实际应用，这与其学科设置是密不可分的。中国科学院是我国规模最大、学科最全、实力最强的自然科学与高技术综合性国立研究机构，中科院人文学院法律系仅仅是学科设置的一个小部分，设有民商法学和知识产权法学，其中知识产权法学作为教学培养的核心，该系提出“发挥知识产权专长，利用多种方式为科学院的知识创新工程服务”的号召，以求法律知识运用到具体的案件当中——学以致用。

三、上海社会科学院

上海社会科学院面向社会培养德、智、体全面发展，掌握法学坚实的基础理论和系统的专业知识，具有创新精神和从事科学研究、教学、管理等工作能力的高层次学术型专门人才以及具有较强解决实际问题的能力，能够承担专业技术或管理工作，具有良好职业素养的高层次应用型专门人才。上海社会科学院对硕士研究生的培养方向有法学理论、宪法学与行政法学、刑法学、民商法学、国际法学。上海社会科学院法学所根据各专业特色除了开设像法学基础理论、公共英语、政治之类的基础课程之外还为各专业开设专业性强的专业课程。例如，在国际法研究生培养方案中，专业课程设有国际私法专题、国际公法专题、海商法专题、国际投资法专题、世界贸易组织规则等专题研究课程。另外，该所还针对研究生走向工作岗位的需要，开设了公司法、审判实务、合同与并购等实务性强的课程。

上海社会科学院法学所在研究生培养中，不仅注重基础知识和专业知识的训练，而且强调，研究生必须参加研究生部、法学所、院科研处等部门组织的各级各类学术会议、学术讲座、学术报告、课题研究。要求学生根据培养方案和任课教师开出的读书清单，阅读与专业相关的著作与文献，参与国外法学前沿学科的翻译工作。在整个学习阶段协助导师承担至少一项科研项目。完成教师要求的论文写作，并运用所学的专业知识，认真完成学位论文的撰写。与此同时，上海社会科学院法学研究所对硕士研究生参加社会实践有严格的要求：学生应按照研究生培养方案中规定的做法，在研三阶段到司法实际部门，如法院、检察院、律师事务所实习；还可去各级人大、行政机关实习；结合课题研究，要求学生跟随导师或单独去基层调研，搜集资料，或者向调查对象发放问卷表；根据法学专业学生的不同学科，为市民开展法律咨询工作和法制宣传教育。①

上海社会科学院硕士研究生教育理论和实践相结合，既注重人文和社会科学基础理论的学习，又积极参与社会热点、难点和重大现实问题的调查研究，已经培养出了相当一部分服务社会、奉献社会的高级人才。

四、四川省社会科学院

四川省社会科学院以“认识世界、传承文明、创新理论、咨政育人、服务社会”为职责，自招收硕士研究生以来，一直致力于为国家、社会培养更多的人才。该社科院法学研究生培养方向有民商法学和经济法学专业。具体来说，民商法学目前细分为公司法律制度研究、物权法律制度研究、知识产权法律制度研究和信托法律制度研究；经济法学细分为证券法律制度研究、现代企业法比较研究、市场竞争法律制度研究和环境与资源法研究。这

① 参见 http：//web. sass. org. cn/sass/detailAction. do？ method = ShowNewsContent。

样细致的划分是近年来改革的成果，有利于强化研究的专业性。研究生院开设了法学基础课程（如民法、商法、法理等）、政治理论和公共英语等课程。同时基于培养方向的不同，有针对性的开设专业课程。在培养模式上，四川省社会科学院充分利用专家学者集中、研究课题多的独特优势，以重大课题研究为龙头带动教学与学科建设，突出“科研与教学”并重的办学思路，创建了“五个统一”的科研院所教学模式；在教学方法上，强化研究生的基础理论课程学习，严把中期筛选关、毕业答辩关，注重基础理论教学与社会实践相结合，采取讨论式、互动式、考察式、课题式教学；在课程建设上，正式出版研究生教材11部、研究生用书40余部，强调每门课程须有教学大纲；在教学实践上，要求研究生必须参与一项以上的课题研究，奖励科研成果。另外，建立教学实习基地，全方位扩大就业渠道。

以上所述为科研机构的研究生教学培养情况，据此可以看出，我国科研机构的研究生培养不仅注重基础理论知识的训练，而且加大了实践学习的力度。面对如此严峻的就业形势，工作能力的培养不容忽视。这也要求在培养学术功底深厚的研究生的同时要塑造其职业素养。

第四节　课程设置

课程教学作为法学研究生教育的一个重要环节，课程教学质量的提高与课程结构设置的合理性息息相关，它不仅为导师传授知识提供重要依据，而且更利于法学研究生在有限的时间内高效率地获取本学科专业的基本知识和基础理论，积极跟踪学科前沿知识，为提高课题研究成果和撰写高质量的学位论文提供了有力的保障。法学研究生课程设置应以研究生培养目标为依据，以培养人才模式为导向，遵循法学学科发展的特点和人才成长规律，构建科学的课程体系，使研究生学好法学专业理论，拓宽知识面，建立合理的知识结构，为开发研究生的智能，提高创新能力奠定良好的基础，适应现代化建设和国民经济发展的需要。[①] 法学研究生的课程设置作为法学研究生课程教学的一项重要内容，对其进行研究，对提高我国研究生的培养质量具有非常重要的作用。

---

① 刘志勤、郭振安主编：《军队研究生教育理论与实践》，解放军出版社1999年版，第167页。

鉴于本章介绍的是具有法学教育职能的科研机构，因此本节仅以中国社会科学院法学研究所、上海社会科学院法学研究所、四川省社会科学院法学研究所和中国科学院人文学院法律系等科研机构为范例，描述当前我国具有法学教育职能的科研机构的课程设置现状，并对科研机构法学课程设置的改革提供相关建议。

一、法学硕士研究生课程设置

我国在法学课程的设置上，借鉴了发达国家法学教育的模式，进行了一系列改革。各个学校一般将法学硕士研究生的课程划分为学位课程、非学位课程、必修环节和补修课程几个部分。其中学位课程又大致分为公共学位课、专业基础课、专业方向课。公共学位课主要包括政治理论课和外语课，专业基础课主要包括一些法学基础理论课程，专业方向课则是根据专业及研究方向的不同而相应设置的一些课程。非学位课程包括专业选修课和公共选修课两个部分，各个学校根据自身专业情况设置。必修环节主要包括教学实践、学术活动、社会实践等内容。补修课则是各个学校根据不同专业情况要求本科非法律专业学生进行补修的课程，这部分课程不单独设置，基本上都是根据专业方向从法学本科 14 门主干核心课程中选择，并且需要补修的学生必须和本科生一同听课。在学分安排上，多数学校要求的学分都在 30—40 学分之间，并且对学位课、非学位课和必修环节都做了明确规定。对于补修课，各个学校一般没有规定学分。①

以下是中国科学院人文学院法学系民商法学硕士研究生和上海社会科学院法学研究所刑法学研究生的课程设置及学分配置。

按照中国科学院人文学院法学系民商法专业硕士研究生培养方案的要求，硕士研究生和硕博连读生的课程分为公共必修课和公共选修课。公共必修课包括：自然辩证法与科技革命、中国特色社会主义理论与实践和通识案例。② 公共选修课包括：民事程序法、知识产权法、法学概论、民法学、科技法概论、刑法学行政法、商法、婚姻继承法。③

上海社会科学院法学研究所刑法学硕士研究生培养方案要求：学制 2

① 冀祥德等：《中国法学教育现状及发展趋势》，中国社会科学出版社 2008 年版，第 135 页。

② 详见中国科学院人文学院教学信息课程设置硕士生、硕博连读生公共必修课：http：//renwen. gucas. ac. cn/subfix/13. htm。

③ 详见中国科学院人文学院教学信息课程设置硕士生、硕博连读生公共选修课：http：//renwen. gucas. ac. cn/subfix/14. htm。

年，课程设置具体如下。①

表 16－1　**刑法学硕士研究生课程**

	课程名称	主讲教师	职称	所在单位	学时
必修课	政治	朱坚劲	研究员	上海社会科学院	60
	英语	吴其尧	教　授	上海外国语大学	60
	法理学	尤俊意	研究员	上海社科院法学所	60
	宪法学	浦增元	研究员	上海社科院法学所	60
	中国法制史	程维荣	副研究员	上海社科院法学所	60
	民法	成　涛	研究员	上海社科院法学所	60
	刑法总论	肖中华	研究员	上海社科院法学所	60
	刑法各论	林荫茂	研究员	上海社科院法学所	60
选修课	刑法总论专题研究	肖中华	研究员	上海社科院法学所	60
	刑法各论专题研究	林荫茂	研究员	上海社科院法学所	60
	刑事诉讼法前沿问题研究	柯葛壮	研究员	上海社科院法学所	60
	合同法	徐澜波	副研究员	上海社科院法学所	60

从以上简单的介绍中可以看出，我国科研机构法学硕士研究生的课程设置存在以下一些不足和缺陷。②

1. 课程设置的随意性。我国法学硕士研究生的课程并不是根据专业本身的特点进行设置的，根据该专业本身的特点进行设置的，根据该专业所在院校的师资而确定的，即因人设课，有什么样的师资，才有什么样的课程。造成的结果是，同一个专业在不同的学校设置的课程大相径庭。③

2. 专业必修课的数量过少，专业选修课设置不合理。这在中国科学院人文学院民商法专业的课程设置上表现得较为明显。该校的专业必修课中没有法学相关课程，而选修课虽然基本是法学课程，但是相当宽泛，没有体现出民商法的专业性特色，即没有具体到民商法中具体的某些部门法。这与法学硕士研究生的专业性特点相违背。

3. 体系上缺乏层次，内容陈旧，内容与本科重复。体系上缺乏层级性表现在研究生课程与本科生课程拉不开档次。而且，研究生的公共基础课程、部分专业基础课程，甚至专业课程，都一定程度地存在着与本科生

① 详见上海社会科学院法学研究所本所要闻上海社会科学院法学研究所刑法研究生课程班招生简章：http：//www. sass. org. cn/fx/articleshow. jsp？ dinji = 132&artid = 14596，访问日期：2009 年 12 月 5 日。

② 洪浩：《法治理想与精英教育——中外法学教育制度比较研究》，北京大学出版社 2005 年版，第 91 页。

③ 冀祥德等：《中国法学教育现状与发展趋势》，中国社会科学出版社 2008 年版，第 138 页。

课程在内容上的重复，导致研究生教育的部分课程的高深层级性只是体现在对本科生课程内容在横向层面上作平面式的扩展，而没有凸显研究生教育在课程内容上的要求和特色。此外，法学硕士研究生教育课程体系中，部分课程内容较为陈旧，研究性、前沿性不够。多年来，我国在研究生教育专业课程的设置上，部分课程内容反映不出学科领域内的一些最新知识和科研成果，尤其是一些专业学科领域的热点、重点和尚存争议性的问题，边缘学科和高新技术的研究与发展等，都很少能够及时地反映到研究生教育的课程内容中。例如，上海社会科学院法学研究所刑法专业的课程设置把“前沿问题研究”仅仅作为选修课，这在一定程度上说明了对前沿问题的重视程度不够。

4. 选修课程及学术讲座和学术讨论性质的课程在设置上也存在着不少问题。研究生选修课程开设的目的是供研究生进一步拓宽专业基础理论、扩大知识面及培养相应的能力，但现实中，选修课程设置基本上只是为了研究生能获得学分。虽然也开设跨学科性的综合课程，但在实质性内容上，并没有达到开设这一课程的基本要求。而学术讲座和学术讨论性质课程的开设，不仅组织管理不规范，而且质量差、数量少，致使研究生思维视野不够宽广，缺乏必要的研究意识、专业前沿的问题意识，直接影响了研究生研究方向的确立及论文的选题。

针对以上问题，我们认为，应当从以下几个方面对我国科研机构的法学硕士研究生课程设置进行如下改革。①

第一，在课程设置上，重视研究生宽广和扎实的基础理论知识，这对研究生教育十分重要。应当从研究生教育课程设置的合理性要求出发，专业课可按二级学科设置，以体现二级学科本身的特征和学科应有的知识结构，而对于研究生学习和掌握本学科坚实宽广基础理论的重要课程的学位基础课则应按照一级学科设置。

第二，研究生课程体系设置层次性应加强。研究生课程体系要区别于本科生课程体系，课程设置应更关注在高深层次上的深化和专门化，关注课程在智力运用的宽度和深度层面上对研究性要求的逐步强化，以使研究生的研究意识、研究的思维视野和研究能力得以逐步提升。研究生课程的内容不能面面俱到，更不能是对本科阶段知识的重复，而应具有一定的前沿性、理

① 李白萍：《研究生课程设置与教学的研究》，《传承 发展 创新 2005 年西安科技大学研究生教育论文集》2006 年第 11 期，第 144 页。

论性。

第三，研究生课程设置中应当适当增设跨学科课程，并允许学生根据自己的学习计划进行跨学科学习和研究。

第四，加强科研方法的传授。开设“法学论文写作”等类似课程，培养法学研究生的科研能力。积极吸收研究生参加科研课题的材料收集、整理以及调研等活动，让其在参与科研的过程中学习法学研究方法，为其今后独立从事研究活动奠定基础。①

二、法律硕士研究生的课程设置

法律硕士（JM）教育是以法律职业为背景的硕士研究生层次的法律专业教育。法律硕士专业学位教育的招生对象，是通过全国攻读硕士学位研究生统一考试，并经培养单位复试录取的具有大学本科学历（或本科同等学力）的非法学专业的毕业生。②

法律硕士学位与现行法学硕士在学位上处于同一层次，但规格不同，各有侧重。该学位获得者应掌握基本的法学基础理论和较宽广的法律实务知识，具有宽口径、复合型、外向型的知识与能力结构，能够综合运用法律、经济、科技、外语和计算机等方面的知识，独立地从事法律实务工作。

尽管我国的法律硕士专业研究生的培养方案已经经过了多次修订，但是实践中我国法律硕士专业课程的设置还存在下列问题：

1. 课程设置缺乏针对性，不能体现法律硕士的培养特色。截至2010年，我院法律硕士专业课程设置只是简单复制法律本科或法学硕士课程设置，不能体现法律硕士的培养特色。

首先，课程体系不合理——必修课与选修课、理论课与实践技能课比例失调。目前的课程设置中，必修课的比例太大，导致学生必须花时间学习一些自己完全不感兴趣的知识。而另一方面，选修课太少。这不利于学生根据

---

① 冀祥德等：《中国法学教育现状与发展趋势》，中国社会科学出版社2008年版，第139页。

② 1999年根据国务院学位委员会办公室、教育部高校学生司和司法部法学教育司的决定，对法律硕士专业学位研究生入学考试进行重大调整，确定考试科目为五门：政治、外语实行全国统考，刑法学、民法学和综合考试（含宪法、法理学和中国法制史）三门专业课实行全国联考。2003年根据教育部决定，对法律硕士专业学位研究生入学考试再度调整，考试科目为四门：政治（100分）、外语（100分）实行全国统考，专业基础课（150分，含刑法学和民法学）、综合课（150分，含法理学、宪法学和中国法制史）实行全国联考。

自己的兴趣爱好和专业方向进行选择。法律硕士在本科时的专业遍及理科、工科、文科的不同领域，其专业方向必然不同。如果必修课设置太多，选修课太少，将导致法律硕士的培养趋同化，缺乏专业性培养。因此，应该调整必修课与选修课的比例，让学生有更多的选择余地。另外，“法律实务和法律技能课程太少”，法律硕士是应用型人才，更应注重应用法学和法律技能方面的学习。但目前的课程设置却偏重于理论性课程，忽视实务性课程的安排。

其次，没有对法律硕士进行培养方向上的区分，不能实现与本科专业的结合。目前的课程设置没有针对学生的本科专业进行方向区分，没有为法律硕士量身定做不同的教学方案，这导致法律硕士学习的专业重点不强，不知道如何构建自己的知识结构，而只是泛泛涉及，不能有效地与本科专业或自己的兴趣相结合。

2. 课时安排过于平均，课程设置较为粗略。对于在法律工作中运用较广的诉讼法、刑法、民商法这些课程，由于这些课程的知识体系本身非常庞大、内涵丰富，安排的课时太少，不利于学生对知识的全面、深入学习和掌握，应增加其课时。课程设置较为粗略，造成在教学过程中，教师只能“蜻蜓点水”，学生的学习也浮于表面。

3. 设置的课程量太少，可供选择的不多。应当增设一些实务性、专业性较强的课程，如信托法、劳动法、非诉讼纠纷解决机制、证据法、律师实务、法官实务、检察官实务、法律文书写作、辩护技巧、司法会计、票据法等。

由于我国具有法律硕士培养资格的法学科研机构不是很多，四川省社会科学院法学研究所也仅仅从2010年的硕士研究生招生简章中才显示招收法律硕士专业和法律硕士（法学）专业的招生内容。而在法律硕士的教育中，中国社会科学院研究生院（法学研究所）法律硕士专业学位研究生的教育成绩显著。

我们认为，我国科研机构的法律硕士教育应当注意以下几个方面：①

第一，加强课程设置的系统性和针对性。法律硕士专业学位教育旨在培养高层次的应用型、复合型法律专门人才。根据法律硕士研究生的应用型和复合型法律专门人才的培养要求，法律硕士研究生的课程设置应当突出其知

① 李润红、许增裕：《对法律硕士研究生培养的几点思考》，《东陆学林》（第十五辑），云南大学出版社2006年版。

识结构的系统性、运用性和针对性（方向性），分块状（如刑事法律块、民商法律块、行政法律块）对学生进行系统化教育，并理论联系实际，进行理论讲述和案例教学，引导学生解决实际问题，使学生真正成为高层次的运用型和复合型法律专门人才。

第二，加强专题研究并注意专题知识的系统性。应加强对法律硕士研究生综合能力的训练，而不是单一的课程讲授，应该多进行专题讲授，把大学本科阶段的基础知识综合起来，进行提升训练，注重法律知识的系统性和理论性，使法律硕士生具备比本科生更强的综合归纳能力、应用能力和分析解决实际问题的能力。

第三，课堂教学与法律实务工作者实用专题讲座相结合。法律硕士专业学位教育是具有特定法律职业背景的专业学位，主要为立法、司法、行政执法、法律服务与法律监督部门以及经济管理、行政管理和社会公共管理部门培养高层次应用型、复合型法律专门人才。法律硕士的培养目标和其专业性决定了其培养模式应该是课堂理论讲授与法律实务的结合，它要求，一方面，学生应具备系统的理论知识，这需要教育单位教师的传授；另一方面，教育单位需要从社会实际工作单位聘请法律知识系统中社会经验丰富的法官、检察官、律师和其他法律实务人员到法学院系"传经送宝"，使法学院系培养出来的法律硕士生更好地适应社会的需要。

第四，论文注重理论阐述与突出实用价值的结合。法律硕士研究生在论文方面应注重理论教育的同时，也应加强实用性教育。

三、法学博士研究生的课程设置

法学博士研究生课程设置包括三个方面：公共必修课、专业必修课、选修课。公共必修课主要包括政治课和外语课。绝大多数学校要求，博士生应较好地掌握马克思主义的基本理论。对于外语课程，有些学校只要求掌握一门外语，有些学校则要求掌握两门外国语。专业必修课主要结合博士生所在专业的特点而开设。通过专业必修课的学习，促使博士生掌握坚实宽广的基础理论和系统深入的专门知识。为深入研究打好基础。专业必修课的开设方式多种多样，可以是专题性的授课，也可以是不定期的讲座，甚至可以是提交读书报告的形式。选修课与必修课一样，也必须是与博士生所在专业密切相关的。但是各个学校开始选修课的目的不大一样，有些学校纯粹是为了让博士生凑足毕业学分，有些学校则是为了弥补一些博士生知识结构的不足，还有些学校开设选修课是为了扩展博士生的知识面。

与发达国家相比，我国法学博士的教育质量还需要更大的提高，因此，2007 年 9 月 28 日国务院学位委员会、教育部、人事部联合发出通知，要求开展博士质量调查工作，以期全面评价博士研究生教育的发展状况，分析影响博士质量的相关因素，总结博士研究生培养的经验和问题，提出进一步提高博士质量的对策。这也必定会对法学博士研究生的课程设置产生一定的影响。但限于篇幅关系，本节对法学博士研究生的课程设置不再做过多的赘述。

第五节　师资队伍

《中国教育改革和发展纲要》指出："谁掌握了面向 21 世纪的教育，谁就能在 21 世纪国际竞争中处于战略主动地位。""振兴民族的希望在教育，振兴教育的希望在教师。"只有拥有一支高水平的教师队伍，才能在新世纪的舞台上牢牢掌握科研机构法学教育的主动权，变挑战为动力，变机遇为现实。[①] 一个科研机构能否培养出国家、社会所需要的高质量人才，首先应当有一支整体素质高的师资队伍。

下面以中国社会科学院法学研究所、中国科学院人文学院、上海社会科学院法学研究所和四川省社会科学院法学研究所的师资队伍为范例，分析当前我国具有法学教育职能的科研机构应如何建设一支学历结构、职务结构、年龄结构都较合理的师资队伍。

一、具有法学教育职能的科研机构

（一）中国社会科学院法学研究所

研究生教育培养质量在很大程度上取决于研究生导师的水平。造就一支一流的研究生导师队伍，是研究生教育培养可持续发展的重要保障。中国社会科学院法学研究所从事法学教育的专门机构为中国社会科学院研究生院法学系，其学科建设和日常管理依托于中国社会科学院法学研究所和中国社会科学院国际法研究中心。至 2008 年 7 月，法学系拥有终身研究院 2 位，研究员 78 人，副研究员 41 人，其中博士生导师 41 人，硕士生导师 44 人，另外，还聘请了一批海内外著名学者担任名誉教授、客座教授和兼职教授。[②]

---

① 纪金堂、曹宪忠:《二十一世纪高校师资队伍建设》，山东大学出版社 1998 年版，第 4 页。

② 冀祥德等:《中国法学教育现状与发展趋势》，中国社会科学出版社 2008 年版，第 323 页。

以法学所对法硕研究生导师队伍的建设为例，依托法学研究所各研究室的科研人员专门成立了17个法律硕士导师组，导师组组长均由集研究室主任、研究员、教授、博士生导师于一身的老师担任，并聘请了一批学者型、专家型的资深大法官、大检察官、大律师参与到法硕研究生的培养教育工作中来。截至2010年，我所现有研究生导师120人，辅导员（法学研究所副研以下研究人员）47人，导师与法硕研究生的比例为1∶1.23，导师与全部研究生的比例为1∶1.55。

中国社会科学院法学研究所不仅拥有一批享誉海内外的著名学者和精品名作，而且在国家政治和社会生活中发挥着重要作用。自1995年以来，法学研究所的著名专家先后8次担任中共中央法制讲座主讲人，8次担任全国人大常委会法制讲座主讲人。法学所与国际法中心的学者还应国家有关部门的委托和邀请，多次参与宪法修改以及其他立法、司法工作与国际人权对话和交流活动。

（二）中国科学院人文学院

中国科学院人文学院成立于2002年9月4日，下设五个系：科技哲学与科技政策系、科技史与科技考古系、新闻与科学传播系、法律系（知识产权中心）、建筑艺术系（筹）；两个中心：公共管理中心、工程与社会中心；一个刊物：《自然辩证法通讯》；一个教研室：体育教研室。人文学院现招收科技哲学、科技史与科技考古专业的博士生，招收科技哲学、科技史与科技考古、科技传播学、民商法、科技行政管理专业的硕士生。①

根据2010年该院招收攻读硕士学位的简章，民商法方向招收硕士生的导师只有三位，且均为副教授。法学对于社科系而言是一门非常年轻的学科。

（三）地方社会科学院法学研究所

1. 上海社会科学院法学研究所

截至2010年，上海社科院法学研究所有职工45人，具有高级专业技术职称的17人，其中正高级11人；具有海内外博士学位13人，在读博士5人。②

研究所注重科研成果直接为国家立法和政府决策提供服务，该所科研人员提交的有关立法、司法的建议和调查报告，受到全国人大、上海市府领导

① 中国科学院人文学院师资队伍介绍：http：//renwen. gucas. ac. cn/general/304 。

② 详见上海社会科学院法学研究所所况介绍：载http：//www. sass. org. cn/fx/skjs. jsp。

的重视。应全国人大法工委邀请，科研人员多次赴京参加民法通则、合同法、公司法、证券法、刑法的制定或修改的专门会议，直接参与法律法规的起草和修改工作。

2006 年出版专著 16 部，论文、文章近百篇，向政府、企业提供调研报告 7 份，向国家和地方立法机关提交议案 6 件。主办国际国内研讨会 5 次。研究所重视与国外法学界的学术交流与合作。2006 年共有 17 人次出访讲学、进修、项目交流，同时邀请、接待国外学者专家来所访问交流。

研究所重视与国外法学界的学术交流与合作。除科研人员出国访问、讲学、进修学习、参加会议，同时邀请、接待国外学者专家来所访问交流。曾与美国普林斯顿大学合办"美国法治的理论与实践学术研讨会"，与美国内布拉斯大学合办刑事陪审团的模拟法庭，与澳门基金会合办澳门新刑法学术研讨会；1998 年与日本香川大学签订了长期合作与交流协议，双方互派学者进行讲学和研究。

2. 四川省社会科学院法学所

四川省社科院法学研究所成立于 1987 年，其前身是四川省社科院政治学研究所下属的法学研究室。十余年来，法学研究所在院党委和院行政的领导和关怀下，不断发展壮大，已拥有一支理论功底深厚、结构合理的法学研究队伍，至 2003 年，有科研人员 12 人，其中研究员 1 人、副研究员 2 人、助理研究员 7 人。先后承担过"七五"、"八五"国家基金课题和省法学重点课题的研究，出版了一批在全省全国有影响的学术成果，在省内法学界享有较高的学术地位。目前在公司、企业产权制度、破产、证券、知识产权等民商法领域理论研究方面已形成优长学科，1996 年正式开始招收经济法研究生，具有法学硕士学位授予权。

在开展基础理论研究的同时，所内科研人员面向改革开放实践，在应用对策研究方面也取得显著的成绩，参加过国家破产法和省内地方性法规的立法起草工作，并为省内一些重要政策的制定提供过不少咨询建议，得到有关部门的重视和采纳。与此同时，积极探索理论与实践结合的路子，近年来在开门办所的改革尝试中，创立了四川社科律师事务所，现有专兼职律师 20 余人。还与众多的省内党政机关、司法部门和企事业单位建立了广泛良好的合作关系，历经数载耕耘，法学研究所已形成法律人才集中、智力密集的特点和优势，成为四川省重要的理论研究和教学基地。①

① 四川省社会科学院法学研究所简介。

从上述四个机构的对比来看，我国具有法学教育职能的科研机构的师资情况在国家与地方和东西部之间存在较大的差异，如上海社科院法学所的师资力量明显强于四川社科院法学所。此外，还存在研究生导师队伍结构不合理，研究生教育专任教师队伍水平不高等问题。因此，迫切需要充实科研机构的师资队伍，调整师资结构，提高师资水平，以确保我国科研机构法学教育质量的提高，促进我国法学教育的稳步发展。

二、加强具有法学教育职能的科研机构师资队伍的建设①

针对当前我国科研机构法学教育师资条件的不足，必须切实加强师资队伍建设，为保证和提高法学教育质量创造必要的条件。

首先，要稳步增加研究生导师数量。这是当前较为迫切的任务，但导师数量特别是博士生导师数量的增长不是一蹴而就的事情，否则势必带来导师队伍质量的下降，进一步影响研究生的培养质量。各研究生培养单位应当根据自身的学科发展、科研条件、研究生数量等确定导师队伍建设的规模和速度，不能一味地追求导师数量。在导师的遴选中，要注意克服等级观念，要让那些具有创新精神和研究能力的教师不断补充到导师队伍中来。

其次，要对单一制导师指导模式进行改革，推行导师小组制。单一制导师指导模式虽然有着导师责任明确、师生关系密切、导师对学生的指导较深入以及在人格修养和思想道德等方面的言传身教等优势，但这种“师徒式”的关系模式也容易造成学生的知识范围较为狭窄，甚至由于导师繁忙造成学生放任自流等弊端。因此，在长期实行这一模式的英国和德国，近年来也在逐步推行双导师制或导师小组制。我国当前在导师数量不足和不同的导师指导学生数量严重不均的情况下，更应该借用导师小组制的优点，充分挖掘导师队伍的潜力，保证研究生培养质量。

再次，努力优化师资队伍结构。主要是根据学科、专业协调发展的需要进行师资队伍建设；注重学科梯队的合理配置；特别是要积极引进校外乃至海外优秀学者，大幅度提高具有非本校博士学位，尤其是国外大学博士学位的教授、副教授担任教师的比例。国外特别是欧美许多大学在这方面做得很好，他们为防止近亲繁殖，一般都不留本校毕业生当教师，本校毕业生即使特别优秀，也必须先到其他学校任教几年后，方可根据需要回母校工作。除

① 樊明成：《当前我国研究生教育发展的师资条件分析》，《学位与研究生教育》2006 年第 11 期，第 37—38 页。

直接从校外或国外引进人才外，还要鼓励和创造条件让研究生教育专任教师能多渠道、有计划地到国内外其他大学进修和交流，积极开展教学和科研领域的校际与国际合作。总之，优化师资队伍结构是要逐步达到学科和专业结构协调化、年龄结构均衡化、学历结构高层化、知识结构综合化、学缘结构多元化的目标。

最后，要加强对新教师的培训和审核等工作。对于新聘任的研究生教育专任教师特别是研究生导师，学校应当建立定期或不定期地进行培训和审核的制度，以确保研究生培养的质量。由于目前我国大多数高校研究生导师职位存在着“只上不下”的问题，缺少考核和激励机制，这导致了一些教师在被聘研究生导师之后，很快就放松了对自己的要求，不思进取，从而在学术上缺乏后劲；或者是把精力过多投入到行政或社会工作等方面，对研究生的指导严重不足。针对这些情况，必须建立定期的导师资格审核制度，对那些无研究项目和成果或者是不称职的导师，学校可视情况予以减少招生数量、停止招生甚至是取消导师资格等处理。

第六节 现实状况与未来发展

科研机构法学教育的产生、成长与发展，有其特定的历史背景与条件。在中国法学教育经过30多年的大规模、多层次发展之后，伴随着法学教育繁荣而来的还有一系列的问题，严重影响和制约着当今法学教育的科学发展与法律人才的培养。

一、科研机构法学教育的现实状况

（一）中国法学教育取得的成就

改革开放以来，我国法学教育进行了大幅度改革，并取得了迅猛发展。大致说来，我国法学教育取得的成就主要包括如下几个方面：

1. 法学教育的规模不断扩大。1977年我国恢复高考时，全国只有3所法学院系在进行法学教育，而到2008年全国设置法学本科专业的普通高等学校已经达到600所。随着我国法学教育机构的不断增加，高等教育向社会输送的法律人才也逐渐增加。截至2010年，全国普通高校法学专业占全部在校学生总数5%左右，比不少发达国家的比例还要高。

2. 法学教育的管理体制得到改善。法学教育的管理既包括法学教育机构外部管理，又包括法学教育机构内部管理。传统上，我国法学教育机构的外部管理体制存在的最大问题就是“条块分割”，经过不断的探索和改革，我国法学教育管理体制已经得到一定改善。2000 年司法部已经将直属的中国政法大学划归教育部管理，华东政法学院、西南政法大学、西北政法学院实行司法部与地方政府共建、以地方政府为主的管理体制，中南政法学院与中南财经大学合并，由教育部管理。在高校内部管理体制的改革上，法学院校正在根据院校教学科研、校办产业、后勤服务各方面的不同职能，建立不同的管理办法；正在以机构改革、人事改革和分配制度改革为突破口，调整队伍结构，促进人员合理分流；建立有效的竞争机制和激励机制；围绕着教学和科研两个中心，加强一线，压缩二线，不断提高教学科研人员占教职工总数的比例，以提高办学效益；后勤改革也正在进行积极的探索。

3. 法学专业与法学课程设置趋于合理，教学方法得到逐步完善。在我国法学教育初期，由于受苏联模式的影响，我国对于法学教育的基本规律缺乏足够的认识，长期以来我国法学教育的专业设置按照不同领域进行划分，不仅导致法学教育资源严重浪费（如重复开设课程等），而且导致法学课程设置不合理，影响了法科学生的知识面。目前，我国按照“宽口径、厚基础”的要求，在本科教育中统一设置为一个法学专业，与此相适应，我国法学本科教育的课程设置已经发生很大变化，其中最突出的就是，我国确立了法学专业 14 门核心课程。同时，按照不同的要求，规定了基础课程、选修课程和法律实务课程。在教学方法上，案例教学法、诊所式教学法、辩论式教学法、讨论式教学法、模拟法庭等多种教学方式正在大力推广之中，并取得了明显的效果。法学教育的基础设施得到明显改善，师资力量得到显著加强。改革开放伊始，虽然我国开展了法学教育，但是当时的办学条件比较差，法学教师极其匮乏。随着我国改革开放政策和依法治国战略的实施，以及我国政治、经济、文化的快速复苏和繁荣，我国法学教育的基础设施和师资力量已经得到明显改善。与此同时，我国法学师资力量已经得到显著提高，法学教师一时成为令人羡慕的一种职业。法学教育对外交流日益频繁。由于法学教育在我国一直比较欠缺，因此，自从新中国成立以来，我国法学教育离不开国际间的教育交流。改革开放以前，受意识形态的影响，法学教育的对外交流范围比较狭窄，基本上局限于中国与苏联之间的交流。改革开放政策以后，我国法学教育的对外交流活动日益频繁，为我国法学教育事业的发展与繁荣作出了重大贡献。我国法学教育的对外交流不仅包括官方的交流，而且包括法学教育机构和法学教育研究机构的交流。为了加强法学教育的对外交流与合作，国内许多著名高校还成立了专门的交流机构或者研究机构，所有这些对外交流与合作，不仅有助于我国了解国外法学教育的发展状况，借鉴国外先进的法学教育经验，而且有利于扩大我国法学教育的国际影响，树立我国法学教育的国际形象，推动我国法学教育走向世界。

4. 法学教育的发展带动法学研究的发展。法学研究不仅是法学教育的一个重要组成部分，而且法学教育的发展离不开法学教育的繁荣。在改革开放以前，由于受意识形态的影响，当时的研究成果大都局限于对中国旧有法律和西方法律的批判，以及对苏联法学的引进和移植。改革开放以后，随着法学教育的不断发展和完善，我国法学研究的禁区逐渐被打破，不仅创办了越来越多的法学刊物和成立越来越多的法学研究机构，而且法学研究从内容到方法，都焕然一新。目前，无论是从数量上还是从质量上，我国法学研究水平都有了显著提高。

（二）当前我国法学教育存在的问题

尽管法学教育恢复以来，法学的学科建设出现了前所未有的蓬勃发展态势，但进入21世纪以来，法学教育暴露的问题似乎越来越多。

首先，最为突出的是数量问题。根据有关部门统计，截至2007年底，全国普通高等院校设立法学专业的有615所。年招生约11万余人，在校生70多万人，其中本科45万；2008年招收法学硕士生13192人，法律硕士（含全日制和在职）8705人，两者合计在校生规模近6万人；2009年招收法学博士生约1000人，在校法学博士生近3000人。2008年法学硕士、法学博士的招生规模都比2005年翻了大约一倍。我国已成为世界上发展速度快、规模最大的法学教育大国。法科学生招生规模扩大，特别是法学硕士研究生、法学博士研究生培养增多，大部分法科学生能够得到较为系统的法学训练，一方面促进了法学院系师资队伍的建设；另一方面，这种以“大跃进”方式发展的形态，也带来了法学教育的混乱，极大地损害了法学教育的声誉和学生的质量，如果不及时、有效遏制，将会出现法学教育的萎缩。

其次，法学教育规模的扩大与法学教育的质量存在矛盾。随着法学教育规模的持续扩张，我国法学教育的质量下降问题已经成为制约法学教育健康发展的一个重大问题。而教学质量下降的一个重要表现就是法学专业毕业生的素质令许多实务部门感到不敢恭维。“研究生满街走”的民谚对法学专业同样适用。一个研究生导师带几十个研究生的现象比较普遍，导师的精力和能力的局限性决定了导师无力在研究生的培养上有足够的投入。一些研究生导师由于学术或者社会活动繁忙，很少有机会与自己的学生见面。更为极端的例子是，一些老师临到毕业时甚至还不能准确叫出研究生的名字。专业课任课教师在考试和学分的掌握上“以人为本”，“宽宏大量”，导致研究生逃课率较高，时间不能充分利用在学习上。

再次，缺乏与能力培养并重的教学内容。目前的法学教育无论是在学科设置、课程设置，还是教学方法和考试方式等方面都需要改革。法学教材汗牛充栋，有的教材互相抄袭，表达不当，甚至内容错误，一本教材多处出现错误并不鲜见；缺乏基础性、学术性、实践性，严重损害教材应有的权威。教学方法上培养学生的创新思维和实践能力不够，甚至空洞说教。考试方式上，更多地是以标准答案来限制和压抑学生的原创精神。不少学生的考试就是把老师的教学大纲抄一遍上交了事。①

最后，教师的管理体制和评价机制不健全。这不仅造成了我国高等教育师资力量的流失，而且已经构成教师队伍素质整体发展的一个最大障碍。

二、科研机构法学教育的未来展望

我国的法学教育肩负着“科教兴国”和“依法治国”的双重使命。法学教育不仅要培养法律职业者，而且还要培养治国人才。因此，法律院系不仅要向学生传授法律专业知识，还应重视学生的综合素质、国际视野和社会责任感。为适应社会需求，应更多地培养复合型的法律人才，积极开展法律硕士和法律硕士（法学）教育。

（一）法律硕士（法学）专业前景

2009 年中国法学教育史的一件大事值得我们关注，根据国务院学位委员会和教育部的决定，全国法律硕士专业学位教育指导委员会已经明确，从今年开始，法律硕士专业学位教育面向法学专业本科毕业生招生。这一突破性的变化，必将引起我国法科教育的重大变革，引起法科研究生结构性调整和变化，也引起了法律硕士两种类型的产生。它是法学类研究生继法学硕士、法律硕士（非法学）之后设立的第三类硕士研究生，全国统考，参加全国统一研究生入学考试的 1 月份考试，毕业时颁发硕士学位证和毕业证，是国家为了提升研究生培养质量，打通学历教育和业务教育的一个通道，对于提升法律毕业生的业务操作能力和动手能力，有着重要意义。这个专业代码为 410200 的法律硕士（法学）专业，并非传说中的“为了就业而扩招”，

① 蔡镇顺：《法学教育的定位于改革》，《太平洋学报》2008 年第 2 期，第 5 页。

而是一次具有重大意义的法科研究生培养的结构性调整。它必将导致法律人才培养的三大转变：

第一，学术型为主向职业型为主转变。教育部与学位办已经明确表示，要压缩法学硕士这种学术型的学位教育，让这部分的人才主要从事学术研究；逐步加大职业型法律人才培养。

第二，从复合型JM向复合型与专门型并存转变。本次决定的制度创新在于招收法学专业本科毕业生，将"专业一贯制"地培养法律业务更精深、技能更娴熟的法律硕士，因此，被称之为"专门型JM"，它与"复合型JM"构成了职业型法律人才的两类培养模式。

第三，4年学制逐步向4+2或4+3学制转变。法学本科毕业生攻读法律硕士，确定为2年学制；非法学本科生攻读JM的学制为3年，这正是适应了社会、法律职业部门对法律人才的高层次化的要求，原来通过4年培养的本科生从总体上已经不能适应社会和职业对人才层次的需求。

（二）法学教育发展的五大趋势

徐显明教授在"中国法学会法学教育研究会2009年年会暨中国法学教育发展论坛"① 中对法学教育未来的发展趋势作了系统概括和精辟阐述，指出与10年前处在徘徊的十字路口的情形不同，并充满信心地预言中国法学教育目前已经大致形成为大家共同感受到的五大趋势——职业化趋势，多元化趋势，精英化趋势，正规化趋势，政治化趋势。让我们再来看看这五大趋势将会把中国的法学教育引向何方。

一是职业化趋势，即对于中国的法学教育到底是走一条学术型道路，还是职业型道路的问题，目前大家已基本形成共识，应该向职业化方向发展。法律硕士（法学）专业正是这一趋势的体现。即便那些以学术为主的法学院，毕业生也不会都从事学术活动，更多的将以职业为导向。

二是多元化趋势，多元化是表象，形成特色是其内涵。没有特色就没有多元。法学院今后的生命将会因为有不同的特色而表现为多元。这个趋势目前正在进行中。

三是精英化趋势，是不是所有大学都可以办法学院，是不是所有考上大学的人都可以学法学，这类问题将受到更为严格认真地对待。

2008年，中国政法大学启动了"六年制法学教育改革试点"工作，

① 2009年10月17—18日在西安召开的教育部高等学校法学学科教学指导委员会、中国法学会法学教育研究会（简称"两会"）。

并从9月份开始正式招收六年制法科新生。也是在这一年，中国政法大学将正式成立“中欧法学院”，这是一所在欧盟直接资助下，通过与欧洲著名大学的法学院合作而开展高端国际法律人才培养的学术机构。虽然此前中国不少大学的法学院业已同国外各种学术机构建立了广泛深入地联系，但还从未有一所类似“中欧国际商学院”的顶级法学教育、学术机构。因此，“中欧法学院”的成立，不仅代表中国与欧盟在法律教育领域合作的一大进展，也表征了全球化时代中国法学教育与世界接轨的一种可能模式。①

我国现阶段处于社会转型较快的时期，随着改革开放不断深入，新的社会矛盾不断涌现，而且，加入 WTO 后的我国经济社会相关法律法规均要求与国际接轨，国家管理对法学更加依赖。法学研究生必须及时汲取国际法学专业领域或相关学科的前沿知识，并善于将这些新理论、新技术运用到研究和实践中，在实践基础上进行总结，形成新观点、新论断。通过拓宽法学研究生学科基础，关注法学学科前沿，鼓励创新思维、求异思维，提高法学研究生的国际视野和世界理解力，使法学科研更适应社会发展的需要。②

四是正规化趋势，鉴于规模宏大的背后掩藏着非常深刻的危机，中国法学教育规模发展的时代已经结束或者说应该结束非正规化法学教育的时代，其在制度上的表现就应是走向正规化，这个趋势现在没有完成。

五是政治化趋势，法学教育有很强的政治性，是塑造国家价值观的一个过程，在当前和今后突出表现为在法学教育中贯彻社会主义法治理念教育，以社会主义法治理念引领法学教育的发展，这将是一个重大趋势。

未来中国的法学教育，应当运用科学发展、和谐建设的理论为指导，把法学教育融入到全面落实依法治国基本方略的大战略之中，为依法执政、民主立法、依法行政、建设司法、强化护法、倡导守法的依法治国新局面，在功能定位、教育模式、教育机构、教育层次、教育方式、教育质量等方面予以科学调整和完善。③

---

① 蒋安杰、刘显刚：《法学教育30年盘点》，《法学教育30年》2008年第9期，第29页。

② 黄小筝：《法学专业研究生培养模式改革初探》，《法制与经济》2007年第8期，第86页。

③ 冀祥德：《改革开放30年：法学教育中国模式的初步形成》，http：//www.chinalawsociety.org.cn/education/shownews.asp？id=481。

第十七章　党校的法学教育

第一节　概述

党校的法学教育和党校本身的发展历史密不可分。认真回顾党校的历史发展，探析其中反复出现的最本质的现象，对认识党校法学教育规律，推进党校法学教育事业的新发展，具有重要意义。

首先，紧紧围绕党的中心任务和党的建设的需要，是党校法学教育事业发展的根本，也是党校法学教育的基本特点和规律。党校的产生和发展，始终同党的建设、同党在各个时期的中心任务紧密相连，并为党的建设和全党中心任务的需要服务，党校的法学教育也是如此。1933 年 3 月，为适应革命战争和根据地发展对干部的需要，中央苏区在江西瑞金成立“马克思共产主义学校”，这是中央党校前身。长征到达陕北后，中央根据时局的变化，明确提出，为承担起抗日战争的任务，“必须大数量地培养干部”，并于 1935 年底作出决定，恢复建立中共中央党校。延安时期的中央党校，集中了各根据地、各方面的大批党政军领导干部，组织大家学习唯物论辩证法，总结党的历史经验，统一思想认识，为夺取抗日战争和解放战争的胜利提供了有力保证。特别是在毛泽东直接指导下，中央党校在延安整风中发挥了重要作用，成为党校发展史上最为辉煌的时期之一。新中国成立前夕，为适应时局发展的迫切需要，有计划地系统培养大批有理论素养的党的领导干部和宣传干部，中央决定创办高级党校，名为马列学院。1954 年，中央又提出：“为了完成在我国建设社会主义社会的伟大任务，必须加强党的领导作用，加强党的建设工作，提高干部的理论水平。中央认为必须确定党的各级干部的轮训制度，在今后有计划有步骤地把全党各方面的高、中级干部，调入党校轮训。”这个时期的马列学院和高级党校，培养了一大批高中级领导干部和党的理论骨干，为社会主义革命和建设事业作出了重要贡献。在具有历史意义的党的十一届三中全会前后，在邓小平等老一辈革命家支持下，中央党校在开展真理标准问题讨论、推动拨乱反正方面发挥了重大作用，为党校的历史进程增添了新的辉煌。进入改革开放和社会主义现代化建设时期，在党中央的高度重视和直接领导下，党校教育事业全面发展，在用马列主义、毛泽东思想、邓小平理论和“三个代表”重要思想武装教育干部，提高领导干部理论素养、执政能力和领导水平方面，发挥着主渠道、主阵地作用，在党的理论创新和推进党的建设新的伟大工程中作出了新成绩，党校事业进入了崭新的发展阶段。①

其次，培养党的领导干部和理论骨干，是党校的主要任务，也是研究党校法学教育规律的出发点和落脚点。研究党校法学教育规律，首先就要研究党校的教育对象。党校的培养对象，主要是党的领导干部和理论骨干。在革命战争年代，党办党校是为了培养和输送党政军各方面的领导干部和政治宣传干部，扩大党和革命的力量，提高党的战斗力。新中国成立后根据不同时期党的中心任务的需要，党校总体上以轮训培训党政领导干部为主，同时注重培养理论宣传干部，着力提高干部的思想理论水平。中央党校和少数民族较多地区的省区党校，还开设了新疆、西藏等民族干部培训班。为适应现代化建设事业和干部队伍革命化、年轻化、知识化、专业化的要求，从20世纪80年代开始，中央把对中青年后备干部的培训作为战略重点，开办学制较长的中青年干部培训班，较系统地进行马克思主义基本理论教育。根据国家有关政策规定，中央党校和具备条件的省级党校招收学位研究生。通过党校的培训轮训，努力培养一批又一批忠诚于马克思主义，坚定贯彻党的路线方针政策的高素质党员领导干部和理论骨干。党校教育中的重点是干部教育，不是一般的成人继续教育，其受教育对象是以各级党政领导干部为主的特殊群体，从一定意义上说，党校教育也是“精英教育”，有它自身的特殊性。根据教育对象的特点和学习需求，来设置班次、学制，规定教学内容和教学方法，组织实施教学，并按照培养目标来检验办学效果。这个过程既体现一般学校教育的规律，又因培养对象的不同而体现和派生出党校教育的特殊规律。

第三，用马克思主义中国化的法学研究理论成果武装教育干部，是党校教育的中心内容，也是党校的本质要求和集中体现。中国共产党是十分重视理论武装的党，依托党校对干部集中进行理论教育，是长期的优良传统。早在延安时期，中央就明确提出，党校的任务就是“以马克思列宁主义理论

---

① 张谷泉：《回顾党校历史，探析党校教育规律》，http://www.china.com.cn/xxsb/txt/2008－01/03/content_9475942.htm。

与实际教育干部。来校干部基本任务是学习”。在党校历史上，也曾要求学员学习文化、历史和相关知识，但结合实际学习马克思主义基本理论和党的方针政策，始终是党校的主课。中国共产党是一个勇于理论创新的党。在长期的革命和建设实践中，党始终坚持解放思想、实事求是，善于把马克思主义基本原理同中国具体实际结合起来，把坚持马克思主义与发展马克思主义、推进马克思主义中国化结合起来，产生了毛泽东思想、邓小平理论、“三个代表”重要思想和科学发展观等重大理论成果，成为既一脉相承又与时俱进的指导思想的理论基础。党校作为在中央和各级党委直接领导下培训轮训党员领导干部和理论骨干的学校，坚持党校的政治原则，在思想上政治上与党中央保持高度一致，把发展着的马克思主义理论作为党校教育的中心内容。这既是各级党校的神圣使命，又是办好党校的根本政治保证。党的十七大号召深入学习贯彻中国特色社会主义理论体系，着力用马克思主义中国化的最新成果武装全党。党校按照中央要求，不断充实和完善教学新布局，把学习中国特色社会主义理论体系，特别是科学发展观作为马克思主义理论主课的中心内容，在大规模培训干部、大幅度提高干部素质的工作中作出新贡献。

第四，坚持实事求是、理论联系实际，是党校办学的基本方针，也是党校法学教育的鲜明特色。早在1941年，毛泽东就提出：“对于在职干部的教育和干部学校的教育，应确立以研究中国革命实际问题为中心，以马克思列宁主义基本原则为指导的方针，废止静止地孤立地研究马克思列宁主义的方法。”同年，毛泽东又明确指示，中央党校的校训应是“实事求是，不尚空谈”。1943年11月，毛泽东为延安中央党校礼堂落成题词“实事求是”。毛泽东提出的这些重要指导思想，成为党校一贯的办学指导方针和基本原则。随着形势的发展，党校办学方针的表述不断完善和具体化。1956年，中央批准党校的教学方针为：“学习理论，联系实际，提高认识，增强党性。”坚持贯彻党校的办学方针，就要发扬马克思主义学风，引导学员学习运用马克思主义基本原理，紧密联系当前的形势和工作实际，不断提高分析和解决实际问题的能力，提高认识和改造客观世界的能力。同时，又要紧密联系思想实际，改造主观世界，自觉增强党性锻炼，不断提高党性修养。这是贯穿党校教学始终的必修课，是党校教育最显著的特点。

最后，实行自学为主、教学相长，是党校教学的基本方法，也是干部教育特殊规律的一个重要体现。早在延安时期，中央曾规定党校的教学“应采取在教员指导下以个人自学（即自己读书）为主的原则”。延安党校学员的学习，采取自己阅读文件、听领导人报告、记笔记、讨论交流等方法。以后各个时期，党校学员大体都延续这种学习方法。中央党校复校和进入新的历史时期后，党校依然坚持以读原著为主、自学为主、适当辅导和加强研讨的方法，请党和国家领导人、中央各部门负责人和专家、学者来校作大报告，已形成制度。近年来，随着党校教学改革的逐步深入，进一步创新和改进教学方法，大力推进研究式教学，开展案例式、体验式、菜单式教学，增强了教学效果。党校自学为主、教学相长的方法之所以延续发展，根本原因是它符合党校学员这一特殊教育对象的学习特点。在党校教学中，学员是主体，教员是主导。学员绝大多数为各级领导干部，他们不但有丰富的实践经验，而且有一定的理论基础；而党校教员理论上有一定优势，对重大理论和现实问题有较深的研究。充分发挥这两方面的优势，开展教和学的双向互动，实行教学相长、学学相长，这既是党校法学教育的优势，也是党校法学教育的一大特色。①

深入探讨党校的法学教育，不但要了解党校的历史，而且要用发展的眼光在实践中认识党校法学教育的现实和未来。法学虽然在党校发展的初期阶段并未成为党校教育的主要内容，但随着法治国家宏伟目标的提出，在党校的教育内容中占据了越来越重要的位置。

第二节　招生就业

党校的法学教育，分为国民学历教育和干部在职培训学历教育两个部分。党校历来具有极高的威望，开办学历教育近20年来，已毕业专科、本科和硕士、博士研究生众多，长期以来党校文凭一直畅通无阻，毕业生遍及全国各行各业，在国家的建设事业中发挥着重要的作用。但近年来，在职学生的党校文凭合法性问题已成为当前社会的一个热点和焦点问题。

从2008年10月28日发布的《中国共产党党校工作条例》（以下简称《条例》）可知，党校系统的招生是由其特殊的任务决定的，其任务和招生主要由两块构成，一部分是有硕博士授予点的专业研究生的培养，这部分招生乃“学位研究生”，属于国民教育体系的一个组成部分；另一部分是在职教育，包括干部以培训、轮训和函授等方式取得学历的教育，学习者被称作

① 张谷泉：《回顾党校历史，探析党校教育规律》，http：//www. china. com. cn/xxsb/txt/2008 - 01/03/content_ 9475942. htm。

“学员”。党校在职教育文凭至今未获全国性规范性法律文件的正式认可。中共中央早在1990年9月下发的《关于加强党校工作的通知》就对党校函授学历待遇作出了明确规定：中央党校和省级党校学制二年以上班次的学员，学完必修课程，经考核合格的，可同时享受相当于国民教育相应学历的有关待遇。此后，《中共中央关于新形势下加强党校工作的意见》等文件都进一步明确了党校学历的待遇。《中国共产党党校工作暂行条例》（以下简称《暂行条例》）第18条也规定，“党校学历是干部在党校学绩的一种标志。党校主体班次的学员，按教学计划要求完成学习任务，经考试考核合格者，取得党校学历，并作为担任一定领导职务的任职资格。中央党校和省、自治区、直辖市委党校举办的学制二年以上的长期班次，学员学完必修课程，经考试考核合格者，授予党校学历，可享受国民教育相应学历的有关待遇”。而在《条例》中，这一规定仅被表述为“党校学历是干部在校学绩的标志。党校学员按照教学计划要求完成学习任务、经考核合格的，取得党校学历”。《条例》将此前“党校学历可以享受同等国民教育的有关待遇”的规定删去，那么，党校学历是否将不再享受等同于国民教育的待遇呢？这一问题造成现实中相当大的困惑。

党校的学位研究生由党校所设的、由国家教育行政部门批准认可的硕士及博士学位点培养，属于国民教育系列。《条例》第20条规定，中央党校和具备条件的省、自治区、直辖市委党校，依法取得硕士、博士学位授予权，并经国务院教育行政部门同意后，招收攻读硕士、博士学位的研究生，纳入国家学位管理体系。硕博士招收按照国民教育面向社会和普通高校招生，招生条件并没有党员资格的限制，报名者参加研究生入学统一考试，还有一些名额的推免生。学生的学制三到五年，取得硕博士学位，毕业之后自主择业，没有任何的优越条件。截至2010年，只有中央党校有博士学位点，有授予权的博士学科专业共22个，其中法学类的有法学理论专业。中央党校有授予权的硕士学科专业共31个，其中法学类的有法学理论、宪法学与行政法学和经济法学。

党校还设有函授学院，发放党校的大专、本科、研究生文凭，但新《条例》中对其也未提及。党校函授学历教育创办于1985年。经过20年的发展，目前已形成了以中央党校为主体、各级党校和军队院校为依托，大专、本科、研究生三个学历层次，3000多所党校、军队院校办学机构，经济、法律、公共管理、工商管理、电子政务等多个专业的办学体系。20年来，参加各级党校函授学历教育和在职研究生教育的党员干部已经超过了

300 万人，其中有大批领导是从中央领导到县处团级领导的干部。[①] 党校函授已经成为党校教育、干部教育不可缺少的重要组成部分，成为在职干部培训的有效形式，成为建设学习型社会、学习型政党的重要途径。党校函授学历教育特点鲜明，优势突出。以党员干部和各类管理人员为主要培训对象；以“掌握理论、丰富知识、增强党性、提高能力”相统一为培养目标；以理论联系实际为基本教学方针，实施有指导的自学和多种学习手段并用的教学方式；以遍及全国的各级各类党校、军队院校为依托，形成了统一规范的管理体系，丰富资源共享的教学网络；学费较低。与其他高校在职学历教育相比，党校收费标准是最低的。党校函授开辟了干部在职在岗教育的新途径。2000 年 6 月，中共中央下发《关于面向 21 世纪加强和改进党校工作的决定》明确规定，党校教育事业作为以全国党政领导干部为主要对象的继续教育事业，包括以党政干部和理论骨干为对象的学位教育，以及依托党校力量举办的函授教育，是整个有中国特色社会主义教育事业的重要组成部分。学员学完规定课程，成绩合格者，取得党校函授教育学历，待遇参照国民教育相应学历的有关规定。省级党校举办的函授教育，在省委、省政府的领导下由组织、人事、教育、党校等部门研究解决有关学历问题。以河南为例，根据中央精神，豫发［1996］9 号和豫发［2000］14 号文件都对党校函授学历进行了明确。2008 年 12 月，河南省委召开全省党校工作会议，下发了《中共河南省委关于贯彻落实〈中国共产党党校工作条例〉的实施意见》，对党校函授学历再一次作出了明确规定：河南省委党校举办的学制二年半以上的在职研究生、本科等学历教育，学员学完必修课程，经考试考核合格者，授予党校学历，在干部任职选拔、公务员考核晋级、评定专业技术职务等方面享受国民教育相应学历的同等待遇。以河南安阳为例，其市委党校在办好主体班培训的同时努力办好函授学历教育，迄今已为安阳各条战线培养了 2 万多名优秀人才。据不完全统计，有四分之一的市管干部拥有党校大学学历，乡科级干部人数更多。近年提拔公示的县处级领导干部，近三分之一拥有党校大学学历。[②] 又以无锡市为例，自创办函授教育以来的 20 年，无锡市已形成以市委党校为中心，市（县）、区级党校为依托，覆盖全市的

① 虞云耀：《积极推进党校函授教育的新发展》，http：//www. china. com. cn/chinese/zhuanti/xxsb/1052297. htm。

② 《市委党校有关领导就党校函授学历教育政策答记者问》，http：//www. ayxinwen. com/2009/0417/3323. html。

党校函授教育网络。迄今全市先后建立了9个辅导站（现调整为6个）。有专兼职函授教育管理人员50多人，专兼职教师近百人，其中教授3人、副教授（含高级讲师）40多人、讲师43人、助教12人。无锡党校系统已经建成了较为完善的函授教育组织机构，形成了一支素质较高的办学队伍。无锡学区（分院）至今共培养大专毕业生9808人、本科毕业生5241人，共计毕业学员15049人（其中有地厅级干部6人，县处级干部300余人，科局级干部3000余人；具有高级职称的学员450余人，具有中级职称的学员2300余人）；截至2010年，在籍学员中大专1356人、本科1991人，共计在籍学员3347人。[①] 在已毕业和在籍学员中，其绝大部分已经成为社会经济建设和发展中的骨干或中坚力量。这两个地区的实践说明，党校函授学历教育以其不断完善的管理和有保障的教育质量经受了考验，大幅度培养和提升了广大学员的综合素质。

此外，党校还有针对各级官员的培训和轮训，也称党校系统教育。依据《条例》第19条规定，“党校学历是干部在校学绩的标志。党校学员按照教学计划要求完成学习任务、经考核合格的，取得党校学历。因故未按规定参加党校培训轮训或者未达到培训轮训要求的，应当及时补训。补训合格的，取得党校学历。”这些各级干部在校完成学习任务，经考核合格后取得不同学历。这部分教育也是必不可少的，也是非常重要的。对于官员进行培训并非我国的特例，在法国也有类似的学校如行政学院，而且这一独特教育体系在国外也是被赞誉的。学员在校学习，教授可以介绍理论界的最新研究成果，辅导先进的思想和理念，这是非常有价值的。这部分教育也是党校教育的重点部分，学校非常重视。至于取得的学历是否受到社会的认可，或者享受国民教育待遇，《条例》并没有作出明确规定。

第三节　教学培养

党校法学教育的教学培养和党校的性质有密切的联系，其学历教育和培训除了受教育部门的统一安排外，还受党内政策的影响。

国民教育序列的研究生教育比较正式，有成文可循。以中央党校2008级在职研究生班为例，其每门课程聘请一位课程主持人，制订教学计划，在

① 《肯定成绩总结经验努力实现可持续发展——在庆祝党校函授教育创办20周年大会上的讲话》，http：//dx. chinawuxi. gov. cn/xljy/dxhsjy/zspx/zxdt/488943. shtml。

教学计划中需列出教材和参考书目，必修课的课程主持人需根据指定教材及教员讲稿编写本课程的教学大纲；聘请任课教员，所聘教员名单应与教学计划一起提供，外请教员须提供书面材料，包括单位、职称职务、主讲过的课程、主要著述等，待教学小组审查通过后再予聘任，中间若调整，需征得教学小组同意，并保证任课教员按时到位，要向未给在职研究生上过课的教员和外请教员说明授课对象的特点和需要、授课要求，包括讲题及与教学大纲、整个课程的关系、提供相关参考书目等。

而干部培训等非正规教育则因时而异、因地制宜，处于改革和变化中。“两部一校”文件也即中校发［2003］6号文件，指出坚持和完善“一个中心、四个方面”的教学新布局，建构分类别、分层次的党校教学体系的问题。在分类别、分层次设置班次的基础上，接下来便是要解决教学内容设计上的“分类别、分层次”问题。这是坚持和完善“一个中心、四个方面”的教学新布局、建构分类别、分层次的教学体系的核心问题。按照要求，培训类班次的教学内容与轮训类班次的教学内容应加以区别，而两类班次中的不同层次在教学内容上也应加以区别。同时，不同类别、不同层次的教学内容之间又要相互联系和衔接，这样才能形成一个有机的教学体系。那么，目前地方党校在教学内容设计上是如何做的呢？

党校培训类的法学教学内容设计，其具体情况是各类班次大体一致，区别无非是中青年干部培训班学制长一点，内容就多一点；而县处级干部进修班、科级干部进修班等学制短一点，内容就少一点。当然，不同班次的课程安排也还是有所侧重，有的还有特色课程。各班次的教学内容主要有马克思主义理论课程、各种知识类课程等。其中，法学类教学内容纳入知识类课程，此外还有有关法律法规和方针政策、国际国内的形势和发展动态等方面的内容。县（市）一级党校的教学内容设计，具有综合性的特点。中青年干部培训班、科级干部进修班等班次的教学安排也包括马克思主义理论和法学等各种知识类课程，同时着眼于本县（市）发展的实际问题；农村党支部书记班则注重农村发展的实际问题。从以上情况可以看出，地方党校的教学总体上从上到下都比较注重马克思主义理论教学，特别是突出了邓小平理论和“三个代表”重要思想的学习；同时，还根据新的形势和任务要求，开设各种有助于提高领导干部综合素质和能力的课程，并引导学员将所学理论和知识运用于研究现实实践中的重大问题。一些党校重视教学专题的不断更新，在促进教学科研一体化上作了不少努力。然而也必须看到，就教学内容的具体设计而言，虽然一些党校已不同程度地注意到“分类别、分层次”

的要求，但这方面的问题还没有得到根本解决。一是培训和轮训这两类不同班次的教学内容还没有真正区分开来，更谈不上建立合理的逻辑联系。各种轮训班仍在很大程度上重复培训班的课程，即使有些调整，基本框架也是趋同的。二是不同层次的班次的教学内容究竟如何区分，又如何衔接，还缺乏明确的认识。例如省、市、县三级党校都有中青年干部培训班，分别培训地厅级、县处级和科级后备干部，教学安排上应该有些什么不同？这都还需要具体地做出规定。当然，这方面问题的存在是与前面所说的班次设置上的问题相关联的，因为在各种不同班次的任务规定和教学要求上还没有做到明确区分，教学内容设计上的区分也就不可能明确。法学教育方面也存在同样的问题。

培训类法学教育的教学工作的各个环节相互联系，在班次设置和教学内容设计这两个环节上按照“分类别、分层次”的要求进行改革之后，教学工作的其他环节，如教学方法、教材安排、教学组织、学习考核等等，也必须按照同样的要求进行相应的配套改革，否则就会出现脱节。同时，对教学管理工作来说，这一改革也提出了新的挑战和要求。地方党校在这些环节上进行了不少新的探索，创造了一些好的经验；但由于前两个方面的改革还没有到位，这些环节的改革仍有待进一步推进和展开。

在教学方法上，地方各级党校都很重视开展研究式教学，并采取多种形式加以推广。除继续抓好小组讨论、双向交流、学员论坛、社会调研等活动外，江西、福建、湖南、青海等省委党校以及许多市委党校都开始实行课堂研讨式教学，即要求教师在课堂教学中采用“2 + X”的做法，鼓励学员参与课堂讨论，实现教学互动。湖南、福建等省委党校及长沙、岳阳、漳州、株洲等市委党校还通过组织学员开展课题研究或称专题研究的形式开展研究式教学。特别值得注意的是，案例教学、体验式教学、情景式教学、菜单式教学等新的教学方法在地方党校的教学中普遍受到欢迎，并比较广泛地加以应用。江西省委党校在不断扩大案例教学范围的同时，组织学员编写案例，建立案例资料库。福建省委党校为更好地开展案例教学，正在组织编写案例教材。江西、福建、湖南、青海等省委党校都在教学设计中安排了一部分选修课程，事先将“菜单”发给学员，根据学员的选择确定所要讲授的专题；宜春、赣州、长沙、株洲等市委党校也采用了类似方式。一些党校还建立了自己的教学基地，积极开展体验式教学。地方党校在教学方法上出现的这些新气象无疑值得肯定，但如何根据不同班次的教学要求和教学内容，“分类别、分层次”地选择不同的教学方法，却是下一步要解决的问题。在教材安排上，各省委党校还分别编写和选用了一些相关的专题教材，包括选用少量的全国干训教材。市委党校使用的教材很少，有的是选用一些辅导读物，有的是指定一些阅读文献和材料，有的则是发讲课提纲。[①] 由此可知，地方党校的教材建设比较薄弱，难以适应“分类别、分层次”的教改需要。

在教学组织、学习考核以及教学管理等方面，地方党校也有一些各具特色的做法。江西省委党校采用 AB 制配置任课教师；福建省委党校对教学评估结果进行比例分档，确定授课质量系数，再与授课时数相乘计算教学业绩分。株洲市委党校引进了 CI 管理体系标准，建立了形象识别系统，严格学习考核，强化教学管理。[②] 当然，按照“分类别、分层次”的新的教改要求，这些环节上的工作也都还需要进一步改进和规范。

这一轮新的教学改革得到大多数人的赞同和支持，当然在一些方面也感到存在困难和压力。共同的希望是有关部门能制定一个专门的文件，对地方党校的班次设置和学制、教学内容、教材安排等方面做出统一的要求和规定；中央党校也可以牵头组织，为各级党校的教学分别制定统一的教学大纲，编写统一的教材。此外，尚未建立全国党校系统的教学评估体系也是一个亟待解决的问题。这些问题，都应在推进新的教学改革的过程中结合起来加以考虑，以促进“分类别、分层次”的教学体系在全国党校系统的真正建立，从而使教学新布局更好地得到落实。

在具体的教学方法上，以往的法学教育只关心可观察的行为，而忽视学习者的心理过程，主要注重学员的“学”。在进入教学互动理论时期后，人们越来越重视人的心理过程，侧重点则放在“育人”上。教育心理学家从对知识、行为的单一强化的关注，逐渐转向兼顾对人的心智和情感的关注；从一般性的学习原理、学习方法的形式研究，逐渐转向对教学长期效果的研究。这应是对法学教育教学法的改革和突破。为了激发党校学员的学习兴趣，培养学员分析问题的能力，党校法学教学在探讨“案例教学法”、“启发讨论式教学法”、“模拟法庭”教学方法的同时，还应注意心理学在党校法学教育中的作用。

心理是影响学员学习的持久性因素，是教师把握学员心理、改变学员行为轨迹、影响学员世界观、树立学员正确价值观的有效途径，是把教学任

---

① 贾高建：《按照“两部一校”文件精神推进地方党校教学改革，建构“分类别、分层次”的教学体系》，http：//www. ccps. gov. cn/dxjx. php？ col = 651&file = 2386。

② 同上。

务、学习目标、学习效果优化组合融为一体的纽带。从心理出发，教学是对建立在个人情感基础上的能动作用的新认识，是从感性认识到理性认识不断深化的过程，进而使教师把教学变成教育，从而达到教书育人的最高境界。这也是把情商理论引进法学教学的新尝试。法学知识的内容往往比较深奥或者晦涩难懂，其教学效果取决于学员对法律条文的准确理解和运用，法学教师的教学成败则在于对影响学员学习"知识点"中的必要性的认识。就法律学习而言，影响学员学习的主要因素是对法律学习所持的态度。随着近年来法治社会对越来越多的法律专业人才的需求，法律专业成为热门专业，很多人就是抱着这一良好的学习动机而加入党校学习法律，但学习兴趣需要在法律学习中通过学员的心理体验建立起来。每个人的动机有不同，兴趣也有不同，从调查分析来看，学员学习法律的动机仍处于基本需求阶段，而学习被动的居多。这主要表现在学习动机和学习兴趣两个方面。"动机"是影响学习的直接动因，它从总体上决定着学习需求；"兴趣"是学员学习过程中的精神体验，从微观上决定着学习的效果。学习动机和学习兴趣是相辅相成的，学习动机可以激发学习兴趣，学习兴趣也可以加强学习动机的巩固和调整，但二者又有区别。一方面是形成的原因不同，学习动机主要来源于社会的需求，一般可以自发产生，而学习兴趣则来源于学习的过程中，需要自身的培养和教师的引导；另一方面是稳定性不同，学习动机一旦形成具有相对稳定性，而学习兴趣受外界的影响较大，稳定性较差。对法学教师来说，应把生硬的法条知识灌输变为生动的案例教学，从激发学员的兴趣入手，逐渐把学员的学习动机引向更高的层次。

具体而言，具有可操作性的教学方法应当是：

首先，转变教学理论，赋予法学教学教育性。教师在进行法学教学备课时，当然要以教材为中心，严格遵循教学大纲。但是，在课堂教学中，则要求以学员为中心。应围绕教材的知识点要求，设计一系列互相联系而又不断深化的问题，引起学员的兴趣，组织学员进行分析和讨论，引导他们得出结论，并在此基础上组织学员继续深入探讨，不断巩固和扩大学员的认识，把整个教学过程变成培养他们分析问题和解决问题能力的过程。这就树立了教育性的理念。赋予教学教育性，其根本目标是让学员感到学有所值。教学过程中法学教师可以精心筛选出一些案例，但要注意三点：首先，案例应具有典型性，避免重复知识点，最好一个案例涵盖三到四个知识点，能让学员法理分析准确；其次，所选案例最好能与学员自己的生活经验和现实处境相联系，让学员认识到自己的盲点及学习法律的意义；最后，注意案例分析的方法不能直接逼迫学员接受现有知识和结果，要先由学员自己判断。

其次，充分发挥教师的传道授业解惑功能。一是要熟悉教材、正确表述授课知识。法学教学与其他学科的教学有很大不同，在这个大立法的时代，新旧法之间更替频繁。如果新法已颁布实施而教材还来不及更改，则要给学员补充新法知识而否定教材内容，因为法律具有权威性，不能同时存在两种矛盾的立法。二是因材施教。授课时要特别注意学员的反应，对晦涩难懂的知识点要采用多种角度讲解，必要时展开讨论，使学员在心理上产生共鸣。此外还要树立学员的自信心。学员对案例有不同的认识很正常，不要急于否定不同观点，应鼓励学员树立自信心，讲出支持自己观点的法理分析。而后教师再有针对性地讲解。这样可以加深知识点的记忆，收到事半功倍的效果。法学教育的意义就是让学员通过知识的掌握去领悟人生的真谛，分析人生现象，善用知识为社会服务，同时获得成就感。法学教师应成为学员和教学目标之间的纽带，注重让学员了解学习任务的意义及对个人、对社会的价值，了解教育的本质，启发学员不断把学习引向高的目标并使知识在心中留下较长时间的记忆，进而使学员具有应对挑战的技能和策略、独立控制自己的学习和独立分析解决问题的能力。①

第四节　课程设置

党校教学的课程设置设计至少有三个主要依据：

一是党校的性质、功能和定位，依据党的中心任务和形势任务需要设计教学内容。关于党校教育的性质、功能和定位，《暂行条例》是这样规定的："中国共产党的党校是在党委直接领导下培养党员领导干部和理论干部的学校，是党委的一个重要部门。""各级党委要把党校办成轮训和培训党员领导干部，培养党的理论队伍，学习、研究马克思列宁主义、毛泽东思想、邓小平同志建设有中国特色社会主义理论的重要阵地，成为干部增强党性锻炼的熔炉。"《中共中央关于面向二十一世纪加强和改进党校工作的决定》进一步将党校定位为"三个阵地、一个熔炉"，即："学习、研究、宣传马列主义、毛泽东思想、邓小平理论的重要阵地和党性锻炼的熔炉"，明确指出"党校教育是全国各级党政领导干部培训轮训的主渠道"。党中央的

① 《情感在党校法学教育中的作用》，http://www.china.com.cn/chinese/zhuanti/xxsb/675097.htm。

这些规定概括起来主要说明了两个意思：党校是党的重要组成部门，又是学校。它既是同级党委的一个重要工作部门，同时又是党培训轮训领导干部的学校。党校的教学内容设计应该和必须遵循这种规定来进行。

就培训任务而言，党校的教学必须紧紧围绕党的中心任务和干部队伍建设的需要，紧密联系改革开放和现代化建设的新形势新任务来进行。党校是党的学校，其教学对象是党和国家的各级领导干部，是社会主义现代化的领导者。党校教育的重要任务之一就是根据形势任务的需要，阐明党和国家当前的路线、方针、政策，统一全党的思想和行动。这就要求党校教学必须紧跟党中央的战略部署，紧密配合党的中心工作，坚定不移地贯彻党的基本理论、基本路线、基本纲领和基本经验。这是党校的性质决定的，也是党校的职责所在。

党校的教学必须以马克思主义理论为主课。作为党培训轮训各级领导干部的主渠道，党校的另一个重要任务是用党的指导思想即马克思主义理论武装党的干部，这就决定了“党校教学要以马克思主义基本理论为主课，同时开设与社会主义现代化建设相关的其他课程”（《中国共产党党校工作暂行条例》）。这是因为马克思主义是我们党的思想理论基础，是党和国家制定路线、方针、政策的理论依据。干部具备了较高的马克思主义理论素养，才能坚定社会主义方向和共产主义理想，立党为公，执政为民，正确地贯彻执行党的基本路线、方针和政策；才能以宽广的眼界观察世界，正确把握时代发展的要求，善于进行理论思维和战略思维，不断提高科学判断形势的能力；才能坚持按照客观规律和科学规律办事，不断提高科学决策的能力和总揽全局的能力。换句话说，只有理论上的清醒，才有政治上的坚定。所以党校教学必须着力抓好理论学习和武装这个首要任务。

党校函授学历教育的专业设置和课程安排有其特色。以河南省为例，根据河南省委党校统一安排，党校函授学历教育 2009 年主要设置的两个本科层次的专业之一就是法律专业，学制为两年半时间。法律专业主要开设马克思主义基本问题、中国特色社会主义理论体系概论、党性教育、宪法学、法理学、刑法学、民法学、经济法学等 23 门课程。①

关于研究生教育的课程设置，在此以中央党校 2008 级在职研究生班为例，本着“严格管理、从严施教、保证质量”的精神，各专业课程设置以

---

① 《市委党校有关领导就党校函授学历教育政策答记者问》，http：//www. ayxinwen. com/2009/0417/3323. html，2009 年 8 月 8 日最后访问。

硕士学位研究生主干课程为主，适当结合在职研究生的特点和需要，体现本学科的发展前沿，增强课程的现实性、实用性、可操作性。鉴于在职研究生特殊的学习方式和有限的上课时间，课程设置必修课8门，其中基础理论课4门、专业课4门，每门课限10讲；必选课5门，每门课2—4讲。在具体安排上，第1—4学期每学期安排2门必修课、1门必选课；第5学期安排1门必选课，布置毕业论文，配备导师，进行毕业综合考试；第6学期进行毕业论文的审定及答辩。又以河南省委党校为例，其自2001年开始招生的领导干部在职研究生班至今已9年，该专业设置必修课和选修课两类课程。必修课包括专业基础课、专业理论课及社会调查。主要课程包括法理学专题研究、宪法学研究、西方法律思想史专题研究、民法学研究、刑法学研究、行政法与行政诉讼法研究、民事诉讼法研究、刑事诉讼法研究、合同法研究、国际经济法研究、公司法专题研究、知识产权法研究、金融法研究、法律实务专题研究等。[①] 党校的课程设置中明确要求，教师要自觉地把教书与育人结合起来，把党性修养贯穿于教学的全过程。通过理论学习，帮助学员牢固树立马克思主义的科学世界观，坚定建设中国特色社会主义的信念，提高政治素质和领导水平，增强辨别是非和拒腐防变的自觉性。

第五节　师资队伍

党校系统法律学科的师资队伍，在全国的分配是不均衡的。党校师资队伍经历了两次大的教育资源整合，对法学教育资源的影响不可忽视。一次是80年代初期的“地市两校合一”，使基层党校从“农村”走向了城市，党校的教研部门同时也扩展增加了适应现代化建设、领导干部需要的文化、技术、管理知识、法学等多个教学部门。另一次是党校的合并，使师资队伍的规模迅速扩大，教师数量翻了一番。党校师资队伍总体学历程度略高于所培训的对象。目前，党校拥有一支办学特色突出，法学各专业门类齐全的专兼职教师队伍。

如在中央党校设政法教研部，根据学位与研究生教育发展的需要，特别注重研究生导师队伍建设。按照研究生导师的遴选条件，一大批政治强、业务精、作风正的专家、教授和教学科研骨干，被选拔到研究生导师队伍中

① 《中共河南省委党校研究生教育专业设置》，http：//www. hndxyjsb. cn/two/jyjj_ index. asp? id = 12。

来，逐渐形成了力量雄厚、年龄梯队合理的师资队伍。全校现有教师近500人，教授182人，副教授141人，博士生导师60人，享受政府特殊津贴的42人，入选国家“百千万人才工程”的4人。[①] 其中不少是国内外著名的哲学社会科学门类的专家学者，他们在指导研究生的实践中，既传授学术专长，又做好思想政治工作，充分发挥了教书育人的重要作用，其中，有多名是在法学界很有建树的具有正副教授职称的硕博士生导师，中央党校的法律学科师资力量在全国党校系统首屈一指，教师授课安排也较从容，即使如此，仍然有外聘教员的需要。

又以河南省委党校的法学教研部为例，现有专兼职教师15人，其中教授4人，副教授6人，讲师3人，享受国务院特殊津贴专家2人，省管优秀专家1人，校首席专家1人，校法学理论首席专家1人，硕士研究生导师2人。上述人员中，博士（含在读博士）3人，硕士8人。有这样强大的学术背景，为了弥补不足，也聘请了多名国内著名法学专家学者为兼职教授，还聘请多名河南省高级人民法院、河南省人民检察院具有丰富司法实践经验的专家型法官、检察官为兼职教授。[②]

由上可见，党校师资队伍具有比较扎实的专业理论基础，既能较好的完成党政领导干部轮训培训、公务员培训的专题研究性的教学任务，也能较好的完成专本科学历教育特点的章节性、专业性的教学任务；对国家和社会发展中重大法学实践和理论问题有一定的探索、研究、诠释、解惑的能力。除党校教学工作外，党校教师队伍中也有人成为政治理论宣传的一支生力军，成为相应专业领域里的顾问服务于社会。特别是在掌握和运用先进教学手段上有了长足的进步，主体班、公务员培训班全部运用多媒体教学，取代了黑板加粉笔的传统教学手段，极大增强了教学活动的吸引力和生命力。

从师资队伍的整体来看，政治素质不断提高，党校教师在党校讲台上与党中央保持高度一致，已成为党校教师职业道德的首要标准。对党校教师的锻炼，主要是通过到上级党校进修学习，到县区挂职锻炼，到基层单位调研和赴省内外考察学习。在教学内容上紧紧围绕党的中心任务，加强马克思主义法学中国化最新理论成果的宣讲。为了更好地贯彻理论联系实际的教学方针，增强教学针对性和实效性，授课教师尽量联系现实问题，特别是身边的

① 《中共中央党校学校介绍》，http：//souky. eol. cn/HomePage/school_ des/115/115. html。

② 《中共河南省委党校研究生教育专业设置》，http：//www. hndxyjsb. cn/two/jyjj_ index. asp? id = 12。

社会实践。

教学形式的创新是这几年党校教学一大特色，讲授式教学一直是党校教学的主要形式，在教师积极努力下使研讨式、案例式、情景式、模拟式、菜单式等新的教学方式走进了党校主体班课堂，增强了教学的互动性，调动了学员学习的积极性。党校的师资队伍是不断进取的队伍，是能够较好的完成党校主体班培训任务的队伍。这是党校师资队伍的基本面，是要充分给予肯定的。

虽然师资队伍状况和建设整体情况良好，也能够较好的完成各项教学培训任务，但是其建设、教学研究能力与服务于党和国家的中心工作需要的要求还有差距，与满足学员学习需要的要求还有差距，仍然存在一些不容忽视的制约党校又好又快发展的突出问题，主要表现在以下几个方面：

一是贯彻理论联系实际的教学方针力度还不够。从客观上看，党校师资队伍具有一定的社会科学研究能力，但由于客观条件限制，加之主观上参与社会实践活动意识不强，推动教员深入社会实践、培训需求调研工作机制不完善，“强理论、弱实践”的症结始终没有彻底解决。学员座谈会以及相关组织调训部门都建议党校教员讲课要多联系实际，以增强教学针对性和吸引力。特别是集中某一领域临时调训领导干部的培训班，由于实践性、针对性特别强，教学部门往往感到教学能力力不从心，准备不足。

二是教学水平的提高依赖教师个体努力多，系统研究、统筹安排较少。由于教师劳动具有独立性、专业性的特点，使党校系统往往习惯于通过教师个人自觉，依赖教员自我设计、自修学习适应培训需要，完成知识更新，提高教学水平，虽然教师进修学习、挂职锻炼从未中断过，但没有做到更加制度化、规范化，派出教师数量也较少。另外对与师资队伍建设互为条件的学科建设给予的重视程度也不够。学科建设是加强党校教学研究工作，提升师资水平，提高教学质量的基础建设，没有对某一两门学科基础理论的掌握，对学科前沿理论问题的了解和探索，很难把握到教学专题的理论支撑点，很难使教学内容达到一定深度，很难使教学效果具有启发性和吸引力。截至2010年在地方党校系统存在个别重点学科师资保障不强，学科带头人标准模糊，学科梯队不清晰，个别教师所学专业与现实岗位不吻合，跨教研部加强重大现实理论问题的集体研究机制不健全等问题。以上诸多影响教学水平提高的因素只有统筹安排、健全制度、完善机制才能得到解决。

三是教研室在师资队伍建设、教学研究方面整体功能发挥得不够强。教研室作为教学工作的基础单位，具有教学内容、教学方法研究的作用和功能，是党校师资队伍建设的主要实施部门。目前，除个别教研室外，大多数教研室依赖教师的个体劳动，忽视整体功能的合力作用，有计划、主动进行教学研究不够，习惯于上下布置的工作方式，接受教务处布置然后向教员布置，主动研究问题不够。教研室主任工作职责、权限范围不够清晰，更多的靠联络个人感情组织教学安排，对不主动认领教学专题任务的情况无能为力。

针对党校系统法学教育师资队伍存在的以上问题，加强队伍建设，是党校发展的一项长期任务。党校系统主要从以下几个方面着手来解决这个问题：

一是建立健全专项研究师资队伍建设的制度。以学科建设为切入点，配齐配强具有鲜明党校特色学科的带头人和骨干教师队伍，把握师资队伍建设方向。定时专项研究有关师资队伍建设的问题，了解情况，发现问题，及时解决，确保党校师资队伍健康发展。

二是建立健全教师“自修、进修、挂职锻炼、调研”四位一体的培养制度。教师自修是不断提高教学能力的日常基础性工作，教研室要把握好方向、明确任务和工作量；进修学习是教师接受最新理论武装和知识更新的重要手段，要加大投入、精心规划；挂职锻炼和调研是弥补师资社会实践不足，理论脱离实际，加强教学针对性的有效途径，教务部门、教研室根据教学的实际需要提出教师挂职锻炼和调研安排的初步意见，在此基础上由组织人事部门根据学校现有条件提出培养计划，学校采取相应辅助措施，建立相应的激励、考核等机制，促进培养计划的落实，促进学习、调研成果转化为教学专题。

三是建立健全以教研室为核心其他部门相辅助的教学研究制度和导向机制。在继续完善集体备课，试讲选课制度的基础上，加大教学的教前研究、日常学术问题的研讨，确保教学质量的提高，强化教研室在教学内容方法研究工作中的主体地位，明确以教研室为单位来确定研究方向等；建立鼓励机制，营造重教学、重科研的导向氛围。建立展现教学研究成果的平台，引导和鼓励教师加强教学研究，提高专题课的授课质量。在完善教师工作量相关制度基础上，进一步明确不同职级教师承担专题课的工作量，调动教师主动参与教学研究的积极性，提高教师承担专题课的任务意识。①

---

① 赵阿嫒：《加强党校师资队伍建设为科学发展奠定坚实基础》，http://www.hcjgjs.gov.cn/Article/ShowArticle.asp?ArticleID=1453。

党校法学教育部门肩负着法学专业教育和干部培训教育的政治使命，职责光荣而崇高，任务艰巨而重大，只有靠党校师资队伍每个成员的不懈努力，靠全体教师的辛勤劳动，才能使党校的法学教育教学水平在新的历史起点上不断提高，推动党校事业更好更快发展。

第六节　现实状况与未来发展

江泽民同志在庆祝中国共产党成立80周年大会上的讲话中重申："中国的社会主义事业能不能巩固和发展下去，中国能不能在激烈的国际竞争中始终强盛不衰，关键看我们能不能不断培养造就一大批高素质的领导人才。"在新的时期较强的法律意识和法治观念已成为干部素质的重要组成部分。作为各级党政领导干部接受培训轮训主渠道的党校，在领导人才的培养中发挥着不可替代的重要作用。新世纪、新形势、新任务给党校教育，尤其是党校法学教育带来了新的挑战和发展机遇。

在新形势下面对新的挑战和机遇，要求领导干部培养高度法治意识，这对党校法学教育提出了更高的要求。这些新形势分别是依法治国、建设社会主义法治国家的大目标、经济全球化的发展现状和趋势以及知识经济时代的到来。

"依法治国，建设社会主义法治国家"的宏伟目标，要求党校必须把培养党政领导干部的法律素质作为一项重要任务。党提出在21世纪中叶建成法治国家的政治目标，依法治国已经成为党在新世纪执政的基本方略。为适应治国方略对执政党提出的转变执政方式、加强法律意识和提高各级党政领导干部法律素质的要求，对党政领导干部进行法律教育培训，使其牢固树立依法执政、依法行政的意识，提高他们依法执政和依法行政的能力和水平尤其重要。江泽民同志指出："领导干部学习和掌握必要的法律知识，努力提高运用法律手段管理经济、管理社会的本领，这是新时期党的各级领导干部坚持党的基本路线，保证深化改革开放，维护社会稳定的重要要求。"提高党政领导干部的法律素质，是我们党在领导人民实施治国方略过程中，处理好法治和人治的关系，处理好党和政府的关系的关键所在。

经济全球化的发展现状和趋势要求各级党政领导干部熟悉国际国内经济法律规则并运用全球化的思维方式。领导干部法律意识的提高，不仅表现在依法办事、以法律己方面，还应当熟悉与其管理工作相关的经济法律知识。我国加入世界贸易组织，不仅影响到我们的经济活动，而且必将对国家生活和社会生活的各个方面产生深刻的影响。WTO的一整套规则体现了市场经济的基本要求，其最终目标是要求各国政府完全按照现代市场经济的规则运作，促进贸易的自由化。在WTO协定所包含的规则体系中，涉及大量的有关政府的管理行为，规定了由其实施的诸多权利和义务。各级领导干部不仅要了解国内市场经济法律体系，而且对包括WTO协定在内的国际社会的法律规则和国际惯例有所了解；用全球化的思维方式去思考并改变那些不适应市场经济发展要求的管理模式，提高领导和管理才能。

知识经济时代的到来对各级党政领导干部法律知识的更新和素质结构的调整提出了更高的要求。知识经济是建立在以知识和信息的生产、分配和使用之上的经济。与传统经济相比，它更加突出知识和信息作为战略性资源在经济发展中的地位和作用。21世纪的党政领导干部，不仅要具有过硬的政治素质、较高的党性修养，而且要具备丰富的知识，尤其要懂法律。因为创新是知识经济的灵魂，创新促使更多新产品、新技术、新工艺出现。如果作为领导干部不懂知识产权法，不懂反不正当竞争法，不懂如何保护发明创造、驰名商标，不知道网络版权等法律问题，在知识经济的发展中就不能处于主动地位。新时期领导干部要奉行法律的政治职能与社会职能的统一，要把人类文明、社会进步和法律精神融为一体。这些对领导干部人才素质，也对党校教育尤其法学教育提出了更高的要求。

展望未来，在新世纪新形势下党校法学教育的发展应当立足当下，自改革开放以来，尤其是党“依法治国、建设社会主义法治国家”的治国方略确立以来，党校法学教育同以前相比有了很大的发展，加强了法学师资力量，增加了法学相关专题的设置等。但如上文所述，同新世纪国际国内形势发展和建设有中国特色社会主义伟大事业对我们党各级领导干部的素质提出的要求相比，还有差距。应在以下几个方面进行加强和改进。

一是应提高对党校法学教育与提高领导干部法制意识关系重要性的认识。首先，各级党委应提高认识。党校是党委直接领导下的一个重要工作部门。党是依法治国方略的倡导者和具体实施的领导者和组织者。各级党委提高对党校法学教育重要性的认识，无疑从源头上给党校法学教育奠定了思想基础。其次，各级党校应提高认识，加大对党政领导干部法学教育的培训力度。“九五”期间，党校系统的教学改革与时俱进，逐步形成了以具有时代精神和党校特色的“三基本五当代”必修课程为主的教学体系。在学科建设方面，大力发展以“五当代”为主的新兴学科；加强教学急需的知识学科包括法学。但是，面对“依法治国、依法行政”的新课题，仅设置一个必修专题远远不能满足学员对法律知识学习的要求。因此，各级党校应审时度势，加大法学专题课程及原理课程的设置，力争使各级党政领导干部学习之后，不仅懂法律知识，而且在法律意识、自律方面也有提高。再次，党校法学教育工作者要有历史使命感。党校法学教育工作者的专业知识和职业道德，直接影响到学员的学习效果。因此，面对建设法治国家的伟业和中华民族复兴的重任，党校法学教育工作者应具有紧迫的历史使命感。应学习邓小平理论包括法治思想、谙熟专业知识、了解本专业的发展动态。要加强自身的道德修养，提高职业道德，做建设法治国家伟业的坚定信仰者和勇敢实践者。

二是党校法学课程内容的设置应与经济发展同步。在课程内容的设置上，短期的培训不可能使学员系统地学习每一门法律科学，而只能根据新形势、新任务发展的要求因时制宜地向学员讲授他们所需的法律和法学知识。因此，在加大法学课程设置的同时，在教学内容上应增加经济法律知识，包括国内社会主义市场经济法律知识以及经济全球化下的国际法律，如WTO协议等；应增加有关适应知识经济时代要求的法律知识，如网络和电子商务法、著作权法、维护公平交易和保护商业秘密等方面的法律，使各级领导干部面对网络时代和信息革命的挑战而应付自如；还应增加与可持续发展相关的法律知识，特别是环境法学、资源法学、人口法学等方面的知识，使学员了解可持续发展的法律保护，并制定与国家可持续发展战略相一致的适合本单位、本部门情况的发展战略。

三是理论联系实际，加大对重大现实问题的研究。理论联系实际，是党校教育的根本方针，也是提高党校教学质量的关键。党校的法学教学，应突出特色和优势，研究现实生活中出现的重大问题及难点、热点问题，尤其是加大对我国、各省及各地区改革开放和现代化建设中带有全局性、战略性、前瞻性重大问题如国有企业改革中的法律保障、加入WTO与依法行政、腐败行为的法律规制等的研究力度，寻求解决问题的途径与对策，为教学服务，为党委和政府的决策服务。贯彻理论联系实际的方针，要加强法学教学的研究性，使教学过程成为教师与学员一起研究理论及现实问题的过程，要注重对问题的实际调查，从实践中获得第一手资料；要在各级党校法学教学内容上区别层次性和类别性。

四是进一步加强党校法学教材建设。当前，法学学科的教学在党校系统相对薄弱，还没有形成教材体系。这样容易使学员在学习法学知识中，不能融会贯通、系统地去理解法律科学。因此，要加强党校法学教材的建设，针对截至2010年法学教材建设中存在的问题，抓紧编写一套具有严格科学性和时代精神的、多层次的、高水平的规范化、系列化法学教材，以适应新世纪党校法学教育的需要。①

在当前建设法治国家、和谐社会的总体政治形势下，在全球化和国际化的大背景之下，党校系统的法学教育无疑要接受更多和更强的挑战，同时也包含着巨大的发展潜力和难得的历史机遇。抓住这一千载难逢的历史机遇，发展党校法学教育，不但对于中国法学教育的发展、培养高素质的法律人才有其独特价值，而且从党校系统培训党的领导干部的历史任务来看，党校法学教育的发展对于提高全党法学理论水平、提高法治修养和法律意识，必然具有关键性的意义，党校法学教育在这方面的成就将是其不可磨灭的历史贡献。

① 魏淑君：《领导干部法制意识培养与党校法学教育》，http：//www.studa.net/faxuelilun/080823/09095781.html。

第十八章　普法教育

第一节　普法教育概述

一、普法教育的含义

1985 年 11 月 5 日中共中央、国务院转发了《关于向全体公民基本普及法律常识的五年规划》的通知，“普法教育”的概念由此产生。

然而，普法教育不仅仅是一种向人们灌输法律条文的教育，更应该是一种让社会公众理解法律及规则背后存在的必要性和价值的观念教育。因此，从本质上看，普法教育应该是以社会公众为受众群，以传播法律知识为基本形式，以培养社会公众法律素质和法律意识为目的，使人们能够运用法律的思维和方法保护自身合法权益的一种教育形式。

二、普法教育的特征

从普法教育的含义上看，普法教育具有如下几个方面的特征：

第一，从普法教育的定位上来说，普法教育是一种普及性的教育。

普法教育是针对非法律专业人士进行的一种普及教育，与以培养专业的法律人才为主要目的的法律专业和职业教育有着根本性的区别。这是普法教育最基本的特性，也是实施普法教育的一个基本出发点，在确定普法教育的对象、内容以及实施方法等方面都不能脱离“普及性”这个特征。

第二，从普法教育的主体看，普法教育的参与主体具有全民性。

普法教育的主导者是政府，而具体实施者则可能是全社会中的所有人和组织。

第三，从普法教育的客体看，普法教育的受众群是全体公民，而不是特定的某一类人群。

所有社会成员都是普法教育的对象。实际上，每个人从其具有认知能力起就开始被动地受到周围社会环境（包括社会法治环境）的熏陶，并对社会法律制度和法治环境逐渐产生认知和理解，这就是一种无形的普法教育，只是这种普法教育没有针对性和目的性罢了。这种被动教育存在于每个人身上，并且贯穿于每个人的一生，因此，可以说，真实存在的社会法治环境对个人法治观念和信仰的培养是起着根本性作用的，因此社会法治环境本身就是普法教育的一种天然存在的形式，如果整个社会法治环境不好，法律在整个社会中缺乏权威，个人的权益无法通过法律得到保护，那么人们就难以树立起对法律的信仰，无论普法教育的力度多大，形式多好，都无法达到普法教育的真正目的。

当然，普法教育的受众群是全体公民并不意味着普法教育的实施方法和形式也是大众化的，相反，针对不同类型人群的特点，普法教育的方法和形式上也应有所区别，例如，青少年和成年人，普通公众和作为执法者的公务人员，农村居民和城市居民，因年龄、职责、周围环境、可利用的资源的不同，在对其进行普法教育时，所确定的内容、实施途径和方法等都应有所侧重和针对，不能一刀切。

第四，从普法教育的内容上看，普法教育以传播法律知识为基本内容，以培养社会公众法律素质和法律意识为核心内容。

传播法律知识是普法教育的基本内容，尤其是在社会制度确立之初，传播法律知识特别是实体法知识，让社会公众学习和理解法律知识，是普法教育的主要内容和首要任务。但是，社会制度逐渐确立之后，普法教育内容的重点应该转移到对社会公众法律素质和法律意识的培养上来，应该让公众在知晓法律条文本身内容的基础上，理解法律条文背后存在的价值，并最终能够运用法律来维护自身的合法权益，在这个阶段，传播法律知识只是手段，而培养公民法律意识才是最终目的。

从社会分工的角度说，作为一个非法律专业人士，社会并不要求他对法律知识有多么精深的理解和掌握，只要他具有基本的法律意识和素质，并对基本法律知识有基本的了解即可，如果他/她需要更为详细和专业的法律知识，需要用法律去解决纠纷，保护自己的合法权益，他可以去做深度查询或者向具有专业法律知识的律师或其他法律职业者寻求帮助。

举个例子来说，一个消费者在商场买了一个具有质量瑕疵的电器，在使用过程中因为电器漏电而使房屋燃烧，烧毁了一部分财务，个人在处理事故的过程中也受了伤。个人的法律意识和素养不同，处理纠纷的方法和效果也可能会不一样。一种情况是，这位消费者自认倒霉，即使知道损失是因电器有瑕疵造成的，也不知道该如何去追回这些损失。另一种情况是，长期的消费者权益保护法律知识的传播，让这位消费者意识到，他可以通过法律的正当途径来弥补自己造成的损失，虽然他对相关法律规定和程序不太了解，但是他聘请了专业律师，由律师为自己追回了所有损失。在前者，消费者之所以自认倒霉，主要是因为他可能不知道法律对消费者权利的保护，没有基本的法律意识（当然，追回损失的成本过高也可能是部分原因），在这种情况下，不但个人合法权利未受到合法保护，而且国家法律也没有得到有效执行，而造成这种局面的一个原因可能就是普法教育没有得到有效实施。而在后者，消费者本身具有的法律意识和法律知识使得其个人权益得到有效保护，国家法律也因此得到良好的执行。

第五，从普法教育的目的上看，社会发展的不同阶段，普法教育的目的也有所不同。

在社会制度确立初期，普法教育的目的是让人们了解和认识新的社会制度，以便公民能够遵守新的社会秩序，执法者能够顺利执行新的制度，相应地，这个阶段普法教育的主要内容是向人们普及法律知识（主要是法律条文）；而在社会制度初步确立之后，让人们了解社会制度就不应该是普法教育的主要目的，普法教育的主要目的应该是培养公民的法律意识和主动利用法律解决纠纷的能力，使法律真正成为与人们日常生活密切相关的事物，从而使人们在进行任何一项活动时，都能够下意识地运用法律来思考问题。

当前，我国各项政治、经济、社会制度已基本确立，现阶段普法教育的目的是，加深公民对法律以及司法应发挥的作用的理解，使公民掌握预防和解决纠纷的基本知识和素养，同时，培养他们积极主动地参与社会公共事务并发表自己观点的意识。这个时候，传播法律知识也不再是普法教育的主要内容，而仅仅是一种手段。

三、普法教育的分类

如前所述，虽然普法教育是一种针对全体公民进行的普及性教育，但是，这并不意味着普法教育在实施过程中就要采取一刀切的模式，相反，普法教育应该因人、因地区而有所区别。这是因为，不同人群之间在年龄、知识层次、所处的社会环境等方面都或有不同，普法教育应根据不同人群的特点对普法教育的内容、实施方式等做有针对性的规划和设计。

因此，对普法教育进行适当的分类，有针对性地开展普法教育，才能使普法教育收到良好的效果。综合来看，按照不同的标准，普法教育至少可以分为以下几类：

第一，普通公民的普法教育和执法人员的普法教育。由于国家执法人员负有执行国家法律的职责，因此，针对这类人群的普法教育在内容、实施力度、要求、强制性方面与针对普通公民的普法教育都有很大的不同。例如，对于执法人员来说，接受普法教育是保障其正确、适当执法所必需的，是一种强制性要求；而对于普通公民来说，接受普法教育不是义务，公民可以根据自己的时间、精力、需求、兴趣爱好等来选择是否积极去接受普法教育或者选择学习的内容（这里所指的仅仅是积极学习状态下的情况，不包括被动接受的情况）等，因此，普法教育对这两类人群的学习态度就应有不同要求；再比如，在执法人员中，普法教育的主要内容是与其相关执法领域相关的内容（从某种程度上说，这已经不是一种典型的普法教育形式，而是带有职业教育色彩），而且这种普法教育的力度比较强（例如，组织专门的定期培训等），而在其他普通公民中，普法教育普及的主要内容是与普通公民密切相关的法律知识（如民事类法律知识、民主权利意识等），且在深度和力度上远不及针对执法人员的普法教育。

第二，青少年普法教育和成年人普法教育。此处之所以将青少年普法教育单列出来进行讨论，是因为，其一，青少年应是普法教育的重点人群，因为，人们的价值观、世界观主要是在青少年（含儿童）阶段形成，而且这个时期形成的价值观、世界观会对其一生的行为有很大的影响，因此，普法教育应该从娃娃抓起，对青少年开展普法教育应该是普法教育的重中之重。其二，青少年在各个成长阶段的心智发育水平、认知能力等有所差别，因此，青少年普法教育应该具有更强的针对性，也有必要花费更多的精力，针对青少年各个成长阶段的特点制定不同的教育内容和使用不同的实施方法。当前，我国青少年普法教育受重视程度不高，普法教育形式单一，内容枯燥，基本的法律意识和概念很难灌输到青少年的成长中，青少年自主思考问题的能力、运用法律解决问题的能力和资质都非常欠缺，普法教育在这个阵地的弱势注定了整个社会的普法教育难逃“事倍功半”的厄运。

第三，农村普法教育和城市普法教育。将农村普法教育单列出来讨论的原因是，其一，因农村普法教育经费和资源等诸多限制因素，当前我国农村普法教育十分薄弱，一方面，农民缺乏对法律和司法的信心，因此接受普法教育的积极性不高；另一方面，农村普法教育趋于形式化，力度不够，使得部分希望接受普法教育的农民无法通过普法教育学习到一些基本的法律理念和法律知识。但是，我国农村人口比重较大，农民的法律意识和素质，农村的法治发展水平，对整个社会的法治发展水平有举足轻重的影响，因此，有必要对农村普法教育投入更多的资源和经历，并根据农村的实际情况找出一条适合农村的普法教育之路。

四、普法教育与法学教育的关系

此处所述法学教育是一种广义上的概念，是指以培养专门法律人才为主要目的，以传授专业的法律知识为主要内容，既包括学历教育又包括非学历教育的一种教育形式。法学教育的功能主要体现在以下几个方面，第一，培养掌握法律专门知识、具有科学的法律思维方式和专业的法律技能并具备良好职业道德和操守的法律专业人才；第二，为社会培养具有法律专业知识的高素质、综合性的管理和服务人才。这是法学教育的一个重要功能；第三，为社会各类在职人员尤其是法律职业在职人员提供定期或不定期的培训和继续教育服务；第四，普及法律知识，宣传法治思想。

其中，法学教育第四个功能即体现了普法教育的内容，法学教育实现该功能主要通过两个途径，一是向法科学生传授专业的法律知识和法治观念，培养其基本的法律意识和素养，这是一种深度的普法教育；二是法学教育机构通过组织多种形式的活动（如法治宣传活动，法律咨询、法律服务等）向普通公民传播法律知识和法治观念，这是一种普及的普法教育。从这个方面可以说，法学教育是普法教育的一个重要途径和阵地，科学的法学教育会极大促进普法教育的发展。

虽然普法教育和法学教育之间存在着千丝万缕的联系，但是，普法教育和法学教育毕竟又有所不同。首先，二者的性质不同，普法教育是一种基础国民教育，而法学教育则是以培养专业的法律人才为主要任务的学科教育；其次，二者的功能不同，普法教育的功能是培养普通公民的法律意识和素质，以使其具备在一个法治社会中生存的基本技能和资质，而法学教育所承载的主要功能是，培养专业的法律职业人才和学术人才，虽然其在实现该功能过程中会间接承担普法教育的部分功能，但前者才是社会要求其承担的主要功能；再次，二者所传授的内容有所侧重，普法教育主要是向公民传播基本的法律知识和法律意识，而法学教育的内容则主要是较为专业的法律知识和技能，这要比普法教育传播的内容更为专业和精深。此外，普法教育和法学教育的实施方式也有所不同，普法教育的形式更为灵活，如短期培训、讲座，电视电台法治栏目等，而法学教育尤其是高等院校法学教育的形式则主要采取课堂授课的方式进行。因此，在实施普法教育和法学教育的过程中，不能混淆二者，既不能简单地把法学教育当成是一种普法教育来看待，也不能用法学教育的思维、方法去实施普法教育。

第二节 普法教育的内容和形式

从前述普法教育的定义看，普法教育内容主要有两方面，一是传播法律知识，二是培养公民法律意识，提高公民法律素养。

一、普法教育的内容

（一）传播法律知识

传播法律知识是普法教育的一项基本内容。这里所指的法律知识主要是指国家通过立法的形式制定的各项法律、法规、规章及其他规范性文件。

1. 传播的深度

从普法教育“普及性”的特征来看，在普法教育的过程中，传播法律知识的力度应该定位于“普及”和“传播”，即只要让公众对与自身密切相关的部门法律有基本的了解即可，在这里，广度比深度更为重要。这是普法教育与以培养专门的法律专业人才为目的的法律职业教育最明显的区别。

当然，普法教育传播法律知识的力度因受众群不同也有所区别。从我国已经实施的五次普法教育来看，普法教育的受众群大致可以分为两大类，一类是普通公民，一类是执法人员（包括法官、检察官、警察以及其他公务员）。从普法教育的力度上看，无论是普法教育内容的深度还是实施的力度，后者都应该远远大于前者。原因很明显，执法人员在国家法律实施过程中的地位不同于普通公民，执法人员是国家法律的执行者，国家法律能否得以有效实施很大程度上取决于这类人群的素质和执行力，因此，执法人员历来是国家普法教育的重点对象。

2. 强制性

对于普通公民来说，只要通过合适的途径让其了解相关法律知识即可，没有明显的强制性，也没有必要组织专门的培训。

对于执法人员来说，了解法律知识尤其是与其执法领域相关的法律知识是其正确开展工作的必备条件，因此在对其进行普法教育上具有一定的强制性。为了确保国家法律制度的有效实施，国家一般会对执法人员本身所具备的法律知识和法律素养具有一定的要求，如要求法官、检察官、公证员具有专业的法律知识背景，并具有法律职业资格，要求其他公务员也要具有基本的法律知识（例如，在公务员录取考试内容中，法律知识的考察就是很重要的一部分)。而且在具体的工作中，除了社会所进行的针对所有人群的普法教育之外，还会对这些人员定期进行相关领域法律知识的专门培训。由此可见，国家对于执法人员的这种普法教育已经远远超出了“普及”的水平，具有了某种“专业性”的特征。

3. 传播的广度

普法教育所传播的法律知识的具体内容因受众群不同，也有所不同。

对于普通公众来说，需要向其普及的法律知识主要有：

(1) 实体法

①宪法及宪法相关法

在我国，宪法是国家的根本大法，规定了国家根本的政治、经济和社会制度，规定了国家的根本任务，规定了公民的基本权利和义务，国家机关的组织结构和活动原则等国家和社会生活中最基本、最重要的问题。这些问题都是公民身为这个社会的一员所必须了解的，因此，普及宪法知识是普法教育的首要内容。

②民法商法

民法商法是规范社会民事活动和商事活动的法律，例如，合同法、担保法、婚姻法、继承法、收养法、著作权法、专利法、商标法、公司法、证券法、保险法等，这些法律调整的是公民和公民以及公民和法人之间的财产关系和人身关系以及商事关系，其中主要涉及个人利益、个人权利、自由选择以及平权关系，与公民的个人利益具有最直接的关系，因此，是普法教育的主要内容。

③经济法和社会法

经济法是调整国家对经济活动进行干预、管理或调控所产生的社会经济关系的法律规范，例如，反不正当竞争法、反垄断法、广告法、招投标法、审计法、会计法等，主要目的在于创造平等竞争环境，维护公平有序的市场竞争环境，并对经济活动进行正确的调控和管理。由于这类法律与公民和法人的经济活动密切相关，因此，也是普法教育重点普及的内容。

社会法是指调整社会劳动关系、社会保障和社会福利关系的法律规范，如劳动法、安全生产法、工会法、残疾人保障法等等。这类法律的目的在于保障劳动者、失业者、丧失劳动能力的人以及其他需要付诸的人的合法权益，理所当然是普法教育的重点内容。

④刑法

刑法是规定犯罪、刑事责任以及如何追究刑事责任的法律，其任务是惩罚犯罪，维护社会的基本秩序。刑法调整的对象具有不确定性，它几乎涉及到社会生活的方方面面，而且违反刑法的行为会受到比较严厉的制裁。因此，向公民普及刑法知识，使其了解刑法对行为规范的边界，才能有意识地去规范自身的行为。

⑤行政法

行政法是调整有关国家行政管理活动的法律规范，如行政处罚法、行政复议法、行政许可法、政府采购法等，行政法的目的在于依法规范行政管理主体的行政执法行为。毋庸置疑，行政法是执法人员必须熟练掌握的法律知识，因此，也是对执法人员进行普法教育的重点内容。但是，向普通公民普及行政法知识的重要性也不能忽略。这是因为，首先，普通公民是行政行为的相对人，行政行为直接影响到普通公民的权利和义务；其次，从权力制约的理论来看，权利是制约权力的一种有效方式，让普通公民了解行政法知识，有助于其对执法人员的执法行为进行有效监督。

（2）程序法

此处所述程序法主要包括诉讼与非诉讼程序法，例如，民事诉讼法、刑事诉讼法、行政诉讼法以及仲裁法。程序法在法律体系中所处的地位越来越受到重视，这不仅是因为，程序法是实体法赖以实现的途径，更为重要的是，程序法是保护私人权利，制约和规范公权力的重要保障。因此，在普法教育中，亦不能忽视程序法知识的传播。

（二）培养公民的法律意识和法律素养

从根本上说，传播法律知识只是普法教育的手段，而不是最终目的，普法教育的最终目的应该是培养公民的法律意识，提高公民的法律素养。传播法律条文上的内容固然可以在一定程度上使人们了解什么可为，什么不可为，以及不同行为所产生的意义和后果，但却无法传播法律条文背后蕴藏的精神和价值，更无法培养人们对法律的信仰，由于守法者和执法者只知其一，不知其二，因此，这个层面上的普法教育所产生的后果往往是一种消极、被动的守法状态和伪公平的执法效果。一些公民之所以没有运用法律来维护自身的合法权益，很多情况下，主要原因不在于其不了解法律知识，而在于缺乏法律意识和对法律的信仰（或者说对法律和司法缺乏信心和信任）。

培养公民的法律意识和法律素养，就是要让人们树立起对法律的信仰，了解法律背后的精神和价值，从而能够真正守法、执法，并运用法律来有效维护自身的合法权益，从而达到一种法律伸手可及却又极其普通的效果。这才是法治社会中进行普法教育的核心内容和终极目的所在。而社会法治环境和司法实践则是对公民的法律意识和法律素养产生影响的根本性因素。

从我国当前的实际来看，在实施普法教育的过程中，应该着力宣传以下法治观念：民主法治观念、宪法和法律至上的观念、公平正义的观念、平等自由的观念、保障人权的观念、安定有序的观念、良法善治的观念、共同富裕的观念。① 培养公民的法律意识和法律素养，不是短期内就能实现的，它是一个潜移默化、循序渐进的长期的过程，要靠数代人的艰苦实践才可能逐渐实现。

二、普法教育的形式

根据唯物辩证法，内容和形式之间是对立统一的辩证关系，没有内容，形式就无法存在；没有形式，内容也无从表现。二者相互依赖、相互制约，各以对方为存在的前提条件。但是内容与形式也不是并列、没有主从之分的，在这两者之间，内容起着主导、决定的作用，内容决定形式，形式为内容服务。

普法教育的内容和形式之间也存在着同样的关系，将普法教育的内容正确确定下来之后，就需要研究能够有效表现这些内容并达到其目的的形式，否则，内容再好，也无法达到普法教育的最终目的；反过来，如果急功近利，不认真研究普法教育的内容，只注重普法教育的外在形式，除了达到某些政治目的和投入巨额成本外，其他什么效果也达不到。

普法教育“普及性”的特点决定了普法教育的形式可以灵活多样。综合来看，普法教育主要有以下几种形式：

（一）法律实践

从根本上说，实践是最好的教育形式。如果法律至上的观念能够在司法实践中得以很好的体现，公平正义能够通过日常的司法和执法实践得以实现，如果能够让普通公民实质性参与到对其自身利益有影响的制度的制定和实施中去，那么，可以说，普法教育就成功了一大半。因为，人们只有在现实生活中看到了法律和司法的力量，才有可能树立起法律的信仰，对法律对司法产生信心，也才有动力运用法律来解决纠纷，维护自身的合法权益。例如，让普通公民通过合适的方式参与到法律的制定中（比如，让普通公民能够通过适当的渠道表达出自己对拟实施的法律的意见，立法部门能够充分

① 李林：《着力宣传和谐社会的法治观念》，中国法学网。

听取这些意见并将其中合理的部分吸取到法律的制定中），既能够让普通公民切切实实感受到自己所享有的权利，又有助于其充分理解法律背后的含义，这种过程比单调地传播法律条文内容的效果要好得多。

相反，如果民主法治观念在现实中得不到真正贯彻执行，不管如何来设计普法教育的内容，不管有多少名目繁多的普法教育的形式，不管投入多大的人力和精力，不管普法教育看起来开展得有多红火，都不可能真正达到普法教育的目标，社会民主法治也不可能取得实质性进步。

目前，国内电视、广播电台中开展的众多法制类节目，大多都是在讲述和分析一些真实案例背后的法律知识，这些节目可以说是对法律实践的一种重现和再加工，其主要目的就在于通过这些法律实践向观众传播法律知识，灌输法治理念，是一种非常好的普法教育的途径和形式。

许多人（包括普法教育的实施部门）认为，只有打着普法教育的大旗和口号进行法制宣传教育才算是普法教育，这是一种比较危险的认识，但这种普法教育恰恰在过去成为主流。实际上，这种形式的普法教育仅仅是普法教育的表象所在，只能将其作为一种常规的补充形式，而不能将其作为普法教育的主要形式。

（二）其他形式

除了法律实践外，还有许多其他有益的开展普法教育的形式。从载体上来说，报刊、宣传册、新闻、电台、电视台、网络等传统、现代载体及将来可能出现的新型载体和媒介都可以成为普法教育的宣传阵地。从形式上来说，发放宣传册、法治讲座（报告）、法律知识竞赛、法律咨询、专门培训、分析再现真实案件等都是普法教育可以采取的形式。

但是，普法教育的形式也应根据受众群的特点有所不同，例如，对青少年实施的普法教育就应该切合青少年的生理心理特点，采取渐进的能够引起青少年兴趣的形式，如通过作简单的录音录像让青少年了解法律处理纠纷的方式，通过日常的生活小事（例如，让青少年参与学校规则的制定）向青少年灌输法治理念，使民主法治、权利意识从小就在青少年的心中扎根；如果有条件，也可以考虑请司法实践人员（如律师、法官）等配合学校进行普法教育。而对于负有执行国家法律任务的国家公务人员来说，比较适合采取专题培训和讲座的形式讲授与其业务相关的法律知识（包括实体法和程序法），保证依法行政。对农民的普法教育则更应切合农村实际，例如，对于常年在外打工的农民工来说，其工作期间比较繁忙，不太可能接受耗时较长的普法讲座等，但是，农民工权益又比较容易受到侵害，因此，可以考虑在农民工聚集比较集中的场所向其发放一些与其切身利益相关的法律（如劳动法、安全生产法等），或者定期开展法律咨询，帮助农民工运用法律的武器解决身边的问题。

此处所提到的种种普法教育的形式都只是表象，正如前面所述，通过法律实践的形式培养公民的法律意识才是普法教育的基本形式。普法教育与整个国家的民主法治发展程度密不可分，如果认为多发放一些宣传册，多组织几次讲座、培训就能够达到良好的普法教育效果，就太理想化了。

第三节 我国普法教育的历史发展

从1986年以来的二十余年里，我国先后进行了五次全国性的普法教育，目前，第五次普法教育正在进行中。

从本质上看，普法教育是一种国民素质教育，应该是一项持续性的教育，而且，事实是，我们每天都在进行着来自各方面的不同形式的普法教育，不管是正面的还是反面的，不管是主动的还是被动的。我国在过去实施的“运动”式的普法教育带有比较浓厚的计划经济的色彩，但以国家政策的形式发动这种普法教育运动，从某种程度上反映了国家对普法教育的重视。而之所以要划分普法教育的阶段，是因为国家在各个阶段的政治、经济、文化发展水平有所不同，因此，需要针对各个阶段的特点制定普法教育的内容和实施方案。

（一）“一五”普法

从1986年到1990年，我国在全国范围内开展了第一次普法教育。本次普法教育的目的是，争取用五年左右时间，有计划、有步骤地在一切有接受教育能力的公民中，普遍进行一次普及法律常识的教育，并且逐步做到制度化、经常化。普及法律常识的重点对象，是各级干部和青少年，各级领导干部尤其应当成为学法、懂法、依法办事的表率。普及法律常识的内容，以《宪法》为主，包括刑事、民事、国家机构等方面基本法律的基本内容，以及其他与广大干部和群众有密切关系的法律常识。各部门还应当着重学习与本部门业务有关的法律常识，各地区还可以根据需要选学其他有关的法律常识。普及法律常识的重要阵地是学校。大学、中学、小学以及其他各级各类学校，都要设置法制教育的课程，或者在有关课程中增加法制教育的内容，列入教学计划，并且把法制教育同道德品质教育、思想政治教育结合起来。全国人大常委会关于第一个五年普法教育的决定还要求，要编写简明、通俗的法律常识读物，紧密联系实际，采取多种形式，进行普及法律常识的宣传教育，努力做到准确、通俗、生动、健康。要扎扎实实，讲求实效，防止形式主义。

在当时的历史背景之下，我国为了发展社会主义民主，健全社会主义法制，必须将法律交给广大人民掌握，使广大人民知法、守法，树立法制观念，学会运用法律武器，同一切违反宪法和法律的行为作斗争，保障公民合法的权利和利益，维护宪法和法律的实施。大力加强法制宣传教育，在公民中普及法律常识，对于加强社会主义法制，保障国家的长治久安，促进社会主义物质文明和精神文明的建设，实现我国在新时期的奋斗目标和总任务，具有重大的意义。

对所有有能力接受教育的公民所进行的第一个普及法律常识五年规划，初步恢复了法律的权威地位，号召整个国家依法办事、讲法制，初步完成了对全民族的法律启蒙教育，广大公民初步填补了法律知识的空白，广大干部初步树立起了依法办事的观念，促进了各项事业的依法管理，形成了普法事业的良好开端。

(二)“二五”普法

为了加强社会主义民主法制建设，国家认为有必要在认真总结第一个五年普法经验的基础上，从1991年起，实施普及法律常识，加强法制宣传教育的第二个五年规划，进一步提高广大干部群众的法治观念，保障宪法和法律的实施，坚持依法办事，促进依法治国和依法管理各项事业，为国民经济和社会发展十年规划和“八五”计划的顺利实施，为改革开放创造良好的法制环境，促进国家的政治稳定、经济振兴和社会发展。

实施法制宣传教育的第二个五年规划，以宣传、学习《中华人民共和国宪法》为核心，普及《中华人民共和国行政诉讼法》、《中华人民共和国义务教育法》、《中华人民共和国集会游行示威法》、《中华人民共和国国旗法》、《中华人民共和国婚姻法》、《关于禁毒的决定》、《关于惩治走私、制作、贩卖、传播淫秽物品的犯罪分子的决定》等法律的基本知识；同时要有针对性地选学民事的、刑事的和国家机构的基本法律的有关内容，以及与本部门、本单位的工作密切相关的经济等方面的专业法律知识。

第二个五年法制宣传教育的重点对象是各级领导干部、执法干部、宣传教育工作者和青少年。高级干部更应带头学法、守法，依法办事，为全国人民作出表率。第二个五年法制宣传教育从培养新一代社会主义事业接班人的高度，要求在大、中、小学以及其他各级各类学校，设置法制教育必修课程，编好大、中、小学不同水平要求的课本，充实法制教育内容并列入教学计划，切实加强对在校学生的法制教育。要在第一个五年普法的基础上，进一步改进和完善学校的法制教育，努力实现法制教育的制度化，切实提高青少年学生的法律素质，增强他们的法治观念。

在“一五”普法的基础上，“二五”普法继续深入普及宪法和有关法律常识，巩固“一五”普法的成果。但是，“二五”普法与“一五”普法的侧重点不同，“一五”普法侧重法律条文宣讲，“二五”普法重在依法治理。在“一五”普法奠定了良好的基础之后，人们渐渐地认识到普法的目的在于用法，只有学用结合，深入开展依法治理工作，才是普法工作的必然要求也是普法工作的内在发展动力。由普法到依法治理，既是历史的必然选择也是普法工作发展到新阶段的要求。①

（三）“三五”普法

十年的普法教育，对于提高全民族的法律素质，加强社会主义民主与法制建设，保证改革开放和社会主义现代化建设事业的发展，起了积极的作用。为了适应建立和完善社会主义市场经济体制的需要，促进国民经济和社会发展“九五”计划和2010年远景目标纲要的实现，国家认为有必要从1996年起到2000年实施在公民中开展法制宣传教育的第三个五年规划。

通过继续深入进行以宪法、基本法律和社会主义市场经济法律知识为主要内容的法制宣传教育，进一步增强全体公民的法治观念和法律意识，不断提高各级干部依法办事、依法管理的水平和能力，坚持有法必依、执法必严、违法必究，推进依法治国、建设社会主义法治国家的进程。

实施法制宣传教育的第三个五年规划，要求一切有接受教育能力的公民都应当接受法制宣传教育，努力学习宪法和有关的法律知识，做到知法、守法，依法维护国家的、集体的和个人的合法权益。各级领导干部特别是高级领导干部应当带头学习宪法和法律知识，模范遵守宪法和法律，严格依法办事，做到依法决策、依法管理。各级各类干部学校应当将法制教育作为干部教育的必修课程。各部门、各地方要把是否具备必要的法律知识和能否严格依法办事作为干部考试、考核的一项重要内容。司法机关、行政执法机关的执法人员应当根据工作需要，参加法律知识培训，熟练掌握和运用与本职工作相关的法律、法规，提高自身法律素质，依法履行职责，做到依法行政、公正司法。企事业单位的经营管理人员应当把掌握社会主义市场经济的法律

① 刘颖丽：《我国现阶段普法教育研究》，首都师范大学2007年馆藏硕士学位论文。

知识作为必备的素质，并结合本单位实际学习有关的法律、法规，做到严格依法经营、依法管理，自觉遵守市场秩序，维护社会公共利益。青少年应当具备必要的法律知识。大专院校、中学（包括中等技术学校）、小学都应当开设法制教育课。基层组织应当抓好社会青少年的法律常识教育。

“三五”普法相比“二五”普法而言，所处的时代背景不同。“三五”普法与我国国民经济和社会发展的“九五”计划同步，因此“三五”普法提出的总体目标中，除了宪法和其他基本法律外，加入了“在全体公民中深入开展社会主义市场经济法律知识内容的宣传教育”。“三五”普法期间，党的十五大提出了依法治国，建设社会主义法治国家的基本方略，该基本方略在随后也被写入宪法。“三五”普法不再仅仅局限于“二五”普法所追求的“依法治理”目标，而在于推进依法治国、建设社会主义法治国家的逐步实现。

（四）“四五”普法

为了适应新世纪我国社会主义现代化建设的要求，顺利实施国民经济和社会发展“十五”计划，积极推进社会主义民主与法制建设，有必要从2001年到2005年在全体公民中继续实施法制宣传教育的第四个五年规划。通过深入开展法制宣传教育，宣传学习邓小平民主法制建设理论、依法治国基本方略和宪法、法律，扎实推进依法治理工作，进一步提高全体公民的法律素质和全社会的依法管理水平，努力做到有法必依、执法必严、违法必究，以保障和促进经济建设和社会各项事业顺利健康地发展。

“四五”普法规划，要求继续深入宣传学习宪法，强化全体公民的宪法意识。努力开展与广大公民权利义务密切相关的法律法规的宣传教育，增强公民遵纪守法和依法自我保护的意识。围绕党和国家的中心工作，宣传社会主义市场经济的法律法规，宣传保障和促进西部大开发的法律法规，宣传我国加入世界贸易组织后公民需要熟悉的法律法规，宣传加强社会治安、维护社会稳定方面的法律法规，增强广大公民同违法犯罪行为作斗争的自觉性，为改革发展稳定创造良好的法治环境。坚持依法治国与以德治国相结合，法制教育和思想道德教育相结合，促进社会主义民主法制建设、精神文明建设和物质文明建设同步发展。

“四五”普法的对象是全体公民，重点是进一步加强各级领导干部、司法人员、行政执法人员、青少年和企业经营管理人员的法制教育。各级领导干部尤其要带头学法、守法、用法，增强法治观念特别是宪法观念，做到依法决策、依法管理。司法人员和行政执法人员应当深入学习、熟练掌握与本职工作相关的法律法规，做到公正司法、依法行政，自觉维护法制的统一与权威，保护公民的合法权益。青少年应当从小接受法制教育，在九年义务教育期间掌握公民应当懂得的基本法律常识。企业经营管理人员应当努力学习与本行业有关的法律法规，增强依法经营管理的自觉性。

“四五”普法的任务之一是继续深入学习、宣传邓小平同志民主法制理论和党的依法治国、建设社会主义法治国家的基本方略，学习宣传与公民工作、生产、学习、生活密切相关的法律知识，努力提高广大公民的法律素质。据此，“四五”普法规划确定了“两个转变、两个提高”的工作目标，即“努力实现由提高全民法律意识向提高全民法律素质的转变，全面提高全体公民特别是各级领导干部的法律素质；实现由注重依靠行政手段管理向注重依靠法律手段管理的转变，不断提高全社会法制化管理水平”。使我国的普法宣传教育工作从学法型向用法型转变，国家各项事业逐渐步入法制化轨道。同时以我国宪法的实施日——12 月 4 日，确定了第一个“全国法制宣传日”。

（五）“五五”普法

自 2001 年开始，我国在全体公民中实施了第四个法制宣传教育五年规划，以宪法为核心的法律知识得到较为广泛的普及，人民群众的法律意识逐步增强；依法治理工作深入开展，各项事业的法治化管理水平逐步提高。为了适应构建社会主义和谐社会和全面建设小康社会的新形势，全面贯彻科学发展观，落实国民经济和社会发展“十一五”规划的新要求，促进依法治国基本方略的实施，有必要从 2006—2010 年在全体公民中组织实施法制宣传教育第五个五年规划。2006—2010 年，我国开始实施的第五个五年法制宣传教育规划，又称为“五五”普法。

这次普法的内容是深入学习和宣传宪法、与经济社会发展的相关法律法规、与群众生产生活密切相关的法律法规、整顿和规范市场经济秩序的法律法规、维护社会和谐稳定、促进社会公平正义的相关法律法规、坚持普法与法治实践相结合、大力开展依法治理、组织开展法制宣传教育主题活动。

“五五”普法规划提出，法制宣传教育的对象是一切有接受教育能力的公民。广大公民要结合工作、生产、学习和生活实际，自觉学习法律，维护法律权威。要重点加强对领导干部、公务员、青少年、企业经营管理人员和农民的法制宣传教育。规划提出，要加强领导干部法制宣传教育，着力提高依法执政能力；加强公务员法制宣传教育，着力提高依法行政和公正司法能力；加强青少年法制宣传教育，着力培养法制观念；加强企业经营管理人员法制宣传教育，着力提高依法经营、依法管理能力；加强农民法制宣传教育，着力提高农民法律素质。

在我国，普法教育是伴随着新的社会秩序的建立特别是法律制度的重建而产生的。因此，从普法教育起初所扮演的角色看，它是政府管理社会的一个重要工具，从其诞生之日起就都带有极为浓厚的政治色彩。但是，在后来的实施过程中，普法教育客观上也促进了整个社会民主法治意识的提高，普法教育除了承担政府社会管理的任务外，对民主法治的进步以及公民个人合法权益的保护也起到了一定的作用。当前，中国社会的管理秩序和法律制度已经得到基本确立，普法教育所扮演的角色应该根据社会发展的程度做适时转变。

第四节　我国普法教育存在的主要问题及应对方案

从1986至今20余年的时间里，我国共发动过五次全国性的普法教育，这20多年的普法教育取得了一定的成果，在大范围内传播了国家的法律制度，民主法治观念在一定范围内为人们渐渐熟知和理解，公民的法律意识得到一定程度的提高，整个社会知法、守法的程度也得到提高。

然而，我国普法教育仍然存在许多问题和障碍，其中，有一些是可以通过普法教育工作者的努力得以解决的，而有一些却需要整个国家的法治发展水平达到一定程度的时候才能够从根本上解决。

一、普法教育认识上存在的问题

（一）对普法教育的重要性认识不够

从本质上看，普法教育是一种国民素质教育，它不仅有利于提高公民的法律素质，而且对于国家民主法治的进步具有极为重要的意义。

然而，目前我国大多数地方对于普法教育重要性的认识不够，没有把普法教育工作作为一项日常工作来做，而仅仅将其作为一项政治性的任务来应付，因此，才会出现普法教育工作形式化、突击化、运动化的奇怪现象，这种现象在一些基层特别是农村基层普法教育工作中尤其突出。

因为对普法教育的重要性认识不够，而普法教育工作又往往难以通过量化的指标来评估，因此，许多地方并没有把普法教育作为一项重要工作来抓，相应地，投入的精力和资源也就十分有限，有些地方把主要精力和资源用在普法教育工作的造势上，表面上红红火火，实际上只是一个空壳子，没有什么实质内容。

（二）对普法教育的认识存在偏差

这里所述的偏差主要是指对普法教育目标认识上的偏差。根据中央宣传部、司法部联合发布的《中央宣传部、司法部关于在公民中开展法制宣传教育的第五个五年规划》，“第五个五年法制宣传教育工作的主要目标是：适应党和国家工作大局，适应整个社会和广大人民群众对法律知识的现实需求，紧密结合国家民主法制建设的新进展新成果，通过深入扎实的法制宣传教育和法治实践，进一步提高全民法律意识和法律素质；进一步增强公务员社会主义法治理念，提高依法行政能力和水平；进一步增强各级政府和社会组织依法治理的自觉性，提高依法管理和服务社会的水平”。然而，从普法教育的实施状况看，许多机构和人员对于该规划制定的目标的理解存在偏差，突出地表现在，许多人认为，普法教育的目的在于，让公民了解相关基本法律条文知识，培养公民遵法守法的意识。这种认识上与普法教育的目标之间存在一定的偏差，它忽略了普法教育最根本的目标——培养公民法律信仰，使其树立法律意识尤其是权利意识和民主法治意识。这种认识偏差直接导致普法教育内容、实施方法、形式等脱离了普法教育的真正目标，从而给普法教育带来了许多问题和障碍。

二、普法教育内容存在的问题

我国普法教育内容上存在的问题主要表现在，内容枯燥单一；重法律条文灌输轻法律意识的培养；重实体法轻程序法；重义务轻权利。

（一）内容枯燥单一

不得不承认，在我国，大多数公民接受普法教育的积极性并不高。其中有许多原因，普法教育内容枯燥单一就是一个重要原因。我国普法教育内容，特别是一些普法教育材料，如宣传册、学校有关普法教育的教材（读物）大多都简单停留在对法律条文的复制上，内容之枯燥可想而知，因此难以让受教育者产生阅读的兴趣，因此，通过这个途径进行的普法教育效果也一直不尽如人意。

（二）重法律条文的灌输轻法律意识的培养

在我国20多年的普法教育中，大多数人（包括普法教育的工作者）都误认为，普法教育就是普及法律条文，让公民知法，而对公民法律意识和法律素养的培养，一直都很薄弱，即便有这方面的内容，也主要集中在公民守法、遵法意识的培养上，鲜有对公民进行民主权利意识培养的内容。

将法律条文灌输到公民头脑中，让公民了解其所处社会的法律制度，以便更好地来管理社会，这是所有形态的社会制度都要做的工作，但是，在人治和法治社会里，这项工作的最终目的却具有根本性的不同。在崇尚人治的社会里，如奴隶社会、封建社会，法律制度仅仅是政治统治的工具，除此之外别无他用，受统治者之所以去学习国家的法律制度，是为了避免自己触及到法律的禁区，而国家之所以向公民灌输法律知识，也仅仅是出于统治人民和管理社会的需要。而在崇尚法治的社会里，普法教育的重点在于培养公民的法律意识，使其具备在法治社会生存的基本资质和能力，传播法律条文知识只是普法教育的手段而非终极目标。

我国在过去20多年中进行的五次普法教育都将向公民灌输法律条文知识作为重点，并且在每次普法教育的实施纲要中详列本次普法教育重点传播的法律条文内容，而对法律意识和民主法治观念则要么不提及，要么只是一笔带过，轻描淡写。由此导致在普法教育的具体实施过程中，也只是在机械地向公民灌输法律条文，在普法教育的评估中，也以受众者掌握了多少法律条文知识作为普法教育实施效果的一个主要指标。例如，有些地方为了促进公务员学习法律知识还专门组织了所谓的普法大考，并将考试成绩作为公务员及其所在单位年终考核的重要指标。暂且不论其考试内容是否科学，目的和出发点是否纯正，这至少传递出一个可喜的信号：法律在国家社会中的地位正在逐步提高。但是，如果认为在所谓的普法考试中，一个在考卷上对答如流的人就已经具备了法治社会公民的基本素养，考生成绩普遍良好就说明普法教育大功告成了，那就太肤浅了。

（三）重实体法轻程序法

重实体轻程序是我国司法实践和法学研究中的一个突出现象，这种现象也蔓延到了普法教育中。

就所传播的法律知识看，我国进行的五次普法教育大多都只重视对实体法的传播，而对于程序法的重视程度不够。由此造成的结果是，大多数公民对程序法知识的了解非常有限，法律知识结构不健全。

公民对程序法知识的匮乏可能造成两种结果，一是，普通公民无法了解自己在相关程序中所应享受的权利以及公权力机关所应受到的约束，即使自己的权利在相关程序中受到侵害，即使公权力机关滥用权力，公民也没有意识去保护自己的合法权利，当然更谈不上对公权力进行有效监督了；二是，执行法律的公务人员因对程序法缺乏足够的了解和理解，因此不可避免在执法过程中出现违法行为甚至侵害公民合法权利的行为，由此导致“程序不正义”，最终无法实现真正的公平和公正。

(四) 重义务轻权利

重义务轻权利是我国普法教育内容的一大特点。我国五次普法教育的主要论调就是：公民要遵守法律，履行法律要求其履行的义务，不得有违反国家法律的行为。

通过普法教育让公民守法、遵法并无不妥，但是，如果将此作为普法教育的唯一目的，就脱离了普法教育的轨道。如果一个社会的公民对于法律施加给他的义务熟记于心，但对其所享有的权利不知或知之甚少，我们很难将此与法治社会联系起来。在法治社会中，法律不应该仅仅是统治社会的工具，更应该是人们开展日常活动的规则，这个规则在规范人们行为的同时，应该赋予人们在社会中的主体性的地位，换言之，保证公民能够正当行使其所享有的权利，是法律存在的一个主要价值。

拿我国青少年普法教育来说，大多数人都认为青少年普法教育的意义在于降低青少年犯罪的比率，对青少年进行普法教育的主要内容是，告诉其哪些行为是违法的，哪些是合法的，即主要是培养青少年遵法守法的意识及守法所需的法律知识。

互联网上曾经报道，一位名叫唐世朴的老人坚持一生一世普法，他从1987年开始骑着自行车或三轮车，携带自办的《法制园地》卷帘报，走遍了安徽、河南、江苏、山东四省城乡，进行着一个人的普法万里行。这位老人坚持普法的原因是，其在某一次公审大会上了解了一些违法犯罪的青少年，感到十分痛心，暗下决心要进行义务法制宣传，让更多的人知法、守法，减少犯罪。这位老人的这种普法教育就是一种守法、遵法教育，其行为让人敬佩。笔者看到这则报道后，就在憧憬，如果有一天有人能以唤醒公民的权利意识和法律意识为目的进行某种形式的普法教育，那我们的普法教育就有了前进的希望，我们国家民主法治化的进程也有望有质的发展。

普法教育内容之所以存在以上问题，至少有两个方面的原因，一是，整个社会（包括普法教育的实施部门）对普法教育的理解上存在偏差；二是普法教育整体上过于粗线条，缺乏有深度的理论研究。因此，在解决普法教育内容上存在的问题时，可能需要先纠正普法教育认识上的偏差，并且对普法教育做必要的研究，针对不同受众群进行细化分析。解决了这两个问题后，才有可能解决普法教育上述种种问题。

三、普法教育形式上存在的问题

（一）社会法治环境

前面提及，法律实践是实施普法教育的最好形式。然而，目前我国民主法治发展水平依然不高，“人治”的观念和做法在我国仍然非常盛行，法律和司法的权威仍然不能在任何时候任何地方都至上，司法实践中，仍然存在许多违法执法行为，冤案、错案时有发生，普通公民参与国家政治生活的程度还很低。这种现实让我们无法期望老百姓能够建立起对法律和司法的信任，而如果没有这种信任，民主法治理念、法治意识、权利意识等等就很难深入公民心中。

这个障碍是一个系统性、长期性的障碍，社会民主法治的发展要依赖全社会的努力以及社会各方面制度的支撑，其中就包括普法教育，这个过程是艰难而漫长的。因此，这个障碍是普法教育今后很长一段时间中都要面临的，但是，不能因为存在这个障碍就停滞不前，因为社会民主法治的发展进步需要全体公民的支持，公民法律意识的提高不仅是社会民主法治发展的一个重要体现，更是推动民主法治发展的一支重要力量，从这个意义上说，普法教育既有赖于社会民主法治的发展，又是推动社会民主法治发展的一支重要力量。

（二）青少年普法教育形式存在的问题

在我国，承担青少年普法教育任务的主要是学校（包括幼儿园、小学、中学和大学），家庭和社会在这方面作为很少。目前，我国尚没有制定全国统一的青少年普法教育的方案和政策。这是当前我国普法教育的一大空缺，其中原因，可能是因为国家对青少年普法教育的重视程度还不够，因此也导致了许多地方在青少年普法教育上处于一种“消极应付”的状态。

在青少年普法教育上，全国各地都处于摸索的状态，普法教育的实施效果也参差不齐。但总的来看，青少年普法教育形式单一，大多是采取单调的讲授法制课的形式，没有考虑青少年的年龄差别、性格特征等。比较有代表性的是大学普遍开设的法律基础课，大多数学校都将这个课程列为必须选择的选修课，但很少有学校能够将这个课程开设成功，因为学校一般还是采取填鸭式的教学方法来讲授这门课程，比较枯燥，学生很少能够提起兴趣，考试也是以考试法律概念和名词解释为主要内容，学生一般考前突击背一下就能过关，有的学校法律基础课采取的还是开卷式考试，这就更容易对付了。一个学期下来，学生也很少能够学到什么法律知识，通过法律基础课程很少能够达到普法教育的目的。

有些地方也在积极努力试图研究出适合青少年的普法教育形式，如厦门正在试图通过在学校中推行一种名为“主课堂法制渗透教育”的形式，“主课堂法制渗透教育有别于专门讲授法律常识的法制教育课程，它是在教学大纲规定的课堂教学，如语文课、地理课、历史课等，加入法制知识的内容；主课堂法制渗透教育有别于填鸭式的法律条文的灌输，它是将法制常识有机地融入主课堂的教学内容中，力求做到‘随风潜入夜，润物细无声’”。[①] 但是，由于承担青少年普法教育任务的主要是学校，而大多数老师本身的法律知识比较匮乏，无法通过灵活的方式将法律知识传播给学生，也不可能培养学生的法律意识和法律素养。这也是厦门“主课堂法制渗透教育”遇到的一个主要障碍。

所以，青少年普法教育绝不仅仅是靠编写一两本法制宣传教材就能成功的。充分意识到青少年普法教育的重要性，研究出适合青少年普法教育的形式并为此提供必要的资源，才能使得青少年普法教育取得良好的效果。

（三）农村普法教育形式存在的问题

在我国，农村和城市之间在经济、文化、教育等方面的发展极为不平衡，在普法教育上，农村依然是一个薄弱环节。单从形式上看，在我国过去实施的四次普法教育以及当前正在进行的第五次普法教育中，农村普法教育形式单一，几十年都沿用固定的模式，如年初定规划、年终搞总结，组建所谓的普法宣传队，办墙报、板报，编写普法教育读本。这些只不过是从表面上营造一种普法教育的气氛，应付普法教育的政策而已；普法教育读本内容枯燥，理论性太强，与农民实际生活联系太少，难以让农民提起学习的兴趣。而且，就是这样枯燥的读本，也不是任何一个农民都能看到的。由于这些普法教育流于形式，难以期望其能有效表现普法教育的内容。可以说，农民可能经常听到普法教育的口号，但却很少能感受到普法教育实实在在的内容。

四、普法教育队伍存在的问题

我国20多年普法教育工作形成的基本工作格局是“党委领导，政府实施，人大监督，司法行政部门规划指导，全社会广泛参与”。然而，目前这

① 参见《尝试主课堂法制渗透教育》，厦门普法教育网，http：//www.xmpf.gov.cn/html/fzlt/2007－8/1/4D798GK3J9A0388.html。

种工作格局存在着诸多问题。

其一，普法教育领导组织机构的能力无法满足普法教育的需要。目前，我国一些地方承担普法教育工作的机构职责不明确，人员素质和数量难以胜任普法教育的工作。例如，有的地方普法教育机构在承担普法教育工作的同时还承担着依法治理社会的功能，如普法教育依法治区领导小组办公室；而有的地方虽然有专门的普法教育办公室，但这些部门有名无实，平常很少开展普法教育的工作，遇到上级部门突击检查，才会安排一些工作敷衍了事。因此，这些机构难以发挥其在普法教育工作中的领导、组织、协调的功能。

其二，普法教育宣传队伍太弱小。普法教育工作应该是全民共同参与，然而，目前我国尚未通过有效的机制把有能力进行普法教育的主体吸纳到普法教育的队伍中来，许多有利资源仍然没有开发出来。目前，在我国具体实施普法教育的主体主要是政府、小部分志愿者。法律实践部门、法学家以及其他法律专业人士应该是普法教育的主力队伍，然而，他们中的大多数人仍然没有大规模参与到整个社会的普法教育上来。[①] 例如，对于青少年普法教育来说，单靠学校的老师是远远不够的，如果一些法制宣传志愿者、法律实践部门和人员能够参与进来，将会给青少年普法教育带来全新的形式和良好的效果。

五、其他问题

除了前述问题外，我国普法教育中仍然存在许多其他问题，例如，普法教育经费没有保障，投入不够，普法教育在城市和农村之间在资源、力度等方面存在严重不平衡；普法教育缺乏系统的理论做指导等等。鉴于本章在论述其他问题中对这些问题都有所涉及，这里不再分开重点论述。

第五节 我国普法教育未来展望

我国已经实施了20多年的普法教育，普法教育对于增强公民法律意识，拉近法律与普通老百姓之间的距离，促进中国民主法治的发展起过十分重要

① 当然，法律实践人士，如律师、法官、检察官以及其他法律服务工作者在其实施其本职工作的同时也间接起到了普法教育的作用，法学专家通过其研究和/或教学实践也是在传播法律知识和法治精神。此处所述将其吸纳进普法教育的队伍中来，主要是指，在其本职工作之外利用其专业知识为不特定的公民进行普法教育。

的作用。然而，要实现普法教育的目标，还有很长一段路要走。正如本章前面所述，我国普法教育中仍然存在许多问题，而且有些问题是根本性的，如果不及时解决这些问题，会阻碍普法教育的正确实施。在我国接下来进行的普法教育中，需要着重从以下几方面进行努力：

一、加强认识

认识是带有根本性的问题，它决定着人们行动的方向和动力。只有充分认识到普法教育的重要性，并树立起对普法教育的正确认识，才能确定普法教育的正确方向，这是正确实施普法教育的前提和基础。

（一）加强对普法教育重要性的认识

普法教育对于提供公民法律意识，促进国家民主法治的进程具有异常重要的意义。目前，需要进一步加强普法教育实施者尤其是基层机关对普法教育重要性的认识，将普法教育作为一项重要的专门工作来做，加强普法教育工作的系统性和连续性。从思想上重视普法教育，是基础，但是，更重要的是要将思想上的重视体现在实际行动上，例如，加强对普法教育理论的研究，为普法教育提供资源保障（包括财力、人力），加强对普法教育实施工作的监督等等。有些地方普法教育表面上搞得非常红火，对普法教育似乎也非常重视，但只流于形式，没有实质性内容，因此，这种红火和重视是一种伪红火、伪重视。我们所期望的是人们能够像认识到经济发展的重要性那样来认识普法教育的重要性。

在加强普法教育重要性的认识过程中，尤其要认识到青少年普法教育和农村普法教育在普法教育中的重要性。在普法教育中，应该把青少年普法教育放在核心的首要地位，将普法教育的主要精力、资源集中到青少年普法教育上来，真正做到普法教育从娃娃抓起。农村地区在政治、经济、文化等方面都具有与城市完全不同的特点，也是容易被遗忘或忽略的地带，在我国今后实施的普法教育中，应该将农村普法教育放到合适的地位上来，在思想上对农村普法教育给予更多的重视，在实际行动中，结合农村地区的特点，制定适合农村和农民的普法教育的规划和具体实施措施，并给予人力、物力等方面的充分保障。

（二）纠正普法教育认识上的偏差

纠正过去普法教育认识上的偏差，要认识到普法教育不仅仅是一种守法教育，更是一种法律意识教育和民主法治理念教育；普法教育不仅仅是灌输法律条文，更要培养公民的法律意识和公民作为法治社会的一员所应具备的法律素养和技能。

二、加强普法教育立法工作

当前，我国普法教育主要是以政策的形式出现的，由此导致普法教育在具体实施过程中，缺乏系统性、连续性和执行力。如果将普法教育立法，通过法律规范的形式将普法教育的目标、内容、形式、义务承担主体以及法律责任确定下来，将其作为一项常规化的工作在全国强制推行，不但有利于提高普法教育在国家中的地位，而且有利于增强普法教育的执行力。

三、创造良好的法治环境

如前所述，法律实践是普法教育的最好形式，而法律实践正是法治环境的一面镜子。环境往往能够对人的认识和思想起到潜移默化的作用。良好的法治环境不但能够从潜意识里提高人们的法律意识，而且能够通过实践的形式让人们切切实实感受到法律的权威和力量，也使其能够真正有效行使法律所赋予的权利。良好的法治环境既是普法教育追求的一个目标，也是推进普法教育向前发展的一个根本性因素。良好的法治环境至少表现在以下几方面：法律至上；法律的权威能够在司法中得到充分体现；公民积极主动地参与到社会政治生活中。

四、加强普法教育理论研究

过去20多年，我国普法教育都是以一种政策的形式在全国推广的，而缺乏对普法教育进行系统深入的理论研究，这使得我国普法教育在认识、内容、形式等诸多方面存在严重问题的一个主要原因。

理论研究对于实践具有重要的指导性作用。目前，应该从理论上对普法教育进行系统深入的研究，着重探讨普法教育的目标、主体、客体、内容、形式等，并对特殊人群及地区的普法教育，如青少年普法教育和农村普法教育进行个别重点研究，在端正认识的基础上研究出一套适合这些特定人群和地区的普法教育的方法，为普法教育在实践中的顺利开展，为尽早实现普法教育的目标提供强大的理论支持。笔者在本章也尽可能多地做了一些理论性的探讨，目的就在于此，也希望借此抛砖引玉，有更多学者和专家来关注普法教育，并给予理论上的分析和指导。当然，这种学术上的倡议力量有限，还需要有关部门对普法教育理论研究给予有意的倾斜，并提供必要的便利条件以及宽松的学术、政治环境，使得相关研究人员能够无所顾虑地、方便地开展普法教育的理论研究。

五、确定正确的内容和合适的形式

在普法教育的内容上，要改变以灌输法律条文知识为主的错误认识和做法，转而将传播法律条文知识作为手段，以向人们传播法治精神，渗透法治理念，提高公民法律意识为主要内容；重点向公民宣传体现公民权利的内容，在传播实体法知识的同时加强程序法知识的传播，使人们逐渐懂得程序的意义及其在相关程序中所享有的权利。

在普法教育的形式上，要根据人群和地域的特点在能够掌握的资源范围内采取能够引起人们学习和参与兴趣的形式，要采取新颖而不哗众取宠的具有实质性内容的形式。例如，对青少年进行普法教育时，首要的是要引起青少年对普法教育的兴趣，可以考虑采取旁听裁判、实施模拟法庭等体验性的方式向青少年传播法治的精神和规则，或者在律师、法官、检察官等实务工作者的协助下进行授课等，以此引起儿童学生对法律与规则的兴趣与关心；还可以考虑针对青少年制作趣味性较强，浅显易懂的宣传片等。

此外，应该充分利用现代科技手段，利用网络、广播、数字化媒体等新型技术和载体来广泛传播法律知识，弘扬法治精神，例如，可以在人群密集的地方，如火车站、公交车、商业区等地方通过固定电子显示屏和公交电视上播放普法教育宣传内容，这些地方人群密集，宣传效果也最好。目前，我国一些电视台制作的法治类节目广受观众欢迎，这些节目也成为许多公民获取法律知识的主要渠道，今后可以有意增加此类栏目，进一步加强这些栏目的趣味性和可看性。此外，可以考虑制作一些法治类的影视剧，在人们的日常娱乐活动中间接灌输一些普法教育的内容。

六、为普法教育提供资源保障

普法教育的顺利实施需要一定的资源保障，包括人力、物力、财力等。

从人力资源上来说，首先，应该建立领导、组织普法教育的专门办公室，并从制度上进一步明确其工作职责和内容，使之在普法教育的实施过程中真正发挥到领导、组织的作用。其次，应该动员一切可以动员的力量，壮大普法教育的宣传队伍，可以考虑将法学家、法学研究人员、法学院的学生、律师、法官、检察官、退休人员等吸纳到普法教育的队伍中来，并形成制度化。这些人员利用自己的身份特点和影响力往往能够对普法教育起到良好的效果。例如，目前，一些学校法律专业的学生利用课余时间组成法律志愿者，在学校以及社区通过宣传法律知识、开展法律咨询和服务等形式起到了非常好的普法教育效果。

经费上的保障问题，对于农村普法教育来说尤为重要。要建立普法教育的专项经费，专款专用，并对款项的使用进行严格的管理。此外，除了政府拨款外，还可以考虑利用社会的力量，例如，把普法教育与商业广告宣传结合起来，利用企业的力量宣传普法教育。

此外，还应为普法教育提供必要的平台，例如，在社区、商业区等公共区域为普法教育留有一定的宣传阵地，开设普法教育的专门网站，传播法律知识，弘扬法治精神。

第十九章　社会主义法治理念教育*

社会主义法治理念的提出，是以胡锦涛同志为总书记的党中央，从社会主义现代化建设事业全局出发，坚持以马克思主义法学理论为指导，在认真总结我国法治建设实践经验、借鉴世界法治文明成果的基础上作出的一项重大决策，标志着我们党对建设中国特色社会主义法治国家的规律、中国共产党执政规律有了更加深刻的认识和把握。当前，我国经济社会正经历着深刻的变革，政法队伍和政法工作要适应现阶段形势要求，必须进一步明确执法指导思想，用社会主义法治理念武装政法干警头脑。要通过社会主义法治理念教育，确保政法工作的社会主义方向，切实提高政法干警维护社会主义法治的能力。

党的十七大报告强调指出，要坚持依法治国基本方略，树立社会主义法治理念。我国社会主义法治理念是先进的法治理念，是真正符合广大人民群众利益和需要的法治理念，其基本内涵可以概括为依法治国、执法为民、公平正义、服务大局、党的领导等五个方面。这五个方面的内容，揭示了社会主义法治的精髓和灵魂，诠释了法治与人民、法治与正义、法治与社会、法治与政党的关系，体现了内容与形式、手段与目的、价值与效果的辩证统一。① 依法治国是社会主义法治的核心内容，执法为民是社会主义法治的本质要求，公平正义是社会主义法治的价值追求，服务大局是社会主义法治的重要使命，党的领导是社会主义法治的根本保证。这五个方面相辅相成，体现了党的领导、人民当家做主和依法治国的有机统一。要全面准确理解社会主义法治理念的本质要求和深刻内涵，并自觉坚持用社会主义法治理念指导实践。

---

* 本章撰写过程中，中国政法大学研究生院硕士生张文波帮助整理原始资料，并参与部分初稿的写作，谨此致谢！

① 罗干：《深入开展社会主义法治理念教育　切实加强政法队伍思想政治建设》，《求是》2006年第12期。

第一节 社会主义法治理念教育的内容

一、树立依法治国理念是核心内容

依法治国，是我们党领导人民治理国家的基本方略。树立依法治国的理念，就是在全社会和全体公民、特别是执法者中养成自觉尊重法律、维护法律的权威、严格依法办事的思想意识，使广大人民群众在党的领导下依照宪法和法律规定，通过各种途径和形式管理国家事务，管理经济文化事务，管理社会事务，保证国家各项工作依法进行，逐步实现社会主义民主的规范化、程序化和法制化。依法治国是我们党治国理政观念的重大转变，是实现国家长治久安的重要保障，是发展社会主义民主政治的必然要求。十七大报告进一步强调要维护宪法和法律的权威，维护社会主义法制的权威，建立权威的司法制度，形成自觉学法守法用法的社会氛围。这是依法治国的前提，也是树立社会主义法治理念的根本要求。

依法治国，就是要体现法律的公平正义价值，充分保障公民的权利，约束国家机关的权力，防止国家权力滥用，这是依法治国的核心。十七大报告指出，要“实现国家各项工作法治化，保障公民合法权益”，“维护群众合法权益”，“维护职工合法权益”，“尊重和保障人权，依法保证全体社会成员平等参与、平等发展的权利”，“保障人民的知情权、参与权、表达权、监督权”，“完善民主监督机制”，“建设服务型政府”，“建立健全决策权、执行权、监督权既相互制约又相互协调的权力结构和运行机制”。这些要求充分体现了社会主义民主法治的要求。依法治国，就是要建立公开、公正的程序规则，并以此规范国家权力的运行，这是全面落实依法治国的关键。为此，十七大报告提出，要“健全组织法制和程序规则，保证国家机关按照法定权限和程序行使权力、履行职责”，“推进社会主义民主政治制度化、规范化、程序化，为党和国家长治久安提供政治和法律制度保障。”党的十七大对全面落实依法治国基本方略作出了新的重大部署，进一步表明了我们党全面实施依法治国方略、建设社会主义法治国家的坚定决心。

贯彻实施依法治国方略，是一场从思想观念到实际行动的深刻革命。政法干警作为国家专门的执法司法力量，必须牢固树立依法治国理念，自觉用这一理念指导执法司法行为。树立依法治国理念应具体做到以下几个方面：

（一）提高法律素养

努力提高法律素养，是树立依法治国理念的前提和基础。政法机关是专门的执法机关，几乎每天都在与法律打交道。政法工作这种专业性很强的特点，决定了政法干警必须具备较高的法律素养。

树立和实践依法治国理念，要求各级政法机关、广大政法干警切实提高法律素养，充分领悟和始终坚持法律面前人人平等的基本原则。作为宪法明确规定的社会主义法治的基本原则，法律面前人人平等意味着公民的法律地位一律平等，意味着任何组织和个人都没有超越宪法和法律的特权，意味着任何组织和个人的违法行为都必须依法受到追究。因此，就要求广大政法机关、政法干警在熟练掌握相关法律知识、切实增强法治观念的基础上，充分领悟并始终坚持法律面前人人平等的基本法治原则，积极清除那种认为自己高人一等，法律只管民，不管官；只管别人，不管自己，将自己视作法律之外的“特殊公民”的思想观念，严格规范自己的行为。

因此，学法、知法、懂法，是对每一个政法干警的基本要求。对于政法干警来说，掌握相关法律知识具有两个方面的要求：一是对国家的重要法律法规要有一个基本的了解，知道什么是合法、什么是违法；二是对与自己履行职责有关的法律法规要熟练掌握、熟练运用；同时，政法干警必须切实增强法治观念。法治观念是人们尊重并自觉服从法律的思想意识，是严格执法、正确履行职责的思想基础。广大干警一定要充分认识增强法治观念的重要性，努力培养尊重和信仰法律的思想意识，做到不仅学法、懂法，而且要自觉依法办事。

（二）坚持严格执法

树立和实践依法治国理念，要求各级政法机关、广大政法干警充分领悟严格依法办事的基本要求，始终坚持严格执法。严格依法办事，不仅是依法治国的基本要求，也是法治区别于人治的重要标志。对于一切国家机关尤其是专门履行执法、司法职责的政法机关来说，严格依法办事，不仅意味着其职权由法而定——执法机关的权力必须来自法律具体而明确授予，这就要求政法机关必须在法律规定的权限内履行职责，而且意味着有权必有责——这就要求政法机关必须对行使权力的过程和结果承担法律责任；不仅意味着用权必受监督——依法治国实际上首先是依法治权，这就要求每个政法机关、政法干警都要自觉地而不是消极地、真诚地而不是应付地、主动地而不是被动地把行使权力、履行职责、执法办案的全部活动置于各方面的监督之下，而不能以依法独立行使职权为借口排斥监督，而且意味着违法必受追究——

执法者违法对法治具有更大的危害性，这就要求所有执法者的违法行为都应毫无例外地依法受到追究和惩罚，从而给整个社会树立依法办事的良好示范。

严格执法是法治的基本内涵，是依法办事观念对政法工作的必然要求。政法机关严格执法具体要做到以下两个方面的要求：

首先，一切执法行为都必须严格遵守法律规定。这是依法办事原则对执法行为的合法性要求。执法行为的合法性又包括实体合法和程序合法两个方面。所谓实体合法，就是在法律明确授权的前提下，执法机关对执法当事人作出的处理决定要严格符合法律的具体规定。所谓程序合法，就是执法行为应当严格遵守法定程序。法定程序既是严格执法的重要依据，也是严格执法的重要保障，同时还是遏制执法过程滥用职权和腐败现象的重要武器。

其次，所有执法结果都必须符合立法目的。这是依法办事原则对执法结果的合理性要求。法律是广大人民群众根本利益和意志的体现，严格执法的目的就是为了实现和维护广大人民群众的根本利益。具体到执行某一部法律，检验我们执法行为合法、正当与否的一项重要标准，就是执法的结果是否符合这部法律的立法宗旨。

（三）模范遵守法律

树立依法治国的理念，就是在全社会和全体公民、特别是执法者中养成自觉尊重法律、维护法律的权威、严格依法办事的思想意识，使广大人民群众在党的领导下依照宪法和法律规定，通过各种途径和形式管理国家事务，管理经济文化事务，管理社会事务，保证国家各项工作依法进行，逐步实现社会主义民主的规范化、程序化和法制化。政法干警模范守法对于培养整个社会依法办事的观念具有重要的示范作用。同时，政法机关、政法干警是否遵守法律，对于培养整个社会依法办事的观念具有直接而重要的示范作用。政法干警模范遵守法律也是对自己所从事职业的尊重，是对自己的尊重。如果我们自己不带头遵守法律，不去维护法律的权威，导致整个社会轻视法律，到最后，我们的工作、我们的职业也就丧失了价值和尊严，不会被社会所尊重。因此，每个政法干警都应当保持清醒的角色意识，以模范守法的实际行动，赢得广大人民群众对法律的尊重和对执法者的信任。因此，模范遵守法律是每个政法机关、政法干警的应尽责任。而维护法律的权威，不仅需要确立法律是人们生活基本行为准则的观念，使人们自觉尊重和服从法律；也需要特别注重维护宪法的权威，切实维护社会主义法制的统一和尊严。这就要求政法机关、政法干警必须以宪法为根本的活动准则，切实维护宪法和法律的尊严，而不得从保护本地区、本部门的利益出发，对严格执行国家法律讲价钱、打折扣，甚至制定和实施一些违反国家法律规定和法治原则的“土政策”、“土办法”，搞“你有法律、我有对策”的做法；同时，维护法律的权威，也要求政法机关、政法干警进一步提高执法部门的公信力。没有执法部门严格公正文明的执法，再好的法律，也难以彰显其权威性，难以起到规范人们行为、规范社会秩序的作用。因此，每个政法机关、政法干警都应当始终牢记自己所肩负的神圣使命，以模范守法、严格执法的实际行动，切实解决执法不公，进一步提高执法部门的公信力，从而使依法办事的观念深入人心，从而更加有力地推动依法治国方略的贯彻实施。①

（四）自觉接受监督

政法机关和政法干警在行使执法司法权力的各个环节都要依法接受各方面的监督制约，并把监督制约作为推动和改进工作的动力，保证和促进严格公正文明执法。

首先，要提高接受监督的自觉性。政法机关和政法干警应充分认识接受监督既是宪法和法律的明确要求，是维护人民群众合法权益的保证，是防止和纠正执法不公、执法违法的重要途径，真诚欢迎监督，主动接受监督。

其次，要正确认识和处理依法独立行使职权和接受监督的关系。审判、检察机关依法独立行使职权是宪法和法律的明确规定。但是依法独立行使职权并不意味着不要监督，更不能以此为借口排斥监督，任何权力都必须受到监督，司法权力也不例外。同时，我们所主张和实行的监督，是根据宪法和法律的规定、依照法定程序进行的监督，这种监督是支持而不是干预，是督促而不是越俎代庖，是对办案过程中违法行为的监督、纠正而不是代替司法机关具体处理案件。

最后，要把各方面的监督制约作为推动和改进政法工作的动力。经过多年的努力，我国初步建立起了中国特色政法工作监督制约机制。在政法组织体系内部，检察监督对于保证和促进严格公正文明执法，维护公平正义具有重要意义。舆论监督是人民群众监督的重要形式和渠道，是维护人民群众根本利益和保证权力正当行使的重要途径。政法机关及其广大干警都必须正确对待、自觉接受舆论监督，充分发挥舆论监督的积极作用。刑事诉讼中政法部门之间分工负责、互相配合、互相制约，是我国刑事诉讼法规定的重要原

---

①《求是》杂志政治编辑部：《社会主义法治理念教育学习读本》，红旗出版社2006年版，第23页。

则，是我国刑事诉讼长期实践经验的总结，也是刑事司法公正的重要保证。政法各部门在刑事诉讼活动中要忠实贯彻分工负责、互相配合、互相制约的重要原则，坚持以事实为根据，以法律为准绳，寓服务于执法之中，充分体现法治的人文精神和司法的人文关怀。

二、树立执法为民理念是进行社会主义法治理念教育的本质要求

执法为民，就是按照邓小平理论和“三个代表”重要思想的本质要求，把实现好、维护好、发展好最广大人民的根本利益，作为政法工作的根本出发点和落脚点，在各项政法工作中切实做到以人为本、执法公正、一心为民。就是要求政法机关做到保护人民利益与维护法律权威的高度统一，这充分体现了我们党的宗旨和执政理念，体现了社会主义法治的根本性质和价值取向。是我们党“立党为公、执政为民”执政理念对政法工作的必然要求，是“一切权力属于人民”的宪法原则在政法工作中的具体体现，是政法工作始终保持正确政治方向的思想保证。正是因为执法为民理念对于政法工作的重要作用，因此，各级政法机关和广大政法干警，要在开展社会主义法治理念教育活动中，全面深刻理解执法为民内涵，始终坚持以人为本，牢固树立执法为民理念。

社会主义法治的根本目的是保障人民群众的合法权益，因此，执法为民的提出具有很强的现实性和针对性。执法为民的价值取向，表明人民是政法机关的服务对象。执法机关要端正执法态度，改进执法作风，切实做到权为民所用、情为民所系、利为民所谋，绝不能损害人民利益。执法为民的价值取向，表明我国的法治是人民的法治，执法必须为民，也只能为民。执法为民的价值取向，突出了“主权在民”的原则。中华人民共和国的一切权力属于人民，执法者必须运用人民赋予的权力为人民服务。执法为民重点在“执法”，核心是“为民”，关键要坚持以人为本。这就要求政法队伍加强自身建设，做到严格、公正、文明执法，进一步规范执法行为，具体做到以下几个方面：

（一）坚持“一切为了人民”，把维护人民利益作为政法工作的根本宗旨

维护和保障人民群众利益是执法为民的核心，政法工作要实现“立党为公、执政为民”，就要立足自身职能、结合各地实际，时时处处为人民群众着想，时时刻刻为人民群众排忧解难；要切实解决人民群众反映强烈的社会治安问题，及时高效地打击违法犯罪，保护公民的人身权利、财产权利和

民主权利，维护稳定；要妥善处理好涉及人民群众最关心、最直接、最现实的利益纠纷，维护人民群众的切身利益，促进社会和谐；要为人民用好权、执好法，把实现好、维护好、发展好最广大人民的根本利益，解决人民群众的切身利益问题，作为政法工作的根本出发点和落脚点。

（二）要坚持“一切依靠人民”，要在政法工作中坚持走群众工作路线

走群众路线是做好政法工作、实现为人民服务宗旨的重要途径和保证。没有人民群众的支持，政法工作就会成为无源之水，无本之木。牢固树立执法为民的理念，坚持走群众路线，就要深入基层、深入群众，了解人民群众的疾苦；要通过各种形式、采用各种手段，了解人民群众对政法工作的要求和愿望，使政法工作的各项方针政策和措施符合实际，具有针对性和可操作性，进而有效解决人民群众面临的实际困难和问题；要采取有效措施，克服官僚主义和衙门作风，正确处理好专门机关工作与群众路线的关系，努力赢得人民群众的理解和支持，密切政法机关与人民群众的联系，树立政法机关及广大干警在人民群众中的良好形象。

（三）坚持以人为本、树立人权保护意识，勤政守法、文明执法

在我国，法律是最广大人民群众意志和利益的集中体现，政法部门通过扎实有效的工作，把这些法律变成现实，就是最好的执法为民。因此，要以人为本，树立人权保护意识，努力提高执法水平，公平公正、及时高效处理有关案件和事件，切实维护广大人民群众共同和普遍的生存权、发展权和其他政治、经济、文化、社会权利；要尊重和保护行政管理相对人、违法行为人、犯罪嫌疑人、被告人、服刑人员以及被害人的诉讼权利和其他合法权利，切实树立维护社会秩序与保护人权、打击犯罪与保护人权并重的观念；要努力强化服务意识，认真履行好自己的法定职责，自觉做人民的勤务员；要把管理与服务有机统一起来，在管理中体现服务，在服务中强化管理；要坚决杜绝违反法律程序和实体规定、为谋取个人利益、部门利益或地方利益的乱作为现象；要有效防止不履行法定职责或怠于履行法定职责的不作为现象；要把法律规定贯彻落实好，把手中的权力正确行使好，把责任认真履行好。

（四）坚持清正廉洁的作风，甘当公仆、全心全意为人民服务

执法者是否清正廉洁，是为公执法还是为私执法的集中体现。保持清正廉洁，是人民群众对政法干警的基本道德期待，是党纪政纪和国家法律的严格要求。做到清正廉洁，就要正确对待金钱和权力，牢固树立正确的世界观、人生观、价值观，自觉加强道德修养；要常修为政之德、常思贪欲之

害、常怀律己之心，自觉抵制拜金主义、享乐主义、极端个人主义的侵蚀，养成艰苦奋斗的精神和良好的生活作风；要正确处理私情与法律的关系，铁面无私，刚直不阿，不徇私，不枉法，一身正气，两袖清风。

三、树立公平正义观念是社会主义法治理念教育的价值追求

公平正义是社会主义法治的价值追求，是构建社会主义和谐社会的重要任务，也是新时期广大人民群众的强烈愿望和殷切期待。因此，必须大力加强对政法干警进行公平正义理念教育，引导和促使广大政法干警牢固树立公平正义理念，不断提高执法水平和能力，更好地担当起维护社会公平正义的重任。

公平和正义作为两个法律概念，既相联系，又具有不同的涵义。公平是正义的构成要素。在法律意义上，公平就是立场客观，不偏不倚。概括来讲，公平主要有三个原则。一是平等性，即在法律面前人人平等，反对特权，也禁止歧视，在同等条件下提供平等的法律服务和司法保护。二是中立性，即在执法过程中，任何人不能做自己案件的“法官”，仲裁者不能对争议双方有好恶偏见。三是客观性，即反对主观臆断，反对感情用事，司法决定要以事实为基础，以理性推理为依据，以法律为准绳。十七大报告强调，要加强宪法和法律实施，坚持公民在法律面前一律平等，维护社会公平正义，维护社会主义法制的统一、尊严、权威。这为我们更好地掌握社会主义法治的公平原则，提出了明确要求和基本遵循；正义蕴含公平、公正、公道、平等、自由、权利等价值内涵。通俗地讲，正义有三项基本要求。一是主张创制法律时设定权利和义务的合理性。应根据经济社会发展的实际情况规定公民的权利义务，权利与义务要保持一致性。二是强调是非分明、惩恶扬善，维护社会秩序。尊重合法权益，追究违法行为，是法治的基本正义。责任是法律的生命，违法必究是实现社会主义法治的基本要求和有力保障。无论是公民、法人违法，还是执法机关违法，都必须依法追究其责任，否则必然导致有法不依，损害法律的权威。三是救助弱者，重点维护弱势群体的权益。法治应当保证全体社会成员都能享有公民的权利。十七大报告指出，要通过发展增加社会物质财富、不断改善人民生活，又要通过发展保障社会公平正义、不断促进社会和谐。这深刻揭示了在我国社会实现正义的根本途径。一般而言，公平注重于对法律形式和诉讼过程的评价，正义侧重于对法律内容及实践结果的评价；公平是正义的外在生命，正义是公平的内在灵魂；公平是前提，正义是结果，二者联系紧密，共同构成社会主义法治的价

值准则。

公平正义是指社会成员能够按照法律规定的方式公平地实现权利和义务，并受到法律的保护，包括合法合理、平等对待、及时高效、程序公正等内容。公平正义的朴素含义包括惩恶扬善、是非分明、处事公道、态度公允、利益平衡、多寡相匀等内容。作为法治理念的公平正义，则在此基础上增加了丰富的内涵，是指社会成员能够按照法律规定的方式公平地实现权利和义务，并受到法律的保护。公平正义，是人类社会共同的追求，也是我国政法工作的生命线。对于政法机关和广大政法干警而言，只有树立公平正义的理念，才能使宪法规定的建设社会主义法治国家的任务落到实处，才能真正维护人民的利益，促进社会和谐发展。

与西方国家公平正义不同的是，我国是以维护、实现、发展最广大人民群众的根本利益为宗旨的公平正义。

（一）具体说来，树立公平正义理念具有以下重要意义

首先，公平正义是社会主义法治的重要目标。依法治国的重要目标就是在全社会实现公平和正义。仅有完善的法律体系并不是法治的全部，法治更深层次的意义在于公平正义的精神和价值通过法的适用、实施，在执法实践中得到实现、彰显和弘扬。只有牢固树立公平正义的理念，让公平正义的精髓渗透在法治实施的全过程，使公平正义成为人们看得见、实实在在感受得到的结果，社会主义法治才能真正成为吸引并惠及广大人民群众的伟大实践。

其次，实现公平正义是构建社会主义和谐社会的重要任务。社会主义和谐社会应当是公平正义的社会。在和谐社会中，社会各方面的利益关系得到妥善协调，人民内部矛盾和其他社会矛盾得到正确处理，人民群众的积极性、主动性、创造性得到充分发挥，全体人民能够平等友爱、融洽相处，所有这些都是公平正义得到实现的标志。与此同时，公平正义又是社会和谐的重要基础和保障。只有致力于实现和维护社会公平正义，社会主义和谐社会才会获得坚实的基础，才能实现长久的、稳定的和谐。

再次，公平正义是新时期广大人民群众的强烈愿望。随着社会主义民主法制建设的不断发展，广大人民群众的民主法治意识不断增强，对社会公平正义的现实要求也迅速增长。但在社会生活中，不能够维护公平、彰显正义的现象还一定程度存在。如果漠视人民群众对公平正义的呼声，对各种社会不公听之任之，不去努力改善和消除，就会失去广大人民群众的信任，影响改革开放和现代化建设的大局。

最后，维护和实现公平正义是政法机关的神圣职责。政法机关和广大政法干警肩负着维护社会秩序、保护公民法人和其他组织权利的重任，是法律的执行者，也是公平正义的维护者。政法工作是各类社会关系、矛盾、纠纷冲突的调节器，既是社会公平正义的重要组成部分和窗口，也是实现、维护和保障社会公平正义的最后一道防线。因此，整个社会和广大人民群众对政法机关通过执法活动实现、维护公平正义寄予厚望，提出了很高的要求。与此相比，政法队伍在思想观念和实际工作中都还有许多不适应的地方。公正执法，理念先行。必须大力加强公平正义理念教育，引导和促使广大政法干警牢固树立公平正义理念，不断提高执法水平和能力，更好地担当起维护社会公平正义的重任。①

（二）党的十六大报告明确指出，社会主义司法制度必须保障在全社会实现公平正义

因此，公平正义是社会主义法治的最高价值目标追求和重要任务，维护和实现公平正义是政法工作的永恒主题和神圣职责，也是政法干警崇高而伟大的使命。对于政法机关和广大政法干警而言，树立公平正义理念，深刻理解公平正义理念的丰富内涵，需要准确把握以下几个主要方面的内容：

首先要合法合理，合法性要求一切执法司法行为符合法律规定。执法者既要遵守实体法，又要遵守程序法；既要了解法律条款的字面含义，更要准确把握法律的深刻内涵、实质精神和价值取向。执法者有责任和义务确保严格遵守法律，这是忠于党、忠于人民、忠于法律原则对政法干警的要求；合理性是指执法中正确行使自由裁量权，所采取的措施、作出的决定合乎理性，符合案件事实、情节、执法对象本身的情况（包括主观恶性、人身危险性），符合社会公共利益、公平的原则和刑事政策的要求，减少任意性，增强规范性和确定性，防止滥用职权、显失公平。法律设定自由裁量权是使执法机关具体情况具体分析，既遵守一般要求又体现个别化，按照合理而公正的原则作出正确的选择和判断，从而更加准确地贯彻法律的意图，体现公正的要求。但自由裁量权是有一定之规的权力，不等于任意裁量权，同样也要受到监督。

判断执法行为及作出的决定是否具有合理性，一是权力行使应当符合法律赋予该项权力的目的。执法人员必须按照法律设定此项权力的目的行使，

① 鲍绍坤：《践行社会主义法治理念　服务党和国家工作大局》，中国平安网，2009 年 3 月 12 日。

从公共利益出发，全面考量法律规定应当考虑的因素，充分尊重公民的权利。执法权力被用于法律规定之外的目的，这显然是滥用职权，与公平正义相违背。二是案件与处理结果轻重幅度相当。根据合理性原则，在执法中如刑罚适用、刑事强制措施的适用、行政处罚等要充分考虑必要、适度、比例、相称的要求。三是同样情形同样处理。如果两个同样情形的案件不能得到同样处理，就会导致当事人失去对政法机关和法律制度的信任，社会公众也会评判我们执法是不公平的。

其次要做到平等对待。平等对待，是法律面前人人平等原则在社会公平正义方面的具体要求，是公平正义的载体和支撑。没有平等对待，正义便成为抽象的空谈。平等对待主要包括以下内容：

一是反对特权。法律上的平等对待，排除任何特权，反对给予同等条件者不同的待遇。要求在执法中坚持依法平等保护各类主体的合法权益，不分地域、不分公私、不分贫富、不分民族出身，一律提供平等的司法保护和法律服务。

二是禁止歧视。与反对特权相对，法律上的平等对待不允许对任何在社会关系中处于劣势地位的主体有歧视待遇。按照公平正义原则的要求，这些人不但不应当受到其他人的歧视，而且还应当得到社会给予他们的关怀援助。我国的法律援助制度、司法救助制度、未成年人在刑事诉讼中的特殊规定等，都贯彻了这一原则。

再次是做到及时高效。及时高效是检验政法机关打击控制违法犯罪、维护社会稳定的执法能力与水平的一个重要方面，有利于及时获取证据，防止因时过境迁证据被转移、毁损灭失。案件处理的越及时迅速，违法犯罪行为与法律责任之间的联系越紧密，法律的严肃性权威性、正义的价值就越能得到彰显。对社会来说，及时高效能防止经济关系长期处于不稳定状态，能够使受损害的法律秩序及时得到恢复，被害人的权利及时得到救济，公众对执法公正的崇尚感就越强烈。

及时高效原则具体有三方面内容：一是提高时间效率，减少工作拖延。二是节约执法成本，实行诉讼经济。以最低的成本投入、资源消耗取得最佳法律社会效果，实现最大程度的正义。三是提高制度的科学性，减少不合理制度的负面作用。寻求从制度、机制、长远方面提高效率的方法。强调及时高效是在保证执法质量、公平公正的前提下进行的，当效率与公正发生冲突时，前者应当服从于后者，政法工作的性质决定了为追求效率牺牲公正是本末倒置。

最后是做到程序公正。正义不仅应当实现，而且应当以人们看得见的方式实现。这就是程序公正的重要价值所在。程序公正不仅是实体公正实现的前提和保障，而且本身也具有独立的价值。在现代社会，程序法是否完备并得到严格的遵守执行，是衡量一个国家法制文明、司法公正、诉讼民主、人权保障程度的重要标志。程序公正具有以下几个方面的目的和价值：

一是程序公正首先应当保障实体公正的实现。实体公正是一种结果的公正，而任何结果都是经过一定的过程得以实现的。程序的设计配置，首先是保证执法司法机关正确地发现案件的真实情况，全面客观地收集证据，准确地适用法律，正确地处理案件，保证实体法的实现。

二是程序公正赋予当事人充分的权利并提供权利被侵犯时的救济渠道，有效地保障人权。程序公正要求以人为本，充分尊重当事人、行政相对人的人格尊严和主体地位，保障其应有的知情、参与、陈述、抗辩、申诉、获得法律帮助等各项权利，使其感受到客观、公平、充分参与、主张和意见得到充分表达，增强行政执法决定和司法决定的可接受性。

三是程序公正规范执法行为，克服执法者的随意性，防止权力的滥用。任何权力都有滥用的可能，仅仅把正义实现的希望寄托于执法者良好的道德修养是不够的。只有借助制度的力量和约束，人们才能对执法的结果有一个相对稳定的预期。程序正义的一个突出功能就是对权力可能被滥用进行限制和制约。

（三）公平正义理念对政法工作的具体要求

首先，要坚持秉公执法。秉公执法是公平正义理念对政法工作提出的最基本的要求。如果执法不公，执法的天平就会发生倾斜，不可能实现和维护社会的公平正义。做到秉公执法，一要出于公心，维护公益。政法干警在执法活动中必须以人民利益、国家利益、社会利益为至高利益，以维护公平正义为己任，保证法律的正确实施和维护法律尊严。二要摒除邪恶，弘扬正气。要有蓬勃向上的朝气、刚直不阿的锐气和惩恶扬善的正气，依法惩治破坏社会秩序、侵犯公民权利的违法犯罪行为，伸张正义。三要克服己欲，排除私利。不为人情所困，不为金钱所惑，不为美色所虏，不为权势所屈，杜绝关系案、人情案、金钱案。四要态度公允，不偏不倚。政法干警不仅要具备区分善恶、维护正义的能力，还要以公允的态度、公正的立场处理相关事务，给人以看得见的正义。政法干警在执法活动中，要出于公心，维护公益；摒除邪恶，弘扬正气；克服己欲，排除私利；态度公允，不偏不倚。

其次，要坚持以事实为根据，以法律为准绳。牢固树立公平正义理念，要求政法机关和广大政法干警坚持以事实为根据，以法律为准绳，这是我们党实事求是的思想路线在执法活动中的具体体现。贯彻这一重要原则，需要从以下两个方面着眼：一要严把证据关。牢固树立证据意识，客观全面地收集、审查证据，在办理刑事案件中，要坚持基本事实清楚、基本证据确凿，不纠缠于细枝末节，特别是在审判环节上，既不能搞有罪推定，也不能简单搬用“疑罪从无”，要在事实清楚、证据确凿上下工夫，在努力提高办案质量上下工夫。二要严把法律关。努力提高法律水平，正确适用法律，确保实现公平和正义。

再次，要坚持实体公正与程序公正并重。执法公正包括实体公正和程序公正，两者是辩证统一的。坚持实体公正与程序公正相结合，既重视实体公正，又保证程序公正，是政法工作中应当着重把握的要求。目前，在一些政法干警中一定程度上还存在着“重实体轻程序”、“程序虚无主义”的观念和做法。这样做的结果，不仅达不到实体公正，而且还损害了法律的权威和政法机关的形象，甚至导致冤假错案的发生。必须切实提高程序意识，严格遵循法定程序，有效保障执法公正。

同时，为维护程序公正的严肃性，必须加强对违反程序规定的行为的监督、纠正、责任追究力度。其中包括对程序违法规定相应的程序性后果，如建立非法证据排除规则。死刑案件二审开庭审理和死刑复核权统一由最高人民法院行使，既是为了统一死刑适用标准，保证死刑案件的质量，正确适用死刑，贯彻少杀慎杀、防止错杀的刑事政策，也是完善死刑案件的诉讼程序，进一步加强人权保障的表现。为发挥制度对规范执法的作用，必须着力建立长效机制。要根据中央政法委的统一部署，用三年左右的时间，大力推进执法规范化建设，进一步规范行为标准，严密办案流程，落实工作责任，健全监督机制，从而建立起比较完善的执法工作制度体系。①

另外，还要坚持公正与效率并重。牢固树立公平正义理念，要求政法机关和广大政法干警坚持公正与效率并重。公正与效率都是社会主义法治所追求的重要价值。效率是实现法律公正的重要条件，公正是评价法律效率的基本尺度。二者是相互依赖、相互制约的统一体。效率是实现法律公正的重要条件，公正是评价法律效率的基本尺度。政法机关在执法中应努力追求公平与效率的最佳结合，而不应把二者割裂开来，对立起来，现代法治的基本价

---

① 李伟红：《倡导社会主义法治理念，建设和谐社会——专访十七大代表、中央政法委秘书长王胜俊》，《民主与法制》2007 年第 20 期。

值追求应当是公正与效率的均衡。政法机关在执法中应努力追求公平与效率的最佳结合，而不应把二者割裂开来，对立起来。以执法公正为借口，任意延长办案时限，甚至久拖不决，最终损害的是公正本身；以提高办案效率为借口，刑讯逼供，违法取证，任意损害当事人应有的权利，更不可能实现公正。正确处理公正和效率的关系，一个重要方面就是要求政法机关严格执行法律规定的办案时限。要进一步深化对超期羁押危害性的认识，继续巩固近年来清理、纠正和防止超期羁押的成果，并着力于健全完善纠防超期羁押的长效机制建设。同时，在法律规定的时限内，能够及时审结的要尽早审结，防止一切不必要的拖延。在当前刑事案件高发、案件上升幅度较大的情况下，贯彻及时高效的要求，需要我们从制度上着眼，繁简分流，分类处理。在坚持把严重刑事犯罪作为打击重点的同时，对轻微刑事案件，在确保搞准的前提下，要强调执法高效，节约司法资源，要探索快速处理轻微案件的工作机制，简化办案程序，提高办案效率。坚持公正和效率并重，还要求我们正确处理办案数量和质量的关系。质量是数量的载体，质量是数量的灵魂。必须坚持质量第一，质量为本的思想，把办案质量作为中心。要不断提高队伍的整体素质和执法水平，努力做到多办案办好案，实现政法工作又快又好的发展。

最后，牢固树立公平正义理念，要求政法机关和广大政法干警增强工作透明度，坚持以公开促公正。执法公开，是防止执法腐败、促进执法公正的一剂良药。实行执法公开，使执法过程和环节置于社会和群众的监督之下，能够有效地防止执法中的权钱交易和“暗箱操作”，消除当事人和社会公众对执法不公的疑虑，促进和彰显执法公正。同时，执法公开也是保障公民对政法工作知情权和监督权的重要措施。政法部门应当认真落实和严格执行执法公开的规定，继续坚持以公开促公正，不断深化政法工作公开的形式、载体、内容，要通过便捷的、最容易为社会公众所知晓的方式和途径，将公开的内容公之于众，扩大公开审查案件的范围和种类，认真落实权利义务告知制度，接受人民群众和诉讼参与人的监督。

四、树立服务大局观念是社会主义法治理念教育的重要使命

法律作为社会关系的调节器，对公民权益的实现以及社会秩序的形成具有直接影响。为国家大局服务，是法的基本功能之一，也是法治的基本使命。法治要顾及全局、把握大局，就是要服从服务于国家的中心工作。服务大局是检验社会主义法治建设和政法工作成效的重要准则。当前的大局，就

是深入贯彻落实十七大精神，高举中国特色社会主义伟大旗帜，紧紧围绕保障和促进中国特色社会主义事业，不断强化服务社会主义经济建设、政治建设、文化建设与和谐社会建设的措施，全面发挥维护国家安全、化解矛盾纠纷、打击预防犯罪、管理社会秩序、维护公平正义、服务改革发展的职能，为全面建设小康社会，建设富强民主文明的社会主义国家，创造和谐稳定的社会环境和高效公正的法治环境。为建设富强民主文明和谐的社会主义现代化国家打造良好的法治环境。

（一）服务大局具体包括三个方面：即保障社会主义经济、政治、文化与和谐社会建设

首先，保障社会主义经济建设。政法工作保障和服务经济建设，应当维护我国的基本经济制度，依法打击各类经济犯罪活动。依法查处侵吞、私分、挪用国有资产犯罪案件，维护国有资产安全，保障改革发展的成果。依法加大对知识产权的保护力度，严厉打击各类侵犯知识产权的违法犯罪活动。审理好各类经济纠纷案件，调整经济社会关系，平等保护各种经济主体的合法权益，营造有利于公平竞争和自主创新的法治环境。

其次，保障社会主义政治建设。政法工作保障服务社会主义政治建设，必须依法打击危害国家安全的犯罪活动，强化反渗透、反分裂、反恐怖、反窃密、防范处置邪教工作，防止各种敌对势力插手利用我社会热点问题和人民内部矛盾制造混乱。必须严格公正执法，依法保障公民的各种民主权利。加强行政审判，促进依法行政和服务型政府的建立，开展法制宣传教育，提高全民的法律意识和依法办事能力，推进依法治国方略的实施。积极稳妥地推进司法体制和工作机制改革，抵制各种错误思潮影响，依法保障各项改革措施的顺利实施。

再次，保障社会主义文化建设。政法工作保障社会主义文化建设，必须依法保障和促进文化事业和文化产业健康顺利发展。要做好扫黄打非、禁毒禁赌等工作，依法查处卖淫嫖娼、赌博、吸毒、封建迷信等丑恶现象，以及暴力、色情出版物和网站等，净化思想文化环境，营造健康向上的文化娱乐氛围。要依法打击盗版行为，查处非法出版物，保护著作权等不受侵犯，保障良好的创作环境，努力为繁荣文化事业服务。

最后，保障社会主义和谐社会建设。政法工作保障和促进社会主义和谐社会建设，要进一步增强稳定是第一责任的意识，树立维护稳定的观念，做好矛盾纠纷的排查调处，及时把矛盾化解在基层，解决在萌芽状态，依法妥善处置群体性事件。要坚持宽严相济刑事政策，依法执行从轻、减轻、不起

诉、缓刑、社区矫正等规定，减少社会对立面，化消极因素为积极因素。依法制裁不赡养老人、不抚养子女、虐待家庭成员等不友爱行为，促进形成和睦的社会、家庭与人际关系。审理好资源开发、环境保护等方面的案件，促进人与自然和谐发展。

（二）服务大局必须胸怀大局，立足本职，全面正确履行职责，具体应当做到

首先，胸怀大局。每一名政法工作者尤其是各级政法领导干部必须做到：打牢服务大局的思想基础，时刻想着大局，随时了解掌握新形势新任务对政法工作的新要求；善于围绕大局筹划部署工作，自觉地把各项工作融入大局中谋划和部署，结合实际创造性地开展工作。

其次，立足本职。立足本职是服务大局的基础。一是全力维护社会稳定，促进和谐社会建设。在执法、普法、法律监督和法律服务的各个环节上，最大限度地发挥各级政法机关维护社会稳定、促进和谐发展的整体效能。二是贯彻“打防结合，预防为主，专群结合，依靠群众”的方针，全面落实综合治理各项措施，把严打、严防、严管、严治有机结合起来，保障人民群众安居乐业。三是强化法律调节和服务，保障、促进经济社会关系协调。

最后，全面正确履行职责。全面正确履行职责是服务大局的关键。政法干警只有全面正确履行职责，才能服务好大局。

（三）社会主义法治建设服务于中国特色社会主义事业全局，在工作中要正确处理好以下三个关系

首先，要正确处理好服务大局与严格依法履行职责的关系。服务大局的重要手段和前提是依法正确履行职责，准确地适用法律，在法律规定的范围内，运用法律手段为中国特色社会主义事业发展打造良好的社会环境。既不能离开法定职能去“服务”大局，甚至干一些明显超出政法机关法定职能的事，也要防止不顾大局孤立地抓政法工作的错误思想和做法。

其次，要正确处理好全局利益与局部利益的关系。始终把全党全国工作大局和整体利益放在地方和部门的局部工作和利益之上，绝不能以局部代替全局，为了某个地方、部门、单位的局部利益，置全局利益和法制统一于不顾，搞执法特殊化，破坏社会主义法治，妨碍和影响大局。

最后，要正确处理执法的法律效果与社会效果之间的关系，坚持法律正义与社会正义、法律效果和社会效果的有机统一。具体执法活动首先应当以执法的质量和水平来衡量，法律效果是最基本的标准，坚决不能做违法的

事。但也决不能就案办案，造成企业和社会的不稳定，经济发展受影响，人民群众不满意。执法活动必须统筹考虑具体公平正义与社会公平正义，统筹考虑执法活动的社会评价和导向作用，既要反对只讲法律效果不讲社会效果，机械办案、机械执法，也要反对只讲社会效果而不讲法律效果，甚至损害法治原则和权威。

政法工作的重大政治责任就是保障和服务中国特色社会主义事业大局，保障社会主义经济、政治、文化与和谐社会建设。服务大局要求各级政法部门和广大政法干警，必须紧紧围绕党和国家大局开展工作，立足本职，全面正确履行职责，致力于推进全面建设小康社会进程，确保国家长治久安。

五、坚持党的领导是社会主义法治理念教育的根本保证

一个国家实行什么样的法治模式，是与该国的国情特别是政治制度相适应的。建设社会主义法治国家，必须始终坚持中国共产党的领导。坚持党的领导，是由中国共产党的先进性和党的执政地位决定的，是我国宪法确定的一项基本原则，是社会主义法治的根本保证，也是中国社会主义法治建设的核心问题。正是有了党的坚强领导，才有当代中国的法治化进程。离开了党的领导，中国的法治建设就会迷失方向，就会失去其社会主义性质，这是我国社会主义法治建设的根本经验。党对法治建设的领导，体现在依法治国的整个过程之中，就是党领导立法，带头守法，保证执法，不断推进国家经济、政治、文化、社会生活的法制化、规范化。党的领导和社会主义法治在根本上是一致的，党的领导与社会主义法治的一致性表现在：一方面，坚持党的领导是建设社会主义法治国家的根本保证；另一方面，依法治国是党领导人民治理国家的基本方略。党既领导人民制定宪法和法律，也领导人民实施宪法和法律。

广大政法干警要牢固树立党的领导的理念，在各项政法工作中自觉贯彻执行党的路线方针政策，坚持正确的政治立场，经受住政治风浪的考验，有效履行党和人民赋予的神圣职责。这是政法警必须遵守的根本政治原则。

坚持党的领导要求政法干警必须坚持正确的政治立场，这要求广大干警必须做到以下几个方面：

（一）切实增强党的观念

对广大政法干警最根本的要求是，要始终在政治上、思想上、行动上与党中央保持高度一致，任何时候，任何情况下都绝不动摇，时刻意识到自己

不仅是人民警察、人民检察官、人民法官还要时刻牢记自己是一名共产党员；不仅要模范遵守法律，还要严格遵守党章，努力发挥先锋模范作用，体现和保持共产党员的先进性。

（二）始终坚持马克思主义在政法工作中的指导地位

要坚持马克思主义法律思想，坚持用邓小平理论、“三个代表”重要思想和科学发展观牢牢占领法学舆论阵地。各级政法领导干部和广大干警要学会运用马克思主义的观点、方法，分析社会现象和工作中遇到的问题，对那些企图打着依法治国和“司法独立”幌子否定党的领导，打着司法改革旗号否定社会主义司法制度，利用司法个案炒作诋毁党和政府形象的错误言行，要增强鉴别力，做到旗帜鲜明，立场坚定。

（三）坚决贯彻执行党的路线方针政策和重大决策部署

各级政法机关和广大干警要认真学习党的理论，深刻理解党的路线方针政策的内容和含义，不断增强贯彻执行党的路线方针政策的自觉性，努力提高贯彻执行党的路线方针政策的能力，把党的路线方针政策和中央的决议落实到各项执法活动中。同时，要自觉服从党对政法工作的领导和监督，认真贯彻落实党关于政法工作的重大决策和工作部署。

（四）充分发挥党组织和共产党员的作用

各级政法机关的党组织要充分发挥核心领导作用，不折不扣严格认真地贯彻党的路线方针政策，切实加强对执法活动的监督，确保党对政法工作的领导落到实处。要加强政法机关党员队伍建设。严格党内生活，加强对党员的教育、管理和监督，不断增强党员全心全意为人民服务的宗旨观念。要加强党风廉政建设，严肃查处执法犯法、徇私枉法等腐败现象，增强干警严格公正执法的自觉性。要在执法办案实践中切实发挥党员干警的先锋模范作用，扩大党员在全体干警中的政治影响力和业务带头作用。

同时，在实际工作中，还要正确认识和处理好三个关系：

（一）自觉地把巩固党的执政地位、维护人民利益和维护社会主义法治统一起来

首先，党的领导是人民当家做主和依法治国的根本保证。中国共产党是建设中国特色社会主义事业的领导核心。社会主义民主法治建设作为中国特色社会主义事业的重要组成部分，必须旗帜鲜明地坚持党的领导。其次，人民当家做主是社会主义民主政治的本质要求。在我国，一切权力属于人民，人民当家做主体现着国家的性质和方向。共产党执政的本质就在于领导和支持人民当家做主。第三，依法治国是党领导人民治国理政的基本方略。宪法

和法律是党的主张和人民意志相统一的体现。广大人民群众在党的领导下，依照宪法和法律，通过各种途径和方式管理国家事务，管理经济文化事业和社会事务。

（二）自觉地把贯彻落实党的方针政策与严格执法有机结合起来

党的政策与法律是辩证统一的关系。第一，党的政策是法律的核心内容。党通过政策的法律化来实现自己的政治领导。第二，法律是党通过国家政权贯彻党的政策的基本手段。党的政策被制定为法律，上升为国家意志，能够获得有力的实施保障。第三，贯彻党的政策能够促进法律更好地得到实施，树立法治的权威。比如，党中央反复强调要认真贯彻宽严相济的刑事政策，一方面，针对一个时期，一些地方刑事犯罪活动严重、刑事犯罪分子气焰嚣张的情况，提出了依法从重从快严厉打击严重刑事犯罪的方针，要求政法机关在法定的量刑幅度和时限内做好刑事侦查、起诉和审判工作，严厉打击严重刑事犯罪分子，有效维护广大人民群众人身财产安全和社会秩序。另一方面，又明确提出，对具有法定从轻减轻条件的，也应依法从宽。这是建设社会主义和谐社会的需要，同样反映了广大人民群众的根本利益。在刑事执法中，自觉以宽严相济的刑事政策为指导，就能突出打击重点，维护良好的治安秩序，最大限度减少社会对立面，促进社会和谐，取得更好的社会效果。但贯彻落实这个政策，必须严格执行《刑法》和《刑事诉讼法》，在法律规定的幅度内实现。

（三）把加强和改进党对政法工作的领导与保障司法机关依法独立公正地行使职权统一起来

党对政法工作的领导主要是政治领导、思想领导和组织领导，主要任务是领导和推动政法机关贯彻落实中央的大政方针；对政法工作作出全面部署，及时发现和解决政法工作中的突出问题；加强对维护国家安全和社会稳定工作的统筹协调；指导和推动政法机关依法打击犯罪，依法调节各种社会关系；强化对执法活动的监督；推进司法改革；加强政法队伍、政法领导班子建设，改善政法机关的执法环境和条件。党的领导要坚持谋全局，把方向，抓大事，不断改进领导方式，支持政法机关独立负责地开展工作，不插手、不干预司法机关的正常司法活动，不代替司法机关对案件定性处理，不指派政法机关处理法定职责以外的事务。

总之，要把坚持党的领导和社会主义法治建设统一起来，把依法治国与党依法执政统一起来，把贯彻落实党的路线方针政策和严格执法统一起来，把加强党对政法工作的领导与司法机关依法独立行使职权统一起来，在党的领导下不断开创中国特色社会主义法治建设的新局面。

第二节 推进社会主义法治理念教育的措施

首先，要充分认识开展社会主义法治理念教育的重大意义。在全体政法干警中集中开展社会主义法治理念教育，是以胡锦涛同志为总书记的党中央在新的形势下，加强政法队伍建设特别是思想政治建设的重大举措，对于坚持党对政法工作的绝对领导，坚持马克思主义在政法意识形态领域的指导地位，保持政法队伍忠于党、忠于国家、忠于人民、忠于法律的政治本色，切实担负起党和人民赋予的神圣职责，具有重大而深远的意义。一定要从巩固党的执政地位、维护国家长治久安的高度，从落实科学发展观、构建社会主义和谐社会的高度，充分认识开展社会主义法治理念教育的重大意义，进一步坚定抓好社会主义法治理念教育的决心和信心。①

其次，要在准确把握社会主义法治理念的本质要求和深刻内涵上下工夫，全面理解中央关于社会主义法治理念教育的部署要求。以中央政法委编写的《社会主义法治理念教育读本》为范本，组织专题学习讨论，使广大司法行政干警真正掌握并牢固树立依法治国、执法为民、公平正义、服务大局、党的领导的社会主义法治理念。要明确社会主义法治理念实质上就是政法工作的指导思想，切实提高学习和坚持社会主义法治理念的自觉性和坚定性。

再次，要在形成社会主义法治理念教育长效机制上下工夫。把集中教育和长效机制建设结合起来，不但要确保取得阶段性成果，而且要随着形势的发展变化不断取得新成效。把社会主义法治理念教育作为学校教育、干部培训的重要内容，进教材、进课堂，不断增强教育的针对性，提高教育培训工作的质量和水平。注意总结集中教育的成功经验，建立长效机制，实现社会主义法治理念教育的制度化；同时，还要建立健全评价考核机制，强化督促检查。要把社会主义法治理念教育纳入依法治理工作年度考核标准，定期开展检查，及时发现和解决工作中存在的问题，确保教育活动的健康顺利开展。要认真开展调查研究，组织力量攻关，不断推出新的认识成果和理论成果，丰富社会主义法治理念的理论体系。

最后，是要在营造社会主义法治理念教育良好氛围上下工夫。要把社会

① 吴爱英：《深入开展社会主义法治理念教育》，《人民日报》2006年9月4日第9版。

主义法治理念作为法制宣传教育的重要内容，发挥好自办媒体的作用，大力宣传中央关于开展社会主义法治理念教育的决策部署，宣传社会主义法治理念的本质要求和深刻内涵，推动社会主义法治理念教育活动深入开展。要坚持集中教育与日常教育相结合，形成统分结合、上下协同、多层互动的工作格局。充分利用党委理论学习中心组、领导干部法律知识培训、法制讲座、任职前法律知识考试、考核等形式抓好领导干部的学习教育。各级党校、干校、行政学院都要增设社会主义法治理念教育培训内容，充分利用报告会、座谈会、辅导讲座、培训班等形式组织公务员认真学习社会主义法治理念。要充分利用报刊、广播、电视、网络等各种大众传媒的作用，通过开辟专栏、专版，举办知识竞赛、征文、专家访谈等形式，组织广大群众开展社会主义法治理念学习宣传活动。要充分利用法制宣传栏、法制宣传一条街、法制夜校等各种宣传阵地和讲案学法、放映法制影片、编演法制文艺节目等人民群众喜闻乐见的形式，增强宣传教育效果。要认真组织开展法制宣传月、宣传周、宣传日活动，营造强大的宣传声势。要及时总结、推广先进典型经验，发挥典型的示范带动作用，增强教育的感召力。①

① 孙春英：《中央政法委出台深化社会主义法治理念教育意见》，《法制日报》2007年2月26日。

结　语

全国政法系统要以邓小平理论和“三个代表”重要思想为指导，全面落实科学发展观，深入开展社会主义法治理念教育，坚持马克思主义在政法意识形态领域的指导地位，进一步加强政法队伍思想政治建设，保持政法队伍永远忠于党、忠于国家、忠于人民、忠于法律的社会主义政治本色。各级政法部门要紧密联系实际开展社会主义法治理念教育活动，确保取得实实在在的效果。特别要紧密联系思想实际，把社会主义法治理念教育同社会主义荣辱观教育结合起来，同巩固和扩大保持共产党员先进性教育成果结合起来，使广大政法干警牢固树立社会主义法治理念；紧密联系规范执法行为专项整改活动的实际，进一步促进公正执法；紧密联系司法体制和工作机制改革的实际，推进政法工作的改革创新；紧密联系执法活动的实际，妥善处理人民内部矛盾，深入开展打黑除恶专项斗争，广泛开展平安建设，全面推进政法工作，全力维护社会和谐稳定，为顺利实施“十一五”规划、构建社会主义和谐社会创造良好稳定的社会环境和公正高效的法治环境。